Wolfgang Zankl
Erbrecht

Erbrecht

Lehr- und Praxishandbuch

von

Dr. Wolfgang Zankl
Universitätsprofessor in Wien

10., überarbeitete und erweiterte Auflage

Wien 2024

facultas

Der Autor

- Universitätsprofessor und Vorstand des Instituts für digitale Transformation und künstliche Intelligenz an der SFU
- Assistent, Professor und stv Vorstand des Instituts für Zivilrecht der Universität Wien (1982–2024)
- Internationaler Direktor des Artificial Intelligence Law Instituts der Tianjin University (2018–2020)
- Dekan des Fachbereichs Rechtswissenschaften an der Privaten Universität im Fürstentum Liechtenstein (2007–2009)
- Professor an der Universität Graz (2000–2002) und Lehrbeauftragter der Universität Leipzig (1997–2006)
- Lehrbeauftragter der Quadriga Hochschule Berlin (2015–2016) und der Anwaltsakademie
- Entwickler und ehem. Leiter des LL.M. Vermögensrecht/UFL (Hongkong, Singapur, Vaduz, Zürich)
- Gründer (9/11/2001) und Direktor des weltweiten Netzwerks für IT-Recht (www.e-center.eu)
- Leiter der Manz Lehrgänge und Jahrestagungen Digital Legal Expert, KI-Recht und Digitalisierungsrecht
- Rechtswissenschaftlicher Leiter des Manz KI-Labors
- Entwickler und Leiter der ersten juristischen Crowd-Intelligence-Plattform (www.checkmycase.com)
- Foundation Member der Computer Ethics Society Hong Kong
- Beiratsvorsitzender des ky-center for social media law
- Studien- und Gutachtensbeauftragter von Facebook, Microsoft uva
- Studienbeauftragter (Digitaler Nachlass) und Preisträger (Vorausvermächtnis, Culpa in testando) der Österreichischen Notariatskammer
- Beirat der Österreichischen Notariatszeitung
- Mitgründer und Geschäftsführer des Data Trust Center (www.data-trust-center.com)
- 22 Bücher und ca 400 weitere Publikationen auf Deutsch, Englisch, Französisch, Spanisch und Russisch va auf den Gebieten des Bürgerlichen Rechts, des Versicherungsrechts, der Rechtsvergleichung und des E-Commerce- und IT-Rechts
- Ca 500 Lehrveranstaltungen und Vorträge (Deutsch, Englisch, Französisch, Spanisch) auf allen Kontinenten, zB in Boston (Harvard), Casablanca, Dubai, Frankfurt, Hongkong, Jerusalem, London, Moskau, Paris, Peking, Santiago de Chile, Singapur, Sydney, Tianjin, Tokio und Zürich
- Verfechter von Informationsfreiheit im Internet („freedom of exchange of information, said Wolfgang Zankl", New York Times)
- www.zankl.at
- Zankl.update (Facebook, Twitter)

Bibliografische Information Der Deutschen Nationalbibliothek
Die Deutsche Nationalbibliothek verzeichnet diese Publikation in der Deutschen Nationalbibliografie; detaillierte bibliografische Daten sind im Internet über http://dnb.d-nb.de abrufbar.

10. Auflage 2024

facultas Universitätsverlag, 1050 Wien, Österreich

Satz: Wandl Multimedia-Agentur
Printed in Austria
ISBN 978-3-7089-2264-5

Vorwort

Seit der 1. Auflage des vorliegenden Lehr- und Praxishandbuchs sind über 30 Jahre vergangen, – mehr als ein Vierteljahrhundert, in dem viel passiert ist, zB der EU-Beitritt Österreichs, die Entwicklung des Internets zu einem allgegenwärtigen Informations- und Kommunikationsinstrument, der Vormarsch künstlicher Intelligenz, die Wirtschafts- und Inflationskrise, die Flüchtlings- und Migrationsproblematik, COVID, populistische Umwälzungen, Krieg in Europa, geopolitische Verwerfungen, Attacken aller Art seitens Ländern, Regimes und Individuen, die dem „westlichen Lebensstil" feindselig gegenüberstehen uvm. Bei allen politischen, gesellschaftlichen, technischen und wirtschaftlichen Veränderungen ist aber eines gleichgeblieben und wird auch in den bevorstehenden Zeiten politischer Instabilität sowie rasanter und disruptiver Digitalisierung gleichbleiben: Das Erbrecht gehört zu den wichtigsten Rechtsgebieten, weil über kurz oder lang jeder davon „betroffen" ist – entweder als Erblasser oder als Erbe. In den letzten 30 Jahren hat sich überdies ein Phänomen bemerkbar gemacht, das dem Erbrecht zusätzliche – und vor allem wirtschaftliche – Brisanz verleiht. Gemeint ist die Tatsache, dass sich private Vermögen in Zeiten politischer, sozialer und ökonomischer Stabilität seit dem Zweiten Weltkrieg (aber auch durch den – ebenfalls in den letzten 30 Jahren erfolgten – Entfall der Vermögens- und Erbschaftssteuer) „in Ruhe" entwickeln und vergrößern konnten. Dies hat zu einer enormen Quantität vererbbarer Güter und – damit verbunden – zu einem erheblichen Streitpotential und Beratungsbedarf im Bereich der Vermögensnachfolge von Todes wegen geführt. In dieser Situation kommt der Praxis und vor allem auch der Judikatur besondere Bedeutung zu. Die vorliegende Darstellung des Erbrechts enthält daher nicht nur Literaturübersichten, sondern zahlreiche Nachweise und Anwendungsbeispiele aus der Rechtsprechung des Obersten Gerichtshofs.

Neu ist schon seit der vorletzten Auflage – neben der umfangreichsten bisherigen Novellierung des Erbrechts (Erbrechts-Änderungsgesetzes 2015), dem Internationalen Erbrecht (EuErbVO) und anderen aktuellen Entwicklungen (zB in Bezug auf den sog digitalen Nachlass oder künstliche Intelligenz) – die Berücksichtigung von Hinweisen aus der Praxis, für die ich mich bei Frau Rechtsanwältin *Hon.-Prof. Dr. Elisabeth Scheuba*, Herrn Notar *Dr. Christoph Beer*, Herrn Notar *Mag. Andreas Tschugguel* und Herrn Notar *Dr. Christoph Mondel* sehr herzlich bedanke. Dem Studierenden soll durch entsprechende Praxishinweise das Verständnis des realen Erbrechts, dem Praktiker die Auseinandersetzung mit konkreten und wichtigen Fragestellungen des Rechtsalltags erleichtert werden. Aktualisierte Literatur- und Judikaturübersichten sowie zahlreiche Beispiele aus der bisherigen Rechtsprechung unterstützen den Praxisbezug und bieten weiterführende Hinweise. Durch regelmäßige Online-Aktualisierungen auf Facebook (Zankl.update) werden Nutzer:innen schließlich auch proaktiv ständig auf dem Laufenden gehalten.

Meinen Mitarbeitern, Herrn *Mag. Samuel Schuber,* Frau *Leonie Krakow* und Herrn *Karl Schellenbacher* danke ich für ihre tatkräftige und hilfreiche Unterstützung bei der 10. Auflage des vorliegenden Lehr- und Praxishandbuchs. Möge es über 30 Jahre nach seiner 1. Auflage auch weiterhin als instruktives und zeitgemäßes Kompendium des Erbrechts für Studium und Rechtsanwendung dienen.

Wien, im Herbst 2024 *Wolfgang Zankl*

Inhaltsverzeichnis

Abkürzungsverzeichnis

Paragrafenzitate ohne nähere Bezeichnung oder Abkürzung beziehen sich auf das ABGB.

aA	anderer Ansicht
Abb	Abbildung
ABGB	Allgemeines Bürgerliches Gesetzbuch
Abs	Absatz
AcP	Archiv für die civilistische Praxis
aE	am Ende
aF	alte Fassung
AG	Aktiengesellschaft
AJP/PJA	Aktuelle Juristische Praxis/Pratique Juridique Actuelle
Am.J.Comp.L.	The American Journal of Comparative Law
Anh	Anhang
Anm	Anmerkung
AnwBl	Österreichisches Anwaltsblatt
arg	argumento (folgt aus)
Art	Artikel
ASVG	Allgemeines Sozialversicherungsgesetz
AußStrG	Außerstreitgesetz
AußStr-BegleitG	Außerstreit-Begleitgesetz
BauRG	Baurechtsgesetz
Bekl	Beklagter
BG	Bundesgesetz
BGB	Bürgerliches Gesetzbuch
BGBl	Bundesgesetzblatt
BGH	Bundesgerichtshof
BlgNR	Beilagen zu den stenographischen Protokollen des Nationalrats
BM	Bundesminister
Bsp	Beispiel
BStFG	Bundes-Stiftungs- und Fondsgesetz
B-VG	Bundesverfassungsgesetz
BWG	Bankwesengesetz
bzw	beziehungsweise
ca	circa
cic	culpa in contrahendo
dh	das heißt
EB	Erläuternde Bemerkungen
ecolex	ecolex – Fachzeitschrift für Wirtschaftsrecht
ed(s).	editor(s)
EF-Z	Zeitschrift für Ehe- und Familienrecht

EG	Europäische Gemeinschaft
EGMR	Europäischer Gerichtshof für Menschenrechte
EheG	Ehegesetz
EheRÄG	Eherechts-Änderungsgesetz
EO	Exekutionsordnung
ErbRÄG	Erbrechtsänderungsgesetz
ErbSt	Erbschafts- und Schenkungssteuer
ErbStG	Erbschafts- und Schenkungssteuergesetz
ERCL	European Review of Contract Law
ERPL	European Review of Private Law
2. ErwSchG	2. Erwachsenenschutzgesetz
EStG	Einkommensteuergesetz
EU	Europäische Union
EuGH	Gerichtshof der Europäischen Gemeinschaften
EuR	Europarecht (Zeitschrift)
EV	Einstweilige Verfügung
EVHGB	Einführungsverordnung zum Handelsgesetzbuch
EVÜ	Übereinkommen über das auf vertragliche Schuldverhältnisse anzuwendende Recht
FamErbRÄG	Familien- und Erbrechts-Änderungsgesetz 2004
FamRZ	Zeitschrift für das gesamte Familienrecht
FamZ	Interdisziplinäre Zeitschrift für Familienrecht
ff	und der, die folgenden
FG	Festgabe
FMedG	Fortpflanzungsmedizingesetz
FS	Festschrift
G	Gesetz
GBG	Allgemeines Grundbuchsgesetz
GedS	Gedächtnis-, Gedenkschrift
gem	gemäß
GewO	Gewerbeordnung
ggü	gegenüber
GmbH	Gesellschaft mit beschränkter Haftung
GP	Gesetzgebungsperiode
GPR	Zeitschrift für Gemeinschaftsprivatrecht
grds	grundsätzlich
H	Heft
hA	herrschende Auffassung
Hg	Herausgeber
hL	herrschende Lehre
hM	herrschende Meinung
idF	in der Fassung
idR	in der Regel

idZ	in diesem Zusammenhang
ieS	im engeren Sinn
immolex	Neues Miet- und Wohnrecht
insb	insbesondere
IO	Insolvenzordnung
IPR	Internationales Privatrecht
IPRax	Praxis des Internationalen Privat- und Verfahrensrecht
IPRG	Bundesgesetz über das internationale Privatrecht
iSd	im Sinne des
iVm	in Verbindung mit
iwS	im weiteren Sinn
iZm	im Zusammenhang mit
iZw	im Zweifel
JA	Justizausschuss
JAB	Justizausschussbericht
JAP	Juristische Ausbildung und Praxisvorbereitung
JBl	Juristische Blätter
JN	Jurisdiktionsnorm
JRP	Journal für Rechtspolitik
juridikum	juridikum – Zeitschrift im Rechtsstaat
JWG	Jugendwohlfahrtsgesetz
JZ	Juristen-Zeitung
KI	Künstliche Intelligenz
KindRÄG	Kindschaftsrechtsänderungsgesetz
Kl	Kläger
KlGG	Kleingartengesetz
KO	Konkursordnung
krit	kritisch
KSchG	Konsumentenschutzgesetz
LBG	Liegenschaftsbewertungsgesetz
LG	Landesgericht
Lit	Literatur
lit	litera
maW	mit anderen Worten
mE	meines Erachtens
MRG	Mietrechtsgesetz
MRK	Menschenrechtskonvention
mwN	mit weiteren Nachweisen
nF	neue Fassung
NO	Notariatsordnung
NotAktsG	Notariatsaktsgesetz
NR	Nationalrat
NZ	Österreichische Notariatszeitung

Oä	oder ähnliches
ÖA	Der Österreichische Amtsvormund
ÖBA	Österreichisches Bankarchiv
ÖBl	Österreichische Blätter für gewerblichen Rechtsschutz und Urheberrecht
OGH	Oberster Gerichtshof
ÖGIZIN	Österreichische Gesellschaft für Information und Zusammenarbeit im Notariat GmbH
ÖJZ	Österreichische Juristenzeitung
OLG	Oberlandesgericht
ÖRAK	Österreichischer Rechtsanwaltskammertag
ÖZW	Österreichische Zeitschrift für Wirtschaftsrecht
PHG	Produkthaftungsgesetz
PSG	Privatstiftungsgesetz
PStG	Personenstandsgesetz
RAO	Rechtsanwaltsordnung
RdW	Österreichisches Recht der Wirtschaft
RL	Richtlinie
Rsp	Rechtsprechung
RV	Regierungsvorlage
RWZ	Österreichische Zeitschrift für Recht und Rechnungswesen
RZ	Österreichische Richterzeitung
Rz	Randziffer
S	Seite
s	siehe
sog	so genannte(r,s)
str	strittig
SW	Sachwalter
SWRÄG	Sachwalterrechts-Änderungsgesetz
TEG	Todeserklärungsgesetz
ua	unter anderem
UGB	Unternehmensgesetzbuch
UStG	Umsatzsteuergesetz
usw	und so weiter
uU	unter Umständen
VersVG	Versicherungsvertragsgesetz
VfGH	Verfassungsgerichtshof
vgl	vergleiche
VO	Verordnung
VStG	Verwaltungsstrafgesetz

WBl, wbl	Wirtschaftsrechtliche Blätter
WEG	Wohnungseigentumsgesetz
wo	wie oben
WoBl, wobl	Wohnrechtliche Blätter
Z	Ziffer
Zak	Zivilrecht aktuell
zB	zum Beispiel
ZEuP	Zeitschrift für europäisches Privatrecht
ZEuS	Zeitschrift für europarechtliche Studien
ZEV	Zeitschrift für Erbrecht und Vermögensnachfolge
ZfRV	Zeitschrift für Rechtsvergleichung, Internationales Privatrecht und Europarecht
ZfS	Zeitschrift für Stiftungswesen, Stiftungsrecht und Vermögensverwaltung
ZivRÄG	Zivilrechts-Änderungsgesetz
ZPO	Zivilprozessordnung
ZSt	Zeitung für Stiftungswesen
zT	zum Teil
ZVglRWiss	Zeitschrift für Vergleichende Rechtswissenschaft

1. Kapitel

Allgemeines

Literaturauswahl: *Zankl,* Das neue Erbrecht im Überblick, JAP 1990/91, 118; *Mayer-Maly,* Der grundrechtliche Schutz des Erbrechts, in FS Adamovich I (1992) 430; *Wilhelm,* Duell um eine Leiche, ecolex 1994, 73; *Zankl,* Verschiedenheiten und Anregungen im Erbrecht der neuen EU-Staaten, ZfRV 1996, 20; *C. Rabl,* Änderungen im Erbrecht durch das Erste Bundesrechtsbereinigungsgesetz, NZ 1999, 229; *Zankl,* Das erste Bundesrechtsbereinigungsgesetz, ecolex 1999, 626; *derselbe,* Recent Developments in Austrian Inheritance Law, in *Hausmaninger/Koziol/Rabello/Gilead* (Ed), Developments in Austrian and Israeli Private Law (1999) 249; *Welser,* Zur Reform des Anrechnungsrechts – Ergebnisse einer Umfrage im Notariat, NZ 2001, 105; *Spitzer,* Änderungen im Erbrecht durch das KindRÄG 2001, NZ 2003, 353; *Beclin,* Das Familien- und Erbrechtsänderungsgesetz 2004 – Teil II Erbrecht, JAP 2004/05, 61; *Bittner,* Das neue Verlassenschaftsverfahren, ecolex 2004, 927; *Goriany,* Das neue Verlassenschaftsverfahren, NZ 2004, 353; *Hoffmann,* Gedanken eines Praktikers zum österreichischen Erbrecht, in FS Welser (2004) 285; *Zankl,* Entwicklungen im Erbrecht, in FS Welser (2004) 1231; *Fischer-Czermak,* Neueste Änderungen im Abstammungs- und Erbrecht, JBl 2005, 2; *B. Jud,* Rechtswahl im Erbrecht: Das Grünbuch der Europäischen Kommission zum Erb- und Testamentsrecht, GPR 2005, 133; *Rudolf,* Vereinheitlichtes Europäisches Erbrecht – Das Grünbuch „Erb- und Testamentsrecht", NZ 2005, 297; *Mayr/Fucik,* Einführung in die Verfahren außer Streitsachen[2] (2019); *Ferrari/Likar-Peer* (Hg), Erbrecht. Ein Handbuch für die Praxis (2007); *G. Graf,* Im Hinblick auf den Fortbestand der Ehe gemachte Schenkung – Ist das Recht zum Widerruf vererblich? NZ 2007, 321; *B. Jud,* Die kollisionsrechtliche Anknüpfungsverlegenheit im Erbrecht – Rechtswahl als Ausweg? in *Rechberger* (Hg), Winfried-Kralik-Symposion 2006 (2007); *C. Stumpf,* EG-Rechtssetzungskompetenzen im Erbrecht, EuR 2007, 291; *Welser,* Die Reform des österreichischen Erbrechts, in FS Hopf (2007) 249; *Zankl,* Fehler bei der Vermögensweitergabe von Todes wegen, LJZ 2007, 11; *Rechberger/Schur,* Eine internationale Zuständigkeitsordnung in Verlassenschaftssachen, in *B. Jud/Rechberger/Reichelt* (Hg), Kollisionsrecht in der Europäischen Union (2008) 185; *Beer,* Die vorweggenommene Erbfolge aus notarieller Sicht, in *Feiler/Raschhofer* (Hg), Innovation und internationale Rechtspraxis, Praxisschrift für Wolfgang Zankl (2009) 55; *B. Jud,* Reformbedarf im Erbrecht, in *Fischer-Czermak/Hopf/Schauer* (Hg), ABGB 2011. Chancen und Möglichkeiten einer Zivilrechtsreform (2009) 241; *Lukas,* Unternehmensnachfolge von Todes wegen bzw im Hinblick auf den Todesfall (Teil I u II), JEV 2009, 4, 40; *Rechberger,* Europäische Projekte zum Erb- und Testamentsrecht, in *Reichelt* (Hg), 30 Jahre österreichisches IPR-Gesetz – Europäische Perspektiven (2009); *Scheuba,* Grenzüberschreitende Erbfälle in der EU – Wahrung der Kompetenzgrundlagen und Praxisnähe erbeten, Praxisschrift Zankl (2009) 735; *Schur,* Vorschlag für eine Verordnung in Erbsachen sowie zur Einführung eines Europäischen Nachlasszeugnisses, AnwBl 2009, 541; *Thiele,* Urheberrecht und Erben, in *Bogendorfer/Ciresa* (Hg), Urheberrecht (2009) 61; *Welser,* Die Reform des österreichischen Erbrechts, Gutachten für den 17. ÖJT II/1 (2009); *Faber,* Der aktuelle Vorschlag einer EU-Verordnung für Erbsachen – ein Überblick, JEV 2010, 42; *Rudolf,* Vorschlag Rom IV-VO – Internationales Erbrecht, ecolex 2010, 620; *Thiele,* Der digitale Nachlass – Erbrechtliches zum Internet und seinen Diensten, jusIT 2010/79; *Traar,* Der Verordnungsvorschlag der Europäischen Kommission zum internationalen Erbrecht, iFamZ 2010, 42; *Faber/Grünberger,* Vorschlag der EU-Kommission zu einer Erbrechts-Verordnung, NZ 2011, 97; *Gruber,* Der grundrechtliche Schutz des Erbrechts, in GedS Mayer-Maly (2011) 207; *Riss,* Die Auskunftspflicht des Kreditinstituts nach dem Tod des Kunden und ihre prozessuale Durchsetzung, ÖBA 2011, 166; *Welser,* Die Entwicklung des

Erbrechts, in FS 200 Jahre ABGB I (2011) 713; *Danzl/Guttierez-Lobos/Müller,* Das Schmerzengeld in medizinischer und juristischer Sicht[10] (2013); *Kalss/Probst,* Familienunternehmen (2013); *Rubin,* Die ratio der unternehmensrechtlichen Erbenhaftung (§ 40), in FS Fenyves (2013) 981; *Wilhelm,* Die Geschäfte der Krematorium Wien GmbH, ecolex 2013, 673; *Pierer,* Postmortaler Brief- und Bildnisschutz, ÖBl 2014/42; *Welser,* Die Entwicklung des österreichischen Erbrechts und seine Zukunftsperspektiven, Liber amicorum Ján Lazar (2014); *Barth/Pesendorfer,* Erbrechtsreform 2015 (2015); *P. Bydlinski,* Modernisierung des ABGB, ÖJZ 2015/113; *Cach/Nalussi,* Erbrechts-Änderungsgesetz 2015, GesRZ 2015, 220; *Kalss,* Die Vererbung von Aktien, JEV 2015, 112; *dieselbe,* Erbrecht und Nachfolge bei Unternehmen, ecolex 2015, 271; *Kolmasch,* Erbrechts-Änderungsgesetz 2015 (ErbRÄG 2015), Zak 2015, 250; *Mondel,* Aus der Erbrechtspraxis des Dr. M., iFamZ 2015, 244; *Pesendorfer,* Die Erbrechtsreform im Überblick, iFamZ 2015, 230; *derselbe,* Erbunwürdigkeits- und Enterbungsgründe nach dem ErbRÄG 2015, iFamZ 2015, 237; *C. Rabl,* Erbrechtsreform 2015 – Pflichtteilsrecht neu, NZ 2015, 321; *C. Rabl/Zöchling-Jud,* Das neue Erbrecht (2015); *Artmann/Rüffler/Torggler* (Hg), Gesellschaftsrecht und Erbrecht (2016); *Brandstätter,* Erbrechtsreform (Teil I), ecolex 2016, 30; *Christandl/Nemeth,* Das neue Erbrecht – ausgewählte Einzelfragen, NZ 2016/1; *CMS Reich-Rohrwig Hainz* (Hg), Erbrecht 2017 (2016); *Cohen,* Drittbegünstigung auf den Todesfall (2016); *Eccher,* Die österreichische Erbrechtsreform (2016); *derselbe,* Erbrecht[6] (2016); *Fischer-Czermak,* Verträge auf den Todesfall, EF-Z 2016/107; *Hofmair,* Erbunwürdigkeit und Enterbung nach dem ErbRÄG 2015, JEV 2016, 47; *Hueber,* Der Lebensgefährte im neuen Erbrecht, EF-Z 2016/142; *Kathrein,* Das neue Erbrecht, EF-Z 2016, 4; *Kilian/Gall/A. Tschugguel,* Vorsorge für den Todesfall[2] (2016); *Kogler,* Inkrafttreten und Übergangsbestimmungen des neuen Erbrechts, EF-Z 2016/27; *Pesendorfer,* Entstehung des Erbrechts, Erbverzicht, Erbschaftserwerb und Verjährung, in *Barth/Pesendorfer* (Hg), Praxishandbuch des neuen Erbrechts (2016) 17; *derselbe,* Hintergründe und Ziele der Reform, in *Barth/Pesendorfer* (Hg), Praxishandbuch des neuen Erbrechts (2016) 3; *C. Rabl,* Das neue Pflichtteilsrecht des Ehegatten, EF-Z 2016/138; *Till,* Analoge Anwendung des außerordentlichen Erbrechts, iFamZ 2016, 32; *A. Tschugguel,* Neues zur Form letztwilliger Verfügungen, EF-Z 2016/172; *Verweijen,* ErbRÄG 2015 – zu den Rechten des Lebensgefährten, ÖJZ 2016/114; *Völkl/Bardeau,* Erben Neu (2016); *Winkler,* Erbrecht[2] (2016); *Zankl,* Digitaler Nachlass, output 2016, 3/4, 12; *BDO Austria GmbH* (Hg), Erben – Schenken – Stiften[2] (2017); *Brandstätter,* Die neue Verjährung erbrechtlicher Ansprüche, Zak 2017, 44; *derselbe,* Die Stellung des Lebensgefährten im neuen Erbrecht, Zak 2017, 84; *Fenyves/Kerschner/Vonkilch (Hg),* Klang-Kommentar[3] (2017), §§ 552–646 ABGB; *Gitschthaler/Höllwerth,* AußStrG[2] (2017); *Milicevic,* Das Erbrechtsänderungsgesetz 2015, Österreichisches Anwaltsblatt 2017, 3; *Reith,* Quid novi? – Das ErbRÄG 2015 aus Sicht des Ehegatten und eingetragenen Partners, Zak 2017, 184; *Resetarits/Scheuba,* Wenn die Erben streiten[2] (2017); *Schauer,* Das neue Erbrecht, ÖJZ 2017/7; *Scheuba,* Wichtige Eckpunkte der Erbrechtsreform 2015 (2017); *Schwimann/Neumayr* (Hg), ABGB Taschenkommentar[4] (2017); *Weninger,* Wer erbt (2017); *Aigner,* Das ErbRÄG 2015 und seine Auswirkungen auf die allgemeine Auslegungsregel und das Irrtumsrecht, NZ 2018, 121; *Apathy/Riss,* Erbrecht[6] (2018); *Barth/Dokalik/Potyka* (Hg), ABGB[26] (2018); *Entleitner,* Die Pflichtteilsminderung nach dem ErbRÄG 2015, Zak 2018, 104; *G. Kodek/Neumayr,* Zak Spezial – Das neue Erbrecht (2018); *Kolmasch,* Anfall, Fälligkeit und Verjährung des Vermächtnisses, Zak 2018, 106; *derselbe,* Zak – Jahrbuch Zivilrecht 2018; *Schauer,* Verlassenschaft und vererbliche Rechtsverhältnisse, in *Gruber/Kalss/Müller/Schauer* (Hg), Erbrecht und Vermögensnachfolge[2] (2018) 539; *Schwimann/G. Kodek,* ABGB Praxiskommentar Band 4[5] (2018); *Welser,* Anmerkungen zum ErbRÄG 2015, NZ 2018, 1; *Zankl/Spruzina* (Hg), Der digitale Nachlass (2018); *Dorigatti/Lackner,* Das digitale Leben nach dem Tod, iFamZ 2019, 196; *Maurer,* Erben & Vererben[12] (2019); *Reich-Rohrwig,* Planung der Vermögensnachfolge, ecolex 2019, 683; *Welser,* Der Erbrechts-Kommentar (2019); *Hartlieb,* Die Belastung der Pflichtteilszuwendung – Zugleich ein Beitrag zur Erweiterung der Testierfreiheit durch das ErbRÄG 2015, JBl 2020, 815; *Christandl,* Die Verjährung erbrechtlicher Ansprüche bei posthumer Vaterschaftsfeststellung, EF-Z 2021/26; *Welser,* Feststellung der Abstammung, Verjährung des Pflichtteilsanspruchs, EF-Z 2021/25; *Christandl,* Das Erbrecht im Spiegel der Rechtsprechung – Zwischenbilanz und Ausblick, NZ 2022/94, 314; *Schwarzenegger,* Zu den (begrenzten) Wirkungen der Zeugnisunfähigkeit gem § 588 ABGB, EF-Z 2022/86; *Welser,* Postmortale Vaterschaftsfeststellung und Pflichtteilsverjährung, NZ 2023/24; *Zankl,* Künstliche Intelligenz im Zivilrecht in FS Fischer Czermak (2024).

I. Einleitung und Update

Von den vielen erbrechtlichen Entwicklungen und Gesetzesänderungen der letzten Jahre sind va folgende hervorzuheben bzw wegen ihrer besonderen Relevanz einleitend zusammenzufassen. Im Detail wird darauf in den entsprechenden Randziffern (Rz) eingegangen:

1. Künstliche Intelligenz im Erbrecht

Künstliche Intelligenz (KI) gewinnt im juristischen Bereich und auch im Erbrecht stetig an Bedeutung. Durch die Fähigkeit von KI-Systemen, Texte zu generieren und komplexe rechtliche Sachverhalte zu analysieren, wird sie zunehmend auch in der Praxis eingesetzt. So sind KI-Modelle wie ChatGPT mittlerweile in der Lage, juristische Fragestellungen präzise zu behandeln. Gleichzeitig birgt der Einsatz von KI jedoch Risiken, insb in Form sog „Halluzinationen", bei denen KI falsche oder erfundene Antworten liefert. Im Erbrecht ist zudem zu beachten, dass die entsprechenden Aufgaben des notariellen Gerichtskommissärs infolge seiner hoheitlichen Befugnisse zur Justiz zählen. Diese wird von der KI-VO aber grundsätzlich als hochriskant eingestuft (Art 6 iZm Anh III KI-VO), sodass der Einsatz künstlicher Intelligenz im Rahmen des Gerichtskommissariats derzeit erheblichen Beschränkungen unterliegt.

2. Digitaler Nachlass

Unter dem digitalen Nachlass ist die Summe vererblicher digitaler Inhalte zu verstehen (zB Homepages, Domains, E-mail-Accounts, Blogs, Fotos, Videos usw). Er bereitet keine besonderen Probleme (Vererblichkeit), wenn sich diese Inhalte auf Speichermedien des Verstorbenen befinden. Zahlreiche Fragen stellen sich hingegen, wenn sich die entsprechenden Inhalte auf Plattformen dritter Betreiber befinden, wie dies va bei Social Media wie Facebook der Fall ist. Aus den Regeln der Universalsukzession ergibt sich zwar auch hier die Vererblichkeit, sodass die Erben des Accountinhabers berechtigt sind, Zugang zu diesen Inhalten zu erlangen und sie weiter zu nutzen. Die einschlägigen AGB (die von den Erben als Rechtsnachfolger des Accountinhabers ebenfalls akzeptiert werden müssen) sehen aber zT Abweichendes vor, zB den sog Gedenkzustand von Facebook, durch den Facebookseiten mit dem Tod des Accountinhabers „eingefroren“ werden. Im Einzelnen ist daher zu prüfen, in welchem Verhältnis solche AGB zu allgemeinen Regeln des Erbrechts stehen und inwieweit sie überhaupt die Geltungs- und Inhaltskontrolle passieren.

3. Abstammungsrechts-Anpassungsgesetz 2023 (AbAG 2023)

Das Abstammungsrechts-Anpassungsgesetz 2023 trägt va der jüngeren Rsp des VfGH hinsichtlich der Anerkennung nicht-medizinisch unterstützter Fortpflanzungen sowie hinsichtlich der Öffnung der Ehe für gleichgeschlechtliche Partner Rechnung.

Das Abstammungsrecht wurde insb insoweit angepasst, als nunmehr der Begriff „anderer Elternteil“ auch das dritte Geschlecht umfasst und auch eine Ehe unter gleichgeschlechtlichen Partnern als Tatbestandsmerkmal der gesetzlichen Elternschaft explizit genannt wird. Neu ist zudem, dass Paare neben der Möglichkeit einer medizinisch unterstützten Fortpflanzung auch Methoden der nicht-medizinisch unterstützten Fortpflanzung wählen können (zB Heiminsemination oder Geschlechtsverkehr der Mutter mit einer dritten Person). Die Zustimmung zu einer solchen nicht-medizinisch unterstützten Fortpflanzung erfolgt formfrei.

4. Erwachsenenschutz-Gesetz (2. ErwSchG)

Mit dem 2. ErwSchG wurde das bisherige Sachwalterrecht abgelöst. Das Hauptziel der Gesetzesänderung war die Verstärkung und Förderung der Selbstbestimmung volljähriger Personen, die aufgrund einer ***psychischen Krankheit*** oder einer ***vergleichbaren Beeinträchtigung*** in ihrer Entscheidungsfähigkeit eingeschränkt sind. Hierzu wurde va die Autonomie der betroffenen (schutzberechtigten) Personen gestärkt und wurden neue Vertretungsmodelle geschaffen. Die Vertretung schutzberechtigter Personen erfolgt nun entweder durch Vorsorgevollmacht, gewählte, gesetzliche oder gerichtliche Erwachsenenvertretung (sog ***Vier-Säulen-Modell).***

Im Gegensatz zur bis dahin geltenden Rechtslage führt keine dieser Vertretungsformen zu einem gänzlichen und automatischen Verlust der Handlungsfähigkeit. Dies kann auch für erbrechtliche Fragen von Relevanz sein – und zwar in all jenen Situationen, in denen es neben oder unabhängig von der Testierfähigkeit auch auf die Geschäftsfähigkeit des Erklärenden ankommen kann. Zu denken ist hier insb an den Erbvertrag (s Rz 152), den Erb- bzw Pflichtteilsverzicht (s Rz 170 ff) und die diversen Ausgestaltungen der vertraglichen Einzelrechtsnachfolge (zB Schenkung, Übergabe oder Auftrag auf den Todesfall, s Rz 193 ff). Die Testierfähigkeit ist hingegen nach wie vor von der Geschäftsfähigkeit des Testators zu unterscheiden, zumal die Anforderungen an die Testierfähigkeit geringer sind (s Rz 72 ff).

5. Erbrechts-Änderungsgesetz 2015

Da der Großteil der erbrechtlichen Bestimmungen des ABGB aus dessen Urfassung (1811) stammt und die Regelungsinhalte sowie die Gesetzessprache zT als nicht mehr zeitgemäß empfunden wurden, ist am 7.7.2015 das ***Erbrechts-Änderungsgesetz 2015*** beschlossen worden (ErbRÄG 2015). Es handelt sich dabei um die ***größte Reform*** des Erbrechts und damit – da das Erbrecht fast ein Fünftel aller Normen des ABGB betrifft – zugleich um die größte Reform des Kernzivilrechts seit dem Inkrafttreten des ABGB. Insofern spricht man diesbezüglich von einer ***Teilkodifikation.***

Die ***sprachlichen Änderungen*** wurden in den Gesetzesmaterialien damit begründet, dass auch „die nicht mit dem Erbrecht vertraute Bevölkerung das Gesetz (wieder) besser verstehen kann". Wichtige terminologische Änderungen beziehen sich dabei va auf die Begriffe Erblasser, Nachlass, Noterbe, Substitution, Legatar und Kodizill. Diese wurden durch die Bezeichnungen Verstorbener, Verlassenschaft, Pflichtteilsberechtigter, Ersatz- oder Nacherbschaft, Vermächtnisnehmer und sonstige letztwillige Verfügung ersetzt.

Inhaltlich sind – zusammengefasst – va folgende Änderungen von Bedeutung:

a) Gesetzliches Erbrecht

- Eine wesentliche Stärkung erfuhr das ***Erbrecht des Ehegatten*** (eingetragenen Partners), weil durch dieses von nun an das Erbrecht von Geschwistern und Großeltern verdrängt wird (§ 744). Zudem steht dem Ehegatten der Erbteil des vorverstorbenen Elternteils zu. § 537a aF als Gleichstellungsregelung für eingetragene Partnerschaften ist gänzlich entfallen, weil eingetragene Partner nunmehr stets neben dem Ehegatten angeführt werden, was – entgegen der erklärten Absicht des Gesetzgebers – nicht wirklich zu einem besseren Normenverständnis beiträgt. Im Folgenden beziehen sich daher Erwähnungen des oder der Ehegatten – der Einfachheit und bisherigen Gleichstellungsregel entsprechend – auch auf eingetragene Partner.
- Ist zum Zeitpunkt des Todes eines Ehegatten ein ***Verfahren über die Auflösung der Ehe*** anhängig, so entfallen die erbrechtlichen Ansprüche des überlebenden Ehegatten nur dann, wenn zum Zeitpunkt des Todes eine Vereinbarung über die Aufteilung des ehelichen Gebrauchsvermögens und der Ersparnisse iSd §§ 81 ff EheG vorlag (§ 746).
- Der ***Lebensgefährte*** ist zwar eigenartigerweise nach wie vor nicht gesetzlich definiert (was weiterhin zu Rechtsunsicherheiten führen wird), hat aber – wenn er die letzten drei Jahre mit dem Verstorbenen zusammengelebt hat – einen auf ein Jahr befristeten Anspruch auf das gesetzliche Vorausvermächtnis (Wohnrecht und Haushaltsgegenstände) sowie ein außerordentliches Erbrecht.

Dieses kommt zum Tragen, wenn kein gesetzlicher Erbe zur Verlassenschaft gelangt (§ 745), und geht auch dem außerordentlichen Erbrecht der Vermächtnisnehmer vor (§ 749).

- Um Pflegeleistungen gegenüber dem Verstorbenen abzugelten, wurde zugunsten bestimmter naher Angehöriger ein sog ***Pflegevermächtnis*** geschaffen (§§ 677, 678). Es handelt sich dabei um ein gesetzliches Vermächtnis, das pflichtteilsähnlichen Charakter hat, also nur bei Vorliegen von Enterbungsgründen entzogen werden kann. Je nach Art, Umfang und Dauer der Pflegeleistung gebührt es, wenn der Verstorbene in den letzten drei Jahren vor seinem Tod zumindest sechs Monate in nicht bloß geringfügigem Ausmaß gepflegt wurde und dies nicht bereits zu Lebzeiten oder durch ein letztwilliges Vermächtnis angemessen entgolten hat.
- Zu den bisherigen ***Erbunwürdigkeitsgründen*** treten die gerichtlich strafbare Handlung gegen die Verlassenschaft (§ 539) sowie solche, die eine Person nur dann erbunwürdig machen, wenn der Verstorbene keine Möglichkeit mehr hatte, diese Person zu enterben (wegen Testierunfähigkeit oder Unkenntnis), und auch nicht zu erkennen gab, dass er ihr verziehen hatte (§ 541). Zu diesen Gründen zählen die vorsätzlich begangene gerichtlich strafbare Handlung gegen bestimmte nahe Angehörige des Verstorbenen, die Zufügung schweren seelischen Leides sowie die gröbliche Verletzung von Pflichten aus dem Eltern-Kind-Verhältnis.

b) Gewillkürtes Erbrecht

- Mit dem ErbRÄG 2015 wurde die sog ***Andeutungstheorie*** gesetzlich verankert (§ 553). Dh, dass für die Interpretation letztwilliger Verfügungen der wahre Wille des Erblassers von Bedeutung ist, dieser Wille aber vom Verfügenden in der letztwilligen Verfügung zumindest angedeutet worden sein muss.
- Während es nach alter Rechtslage für die Beurteilung, ob ***Anwachsung*** eintritt, einen wesentlichen Unterschied machte, ob der Erblasser eine bestimmte (zB „zu einem Drittel") oder unbestimmte („zu gleichen Teilen") Erbeinsetzung vorgenommen hat, ist nach neuer Rechtslage von Bedeutung, ob der Verfügende über die gesamte Verlassenschaft verfügt hat (und keine Ersatzerbschaft zum Tragen kommt). Nach dem neuen Gesetzestext ist die Einsetzung auf Quoten kein Hindernis mehr für den Zuwachs. Dies entspricht eher dem mutmaßlichen Erblasserwillen, weil die Quote – anders, als früher angenommen wurde – idR nicht als Höchstanteil gemeint war. MaW: Hätte der Verstorbene gewusst, dass von ihm eingesetzte Erben nicht zum Zuge kommen, so wäre es ihm idR wohl lieber gewesen, dass ein frei werdender Erbteil den anderen Erben zufällt (mögen diese auch mit bestimmter Quote eingesetzt worden sein), als den gesetzlichen Erben, die mangels Anwachsung zum Zuge kämen, denn immerhin hat er ja gegenüber den Eingesetzten – anders

als gegenüber gesetzlichen Erben – einen Zuwendungswillen geäußert. Der frei gewordene Teil wächst somit – soweit der Verstorbene nichts anderes angeordnet und über die gesamte Verlassenschaft verfügt hat – den übrigen eingesetzten Erben im Verhältnis ihrer Erbteile an. Wenn der Erblasser nur über einen Teil der Verlassenschaft verfügt hat, kommt es – unabhängig davon, ob die Testamentserben zu bestimmten oder unbestimmten Quoten eingesetzt waren – nicht zur Anwachsung, sondern zur gesetzlichen Erbfolge bezüglich der (durch Vortod, Entschlagung usw) frei gewordenen testamentarischen Erbteile. An der ISTAGLS-Regel, wonach die Anwachsung erst zum Tragen kommt, wenn weder Substitution (Ersatzerbschaft) noch Transmission (Vererbung des Erbrechts) stattfinden, ändert sich dadurch nichts.

- Das ***fremdhändige Testament*** soll fälschungssicherer werden: Alle drei Zeugen müssen beim Unterschreiben des Verfügenden gleichzeitig anwesend sein, die Urkunde muss einen eigenhändigen schriftlichen Zusatz enthalten, dass sie den letzten Willen des Verfügenden enthält (statt der bisherigen mündlichen Bekräftigung/nuncupatio), die Identität der Zeugen muss aus der Urkunde hervorgehen (Geburtsdatum oder Adresse), und sie müssen mit einem auf ihre Zeugeneigenschaft hinweisenden und eigenhändig geschriebenen Zusatz unterschreiben (§ 579).
- Der subjektive Eindruck einer Notsituation, wenn er durch objektive Umstände begründet ist, reicht für ein gültiges ***Nottestament*** aus (§ 584/1). Mündige Minderjährige können dessen Errichtung bezeugen (§ 587). Der Wegfall des Nottestaments umfasst im Zweifel auch den durch das Nottestament erfolgten Widerruf einer früheren letztwilligen Verfügung (§ 584/2).
- Die Liste der befangenen ***Testamentszeugen*** wurde erweitert. Nach § 588 sind zeugnisunfähig: der Bedachte, dessen Ehegatte oder Lebensgefährte, die Eltern, Kinder und Geschwister des Bedachten, Ehegatten und Lebensgefährten, gesetzliche Vertreter, vertretungsbefugte Organe, Gesellschafter, Machthaber und Dienstnehmer bedachter Personen oder rechtsfähiger Gesellschaften.
- Die ***Schenkung auf den Todesfall*** ist nunmehr in § 603 geregelt. Sie ist auch nach dem Tod des Geschenkgebers als Vertrag zu behandeln und unterliegt daher nun der Schenkungsanrechnung (s unten 3.). Der ausdrückliche Widerrufsverzicht ist kein Formerfordernis mehr, doch darf sich der Geschenkgeber im Vertrag kein Widerrufsrecht vorbehalten. Die Schenkung auf den Todesfall kann sich aber kraft des Verweises in § 603 auf § 1253 wie der dort geregelte Erbvertrag nur auf drei Viertel des Vermögens beziehen. Ein Viertel („reines Viertel", auf dem weder Pflichtteile noch andere Forderungen lasten dürfen) muss zur freien letztwilligen Verfügung stehen. Damit wurde der Ansicht des Autors Rechnung getragen, der dieses Ergebnis bisher auf einen Analogieschluss gestützt hatte.
- Letztwillige Verfügungen zugunsten von ***Ehegatten*** gelten als widerrufen, wenn die Ehe aufgelöst und vom Verstorbenen nicht ausdrücklich das Gegen-

teil angeordnet wurde. Das Gleiche gilt für die Aufhebung der Abstammung oder der Adoption (§ 725/1). Ferner gilt der Widerruf auch für den Fall, dass die entsprechenden Verfahren zum Zeitpunkt des Erbfalls bereits eingeleitet waren (§ 725/2).

c) Pflichtteilsrecht

- Die ***Eltern*** des Verstorbenen haben keinen Pflichtteilsanspruch mehr (§ 757).
- Der Pflichtteil wird bereits mit dem Tod fällig; ein entsprechender Pflichtteilsprozess kann zwar grds sofort eingeleitet werden, jedoch wird die Geldzahlungspflicht des Erben bis auf ein Jahr danach aufgeschoben (s Rz ...). Ferner wurden mit dem ErbRÄG 2015 die Möglichkeiten der – gewillkürten oder gerichtlichen – ***Stundung*** oder Ratenzahlung des Pflichtteils eingeführt (§§ 766 f). Es handelt sich dabei um eine „reine Stundung", wodurch die Fälligkeit unberührt bleibt, sodass eine entsprechende Verzinsung in Höhe der gesetzlichen Zinsen von 4 % (§ 1000) stattzufinden hat, was beim grds trotz hoher Inflation immer noch geringen Zinsniveau eine erhebliche Benachteiligung des Pflichtteilsschuldners bzw Besserstellung des Pflichtteilsberechtigten bedeutet (würde der Pflichtteilsberechtigte, dessen Pflichtteil gestundet wurde, den Betrag „auf die Bank legen", erhielte er so gut wie keine Zinsen, bei Stundung seines Pflichtteils hingegen 4 %). Ferner entstehen durch die ungewöhnliche Anhäufung unbestimmter Gesetzesbegriffe in § 766 erhebliche Rechtsunsicherheiten. MaW: Der Erblasser kann sich nie ganz sicher sein, ob seine Stundungsanordnung „halten" wird. Bei einer „erheblichen" Änderung der Umstände „kann" (weitere unbestimmte Begriffe) die Stundungsregel gerichtlich geändert werden. Diesbezüglich bestehen zwischen dem Pflichtteilsschuldner und dem Pflichtteilsberechtigten wechselseitige Informationspflichten über die Änderung solcher Umstände (§ 768). Rechtsunsicherheiten entstehen auch durch das Spannungsverhältnis zu § 762, wonach nun auch sukzessive Pflichtteilsdeckungen zulässig sind (s unten). Was zu gelten hat, wenn diese (zB durch ein 15-jähriges Wohnrecht zugunsten des Pflichtteilsberechtigten) über die höchstmögliche Stundungsdauer (grds fünf Jahre) hinausgehen, ist nicht geregelt.
- Die ***Enterbungsgründe*** (§§ 770 ff) wurden erweitert. Neu sind Straftaten gegen nahe Angehörige des Verstorbenen, die Zufügung schweren seelischen Leides und die gröbliche Vernachlässigung familienrechtlicher Pflichten. Der Enterbungsgrund muss zum Zeitpunkt der Enterbung bereits vorliegen und kausal für die Enterbung gewesen sein. Bei fehlender Testierfähigkeit des Verstorbenen genügt die formfreie, aus dem Verhalten des Erblassers erkennbare Verzeihung für den Widerruf der Enterbung.
- Die Möglichkeit der ***Pflichtteilsminderung*** wurde insofern erweitert, als nun auch der Pflichtteil des Ehegatten gemindert werden kann und das für die Min-

derung erforderliche familiäre Naheverhältnis nicht nur dann fehlt, wenn es zu keiner Zeit bestanden hat, sondern auch dann, wenn es über einen längeren Zeitraum vor dem Tod nicht mehr bestanden hat (§ 776). Nach den Materialien müssen dies zumindest 20 Jahre sein, wofür sich aber im Gesetzeswortlaut kein Anhaltspunkt findet. Richtigerweise dienen die 20 Jahre daher nur als Orientierung und muss im Einzelfall auf die Intensität des einmal bestandenen Naheverhältnisses abgestellt werden: Je intensiver es war, desto länger muss es nicht mehr bestanden haben, damit die Pflichtteilsminderung zulässig ist.

- Entfallen ist § 774 aF, wonach der ***Pflichtteil*** „ganz frei bleiben" musste, also zB nicht durch Bedingungen, Auflagen, Nacherbschaften oder zeitliche Verzögerungen (wie zB ein Wohnrecht, dessen Wert der Pflichtteilsberechtigte nicht sofort, sondern erst nach dessen Ablauf erhalten hat, s oben) ***belastet*** werden durfte. § 762 sieht nun vor, dass Zuwendungen, an denen Bedingungen oder gar Belastungen haften, die einer Verwertung des zugewendeten Teils der Verlassenschaft entgegenstehen, dennoch zur Pflichtteilsdeckung geeignet sind. Der durch Bedingungen oder Belastungen verminderte Nutzen ist bei der Bewertung der Zuwendung jedoch zu berücksichtigen.
- Fundamental sind die Änderungen bei der ***Anrechnung.*** Die bisherige Unterscheidung zwischen Schenkungen, Vorempfängen und Vorschüssen ist entfallen. Stattdessen wurde die „Hinzu- und Anrechnung" von Schenkungen eingeführt (§§ 781 ff), wobei Schenkungen gem § 781 iwS zu verstehen sind, also im Prinzip (Ausnahme bei der Ausstattung) – und einem Vorschlag des Autors folgend – alle Zuwendungen unter Lebenden umfassen (nunmehr auch Schenkungen auf den Todesfall), für die keine Gegenleistung erfolgt. Die Unterscheidung zwischen Zuwendungen unter Lebenden, die der Hinzu- und Anrechnung unterliegen (Hinzuschlagen des Wertes der Zuwendung und Abzug vom Erb- oder Pflichtteil des Zuwendungsempfängers), und Zuwendungen aus der Verlassenschaft (va Vermächtnisse), die ohne vorherige Hinzurechnung nur vom Erb- oder Pflichtteil des Empfängers abgezogen werden („reine Anrechnung"), ist im Prinzip gleich geblieben. Geändert hat sich aber ua, dass die in § 781 aufgezählten hinzu- und anrechnungspflichtigen Zuwendungen („Schenkungen") nun vom gesamten Pflichtteil und nicht wie bisher (bei der Schenkungsanrechnung) nur von der Pflichtteilserhöhung abzuziehen sind. Änderungen gibt es ferner bei der befristeten Anrechnung: Schenkungen, die ein nicht Pflichtteilsberechtigter erhalten hat, sind zwar weiterhin nur anzurechnen, wenn die Schenkung innerhalb von zwei Jahren vor dem Tod des Geschenkgebers erfolgt ist, für die demgegenüber unbefristete Anrechnung an Pflichtteilsberechtigte ist nun aber ausreichend, dass der Zuwendungsempfänger „zum Kreis der Pflichtteilsberechtigten" gehört (zB ein Enkel). Diese sog abstrakte Pflichtteilsberechtigung reicht also für die unbefristete Anrechnung zum Unterschied von der bisherigen Rechtslage aus, die nach hM zusätzlich

die konkrete Pflichtteilsberechtigung im Todeszeitpunkt verlangt hat, dass also dem Betreffenden tatsächlich ein Pflichtteilsanspruch zusteht (Enkel zB nicht, wenn er durch den lebenden Vater vom Pflichtteil gegenüber dem Großvater ausgeschlossen ist). Die Bestimmungen über die subsidiäre Haftung des Geschenknehmers (wenn die Verlassenschaft nicht reicht, um die durch die Hinzurechnung erhöhten Pflichtteile zu decken) befinden sich nun in §§ 789–792. Ausgenommen von der Haftung ist die Ausstattung in der Höhe, in der ein gesetzlicher Anspruch bestand. Mehrere Beschenkte haften anteilig (und nicht mehr nach der zeitlichen Reihenfolge der Schenkungen). Nach dem neuen § 788 ist die hinzu- und anrechnungspflichtige Zuwendung nunmehr auf den Zeitpunkt zu bewerten, in dem die Schenkung „wirklich gemacht" wurde („Vermögensopfertheorie"). Dieser Wert ist dann auf den Todeszeitpunkt nach dem VPI (Verbraucherpreisindex) anzupassen, der freilich in vielen Fällen nicht „passt", insb bei Liegenschaften, Häusern und Eigentumswohnungen, die völlig anderen Wertentwicklungen unterliegen als der VPI.

d) Verjährung und Übergangsbestimmungen

- Neu geregelt wurde die ***Verjährung*** erbrechtlicher Ansprüche. § 1487a unterscheidet zwischen der kenntnisabhängigen kurzen (drei Jahre) und kenntnisunabhängigen langen (30 Jahre) Verjährungsfrist.
- Grds sind die Regelungen des neuen Erbrechts anzuwenden, wenn der Erblasser ***nach dem 31.12.2016*** verstorben ist. Ausnahmen bestehen aufgrund von Vertrauensschutzerwägungen va für die Form letztwilliger Verfügungen, von Erbverzichten und Schenkungen auf den Todesfall. Für deren Formgültigkeit (nicht aber zB für die Anrechnung, str) gelten die bisherigen Regelungen weiter, soweit die Errichtung oder Vereinbarung vor dem 1.1.2017 erfolgt ist. Diese Zweigleisigkeit führt dazu, dass ***noch jahrzehntelang alte Regelungen anwendbar*** sein werden. Anzunehmen ist aber, dass es auch für letztwillige Verfügungen oder Vereinbarungen, die vor dem 1.1.2017 angeordnet oder geschlossen wurden, reicht, wenn die neuen Formvorschriften gewahrt sind.
- Eine ***Gegenüberstellung*** der alten und neuen Formvorschriften findet sich in Rz 337.

II. Wesen und System des Erbrechts

1 Das Erbrecht gehört insofern zu den ***wichtigsten Rechtsgebieten,*** als es in der Natur der Sache liegt, dass über kurz oder lang jeder davon „betroffen" ist (entweder als Erblasser oder als Erbe). So gesehen ist es eine Art Spiegelbild des Kindschaftsrechts: Während dieses am Anfang des Lebens steht, regelt das Erbrecht ***privatrechtlich*** (öffentlich-rechtliche Bestimmungen regeln zB den Verbleib des Leichnams, s dazu Rz 8) das ***juristische Ende des menschlichen Seins.***

Das Familienrecht hängt auch insofern eng mit dem Erbrecht zusammen, als es die Grundvoraussetzungen (Verwandtschaft und Ehe) für die gesetzliche Erbfolge und das Pflichtteilsrecht regelt.

Das Erbrecht ist einerseits vom Prinzip der ***Familienerbfolge*** geprägt (Rz 29 f). 2 Demnach soll die Verlassenschaft der Familie erhalten bleiben. Durchbrochen wird dieses Prinzip durch jenes der ***Testierfreiheit.*** Der Verstorbene soll wie bei Geschäften unter Lebenden (Privatautonomie) die Möglichkeit haben zu entscheiden, wer sein Vermögen erhalten soll. Ein Kompromiss wird durch das ***Pflichtteilsrecht*** erzielt, das wiederum auf Verwandtschaft und Ehe beruht und den Nachkommen und dem Ehegatten einen Mindestanteil am Vermögen des Verstorbenen sichert (s Rz 214 ff).

Systematisch besteht das Erbrecht aus vier großen Regelungsbereichen: 3

1. ***Gesamtrechtsnachfolge (Erbfolge):*** Eintritt in die vermögensrechtliche Stellung des Verstorbenen (Rz 25 ff).
2. ***Einzelrechtsnachfolge:*** Erwerb einzelner Vermögensstücke des Verstorbenen (Rz 178 ff).
3. ***Pflichtteilsrecht:*** Mindestanteil am Vermögen des Verstorbenen (Rz 214 ff).
4. ***Erbschaftserwerb:*** Verlassenschaftsverfahren und Stellung der Erben (Rz 254 ff).

III. Gegenstand des Erbrechts und Verlassenschaft

1. Allgemeines

Vererblich und damit Gegenstand des Nachlasses (der Verlassenschaft) sind 4 jene (grds privaten) Rechte und Verbindlichkeiten eines Verstorbenen, die nicht „höchstpersönlicher Art" sind (§ 531), wobei strittige Eigentumsfragen im streitigen Verfahren zu klären sind. Durch den Tod erlöschen mithin „nur solche Rechte und Verbindlichkeiten, welche auf die Person eingeschränkt sind, oder die bloß persönliche Handlungen des Verstorbenen betreffen" (§ 1448). ***Unvererblich*** sind daher höchstpersönliche Rechte und Pflichten (zB Pflichten des Dienstnehmers; Unterhaltsansprüche, soweit diese noch nicht fällig geworden sind; Rechte aus persönlichen Dienstbarkeiten (§ 529 S 1; beachte aber S 2 und 3); Wiederkaufs-, Rückverkaufs- und Vorkaufsrechte (§§ 1070, 1071, 1074); die Rechte und Pflichten aus einem Belastungs- und Veräußerungsverbot (§ 364c); die Rechte und Pflichten aus Auftrag und Vollmacht (beachte die Ausnahmen des § 1022)) sowie die Rechtsposition juristischer Personen, da ihre Existenz nicht durch Tod, sondern aus anderen Gründen endet (s dazu Rz 7). Es gibt allerdings Konstruktionen (zB Verschmelzung), die auf eine Gesamtrechtsnachfolge in das Vermögen juristischer Personen hinauslaufen und daher mit der erbrechtlichen Universalsukzession vergleichbar sind.

2. *Öffentlich-rechtliche Rechte und Pflichten*

5 Öffentlich-rechtliche ***Rechte*** (zB Wahlrecht) sind idR an den Träger des Rechtes gebunden. Hiervon gibt es allerdings Ausnahmen, wie zB im Gewerberecht (vgl §§ 8, 41 GewO). Ebenso sind Ansprüche aus der Sozialversicherung – soweit sie gem § 107a ASVG nicht auf Angehörige übergehen – vererblich. Auch bei öffentlich-rechtlichen ***Pflichten*** ist zu differenzieren: Während Geldstrafen nicht auf die Erben übergehen (s § 548 2. Satz), können Steuerschulden durchaus vererbt werden (§ 19 BAO).

3. *Privatrechtliche Rechte und Pflichten*

Literaturauswahl: *Spitzer*, Universalsukzession, Erbengemeinschaft und GmbH-Geschäftsanteile, ÖJZ 2021/68.

Judikaturauswahl: 6 Ob 209/16b (Kein Schadenersatz für Erben mangels Gefühlsschadens); 9 Ob 38/23p (Grab darf nicht eigenmächtig verlegt werden).

a) Allgemeines

6 Im Gegensatz zu öffentlich-rechtlichen Rechten sind privatrechtliche Rechte ***idR vererblich.*** Dazu gehören zB Bestandrechte gem § 1116a (s aber § 14 MRG als lex specialis, Rz 52), auch Schadenersatzansprüche sind aktiv und passiv vererblich. ***Nicht vererblich*** sind dagegen Familien- und Persönlichkeitsrechte. Davon zu unterscheiden sind die postmortalen Persönlichkeitsrechte, die erst mit dem Tod entstehen, um den Ruf und das Ansehen des Verstorbenen zu schützen, zB durch Veröffentlichung anzüglicher Bilder oder Tagebücher. Bisher gewährte die Rsp hier nahen Angehörigen ua gestützt auf den Bildnisschutz nach § 78 UrhG einen Unterlassungsanspruch. Seit Inkrafttreten des HiNBG regelt § 20 nunmehr ausdrücklich einen nach hA verschuldensunabhängigen Unterlassungs- und Beseitigungsanspruch, der unter den Voraussetzungen des § 17a/3 auch von Verwandten ersten Grades, Ehegatten, eingetragenen Partnern oder Lebensgefährten zeitlich unbegrenzt geltend gemacht werden kann, wenn postmortal in die Persönlichkeitsrechte eingegriffen wird („Verletzung des Andenkens“). Bei anderen Verwandten ist die Geltendmachung des Anspruches mit zehn Jahren nach dem Tod des Verletzten begrenzt. Ein Eingriff in die postmortalen Persönlichkeitsrechte des Verstorbenen liegt nach der Rsp bspw dann vor, wenn das Grab des Verstorbenen eigenmächtig (dh entgegen dem erkennbaren Willen des Verstorbenen oder mangels eines solchen Willens; ohne Zustimmung aller nächsten Angehörigen) verlegt wird.

Beispiel aus der Rechtsprechung:
Sachverhalt: In einer Tageszeitung erschien ein Bericht über den Drogentod des Sohnes des Klägers. Neben einem Bild einer Drogenspritze wurde auch ein Lichtbild des Sohnes veröffentlicht, sein Name abgekürzt und berichtet, dass er im Malerbetrieb seines Vaters gearbeitet habe. Der Kläger begehrte ua die Unterlassung der Berichterstattung

unter Verwendung eines Lichtbildes seines Sohnes oder sonstiger identifizierender Informationen sowie – als Erbe seines Sohnes – einen ideellen Schadenersatz in Höhe von € 2.500.
Aus der Begründung: Gegenstand des vorliegenden Verfahrens bildet eine Persönlichkeitsrechtsverletzung durch eine Medienberichterstattung. Aus § 16 und § 78 UrhG ist ein postmortales Persönlichkeitsrecht abzuleiten. Zu den Persönlichkeitsrechten iSd § 16 gehört auch der Bildnisschutz nach § 78 UrhG. Nach der Rechtsprechung zu den postmortalen Persönlichkeitsrechten nach § 16 sind die nahen Angehörigen zur Geltendmachung des Unterlassungsanspruchs legitimiert. Gleiches gilt für §§ 77, 78 UrhG. Hingegen besteht keine Rechtsprechung zur Frage, ob Angehörige aus § 78 UrhG bzw der Verletzung postmortaler Persönlichkeitsrechte auch Schadenersatzansprüche für ideelle Schäden ableiten können. Der OGH schließt sich der überwiegenden Auffassung an, wonach ein Anspruch Angehöriger auf Ersatz immaterieller Schäden aus einer postmortalen Persönlichkeitsrechtsverletzung ausgeschlossen ist, weil beim Verstorbenen kein Gefühlsschaden eingetreten ist. Durch die Veröffentlichung des Lichtbildes seines Sohnes wurde das Recht des Klägers am eigenen Bild nicht verletzt.
Zusammenfassung: Eine Verletzung des § 78/1 UrhG kann für die nahen Angehörigen nur einen Anspruch auf Unterlassung und gegebenenfalls auf Veröffentlichung begründen (6 Ob 209/16b).
Anmerkung: Der Fall ereignete sich noch vor Inkrafttreten des HiNBG. Mittlerweile wurde – wie oben bereits erwähnt – im neuen § 17a/3 ausdrücklich eine Grundlage für Verwandte des Verstorbenen geschaffen, den Schutz des Andenkens geltend zu machen.

b) Gesellschaftsrecht

Verstirbt ein ***Gesellschafter*** einer OG oder ein Komplementär einer KG, so kommt es zur Auflösung der Gesellschaft, wenn der Gesellschaftsvertrag nichts Abweichendes vorsieht (auch bei Gesellschaft bürgerlichen Rechts und stiller Gesellschaft). Es besteht jedoch die Möglichkeit, durch einen Fortsetzungsbeschluss oder eine Fortsetzungsklausel den Fortbestand der Gesellschaft zu beschließen (§ 141 UGB). Anderes gilt beim Kommanditisten; sein Tod hat die Auflösung der Gesellschaft nicht zur Folge (§ 177 UGB). Ebenso sind Rechte an einer ***AG und GmbH vererblich*** (§ 76 GmbHG). Ob GmbH-Anteile unter Miterben nach den Erbquoten geteilt werden oder die Miterben ihre Rechte daraus nur gemeinschaftlich ausüben können, ist strittig. ME ist letztere Lösung, die keine Ipso-iure-Teilung des Geschäftsanteils annimmt, sondern nach Einantwortung von einer Rechtsgemeinschaft ausgeht, richtig, weil sie allgemeinen Regeln des Erbrechts entspricht, wonach Miterben Miteigentümer der geerbten Sachen werden. **7**

c) Leichnam

Ob der Leichnam eine Sache ist, wurde durch das ErbRÄG 2015 nicht klargestellt. Während er von einem Teil der Lehre als Sache qualifiziert wird, wird er von anderen als ***„ansprüchige" Sache*** angesehen. Das bedeutet, dass der Leichnam grds in niemandes Eigentum steht. Unumstritten ist, dass der Leichnam nicht in die Verlassenschaft fällt und der Verstorbene im Rahmen der öffentlich-recht- **8** lichen Vorschriften (zB kein Begräbnis im eigenen Garten) und der guten Sitten (zB kein Begräbnis in einer Badewanne) selbst über seinen Leichnam verfügen kann. Subsidiär entscheiden die nahen Angehörigen gemeinsam (unabhängig davon, ob sie auch Erben sind), wenn der Erblasser seinen Willen nicht geäußert hat und dieser auch nicht ermittelt werden kann (eine eigenmächtige Verlegung des Grabes unter Übergehung anderer naher Angehöriger verstößt allerdings gegen die postmortalen Persönlichkeitsrechte des Verstorbenen, s dazu schon oben Rz 6).

d) Unterhalt

9 Das ***Recht*** auf Unterhalt ist mit Ausnahme bereits fälliger Unterhaltsansprüche ***unvererblich, während*** die ***Pflicht*** zur Leistung des Unterhalts bis zum Wert der Verlassenschaft auf die Erben ***übergeht*** (s zu den gesetzlichen Unterhaltsansprüchen der Kinder §§ 233, 177/2 und des Ehegatten § 747). Mehrere Erben haften dem Unterhaltsberechtigten nach dem Verhältnis ihrer Erbteile und nur bis zur Höhe der Erbquote; eine Solidarhaftung besteht nicht. Auch diese Verbindlichkeit der Erben ist ihrerseits vererblich, endet also nicht mit deren Tod. Der ***Ausstattungsanspruch*** belastet die Verlassenschaft nur dann, wenn er bereits zu Lebzeiten ***gerichtlich*** geltend gemacht oder dem Anspruchsberechtigten ***vertraglich*** zugesagt wurde (zur Ausstattung s §§ 1220 ff).

4. Digitaler Nachlass

Literaturauswahl: *Böhsner,* Digitale Verlassenschaft – Tod im Social Network, Zak 2010, 368; *Thiele,* Der digitale Nachlass – Erbrechtliches zum Internet und seinen Diensten, jusIT 2010/79, 167; *Zankl,* Digitaler Nachlass, output 2016, 3/4, 12; *Kölbl,* Zum Anspruch des Erben auf Zugang zum vollständigen Benutzerkonto des Erblassers und den darin enthaltenen Kommunikationsinhalten gegenüber einem Sozialen Netzwerk, jusIT 2017/73, 172; *Pierer,* Postmortaler Schutz von Persönlichkeitsrechten (2018); *Zankl/Spruzina* (Hg), Der digitale Nachlass (2018); *Lee,* Durchsetzung des Zugangs zum digitalen Nachlass – ein kurzer Blick über den Tellerrand, JEV 2020, 182.

Judikaturauswahl: LG Berlin 20 O 172/15; BGH III ZR 183/17 (Benutzerkonto auf einem sozialen Netzwerk geht grds auf Erben über); BG Dornbirn 18 C 943/19v (Zugang der Erben zu Apple-Benutzerkonto und iCloud-Daten des Vestorbenen); BGH III ZB 30/20 (Benutzerkonto auf sozialem Netzwerk muss den Erben zugänglich gemacht werden – PDF-Datei mit Inhalt reicht nicht).

10 Unter dem digitalen Nachlass ist die ***Summe vererblicher digitaler Inhalte*** zu verstehen. Dazu gehören zB Homepages, Domains, E-Mail-Accounts, Blogs oder virtuelle Werte wie Bitcoins usw. Aber auch Fotos und Videos zB auf Flickr, Instagram, YouTube oder Musiktitel auf iTunes, E-Books usw und insb Profile, Accounts oder Pages auf Sozialen Netzwerken wie Facebook oder TikTok sind darunter einzuordnen.

Beispiele:
Ein 15-jähriges Mädchen ist unter ungeklärten Umständen (Suizid oder Unfall) ums Leben gekommen. Sie war von einer U-Bahn überfahren worden. Der U-Bahn-Fahrer verlangte für den erlittenen Schock Schadenersatz von den Eltern als Erben des Mädchens. Dieses hatte einen Facebook-Account, der mit ihrem Ableben in den sog Gedenkzustand versetzt wurde. Dieser Status bewirkt, dass ein Zugang zum Benutzerkonto nicht mehr möglich ist. Das Profil ist dabei für andere Nutzer zwar noch sichtbar, jedoch sind selbst für den Inhaber des Zugangscodes keine Daten, wie etwa die persönliche Kommunikation des Verstorbenen, einsehbar. Um Hinweise über Absichten oder Motive ihrer Tochter bezüglich eines etwaigen Suizids zu erhalten, verlangten die Eltern dennoch Zugang zum Account ihrer Tochter, was Facebook ua unter Hinweis auf die AGB und den darin vorgesehenen Gedenkzustand verweigerte. Das LG Berlin ging von der Vererblichkeit des Accounts aus und gab der Klage statt, weil die AGB (s dazu Rz 17) in Bezug auf den Gedenkzustand eine unangemessene Benachteiligung der Nutzer und ihrer Erben darstellen, wenn diese trotz Kenntnis des Passworts keinen Zugang zum Account des Verstorbenen erlangen können. Der BGH bestätigte dies, und sprach aus, dass auch das etwaige Bedürfnis der Kommunikationspartner des Erblassers nach Geheimhaltung der Nachrichten der Vererblichkeit nicht im Wege stehe. So erfolge der Abschluss des Nutzungsvertrags mit einem sozialen Netzwerk zwar in der Erwartung auf Vertraulichkeit der Nachrichten. Die Verpflichtung zur Übermittlung und Bereitstellung von Nachrichten sei jedoch konto-, und nicht personenbezogen. Der Absender könne daher zwar darauf vertrauen, dass die Nachrichten nur an das gewählte Benutzerkonto gesendet werden, nicht aber, dass nur der Kontoinhaber sie einsehen kann. Es bestehe daher kein schutzwürdiges Vertrauen darauf, dass Dritte keine Kenntnis vom Kontoinhalt erlangen. Auch zu Lebzeiten müsse nämlich mit einem Missbrauch des Zugangs oder mit der Zugangsgewährung durch den Kontoinhaber sowie im Todesfall eben mit der Vererbung des Vertragsverhältnisses gerechnet werden. Zudem verneinte der BGH auch das Bestehen datenschutzrechtlicher Bedenken, da die Weitergabe der Daten über Art 6/1 lit b DSGVO gerechtfertigt sei, weil sie der Erfüllung des vererbbaren Anspruchs auf Zugang zu dem Nutzerkonto diene; außerdem hätten die Eltern in dem gegenständlichen Fall auch hinreichend berechtigte Interessen iSd Art 6/1 lit f DSGVO gehabt. In einer weiteren Entscheidung vertrat der BGH die Ansicht, dass der Zugang zum Account vollständig ermöglicht werden müsse (Aufhebung des Gedenkzustands). Die Übergabe eines USB-Sticks mit PDF-Dateien des Inhalts des Accounts genüge daher nicht.
In diesem – auch hier vertretenen (Rz 14) – Sinne hat auch die heimische Judikatur vertreten, dass Apple den Erben Zugang zum Benutzerkonto und zu iCloud-Daten des Verstorbenen ermöglichen müsse (BG Dornbirn).

Der digitale Nachlass bereitet insoweit keine speziellen Probleme, als ein- **11**
schlägige Inhalte (zB digital gespeicherte Fotos oder geschäftliche Kontakte) ohne Weiteres – insb auf ***Datenträgern des Erblassers*** – zugänglich sind. Da die entsprechenden Datenträger sowie allfällige Urheberrechte vererblich sind (§ 23 UrhG), kann sie der Erbe – vorbehaltlich allfälliger postmortaler Persönlichkeitsrechte des Verstorbenen – nach allgemeinen Regeln des Erbrechts nutzen. Schwieriger wird die Rechtslage, wenn dritte ***Plattformbetreiber*** involviert sind, die Zugang zu digitalen Inhalten vermittelten. Dies ist immer öfter der Fall, weil digitale Daten (insb Fotos und Videos) mittlerweile einen derartigen Umfang haben, dass sie oft nicht mehr auf eigenen Datenträgern (PC, externe Festplatten, USB, DVD usw), sondern nur extern speicherbar sind. Daher werden sie

auf Plattformen wie YouTube, Instagram, Picasa, Dropbox oder eben auf Social Media wie Facebook abgelegt und geteilt.

12 ***Als Universalsukzessoren*** haben die Erben gegenüber solchen Plattformen sowohl ***Zugangs-*** als auch ***Nutzungsrechte*** an allen Rechten des Erblassers, sofern sie „nicht höchstpersönlicher Art" sind (§ 531). Durch den Tod erlöschen mithin „nur solche Rechte und Verbindlichkeiten, welche auf die Person eingeschränkt sind, oder die bloß persönliche Handlungen des Verstorbenen betreffen" (§ 1448, s dazu schon Rz 4).

13 Inwieweit Letzteres auf den digitalen Nachlass, insb auf Social-Media-Accounts, zutrifft, ist strittig. ZT wird diesbezüglich zwischen ***privaten und geschäftlichen Inhalten*** bzw auch danach unterschieden, inwieweit es sich um Inhalte ***mit oder ohne Vermögenswert*** handelt. Beide Unterscheidungen sind fragwürdig, weil sie praktisch schwer durchführbar sind. Überdies gehören im Allgemeinen auch Sachen ohne Vermögenswert (zB Tagebücher) zum Nachlass; dies auch dann, wenn sie – wie zB auch Familienalben oÄ – privat sind. Außerdem findet sich für entsprechende Differenzierungen kein gesetzlicher Anhaltspunkt.

14 Grds sind daher digitale Inhalte ***unabhängig*** davon vererblich, ob sie ***privat oder geschäftlich*** sind, und unterliegen jedenfalls dem Zugang der Erben. Die Erben sind insoweit zur Nutzung berechtigt, als diese nicht an die ***Person des Erblassers*** geknüpft war, wie zB die private Kommunikation mit Freunden.

15 Umgekehrt kann der Erblasser auch verfügen, dass bestimmte ***Accounts nicht fortgeführt,*** sondern nach seinem Tod ***gelöscht*** werden müssen. Durchsetzbar sind solche Anordnungen allerdings nur, soweit sie als Auflagen formuliert werden, was ausdrücklich erfolgen müsste, da sie sonst als unverbindlicher Wunsch angesehen werden könnten (vgl § 711). Probleme könnte dabei die Frage bereiten, ob derjenige, der bestimmte Accounts auf Verlangen des Erblassers löscht, dafür haftbar wird, zB gegenüber den (anderen) Erben oder Pflichtteilsberechtigten, denen damit ein Teil der Verlassenschaft entzogen wird. Dies ist wohl zu verneinen, da der Erblasser die Accounts auch zu Lebzeiten hätte löschen können (§ 354) und derjenige, der dies nach dem Erbfall erledigt, nicht rechtswidrig oder jedenfalls nicht schuldhaft handelt, wenn er dem diesbezüglichen Willen des Erblassers entspricht (vgl zu der Problematik auch Rz 135 f).

16 Zu beachten ist aber, dass der Erblasser nur insoweit über seinen digitalen Nachlass verfügen kann, als er nicht schon zu Lebzeiten bestimmte ***Einschränkungen*** – insb mit dritten Plattformen, auf denen sich digitale Inhalte befinden – vereinbart hat.

17 Solche Einschränkungen finden sich oft in den ***„Nutzungsbedingungen" (AGB) der Plattformbetreiber.*** ZB behält sich Twitter das Recht vor, inaktive Accounts sechs Monate nach dem letzten Tweet zu löschen. Erhält Facebook Nachricht vom Tod eines Users (durch Angehörige oder „Freunde" in Form eines Todesnachweises, der nicht nur durch Urkunden, sondern zB auch durch einen

Link zu einem Nachruf oÄ erbracht werden kann), so wird der Account auf entsprechenden Antrag in den ***„Gedenkzustand"*** versetzt (s das Bsp in Rz 10). Das Profil wird dann „in Erinnerung an …" angezeigt und eingefroren, sodass es zwar für „Freunde" noch sichtbar bleibt, die auch die Möglichkeit haben, auf der Pinnwand zu posten, nicht aber für Dritte. Eine Anmeldung zu diesem Account – und damit auch ein Zugang und weitere Nutzung – ist damit nicht mehr möglich, und zwar auch nicht für jemanden, der über die Zugangsdaten verfügt. Auch in den Nutzungsbedingungen des US-Konzerns Apple heißt es, dass ein Account nicht übertragbar ist und alle Rechte an der Apple-ID oder an Inhalten innerhalb des Accounts bei Tod des Inhabers enden. Das BG Dornbirn hat allerdings in einem Urteil ausgesprochen, dass Apple zur Herausgabe der Zugangsdaten des Verstorbenen zu dessen Benutzerkonto und iCloud-Daten verpflichtet ist (s Rz 10). Das Urteil entfaltet Präzedenzwirkung: In Österreich ist Erben nunmehr der Zugang zu Apple-Produkten und damit Erinnerungsstücken bzw persönlichen Inhalten des Verstorbenen möglich, die für Hinterbliebene bei der emotionalen Verarbeitung eines Todesfalls oftmals eine bedeutsame Rolle spielen.

Soweit diese (den Übergang einschränkenden) Regeln überhaupt die Geltungskontrolle passieren (sie befanden sich zB bei Facebook nicht in den Nutzungsbedingungen, sondern im Hilfebereich, womit iSd § 864a nicht gerechnet werden muss), ist fraglich, inwieweit dadurch allgemeine Regeln des Erbrechts modifiziert werden können. Dies ist grds nicht der Fall, weil die Regeln der Universalsukzession zwingend sind und daher nicht durch formlose Vereinbarung zwischen dem Erblasser und Dritten abbedungen werden können. Da ***Vererbliches (digitale Inhalte) nicht durch Vereinbarung unvererblich*** gemacht werden kann, fallen solche Inhalte trotzdem in den Nachlass. Der von Dritten gehostete Account des Erblassers geht daher nach allgemeinen Regeln des Erbrechts auf seine Erben über. **18**

Allerdings gilt dies nicht nur für die sich daraus ergebenden Rechte, sondern auch für die ***Verpflichtungen,*** die der Erblasser durch Abschluss des entsprechenden Vertrags (dem die entsprechenden AGB – ihre Gültigkeit und inhaltliche Angemessenheit vorausgesetzt – zugrunde liegen) eingegangen ist. Wenn er also akzeptiert hat, dass nur er, nicht aber seine Erben Zugang zu diesem Account haben, sind grds auch seine Erben daran gebunden. Er hätte die entsprechenden Inhalte auch dadurch dem Zugriff der Erben entziehen können, dass er seinen Account für den Fall seines Todes durch Facebook löschen lässt. Aus einem Größenschluss ergibt sich, dass nichts anderes im Zusammenhang mit – weniger einschneidenden – Vereinbarungen der vorliegenden Art gelten kann, die zwar keine Löschung bewirken, aber den entsprechenden Zugriff verhindern. **19**

Neben den Kernfragen der Universalsukzession (Rz 25 ff) und ihrem Verhältnis zu (abweichenden) AGB verschiedener Plattformbetreiber (Rz 17) stellen sich zahlreiche weitere Fragen in Bezug auf den digitalen Nachlass, zB: **20**

21 • Da auf Sozialen Netzwerken und überhaupt bei elektronischer Kommunikation häufig nicht der richtige Name verwendet wird (und diesbezüglich grds auch keine gesetzliche Verpflichtung besteht – keine „Real Name Policy"): Haben die Erben ***Auskunftsansprüche gegen Plattformbetreiber*** dahingehend, ob der Erblasser überhaupt einen Account gehabt hat? ME eher nicht, da es dafür keine gesetzliche Grundlage gibt. Insb passen die für Plattformbetreiber (= „Dienste der Informationsgesellschaft" iSd ECG) einschlägigen Auskunftspflichten des § 13 ECG und auch jene des Datenschutzrechts (§ 26 DSG, Art 15 DSGVO) nicht. Vertragliche Informationspflichten scheitern daran, dass die Erben aus den erwähnten Gründen nicht wissen, mit welchen Betreibern Verträge bestanden, dies aber beweisen müssten, bevor sie sich auf entsprechende Auskunftspflichten berufen könnten.

22 • Rechtsstellung des sog ***Nachlasskontakts*** von Facebook? Dieser kann zu Lebzeiten vom Nutzer eingesetzt werden, um nach dessen Tod bestimmte Rechte auszuüben, wenn der Account in den Gedenkzustand versetzt wurde. Der Nachlasskontakt hat aber insb nicht das Recht, sich zu dem Account des Verstorbenen anzumelden. Im Sinne der ständigen (aber fragwürdigen) Rsp zum Testamentsvollstrecker (s dazu Rz 129) ist anzunehmen, dass der Nachlasskontakt von den Erben abberufen werden kann.

23 • Kann der Erblasser den Erben (zB durch Auflagen) die ***Pflicht*** auferlegen, einen ***Account weiterzuführen?*** Wie bereits erwähnt, ist dies nur nach Maßgabe der einschlägigen AGB möglich, an die auch die Erben gebunden sind (s Rz 19).

24 • Geht man davon aus, dass die Erben zugangs- und nutzungsberechtigt werden: ***In wessen Namen*** können sie auftreten, nur im eigenen oder auch im oder unter dem Namen des Erblassers? Da der Erbe den Erblasser nicht vertritt, sondern an seine Stelle tritt, kann er auch nur im eigenen, nicht aber in oder unter dessen Namen auftreten.

2. Kapitel

Gesamtrechtsnachfolge (Erbfolge)

I. Allgemeines

Bei der Erbfolge (Gesamtrechtsnachfolge) geht es darum, wer ***Universalsukzessor*** des Verstorbenen wird, also vermögensrechtlich an seine Stelle tritt. Die Erbfolge betrifft somit das ***gesamte Vermögen*** des Verstorbenen oder einen ***quotenmäßig bestimmten Teil*** davon und unterscheidet sich insofern von der ***Einzelrechtsnachfolge,*** die nur ***einzelne Vermögensstücke*** betrifft (s Rz 178 ff). Demgegenüber tritt der Erbe vollständig und uno actu (durch Einantwortung) in die Rechtsposition des Verstorbenen ein und haftet somit als dessen Rechtsnachfolger auch für seine Schulden. Um Erbe werden zu können, sind drei Voraussetzungen erforderlich: 25

1. Berufungsgrund (Testament, Erbvertrag oder Gesetz, s gleich Rz 26 ff);
2. Erleben des Erbanfalls (Rz 254);
3. Erbfähigkeit (Rz 163 ff).

II. Arten

1. Gesetzliche Erbfolge

Literaturauswahl: *Gernot Fellner,* Zur Novellierung des Anerbengesetzes, NZ 1990, 292; *Preslmayr,* Wirksamwerden des Vaterschaftsanerkenntnisses und neues Erbrecht, NZ 1990, 217; *Ferrari-Hofmann-Wellenhof,* Zum gesetzlichen Erbrecht der Verwandten seit dem Erbrechtsänderungsgesetz 1989, NZ 1991, 245; *Paliege,* Neues im österreichischen Erbrecht, ZfRV 1991, 169; *Zankl,* Die Stellung des Ehegatten nach dem Erbrechtsänderungsgesetz, in *Harrer/Zitta* (Hg), Familie und Recht (1992) 545; *Rechberger/P. Oberhammer,* Zur Erbhofqualität überwiegend forstwirtschaftlich genutzter Großgrundbesitzungen, NZ 1993, 249; *Schauer,* Zum Anwendungsbereich des § 730 Abs 2, NZ 1993, 73; *Zankl,* Die erbrechtliche Stellung des Kindes im romanischen Rechtskreis, NZ 1994, 221; *derselbe,* Das gesetzliche Vorausvermächtnis des Ehegatten (1996); *derselbe,* Die Umsetzung der Empfehlung des Europarats „concernant les droits des epoux survivants" aus rechtsvergleichender Sicht, in GedS Hofmeister (1996) 715; *Welser,* Einsetzung auf bestimmte Teile und gesetzliches Erbrecht, NZ 1997, 345; *Zankl,* Das Wohnrecht des Ehegatten gemäß § 758 ABGB, immolex 1997, 145; *Fischer-Czermak,* Das Erbrecht des Kindes nach artifizieller Insemination, NZ 1999, 262; *Zankl,* Right of Succession of the Spouse and the Relatives – A Comparative Analysis, in *Hausmaninger/Koziol/Rabello/Gilead* (Ed), Developments in Austrian and Israeli Private Law (1999) 255; *Hauser,* Das gesetzliche Vorausvermächtnis bei der Ermittlung der Erb- und Pflichtteilsansprüche, NZ 2000, 27; *Zankl,* Internationale Ansätze einer zeitlichen Staffelung des Ehegattenerbrechts, ZfRV 2000, 75; *Jaksch-Ratajczak,* Miteigentumsgemeinschaft und Wohnrecht nach § 758 ABGB, NZ 2001, 422; *Priglinger,* Wohnungseigentum von Partnern im Todesfall, NZ 2003, 97; *C. Rabl,* Die Folgen der Enterbung für die gesetzliche Erbfolge, NZ 2003, 257;

Spitzer, Änderungen im Erbrecht durch das KindRÄG 2001, NZ 2003, 353; *Beclin,* Das Familien- und Erbrechtsänderungsgesetz 2004 – Teil II Erbrecht, JAP 2004/05, 61; *Zankl,* Entwicklungen im Erbrecht, in FS Welser (2004) 1231; *Fischer-Czermak,* Neueste Änderungen im Abstammungs- und Erbrecht, JBl 2005, 2; *Zemen,* Der Anerbe im Parentelensystem, JBl 2005, 27; *derselbe,* Zur Bestimmung des Anerben nach den Höfegesetzen von Kärnten und Tirol, NZ 2005, 353; *Konopatsch,* Englische Lösungen für österreichische Probleme im gesetzlichen Erbrecht? ZfRV 2006, 3; *Zemen,* Zur Bestimmung des Anerben nach § 3 Anerbengesetz, NZ 2006, 97; *derselbe,* Zum Vermächtnis des Erbhofes, NZ 2006, 200; *derselbe,* Fragen der Nachtragserbteilung im Anerbenrecht, JBl 2007, 29; *Holzner,* Wertungswidersprüche im neuen § 14 Abs 3 WEG? NZ 2008, 1; *W. Tschugguel,* Ein Repräsentationsfall oder doch Nachwirkungen des aufgehobenen § 730 Abs 2 ABGB? iFamZ 2008, 266; *Koch-Hipp,* Das gesetzliche Erbrecht der Nachkommen, JAP 2009/10, 49; *Zemen,* Zum Übernahmswert bei der bäuerlichen Hofübergabe unter Lebenden, JBl 2009, 560; *Gruber,* Der Erbverzicht im Anerbenrecht, in FS Woschnak (2010) 195; *W. Tschugguel,* Ein spezielles Problem der gesetzlichen Erbfolge, iFamZ 2010, 214; *derselbe,* Einige erbrechtliche Probleme an der Schnittstelle Abstammungsrecht/Ehescheidungsrecht – Erbrecht, in FS Woschnak (2010) 565; *Zemen,* Bäuerliche Hofübergabe unter Lebenden und (anerbenrechtliche) Nachtragserbteilung – Bäuerliches Gewohnheitsrecht und Rechtsprechung, JBl 2010, 487; *Aichberger-Beig,* Die Ehewohnung im Todesfall, E-FZ 2011, 41; *Eccher,* Ehegattenerbrecht und Güterausgleich, NZ 2011, 353; *Jaksch-Ratajczak,* Ehewohnung im Todesfall – Das Spannungsverhältnis zwischen schlichtem Miteigentum und Wohnrecht nach § 758 ABGB, E-FZ 2011/2, 4; *Ofner,* Ehegüterrechtlicher Ausgleich bei Tod eines Ehegatten? in FS 200 Jahre ABGB I (2011) 513; *W. Tschugguel,* (Wohn-)Voraus und (oder?) Pflichtteilsanspruch, iFamZ 2011, 339; *Welser,* Die Entwicklung des Erbrechts, in FS 200 Jahre ABGB I (2011) 713; *derselbe,* Reform des Ehegattenerbrechts, in FS Benn-Ibler (2011) 345; *Fischer-Czermak/Beclin,* Reformvorschläge für nichteheliche Lebensgemeinschaften, iFamZ 2012, 188; *A. Tschugguel,* Zum Verlauf der Erbrechtsgrenzen im Ehegattenerbrecht, NZ 2012/40; *Welser,* Die Reform des österreichischen Erbrechts, NZ 2012/1; *Fischer-Czermak,* Regelungsbedarf bei nichtehelichen Lebensgemeinschaften und Vorschläge de lege ferenda, 18. ÖJT II/2 (2013); *W. Tschugguel,* Wohnvoraus des Ehegatten in Kollision mit dem Pflichtteilsrecht der Kinder, iFamZ 2013, 254; *Cach,* Ein Erbrecht für Lebensgefährten? SPRW 2014, 415; *Mondel,* Der Umfang des gesetzlichen Erbrechts des Ehegatten bei Vorhandensein von (vorverstorbenen) Geschwistern, iFamZ 2014, 272; *derselbe,* Die Verjährung des Pflichtteilsanspruchs und deren Bedeutung für die Testamentserrichtung, iFamZ 2014, 35; *Vidmar,* Ehegattenunterhalt und Tod des Unterhaltspflichtigen, EF-Z 2014/100; *Zemen,* Die Antragsberechtigten bei der Nachtragserbteilung im Anerbenrecht, NZ 2014/116; *Barth/Pesendorfer,* Erbrechtsreform 2015 (2015); *Deixler-Hübner/Schauer,* Erbrecht NEU (2015); *Kolmasch,* Erbrechts-Änderungsgesetz 2015 (ErbRÄG 2015), Zak 2015, 250; *Pesendorfer,* Die Erbrechtsreform im Überblick, iFamZ 2015, 230; *C. Rabl,* Erbrechtsreform 2015 – Pflichtteilsrecht neu, NZ 2015, 321; *C. Rabl/Zöchling-Jud,* Das neue Erbrecht (2015); *Berek,* Ehegattenerbrecht (2016); *Cach,* ErbRÄG 2015 – Die Stellung des Lebensgefährten im Rahmen der gesetzlichen Erbfolge, Zak 2016, 267; *Die Presse,* Erbrecht: Viele Wissenslücken, viele Gründe zum Streiten – Umfrage, 28.11.2016; *Hofmair,* Erbunwürdigkeit und Enterbung nach dem ErbRÄG 2015, JEV 2016, 47; *Hueber,* Der Lebensgefährte im neuen Erbrecht, EF-Z 2016/142; *Kathrein,* Das neue Erbrecht, EF-Z 2016, 4; *A. Tschugguel,* Neue Repräsentationsfragen bei Enterbung und Pflichtteilsminderung, EF-Z 2016/61; *Verweijen,* ErbRÄG 2015 – zu den Rechten des Lebensgefährten, ÖJZ 2016/114; *Welser,* Die Fälligkeit von Pflichtteilsansprüchen und Legatsforderungen nach dem neuen Erbrecht, GesRZ 2016, 164; *Apathy,* Das gesetzliche Vermächtnis des Wohnrechts und des Hausrats nach dem ErbRÄG 2015, Zak 2017, 47; *Arnold/Schwarzenegger,* Die erbrechtliche Position von

Kindeskindern nach dem ErbRÄG 2015, JBl 2017, 152; *Brandstätter,* Die Stellung des Lebensgefährten im neuen Erbrecht, Zak 2017, 84; *Reith,* Quid novi? – Das ErbRÄG 2015 aus Sicht des Ehegatten und eingetragenen Partners, Zak 2017, 184; *Deixler-Hübner,* Der Ehevertrag[4] (2018); *Dengg/Schranz, Das dritte Geschlecht, RdM 2018/140*; *Fritzer,* Die Form der Schenkung unter Lebenden (2018); *Probst,* Anerben- und Höferecht, in *Gruber/Kalss/Müller/Schauer* (Hg), Erbrecht und Vermögensnachfolge[2] (2018) 123; *Scheuba,* Gesetzliche Erbfolge, in *Gruber/Kalss/Müller/Schauer* (Hg), Erbrecht und Vermögensnachfolge[2] (2018) 95; *Weber,* Notizen zum gesetzlichen Vorausvermächtnis gemäß Vorausvermächtnis gemäß § 745 ABGB, JEV 2018, 124; *Welser,* Der Erbrechts-Kommentar (2019); *Mondel,* Aus der Erbrechtspraxis des Dr. M. Nacherbschaft bei gemeinsamem Wohnungseigentum der Partner, iFamZ 2019, 255; *Neumayr,* Das gesetzliche Unterhaltsvermächtnis, NZ 2020/26; *Schmidt*, Trying to Square the Circle: Comparative Remarks on the Rights of the Surviving Spouse on Intestacy, Edinburgh Law Review, vol 24 (2020) 123-131; *Walch,* Der Grundsatz des Wohlbestehenkönnens im bäuerlichen Erbrecht, NZ 2021/20; *Leidwein,* Der Erbhof – Grundlagen und Verfahren, NZ 2021/21; *Dollenz/Krebs*, Zur Übertragbarkeit der Anerbenstellung, EF-Z 2022/85; *Schoditsch*, Spätes Erbrecht für uneheliche Kinder? NZ 2022/115; *Fucik,* Initiativantrag betreffend ein Bundesgesetz, mit dem das Allgemeine Bürgerliche Gesetzbuch geändert wird (Abstammungsrechts-Anpassungsgesetz 2023 – AbAG 2023), eingebracht, ÖJZ 2023/158; *Miernicki*, Wann gehören Kunstgegenstände zum gesetzlichen Vorausvermächtnis gem § 745 ABGB? (Teil I & II) EF-Z 2023/4.

Judikaturauswahl: 5 Ob 553/93 (Gesetzliches Erbrecht unehelicher Kinder); 5 Ob 137/94 (Ehegattenwohnungseigentum); 9 Ob 508/94 (Gesetzliches Vorausvermächtnis und Anwaltshaftung); 7 Ob 644/95 (Vorausvermächtnis besteht nur bzgl Hauptwohnsitz); 7 Ob 2303/96v (Gesetzliches Vorausvermächtnis und Pflichtteilsverzicht); 1 Ob 2364/96w (Gesetzliches Vorausvermächtnis bei Pflegebedürftigkeit); 4 Ob 88/97p (Gesetzliches Erbrecht und Anwachsung); 1 Ob 216/98s (Gesetzliches Vorausvermächtnis und Amtshaftung); 2 Ob 346/00x (Sofortiger Anfall des Erbrechts beim Nasciturus); 6 Ob 13/02h (Umfang und Einschränkung des gesetzlichen Vorausvermächtnisses); 6 Ob 44/03v (Verkehrswertschätzung des Erbhofes); 3 Ob 231/04y (Reichweite des Anspruchs nach § 97); 2 Ob 187/06y (Kein Verlust des Vorausvermächtnisses bei Wegzug aufgrund von Gewalttätigkeiten des Erblassers); 7 Ob 145/09p (Grenzen des Eintrittsrechts nicht selbstbestimmungsfähiger Minderjähriger nach § 14 MRG); 7 Ob 196/10i (Eintrittsrecht nach dem Tod des Hauptmieters); 6 Ob 30/11x (Einstehen für Folgen eines formungültigen Testaments durch den Ehegatten); 8 Ob 108/11g (Vertragspflichten des Notars bei § 758); 6 Ob 82/12w (Erziehung auf der Landwirtschaft); 5 Ob 134/12k (Gesetzliches Vorausvermächtnis); 6 Ob 156/13d (Übernahmspreis nach TirHöfeG); 6 Ob 211/13t (Unterhaltsschuld); 6 Ob 114/14d (Auswahl des Anerben); 2 Ob 129/16h (Schenkungsanrechnung nach Hofübergabe – Bestimmung des Übernahmswerts); 2 Ob 151/16v (Bestimmung des Übernahmswerts); 2 Ob 220/16s (Bestimmung des Übernahmswerts); VfGH G 409/2017-15 (Letztwillige Verfügung gilt mit Trennung vom Lebensgefährten als aufgehoben – keine Verfassungswidrigkeit); 2 Ob 148/17d (Bestimmung des Übernahmswerts); 2 Ob 162/17p (Schenkung auf den Todesfall im Anerbenrecht); 2 Ob 235/17y („Erbhof" wird nach objektiver Nutzbarkeit bestimmt); 5 Ob 144/18i (Verzicht auf das Wohnrecht des überlebenden Ehegatten durch Vergleich); 2 Ob 39/19b (Behauptungs- und Beweislast für Erbquote bei der Erbschaftsklage); 2 Ob 54/19h (Erbhofgemeinschaft); 2 Ob 62/19k (Kommorientenvermutung nur bei Beweis der Unrichtigkeit der Sterbeurkunde anwendbar); 3 Ob 35/20y (Mindestmaß an wirtschaftlicher Verflechtung als Voraussetzung für Lebensgemeinschaft); 2 Ob 83/21a (Pflichtteilsrecht bei Erbhof-Schenkung); VfGH G 359/2021 (Ausschluss unehelicher Kinder vom gesetzlichen Erbrecht war verfassungswidrig); 2 Ob 65/23g (Erbhof).

a) Allgemeines

26 Die ***gesetzliche Erbfolge*** (in Anknüpfung an die römischrechtliche Tradition auch als **„Intestaterbfolge"** bezeichnet) kommt zum Tragen, wenn der Verstorbene keinen Erben bestimmt oder nur über einen Teil seines Vermögens verfügt (man spricht von der „gesetzlichen Erbfolge bezüglich des Rests" oder von der „gemischten Erbfolge"); ferner dann, wenn die letztwillige Verfügung ungültig ist oder die eingesetzten Erben nicht zur Erbschaft gelangen (weil sie zB vor dem Erblasser gestorben sind oder sich entschlagen). Im Einzelnen richtet sich die gesetzliche Erbfolge nach dem Parentelensystem (dazu Rz 32 ff), also nach starren Strukturen, die versuchen, dem typischen Willen eines Verstorbenen Rechnung zu tragen, auf die Gegebenheiten des Einzelfalles und die tatsächlichen Lebensverhältnisse aber nicht Bedacht nehmen. So kann es geschehen, dass ein Verwandter zum Erben berufen wird, den der Verstorbene zeitlebens nie gesehen hat oder mit dem er womöglich sogar verfeindet war. Gesetzliche Erben können (grundlos) ausdrücklich oder stillschweigend (durch Testament oder Enterbung ohne Enterbungsgrund; s Rz 237 ff) von der Intestaterbfolge ausgeschlossen werden.

27 Da die wenigsten Verstorbenen ein Testament hinterlassen – nach Umfragen nur 13 % (andere sprechen von 20 %) –, kommt der gesetzlichen Erbfolge in der Praxis dennoch besondere ***Bedeutung*** zu.

28 Wichtigste Voraussetzung für die gesetzliche Erbfolge ist die Feststellung der ***Abstammung.*** Diese ist im Einzelnen in den §§ 143 ff geregelt (s dazu Rz 29 f).

b) Verwandtenerbrecht

aa) Leibliche Verwandtschaft

29 Das *Intestaterbrecht* des ABGB beruht auf dem ***Prinzip der Familienerbfolge*** (s dazu bereits Rz 2). Zu den gesetzlichen Erben gehören der Ehegatte und diejenigen Personen, die mit dem Verstorbenen in nächster Linie verwandt sind ***(„Blutsverwandtschaft")***. So haben etwa der Schwiegersohn oder die Stiefmutter kein gesetzliches Erbrecht, weil sie mit dem Erblasser nicht verwandt, sondern bloß verschwägert sind. Zwischen ***ehelicher und unehelicher Verwandtschaft*** besteht (seit der Erbrechtsnovelle 1989; jüngst hat der VfGH in einem Erk die Verfassungswidrigkeit des § 754/3 idF BGBl 1970/342, wonach einem unehelichen Kind hinsichtlich der Verwandten des Vaters kein gesetzliches Erbrecht zustand, rückwirkend festgestellt) kein Unterschied. Die (seit dem KindNamRÄG 2013 noch verbliebenen) Bestimmungen über die Ehelichkeit des Kindes samt den daraus entspringenden Rechtswirkungen sind daher für das Erbrecht nicht von Relevanz.

30 Als ***Mutter*** ist die Frau anzusehen, die das Kind geboren hat (§ 143). Inwieweit sich diese Bestimmung auf nicht-binäre Personen anwenden lässt, ist nicht vollends geklärt und wird aufgrund des eindeutigen Gesetzeswortlauts (arg „Frau") und den

biologischen Gegebenheiten wohl zu negieren sein. Hinsichtlich der Abstammung des Kindes hat der Gesetzgeber jüngst durch das Abstammungsrechts-Anpassungsgesetz 2023 (AbAG 2023) umfassende Anpassungen vorgenommen, um vor allem der jüngeren Rechtsprechung des Verfassungsgerichtshofs Rechnung zu tragen. Die Abstammung des Kindes von einem Mann ist nunmehr dann zu bejahen, wenn dieser entweder mit der Mutter im Zeitpunkt der Geburt verheiratet ist oder mit dieser in einer verschiedengeschlechtlichen eingetragenen Partnerschaft lebt bzw als Ehemann oder eingetragener Partner der Mutter nicht früher als 300 Tage vor der Geburt des Kindes verstorben ist, die Vaterschaft anerkannt hat oder wenn seine Vaterschaft gerichtlich festgestellt wurde (§ 144/1 idF AbAG 2023). Die Feststellung der Nichtabstammung kann entweder vom Ehemann bzw eP der Mutter oder vom Kind selbst beantragt werden. Die Frist für diesen Antrag beträgt zwei Jahre ab Kenntnis entsprechender Umstände und ist ua gehemmt, solange die antragsberechtigte Person minderjährig oder nicht entscheidungsfähig ist oder sie wegen eines unvorhergesehenen oder unabwendbaren Ereignisses an der Antragstellung gehindert ist (§ 153/2). Gem § 144/2 idF AbAG 2023 ist – soweit Abs 1 keine Anwendung findet – anderer Elternteil die Frau oder andere Person, die in einer familienrechtlichen Beziehung iSd Abs 1 zu der Mutter steht, die Elternschaft anerkannt hat oder deren Elternschaft gerichtlich festgestellt wurde. Dies stellt insoweit eine Neuerung dar, als es nicht mehr ausschließlich auf eine allfällige medizinisch-unterstützte Fortpflanzung nach dem FMedG ankommt, sondern – in Umsetzung eines Erk des VfGH – es gleichgeschlechtlichen Paaren auch möglich sein muss, andere Methoden der Fortpflanzung (zB Heiminsemination; siehe hierzu die Legaldefiniton in § 154a [neu], wonach es ausschließlich darauf ankommt, dass die dritte Person [Spender] ihren Samen im Wissen um den Zweck der nicht-medizinischen Fortpflanzungsmethode überlässt) zu wählen. Um für Rechtssicherheit zu sorgen und ein späteres Disponieren zu Lasten der Elternschaft zu verhindern, wurde ein neuer § 152a geschaffen, demzufolge es einer Person, die mit der Mutter zu den in § 144 Abs 1 und 2 angegebenen Zeitpunkten verheiratet ist oder in eingetragener Partnerschaft lebt und die einer nicht-medizinisch unterstützten Fortpflanzung mit dem Samen einer dritten Person zugestimmt hat, verwehrt ist, zu einem späteren Zeitpunkt die Feststellung zu begehren, dass das mit dem Samen gezeugte Kind nicht von ihr stammt.

Hat der Ehemann, die Ehefrau, oder der/die eP der Mutter einer medizinisch unterstützten Fortpflanzung nach dem FMedG mit dem Samen eines Dritten mittels Notariatsaktes zugestimmt, gilt er/sie als Vater/anderer Elternteil des Kindes (§ 148/3). Der Samenspender kann nicht als Vater festgestellt werden (§ 148/4). Diese Regeln gelten seit dem AbAG 2023 gleichermaßen für Methoden der nicht-medizinischen Fortpflanzung (§ 148/3a und 5), also zB bei Geschlechtsverkehr der Mutter mit einem Dritten.

Da der Vaterschaft im Erbrecht (wie auch in anderen Rechtsbereichen) wesentliche Bedeutung zukommt, hat der gesetzliche Vertreter des außerehelichen **31**

Kindes (idR die Mutter) dafür zu sorgen, dass die Vaterschaft festgestellt wird, außer wenn die Feststellung der Vaterschaft für das Wohl des Kindes nachteilig ist oder die Mutter von ihrem Recht, den Namen des Vaters nicht bekannt zu geben, Gebrauch macht (§ 149). Die Feststellung der Vaterschaft kann durch gerichtlichen Beschluss oder durch ein persönliches Anerkenntnis des Vaters in einer öffentlichen oder öffentlich beglaubigten Urkunde erfolgen. Dem Kind steht es aber immer noch frei, die Feststellung seiner Abstammung auch dann zu beantragen, wenn die Vaterschaft eines anderen Mannes bereits feststeht.

Beispiel aus der Rechtsprechung:
Sachverhalt: Der Verstorbene war seit 23.9.1999 mit der Antragsgegnerin verheiratet. Er brachte 2005 die Scheidungsklage ein. Über dieses Begehren war im Zeitpunkt seines Todes am 7.6.2007 noch nicht entschieden. Er lebte seit November 2006 mit der Zweitantragstellerin in einer Lebensgemeinschaft. Am 11.6.2007 wurde bei der Zweitantragstellerin eine Schwangerschaft ärztlich bestätigt und daraufhin im Verlassenschaftsverfahren nach dem Verstorbenen für das ungeborene Kind ein Kurator bestellt. Dieses Kind, die Erstantragstellerin, wurde am 4.2.2008 geboren. Mit Einantwortungsbeschluss vom 30.1.2009 wurde der Nachlass der Erstantragstellerin und der Antragsgegnerin aufgrund des Gesetzes eingeantwortet, nachdem beide ihr wechselseitiges Erbrecht zugestanden hatten. Der Verstorbene ist der außereheliche Vater der Erstantragstellerin. Die Antragstellerinnen beantragten mit Eingabe vom 25.9.2009 ua die Feststellung, dass der Verstorbene der außereheliche Vater der minderjährigen Erstantragstellerin sei. Dies stellte das Erstgericht mit dem angefochtenen Beschluss fest, wobei es in der rechtlichen Beurteilung darlegte, dass ein positiver Abstammungsbeweis iSd § 163/1 (idF vor dem KindRÄG 2001, nunmehr in § 148/1 geregelt) nicht gelungen sei. Nach Abs 2 der Bestimmung (nun § 148/2) könne auf Antrag des Kindes als Vater aber auch der Mann festgestellt werden, der der Mutter innerhalb der kritischen Frist beigewohnt habe, es sei denn, dieser weise nach, dass das Kind nicht von ihm abstamme. Eine solche Feststellung sei nach Ablauf von zwei Jahren nach dem Tod des Mannes zwar grds nicht mehr möglich, davon bestehe aber eine Ausnahme dann, wenn das Kind nachweise, dass ihm der positive Abstammungsbeweis aus Gründen aufseiten des Mannes nicht gelinge. Hier sei der positive Abstammungsbeweis mangels Verfügbarkeit genetischen Materials, somit aus rechtlichen Gründen, die aufseiten des Mannes lägen, nicht möglich. Der Antragsgegnerin sei die Widerlegung der Vermutung der Zeugung ebenfalls nicht gelungen, weshalb die Vaterschaft aufgrund der Beiwohnungsvermutung festzustellen sei. Das Rekursgericht bestätigte diese Entscheidung.
Aus der Begründung: Der erkennende Senat schließt sich der in 7 Ob 75/07s vertretenen Ansicht an, dass weder aus den Erläuterungen noch aus dem Gesetzestext der Schluss zu ziehen ist, dass die in § 163/2 2. Satz (nun § 148/2 2. Satz) genannten Gründe aufseiten des Mannes verschuldensabhängig sein müssten. So wie im dortigen Fall aufgrund „des degradierenden Effektes von Formalin auf die DNA" das vorhandene Gewebematerial für ein DNA-Gutachten nicht brauchbar war, ist es auch hier der Sphäre des Mannes zuzurechnen, wenn trotz wiederholter Bemühungen eine Gewebeprobe nicht erlangt werden kann.
Zusammenfassung: In der „Sphäre des Mannes" iSd § 148/2 letzter Satz liegt es auch, wenn sein genetisches Material nicht mehr geeignet ist, ein DNA-Gutachten zu erstatten (2 Ob 98/12v).

32 Im Einzelnen erben die Verwandten nach dem sog ***Parentelensystem.*** Dieses schafft eine erbrechtliche Ordnung innerhalb der familienrechtlichen Verwandt-

schaftsbeziehungen. Es bestimmt die Reihenfolge, nach der die Verwandten zur Erbschaft berufen werden. Der Ausdruck „Parentel“ (von „parens“ – Elternteil) bezeichnet die Stammeltern und ihre Nachkommen (§ 731): Alle Personen, die dieselben Stammeltern oder denselben Stammelternteil haben (einschließlich der Stammeltern selbst) bilden eine Parentel („Linie“). Die Parentelen kommen nacheinander an die Reihe (die nähere schließt die entferntere aus). Daher können Angehörige der zweiten Parentel nur dann erben, wenn aus der ersten Parentel niemand vorhanden ist, Angehörige der dritten Parentel werden durch die zweite Parentel ausgeschlossen usw. Verwandte verschiedener Parentelen können somit niemals gleichzeitig zur gesetzlichen Erbfolge berufen sein. Die äußere Hierarchie der Parentelen beruht also auf dem Grundsatz ***„jung vor alt“***; die Verlassenschaft hat sohin insgesamt die Tendenz, nach unten zu sinken.

Steht das Vorhandensein von Erben einer bestimmten Parentel fest, schließen vorhandene Erben ihre Nachkommenschaft aus. Die Erbfolge innerhalb der einzelnen Parentelen ist damit genau umgekehrt: Der Nachlass (Verlassenschaft) steigt wieder auf, lebende Vorfahren schließen ihre Nachkommen aus ***(„alt vor jung“).*** 33

Zur ***ersten Parentel*** gehören die Deszendenten (Nachkommen) des Verstorbenen, also seine Kinder, Enkel, Urenkel, usw. Wenn alle Kinder noch leben, so teilen sie sich die Erbschaft „nach Köpfen“ und schließen ihre Nachkommen vom Erbrecht aus (§ 732: ***„einer für alle“***). Unter der Bedingung ihrer Lebendgeburt fällt bereits gezeugten, aber im Todeszeitpunkt noch ungeborenen Kindern („*nascituri*“) das Erbrecht sofort an (§ 22). Gelangt ein Kind hingegen nicht zur Erbschaft (weil es zB erbunfähig oder vorverstorben ist), so fällt sein Anteil seinen Nachkommen zu gleichen Teilen zu, die es („nach Stämmen“) repräsentieren (§ 733: ***„alle für einen“***). 34

Beispiele:

Xaver hinterlässt zwei Söhne (Anton und Bruno), eine Tochter (Claudia) und deren Söhne Daniel und Erich. Anton, Bruno und Claudia erhalten je ein Drittel der Verlassenschaft, Daniel und Erich gehen leer aus (Abb 1).

Xaver hinterlässt die Tochter Anna und den Sohn der vorverstorbenen Tochter (Enkel Bruno). Anna und Bruno erhalten je die Hälfte (Abb 2).

Xaver hinterlässt drei Söhne (Anton, Bruno und Clemens) und die Kinder (Enkel Daniel und Erich) der vorverstorbenen Tochter. Anton, Bruno und Clemens erhalten je ein Viertel, Daniel und Erich erhalten das Viertel ihrer Mutter, also je ein Achtel (s Abb 3).

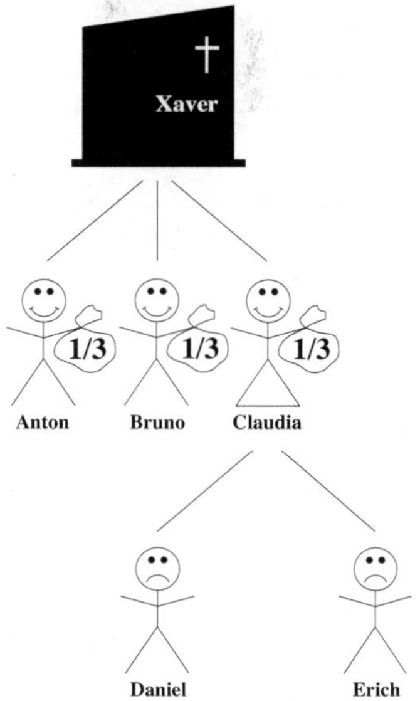

Abb. 1

Abb. 2

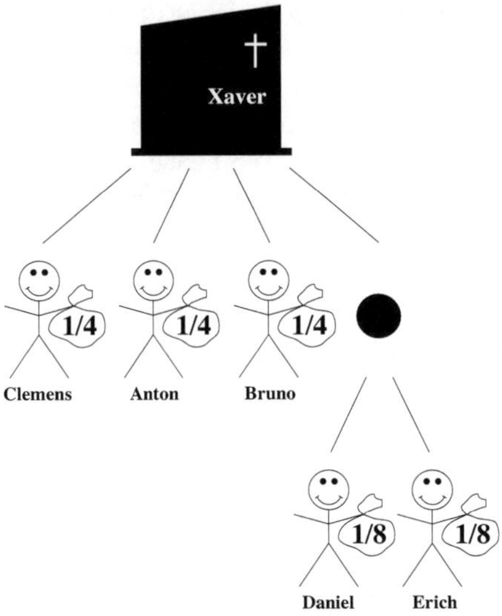

Abb. 3

35 Zu beachten ist auch die ***Unterscheidung zwischen formeller und materieller Repräsentation.*** Während es sich bei der materiellen Repräsentation um eine derivative Ableitung des Rechts vom Vormann handelt, entsteht das Recht bei der formellen Repräsentation neu. Ein Ausdruck der materiellen Repräsentation ist der Erbverzicht gem § 551 (auch die Nachkommen des Verzichtenden sind vom Erbrecht ausgeschlossen). Demgegenüber sind § 541 (Erbunwürdigkeit), §§ 769 ff (Enterbung) und § 776 (Pflichtteilsminderung) Beispiele der formellen Repräsentation (anstelle des Erbunwürdigen/Enterbten/Geminderten kommen seine Nachkommen zum Zuge; sie erben „über den Erbunwürdigen hinweg" (*Welser*).

36 Zur ***zweiten Parentel*** gehören die Eltern des Verstorbenen und deren Nachkommen (§ 735). Lebende Eltern schließen ihre Nachkommen aus („alt vor jung") und erben zu gleichen Teilen (je die Hälfte). Ein vorverstorbener Elternteil wird nach den oben dargestellten Grundsätzen von seinen Nachkommen repräsentiert („alle für einen"). Sind beide Elternteile vorverstorben, erhalten damit die Halbgeschwister weniger als die vollbürtigen Geschwister (da ja die den Eltern jeweils zustehende halbe Erbportion auf deren jeweilige Nachkommen nach Köpfen aufgeteilt wird). Hat ein vorverstorbener Elternteil keine (lebende) Nachkommenschaft, so fällt seine Erbportion dem anderen Elternteil zu. Lebt auch dieser nicht mehr, so kommen dessen Nachkommen zum Zug (§ 737).

Beispiele:
Xaver hinterlässt seinen Vater Anton, dessen Tochter Ilse (Halbschwester), seinen Großvater Franz, seinen (vollbürtigen) Bruder Bruno, dessen Söhne (Neffen Gustav und Hanno) und seine Nichten Dora und Eva (Kinder der vorverstorbenen vollbürtigen Schwester Claudia). Anton erhält eine Hälfte, die andere Hälfte der vorverstorbenen

Mutter geht an ihre Nachkommen. Bruno erhält daher ein Viertel, das andere Viertel der Schwester Claudia teilen sich deren Nachkommen Dora und Eva, die daher je ein Achtel erhalten. Franz, Gustav, Hanno und Ilse gehen leer aus (Franz nach dem Grundsatz „jung vor alt" [zweite vor dritter Parentel], Gustav, Hanno und Ilse nach dem Grundsatz „alt vor jung" [Vorfahren vor Nachkommen innerhalb der Parentel], Abb 4).

Wäre auch Anton bereits verstorben, so würde er auch durch seine Tochter Ilse repräsentiert, die sich die Hälfte ihres Vaters mit ihrem Halbbruder Bruno und den Nachkommen ihrer Halbschwester Claudia (Dora und Eva) teilen müsste, während die Hälfte der vorverstorbenen Mutter bei ihren Nachkommen bliebe. Ilse und Bruno erhielten daher je ein Sechstel, Dora und Eva je ein Zwölftel (Hälfte des Vaters). Bruno erhielte außerdem ein Viertel (insgesamt also 5/12), Dora und Eva außerdem je ein Achtel (Hälfte der Mutter), insgesamt also je 5/24 (Abb 5).

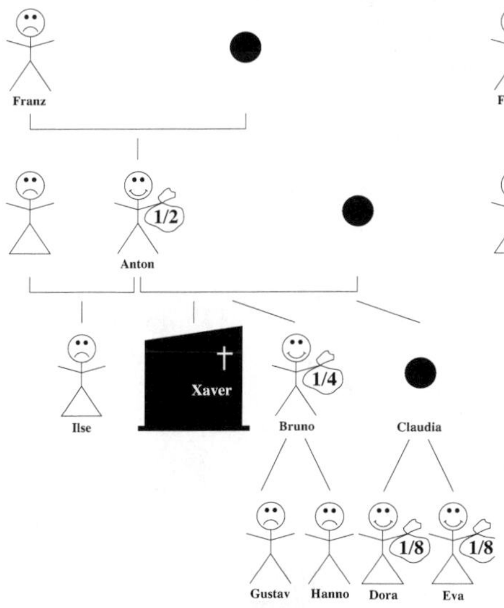

Abb. 4

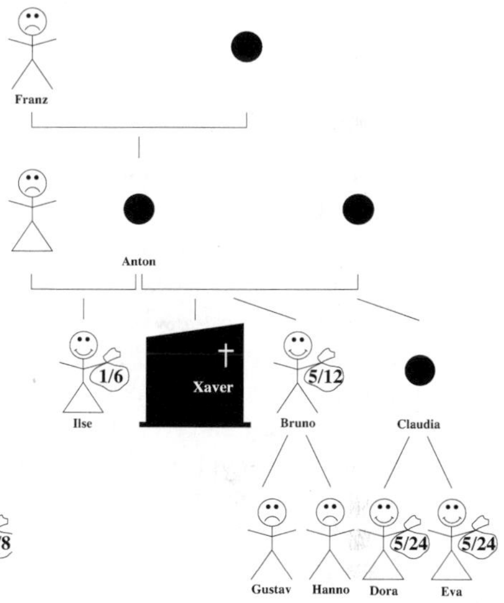

Abb. 5

Die ***dritte Parentel*** besteht aus den (vier) Großeltern des Verstorbenen und deren Nachkommen (§ 738). Jeder Großelternteil erhält ein Viertel. Lebt einer von ihnen nicht mehr, so treten an seine Stelle zuerst seine Nachkommen, dann der überlebende Großelternteil der gleichen elterlichen Seite, dann dessen Nachkommen, und wenn auch solche nicht vorhanden sind, das andere Großelternpaar, wo sich der Vorgang wiederholt (§§ 738 ff). 37

Beispiel:
Xaver hinterlässt väterlicherseits seine Großmutter Anna, den Onkel Bruno und die Cousinen Claudia und Dora (Töchter des vorverstorbenen Onkels Erich). Mütterlicherseits lebt nur noch der uneheliche Sohn Franz der Großmutter Gerda (halbbürtiger Onkel des Verstorbenen). Franz erhält eine Hälfte, die andere teilen sich Anna (ein Viertel) und die Nachkommen des vorverstorbenen Großvaters väterlicherseits (Bruno erhält ein Achtel, das Achtel des vorverstorbenen Erich teilen sich seine Nachkommen Claudia und Dora, die daher je ein Sechzehntel erhalten, Abb 6).

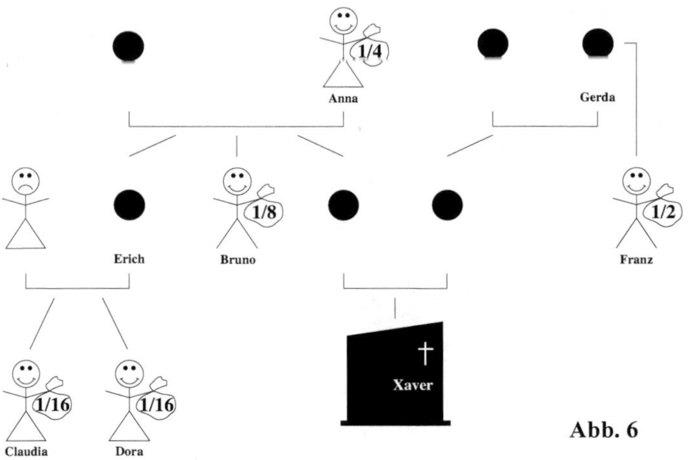

Abb. 6

38 Die ***vierte Parentel*** besteht aus den Urgroßeltern des Verstorbenen und deren Nachkommen. Zur Vermeidung extremer Zersplitterung der Verlassenschaft werden aber aus der vierten Parentel nur noch die acht Urgroßelternteile selbst berufen (§ 741). Deren Nachkommen sind von der Erbschaft ausgeschlossen ***(„Erbrechtsgrenze“:*** keine Repräsentation). Ist ein Urgroßelternteil vorverstorben, so gelangt sein Achtel an den anderen Teil des Paares. Lebt auch dieser nicht mehr, so gelangt das Viertel dieses Paares an das (väterlicherseits oder mütterlicherseits) zunächst verbundene Paar. Wenn auch dieses nicht vorhanden ist, fällt der Anteil an die beiden anderen Urgroßelternpaare, wo er entsprechend verteilt wird (Abb 7).

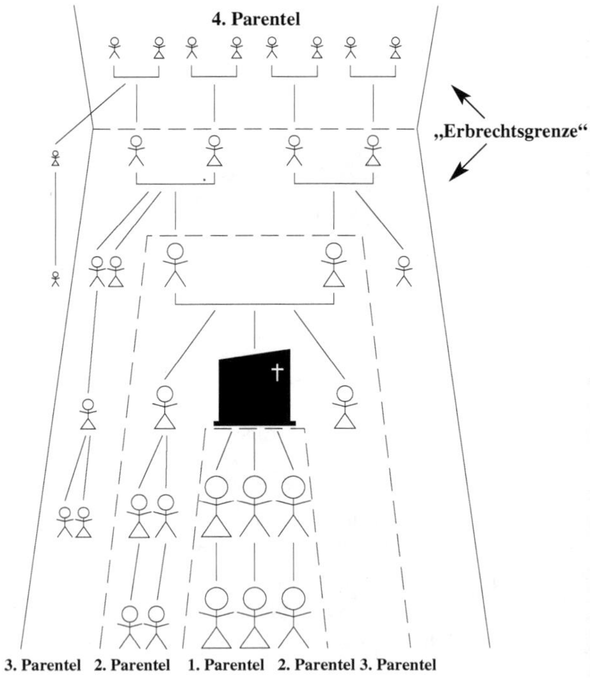

Abb. 7: Parentelsystem

bb) Wahlverwandtschaft

39 Durch die Annahme an Kindes statt entstehen zwischen dem Adoptierenden und seinen Nachkommen einerseits und dem Adoptivkind und seinen bei der An-

nahme minderjährigen (sowie während aufrechter Adoption später geborenen) Nachkommen andererseits die gleichen Rechte wie durch leibliche Abstammung (§ 197). Diese Personen beerben einander daher ***wie leibliche Verwandte*** (die ***Pflegekindschaft*** gem §§ 184, 185 begründet demgegenüber keine erbrechtlichen Wirkungen). Daneben bleibt das Erbrecht zwischen dem Adoptivkind (sowie seinen bei der Adoption minderjährigen oder später geborenen Nachkommen) und seinen ***leiblichen Eltern*** und deren Verwandten aufrecht (§ 199). Stirbt das Wahlkind ohne Hinterlassung von Erben in der ersten Parentel, gehen in der zweiten Parentel die Wahleltern bzw deren Nachkommen den leiblichen Eltern vor (§ 199/2). In der dritten und vierten Parentel ist die Wahlverwandtschaft nicht erbberechtigt, da sich die Wirkung der Adoption nur auf den Adoptierenden und seine Deszendenten, nicht aber auf seine Aszendenten erstreckt.

Beispiel:
A adoptiert das Wahlkind W und stirbt in der Folge vor seiner Mutter B. W kann A nicht repräsentieren und ist daher gegenüber B nicht erbberechtigt, weil sich die Wirkung der Adoption nur auf die Nachkommen, nicht aber auf die Vorfahren des A bezieht. Nur durch Transmission – wenn also A zwar nach B, aber vor der Einantwortung stirbt (dazu Rz 261) – könnte W Erbin der B werden, indem sie das A angefallene Erbrecht gegenüber B erbt.

Bei Adoption durch eine einzelne Person verdrängt diese das Erbrecht des entsprechenden leiblichen Elternteils. Die Verlassenschaft wird also in zwei Hälften geteilt; eine Hälfte erhält der Wahlelternteil und die andere Hälfte der andersgeschlechtliche leibliche Elternteil. Ist der Wahlelternteil ohne Hinterlassung von Nachkommen vorverstorben, so erhält seine Hälfte der leibliche Elternteil. Ist hingegen der leibliche Elternteil ohne Hinterlassung von Nachkommen vorverstorben, ist strittig, ob seine Erbportion der andere leibliche Elternteil oder der Wahlelternteil erhält. **40**

Beispiele:
Das Adoptivkind hinterlässt seine leiblichen Eltern, die Wahlmutter und ein Kind des vorverstorbenen Wahlvaters. Die Wahlmutter erbt die Hälfte, die andere Hälfte fällt kraft Repräsentation dem Kind des Wahlvaters zu. Ist auch dieses vorverstorben, so erhält die Wahlmutter die Hälfte des Wahlvaters kraft Zuwachses.

Zum Zeitpunkt der Adoption durch die Wahleltern A und B hat der Wahlsohn W bereits eine 25-jährige Tochter E. Stirbt E, erbt ausschließlich ihre Blutsverwandtschaft, da sich die Wirkungen der Adoption nur auf die bei der Annahme minderjährigen Kinder des W beziehen. Hinterlässt E also keine Erben in der ersten und zweiten Parentel, kommen in der dritten Parentel auf Großelternseite väterlicherseits die leiblichen Eltern des W bzw deren Nachkommen zum Zug, nicht aber A und B. Hat zum Zeitpunkt der Adoption auch E den einjährigen Sohn U, entsteht trotz dessen Minderjährigkeit zwischen ihm und A bzw B kein Erbrecht, da die Person, die das Erbrecht vermittelt (E), zum Zeitpunkt der Adoption vom Erbrecht ausgeschlossen war.

c) Ehegattenerbrecht

Gem § 744 zählt der Ehegatte zum Kreis der gesetzlichen Erben. Aufgrund des mit 1.1.2017 in Kraft getretenen (ErbRÄG 2015, BGBl I 2015/87) gesetz- **41** lichen Gleichlaufs (§§ 744 ff) zwischen den Instituten der Ehe und der eingetragenen Partnerschaft beziehen sich alle Ausführungen zum Ehegatten ebenso auf den eingetragenen Partner. Gesetzlich erbberechtigt ist demnach der Ehegatte bzw eingetragene Partner (§ 744). Verlobte oder Lebensgefährten (zu diesen s Rz 56 ff) beerben einander daher grds (s aber das außerordentliche Erbrecht des Lebensgefährten, Rz 157 f) ebenso wenig wie geschiedene Ehegatten, und zwar unabhängig vom Verschuldensausspruch anlässlich der Scheidung (§ 746). Grds hat daher der Ehegatte bis zur Auflösung der Ehe ein gesetzliches Erbrecht. Eine Ausnahme besteht nur dann, wenn im Zeitpunkt des Erbfalls eine Vereinbarung über die Aufteilung des Gebrauchsvermögens und der Ersparnisse iSd §§ 81 EheG für den Fall der Rechtskraft der Auflösungsentscheidung vorliegt. Die Vermögensaufteilung geht demnach dem Erbrecht des überlebenden Ehegatten oder eingetragenen Partners vor (was allerdings nur dann Sinn ergibt und teleologisch daher entsprechend reduziert verstanden werden sollte, wenn es sich um eine umfassende Vereinbarung handelt). Eine Vermögensvereinbarung dieser Art wird va im Rahmen einer einvernehmlichen Scheidung und Auflösung der eingetragenen Partnerschaft geschlossen (§§ 55a EheG; 15 EPG). Es kann jedoch auch bei einer streitigen Verschuldensscheidung zu einer derartigen Vereinbarung kommen.

42 Der ***Ehegatte*** erbt ***neben den Parentelen.*** Sein Erbrecht schmälert das Erbrecht der Verwandten, weil sich deren Erbquoten auf eine um die Portion des Ehegatten verringerte Verlassenschaft beziehen. Seine Erbquote hängt davon ab, mit welcher Parentel er konkurriert: Neben Kindern des Erblassers und deren Nachkommen (erste Parentel) bekommt der Ehegatte ein Drittel der Verlassenschaft und neben den Eltern des Verstorbenen (zweite Parentel) zwei Drittel. Im Vergleich zur alten Rechtslage wurde das Ehegattenerbrecht durch das ErbRÄG 2015 (nach dem FamErbRÄG 2004 erneut) gestärkt: Wenn der Verstorbene keine Nachkommen hinterlassen hat, kommen neben dem Ehegatten nur noch die Eltern (nicht aber zB die Geschwister) zum Zug. Darüber hinaus kommt der Erbteil eines vorverstorbenen Elternteils nicht mehr dem überlebenden Elternteil, sondern ebenfalls dem Ehegatten zu. Sind weder gesetzliche Erben aus der ersten noch aus der zweiten Parentel (Eltern) vorhanden, so gebührt dem Ehegatten die gesamte Verlassenschaft (Erbrechtsgrenze ist hier also schon die zweite Parentel). Diese weitere Verbesserung der Rechtsstellung des Ehegatten auf Kosten anderer nahestehender Verwandter (insb Geschwister) und der Eltern (kein Zuwachs bei Vorversterben eines Elternteils an den anderen) ist rechtspolitisch fragwürdig, weil die Ehe – anders als die Verwandtschaft – auflösbar ist und auch tatsächlich in rund 40 % aller Fälle durch Scheidung aufgelöst wird. Dass somit ein Ehegatte unabhängig davon, wie lange er mit dem Verstorbenen verheiratet war (uU nur wenige Tage oder Wochen), nahen Angehörigen des Verstorbenen vorgeht, ist nicht einzusehen, zumal der Ehegatte ohnedies schon durch das gesetzliche Vorausvermächtnis (s Rz 48 ff) gegenüber diesem Personenkreis privilegiert ist, der oft – nämlich in den häufigen Fällen, in denen die Verlassenschaft ausschließlich aus den Gegenständen des gesetzlichen Voraus besteht – vom Ehegatten voll-

kommen verdrängt wird. Verschärft wird dies auch noch durch den vom ErbRÄG 2015 vorgesehenen Entfall des Pflichtteils der Eltern (s Rz 233), sodass Vermögen häufig auch dann auf die angeheiratete Familie übergeht, wenn es aus der biologischen Familie stammt.

Beispiele:
Der Verstorbene hinterlässt die Ehegattin Eva und zwei Kinder. Die Ehegattin erhält daher ein Drittel der Verlassenschaft, die Kinder insgesamt zwei Drittel, also jedes Kind ein Drittel (Abb 8).

Der Erblasser hinterlässt neben seiner Ehegattin seinen Großvater mütterlicherseits und eine Tante (Schwester seiner Mutter). Die Ehegattin erbt die gesamte Verlassenschaft (Abb 9). Der Verstorbene hinterlässt neben der Ehegattin Eva seinen Halbbruder Paul (väterlicherseits), Max, den Sohn seiner vorverstorbenen Schwester Nina, und seine Mutter Anna. Eva erbt als Ehegattin neben den Eltern zwei Drittel der Verlassenschaft. Die Eltern erhalten somit jeweils ein Sechstel. Da der Vater vom Verstorbenen vorverstorben ist, kommt sein Teil ebenfalls der Ehegattin Eva zu. Eva erhält somit fünf Sechstel, Anna ein Sechstel der Verlassenschaft (Abb 10).

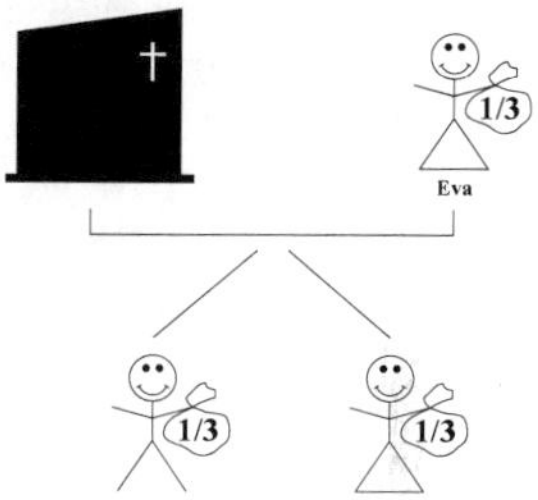

Abb. 8

Abb. 9

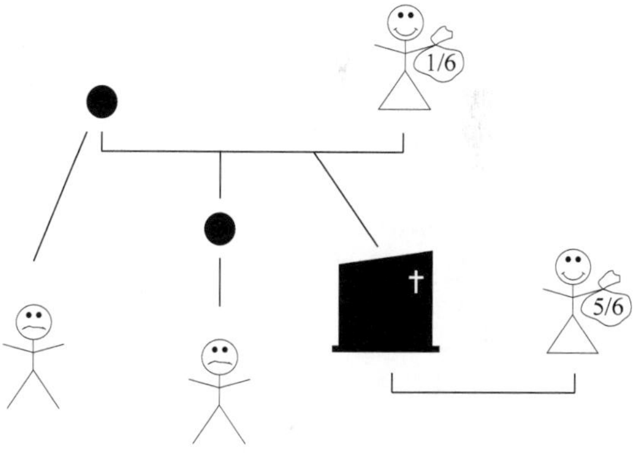

Abb. 10

43 Beim Ehegattenerbrecht gibt es ***keine Repräsentation.*** Die mit dem Verstorbenen nicht verwandten Nachkommen eines vorverstorbenen Ehegatten (zB Kinder aus einer früheren Ehe) treten also nicht an seine Stelle, sie können aber das dem Ehegatten bereits angefallene Erbrecht erben (Transmission; dazu unten Rz 261).

44 Auf den Erbteil des Ehegatten ist alles ***anzurechnen*** (genauer dazu unten Rz 281), was dieser durch Ehepakt (Gütergemeinschaft auf den Todesfall) oder Erbvertrag aus dem Vermögen des Verstorbenen erhält (§ 744/2).

45 Neben dem gesetzlichen Erbrecht stehen dem Ehegatten ***Sonderrechte*** zu, und zwar:

46 1. ***Unterhaltsanspruch (§ 747)***: Solange der Ehegatte nicht wieder heiratet, hat er gegen die Erben bis zum Wert der Verlassenschaft (und damit unabhängig von der Art der abgegebenen Erbantrittserklärungen) einen Unterhaltsanspruch, auf den er sich aber eigenes Vermögen und die Erträgnisse einer tatsächlichen oder zumutbaren Erwerbstätigkeit sowie alles anrechnen lassen muss, was er nach dem Verstorbenen durch vertragliche oder letztwillige Zuwendung, als gesetzlichen Erbteil, als Pflichtteil, durch öffentlich-rechtliche oder privatrechtliche Leistung erhält. Der Anspruch richtet sich nach den § 94 oder § 12 EPG (angemessener Unterhalt), bei rechtmäßiger Enterbung hingegen nach § 777 (notwendiger Unterhalt). Der Unterhaltsanspruch des überlebenden Ehegatten ist dabei nicht durch die hypothetische Entwicklung der Leistungsfähigkeit des verstorbenen Ehegatten oder durch dessen voraussichtliche Lebensdauer beschränkt.

47 Der Unterhaltsanspruch geht den ***Gläubigern*** und nach herrschender, wenn auch fragwürdiger Auffassung (vgl § 777, wonach selbst dem enterbten Pflichtteilsberechtigten der notwendige Unterhalt gebührt, sodass dieser offenbar stärker ist als der Pflichtteil) den ***Pflichtteilsberechtigten im Rang nach,*** den ***Legataren*** jedoch im Rang ***vor*** (§ 691 ordnet dies für das Unterhaltsvermächtnis an, der Vorrang muss aber umso mehr für den gesetzlichen Unterhalt gelten). Er ist auf Zahlung einer Geldrente gerichtet, außer dem Ehegatten wurde durch Vertrag oder letztwillige Anordnung eine Naturalversorgung zugewendet.

48 2. ***Gesetzliches Vorausvermächtnis (§ 745)***: Diesem kommt in der Praxis große Bedeutung zu. Dem Ehegatten gebühren als gesetzliches Vorausvermächtnis – unabhängig davon, mit welchen Verwandten er konkurriert – auch die zum ehelichen Haushalt ***gehörenden*** beweglichen Sachen, soweit sie zu dessen Fortführung entsprechend den bisherigen Lebensverhältnissen erforderlich sind; außerdem hat er das ***Recht, in der Ehewohnung weiter zu wohnen***. Das gesetzliche Vorausvermächtnis ist gem § 685 sofort fällig (s Rz 187).

49 Sinn und Zweck des gesetzlichen Vorausvermächtnisses ist, dem überlebenden Ehegatten die bisherigen Lebensverhältnisse zu erhalten und zu sichern. Das *Wohnrecht* des § 745 ist die „erbrechtliche Fortsetzung" des § 97, im Unterschied zu dieser Bestimmung – und damit wertungswidrig – aber unabhängig von einem konkreten Wohnbedarf. Es gebührt also auch dann, wenn der Überlebende – neben der Ehewohnung – eine eigene Wohnung hat. Der wohnberechtigte Ehegatte darf die Ehewohnung wie zu Lebzeiten des Verstorbenen benützen, ohne dem Erben hiefür ein Entgelt leisten zu müssen. Er trägt aber die Lasten (vgl § 653/2), welche mit der Benützung der Wohnung verbunden sind (zB Betriebskosten, nicht aber Hypotheken; Letztere betreffen die Substanz der Wohnung, die nicht dem Ehegatten, sondern dem Erben zukommt – str). Die Wohnung, auf die sich das Wohnrecht bezieht, muss zur Verlassenschaft gehören (keine Verschaffung aus eigenen Mitteln des Erben), was zB dann nicht der Fall ist, wenn sie von den Ehegatten aufgrund eines Fruchtgenussrechts des Verstorbenen benützt wurde (vgl § 529: usus fructus erlischt im Zweifel mit dem Tod des Fruchtnießers und ist daher nicht in seiner Verlassenschaft). Eigentum wird vom hinterbliebenen Ehegatten an der Ehewohnung – im Gegensatz zu den zum ehelichen Haushalt gehörenden beweglichen Sachen – freilich nicht erworben, sondern vielmehr ein **bloß schuldrechtliches Forderungsrecht**, das keinerlei sachenrechtliche Wirkung entfaltet.

Auch dem ***Lebensgefährten*** kann ein Anspruch auf den gesetzlichen Voraus **50**
zustehen; allerdings nur dann, wenn eine Wohnungsgemeinschaft in den letzten drei Jahren bestanden hat und der Verstorbene zum Zeitpunkt des Todes weder verheiratet war noch in einer eingetragenen Partnerschaft gelebt hat (§ 745/2). Entsprechend der Regelung des außerordentlichen Erbrechts des Lebensgefährten (s dazu Rz 157 f), kann vom gemeinsamen Haushalt abgesehen werden, wenn erhebliche, entweder gesundheitliche oder berufliche, Gründe entgegenstanden, jedoch eine für Lebensgefährten typische besondere Verbundenheit bestand. In solchen Fällen wird wohl auf die Wirtschafts- und Geschlechtsgemeinschaft abzustellen sein. Gemeinsame Kinder sind ein (wenn auch widerlegbares) Indiz für eine derartige starke Verbundenheit.

Es bestehen allerdings zwei wesentliche ***Unterschiede zum gesetzlichen Vo-*** **51**
rausvermächtnis des Ehegatten: Zum einen steht dem Lebensgefährten **in Bezug auf die Haushaltsgegenstände** nur ein Nutzungsrecht zu (während der überlebende Ehegatte – siehe oben – Eigentum daran erlangt), und weiters sind die Rechte, in der gemeinsamen Wohnung zu leben und die zum gemeinsamen Haushalt gehörenden beweglichen Sachen zu benützen, ***mit einem Jahr nach dem Tod*** des Verstorbenen ***befristet.*** Das Recht, in der Ehewohnung zu wohnen wird als ein auflösend befristetes, schuldrechtliches Benützungsrecht qualifiziert. Die rechtliche Einordnung der zum Haushalt gehörenden beweglichen Sachen in Bezug auf den Lebensgefährten ist umstritten.

Beispiel aus der Rechtsprechung:
Sachverhalt: Der am 13.9.1994 Verstorbene war der Vater der Kläger und der Ehegatte der Beklagten. Er bewohnte bis zu seinem Tod mit der Beklagten das Haus T-Straße 4 und hatte seine Miteigentumsanteile daran den Klägern, welchen die restlichen Miteigentumsanteile zustanden, auf den Todesfall geschenkt. Die ursprüngliche Konstruktion (Schenkung unter Lebenden mit lebenslänglichem Wohnrecht des Verstorbenen) wurde nur aus steuerlichen Gründen nicht verwirklicht und an deren Stelle die letzterwähnte Konstruktion gewählt.

Aus der Begründung: Die vorliegende Schenkung auf den Todesfall erfolgte nur, um die mit der ursprünglich geplanten Einräumung eines Wohnrechts an den Verstorbenen verbundenen steuerlichen Nachteile abzuwehren. Geht man vom wahren Vertragswillen der Parteien aus, sollte ihm nur ein Wohnrecht eingeräumt werden, das aber gem § 529 mit seinem Tod erloschen und daher nicht mehr in seine Verlassenschaft gefallen wäre. Die Zugehörigkeit zur Verlassenschaft wäre aber Voraussetzung für das Wohnrecht gem § 758 (§ 745 nF) gewesen.
Zusammenfassung: Voraussetzung für das Wohnrecht gem § 758 (§ 745 nF) ist die Zugehörigkeit der Ehewohnung zur Verlassenschaft (7 Ob 2303/96v).
Anmerkung: Konstruierte und ergebnisorientierte Lösung (die Parteien wollten keine Schenkung unter Lebenden und haben daher auch keine geschlossen).

52 Vom Voraus erfasst sind va jene Fälle, in denen die Ehegatten in der ***Eigentumswohnung*** oder im ***Haus des Verstorbenen*** gelebt haben (bei Mietwohnungen und gemeinsamen Eigentumswohnungen ist der überlebende Ehegatte idR durch § 14 MRG und § 14 WEG 2002 vor dem Verlust der Ehewohnung geschützt, das Vermächtnis an der Ehewohnung ist diesen Bestimmungen gegenüber als **subsidiär** zu betrachten!). Bei Vorhandensein mehrerer Wohnungen steht dem Ehegatten das Wohnrecht am bisherigen Hauptwohnsitz zu. Das Wohnrecht ist höchstpersönlich und erlischt daher mit dem Tod des berechtigten Ehegatten/eP, ebenso bei dessen (freiwilligem) Auszug (konkludenter Verzicht). Demgegenüber **erlischt** es **nicht** im Falle einer Wiederverheiratung sowie der Begründung einer eingetragenen Partnerschaft (str).

Beispiel aus der Rechtsprechung:
Sachverhalt: Die Verlassenschaft des verstorbenen Vaters der Antragstellerin (ASt) wurde dieser zu zwei Dritteln und der Witwe (der Stiefmutter der ASt), der Antragsgegnerin (AG), zu einem Drittel eingeantwortet. Die ASt hatte nach der Scheidung ihrer Eltern bei der Mutter gelebt. Ab und zu kam sie zu ihrem Vater, der mit der AG in einem Einfamilienhaus wohnte, auf Besuch und hatte in dem Haus auch ein eigenes Zimmer. Die ASt begehrt eine gerichtliche Benützungsregelung dahin, dass ihr ein Zimmer (ihr ehemaliges Schlafzimmer) zur ausschließlichen Benützung und die Gemeinschaftsräume zur gemeinsamen Benützung zugewiesen werden. Die AG hält dem den Umfang des gesetzlichen Vorausvermächtnisses entgegen.
Aus der Begründung: Das gesetzliche Vorausvermächtnis soll dem überlebenden Ehegatten seine bisherigen Lebensverhältnisse erhalten und sichern. Der Umfang des Wohnungsanspruchs wird durch die tatsächlichen Lebensverhältnisse zum Todeszeitpunkt bestimmt, bleibt also inhaltlich gleich. Voraussetzung einer im außerstreitigen Verfahren zu treffenden Benützungsregelung unter Miteigentümern unter Berücksichtigung der Anteile ist die Verfügbarkeit des Objekts (der Wohnung). Bestandrechte oder sonstige Benützungsrechte stehen der begehrten Benützungsregelung entgegen. Dies muss grds auch für die Ehewohnung gelten, an der dem überlebenden Ehegatten ein gesetzliches Benützungsrecht zusteht.
Die ASt hatte zu Lebzeiten ihres Vaters kein vertraglich eingeräumtes Recht auf Mitbenützung des Hauses. Sie durfte nur anlässlich der Besuche im Haus übernachten und das Haus mitbenützen. Das in der nahen Blutsverwandtschaft begründete Wohnen der ASt war jederzeit widerruflich. Es war also der ASt kein Wohnrecht eingeräumt und das Wohnrecht der Stiefmutter eingeschränkt, wodurch eine Interessenabwägung nach Billigkeit ausscheidet.

Die Ehegattin hat Anspruch auf Beibehaltung ihrer bisherigen Lebensverhältnisse. Dem aus § 758 (§ 745 nF) abzuleitenden Zweck stünde schon ein „aufgedrängtes" regelmäßiges Besuchen durch die ASt entgegen, umso mehr die von ihr angestrebte weitergehende Benützungsregelung mit der Zuweisung von Räumen zur ausschließlichen Benützung, wodurch gerade der in stRsp abgelehnte Zustand herbeigeführt würde, dass die Wohnverhältnisse der Witwe eine einschneidende Änderung zu ihren Lasten erfahren, die bisherigen Lebensverhältnisse also entgegen der Absicht des Gesetzgebers nicht aufrechterhalten werden.
Zusammenfassung: Das gesetzliche Vorausvermächtnis des Ehegatten kann nicht durch eine Benützungsregelung eingeschränkt werden, die der erblasserischen Tochter, die zu Lebzeiten des Erblassers nur von Zeit zu Zeit in der Ehewohnung zu Besuch war, die ausschließliche Benützung eines Zimmers und die Mitbenützung der gesamten Ehewohnung ermöglicht (6 Ob 13/02h).

Beispiel aus der Rechtsprechung:
Sachverhalt: Die Streitteile sind Kinder des 1999 Verstorbenen (E). Dieser war ua Eigentümer der streitgegenständlichen Liegenschaft, auf der sich die Ehewohnung befand. Aufgrund des abgeschlossenen Erbübereinkommens wurden die Streitteile zu bestimmten Quoten Eigentümer der Liegenschaft. Die Witwe des Verstorbenen nahm das gesetzliche Vorausvermächtnis des Wohnrechts in Anspruch und lebt nach wie vor in der ehemaligen Ehewohnung. Die Klägerin begehrt die Aufhebung des Miteigentums und Teilung der Liegenschaft durch Zivilteilung. Die Beklagte beruft sich ua darauf, dass die Witwe noch in der Ehewohnung lebt, einer Zivilteilung daher das Hindernis der Unzeit entgegenstehe.
Aus der Begründung: Gem § 830 kann jeder Teilhaber einer Eigentumsgemeinschaft die Aufhebung der Gemeinschaft begehren, jedoch nicht zur Unzeit oder zum Nachteil der Übrigen. Unzeit ist ein objektiver, außerhalb der Beteiligten bestehender und aus der Beschaffenheit der Sache resultierender Umstand, der die Teilung zum gegebenen Zeitpunkt unzweckmäßig und für beide Teile schädlich macht.
Gemäß § 758 (§ 745 nF) gebühren dem überlebenden Ehegatten, sofern er nicht rechtmäßig enterbt worden ist, als gesetzliches Vorausvermächtnis das Recht, in der Ehewohnung weiter zu wohnen, und die zum ehelichen Haushalt gehörenden beweglichen Sachen, soweit sie zu dessen Fortführung entsprechend den bisherigen Lebensverhältnissen erforderlich sind. Durch dieses Vorausvermächtnis sollten nach dem erklärten Willen des Gesetzgebers dem überlebenden Ehegatten die bisherigen Lebensverhältnisse erhalten und gesichert werden. Das gesetzliche Vorausvermächtnis des Wohnrechts setzt nach stRsp voraus, dass das Recht auf Benützung der Ehewohnung in die Verlassenschaft fällt. Diese Voraussetzung ist im vorliegenden Fall nicht zu bezweifeln. Das gesetzliche Vorausvermächtnis gewährt einen schuldrechtlichen Anspruch gegen die Erben oder sonst durch das Vermächtnis Beschwerte. Der Beschwerte ist verpflichtet, alles zu tun, damit dem Ehegatten das Wohnen auf Dauer ermöglicht wird.
Der dargelegte Zweck des gesetzlichen Vorausvermächtnisses erfordert es im hier zu beurteilenden Fall, den Einwand der Beklagten unter dem Blickwinkel des Teilungshindernisses der Unzeit zu prüfen und den Unzeitbegriff des § 830 so auszulegen, dass er mit dem Zweck des gesetzlichen Vorausvermächtnisses nach § 758 (§ 745 nF) in Einklang steht. Das Wohnrecht der Witwe ist ein aus der Beschaffenheit des Vorausvermächtnisses resultierender, auf alle Erben (somit auch auf die Klägerin) in gleicher Weise wirkender Umstand, der eine Teilung während aufrechten Rechtsbestands unzweckmäßig macht. Wollte man ein Teilungshindernis verneinen und der Teilungsklage stattgeben, könnte ein Dritter im Wege der gerichtlichen Versteigerung (dass sich die

Miteigentümer nach den hier gegebenen Umständen auf eine andere, das Wohnrecht der Witwe sichernde Art der Verwertung einigen könnten, ist sehr unwahrscheinlich) den Zuschlag erhalten, ohne an das bloß obligatorische Wohnrecht der Witwe gebunden zu sein. Die Witwe würde durch den Zuschlag gerade jenen Schutz verlieren, den ihr der Gesetzgeber ausdrücklich durch Schaffung des Vorausvermächtnisses zuerkennen wollte und zu dessen Erhalt die Erben (und damit auch die Klägerin) schuldrechtlich verpflichtet werden.

Im Übrigen ist das aus dem Vorausvermächtnis resultierende Wohnrecht der Witwe weder übertragbar noch vererblich, es erlischt – sofern nicht schon vorher allenfalls auch durch schlüssiges Verhalten darauf verzichtet wird – jedenfalls mit dem Tod der Berechtigten. Nach Auffassung der Lehre kann es auch aus wichtigem Grund vorzeitig aufgelöst werden. Das aus dem Vorausvermächtnis erfließende Wohnrecht besteht daher bloß „vorübergehend", seine Beendigung ist absehbar. Es verwirklicht daher – zumindest nach dem hier vorliegenden Sachverhalt – das Teilungshindernis der Unzeit. Dieses wirkt sich auch im Verhältnis zwischen den hier am Rechtsstreit beteiligten Parteien unmittelbar aus, weil sowohl die Klägerin als auch die Beklagte an das Vorausvermächtnis unmittelbar schuldrechtlich gebunden sind. Der aus dem gemeinsamen Rechtsverhältnis erhobene Einwand des Teilungshindernisses war der Beklagten daher nicht verwehrt.

Zusammenfassung: Die Miteigentümer einer ihnen vererbten Liegenschaft samt darauf befindlichem Haus können so lange keine Teilungsklage einbringen, als die Witwe das ihr in derselben Verlassenschaft im Rahmen des gesetzlichen Vorausvermächtnisses eingeräumte Wohnrecht ausübt. Es liegt das Teilungshindernis der Unzeit vor (6 Ob 233/04i).

53 Bezüglich der ***Haushaltsgegenstände*** gibt es zwar die Unterscheidung zwischen großem und kleinem Voraus schon seit dem ErbRÄG 1989 nicht mehr, dafür muss zwischen (zur Fortsetzung des Haushalts nach den bisherigen Lebensverhältnissen) „erforderlichen" und „nicht erforderlichen" Sachen differenziert werden (§ 745). Nicht zum Voraus gehört daher zB ein Fernsehapparat, der zwar zum gemeinsamen Haushalt gehörte, dort aber vorwiegend vom Verstorbenen benützt wurde, um Sportübertragungen zu verfolgen, wenn sich der überlebende Ehegatte mit dem anderen, ebenfalls zum Haushalt gehörenden Fernsehgerät Spielfilme ansah. In den Voraus fällt in diesem Fall nur das letztere Gerät. Zu den beweglichen Sachen iSd § 745 gehören auch Rechte (vgl § 285). Daher können zB auch Leasingverträge in den Voraus fallen, wenn sie sich auf Haushaltsgegenstände beziehen (zB Kfz). Dasselbe gilt für wertvolle Sachen (zB Gemälde, Antiquitäten), soweit sie zum Haushalt gehört haben. Dies ist dann der Fall, wenn sie sich zB im Vor- oder Wohnzimmer der gemeinsamen Wohnung befunden haben, nicht aber dann, wenn sie in einem Safe oder Lager untergebracht waren. Ob digitale Kunstformen (worunter in einem weiten Begriffsverständnis alle Kunstwerke zu verstehen sind, die in digitaler Form zu Verfügung gestellt werden oder überwiegend unter Verwendung von digitalen Technologien geschaffen werden) oder Methoden ihrer Individualisierung, etwa in Form von NFT (non-fungible tokens), ebenso vom Voraus erfasst sind, ist umstritten und wohl zu verneinen: Es handelt sich dabei idR um unkörperliche Sachen, deren Unterstellung unter die Kategorie der „beweglichen Sachen“ den sachenrechtlichen Grundsätzen des ABGB widerspricht; Eine ausdrückliche gesetzliche Regelung wie für Rechte (§ 298) besteht nicht. Diskutiert wird bisweilen eine „Zurechnung“ über den körperlichen, beweglichen Datenträger (etwa die Festplatte oder den Bildschirm). Selbst bei Bejahung dieser Form scheinen die anderen Voraussetzungen (Erforderlichkeit, Haushaltszugehörigkeit) eher fraglich.

Aufgrund der Sonderbestimmung des § 285a – wonach Tiere zwar keine Sachen sind, rechtlich aber als solche behandelt werden – sind Tiere, im Lichte der gesetzgeberischen Absicht (nämlich dem Verlust vertrauter Dinge vorzubeugen), wohl vom Voraus erfasst.

Für die Bewertung des Vorausvermächtnisses sind die Werte der Haushaltsgegenstände sowie der kapitalisierte Wert des Wohnrechts heranzuziehen.

Der Voraus hat ***Pflichtteilscharakter***, sodass ihn der Ehegatte durch Erbunwürdigkeit, (rechtmäßige) Enterbung und grds auch durch Erbverzicht (da dieser iZw auch das Pflichtteilsrecht beseitigt; dazu Rz 171) verliert, nicht hingegen dadurch, dass ihm der Verstorbene eine andere Wohnung oder andere Sachen zur Haushaltsführung vermacht (keine Surrogation). Der überlebende Ehegatte muss sich das Vorausvermächtnis nicht auf einen etwaigen Erbteil, wohl aber auf den Pflichtteil (§ 780) anrechnen lassen, zum Pflichtteil anderer Pflichtteilsberechtigter muss er mit dem Voraus nicht beitragen (§ 764/2); besteht daher die Verlassenschaft ausschließlich aus Vorausgegenständen (was in der Praxis häufig der Fall ist, weil viele Verlassenschaften ausschließlich aus der Wohnung und Einrichtung bestehen), gehen die übrigen Pflichtteilsberechtigten völlig leer aus, was insb in Bezug auf Nachkommen des Verstorbenen wertungswidrig ist. Sehr wohl geht das Vorausvermächtnis – wie jedes Vermächtnis – allerdings den Verlassenschaftsverbindlichkeiten nach. **54**

Beispiel aus der Rechtsprechung:
Sachverhalt: Der Verstorbene starb unter Hinterlassung zweier volljähriger Kinder und seiner Ehegattin. Die beiden Kinder wurden testamentarisch zu Erben berufen, die Ehegattin blieb auf den Pflichtteil beschränkt. Im Verlassenschaftsverfahren beantragte die Ehegattin die Schätzung des ihr gem § 758 (§ 745 nF) zustehenden Wohnrechts; die Ehewohnung war ein Einfamilienhaus auf einer Liegenschaft, die im Miteigentum beider Ehegatten stand. Die beiden Kinder wandten dagegen ein, dass die Witwe bereits (Mit-)Eigentümerin der Liegenschaft sei und daher das Vorausvermächtnis des Wohnrechts nicht beanspruchen könne. Die zweite Instanz sprach aus, dass ein diesbezüglicher Anspruch nicht bestehe, da das Wohnrecht der Witwe nicht auf dem Benützungsrecht gem § 97, sondern auf einem eigenem Recht, nämlich ihrem Miteigentum an der Liegenschaft, beruhe und somit das gesetzliche Vorausvermächtnis des § 758 (§ 745 nF) nicht zum Tragen komme.
Aus der Begründung: Als Pflichtteilsberechtigte kann die Witwe im Verlassenschaftsverfahren die Errichtung eines Inventars und in der Folge die Schätzung der Liegenschaft verlangen. Da der gesetzliche Voraus des Ehegatten jedoch nicht zu den Erblas-

ser- und Erbfallsschulden gehört und somit auch nicht (wie andere Vermächtnisse) zu den Passiva, ist er von der Pflichtteilbemessungsgrundlage nicht abzuziehen. Im Verlassenschaftsverfahren sind testamentarische Vermächtnisse bei der Schätzung nicht zu berücksichtigen. Schon aus dem Vermächtnischarakter des Voraus ist abzuleiten, dass er keine Belastung der in die Verlassenschaft fallenden Liegenschaft darstellt. Zu Lebzeiten des Verstorbenen ist das Mitbenützungsrecht des Ehegatten an der dem Ehepartner gehörigen Ehewohnung ein im Familienrecht begründeter obligatorischer Anspruch, der zwar den Ehepartner, nicht aber seine Liegenschaft belastet. Nach dem Tod richtet sich der Anspruch gegen den Erben bzw die Erbengemeinschaft, wozu im Regelfall auch die wohnungsberechtigte Witwe selbst gehört. Nach § 789 (§ 780 nF) ist der Voraus auf den eigenen Pflichtteil des Ehegatten anzurechnen, der Wert des Voraus kann aber nur im Pflichtteilsprozess bindend festgestellt werden. Der Revisionsrekurs ist daher zurückzuweisen.
Zusammenfassung: Das gesetzliche Vorausvermächtnis des Ehegatten ist von der Pflichtteilsbemessungsgrundlage nicht abzuziehen; sein Wert kann nur im Pflichtteilsprozess bindend festgestellt werden (2 Ob 211/99i).

55 3. ***Anteilsrecht am gemeinsamen Wohnungseigentum:*** Für die Aufteilung des Wohnungseigentums zweier Ehegatten gilt als Besonderheit § 15 WEG. Er verdrängt Verfügungen iSd § 14 WEG im Aufteilungsverfahren, wenn im Zeitpunkt des Todes eines der beiden Ehegatten ein Verfahren zur Aufteilung des ehelichen Gebrauchsvermögens und der ehelichen Ersparnisse anhängig ist und auch das gemeinsame Wohnungsobjekt zum Gegenstand dieses Verfahrens zählt (s Rz 211 ff).

d) Lebensgemeinschaft

56 Vor Inkrafttreten des ErbRÄG 2015 waren die einzigen „erbrechtlichen" Privilegierungen ***(„Sonderrechtsnachfolge")*** des Lebensgefährten sein Recht nach § 15 KlGG, bei Tod des Unterpächters den Unterpachtvertrag fortzusetzen, und insb sein Eintrittsrecht in einen dem MRG unterliegenden Mietvertrag bei Tod des Vermieters (§ 14 MRG).

57 Unabhängig von seinem Verhältnis zum Verstorbenen, hat weiters der überlebende Eigentümerpartner einer Eigentumswohnung bestimmte Vorteile im Zuge der Übernahme des halben Mindestanteils bei Ableben des anderen Eigentümerpartners (§ 14 WEG 2002; dazu unten Rz 211 ff).

58 Der Lebensgefährte wird auch durch das ErbRÄG 2015 weiterhin weder gesetzlich definiert, noch hat er ein gesetzliches Erbrecht oder Anspruch auf einen Pflichtteil. Er kann allerdings uU einen Anspruch auf das gesetzliche Vorausvermächtnis haben (s Rz 50 f), und darüber hinaus kann ihm auch ein außerordentliches Erbrecht zukommen (dazu Rz 157 f). Nach der Rsp (zu § 14 MRG) ist die Lebensgemeinschaft ein jederzeit lösbares ***familienrechtsähnliches Verhältnis, das der Ehe nachgebildet, aber von geringerer Festigkeit*** ist. Insofern muss eine eheähnliche Verbindung bestehen, in der eine ***seelische Verbundenheit*** zwischen

den Partnern vorliegt und die grds auch durch eine ***Wohn-, Wirtschafts- und Geschlechtsgemeinschaft*** geprägt ist.

Sowohl für das gesetzliche Vorausvermächtnis als auch das außerordentliche Erbrecht des Lebensgefährten wird vorausgesetzt, dass eine Wohngemeinschaft für zumindest drei Jahre vor dem Tod des Erblassers bestanden hat (§ 748/1). Voraussetzung für die Bejahung einer Wohngemeinschaft ist das Vorliegen eines ***gemeinsamen Lebensmittelpunktes***. Davon kann abgesehen werden, wenn einem gemeinsamen Haushalt erhebliche Gründe (gesundheitlicher oder beruflicher Art) entgegenstanden (was allerdings im Hinblick auf den Voraus fragwürdig ist, weil dieser die Kontinuität der Wohnverhältnisse bezweckt, die aber nicht besteht, wenn dem Überlebenden nun ein Wohnrecht zugestanden wird, das er – warum auch immer – vorher nicht ausgeübt hat). **59**

Zum Wesen der Lebensgemeinschaft gehört neben der Wohnungsgemeinschaft auch wiederkehrender Geschlechtsverkehr, also die sog Geschlechtsgemeinschaft, es sei denn, diese kann aus gesundheitlichen Gründen oder aufgrund des fortgeschrittenen Alters nicht mehr bestehen.

Das bloße Bestehen einer Wirtschaftsgemeinschaft genügt daher alleine nicht. Der OGH hat jedoch verlangt, dass die Parteien einander „im Kampf gegen alle Nöte des Lebens“ beistehen müssen und daher auch gemeinsam an den zur Bestreitung des Unterhaltes verfügbaren Gütern teilhaben. Der Begriff der Wirtschaftsgemeinschaft bezieht sich also nicht bloß auf eine rein materielle Seite, sondern umschließt auch eine zwischenmenschliche Komponente. Um als Lebensgefährte zu gelten, muss bewiesen werden, dass ***keine bloße Freundschaft,*** sondern eine Lebens- und Schicksalsgemeinschaft bestanden hat.

Allgemein wird im Sinne eines beweglichen Systems von der Rsp nicht stets das Vorliegen aller drei Merkmale (Wohn-, Geschlechts-, und Wirtschaftsgemeinschaft) verlangt. Somit kann beispielsweise eine mangelnde Wohngemeinschaft durch eine deutlich ausgeprägte Wirtschaftsgemeinschaft aufgewogen werden. Ein Mindestmaß an wirtschaftlicher Gemeinschaft ist aber unverzichtbar, die Geschlechtsgemeinschaft alleine kann eine Lebensgemeinschaft demnach nicht begründen.

Die kasuistische Judikatur zeigt, welche Rechtsunsicherheiten es mit sich bringt, dass die Lebensgemeinschaft trotz ihrer Aufwertung durch das ErbRÄG 2015 weiterhin nicht gesetzlich definiert ist. Im konkreten Fall ist sie – da es keinen Trauschein oÄ gibt – sohin schwer beweisbar, was zu erheblichen ***Rechtsunsicherheiten*** führt. **60**

Zu beachten ist in diesem Zusammenhang, dass in Anbetracht der VfGH-Judikatur (G 258/2017) die Einschränkung des Anwendungsbereichs auf Lebensgemeinschaften von verschiedengeschlechtlichen Personen nicht mehr aufrechterhalten werden kann. Der Begriff Lebensgemeinschaft iSd ErbRÄG 2015 ist sohin auch auf die eheähnliche Gemeinschaft gleichgeschlechtlicher Personen anzuwenden. Dies wurde vom OGH in Anlehnung an die Rsp des EGMR bereits vor der Entscheidung des VfGH so judiziert.

Beispiele aus der Rechtsprechung:
Unter einer Lebensgemeinschaft wird eine eheähnliche Gemeinschaft zwischen verschiedengeschlechtlichen Personen verstanden. Eine ausdehnende Interpretation dieses Begriffes wird infolge der vom Gesetzgeber vorgesehenen taxativen Aufzählung der Eintrittsberechtigten einheitlich abgelehnt. Mag auch die Gesetzgebung von den dadurch Betroffenen als unbefriedigend empfunden werden, ist es nicht Sache der Rsp, diese zu korrigieren oder im Wege der Rechtsfortbildung oder einer allzu weitherzigen Interpretation möglicher Intentionen des Gesetzgebers Gedanken in ein Gesetz hineinzutragen, die darin nicht enthalten sind. Die völlige Gleichstellung homosexueller Lebensgemeinschaften mit heterosexuellen im Bereich des Mietrechts bedürfte vielmehr einer Maßnahme des Gesetzgebers und kann durch Auslegung allein nicht erreicht werden (6 Ob 2325/96x).
Beachte: In der Entscheidung 5 Ob 70/06i aus dem Jahr 2006 judizierte der OGH in Anlehnung an die Rechtsprechung des EGMR, dass unter Lebensgefährten iSd § 14/3 MRG auch gleichgeschlechtliche Lebensgefährten zu verstehen seien.
Vgl hierzu die Entscheidung des EGMR: Ist der den Vertragsstaaten überlassene Ermessensspielraum eng – wie in Fällen der unterschiedlichen Behandlung aufgrund des Geschlechts oder der sexuellen Orientierung –, verlangt der Grundsatz der Verhältnismäßigkeit nicht nur, dass die gewählte Maßnahme geeignet ist, das verfolgte Ziel zu verwirklichen; es muss auch dargetan werden, dass der Ausschluss von Personen in einer homosexuellen Beziehung von der Anwendung des § 14/3 MRG für die Erreichung dieses Ziels notwendig war (EGMR 24.7.2003, 40.016/).
Vor dem Hintergrund des VfGH-Erkenntnisses vom 5.12.2017 (G 258/2017), mit welchem die gesetzliche Trennung verschiedengeschlechtlicher und gleichgeschlechtlicher Beziehungen in zwei unterschiedliche Rechtsinstitute als gegen den Gleichheitsgrundsatz verstoßend beurteilt wurde, kann die in der oben zitierten Entscheidung (6 Ob 2325/96x) vorgenommene Differenzierung ebenfalls nicht aufrechterhalten werden.

61 Weder geregelt noch geklärt ist auch, was zu gelten hat, wenn der Erblasser zu Lebzeiten ***mehrere Lebensgemeinschaften*** eingegangen ist. In der Literatur wird vorgeschlagen, dass die Lebensgefährten den Nachlass zu gleichen Teilen erhalten sollten. Dem ist mE nicht zuzustimmen. Hatte der Erblasser zu Lebzeiten nichts verfügt, so sollten mE nicht beide Lebensgefährten zum Zuge kommen, sondern es sollte im Verfahren festgestellt werden, zu welchem Lebensgefährten der Verstorbene die engere seelische Verbundenheit hatte (ein Indiz dafür könnten zB gemeinsame Kinder oder die Dauer gemeinsam verbrachter Zeit sein).

e) Sondererbfolge

62 Von der allgemeinen Erbfolgeordnung abweichende Regelungen enthält das sog ***Anerbenrecht.*** Dieses ist im AnerbenG 1958 geregelt, welches in sämtlichen Bundesländern mit Ausnahme von Kärnten und Tirol gilt (§ 21 AnerbenG). In Kärnten gilt das Kärntner ErbhöfeG, in Tirol das Tiroler HöfeG. Das Anerbenrecht soll eine Zersplitterung von landwirtschaftlichen Betrieben und damit die zunehmende Unwirtschaftlichkeit der Bestellung land- und forstwirtschaftlicher Flächen hintanhalten. Voraussetzung für die Anwendung ist das Vorliegen eines ***Erbhofes.*** Darunter ist ein mit einer Hofstelle versehener land- und forstwirtschaftlicher Betrieb zu verstehen, der im Eigentum einer natürlichen Person, von Ehegatten oder eines Elternteils und eines Kindes steht und objektiv geeignet ist, mindestens eine und höchstens vierzig erwachsene Personen zu versorgen (dabei ist vom Durchschnittsertrag und typischen Bedarf nach den jeweiligen örtlichen Verhältnissen auszugehen). Nach jüngerer Rsp ist es für die Qualifikation einer Liegenschaft als Erbhof iSd § 1 AnerbenG nicht wesentlich, ob sie tatsächlich von der Hofstelle aus genutzt wird, sondern nur, ob dies objektiv (mit wirtschaftlichen Mitteln) möglich ist. Nicht abträglich ist es der Erbhofeigenschaft ferner, dass der Hof teilweise oder zur Gänze verpachtet oder nicht bewirtschaftet wird. Ob es sich um einen Erbhof handelt, wird im Rahmen des Verlassenschaftsverfahrens festgestellt.

Liegt ein Erbhof vor, wird ein ***Anerbe*** bestimmt (wer Anerbe ist, regelt § 3/1 AnerbenG umfassend), der den Erbhof übernimmt; zum Ausgleich muss der Anerbe jedoch den sogenannten ***Übernahmspreis*** zahlen. Dieser tritt an die Stelle des Hofes, fällt somit in die Verlassenschaft und wird nach allgemeinen Grundsätzen unter allen Erben aufgeteilt. Auch der Anerbe partizipiert daher mit seiner Erbquote am Übernahmspreis (es handelt sich um eine Art Hineinvermächtnis; s dazu Rz 184).

Der Übernahmspreis wird entweder vom Verstorbenen letztwillig oder von den Miterben im Vergleichsweg bestimmt (§ 11/1 AnerbenG). Erfolgte die Bestimmung nicht auf die vorgenannten Weisen, so ist der Übernahmspreis vom Verlassenschaftsgericht nach Billigkeit festzusetzen. Der Übernahmspreis liegt idR **unter dem Verkehrswert**. Dadurch soll dem Erben die Möglichkeit gegeben werden, „wohl bestehen" zu können, wodurch der Anerbe in diesem Sinne begünstigt ist.

Das Anerbengesetz ist grundsätzlich nur bei gesetzlicher Erbfolge (§ 3 AnerbenG), gewillkürter Erbfolge (§ 8 AnerbenG) sowie im Fall einer Verfügung über den Erbhof durch Vermächtnis (§ 9 AnerbenG) anwendbar. Jedoch ist nach der Rsp auch bei Übergabe des Hofes bereits zu Lebzeiten anstelle des Verkehrswertes der niedrigere, den Hofübernehmer begünstigende Übernahmspreis zur Bemessung der Pflichtteilsansprüche heranzuziehen (analoge Anwendung der höfe- bzw anerbenrechtlichen Grundsätze). Voraussetzung hiefür ist aber, dass es sich bei dem übergebenen Gut um einen Erbhof iSd § 1 AnerbenG (zum Begriff des Erbhofs s bereits oben) handelt.

Dem Anerben steht es nach Einantwortung frei, den Erbhof in einer anderen Weise als der, die für die Prüfung der Erbhofeigenschaft zugrunde gelegt wurde, zu bewirtschaften. Der Anerbe kann zwar auch frei über den Erbhof verfügen, allerdings verhindert § 18 AnerbenG, dass der Erbe aus einem schnellen Verkauf des Erbhofes profitiert: Übertragt der Anerbe den Erbhof oder wesentliche Teile davon innerhalb von zehn Jahren nach Erhalt des Erbhofes (bzw bei minderjährigen Anerben nach Eintritt der Volljährigkeit), so hat er die Differenz zwischen dem Verkaufserlös und dem Übernahmspreis herauszugeben.

Anmerkung: Nach stRsp zu § 956 idF vor dem ErbRÄG 2015 waren auf den Todesfall Beschenkte Vermächtnisnehmern gleichzuhalten. Daher vertrat der OGH die Ansicht, dass die an einem Vermächtnis anknüpfenden höfe- und anerbenrechtlichen Vorschriften (s § 9 AnerbenG) nach der Rechtslage vor dem ErbRÄG 2015 auch dann anwendbar waren, wenn der Erblasser den Erbhof einem Erben auf den Todesfall geschenkt hatte. Mit dem ErbRÄG 2015 normierte der Gesetzgeber jedoch in § 603 ausdrücklich, dass die Schenkung auf den Todesfall auch nach dem Tod des Geschenkgebers als Vertrag anzusehen ist (s Rz 194). Daher vertritt der OGH zur Rechtslage nach dem ErbRÄG nunmehr, dass bei einer Schenkung auf den Todesfall eines Erbhofs das AnerbenG nicht anwendbar ist (auch nicht analog).

63 Weitere Sondervorschriften zur Erbfolge bestehen für den Nachlass bestimmter Geistlicher.

Beispiel aus der Rechtsprechung:
Sachverhalt: Der Verstorbene, Eigentümer eines Erbhofes, hinterließ eine Witwe, zwei volljährige Kinder und ein minderjähriges Kind. Der Erbhof soll von der Witwe als Anerbin übernommen werden. Die Revisionsrekurswerberin (Rw), und zwar die minderjährige Tochter, vertreten durch ihre Kollisionskuratorin, begehrt die Schätzung des Verkehrswertes des Erbhofes und nicht bloß die Feststellung des Übernahmspreises, welcher nach dem AnerbenG für die Ermittlung der Erb- und Pflichtteile maßgeblich ist.
Aus der Begründung: Die Feststellung der Erbhofeigenschaft und des Übernahmspreises, wenn es darüber nicht zum Vergleich kommt, hat zwingend im Verlassenschaftsverfahren zu erfolgen. Die rechtskräftige Entscheidung des Abhandlungsgerichtes über die Bestimmung des Übernahmspreises nach § 11 AnerbenG ist für alle Verfahrensbeteiligten, auch für Miterben und Pflichtteilsberechtigte, über das Verlassenschaftsverfahren hinaus bindend. Mit der Zuweisung des Erbhofes an den Anerben wird dieser mit dem Übernahmspreis zum Schuldner der Verlassenschaft. Zugleich tritt eine gegenüber allen Verfahrensbeteiligten wirksame Veränderung des Aktivstandes der Verlassenschaft ein, indem an die Stelle des Erbhofes die Forderung der Verlassenschaft gegen den Anerben auf Zahlung des Übernahmspreises tritt. Die Erbteilung ist gemäß § 10 AnerbenG, im Gegensatz zu §§ 165 ff AußStrG, vor der Einantwortung vorzunehmen: Die gemäß dem Übernahmspreis zu berechnenden, grds als Geldforderungen zu behandelnden Abfindungsansprüche sind den übrigen Miterben zuzuweisen. Im Verhältnis der Miterben und auch der Pflichtteilsberechtigten ist nur der Übernahmspreis maßgebend.
Die von der Rw zum Ausdruck gebrachte Befürchtung, der Anerbe könnte den Erbhof verschleudern oder eine Zwangsversteigerung herbeiführen, sodass kein an die Miterben zu verteilender Erlös übrig bleiben könnte, entbehrt einer näheren Begründung. Gegen ein solches Vorgehen könnte die Verkehrswertschätzung auch keine Abhilfe schaffen. Wie gegen einen Missbrauch der anerbenrechtlichen Begünstigung des Anerben vorzugehen ist, ist in § 18 AnerbenG geregelt. Auch für die dort vorgesehene nachträgliche Aufteilung des Verkaufserlöses im Falle des Verkaufes des Erbhofes innerhalb der zehnjährigen Frist ist nicht der seinerzeitige Verkehrswert des Erbhofes, sondern der den Übernahmspreis übersteigende Erlös maßgebend. Die Verkehrswertermittlung zum Todeszeitpunkt des Verstorbenen allein enthebt die Miterben auch nicht aller Be-

weisschwierigkeiten, die sich ergeben könnten, wenn der Anerbe in der Zwischenzeit anrechenbare Verbesserungen vorgenommen hat. Der Antrag der Rw auf Schätzung des Verkehrswertes des Erbhofes ist damit im Ergebnis abzuweisen und lediglich der Übernahmspreis des Erbhofes festzustellen.
Zusammenfassung: Dem Pflichtteilsberechtigten steht nicht das Recht zu, die Verkehrswertschätzung eines dem AnerbenG unterliegenden Erbhofes zu verlangen, sondern lediglich die Feststellung des Übernahmspreises, da alleine dieser für die Rechte des Pflichtteilsberechtigten maßgeblich ist (6 Ob 44/03v).

Beispiel aus der Rechtsprechung:
Sachverhalt: Die Verstorbene war (Mit)Eigentümerin land- und fortwirtschaftlichen Grundbesitzes. Sie hinterließ einen Ehemann und vier Kinder. Mit ihrem Ehemann schloss sie zu Lebzeiten einen Erbvertrag, demgemäß die pflichtteilsberechtigten Kinder ausdrücklich lediglich den Pflichtteil erhalten sollten. Der Grundbesitz bestand aus zwei 120 km voneinander entfernten Betriebsstandpunkten in T und B. Die Betriebsstelle in T umfasste auch ein kleinbäuerliches Anwesen im gewidmeten Wohnbauland, eine separierte Maschinenhalle und einen Keller. In B bestand ein Gebäudekomplex ohne Wohnbereich. Die Tochter und Revisionrekurswerberin bestritt die Erbhofeigenschaft der Betriebsstelle B. Sie vertrat den Standpunkt, dass dieses Grundstück aufgrund der räumlichen Distanz zur Hofstelle T keine wirtschaftliche Einheit bilde, sondern vielmehr als reine Vermögensanlage gekauft worden und seit rund 20 Jahren verpachtet sei.
Aus der Begründung: Nach § 1/1 AnerbenG sind Erbhöfe mit einer Hofstelle versehene land- und forstwirtschaftliche Betriebe, die im Eigentum einer natürlichen Person, von Ehegatten oder eines Elternteils und eines Kindes stehen und mindestens einen zur angemessenen Erhaltung von zwei erwachsenen Personen ausreichenden, jedoch das Vierzigfache dieses Ausmaßes nicht übersteigenden Durchschnittsertrag haben. In § 2/1 AnerbenG wird der Umfang des Erbhofs mit den dem Eigentümer des Erbhofs gehörenden Grundstücken, die den Zwecken der Landwirtschaft dienen und eine wirtschaftliche Einheit bilden, samt den auf diesen Grundstücken befindlichen Wohn- und Wirtschaftsgebäuden umschrieben. Nach der Rechtsprechung bestimmt sich die Frage, ob eine Liegenschaft ein Erbhof iSd AnerbenG ist, danach, ob es sich objektiv um einen landwirtschaftlichen Betrieb handelt, der die Kriterien des § 1 AnerbenG erfüllt. Wesentlich ist nicht, ob eine Liegenschaft tatsächlich von der Hofstelle aus genutzt wird, sondern nur, ob dies objektiv (mit wirtschaftlichen Mitteln) möglich ist. Auch die Verpachtung von Flächen hat auf die Qualifikation als Erbhof keinen Einfluss, weil es auf die objektiven Nutzungsmöglichkeiten ankommt. Selbst die Verpachtung des Gesamtbetriebs zur landwirtschaftlichen Nutzung wurde als eine Bewirtschaftungsform gesehen, wohingegen die nicht bloß vorübergehende Vermietung von landwirtschaftlich nutzbaren Grundstücken zu nicht landwirtschaftlichen Zwecken die Zugehörigkeit der betroffenen Fläche zum Erbhof beendet. Im vorliegenden Fall ist zu beurteilen, ob die von der Hofstelle 120 km entfernt liegenden landwirtschaftlichen Liegenschaften objektiv, also mit wirtschaftlichen Mitteln, von der Stammliegenschaft aus genutzt werden können. Dies ist unter den konkreten Umständen zu bejahen.
Zusammenfassung: Für die Beantwortung der Frage, ob ein Grundbesitz zum Erbhof iSd AnerbenG gehört, ist nicht wesentlich, ob die Liegenschaft tatsächlich von der Hofstelle aus genutzt wird, sondern nur, ob dies objektiv (mit wirtschaftlichen Mitteln) möglich ist. Die Verpachtung von Flächen hat auf die Qualifikation als Erbhof keinen Einfluss (2 Ob 235/17y).

f) Anwendungsbereich und Bedeutung des gesetzlichen Erbrechts

64 Wie schon erwähnt, trifft die gesetzliche Erbfolgeordnung Vorsorge für den Fall, dass ein Verstorbener nichts darüber verfügt hat, an wen seine Güter gelangen sollen. Überdies kommt die gesetzliche Erbfolge ***(Intestaterbfolge)*** auch in folgenden Fällen zum Tragen (§§ 727 f):

- Der Verstorbene hat nur über einen Teil seines Vermögens verfügt (gesetzliche Erbfolge bezüglich des Rests).
- Die letztwillige Verfügung ist ungültig oder teilungültig.
- Die eingesetzten Testamentserben erlangen die Erbschaft nicht (weil sie sich zB ihrer entschlagen haben oder erbunfähig sind).

65 Die Bedeutung der gesetzlichen Erbfolge liegt aber va darin, dass auch dann eine geordnete Vermögensnachfolge stattfindet, wenn der Verstorbene bis zu seinem Tod untätig geblieben ist. Der ***Nachteil*** dieser Vorgangsweise liegt freilich auf der Hand. Die gesetzliche Erbfolgeordnung richtet sich nach ***starren Strukturen,*** die auf die Gegebenheiten des Einzelfalles und die tatsächlichen Lebensverhältnisse des Verstorbenen nicht Bedacht nehmen. So kann es geschehen, dass der Verstorbene jahrelang in engem Kontakt zu seiner Schwiegertochter stand. Trotzdem erhält sie nicht das Geringste aus seiner Verlassenschaft, wenn keine entsprechende Verfügung getroffen wurde. Stattdessen kann die gesamte Verlassenschaft an einen entfernten Verwandten gelangen, den der Verstorbene zeitlebens nie gesehen hat.

66 Mit dieser Situation ist häufig auch der Lebensgefährte des Verstorbenen konfrontiert, weil er neben Verwandten kein gesetzliches Erbrecht hat und daher in diesem Fall völlig leer ausgeht, wenn er vom Verstorbenen nicht bedacht wurde (beachte aber das befristete gesetzliche Vorausvermächtnis, s Rz 50 ff). Aber auch nahe Angehörige können vom Auftauchen bisher unbekannter Verwandter des Erblassers überrascht werden (zB uneheliche Kinder), die dann die Erbportion der Angehörigen kürzen, uU sogar ganz ausschließen. Darüber hinaus nimmt die gesetzliche Erbfolgeordnung auch keinerlei Bedacht auf die Beschaffenheit des erblasserischen Vermögens. Es kommt daher immer wieder vor, dass einheitliche Bestandteile der Verlassenschaft zwecks Aufteilung unter den Erben zerstückelt werden, wodurch oft ganz wesentliche Wertverluste entstehen. Alles in allem ist daher die gesetzliche Erbfolge bloß eine „Notlösung". Der Verstorbene kann aber rechtzeitig Vorsorge treffen und die Weitergabe seines Vermögens den individuellen Besonderheiten anpassen. Es stehen ihm hierzu die im Folgenden angeführten Möglichkeiten zur Verfügung:

2. *Testamentarische Erbfolge*

Literaturauswahl: *Czermak,* Erlöschen der Substitution nach § 617 ABGB, NZ 1986, 1; *Welser,* Gegenständlich beschränkte (partielle) Testierunfähigkeit, NZ 1987, 169; *P. Bydlinski,* Offene Fragen der Substitution auf den Überrest, NZ 1988, 241; *M. Karollus,* Die testamentarische Nichtverehelichungsklausel, NZ 1988, 293; *Kralik,* Zum Erlöschen der Substitution nach § 617 ABGB, in FS Ostheim (1990) 75; *Abraham,* Der Begriff der Testierfähigkeit, NZ 1993, 25; *Welser,* Befreite Vorerbschaft und „Löschungsklage" des Nacherben, NZ 1993, 140; *W. Tschugguel,* Zum Anwendungsbereich des § 568 ABGB, NZ 1995, 81; *Zankl,* Culpa in testando bei Widerruf und Formungültigkeit letztwilliger Verfügungen, NZ 1995, 265; *Apathy,* Fideikommissarische Substitution und Treuhand, in GedS Hofmeister (1996), 169; *G. Graf,* Letztwilliges Veräußerungsverbot und fideikommissarische Substitution, AnwBl 1996, 222; *Sprung/Fink,* Letztwillig angeordnete Nachlassverwaltung im österreichischen Recht, JBl 1996, 205; *Ziehensack,* Zum Anwendungsbereich der §§ 568 f ABGB, NZ 1996, 25; *Kletečka,* Konstruktive Nacherbfolge und Pflichtteilsberechnung, NZ 1997, 137; *Dehn,* Formnichtige Rechtsgeschäfte und ihre Erfüllung (1998); *C. Rabl,* Die Nichterfüllung letztwilliger Auflagen, NZ 1998, 97; *Zankl,* Letztwillige Wertsicherungen im österreichischen und deutschen Recht, NZ 1998, 193; *derselbe,* Testamentsvollstreckung und Nachlassverwaltung, NZ 1998, 71; *derselbe,* Vertretungs- und schadenersatzrechtliche Aspekte der Testamentsvollstreckung, JBl 1998, 293; *Kletečka,* Das Nachlegat einer Sache des Erben, NZ 1999, 66; *derselbe,* Ersatz- und Nacherbschaft (1999); *derselbe,* Die materielle Höchstpersönlichkeit letztwilliger Verfügungen, JBl 1999, 277; *B. Jud,* Testierabsicht, Form und Konversion, NZ 2001, 10; *Kletečka,* Die Drittwirkung des Nacherbrechts, NZ 2001, 21; *derselbe,* Gestaltungsmöglichkeiten des Erblassers über den Tod hinaus, in *Kalss/Schauer* (Hg), Unternehmensnachfolge (2001) 53; *C. Rabl,* Altes Testament – Neues Testament (2001); *derselbe,* Mehrere letztwillige Verfügungen unbekannter zeitlicher Reihenfolge, NZ 2001, 48; *derselbe,* Der unbekannte Nacherbe, NZ 2003, 264; *Beclin,* Das Familien- und Erbrechtsänderungsgesetz 2004 – Teil II: Erbrecht, JAP 2004/05, 61; *Gruber,* Erbteilungsübereinkommen und Testament, in FS Welser (2004) 239; *Schauer,* Was ist ein notarielles Testament? in FS Welser (2004) 919; *Zankl,* Entwicklungen im Erbrecht, in FS Welser (2004) 1231; *Fischer-Czermak,* Neueste Änderungen im Abstammungs- und Erbrecht, JBl 2005, 2; *Krejci,* Der Klimt-Streit (2005); *derselbe,* Zum „Fall Klimt/Bloch-Bauer", ÖJZ 2005, 733; *C. Rabl,* Der Fall Klimt/Bloch-Bauer, NZ 2005, 257; *Stagl,* Der Wortlaut als Grenze der Auslegung von Testamenten[2] (2005); *Welser,* Berufung zu Erbquoten und Zuweisung einzelner Sachen, in FS Rechberger (2005) 709; *derselbe,* Der Fall Klimt/Bloch-Bauer, ÖJZ 2005, 689; *Welser/C. Rabl,* Der Fall Klimt (2005); *Apathy,* Teilungsanordnung und Erbeinsetzung, JBl 2006, 137; *B. Jud,* Erbunwürdigkeit und Tod des Erblassers, NZ 2006, 70; *Spitzer,* Neues zu letztwilligen Verfügungen, NZ 2006, 77; *W. Tschugguel,* Typische Formfehler beim eigenhändigen Testament, iFamZ 2006, 33; *derselbe,* Die Einheit des Testieraktes beim eigenhändigen und beim fremdhändigen Testament – eine Kurzanalyse und Gegenüberstellung einschlägiger OGH-Entscheidungen, iFamZ 2006, 107; *Welser,* Erbschaftskauf und fideikommissarische Substitution, NZ 2006, 65; *derselbe,* Testiergebot, Testierverbot und Vermächtnis einer fremden Sache im österreichischen Recht, in FS Ansay (2006) 517; *Zemen,* Zum Vermächtnis des Erbhofes, NZ 2006, 200; *Aufner,* Das gerichtliche Testament einer unter Sachwalterschaft stehenden Person – ein alter Bekannter der Amtshaftung, iFamZ 2007, 92; *Ch. Bruckner,* Erbteilungsübereinkommen (2007); *Jordis,* Strategien zur rechtlichen Ordnung von Familienunternehmen in Österreich, in *Frasl/Rieger* (Hg), Family Business Handbuch (2007) 102; *W. Tschugguel,* Motivirrtum über Zukünftiges? iFamZ 2007, 255; *Zankl,* Fehler bei der Vermögensweitergabe von Todes wegen, LJZ 2007, 11; *Zemen,* Ehegattenerbhof und Testament, NZ 2007, 79; *A. Tschugguel,* Das ungültig gewordene Nottestament, NZ 2008, 266; *W. Tschugguel,* Ein besonderer Fall „gemischter" Erbfolge, iFamZ

2008, 48; *derselbe,* Ein Sonderfall der Teilungültigkeit eines Testaments, iFamZ 2008, 89; *derselbe,* Häufige Formfehler bei Errichtung eines Testaments, iFamZ 2008, 346; *Beer,* Die vorweggenommene Erbfolge aus notarieller Sicht, in *Feiler/Raschhofer* (Hg), Innovation und internationale Rechtspraxis, Praxisschrift für Wolfgang Zankl (2009) 55; *Koch-Hipp,* Das gesetzliche Erbrecht der Nachkommen, JAP 2009/10, 49; *Lukas,* Unternehmensnachfolge von Todes wegen bzw im Hinblick auf den Todesfall, JEV 2009, 4, 40; *Mondel,* Sittenwidrigkeit letztwilliger Anordnungen, Praxisschrift Zankl (2009) 569; *Spitzer,* Ein Bruderzwist im Fürstenhaus, ÖJZ 2009, 445; *A. Tschugguel,* Das Nottestament – Voraussetzungen, Konversion, Änderungsbedarf, NZ 2009, 129; *W. Tschugguel,* Testamentum mysticum, iFamZ 2009, 172; *derselbe,* Ersatzerbschaft oder Transmission, iFamZ 2009, 244; *derselbe,* Wann erlischt die gemeine Substitution? iFamZ 2009, 302; *Welser,* Die Reform des österreichischen Erbrechts, Verhandlung des 17. ÖJT (2009); *Müller/Saurer,* Praxisfall – Nachlassplanung eines Unternehmers mit dem Ziel, den Unternehmenserhalt in der Familie sicherzustellen, JEV 2010, 125; *Perscha,* Der elektronische Notariatsakt, in FS Woschnak 2010, 403; *A. Tschugguel,* Sind Einschränkung und Aufhebung fideikommissarischer Anordnungen formpflichtig? NZ 2010/2; *W. Tschugguel,* Wann ist ein fremdhändiges Zwei-Zeugen-Testament „fertig"? iFamZ 2010, 109; *Wagner/Knechtel,* Notariatsordnung (2010); *Aigner,* Der Irrtum des Erblassers. Ein Beitrag zur Auslegung der §§ 570–572 ABGB, NZ 2011/54; *Müller/Saurer,* Praxisfall – Die Anordnung einer Ersatznacherbschaft und die Folgen, JEV 2011, 17; *A. Tschugguel,* Von der Wertlosigkeit des Nottestaments – die „objektive Gefahr" als Risikofaktor, NZ 2011, 177; *W. Tschugguel,* § 597 ABGB: Die Voraussetzungen für ein gültiges Nottestament aus dem Blickwinkel der Gefahrenlage, iFamZ 2011, 94; *derselbe,* Eine neue Facette des Testaments eines Besachwalteten, iFamZ 2011, 288; *Fischer-Czermak,* Anwendbares Recht, in *Schauer/Scheuba* (Hg), Die Europäische Erbrechtsverordnung (2012) 43; *C. Rabl,* Das Schicksal der vom Erblasser verfügten Lasten nach Wegfall des belasteten Erben, NZ 2012/67; *Reiter,* Letztwillige Nichtverpartnerungsklauseln: § 700 ABGB anwendbar? EF-Z 2012/122; *Schauer,* Der geschiedene Ehegatte als Testamentserbe, iFamZ 2012, 145; *A. Tschugguel,* Das ungültig gewordene Nottestament, NZ 2012, 266; *W. Tschugguel,* Das Testament der entmündigten oder besachwalteten Person, iFamZ 2012, 150; *derselbe,* Freie Wahl der Testamentsform auch nach Erteilung einer Vorsorgevollmacht, iFamZ 2012, 105; *derselbe,* Mündlich kann auch schriftlich sein: ein besonderer Fall der letztwilligen Verfügung einer besachwalteten Person, iFamZ 2012, 154; *derselbe,* Probleme des „Zeugenzusatzes" beim fremdhändigen Testament gem § 579 ABGB, iFamZ 2012, 272; *Volgger,* § 597 ABGB: Die Gefahrensituation als Voraussetzung eines gültigen Nottestaments, EF-Z 2012, 20; *Welser,* Die Reform des österreichischen Erbrechts, NZ 2012/1; *derselbe,* Ist das Nottestament riskant? GesRZ 2012, 63; *derselbe,* Reformbedarf bei den letztwilligen Verfügungen, in FS Simotta (2012) 699; *Christandl,* Der Schutz pflegebedürftiger Erblasser vor Fremdbestimmung – eine kritische Bestandsaufnahme, JBl 2013, 681; *Fischer-Czermak,* Gestaltung der Erbfolge durch Rechtswahl, EF-Z 2013/28; *dieselbe,* Regelungsbedarf bei nichtehelichen Lebensgemeinschaften und Vorschläge de lege ferenda, 18. ÖJT Band II/2 (2013) 9; *Neumayer,* Die Nuncupatio – zur Bekräftigung des letzten Willens, Zak 2013/159; *A. Tschugguel,* Sachwalterschaft aus Sicht des Testamentserrichters, EF-Z 2013/161; *W. Tschugguel,* Sind vier lose Blätter ein Testament? iFamZ 2013, 58; *derselbe,* Stillschweigende Ersatzerbenberufung nach § 779 Abs 1 ABGB? iFamZ 2013, 101; *derselbe,* Probleme des (mündlichen) Nottestaments – wiederum: der Tod beim Testieren, iFamZ 2013, 201; *Welser,* Für und Wider die nuncupatio, in FS Fenyves (2013) 413; *Kerres,* Anfechtungsverbote im Stiftungsrecht, ecolex 2014, 42; *A. Tschugguel,* Die „Setzung auf den Pflichtteil" – kritische Überlegungen zu einer gängigen letztwilligen Anordnung, EF-Z 2014/124; *derselbe,* Vier (gleichteilig) bedachte Testamentszeugen: Zeugnis(un)fähigkeit gemäß § 594 ABGB? Zugleich eine Besprechung der OGH-E 2 Ob 251/12v, EF-Z 2014/5; *Barth/Pesendorfer,* Erbrechtsreform 2015 (2015); *P. Bydlinski,* Modernisierung des

ABGB, ÖJZ 2015/113; *Cach/Nicolussi,* Erbrechts-Änderungsgesetz 2015, GesRZ 2015, 220; *Deixler-Hübner/Schauer,* Erbrecht NEU (2015); *Gruber/Palma,* Reform des § 568? NZ 2015/28; *Keinert,* Die Schenkung auf den Todesfall (2015); *Kogler,* Die Vereinbarung der Anrechnung auf ein testamentarisches Erbrecht, NZ 2015/1; *Mondel,* Aus der Erbrechtspraxis des Dr. M., iFamZ 2015, 244; *Pesendorfer,* Erbunwürdigkeits- und Enterbungsgründe nach dem ErbRÄG 2015, iFamZ 2015, 237; *Till,* Freie Widerrufbarkeit der Nachlassverwaltung? iFamZ 2015, 132; *A. Tschugguel,* Zur Anerkennung im Erbrecht, EF-Z 2015/41; *Wendehorst,* Testamentsrecht, in *C. Rabl/Zöchling-Jud,* Das neue Erbrecht (2015), 43; *Brandstätter,* Erbrechtsreform (Teil I), ecolex 2016, 30; *Fischer-Czermak,* Verträge auf den Todesfall, EF-Z 2016/107; *Ganner/Nachtschatt,* Letztwillig Verfügen bei Zweifeln an der Testierfähigkeit, in *Barth/Pesendorfer* (Hg), Praxishandbuch des neuen Erbrechts (2016) 73; *Haunschmidt,* Erbschaft und Testament[5] (2016); *Hofmair,* Erbunwürdigkeit und Enterbung nach dem ErbRÄG 2015, JEV 2016, 47; *Kathrein,* Das neue Erbrecht, EF-Z 2016, 4; *Keinert,* Schenkung auf den Todesfall im ErbRÄG 2015, JEV 2016, 18; *Kogler,* Formvorschriften im neuen Erbrecht (2016); *Mondel,* Letztwillige Verfügungen und Vereinbarungen von Todes wegen, in *Barth/Pesendorfer* (Hg), Praxishandbuch des neuen Erbrechts (2016) 61; *A. Tschugguel,* Erbunwürdigkeit und Begehung im Familienkreis, EF-Z 2016/143; *derselbe,* Neues zur Form letztwilliger Verfügungen, EF-Z 2016/83; *Barth,* Das neue Erwachsenenschutzrecht (2017); *derselbe,* Vom Sachwalter zum Erwachsenenschutzrecht (2017); *Entleitner,* Der Notar als Zeuge, NZ 2017, 252; *Fischer-Czermak,* § 572 ABGB: „Heimliche" Rechtsänderung durch das ErbRÄG 2015? EF-Z 2017/29; *Hahnkamper,* Letztwillig angeordnete Schiedsgerichte, ecolex 2017, 850; *Hebenstreit,* Vier bedachte Erben als (un)fähige Testamentszeugen? NZ 2017, 167; *Mondel,* Aus der Erbrechtspraxis des Dr. M., iFamZ 2017, 344; *Schweda,* Exekution in Liegenschaft, auf der eine Nacherbschaft angemerkt ist, iFamZ 2017/238; *A. Tschugguel,* Die betroffene Testatorin, EF-Z 2017/18; *Aigner,* Das ErbRÄG 2015 und seine Auswirkungen auf die allgemeine Auslegungsregel und das Irrtumsrecht, NZ 2018, 121; *Deixler-Hübner/Schauer* (Hg), Handbuch Erwachsenenschutzrecht (2018); *Gruber/Sprohar-Helmich/Scheuba,* Die letztwillige Verfügung, in *Gruber/Kalss/Müller/Schauer* (Hg), Erbrecht und Vermögensnachfolge[2] (2018) 593; *dieselben,* Erbeinsetzung und Vermächtnis, in *Gruber/Kalss/Müller/Schauer* (Hg), Erbrecht und Vermögensnachfolge[2] (2018) 650; *dieselben,* Instrumente zur Sicherung des Erblasserwillens, in *Gruber/Kalss/Müller/Schauer* (Hg), Erbrecht und Vermögensnachfolge[2] (2018) 685; *Müller/Prinz/Zapletal,* Erwachsenenvertretung (2018); *C. Rabl/A. Tschugguel/Welser,* Formunwirksamkeit des Testaments, weil die Zeugen auf einem gesonderten Blatt unterschrieben haben, NZ 2018, 321; *Riedler,* Zak Spezial – Erwachsenenschutzgesetz (2018); *Scheuba,* Erbrechtsstreit in der Praxis – Reparaturen dringend erbeten! AnwBl 2018, 433; *Schorn,* Grundzüge des Erwachsenenschutzrechts (2018); *A. Tschugguel,* Das (un)echte Testament, EF-Z 2018/42; *derselbe,* Die unverbindliche letztwillige Verpflichtung, EF-Z 2018/40; *Welser,* Das Testament in losen Blättern, EF-Z 2018/111; *Zierl/Schweighofer/Wimberger,* Erwachsenenschutzrecht[2] (2018); *Christandl/Dobler,* Das formungültige Testament, JBl 2019, 409; *Eberl/Schärf,* Testierfähigkeit und luzides Intervall bei Demenz und organischer Wesensänderung im Alter, Zak 2019/668; *Mayrhofer,* Fremdhändiges Testament bei Unterschrift der Testamentszeugen auf zusätzlichem losen und leeren Blatt formungültig, JBl 2019, 98; *Kerschner/Felbauer,* Das Motiv muss nicht in der Verfügung angegeben sein, JEV 2020, 15; *Kronthaler,* Ausgewählte Fragen zur Form von fremdhändigen letztwilligen Verfügungen, JBl 2020, 137; *Mondel,* Aus aktuellem Anlass: Die Notsituation anlässlich der Errichtung eines Nottestaments, iFamZ 2020, 120; *C. Rabl,* Neue Rechtsprechung zur Form einer fremdhändigen letztwilligen Verfügung, die aus mehreren Blättern (Bögen) besteht, NZ 2020/1; *Rizzi,* Unwirksamkeit mehrseitiger Testamente – Fehlende äußere und innere Urkundeneinheit, ecolex 2020, 496; *Told,* Privatautonomie und Testierfreiheit im Lichte des Gleichheitssatzes, JBl 2020, 748; *A. Tschugguel,* Zur Urkundeneinheit des fremdhändigen

Testaments, EF-Z 2020/30; *Zöchling-Jud,* Zur Sittenwidrigkeit letztwilliger Verfügungen, EF-Z 2020/45; *Schwarzenegger,* Das notarielle Testament gem § 583 ABGB (und die Alternativen), NZ 2023/84.

Judikaturauswahl: 6 Ob 537/92 (Testamentsvollstreckung I); 10 Ob 507/95 (Testamentsvollstreckung II); 1 Ob 185/01i (Uneheliches Kind im Substitutionsfall); 6 Ob 196/01v (Haftung des Testamentsvollstreckers); 2 Ob 308/01k (Vorliegen des Testierwillens in letztwilliger Verfügung); 6 Ob 275/03i (Parteistellung des Substitutionskurators); 10 Ob 14/04p (Nacherbschaft und Auflage); 7 Ob 193/04i (Adeliger Nacherbe); 6 Ob 129/05x (Prüfpflicht von Urkundspersonen bzgl der Testierfähigkeit); 7 Ob 185/05i (Gültigkeit des eigenhändigen Testaments; Unlesbarkeit des Inhalts); 2 Ob 258/05p (Geltendmachung vererbter Restitutionsansprüche gegen ausländischen Staat als Gegenstand einer Auflage – § 709); 10 Ob 2/06a (Motivirrtum bei letztwilliger Verfügung – nachträgliche Scheidung); 8 Ob 6/06z (Rechtspraktikant ist eine „Gerichtsperson" iSd § 589); 4 Ob 17/06p (Stillschweigender Widerruf eines Testaments); 8 Ob 10/07i (Unwirksamkeit von Hinzufügungen Dritter im eigenhändigen Testament); 2 Ob 1/08y (Testamentsvollstreckung); 6 Ob 167/09s (Erbeinsetzung unter Potestativbedingungen); 7 Ob 259/09b (Verlust der Erbschaft wegen Nichterfüllung von Auflagen); 6 Ob 89/10x (Fideikommissarische Substitution – Vererbbarkeit der Anwartschaft des Nacherben); 6 Ob 30/11x (Schaden des überlebenden Ehegatten aus der Errichtung eines formungültigen Testaments); 2 Ob 41/11k (Erbteilungsklage); 1 Ob 102/11y (Wirksamkeit von Nottestamenten); 2 Ob 166/11t (Auflagenverletzung und Ersatzerbschaft); 4 Ob 198/11p (Notarielles Testament eines Besachwalteten); 5 Ob 185/12k (Separate nuncupatio); 2 Ob 251/12v (Wechselseitige Zeugnisfähigkeit eingesetzter Erben); 1 Ob 3/13t (Freie Widerrufbarkeit der Nachlassverwaltung); 3 Ob 4/13d (Beschränkung auf § 568); 2 Ob 61/13d (Verschwiegenheitsverpflichtung des Notars als Testamentszeuge); 6 Ob 168/13v (Insolvenz des Erben ist als Motivirrtum zu werten?); 6 Ob 10/14k (Negatives Testament und resolutive Bedingung); 8 Ob 69/14a (Post-it auf Testament); 4 Ob 110/14a (Vorerbe ist kein fähiger Zeuge); 3 Ob 164/14k (Eigenhändiges gemeinschaftliches Testament); 1 Ob 233/14t (Widerruflichkeit der Testamentsvollstreckung); 2 Ob 86/15h (Anforderungen für das Nottestament); 2 Ob 106/15z (Ungültiges Kodizill); 2 Ob 170/15m (Protokollierung des freien Willens durch Notar); 2 Ob 162/16m (Aussageverweigerungsrecht im Verfahren über das Erbrecht); 2 Ob 177/16t (Verpflichtung in gemeinschaftlichem Testament unverbindlich); 2 Ob 228/16t (Feststellung der Testier(un)fähigkeit); VfGH G 409/2017-15 (Kein Erbrecht nach Trennung von Lebensgefährten – Zeugenunterschriften „auf der Urkunde selbst"); 3 Ob 54/17p (Zustimmung des Nacherben zur Exekutionsführung); 2 Ob 78/17k (Beweislast für die Echtheit des Testaments); 2 Ob 134/17w (Anforderungen an die nNncupatio); 2 Ob 151/17w (Blinde können fremdhändig testieren); 2 Ob 192/17z (Ungültigkeit eines fremdhändigen Testaments); 2 Ob 220/17t (Gültigkeit eines gemeinschaftlichen Testaments nach Scheidung); 6 Ob 55/18h; (Gesellschaftsvertrag: Nachfolgeklauseln zugunsten nur männlicher Nachkommen sittenwidrig S 2 Ob 214/18m; 2 Ob 126/18w (Formvorschriften bei Testamentserrichtung durch Blinden T; 2 Ob 145/18i („Zuwendung aller Sachen im Inland" als Vermächtnis); 2 Ob 192/18a (Zum Wegfall einer letztwilligen Verfügung zugunsten der ehemaligen Lebensgefährtin nach § 725); 2 Ob 203/18v (Keine Überwachung des Testamentsvollstreckers durch das Pflegschaftsgericht); 2 Ob 116/19a (Anordnung einer fideikommissarischen Substitution); 2 Ob 15/19y (Nacherbschaft für den Fall des Fehlens leiblicher Nachkommen keine sittenwidrige Ungleichbehandlung von Adoptivkindern des Vorerben); 2 Ob 19/19m (Fotokopie kein gültiges Testament); 2 Ob 39/19b (Zulässigkeit eines mündlichen Testaments gem § 586 aF); 2 Ob 41/19x (Beachtlichkeit des Motivirrtums iSd § 572 – „Angeben" des BeweggrundesM; 2 Ob 43/19s (In § 725/1 geforderte ausdrückliche Anordnung des Gegenteils hat in Form einer letztwilligen Verfügung zu ergehen); 2 Ob 51/19t (Testamentserbe trägt Beweislast für Echtheit des Testaments); 2 Ob 59/19v (Letztwillig verfügtes Aufgriffsrecht; lange Verjährungsfrist);

2 Ob 143/19x,2Seitennummerierung in Fußzeile eines zweiten, losen Testamentsblattes begründet keine innere UrkundeneinheitL; 2 Ob 145/19s (Vorgedruckte Bestätigung von Zeugenunterschriften in Bezug auf „vorstehenden Zusatz“ begründet keine innere Urkundeneinheit bei Testament auf losen Blättern); 2 Ob 180/19p (Beachtlichkeit des Motivs auch ohne Angabe in der letztwilligen Verfügung); 2 Ob 218/19a (Zeugenunterschrift auf losem Blatt einer fremdhändigen letztwilligen Verfügung: nur bei innerer bzw äußerer Urkundeneinheit formgültig); 2 Ob 51/20v (Heftklammern begründen keine äußere Urkundeneinheit bei fremdhändigem Testament) 2 Ob 35/20s (Zeugenzusatz bei fremdhändigem Testament muss eigenhändig geschrieben sein); 2 Ob 141/20d (Klebeetikette und Stempel begründen äußere Urkundeneinheit); 2 Ob 190/20k (Verhältnis zwischen Vermächtnis und Testament); 2 Ob 143/20y (Heftklammer und Seitennummerierung begründen keine Urkundeneinheit bei fremdhändigem Testament); 2 Ob 4/21h (Fremdhändiges Testament – maßgeblicher Zeitpunkt für Herstellung der äußeren Urkundeneinheit); 2 Ob 173/21m (Lebensgemeinschaft, ja oder nein?); 6 Ob 54/21s (Änderung der Bewirtschaftungsart durch den Vorerben); 2 Ob 78/21s (Relative Zeugenunfähigkeit); 2 Ob 112/21s (Unterschrift unterhalb des Textes bei eigenhändigem Testament); 2 Ob 86/21t (Anforderungen an die Identifizierbarkeit der Testamentszeugen; 2 Ob 76/21x (Stillschweigender Widerruf auch des vor geschiedener Ehe errichteten Testaments);) ; 2 Ob 2/22s (Identifizierbarkeit der Zeugen bei Namensänderung), 2 Ob 25/22y (Testament: Drei Heftklammern gleichen Heftbindung); 2 Ob 29/22m (Loseblatttestament: Textfortsetzung begründet keine innere Einheit); 2 Ob 48/22f (Einsichtnahme von Zeugen in Blindentestament); 2 Ob 63/22m (Erbvertrag in Notariatsaktsform ohne handschriftliche Nuncupatio); 2 Ob 82/22f (Absatznummerierung für innere Urkundeneinheit nicht ausreichend); 2 Ob 167/22f („Das ich bleib daf ist mein Wille“ = Nuncupatio); 2 Ob 170/22x (Nuncupatio muss objektiv betrachtet lesbar sein); 2 Ob 226/22g (Inhaltlicher Vermerk bloß auf erstem Blatt nicht ausreichend); 2 Ob 239/22v (Auch individuell formulierte Textfortsetzung begründet keine innere Einheit); 2 Ob 15/23d (Testament zu Gunsten von Pflegepersonal aufgrund Testierfreiheit wirksam); 2 Ob 35/23w (Mit dem Mund unterfertigtes Testament); 2 Ob 106/23m (Ungerechtfertigter Verzicht auf Handzeichen bei Testament in Notariatsaktform); 2 Ob 71/24s (Stillschweigender Widerruf des vor sich in Scheidungsverfahren befindlicher Ehe errichteten Testaments).

a) Allgemeines

Die Abänderung der gesetzlichen Erbfolge geschieht meistens durch ein Testament. Das Gesetz versteht darunter eine ***letztwillige Verfügung,*** die eine ***Erbeinsetzung*** enthält. Verfügungen ohne Erbeinsetzung (zB eine bloße Enterbung oder Einsetzung eines Testamentsvollstreckers) nannte das Gesetz bisher Kodizill, nach dem ErbRÄG 2015 schlicht „sonstige letztwillige Verfügung“ (§ 552/2). Durch ein Testament überträgt der Erblasser sein gesamtes Vermögen oder einen quotenmäßig bestimmten Teil davon für den Fall seines Todes einem oder mehreren anderen. Der Laie bezeichnet diesen Vorgang oft als Vermächtnis, was aber juristisch unrichtig ist, weil das Vermächtnis (Legat) etwas ganz anderes ist als eine Erbschaft: Während der Erbe Universalsukzessor (Gesamtrechtsnachfolger) des Erblassers ist, also in dessen (vererbliche) Rechte und Pflichten vollständig (uno actu) eintritt und somit zB auch für seine Schulden haftet (s Rz 319), wird der Vermächtnisnehmer (Legatar) nur Singularsukzessor (Einzelrechtsnachfolger; s dazu Kapitel 3), erhält also (durch einzelne Übertragungsakte: 67

Übergabe, Verbücherung, Zession) nur bestimmte Posten aus der Verlassenschaft des Erblassers. Anders ausgedrückt bestimmt der Erblasser durch die Erbeinsetzung, wer sein Vermögensnachfolger sein soll, während er durch Vermächtnisse nur über einzelne Vermögensstücke disponiert (die freilich wertmäßig durchaus einen wesentlichen Teil der Verlassenschaft ausmachen können). Das Vermächtnis ermöglicht somit dem Erblasser, ganz konkrete Verfügungen über den Verbleib bestimmter Nachlassgegenstände zu treffen. Die Abgrenzung zwischen Vermächtnis und Erbeinsetzung kann im Einzelnen schwierig sein und richtet sich nach dem Willen des Erblassers, welcher durch Auslegung festzustellen ist. Wenn einzelne Sachen oder Rechte zugewendet werden, ist im Zweifel ein Vermächtnis anzunehmen. Hinterlässt der Erblasser hingegen alle wesentlichen Stücke seines Vermögens, so liegt im Zweifel eine Erbeinsetzung vor.

Beispiele:

- Mein Freund M erhält meine Briefmarkensammlung (Vermächtnis).
- Nach meinem Tod soll mein Hab und Gut meinem Bruder gehören (Erbeinsetzung).
- Ich übertrage meiner Schwägerin die mir gegen X zustehende Forderung über € 10.000 (Vermächtnis).
- Mein Schwiegersohn Lukas soll € 20.000 erhalten (Vermächtnis).
- Meine Geschwister A und B sollen mein Vermögen erhalten (Erbeinsetzung), das Ferienhaus bekommt aber meine Mutter (Vermächtnis).

68 Das Testament ist „vertretungsfeindlich“ ***(Höchstpersönlichkeit im formellen Sinn:*** weder gewillkürte noch gesetzliche Stellvertretung ist möglich, § 564). Der Erblasser muss auch den Erben (ebenso den Vor- und den Nacherben) selbst einsetzen ***(Höchstpersönlichkeit im materiellen Sinn):*** Er kann diese Erklärung nicht einem Dritten überlassen (§ 564; das Verbot der Vertretung oder Bevollmächtigung gilt auch für die Bestimmung der Erbportionen und überdies für den Widerruf, weil auch dieser eine letztwillige Verfügung darstellt; daher kann zB ein Erwachsenenvertreter kein Testament des Vertretenen widerrufen). Es reicht aber aus, wenn der Erbe ***bestimmbar*** ist oder von einem Dritten unter mehreren Personen nach objektiven Kriterien bestimmt wird („Erbe ist derjenige meiner Söhne, der nach Einschätzung eines Wirtschaftsprüfers mit seinem Anteil innerhalb eines Jahres den meisten Gewinn macht“). Es ist ausreichend, wenn sich die bedachte Person durch Auslegung bestimmen lässt. Hat der Verfügende nur eine Person unbestimmt als Erben eingesetzt, so kommt diesem die gesamte Verlassenschaft zu, hat der Erblasser hingegen nur einen bestimmten Erbteil genannt, so tritt in Bezug auf den Rest gesetzliche Erbfolge ein (§ 554).

Beispiel aus der Rechtsprechung:
Sachverhalt: Die Erblasserin hinterließ ein offensichtlich eigenhändig verfasstes, äußerst schwer lesbares Schriftstück, aus welchem, auch mit Hilfe eines Sachverständigen, nur einzelne Wörter, wie etwa der Name des vermeintlichen Erben, lesbar waren. Eine Erbeinsetzung ist aus der Urkunde nicht herauszulesen. Der vermeintlich Eingesetzte begehrt im Erbrechtsstreit die Anerkennung des Schriftstückes als letztwillige Verfügung.

Aus der Begründung: § 578 verlangt zur Gültigkeit des eigenhändigen (holographen) Testamentes, dass die Verfügung vom Erblasser eigenhändig geschrieben und eigenhändig unterschrieben wird. Dies soll eine Garantie gegen die Verfälschung des Testamentes bieten und die Feststellung der Identität des Verfassers ermöglichen. Um diesen Ansprüchen bzw Zielsetzungen zu genügen, muss ein Testament nach § 578 eine vom Erblasser eigenhändig verfasste und eigenhändig unterfertigte Erbeinsetzung enthalten. Um diese Voraussetzung zu erfüllen (wobei die Erbeinsetzung vom Erblasser nach hA in jeder ihm verständlichen Sprache, unter Verwendung beliebiger Schreibwerkzeuge und Schreibunterlagen vorgenommen werden kann), muss die Niederschrift – objektiv (allenfalls mit Hilfe eines Sachverständigen) – lesbar sein. Andere außerhalb der Urkunde liegende Umstände dürfen nicht zur Feststellung des Inhalts, sondern nur zur Auslegung des (leserlichen) Inhalts herangezogen werden.
Damit stellt sich hier die Frage, ob die wenigen, festgestelltermaßen lesbaren Worte des gegenständlichen, von der Erblasserin erwiesenermaßen unterfertigten Schriftstückes eine Erbeinsetzung zugunsten des Klägers enthalten. Diese Frage ist, auch wenn man dabei einen großzügigen Maßstab anlegt, zu verneinen. Da das gegenständliche Schriftstück demnach kein Testament gemäß § 578 darstellt und es auf die Testierfähigkeit der Erblasserin daher gar nicht mehr ankommt, war das Klagebegehren abzuweisen.
Zusammenfassung: Eine wirksame Erbeinsetzung muss dem eigenhändigen Testament objektiv, allenfalls mithilfe eines Schriftsachverständigen, entnehmbar sein (7 Ob 185/05i).

Letztwillige Verfügungen sind ***einseitige Rechtsgeschäfte*** (im Gegensatz zum Erbvertrag; dazu Rz 151 ff). Sie belassen dem Erblasser die Verfügungsfreiheit unter Lebenden. Die Testamentserben erhalten nur, was zum Zeitpunkt des Erbfalls vom Vermögen des Erblassers vorhanden ist. Aus dem rechtsgeschäftlichen Charakter folgt auch die Anwendbarkeit allgemeiner (nicht auf Rechtsgeschäfte unter Lebenden zugeschnittener) rechtsgeschäftlicher Regeln, zB jene in Bezug auf die Sittenwidrigkeit. So wäre es im Hinblick auf § 879 ungültig, wenn A den B zum Erben einsetzt, damit dieser die Mittel hat, um einen Auftragsmörder auf den Erzfeind von A anzusetzen. Auch die mittelbare Wirkung der Grundrechte kann bei letztwilligen Verfügungen zum Tragen kommen. So hat die Rsp im Hinblick auf § 879 und das Gleichbehandlungsgebot eine Erbeinsetzung für unbeachtlich angesehen, weil sie darauf abstellte, dass der Bedachte adelig ist. Ebenso wurde eine gesellschaftsrechtliche Nachfolgeklausel zugunsten ausschließlich männlicher Nachkommen von der Rsp als sittenwidrig angesehen. Denkt man dies weiter, so könnte auch die testamentarische Einsetzung von (zukünftigen) Nachkommen nach Maßgabe des Geschlechts als ***sittenwidrig*** angesehen werden. Dies ist mE aber nicht der Fall, weil die Testierfreiheit willkürliche Erbeinsetzungen ermöglicht (vgl auch § 354) und nur durch das gegenüber allgemeinen Regeln (§ 879) als lex specialis anzusehende Pflichtteilsrecht beschränkt ist. Der Erblasser ist daher in der subjektiven Auswahl seiner Erben frei, möge dies (im Allgemeinen) auch diskriminierend sein; nur Verfügungen, die – wie das obige Bsp (Auftragsmörder) – objektiv öffentliche Interessen verletzen, sind sittenwidrig. **69**

Beachte *idZ auch § 3/2 der Verordnung des Bundesministers für Wissenschaft, Forschung und Wirtschaft über Standes- und Ausübungsregeln für die Personenbetreuung, wonach es untersagt ist, Leistungen ohne gleichwertige Gegenleistung entgegenzunehmen. Daraus wurde die Nichtigkeit von Schenkungen abgeleitet, die eine Pflegerin vom Gepflegten erhalten hatte. Fraglich ist, ob in Anlehnung daran auch letztwillige Verfügungen nach § 879/1 wegen Gesetz- oder Sittenwidrigkeit oder bei Ausnützung einer – im Pflegebereich oft vorkommenden – Zwangslage iSd § 879/4 nichtig sein können. Nach der jüngeren Rsp besteht das Vermögensannahmeverbot von Pflegekräften jedoch nur zu Lebzeiten der Vermögensgeber und nicht auch hinsichtlich deren letztwilligen Verfügungen (2 Ob 15/23d).*

b) Voraussetzungen

70 Die Erbeinsetzung (das Testament) ist nur unter ***folgenden Voraussetzungen*** gültig:

- Testierfähigkeit,
- Testierabsicht,
- Freiheit von Willensmängeln und
- Einhaltung der Formvorschriften.

71 Wenn auch nur eine dieser Voraussetzungen nicht vorliegt, ist das Testament anfechtbar. Zur Anfechtung berechtigt sind Personen, die vom Wegfall der Verfügung profitieren (zB gesetzliche Erben). Die Voraussetzungen der Gültigkeit einer letztwilligen Verfügung müssen bei deren Errichtung vorliegen (§ 575). Eine anfänglich ungültige letztwillige Verfügung wird durch den späteren Wegfall des Hindernisses nicht gültig. Wird in diesem Fall keine neue Verfügung getroffen, so tritt die gesetzliche Erbfolge ein (§ 576).

aa) Testierfähigkeit des Erblassers

72 Bei der Testierfähigkeit handelt es sich um die ***Fähigkeit des Testierenden*** (= Testator), ***zum maßgeblichen Zeitpunkt*** ein ***Testament zu errichten.*** Sie muss nur im Zeitpunkt der Testamentserrichtung vorhanden sein (auch ein lichter Augenblick – lucidum intervallum – ist ausreichend, vgl § 568; Rsp). Die Anforderungen an die Testierfähigkeit sind geringer als die an die Geschäftsfähigkeit: Der Testator muss lediglich die Bedeutung und die Folgen seiner letztwilligen Verfügung verstehen und sich entsprechend verhalten (§ 566). Insoweit werden der Testierfähigkeit die Prinzipien der Entscheidungsfähigkeit zugrunde gelegt. So wie bei der Geschäftsfähigkeit kann die Testierfähigkeit aufgrund des Alters oder der psychischen Verfassung fehlen oder eingeschränkt sein. Die Abstufung ist wie folgt vorzunehmen:

73 ***Unbeschränkt testierfähig*** sind Personen ab 18 Jahren (§ 569), soweit sie geistig in der Lage sind, den Testiervorgang und den Inhalt der Verfügung rational zu erfassen. Im Hinblick auf die UN-Behindertenrechtskonvention sind durch

die Erbrechtsreform 2015 die mit der Bestellung eines Sachwalters verbundenen Einschränkungen (§ 568 aF) auf bestimmte Testierformen (vgl dazu gleich die Beschränkungen bei mündigen Minderjährigen) entfallen, weshalb auch Personen mit (nun) Erwachsenenvertretung – sofern sie testierfähig sind – regulär testieren können. Dies entspricht auch weitestgehend der mit dem 2. ErwSchG 2018 in Kraft getretenen Grundregel des § 242, wonach die Handlungsfähigkeit einer vertretenen Person durch eine Vorsorgevollmacht oder eine Erwachsenenvertretung nicht eingeschränkt wird (s Rz 76).

Beschränkt testierfähig sind mündige Minderjährige (zwischen 14 und 18 **74**
Jahren). Sie können ihren letzten Willen – ausgenommen im Notfall (§ 584) – nur mündlich vor Gericht oder mündlich vor einem Notar gültig erklären (§ 569); in das entsprechende Protokoll ist eine Erklärung über die Prüfung der Testierfähigkeit und das Ergebnis dieser Erhebungen aufzunehmen. Der Sinn der Nachforschungen und va des Protokolls besteht darin, dass mögliche Zweifel an der Testierfähigkeit festgehalten werden können. Insofern haben diese Regelungen eine wichtige Beweissicherungsfunktion und ermöglichen die spätere Klärung der Frage nach der Testierfähigkeit des Verstorbenen.

Testierunfähig sind unmündige Minderjährige (unter 14 Jahren) sowie Per- **75**
sonen, die aufrund einer psychischen Krankheit oder aus sonstigen Gründen (zB infolge von Alkohol, Medikamenten oder Rauschgift, § 567) den Testiervorgang und den Inhalt der Verfügung nicht begreifen.

Über die Frage des Vorliegens der Testierfähigkeit ist im Verfahren über das **76**
Erbrecht (§ 160 AußStrG, dazu Rz 310) zu entscheiden. Die ***Beweislast*** für eine die Testierfähigkeit ausschließende geistige Erkrankung trifft denjenigen, der sich darauf beruft, also den Gegner des Testamentserben. Gelingt dieser Beweis, so obliegt dem Testamentserben der Gegenbeweis, dass das Testament während eines lichten Augenblicks errichtet worden ist (Rsp).

Beispiel aus der Rechtsprechung:
Sachverhalt: Am 14.7.1999 errichtete der spätere Erblasser vor einem öffentlichen Notar in Anwesenheit dreier Zeugen ein (formgültiges) Testament, in dem er den Beklagten zum Erben seines gesamten Vermögens einsetzte. Seine Mutter, die Erstklägerin, und auch alle etwaigen Pflichtteilsberechtigten beschränkte er auf den gesetzlichen Pflichtteil. Die Zweitklägerin ist die Schwester des Erblassers. Am 30.7.1999 schied der Erblasser durch Selbstmord aus dem Leben. Die Klägerinnen begehrten gegenüber dem Beklagten die Feststellung der Ungültigkeit des Testaments. Der Erblasser sei zum Zeitpunkt der Testamentserrichtung aufgrund einer psychischen Störung testierunfähig gewesen. Er habe schon seit 1977 unter schweren depressiven Verstimmungszuständen mit paranoiden Ideen, verbunden mit Angstzuständen, gelitten; das Krankheitsbild einer chronischen schizoaffektiven Psychose habe sich wesentlich verschlechtert. Der Beklagte bestritt die Testierunfähigkeit des Erblassers. Dieser habe lediglich unter depressiven Verstimmungen gelitten. Der Inhalt des Testaments sei dadurch zu erklären, dass das Verhältnis zwischen dem Erblasser und den Klägerinnen äußerst schlecht gewesen sei, was immer wieder zu Streitigkeiten geführt habe.

Aus der Begründung: Dem Erblasser fehlt die Testierfähigkeit dann, wenn er zwar den Willen hat, ein Testament zu errichten und auch in der Lage ist, den Testiervorgang zu erkennen, die normale Freiheit seiner Willensbildung aber aufgehoben ist (SZ 51/8, SZ 52/111, NZ 1986, 203 ua). Dieser Beeinträchtigung der Willensbildung können insb Wahnvorstellungen zugrunde liegen, was auch nicht im Widerspruch dazu stehen muss, dass er sonst über ausreichende geistige Kapazität verfügt. Testierunfähigkeit ist nicht erst anzunehmen, wenn Wahnvorstellungen des Erblassers die letztwillige Verfügung erwiesenermaßen beeinflusst haben, sondern bereits dann, wenn sie den Bereich der letztwilligen Verfügung unmittelbar und offensichtlich berührten; in diesem Fall obliegt der Gegenbeweis dem durch die letztwillige Verfügung Begünstigten (SZ 63/116). Entgegen der Auffassung des Berufungsgerichts hat das Erstgericht nicht etwa aufgrund einer unrichtigen Rechtsansicht notwendige Tatsachenfeststellungen nicht getroffen, sondern vielmehr den in der zuletzt zitierten Entscheidung erwähnten Gegenbeweis als erbracht angesehen. Es führte nämlich aus, bei der schizoaffektiven Störung des Erblassers handle es sich um eine schwere psychische Erkrankung, die „zeitweise" mit einem Verlust des Realitätsbezugs einhergehen und die Kritik- und Urteilsfähigkeit aufheben könne, wobei dies zumindest jene Bereiche betreffe, auf die sich die entsprechenden Wahnbildungen beziehen. Die Entscheidung des Erblassers, sein Vermögen dem Beklagten zu vererben, sei indes „keine Wahnidee" gewesen. In seinen Ausführungen zur Beweiswürdigung wies das Erstgericht insb darauf hin, dass der den Erblasser über längere Zeit hindurch behandelnde Hausarzt Wahnvorstellungen nicht habe feststellen können und dass der Sachverständige sowie ein als Zeuge vernommener Arzt derartige Feststellungen lediglich aufgrund der Schilderungen Familienangehöriger bzw dargestellter Vorkommnisse getroffen hätten. Worin die Ursache für die innerfamiliären Spannungen gelegen sei, habe nicht festgestellt werden können. Aus diesen Ausführungen in der Begründung des erstgerichtlichen Urteils ergibt sich klar, dass die Erstrichterin nach Würdigung der Beweisergebnisse zum Schluss gelangte, der Erblasser habe seine letztwillige Verfügung ohne Beeinträchtigung durch krankhafte Wahnvorstellungen, somit als Ausfluss seiner freien und nicht krankhaft gestörten Willensbildung erklärt.
Zusammenfassung: Der Beweis für eine die Testierfähigkeit ausschließende geistige Erkrankung liegt bei den gesetzlichen Erben. Können diese den Beweis erbringen, so haben die eingesetzten Erben die Möglichkeit, einen Gegenbeweis zu erbringen (1 Ob 51/03m).

Beispiel aus der Rechtsprechung:
Sachverhalt: Der am 4.5.2014 im Alter von 88 Jahren verstorbene Erblasser hinterließ das von einem öffentlichen Notar verfasste private fremdhändige Testament vom 13.2.2012, in dem er den Drittantragsteller zum Alleinerben und dessen Ehefrau zur Ersatzerbin bestimmte. Der Drittantragsteller (in der Folge: Testamentserbe) gab aufgrund dieses Testaments zum gesamten Nachlass die unbedingte Erbantrittserklärung ab. Gleichzeitig mit der Testamentserrichtung unterzeichnete der Erblasser eine Vollmacht und Vorsorgevollmacht samt Sachwalterverfügung. Kurz zuvor, am 6.2.2012, war seine Lebensgefährtin im Alter von 90 Jahren verstorben. Am 20.3.2012 regte die weitere Großcousine die Bestellung eines Sachwalters für den Erblasser an. Die Erstanhörung fand am 10.5.2012 statt. Der Erblasser bezog zumindest ab 21.12.2012 bis zu seinem Tod Pflegegeld der Stufe 5. Im Verfahren über das Erbrecht brachten die gesetzlichen Erben vor, das Testament vom 13.2.2012 sei ungültig, weil der Erblasser im Zeitpunkt seiner Errichtung nicht mehr testierfähig gewesen sei.

Aus der Begründung: Voraussetzung der Errichtung eines wirksamen Testaments ist nach § 565 aF ua, dass der Erblasser seinen letzten Willen im Zustand der vollen Besonnenheit erklärt. Wird bewiesen, dass die Erklärung in einem die hiefür erforderliche Besonnenheit ausschließenden Zustand, wie dem einer psychischen Krankheit, einer geistigen Behinderung oder der Trunksucht, geschehen sei, so ist sie gemäß § 566 aF (§ 567 nF) ungültig. An die Bejahung der Testierfähigkeit legt die Rechtsprechung einen weniger strengen Maßstab an als an die Geschäftsfähigkeit bei Geschäften unter Lebenden. Nicht jede geistige Erkrankung schließt die Testierfähigkeit aus und ebenso wenig die bloße Abnahme der geistigen Kräfte. Der Vollbesitz der geistigen Kräfte und die volle Kenntnis der Tragweite der Anordnung sind nicht erforderlich. Die Testierfähigkeit fehlt jedenfalls dann, wenn der Erblasser nicht einmal das Bewusstsein hatte, eine letztwillige Anordnung zu treffen, und ihm das Verständnis ihres Inhalts zur Gänze abging. Die Testierfähigkeit fehlt aber auch, wenn der Erblasser zwar den Willen hat, ein Testament zu errichten, und auch in der Lage ist zu erkennen, dass er dies tut, die normale Freiheit seiner Willensbildung aber dennoch aufgehoben ist. Hiebei schadet nur ein hoher Grad der Willensbeeinträchtigung, der dem Zustand des § 566 aF gleichsteht. Als Richtschnur für die Bejahung der Testierfähigkeit nimmt die Rechtsprechung an, es müssten zumindest die kognitiven und volitiven Fähigkeiten eines 14-Jährigen vorliegen, ohne dass dies ausdrücklich festgestellt werden muss. Die Beweislast, dass der Testator testierunfähig war, trifft diejenige Prozesspartei, die die Testierunfähigkeit behauptet; die bloße Wahrscheinlichkeit der Testierunfähigkeit genügt nicht. Nach diesen Grundsätzen wäre aufgrund der Feststellungen des Erstgerichts der den gesetzlichen Erben obliegende Beweis der behaupteten Testierunfähigkeit des Erblassers misslungen.
Zusammenfassung: Auch hier bestätigt der OGH, dass der Beweis für einen die Testierfähigkeit ausschließenden Umstand bei jener Partei liegt, die den Umstand behauptet. Eine bloße Wahrscheinlichkeit der Testierfähigkeit genügt hierfür nicht. (1 Ob 51/03m).

bb) Testierabsicht („animus testandi")

Der Verfügende muss seinen letzten Willen „bestimmt, mit Überlegung, 77
ernst sowie frei von Drohung, List und wesentlichem Irrtum" erklären (§ 565), also das ***Bewusstsein haben, eine letztwillige Verfügung zu treffen.*** Dies ist zB nicht der Fall, wenn er erklärt, sein noch nicht geborenes, unehelich gezeugtes Kind „später einmal" allfälligen ehelichen Kindern erbrechtlich gleichstellen zu wollen, oder wenn er jemandem eine Ansichtskarte von einem Haus mit dem Text schreibt, dass „dieses Haus nach meinem Tod einmal Dir gehören" wird. Der animus testandi muss freilich nur gegeben sein (Beweisfrage), nicht aber in der letztwilligen Verfügung selbst zum Ausdruck gelangen (s Bsp unten). Diese kann etwa auch dann gültig sein, wenn sie nicht mit „Mein letzter Wille" oÄ überschrieben ist (vgl aber zum Erfordernis eines entsprechenden Zusatzes beim fremdhändigen Testament § 579). Die Testierabsicht ist idR auch dann gegeben, wenn eine Verfügung nur vorläufig oder aus Anlass eines bestimmten Ereignisses getroffen wird, das dann aber nicht eintritt; zB „für den Fall, dass ich auf der bevorstehenden Reise ums Leben kommen sollte" – die Verfügung gilt auch dann, wenn der Erblasser die Reise überlebt und erst später stirbt.

Beispiel aus der Rechtsprechung:
Sachverhalt: Am 29.7.1997 bat die Erblasserin E die Klägerin zu sich in die Wohnung, weil sie mit ihr etwas zu besprechen hätte. In der Wohnung teilte sie der Klägerin mit, diese hätte viel für sie getan; sie wolle ihr ein Andenken vermachen. Beide gingen gemeinsam durch die Wohnung. E blieb vor einem Tabernakelschrank im Vorzimmer stehen und meinte sinngemäß, dass dieses Stück einmal der Klägerin gehören solle. Im Anschluss daran setzte sich E an einen Tisch und verfasste folgenden Text: „Ich übertrage mein Eigentum an dem Tabernakel, der im Vorzimmer steht, an K" (= Klägerin). Diese Urkunde verfasste sie in der Absicht, der Klägerin den Tabernakelschrank letztwillig zu vermachen. Die Klägerin begehrt nun von der Beklagten als Alleinerbin nach E die Herausgabe des Tabernakelschrankes.
Aus der Begründung: Bei der Auslegung einer letztwilligen Verfügung kommt es bei Beantwortung der Frage, ob Testierabsicht vorhanden ist, nicht auf die objektive Erklärungsbedeutung, sondern auf den wahren Willen des Erblassers an. Dabei bildet die letztwillige Verfügung nicht die einzige Quelle der Auslegung; vielmehr sind auch außerhalb der Anordnung liegende Umstände aller Art, sonstige mündliche und schriftliche Äußerungen des Erblassers zu berücksichtigen. Die Auslegung muss in der letztwilligen Verfügung irgendeinen, wenn auch noch so geringen Anhaltspunkt finden und darf nicht völlig dem unzweideutig ausgedrückten Willen zuwiderlaufen („Andeutungstheorie"). Unklar ist allerdings, ob auch die Testierabsicht – die grds eine Tatfrage ist – in der letztwilligen Verfügung zum Ausdruck kommen muss, also ob der Zweck der Formvorschriften gebietet, dass auch die Testierabsicht formgerecht geäußert wird. In der Lehre wurde überzeugend dargelegt, dass der Testierwille im Sinne eines Willens, eine letztwillige Anordnung zu treffen, in der Erklärung selbst nicht angedeutet werden muss. Der Zweck der gesetzlichen Formvorschriften (Warn- und Beweisfunktion) erfordert nicht, dass der Wille des Erblassers, mit seiner Erklärung eine letztwillige Verfügung zu treffen, im Wortlaut der Erklärung angedeutet werden muss. Auch dann, wenn eine entsprechende Andeutung fehlt, ist sichergestellt, dass der Erblasser nicht übereilt gehandelt hat, dass die Erklärung von ihm stammt und dass das Entsprechen seiner Verfügungen von seinem Rechtsfolgewillen getragen ist. Schließlich kommt in der Erklärung klar zum Ausdruck, wer nach dem Willen des Erblassers was erhalten soll. Dieser vertretenen Ansicht schließt sich der erkennende Senat an.
Zusammenfassung: Der Testierwille im Sinne eines Willens, eine letztwillige Anordnung zu treffen, muss in der Erklärung (dh in der Urkunde) selbst nicht zum Ausdruck gelangen (2 Ob 308/01k).
Anmerkung: Zu beachten ist, dass seit dem ErbRÄG 2015 die Andeutungstheorie gesetzlich in § 553 normiert ist (s dazu in der Einleitung).

cc) Freiheit von Willensmängeln

78 Die letztwillige Verfügung darf nicht auf ***arglistiger Täuschung, Drohung oder wesentlichem Irrtum*** beruhen (§ 565 und § 570). Es ist strittig, was genau unter einem wesentlichen Irrtum iSd § 570 zu verstehen ist. Richtigerweise ist davon auszugehen, dass darunter jeder Erklärungs- und Inhaltsirrtum fällt, sofern er sich auf die letztwillige Verfügung ausgewirkt hat – also den Erblasser bei Kenntnis der Sachlage von der Verfügung abgehalten hätte. Somit erfasst § 570 jeden kausalen (s dazu auch unten Rz 80) Erklärungs- und Inhaltsirrtum. Bei der Aufzählung in § 570, wonach ein Irrtum insb wesentlich sei, wenn der Verstorbene die bedachte Person oder die zugewendete Sache verfehlt habe, handelt es sich daher nur um Beispiele für wesentliche Irrtümer (dies ergibt sich schon aus dem Wort „insbesondere"). Anders als bei entgeltlichen Geschäften unter Lebenden (vgl § 871) ist die Geltendmachung des Irrtums von keinen besonderen Anfechtungsvoraussetzungen abhängig.

Die Anfechtung einer letztwilligen Anordnung ist auch dann möglich, wenn der dem letzten Willen zugrunde liegende Beweggrund als falsch befunden wird und der Wille des Erblassers ***„einzig und allein"*** auf diesem irrigen Beweggrund beruhte (§ 572, ***Beachtlichkeit des Motivirrtums).*** Dies hängt damit zusammen, dass der „wahre Wille" bei letztwilligen Verfügungen besonderes Gewicht hat. Deshalb sind sogar Motivirrtümer über Zukünftiges relevant (zB setzt die Erblasserin ihren Mann nur deshalb ein, damit er nach ihrem Tod seine Berufstätigkeit aufgeben und sich ganz der Erziehung der Kinder widmen kann, und sterben diese vor der Erblasserin, kann ihr Testament angefochten werden). Was genau unter ***„einzig und allein"*** zu verstehen ist, ist jedoch strittig. Die Rsp und Teile der Lehre verlangen den Nachweis der Ausschließlichkeit des irrigen Beweggrundes. Dieser Beweis des Fehlens irgendeines anderen Motivs ist jedoch schon allein wegen der Unüberschaubarkeit möglicher Alternativmotive kaum zu erbringen, sodass eine erfolgreiche Anfechtung einer letztwilligen Verfügung wegen Motivirrtums in der Praxis de facto aussichtslos ist. Daher ist jenen Lehrmeinungen, die bereits einfache Kausalität genügen lassen, der Vorzug zu geben. Der Beweis der Kausalität des irrigen Beweggrundes ist daher nach zutreffender Ansicht bereits dann gelungen, wenn der Richter von der Unwahrscheinlichkeit weiterer Motive überzeugt ist. **79**

Fraglich ist zudem, ob das Motiv in der letztwilligen Verfügung angegeben sein muss, um beachtlich iSd § 572 zu sein. Aus den Erläuterungen zu § 572 nF geht grundsätzlich hervor, dass der Beweggrund in der Verfügung angegeben sein muss. Nach hL und Rsp musste das Motiv entgegen dem schon bisherigen Wortlaut des § 572 aF („der vom Erblasser angegebene Beweggrund") allerdings nicht in der Verfügung stehen. Bei dieser Auslegung des § 572 sollte es – da sich sein Wortlaut nicht geändert hat – weiterhin bleiben. Mittlerweile hat der OGH dies auch ausdrücklich für die neue Rechtslage bestätigt: Demnach sind die Materialien irrelevant, weil sie im Gesetzeswortlaut keinen Niederschlag gefunden haben; da die Gesetzesmaterialien zudem nicht Gesetz sind, können sie dieses nicht authentisch interpretieren, weshalb auch nach der neuen Rechtslage das Motiv nicht in der Verfügung angegeben sein muss, um beachtlich zu sein (OGH).

Beispiel: A hatte ihren Mann B zum Universalerben eingesetzt, widerrief dies aber später und setzte ihre Nichte ein, weil sie – ohne dies in der späteren Verfügung zu erwähnen – ein Verhältnis ihres Mannes mit einer Nachbarin vermutete. Das spätere Testament kann wegen Irrtums angefochten werden, wenn das Motiv dafür ausschließlich auf dem irrigen Beweggrund des Ehebruchs beruhte (richtigerweise sollte jedoch einfache Kausalität genügen). Dass dieser in der Verfügung nicht erwähnt ist, schadet nicht (Rsp).

Beispiel aus der Rechtsprechung:
Sachverhalt: Der „überdurchschnittlich wertkonservative“ Verstorbene mit einem besonderen Sinn für Familientradition verstarb 2007. Er hatte drei Kinder, wobei nur der älteste Sohn das Schloss und Gut erben sollte. Dieser gab eine Erbantrittserklärung ab. Kurz darauf wurde gegen den Sohn ein Insolvenzverfahren eröffnet. Die Witwe gab, damit das Familienvermögen erhalten werden könne, auch eine Erbantrittserklärung ab und berief sich auf ein früheres Testament. Sie wandte ein, dass das neue Testament einem Motivirrtum unterliege, weil der Verstorbene nichts von der drohenden Insolvenz des Sohnes wusste. Hätte er davon gewusst, so wäre das Vermögen an die Enkel übertragen worden.
Aus der Begründung: Nach den Vorinstanzen sei der Erblasser bei Errichtung des späteren Testaments einem nach § 572 relevanten Motivirrtum unterlegen; der Erblasser hätte seinen Sohn nicht bedacht, hätte er von dessen Vermögensverhältnissen gewusst, sei es doch sein größter und wichtigster Wunsch gewesen, das Vermögen in der Familie zu halten. Nach §§ 570–572 macht ein wesentlicher Irrtum des Erblassers die Anordnung ungültig. Der Irrtum ist wesentlich, wenn der Erblasser die Person, welche er bedenken, oder den Gegenstand, welchen er vermachen wollte, verfehlt hat. Auch wenn der vom Erblasser angegebene Beweggrund falsch befunden wird, bleibt die Verfügung gültig, es wäre denn erweislich, dass der Wille des Erblassers einzig und allein auf diesem irrigen Beweggrund beruht habe. Dass die Verfügung selbst den Beweggrund nicht nennt, ist – trotz des gegenteiligen Gesetzeswortlauts – für die Beachtlichkeit eines Motivirrtums des Erblassers unbeachtlich. Wenn der Masseverwalter somit meint, ein Anwendungsfall des § 572 sei schon allein deshalb nicht anzunehmen, weil die Insolvenz über das Vermögen des Sohnes erst Jahre nach dem Testament und auch Jahre nach dem Tod des Vaters eröffnet worden sei, so steht dem die hA entgegen. Diese Feststellungen betreffen den – wesentlichen und Zukünftiges betreffenden – Irrtum des Erblassers, sagen jedoch wenig über das nach § 572 maßgebliche Motiv der Testamentseinsetzung aus. Der Masseverwalter weist in diesem Zusammenhang nicht unzutreffend darauf hin, dass wohl jedermann eher seinen Besitz in der Familie erhalten als Gläubiger befriedigen will, wobei im Übrigen zu berücksichtigen ist, dass der Sohn bereits einige Jahre vor der Testamentserrichtung durch den Erblasser in ein Konkursverfahren verwickelt gewesen war, von dem der Vater auch wusste. Es mag zwar sein, dass das weitere Konkursverfahren bei Errichtung der letztwilligen Verfügung – wie das Rekursgericht meint – für den Erblasser nicht „absehbar“ war; bekannt war dem Erblasser aber etwa, dass sein Sohn den ihm zur Beseitigung des ersten Konkursverfahrens eingeräumten Kredit von € 300.000 nur zu einem geringen Teil zurückgezahlt hatte, er somit keineswegs von geordneten wirtschaftlichen Verhältnissen des Sohnes ausgehen konnte. Bei Beurteilung des Motivs „Erhalt des Familienvermögens in der Familie“ ist im Übrigen die konkrete Familiensituation zu beachten: Der Erblasser hatte – im Rahmen der Erbfolge – bereits die übrigen Kinder bedacht; durch das Testament sollte sein Sohn den Rest bekommen. Verfügt ein Erblasser aber nur über eine Familie im traditionellen Sinn – bestehend aus einem Ehegatten und ehelichen Kindern – und bedenkt er ausschließlich Mitglieder dieser Familie, dann kommt dem Motiv „Erhalt des Vermögens in der Familie“ keine eigenständige Bedeutung zu; in diesem Sinn dient dann nämlich jedes Familientestament dem Erhalt des Vermögens in der Familie. Anders wäre die Situation lediglich dann zu beurteilen, wenn der Erblasser etwa Kinder aus einer früheren nicht ehelichen Beziehung oder Ehe hat und als Motiv feststeht, dass er sein Vermögen in seiner nunmehrigen Familie halten wollte. Dies ist hier aber nicht der Fall gewesen. Damit ist es – entgegen der von den Vorinstanzen vertretenen Auffassung – der Witwe nicht gelungen, ein maßgebliches beachtliches Motiv des Erblassers iSd § 572 für sein Testament darzutun.
Zusammenfassung: Bei Beurteilung des Motivs „Erhalt des Familienvermögens in der Familie“ ist die konkrete Familiensituation zu beachten (6 Ob 168/13v).

Der Willensmangel muss kausal für die Verfügung sein, was zB dann der Fall ist, wenn der Erblasser nur deshalb neuerlich testiert (zweites Testament), weil er die Einsetzung seines unehelichen Kindes im ersten Testament für ungültig hält (Anfechtbarkeit des zweiten Testaments). Hingegen fehlt die Kausalität bei Einsetzung der „Ehegattin", die aber in Wirklichkeit (wegen Ungültigkeit der Ehe) gar nicht mit dem Erblasser verheiratet ist, wenn der Erblasser bei Kenntnis von der Ungültigkeit der Ehe genauso testiert hätte (keine Anfechtbarkeit). Zur irrtümlichen Übergehung von Pflichtteilsberechtigten s unten Rz 219 f. **80**

Kein wesentlicher Irrtum liegt vor, wenn klar ist, dass die bedachte Person oder die vermachte Sache nur unrichtig benannt oder beschrieben ist (§ 571). Es gilt also im Bereich der letztwilligen Verfügungen ebenso wie nach schuldrechtlichem Verständnis das Prinzip ***falsa demonstratio non nocet;*** es ist auf das wirklich Gewollte abzustellen. Ein Anwendungsfall liegt etwa dann vor, wenn der Erblasser einen falschen Familiennamen des letztwillig Bedachten bei der Testamentserrichtung angegeben hat. Die Abgrenzung zum Irrtum ist oftmals schwierig (da jede Fehlbezeichnung auf einem Irrtum beruht), jedoch wichtig: Während ein Irrtum nämlich die letztwillige Verfügung anfechtbar macht, bleibt diese nach § 571 im Sinne des erblasserischen Willens aufrecht. Mit *Fischer-Czermak* handelt es sich um eine bloße Fehlbezeichnung, wenn der vom Erblasser gewählte Ausdruck durch Auslegung mit seinem Willen in Übereinstimmung gebracht werden kann; ist dies nicht möglich, handelt es sich um einen Irrtum, der uU (vgl §§ 570 und 572, s dazu oben Rz 78 ff) zur Anfechtung der letztwilligen Verfügung berechtigt. **81**

Die Auslegung des „wahren Willens" muss dabei nicht zwingend einen ausdrücklichen oder schlüssigen Anhaltspunkt in der letztwilligen Verfügung selbst enthalten, wohl aber dort zumindest angedeutet sein (§ 553), und es ist auch keine Auslegung möglich, die dem Wortlaut des letzten Willens entgegenläuft. **82**

dd) Formvorschriften

Um dem Verfügenden auf der einen Seite die Bedeutung seiner Erklärung bewusst zu machen und um auf der anderen Seite nach seinem Tod Streitigkeiten zu vermeiden, sieht das ABGB für die Errichtung, die Abänderung und den Widerruf letztwilliger Verfügungen verschiedene Formvorschriften vor. Innerhalb der Testamentsformen gibt es keine Rangordnung; diese sind also gleichwertig. Für den Widerruf muss daher auch nicht dieselbe Form gewählt werden, in der die aufzuhebende letztwillige Verfügung errichtet wurde (kein „contrarius actus"; s Rz 142). Im Einzelnen gibt es folgende Formen für letztwillige Verfügungen: **83**

- ***Eigenhändig (holograph, § 578):*** Der gesamte Text der Verfügung muss vom Verfügenden ***eigenhändig geschrieben und unterschrieben*** werden. Das Erfordernis der Eigenhändigkeit soll wegen der charakteristischen Merkmale der individuellen Schrift die Feststellung der Identität des Verfassers ermög- **84** lichen und eine Garantie gegen die Verfälschung des Testamentes bieten. Der Erblasser muss mit seinem Namen unterfertigen (ein Zeichen reicht nicht aus), es genügt aber der Vorname oder eine sonst übliche Bezeichnung, die den Erblasser identifiziert (Pseudonym, Künstlername, Spitzname) bzw die Bezeichnung der Familienzugehörigkeit („Dein Vater"), ebenso kann die Unterzeichnung mit den eigenen Initialen ausreichen (Rsp). Die Unterschrift muss am Ende des Textes bzw in einem gewissen Abstand unterhalb des Textes, solange ein entsprechender räumlicher Zusammenhang mit dem Text besteht (Rsp), angebracht werden; ist also nur die erste Seite unterschrieben, gelten die auf den weiteren Seiten nachfolgenden Verfügungen nicht. Wurde die Anordnung auf unverbundenen Blättern errichtet und nur auf der letzten Seite unterfertigt, berührt dies die Gültigkeit der letztwilligen Anordnung dann nicht, wenn an der Echtheit kein Zweifel besteht und ein räumlicher oder inhaltlicher Zusammenhang gegeben ist. Ergänzungen gelten nur, wenn sie neuerlich unterschrieben werden. Die Erklärung kann an sich in jeder Sprache, in jeder Schrift (nicht jedoch in Blindenschrift), auf und mit jedem Material erfolgen (auf Papier, Karton, Stoff, mit Kugelschreiber, Lippenstift usw). UU könnte freilich aus der Verwendung eines ganz ungewöhnlichen Textträgers (zB Rückseite eines Fahrscheins) später der Schluss gezogen werden, dass der Erblasser keinen Testierwillen hatte (anders aber bei Flugzeugabsturz: Testament auf der Zigarettenschachtel).

85 Die Beisetzung von Ort und Datum ist zwar kein Gültigkeitserfordernis, wird aber vom Gesetz selbst empfohlen (§ 578), um spätere Beweisschwierigkeiten zu vermeiden, wenn mehrere (einander widersprechende) Testamente auftauchen (es gilt dann im Zweifel die jüngere Verfügung, § 713/1). Um aufwendige Nachforschungen nach dem Tod zu vermeiden, wird es oft auch zweckmäßig sein, weitere Informationen in das Testament aufzunehmen: Existenz und Aufbewahrungsort bestimmter Vermögensstücke, Versicherungspolizzen, Passwörter udgl. Im Allgemeinen ist das eigenhändige Testament aufgrund seiner Einfachheit und seiner leichten Abänderlichkeit sehr verbreitet; sein Nachteil liegt in der hohen Gefahr, dass es im Erbfall nicht aufgefunden oder von anderen potenziell erbberechtigten Personen unterdrückt wird.

Beispiel aus der Rechtsprechung:
Sachverhalt: Die Erblasserin hat eigenhändig auf einem Blatt Papier diverse letztwillige Anordnungen getroffen, so ua ein Legat an Karin Z. Dieses Blatt hat sie nicht eigenhändig unterschrieben. Das von ihr nicht unterfertigte Blatt hat sie in ein Kuvert verschlossen. Auf der Rückseite des Kuverts hat sie Folgendes geschrieben: „Sollte mit Karin Z etwas sein, ist Elfriede S berechtigt, das Buch zu erhalten". Diese Textzeilen hat sie mit eigener Hand unterschrieben.
Aus der Begründung: Der erkennende Senat hält in der hier entscheidenden Frage, wie eine Unterschrift auf einem Umschlag zu beurteilen ist, in dem sich ein vom Erblasser eigenhändig verfasster Text befindet, der seinem Inhalt nach als Kodizill zu deuten ist, die in der Literatur vertretene Ansicht für überzeugend. Hat demnach die Unterschrift

auf dem verschlossenen Umschlag keine selbstständige Bedeutung (etwa als bloßer Absendervermerk) und steht sie mit dem Text auf dem einliegenden Blatt (den einliegenden Blättern) in einem so engen inneren Zusammenhang, dass sie sich nach dem Willen des Erblassers und der Verkehrsauffassung als äußere Fortsetzung und Abschluss der einliegenden Erklärung darstellt, ist der Umschlag Teil der Gesamturkunde, sodass die darauf angebrachte Unterschrift – Echtheit sowie Bestimmtheit des Testierwillens vorausgesetzt – die Gültigkeit der letztwilligen Verfügung (des Kodizills) bewirkt.
Zusammenfassung: Hat der Testator eine letztwillige Verfügung geschrieben, aber nicht unterfertigt, die Verfügung in einem Umschlag verwahrt und diesen eigenhändig ohne weitere selbstständige Bedeutung unterschrieben, so ist der Umschlag Teil der Gesamturkunde und bewirkt die darauf angebrachte Unterschrift die Gültigkeit der letztwilligen Anordnung (4 Ob 29/04z).

Beispiel aus der Rechtsprechung:
Sachverhalt: Der Erblasser hatte mit der Klägerin eine intensive Beziehung. Obwohl der Erblasser mit der Klägerin keine Lebensgemeinschaft eingegangen ist, pflegte sie ihn bei Krankheit und kochte für ihn. Insgesamt verbrachte die Klägerin mit dem Erblasser ihre gesamte Freizeit. Nachdem der Erblasser wusste, dass er sich am 8.8.2012 einer Operation unterziehen sollte, verfasste er noch am 30.7.2012 eigenhändig eine letztwillige Verfügung, in der er der Klägerin eine Liegenschaft vermachte. Der Erblasser unterfertigte die letztwillige Verfügung und datierte sie mit 30.7.2012. Auf die letztwillige Verfügung klebte der Erblasser ein Post-it, auf welchem er eigenhändig schrieb, dass die letztwillige Verfügung vertraulich zu behandeln sei, weil er noch nicht mit dem Beklagten (Sohn) gesprochen hatte. Die letztwillige Verfügung samt Post-it wurde dem befreundeten Notar übermittelt. Eine Registrierung im Zentralen Testamentsregister wurde mangels Auftrags nicht durchgeführt. Kurz nach der Operation verstarb der Erblasser. Die Klägerin begehrte mit ihrer Vermächtnisklage die Feststellung, dass die vom Verstorbenen zu ihren Gunsten errichtete letztwillige Verfügung rechtsgültig sei. Sie begehrte weiters die Zustimmung des Beklagten zur Einverleibung des Eigentumsrechts an der Liegenschaft.
Aus der Begründung: Betrachtet man die eigenhändig geschriebene und unterschriebene letztwillige Verfügung des Erblassers vom 30.7.2012 für sich allein, so kann nicht zweifelhaft sein, dass es sich dabei um eine den Formvorschriften des § 578 entsprechende gültige letztwillige Willenserklärung handelt, die ein Vermächtnis zum Gegenstand hat. Anhaltspunkte dafür, dass der Erblasser seine Anordnung vom Eintritt einer Bedingung abhängig machen wollte, finden sich im Wortlaut der letztwilligen Verfügung nicht. Der OGH sah das „Post-it" nicht als Bedingung, vor deren Erfüllung die letztwillige Verfügung nicht wirksam sein sollte. Der Wortlaut einer letztwilligen Verfügung stellt nicht die einzige Quelle ihrer Auslegung dar. Nach stRsp sind vielmehr auch außerhalb der Anordnung liegende Umstände aller Art, sonstige mündliche oder schriftliche Äußerungen sowie ausdrückliche oder konkludente Erklärungen des Erblassers zur Auslegung heranzuziehen. Die Auslegung soll möglichst so erfolgen, dass der vom Erblasser beabsichtigte Erfolg eintritt bzw wenigstens teilweise aufrecht bleibt. Allerdings muss die Auslegung in der letztwilligen Verfügung irgendeinen, wenn auch noch so geringen Anhaltspunkt finden und darf nicht völlig dem unzweideutig ausgedrückten Willen des Erblassers zuwiderlaufen („Andeutungstheorie"). Außerhalb der Urkunde liegende Umstände, die einen Rückschluss auf den wahren Willen des Erblassers im Zeitpunkt der Errichtung der Urkunde erlauben, dürfen daher nicht zur Feststellung eines nicht erklärten Inhalts, wohl aber zur Auslegung des erklärten Inhalts der Verfügung herangezogen werden. Dass der Wortlaut der letztwilligen

Verfügung vom 30.7.2012 keine wie immer geartete Bedingung für ihre Wirksamkeit enthält, ist nicht str. Aber auch im Wortlaut der auf dem Post-it angebrachten Erklärung findet sich kein echter Hinweis auf eine solche Anordnung. Zudem unterstreicht auch das Verhalten des Erblassers diese Ansicht: Der Erblasser wollte offenbar noch vor seiner Operation die Versorgung der Klägerin sicherstellen und dies dem Beklagten – offenkundig um ihn nicht vor den Kopf zu stoßen – in einem persönlichen Gespräch mitteilen. Der OGH ging somit von der Wirksamkeit der letztwilligen Verfügung aus. *Zusammenfassung:* Außerhalb der Urkunde liegende Umstände, die einen Rückschluss auf den wahren Willen des Erblassers im Zeitpunkt der Errichtung der Urkunde erlauben, dürfen nicht zur Feststellung eines nicht erklärten Inhalts, wohl aber zur Auslegung des erklärten Inhalts der Verfügung herangezogen werden (8 Ob 69/14a).

86 • ***Fremdhändig (allograph, §§ 579, 580, 590):*** Beim fremdhändigen Testament kann der Text beliebig verfasst werden (zB maschinschriftlich, durch Computerausdruck oder handschriftlich durch eine andere Person). Er muss vom ***Erblasser*** selbst in Gegenwart (bisher str) von drei gleichzeitig anwesenden ***Zeugen*** und von diesen (zur Zeugnisfähigkeit s unten) eigenhändig ***unterschrieben*** sein. Außerdem muss der Verfügende auf der Urkunde eigenhändig (und objektiv lesbar) den Zusatz schreiben, dass die Urkunde seinen letzten Willen enthält (ein bloßes „OK" reicht diesbezüglich nicht aus – wohl aber laut OGH der handschriftliche Zusatz „Das ich bleib daf ist mein Wille", weil die Auslegung anhand des allgemeinen Sprachgebrauchs und der Verkehrsauffassung zur Annahme führe, dass damit eindeutig der letzte Wille bekräftigt werden sollte). Dieser schriftliche Zusatz ersetzt die vor Inkrafttreten des ErbRÄG 2015 erforderliche mündliche nuncupatio (die Bekräftigung des Verfügenden vor den Zeugen, von denen wenigstens zwei zugleich anwesend sein müssen, dass die Verfügung seinen letzten Willen enthält; zu den übrigen Voraussetzungen und den Übergangsbestimmungen s unten Rz 327 ff). Begründet wurde diese Änderung mit dem Ziel der erhöhten Fälschungssicherheit der fremdhändigen letztwilligen Verfügung. Die Zeugen müssen außerdem mit einem (nunmehr eigenhändig) geschriebenen Zusatz auf der Urkunde unterschreiben, der auf ihre Zeugeneigenschaft hinweist. Die Unterschrift der Zeugen muss nach der Rsp auf der ***Urkunde selbst*** erfolgen (so reicht zB eine Unterschrift auf einem losen Blatt, welches nur mittels Büroklammer an das Testament angefügt wird, nicht aus; s zu dieser Problematik Rz 89).

87 Neu ist seit dem ErbRÄG 2015 auch, dass die Identität der Zeugen aus der Urkunde hervorgehen muss (§ 579/2). Um sie identifizierbar zu machen, sollen nach den Erläuterungen insb Vor- und Familiennamen sowie Geburtsdatum oder (Wohn- oder Berufs-)Adresse angeführt werden. Letzteres ist jedoch keineswegs immer zwingende Voraussetzung für die Formgültigkeit: § 579/2 verlangt lediglich die Identifizierbarkeit der Zeugen – was für diese notwendig bzw wann diese als ausreichend zu erachten ist, richtet sich nach den konkreten Umständen im Einzelfall. Geht daher die Identität der Zeugen trotz fehlender Geburtsdaten ohne Zweifel aus dem Testament hervor, ist die-

ses jedenfalls wirksam. Für die Formgültigkeit in diesem Fall spricht auch die Tatsache, dass die Materialien zum ErbRÄG 2015 noch ausdrücklich die Anführung des Geburtsdatums vorsahen, während dies in der tatsächlich verabschiedeten Version gerade nicht mehr vorgeschrieben wird (OGH). Auch durch eine Namensänderung muss es nicht zwingend zu einer Beeinträchtigung der Identifizierbarkeit kommen.

Beispiel:
Nach der Rsp führt es nicht zu einer Formungültigkeit, wenn eine völlig unbestrittene Testamentszeugin (eine langjährige Kanzleimitarbeiterin der Testamentsverfasser) mit ihrem Vornamen und einem Familiennamen, den sie nach einem laufenden Scheidungsverfahren erst kurze Zeit später wieder annehmen sollte, (lesbar) unterschreibt.

Nicht nötig ist es, dass die Zeugen den Inhalt des Testaments kennen (vgl aber beim Nottestament sowie bei leseunfähigen Testatoren weiter unten) oder dass sie im Zeitpunkt des Todes des Testators selbst noch leben (wäre Letzteres erforderlich, würden Testamente durch den Vortod von Zeugen ungültig, was unbefriedigend wäre und zu erheblicher Rechtsunsicherheit führen würde). Sie müssen lediglich das Bewusstsein haben, als Testamentszeugen zu agieren. Anders als beim Nottestament schadet es also auch nicht, wenn die Zeugen einander bezüglich des Inhalts des Testaments widersprechen. Während nachträgliche Streichungen im fremdhändigen Testament keiner besonderen Form bedürfen, sind eigenhändige Ergänzungen nur gültig, wenn die Form des § 578 gewahrt ist (Unterschrift) und die Änderung im Kontext der Verfügung (Rsp: für sich allein) einen Sinn ergibt; nachträgliche fremdhändige Ergänzungen bedürfen wiederum der Form des § 579.

Kann der Testator ***nicht schreiben,*** hat er statt der Unterschrift und des eigen- **88**
händigen Zusatzes sein Handzeichen in der Gegenwart von drei gleichzeitig anwesenden Zeugen zu setzen und ausdrücklich vor ihnen zu erklären, dass die Urkunde sein letzter Wille ist (§ 580/1). Es ist sinnvoll, aber nicht erforderlich, wenn einer der Zeugen den Namen des Testators anfügt. Schreibunfähigkeit liegt nach dem OGH nicht erst dann vor, wenn eine Unterschrift schlechthin unmöglich ist, sondern schon dann, wenn dem Erblasser eine Unterschrift nur unter solcher Anstrengung möglich wäre, dass es ihm billigerweise nicht zugemutet werden kann. Allerdings besteht hinsichtlich der Möglichkeit, an Stelle der Unterschrift ein Handzeichen zu setzen, keine „Wahlfreiheit" des Erblassers – setzt der Erblasser ohne Notwendigkeit (nur) ein Handzeichen, ist das Testament formungültig. Ungeachtet des Ausdrucks „Handzeichen" in § 580/1 kommt es nach dessen Zweck zudem nicht darauf an, dass der Erblasser mit der Hand agiert, sondern darauf, dass er seinen letzten Willen nach außen sinnfällig so betätigt, dass er auf der letztwilligen Verfügung seinen Niederschlag findet. Dafür ist es unerheblich, mit welchem Körperteil der Erblasser das Schreibgerät führt (bspw etwa auch mit dem Mund aufgrund einer bestehenden Lähmung, wobei im Einzelfall die Unterfertigung mit dem

Mund sogar noch als Unterschrift gewertet werden kann; selbiges gilt im Übrigen auch für die letztwillige Verfügung in Notariatsaktsform, welche gem § 68/1 lit g NO ebenso eine Unterschrift bzw im Falle mangelnder Schreibfähigkeit ein Handzeichen verlangt, s dazu Rz 93).

Kann der Testator wegen Unkundigkeit, Sehschwäche oder wegen Blindheit – nicht aber bei Fremdsprachigkeit (aA Rsp) – ***nicht lesen,*** so ist der gesamte Text der letztwilligen Anordnung von einem Zeugen in Gegenwart der beiden anderen Zeugen, die den Inhalt eingesehen haben, vorzulesen. Der Testator hat sodann zu bekräftigen, dass der vorgelesene Inhalt seinem letzten Willen entspricht (§ 580/2), und zu unterschreiben bzw – wenn er auch nicht schreiben kann – sein Handzeichen zu setzen. Um Leseunfähigkeit anzunehmen, muss eine erhebliche Sehschwäche vorliegen, die durch einfache Hilfsmittel wie Brillen oder Kontaktlinsen nicht mehr ausgeglichen werden kann. Es ist dem Erblasser in der Regel nicht zuzumuten, spezielle, in seinem Alltag unübliche technische Hilfsmittel zu verwenden, wie beispielsweise eine extreme Vergrößerung der Schriftgröße auf einem Bildschirm. Wenn der Erblasser jedoch in einem konkreten Fall solche speziellen Hilfsmittel nutzt, die ihm das Lesen des Testaments ermöglichen, steht ihm die besondere Form des § 580/2 nicht zur Verfügung.

Beispiel aus der Rechtsprechung:
Sachverhalt: Der Kläger hatte zu Lebzeiten der Erblasserin I S handschriftlich eine Liste von ihr gehörenden Vermögensgegenständen erstellt, auf der ua das „K-Haus" angeführt war. Die Erblasserin schrieb über diese Liste die Worte „Vom Besitz I S" und fügte dann bei einzelnen Vermögensgegenständen das Wort „ja" oder andere Bemerkungen bei (zB „Habe ich nicht mehr" oder „Muss vorher geweiht werden von gutem Priester"). Unter die Liste schrieb sie „Gehört nach meinem Tode dir, M" und setzte Datum und Unterschrift. Der Kläger (M) begehrte von den beklagten gesetzlichen Erben die Übertragung des Eigentums an den eingangs genannten Liegenschaftsanteilen. Bei der Verfügung der Erblasserin handle es sich um eine formgültige letztwillige Verfügung.
Aus der Begründung: Die Errichtung letztwilliger Verfügungen ist an zwingende Formvorschriften gebunden. Diese sollen einerseits dem Testator die Bedeutung seiner Erklärung bewusst machen, sodass er sie mit Überlegung trifft, andererseits Streitigkeiten nach seinem Tod verhindern. Den Formvorschriften kommt demnach sowohl Warn- als auch Beweisfunktion zu. Wurde die Form nicht gewahrt, so ist die Anordnung des Erblassers selbst bei klarem und eindeutig erweisbarem Willen ungültig. Dies gilt insb dann, wenn in einer formgültigen Verfügung auf ein anderes Schriftstück Bezug genommen wird: In diesem Schriftstück enthaltene Anordnungen sind nach § 582 (§ 585 nF) nur wirksam, wenn dieses selbst die Formerfordernisse erfüllt, sonst können sie nur zur Auslegung der gültigen Verfügung herangezogen werden. Die Auslegung muss allerdings in der letztwilligen Verfügung irgendeinen, wenn auch noch so geringen Anhaltspunkt finden. Damit stellt sich im vorliegenden Fall die Frage, ob die eigenhändigen Teile des vom Kläger vorgelegten Schriftstücks für sich genommen einen Sinn ergeben. Denn nur dann läge eine formgültige letztwillige Verfügung vor, die allenfalls durch Bezugnahme auf den übrigen Urkundeninhalt ausgelegt werden könnte. Die einleitenden Worte „Vom Besitz I S" bilden zwar mit dem Schlusssatz „Gehört nach meinem Tode dir, M" eine Klammer. Daraus lässt sich aber – wenn überhaupt – nur

entnehmen, dass die Erblasserin dem Kläger aus ihrem Vermögen ein Legat zuwenden wollte. Auf welche Gegenstände sich diese Verfügung bezieht, ist im handschriftlichen Teil der Anordnung in keiner Weise angedeutet. Ohne (wenn auch nur angedeutete) Benennung der vermachten Sache liegt kein gültiges Kodizill vor.
Zusammenfassung: Selbst bei klarem und eindeutig erweisbarem Willen des Erblassers ist eine letztwillige Verfügung ungültig, wenn Formvorschriften nicht eingehalten wurden (2 Ob 106/15z).
Anmerkung: Dies ist – aus Gründen der Rechtssicherheit – unzweifelhaft richtig (vgl § 601), sodass ein Videotestament auch dann ungültig ist, wenn sachverständig festgestellt wird, dass es echt ist, den Willen des Erblassers also authentisch wiedergibt (vgl Rz 98 f).

Beispiel aus der Rechtsprechung:
Sachverhalt: Die Erblasserin hinterließ drei Töchter. In einem fremdhändigen Testament setzte sie eine davon als Alleinerbin ein und hielt fest, dass die Pflichtteilsansprüche der beiden anderen durch Vorschüsse erfüllt seien. Punkt V des Testaments lautete wie folgt: „Dieses Testament habe ich in gleichzeitiger und ununterbrochener Gegenwart dreier erbetener Testamentszeugen als meinen letzten Willen ausdrücklich erklärt und bestätigt, sohin eigenhändig unterfertigt, worauf es auch von [den] Testamentszeugen eigenhändig unterschrieben wurde." Aufgrund widerstreitender Erbantrittserklärungen und mangels Einigung kam es zum Verfahren über das Erbrecht. Im Revisionsrekursverfahren war nicht mehr strittig, dass die Erblasserin bei Errichtung des Testaments testierfähig war und lesen konnte, die bedachte Tochter das Testament in Gegenwart der Erblasserin und der Zeugen laut vorgelesen hatte, die Erblasserin das Testament in Gegenwart der Zeugen eigenhändig unterschrieben hatte, die Zeugen das Testament eigenhändig und unter Hinweis auf ihre Zeugeneigenschaft unterschrieben hatten und die bedachte Tochter nicht erbunwürdig war. Gegenstand des Verfahrens war daher ausschließlich die Frage, ob die Erblasserin in Gegenwart der Zeugen ausdrücklich erklärt hatte, dass die Verfügung ihren letzten Willen enthalte (§ 579 idF vor dem ErbRÄG 2015).
Aus der Begründung: Die Gültigkeit des Testaments ist gemäß § 1503/7 Z 5 nach § 579 idF vor dem ErbRÄG 2015 zu beurteilen. Sie setzt daher die vor den Zeugen abgegebene „ausdrückliche" Erklärung des Erblassers voraus, „dass der Aufsatz seinen letzten Willen enthalte". Diese Erklärung ist ein selbstständiges Gültigkeitserfordernis, das nicht schon durch die Unterfertigung der letztwilligen Verfügung erfüllt ist; ihr Zweck liegt darin, das Unterschieben einer nicht gewollten Verfügung zu verhindern. Weshalb dieser Zweck auch durch das Verlesen des Testaments durch eine bedachte Person erfüllt sein soll, ist nicht erkennbar. Der Umstand, dass eine Verfügung dem Willen des Erblassers entspricht, kann das Nichterfüllen der gesetzlichen Formerfordernisse nicht substituieren; maßgebend ist nur der gültig erklärte Wille.
Damit ist entscheidend, ob eine über die Unterschrift hinausgehende Erklärung der Erblasserin iSv § 579 aF vorlag. Dafür ist ihr gesamtes Verhalten zu berücksichtigen, es genügen allgemein angenommene Zeichen, unter Umständen ein Nicken bzw Mienenspiel oder auch eine Danksagung an die Zeugen, die sich inhaltlich konkret auf die Unterfertigung der letztwilligen Verfügung bezogen hat; der bloße (subjektive) Eindruck der Zeugen reicht allerdings nicht. Ob ein solches Verhalten vorlag, kann aufgrund der Feststellungen des Erstgerichts nicht beurteilt werden. Danach hat die Erblasserin „den Eindruck gemacht", dass sie mit dem Testiervorgang einverstanden gewesen sei. Diese Formulierung (Eindruck gemacht) deutet zwar auf ein iSv § 579 aF ausreichendes Verhalten hin, eine zur Bejahung oder Verneinung der nuncupatio ausreichende Fest-

stellung liegt darin aber ebenso wenig wie eine – der Testamentserbin zur Last fallende (6 Ob 16/66; 5 Ob 185/12k) – Negativfeststellung.
Zusammenfassung: Die nuncupatio dient dem Zweck, das Unterschieben einer nicht gewollten Verfügung zu verhindern. Dieser Zweck ist durch das Verlesen des Testaments durch eine bedachte Person nicht erfüllt. Notwendig ist eine über die Unterschrift hinausgehende Erklärung der Erblasserin. Dafür ist ihr gesamtes Verhalten zu berücksichtigen (2 Ob 134/17w).
Anmerkung: Die mündliche nuncupatio wurde mit Inkrafttreten des ErbRÄG 2015 durch einen schriftlichen Zusatz ersetzt. Nichtsdestoweniger ist die Gültigkeit von Testamenten nach der zum Zeitpunkt der Errichtung geltenden Rechtslage zu beurteilen. Das Erfordernis der mündlichen nuncupatio ist sohin nach wie vor praxisrelevant (s zu den Übergangsvorschriften Rz 327 ff).

Beispiel aus der Rechtsprechung:
Sachverhalt: Der Erblasser verstarb im Jahr 2018 und hinterließ eine Schwester und die drei Kinder einer weiteren vorverstorbenen Schwester (Erst- bis Viertantragsteller). Im Jahr seines Todes hat der Verstorbene mit zwei fremdhändigen Testamenten den Fünftantragsteller zum Alleinerben eingesetzt. Das erste Testament wurde vom Erblasser eigenhändig unterschrieben; zwei Zeugen unterschrieben mit Angabe ihres Geburtsdatums und des Datums der Unterschrift. Der Zeugenzusatz allerdings wurde maschinell und nicht eigenhändig beigesetzt. Diese letztwillige Verfügung wurde durch den Erblasser noch handschriftlich ergänzt, die Ergänzung durch nunmehr drei Zeugen unterfertigt. Der Zeugenzusatz fehlte hier aber zur Gänze. Das zweite (jüngere) Testament wurde erneut von drei Zeugen unterfertigt – wieder wurde der Zeugenzusatz („als gleichzeitig anwesende Zeugen") maschinell eingefügt.
Aus der Begründung: Da sowohl der Todeszeitpunkt als auch die Errichtung der Testamente nach dem 31.12.2016 lagen, waren die Normen des ErbRÄG 2015 anzuwenden (§ 1503/7 Z 1, 2 und 5). Der OGH verwies auf den Wortlaut des § 579. Diese Bestimmung verlangt ausdrücklich, dass die Testamentszeugen „mit einem auf ihre Eigenschaft als Zeugen hinweisenden und eigenhändig geschriebenen Zusatz zu unterschreiben" haben. Fehlt dieses zwingende Erfordernis des eigenhändig geschriebenen Zusatzes, ist die letztwillige Verfügung gem § 601 nichtig. Der Fünftantragsteller stützte sich auf die Meinung, der zufolge dieses gesetzliche Formerfordernis dann entfalle, wenn die Zeugen im späteren Verlassenschaftsverfahren identifizierbar seien. Für diese Auslegung ist aber – so der OGH – angesichts des eindeutigen Gesetzeswortlauts kein Raum.
Zusammenfassung: Der in § 579 für das fremdhändige Testament geforderte Zeugenzusatz muss eigenhändig beigesetzt werden (2 Ob 35/20s).

89 Der mittlerweile gefestigten Rsp des OGH zufolge ist ein fremdhändiges Testament auch dann formungültig, wenn der Verstorbene oder die Zeugen auf einem losen Blatt unterschreiben, ohne dass ein ***äußerer oder innerer Zusammenhang*** mit dem anderen Blatt, auf dem sich der Text der letztwilligen Verfügung befindet, besteht ***(Loseblatt-Testament).*** Von einem äußeren Zusammenhang der losen Testamentsbestandteile kann man nur sprechen, wenn die einzelnen Bestandteile der letztwilligen Verfügung so fest miteinander verbunden werden, dass die Verbindung nur mit Zerstörung oder Beschädigung der Urkunde gelöst werden kann (zB Binden, Kleben oder Nähen; nicht aber das Verwenden einer Büroklammer; erstaunlicherweise hält die Rsp zudem zwar das Verbinden mit einer einzelnen Heftklammer für nicht ausreichend, wohl aber die Verbindung mittels dreier Heftklammern). Die äußere Urkundeneinheit muss entweder vor der Leistung der Unterschriften durch Erblasser und Zeugen oder während des Testiervorgangs (dh uno actu mit diesem), spätestens aber unmittelbar nach dem Leisten der Unterschriften hergestellt werden. Zu diesem Zeitpunkt muss der Erblasser aber nicht mehr anwesend sein. Nicht ausreichend wäre es hingegen, wenn das Testament bei einer auswärtigen Amtshandlung des Notars auf unverbundenen Blättern errichtet und erst danach in das Notariat gebracht und dort gebunden wird.

Beispiel:
Der OGH hält es für die äußere Urkundeneinheit auch ausreichend, wenn die Blätter der letztwilligen Verfügung zunächst zwar nur mit einer Heftklammer verbunden waren, der Testamentserrichter aber im unmittelbaren Anschluss an die Unterfertigung über der Heftklammer – beide Blätter umfassend – eine Klebeetikette der Kanzlei anbringt und so abstempelt, dass sich ein Teil des Stempels auf der Etikette und ein Teil auf der Testamentsurkunde befindet.

Die Herstellung eines inhaltlichen Zusammenhangs zwischen den losen Blättern der letztwilligen Verfügung bejaht der OGH bei Hinzufügen eines vom Testator unterfertigten Vermerks auf dem zusätzlichen Blatt, in dem er sich inhaltlich auf die letztwillige Anordnung bezieht. Allerdings ist das Testament formungültig, wenn der Erblasser lediglich auf dem ersten (von ihm unterfertigten Blatt) auf die nachfolgende Unterfertigung durch die Testamentszeugen (auf dem zweiten Blatt) Bezug nimmt bzw diese bestätigt, da dadurch der Zweck der Unterfertigung „auf der Urkunde selbst", die Identität des Schriftstücks zu beurkunden und Unterschiebungen zu verhindern, nicht sichergestellt wird. Die bloße Fortsetzung der Seitennummerierung oder der Absatznummerierung auf den Blättern begründet zudem keinesfalls einen inneren Zusammenhang. Ursprünglich wurde die Fortsetzung des Textes von der Rsp noch als Möglichkeit zur Herstellung des inneren Zusammenhangs angesehen, jedoch reicht dies nunmehr nach neuerer Rsp bei nicht handgeschriebenen (also zB computergeschriebenen) fremdhändigen Testamenten nicht mehr aus. Es ist dabei auch irrelevant, ob der fortgesetzte Text individuell oder standardisiert formuliert ist.

Beispiel aus der Rechtsprechung:
Sachverhalt: Die Erblasserin hatte in ihrem fremdhändigen Testament eine Freundin zur Alleinerbin bestimmt und ihre Tochter auf den Pflichtteil gesetzt. Das in einer Rechtsanwaltskanzlei vorbereitete, auf dem Computer vorgeschriebene Testament umfasste zwei (lose) Blätter. Der Text der letztwilligen Anordnung befand sich auf der Vorderseite und der Rückseite des ersten Blatts. Unter dem Text waren punktierte Zeilen für das Einsetzen des Datums, den handschriftlichen Zusatz „Diese Urkunde enthält meinen letzten Willen" und die Unterschrift der Erblasserin vorbereitet. Auf dem zweiten Blatt waren ebensolche Zeilen für die Unterschriften der Testamentszeugen vorgedruckt. Zwei der drei Testamentszeugen waren Mitarbeiterinnen der Rechtsanwaltskanzlei, als

dritte Zeugin fungierte eine Krankenschwester. Zuerst unterschrieb die Erblasserin das Testament unter Beifügung des besagten Zusatzes. Im Anschluss daran unterschrieb jede der drei Zeuginnen mit Anführung ihres Geburtsdatums und ihrer Adresse sowie mit dem Zusatz „als Testamentszeugin" auf dem zweiten Blatt. Das unterfertigte Testament wurde von den Mitarbeitern der Anwaltskanzlei mitgenommen, eingescannt und im Zentralen Testamentsregister archiviert. Schließlich wurde eine Kopie in den Akt gelegt und das Original (mit einer Büroklammer) „geheftet" im Kanzleitresor abgelegt. Die Tochter bestritt die Formgültigkeit des Testaments.
Aus der Begründung: Die Errichtung letztwilliger Verfügungen ist an zwingende Formvorschriften gebunden. Die Formgültigkeit des gegenständlichen Testaments ist anhand § 579 3. Satz aF (entspricht § 579/2 nF) zu prüfen. Es geht also um die Frage, ob die Zeugen „auf der Urkunde selbst" unterschrieben haben. Das bedarf zunächst der Klärung, worauf sich diese Wortfolge bezieht: Im weitesten Sinn ist eine Urkunde jede Verkörperung eines Gedankens aufgrund menschlicher Tätigkeit. Das trifft auch auf eine schriftliche letztwillige Verfügung zu. Ist sie zB nicht lesbar, erfüllt sie nicht die Voraussetzungen einer Urkunde und ist daher auch kein Testament. Die Unterschrift des Verfassers ist hingegen kein zwingender Bestandteil einer Urkunde, sie dient nur der Klärung seiner Identität. Bei einem eigenhändigen oder einem fremdhändigen Testament ist die Unterschrift des Testators [...] aber jedenfalls ein zwingendes Erfordernis für die Gültigkeit des Testaments (§§ 578, 579). Letzteres gilt auch für die Unterschrift der Zeugen beim fremdhändigen Testament. Nach § 579 aF haben die Zeugen „auf der Urkunde" zu unterschreiben, dh es muss bei ihrer Unterschrift bereits eine Urkunde vorhanden sein. Gemeint ist damit die Testamentsurkunde als Träger des letzten Willens des Erblassers oder vereinfacht ausgedrückt: der Text des Testaments. Befindet sich – wie im vorliegenden Fall – der Text auf einem einzigen Blatt Papier, ist dieses Blatt die Urkunde, auf der die Zeugen unterschreiben müssen. Für die Unterschrift kommt jede Stelle auf der Urkunde infrage, somit gegebenenfalls auch die unbeschriebene Außenseite. Denn die Unterschrift bestätigt nicht den Inhalt der Urkunde, den die Zeugen ja nicht kennen müssen. Ihr Zweck liegt vielmehr in der Beurkundung der Identität des Schriftstücks, womit Unterschiebungen vorgebeugt werden soll. Zwar ist ein äußeres Erscheinungsbild der Urkunde denkbar, bei dem das einzige Blatt oder die mehreren Blätter mit dem Text der letztwilligen Verfügung (die Urkunde) auf beiden Seiten so vollgeschrieben wurde(n), dass für die Unterschrift der Zeugen samt dem erforderlichen Zusatz „auf der Urkunde" kein Raum mehr bleibt. In diesem – hier allerdings nicht vorliegenden – Fall bliebe als Lösung tatsächlich nur die Unterschrift auf einem zusätzlichen Blatt. Dieses müsste aber ebenfalls die Merkmale einer „Urkunde" im obigen (weitesten) Sinn erfüllen, dh eine Willensäußerung des Testators enthalten, sodass die „Urkunde" entsprechend erweitert wird. Erst dann läge eine fremdhändige letztwillige Verfügung vor, die aus mehreren losen Blättern besteht. Es bestünde kein Unterschied zu einem fremdhändigen Testament, das von vornherein auf mehreren losen Blättern geschrieben wurde. Für die Formgültigkeit einer solchen letztwilligen Verfügung ist jedenfalls zu fordern, dass ein inhaltlicher Zusammenhang zwischen den mehreren losen Blättern zum Ausdruck kommt, wie er in der Rechtsprechung des OGH bei Verwendung mehrerer loser Blätter für die Gültigkeit eines eigenhändigen Testaments als notwendig erachtet wird. Dazu könnte neben der Fortsetzung des Textes (s jedoch sogleich Anmerkung III) auch ein – vom Testator unterfertigter – Vermerk auf dem zusätzlichen Blatt mit Bezugnahme auf seine letztwillige Verfügung ausreichend sein. Nach dem hier zu beurteilenden Sachverhalt haben die Zeugen auf einem losen Blatt unterschrieben, das später mittels einer Büroklammer mit der Testamentsurkunde zusammengefügt worden ist. Irgendeinen von der Erblasserin unterfertigten Hinweis auf die Existenz eines zweiten Blattes als Träger ihres letzten Willens enthält das von

den Zeugen unterfertigte Blatt nicht. Die Voraussetzung eines inhaltlichen Zusammenhangs ist demnach nicht erfüllt. Die Unterschrift der Zeugen samt dem auf diese Eigenschaft hinweisenden Zusatz hätte somit auf dem ersten Blatt, also „auf der Urkunde selbst", erfolgen müssen, wofür ausreichend Platz zur Verfügung gestanden wäre. Da die äußere Form zum objektiven Tatbestand der letztwilligen Verfügung gehört, ist auch nicht maßgeblich, dass im konkreten Fall das Risiko einer Testamentsfälschung dadurch minimiert wurde, dass die beiden Blätter in der Anwaltskanzlei „eingescannt" und im Tresor sicher verwahrt worden sind. Das fremdhändige Testament der Erblasserin erweist sich somit als formungültig.
Zusammenfassung: Ein fremdhändiges Testament ist formungültig, wenn die Testamentszeugen nicht auf dem Blatt (oder den Blättern) mit dem Text der letztwilligen Verfügung, also „auf der Urkunde selbst" unterschrieben haben. Die Anbringung der Unterschriften auf einem zusätzlichen losen und leeren Blatt reicht für die Erfüllung der Formvorschrift nicht aus (2 Ob 192/17z).
Anmerkung I: Das Erfordernis der Zeugenunterschrift auf der Urkunde selbst besteht auch nach Inkrafttreten des ErbRÄG 2015.
Anmerkung II: Zu – grds nicht bestehenden – Informationspflichten in Bezug auf bereits errichtete Testamente s unten Rz 335 ff.
Anmerkung III: Entgegen den Rechtsausführungen in dieser E würde die bloße Fortsetzung des Textes nach neuerer Rsp bei nicht handgeschriebenen (also zB computergeschriebenen) fremdhändigen Testamenten wie jenes im gegenständlichen Fall nicht mehr zur Begründung der inneren Urkundeneinheit ausreichen (2 Ob 29/22m).

Beispiel aus der Rechtsprechung:
Sachverhalt: Der Verstorbene hinterließ seine Ehegattin (Erstantragsstellerin) und vier volljährige Söhne (darunter den Zweit- und Drittantragssteller). In einer auf dem Computer geschriebenen letztwilligen Verfügung setzte der Verstorbene ua seine Gattin als Alleinerbin ein. Das Testament bestand aus zwei losen Blättern, welche in der Fußzeile mit Seitenzahlen versehen waren. Auf der Vorder- und Rückseite des ersten Blatts befand sich der Text der Verfügung, das zweite Blatt enthielt Ort und Datum, eigenhändige Unterschrift und nuncupatio des Verstorbenen und die Unterschriften der Zeugen samt eigenhändigem Zusatz. Aufbewahrt wurde dieses Loseblatt-Testament in einem offenen Kuvert im Tresor des Rechtsvertreters der Erstantragstellerin. Im Verlassenschaftsverfahren gaben sowohl die Gattin (aufgrund des Testaments) als auch zwei der Söhne (aufgrund des Gesetzes) Erbantrittserklärungen zur gesamten Verlassenschaft ab. Die Witwe beantragte die Feststellung ihres Erbrechts aufgrund der fremdhändigen letztwilligen Verfügung, die Söhne wandten die Formungültigkeit des Testaments wegen mangelnder Urkundeneinheit ein.
Aus der Begründung: Der OGH verwies ua auf seine bisherige Rsp, wonach bei einem fremdhändigen, mehrblättrigen und nur lose verbundenen Testament, bei welchem nur das letzte Blatt unterschrieben wurde, für die Formgültigkeit nach § 579 eine inhaltliche oder zumindest äußere Urkundeneinheit erforderlich ist. Für den äußeren Zusammenhang der losen Blätter müssten diese so fest miteinander verbunden werden, dass sie nur durch Zerstörung oder Beschädigung getrennt werden könnten (zB Binden, Kleben oder Nähen). Dies hat entweder vor der Leistung der Unterschriften oder uno actu mit dem Testiervorgang zu geschehen. Weder das Zusammenfügen mittels Büroklammer noch das Aufbewahren in einem (wenn auch geschlossenen) Kuvert können diese äußere Einheit herstellen. Zur Erreichung einer inneren Urkundeneinheit kann ein handschriftlicher Vermerk des Testators auf dem zusätzlichen Blatt angebracht werden. Der Vermerk muss jedoch inhaltlicher Natur sein; es muss

erkennbar sein, auf welche inhaltliche Anordnung er sich bezieht. Weder die eigenhändige Unterschrift oder nuncupatio des Verstorbenen noch die Angabe von Datum, Ort oder Seitenzahl schafft einen ausreichenden inhaltlichen Zusammenhang.
Zusammenfassung: Eine fremdhändige letztwillige Verfügung ist formungültig, wenn der Verstorbene auf einem losen Blatt unterschreibt, ohne dass ein innerer oder äußerer Zusammenhang mit dem Blatt, auf welchem sich der Text der Verfügung befindet, besteht (2 Ob 143/19x).
Anmerkung: In der gleichzeitig ergangenen Entscheidung 2 Ob 145/19s ging es um einen nahezu identischen Fall eines fremdhändigen Loseblatt-Testaments, mit der Ausnahme, dass sich hier die Orts- und Datumsangabe sowie die eigenhändige nuncupatio auf dem ersten Blatt befanden und die Seitenangabe in der Fußzeile gänzlich fehlte. Das Höchstgericht entschied in der Sache gleich.

Beispiel aus der Rechtsprechung:
Sachverhalt: Die Erstantragstellerin stützte sich auf ein 2017 errichtetes (gemeinschaftliches) fremdhändiges Testament des Verstorbenen, welches aus zwei Blättern bestand, die nur mit einer Heftklammer verbunden waren. Auf dem ersten Blatt befindet sich auf beiden Seiten der Text der letztwilligen Verfügung und auf der zweiten Seite die handschriftliche nuncupatio jedes der beiden Testierenden. Auf dem zweiten Blatt standen nur der Ort und das Datum sowie die Unterschriften der Testierenden und der drei Testamentszeugen samt eigenhändigen Zusätzen. Auf dem ersten Blatt findet sich auf Vorder- und Rückseite am Fuß der Seite die Seitennummerierung (1, 2), auf dem zweiten Blatt auf der Seite mit den Unterschriften die Zahl 3.
Aus der Begründung: Nach mittlerweile gefestigter Rechtsprechung des OGH bedarf ein fremdhändiges Loseblatt-Testament für seine Gültigkeit entweder eines äußeren oder aber inneren Zusammenhangs (s im Detail Rz 89). Die äußere Urkundeneinheit muss vor der Leistung der Unterschriften von Erblasser und Zeugen oder während des Testiervorgangs hergestellt werden, indem die einzelnen Bestandteile so fest miteinander verbunden werden, dass die Verbindung nur mit Zerstörung oder Beschädigung der Urkunde gelöst werden kann. Eine Verbindung mittels Heftklammer erfüllt diese Gültigkeitsvoraussetzung nicht. Die innere Urkundeneinheit kann durch das Anbringen eines (vom Verfügenden eigenhändig unterfertigten) Vermerks auf dem zusätzlichen Blatt erreicht werden. Eine Seitennummerierung in der Fußzeile des zweiten Blattes reicht nicht aus, da sich daraus kein inhaltlicher Bezug zum Text der letztwilligen Verfügung auf dem ersten Blatt ergibt.
Zusammenfassung: Der von der Rechtsprechung für ein fremdhändiges Testament geforderte äußere Zusammenhang bei losen Blättern kann durch eine Heftklammer nicht hergestellt werden. Ebenso wenig genügt eine Seitennummerierung in der Fußzeile der losen Blätter für den alternativ geforderten inneren Zusammenhang (2 Ob 51/20v).
Anmerkung: In der kurz darauf ergangenen Entscheidung 2 Ob 143/20y bestätigte der OGH diese Rechtsansicht. Zudem wurde in einer weiteren Entscheidung (2 Ob 25/22y) mittlerweile festgehalten, dass **drei Heftklammern** sehr wohl für die äußere Urkundeneinheit **ausreichend** sind.

Beispiel aus der Rechtsprechung:
Sachverhalt: Der Verstorbene hinterließ eine Tochter und drei Enkel. Im Jahr 2018 hatte er – mit Unterstützung eines Notars – ein fremdhändiges Loseblatt-Testament errichtet. Es bestand aus zwei genähten Blättern. Auf dem ersten Blatt fand sich die Erbeinsetzung der Enkel, eine handschriftliche nuncupatio und die Unterschrift des

Erblassers; auf dem zweiten Blatt unterschrieben die Zeugen und ergänzten den Zeugenzusatz. Im Anschluss an die Testamentserrichtung übergab der Notar das Dokument einer Sekretärin mit dem Auftrag, die Blätter in weiterer Folge zu binden. Die Tochter bestritt die Gültigkeit der letztwilligen Verfügung und brachte vor, dass die äußere Urkundeneinheit erst nach Abschluss des Testiervorgangs hergestellt wurde. Da auch kein innerer Zusammenhang zwischen den Blättern bestünde, sei das Testament ungültig. *Aus der Begründung:* Der OGH verlangt in ständiger Rechtsprechung für die äußere Urkundeneinheit eines fremdhändigen Loseblatt-Testaments, dass die einzelnen Bestandteile der Urkunde so fest miteinander verbunden wurden, dass die Verbindung nur mit Zerstörung oder Beschädigung der Urkunde gelöst werden kann (s Rz 89). Der äußere Zusammenhang muss vor oder „während" des Testiervorgangs (dh uno actu mit diesem) hergestellt werden. Dieses Erfordernis kann nicht so verstanden werden, dass die Verbindung schon bei Leistung der Unterschriften vorhanden sein müsste. Es genügt, wenn die Verbindung im unmittelbaren Anschluss an die Unterfertigung durch den Erblasser und die Zeugen hergestellt wird. Sonst hätte die (von der Judikatur entwickelte) Formulierung „während des Testiervorgangs" praktisch keine eigenständige Bedeutung, da damit im Ergebnis ein Verbinden vor dem Leisten der Unterschriften erforderlich wäre. Wird daher die äußere Urkundeneinheit unmittelbar nach dem Leisten der Unterschriften hergestellt, ist von einem einheitlichen Testiervorgang auszugehen, der erst mit dieser Herstellung beendet ist. Das gilt auch, wenn der Erblasser zu diesem Zeitpunkt nicht mehr anwesend war. Aus den Feststellungen der Vorinstanzen ist davon auszugehen, dass das Testament unmittelbar nach Unterschriftleistung gebunden wurde. Das Testament war somit formgültig. *Zusammenfassung:* Für die Formgültigkeit eines fremdhändigen Loseblatt-Testaments muss die äußere Urkundeneinheit entweder vor oder aber während des Testiervorgangs hergestellt werden. Dabei genügt es auch, wenn dies unmittelbar nach dem Leisten der Unterschriften geschieht, und es schadet nicht, wenn der Erblasser bei Herstellung des äußeren Zusammenhangs nicht mehr anwesend ist (2 Ob 4/21h). *Anmerkung:* Diese Judikatur darf nicht zu weit verstanden werden. Während das Binden „unmittelbar" nach Leisten der Unterschriften in den Räumlichkeiten des Notariats – wie im streitgegenständlichen Fall – noch in den Rahmen des Testiervorgangs (uno actu) fällt, ist dieses Erfordernis jedenfalls dann nicht erfüllt, wenn das Testament bei einer auswärtigen Amtshandlung eines Notars auf unverbundenen Blättern errichtet und erst später im Notariat gebunden wird (2 Ob 218/19a).

Die Verschärfung der – wie eben dargelegt – unverzichtbaren Formvorschriften beim fremdhändigen Testament ergibt zwar im Hinblick auf die von den Materialien diesbezüglich ins Treffen geführte Fälschungssicherheit Sinn, wird aber dazu führen, dass solche Testamente ohne rechtlichen Beistand oft ungültig sein werden, weil ein Laie die komplizierten Anforderungen kaum kennen oder verstehen wird. So ist zB bei bloßer Lektüre des Gesetzestextes – und nur dies wird einem Laien zumutbar sein – unklar, was mit dem „eigenhändig geschriebenen Zusatz" gemeint ist, dass die Urkunde den letzten Willen des Verfügenden erhält (§ 579/1). Es ist fraglich, ob es ausreicht, wenn sich dies aus der (eigenhändigen) Überschrift ergibt („Mein letzter Wille"), oder ob der Zusatz in Form einer eigenen Erklärung erfolgen muss, worauf die Wortinterpretation, nicht aber die teleologische Interpretation hindeutet. **90**

91 • ***Mündlich:*** Das außergerichtliche mündliche Testament wurde bereits mit dem FamErbRÄG 2004 ***abgeschafft*** und besteht nur mehr als Notform (s unten). Hauptgrund war die Fälschungsanfälligkeit und der immer häufigere Missbrauch in der Praxis („Erkaufen letztwilliger Anordnungen"). Vor diesem Zeitpunkt errichtete mündliche Testamente bleiben allerdings aufrecht („Abschmelzen"; Ähnliches gilt für Testamente, die vor dem Inkrafttreten des ErbRÄG 2015 errichtet wurden; sie richten sich nach den alten Formvorschriften; s zu den Übergangsvorschriften Rz 327 ff).

92 • ***Nottestament (§ 584):*** Droht aus Sicht des letztwillig Verfügenden die unmittelbare ***Gefahr,*** dass er ***stirbt*** oder seine ***Testierfähigkeit verliert,*** bevor er seinen letzten Willen auf andere Weise zu erklären vermag, so kann er auch außergerichtlich mündlich oder fremdhändig unter Beiziehung von zwei fähigen und zugleich anwesenden Zeugen (gem § 587 auch mündige Minderjährige) testieren. Für die Anwendung der Notform muss eine Gefahrensituation nicht tatsächlich bestehen; es genügt, wenn der durch objektive Umstände begründete Eindruck einer solchen Gefahr aus Sicht des letztwillig Verfügenden bestanden hat (zB die von Verspannungen der Rückenmuskulatur verursachten starken Schmerzen in der Brust werden als Symptome eines Herzinfarkts gedeutet). Allerdings muss die Gefahr derart beschaffen sein, dass es dem Erblasser nicht mehr möglich ist, seinen letzten Willen auf andere Weise (in einer ordentlichen Testamentsform, bspw durch ein eigenhändiges Testament oder indem ein Notar gerufen wird) zu erklären.

Beispiel:
Im Frühjahr 2020 wähnt sich Kathrin in Lebensgefahr, da sie einschlägige Symptome der Coronavirus-Erkrankung und eine schwere Vorerkrankung aufweist. Deshalb erklärt sie in Anwesenheit von Sara und Elisabeth ihren letzten Willen. Tatsächlich handelt es sich bei den Beschwerden nur um eine leichte Verkühlung. Zwar besteht bei Kathrin der subjektive Eindruck einer Gefahrensituation, dieser ist auch durch (nachvollziehbare) objektive Umstände begründet. Allerdings hindert die Coronavirus-Erkrankung Kathrin wohl nicht daran, ihren letzten Willen auf andere Weise zu erklären. Das Nottestament ist daher – trotz Erfüllung der Formerfordernisse – ungültig.

Im Fall des Nottestaments sind die Zeugen nicht nur Aktszeugen, sondern auch Identitäts- und Inhaltszeugen. Sie müssen im Verlassenschaftsverfahren die Identität des Verfügenden bestätigen und (sinngemäß) übereinstimmend den Inhalt der Verfügung wiedergeben. Es handelt sich hierbei um ein echtes Formerfordernis.

Ist die Einholung einer solchen Widergabe des Inhalts der Verfügung nicht (mehr) möglich, weil etwa die Zeugen selbst bereits verstorben sind oder widersprechen die Zeugen einander, ist die mündliche letztwillige Anordnung ungültig. Kleinere Widersprüche bzw Widersprüche über unwesentliche Punkte schaden dabei noch nicht. Stimmen die Wiedergaben des Inhalts der letztwilligen Verfügung der Zeugen nur hinsichtlich eines Teils der letztwilligen Verfügung überein, so ist auch nur dieser Teil gültig. Das mündliche Nottestament kann, wenn die Testamentszeugen nicht übereinstimmend aussagen oder dies etwa infolge des Todes eines Zeugen nicht mehr möglich ist – da es sich hierbei um ein Gültigkeitserfordernis handelt – auch nicht auf andere Art bewiesen werden (anders beim schriftlichen Testament, das gemäß § 722 seine Wirkung nicht verliert, wenn die Urkunde nur zufällig zerstört wird oder verloren geht, vgl Rz 143).

Ist der Verfügende stumm, kann er nach der Rsp in Form des Nottestaments auch in Zeichensprache verfügen – merkwürdigerweise jedoch nicht, wenn er infolge eines Schlaganfalls sprachunfähig ist.

Bei der Errichtung eines fremdhändigen Nottestaments sind seit 1.1.2017 auch alle Formvorschriften des § 579 nF (Ausnahme: es genügen zwei mündige minderjährige Zeugen) bei sonstiger Ungültigkeit einzuhalten. Das Nottestament ist bis drei Monate nach Wegfall der Gefahr gültig und gilt danach als nicht errichtet. Im Zweifel ist damit auch der durch das Nottestament erfolgte Widerruf einer früheren letztwilligen Verfügung (§§ 713 und 714) aufgehoben. Eine durch das Nottestament widerrufene Verfügung lebt daher wieder auf. Teile der Lehre verneinen die Möglichkeit des Erblassers, durch ausdrückliche Anordnung im Nottestament das Wiederaufleben einer früheren Verfügung verhindern zu können und diese somit für endgültig widerrufen zu erklären. Argumentiert wird diese Ansicht damit, dass das Nottestament keine unbefristete Geltung habe, weshalb der Erblasser der Widerrufswirkung des Nottestaments auch keine unbefristete Geltung verleihen könne.

Trotzdem ist dieser Lehrmeinung mE nicht zuzustimmen; zwar erfolgte die gesetzliche Formulierung, wonach das Nottestament drei Monate nach Wegfall der Gefahr als nicht errichtet gilt, etwas ungeschickt; wünschenswert (weil klarer) wäre eine Beibehaltung der Formulierung vor dem ErbRÄG 2015 gewesen (danach war lediglich von einem Verlust der Gültigkeit des Nottestaments die Rede). Der Begriff „Gültigkeit verlieren“ umfasst nämlich nicht unbedingt den Verlust sämtlicher Wirkungen (dies wäre eher mit dem Terminus „außer Kraft treten“ zu verbinden). Dennoch sieht § 584/2 explizit eine Zweifelsregel bzgl des Wiederauflebens einer früheren Verfügung vor – dieser Gesetzestext kann nicht einfach außer Acht gelassen werden. Die Möglichkeit des endgültigen Widerrufs einer früheren Verfügung muss daher sehr wohl bestehen. Der Erblasser kann durchaus ein Interesse daran haben, das alte Testament endgültig für widerrufen zu erklären.

Beachte: Auch bei einem Nottestament muss der Erblasser seinen letzten Willen persönlich erklären (§ 564). Eine einfache Zustimmung zu einem Vorschlag genügt daher nicht (siehe bereits Rz 68). Bejaht der Erblasser dagegen (mündlich) einen von einer anderen Person vorgelesenen Text, der letztlich allerdings auf die eigene Willensbildung des Erblassers zurückgeht, so entsteht ein formgültiges (mündliches) Nottestament (Rsp).

- ***Öffentlich (§§ 581 f, 583):*** Während es sich bei den bisher aufgezählten Testamenten um „private Verfügungen“ handelt, gibt es auch den Begriff der 93

„öffentlichen Verfügung“. Dabei handelt es sich um Verfügungen, welche mündlich oder schriftlich entweder vor Gericht oder vor dem Notar errichtet werden. Mündige Minderjährige können – außer im Notfall (§ 584) – nur in Form des öffentlichen Testaments (also vor Gericht oder vor einem Notar) und zwar lediglich ***mündlich*** testieren (§ 569; s bereits oben Rz 74).

Gerichtliche letztwillige Verfügung: Die gerichtliche letztwillige Verfügung wird in den §§ 581 f geregelt. Wie bereits erwähnt, kann sie mündlich oder schriftlich vor Gericht errichtet werden. Bei der Aufnahme der (schriftlichen sowie mündlichen) Erklärung durch das Gericht müssen ***ein Richter*** und eine ***weitere Gerichtsperson*** (Richter, Richteramtsanwärter, Schriftführer, Rechtspraktikant; Rsp) anwesend sein, wobei letztere durch ***zwei Zeugen*** ersetzt werden kann. Zuständig ist jedes Bezirksgericht (vgl § 121 JN), und zwar unabhängig von dem Wohnort des Erblassers. Im Notfall kann sich der Richter (inklusive Gerichtsperson bzw Zeugen) auch zum Erblasser begeben (§ 582/2; dabei ist va an dessen Wohnung bzw das Krankenhaus, in dem dieser liegt, zu denken). ***Schriftliche gerichtliche letztwillige Verfügungen*** müssen vom Erblasser eigenhändig unterschrieben und dem Gericht persönlich übergeben werden. Das Gericht hat über diesen Vorgang ein Protokoll zu errichten, wobei das Datum des Protokolls als Errichtungstag des Testaments gilt. Auch über ***mündliche gerichtliche letztwillige Verfügungen*** muss ein Protokoll errichtet werden, welches vom Gericht zu versiegeln und zu hinterlegen ist.

Notarielle letztwillige Verfügung: Diese kann gem § 583 entweder vor zwei Notaren oder einem Notar und zwei Zeugen schriftlich (mittels Notariatsakts, s §§ 67 ff NO oder notariellen Protokolls, s §§ 70 ff NO) oder mündlich (mittels notariellen Protokolls, s §§ 70 ff NO) errichtet werden. Der Notariatsakt kann wiederum zwei Erscheinungsformen aufweisen: Einerseits kann die letztwillige Verfügung unmittelbar als Notariatsakt errichtet und durch den Notar aufgenommen werden, andererseits kann eine bereits errichtete letztwillige Verfügung nach § 54 NO notariell bekräftigt werden („Solemnisierung“). Gem § 67 NO sind bei einem Notariatsakt über eine letztwillige Anordnung „die besonderen Vorschriften des allgemeinen bürgerlichen Gesetzbuches“ für die Gültigkeit der Anordnung zu beachten. Welche Vorschriften damit im Detail gemeint sind, lässt das Gesetz offen. Der OGH hat aber bereits festgehalten, dass § 579 nicht dazuzählt, weshalb die letztwillige Verfügung in Notariatsaktsform auch ohne eigenhändiger nuncupatio des Erblassers formgültig ist (für das notarielle Protokoll ergibt sich dies bereits explizit aus § 70 NO, der nur auf die §§ 569, 581, 582 und 587-591 verweist). Ebenso wenig ist – wie auch beim gerichtlichen Testament – ein auf die Zeugeneigenschaft hinweisender eigenhändiger Zusatz der Zeugen notwendig. Denn bei einem Testiervorgang vor dem Notar bzw vor Gericht ist auch ohne einen solchen Zusatz gewährleistet, dass sich die Zeugen bei ihrer Unterschriftsleistung ihrer Eigenschaft als Testamentszeugen bewusst sind. Zu beachten sind bei der letztwilligen Verfügung in Notariatsaktsform allerdings neben § 583 wohl auch die Bestimmungen über die Fähigkeit bzw Tauglichkeit der Zeugen (§§ 587-591, Rz 95) sowie über die materiellen Gültigkeitsvoraussetzungen (§§ 564 ff, s Rz 69, 73 ff). Nach § 68/1 lit g NO hat überdies jeder Notariatsakt die Unterschriften der Parteien sowie allfälliger Zeugen zu enthalten. Kann eine Person nicht schreiben, so muss sie grds ihr Handzeichen beifügen und es muss ihr Name beigesetzt werden. Kann eine Partei auch ein Handzeichen nicht beifügen, so hat der Notar das entgegenstehende Hindernis im Notariatsakt ausdrücklich und detailliert anzuführen und muss dieses von den Aktszeugen besonders bestätigt werden. Dies ist zwar für die Schreibunfähigkeit nicht ausdrücklich angeordnet, trotzdem ist davon auszugehen, dass auch in diesem Fall die Gründe der Schreibunfähigkeit im Notariatsakt zu dokumentieren sind (s zur Schreibunfähigkeit schon Rz 88).

Beispiel:
Der Erblasser konnte aufgrund einer Lähmung der rechten Hand keine Unterschrift leisten. Mit der linken Hand wäre es ihm aber möglich gewesen, zumindest eine Paraphe zu setzen. Weshalb er gegenüber dem Notar angab, auch kein Handzeichen setzen zu können, konnte nicht festgestellt werden. Der Notar errichtete daraufhin das Testament in Form eines Notariatsakts unter Beachtung jener Formvorschriften, die für eine Person, die auch ein Handzeichen nicht setzen kann, maßgeblich sind. Laut OGH stellt der eindeutige Wortlaut des § 68/1 lit g NO aber auf das (objektive) Vorliegen von Schreibunfähigkeit bzw auf die Unfähigkeit, auch nur ein Handzeichen zu setzen, und nicht auf die Angaben der Partei gegenüber dem Notar ab. Liegen die Voraussetzungen für einen Verzicht auch auf ein Handzeichen objektiv nicht vor, so muss ein solches beigesetzt werden. Im konkreten Fall wäre das Handzeichen mit der linken Hand möglich gewesen. Das Testament war daher ungültig.

Das öffentliche Testament wird vom Gericht bzw Notar in Verwahrung genommen. Davon zu unterscheiden ist das Österreichische Zentrale Testamentsregister (ÖZTR, s § 140c NO), das von der ÖGIZIN GmbH, der Dienstleistungsgesellschaft des Notariats, geführt wird sowie das Testamentsregister der österreichischen Rechtsanwälte, das vom ÖRAK geführt wird; diese Register enthalten nicht die Verfügungen selbst, sondern Angaben darüber, von wem ein eingetragenes Testament verfasst wurde und wo es sich im Original befindet. Gerichte und Notare trifft gem § 140c/2 NO die Verpflichtung, die bei ihnen hinterlegten Urkunden an das ÖZTR zu melden. Rechtsanwälten steht diese Meldung zwar gem § 140c/2 NO grundsätzlich frei, jedoch verpflichtet § 44 der Richtlinien für die Ausübung des Rechtsanwaltsberufes diese zur Registrierung übernommener letztwilliger Anordnungen in einem für Gerichtskommissäre zugänglichen Register; die Registrierung kann hierfür entweder im ÖZTR oder im Testamentsregister der österreichischen Rechtsanwälte erfolgen. Bei sämtlichen vorgenannten Meldepflichten handelt es sich allerdings lediglich um Ordnungsvorschriften, weshalb ein Verstoß nicht zur Ungültigkeit der letztwilligen Verfügung führt.

Gem § 74/1 NO kann der Testator die Zurückstellung des schriftlichen notariellen Testaments vom Notar verlangen; ein notarielles Testament, welches in Form eines Notariatsaktes (§§ 67 ff NO) errichtet wurde sowie ein in Form eines notariellen Protokolls (§§ 70 ff NO) aufgenommenes mündliches Testament dürfen dagegen keinesfalls herausgegeben werden. Die Möglichkeit des Testators, die Zurückstellung zu verlangen, ist zwar für das gerichtliche Testament nicht ausdrücklich geregelt, jedoch ist nach hL und Rsp § 74 NO analog bzw sinngemäß auch auf das schriftliche gerichtliche Testament anzuwenden.

Durch die Zurückstellung des öffentlichen Testaments verliert es den Charakter eines öffentlichen Testaments (§ 74/2 NO). Dies sagt jedoch noch nichts über die Gültigkeit der letztwilligen Verfügung aus: Richtigerweise ist davon auszugehen, dass im Falle der Erfüllung der Formerfordernisse eines Privattestaments, diese nunmehr als solches fortbesteht (str). Sind diese Anforderungen hingegen nicht erfüllt, ist in der Rücknahme ein stillschweigender Widerruf (§ 721, vgl Rz 143) zu sehen.

94

- Zum Formerfordernis bei ***mündigen Minderjährigen*** s bereits oben Rz 74 und 93.

Die beim fremdhändigen Testament bzw beim Nottestament erforderlichen ***Zeugen*** müssen zeugnisfähig sein. Ausgeschlossen sind (§§ 587 ff):

- Personen unter 18 Jahren (eine Ausnahme besteht für das Nottestament; hier können auch Personen ab 14 Jahren als Zeugen fungieren; s oben Rz 92).
- Personen, denen aufgrund einer körperlichen oder geistigen Beeinträchtigung die Fähigkeit fehlt, den letzten Willen zu bezeugen.
- Personen, welche die Sprache des Erblassers nicht verstehen.
- Befangene Personen (§ 588): Befangen ist der durch die letztwillige Verfügung Begünstigte (Erbe oder Vermächtnisnehmer), sein Ehegatte (nicht aber der Geschiedene), eingetragener Partner oder Lebensgefährte, seine Eltern, Kinder und Geschwister sowie die Eltern, Kinder und Geschwister des Ehegatten, eingetragenen Partners oder Lebensgefährten des Erben oder Vermächtnisnehmers. Darüber hinaus sind nach § 588/2 der gesetzliche Vertreter, vertretungsbefugte Organe, Gesellschafter, Machthaber (Person, die eine leitende Stellung mit selbstständigem Entscheidungsraum, Wirkungskreis oder eigenen Kontrollbefugnissen innehat) und Dienstnehmer bedachter Personen oder rechtsfähiger Gesellschaften zeugnisunfähig. Die Aufzählung ist taxativ, es sind daher auch solche Personen taugliche Zeugen, die – wie etwa enge Freunde – befangen erscheinen mögen. Ist ein befangener Zeuge an der Errichtung der letztwilligen Verfügung beteiligt, so ist nur jener Teil ungültig, auf den sich die Befangenheit bezieht. Sind neben den befangenen Zeugen noch andere fähige Zeugen in ausreichender Anzahl vorhanden, ist die gesamte letztwillige Verfügung gültig.

Beispiele:
Anton ist bei seinem befreundeten Notar und möchte seinen letzten Willen festhalten. In dieser letztwilligen Verfügung möchte Anton seinen Freund Xaver als Testamentsvollstrecker einsetzen. Xaver und zwei Sekretärinnen sind bei Unterfertigung der fremdhändigen letztwilligen Verfügung dabei und unterschreiben als Zeugen. Xaver ist als eingesetzter Testamentsvollstrecker fähiger Zeuge, weil er nicht bedacht ist.

Heinrich hat kein Testament. Sein Sohn Ulrich verfasst deshalb handschriftlich ein Testament für seinen Vater und lässt Heinrich dieses unterschreiben. Das Testament ist als fremdhändiges Testament zu werten und unterliegt daher den Formvorschriften des § 579. Da keine Zeugen anwesend waren und nur Heinrich seinen letzten Willen unterschrieben hat, ist das Testament formungültig (vgl den Fall „Testament rechtens oder nicht?“ auf www.checkmycase.com).

Anmerkung:
Ein Notar (oder sein Substitut) kann als Testamentszeuge des von ihm errichteten Testaments fungieren. Grds unterliegt der Notar (Substitut) zwar einer Verschwiegenheitsverpflichtung (§ 37 NO). Nach der Rsp gilt dies aber nicht hinsichtlich seiner Funktion als Testamentszeuge, weil davon auszugehen ist, dass der Verfügende den Notar (Substituten) durch die Bestellung als Testamentszeugen von seiner Verschwiegenheitspflicht entbunden hat.

(Nur) ***Ehegatten bzw eingetragene Partner*** können ein ***gemeinschaftliches Testament*** in derselben Urkunde errichten. In diesem können die Ehegatten bzw eP entweder einander ***(wechselseitiges Testament)*** oder aber dritte Personen ***(gemeinsames Testament)*** zu Erben einsetzen. Auch Kombinationen sind möglich. Jedem Teil steht jedoch das Recht zu, seine Anordnung einseitig zu widerrufen. Widerruft einer der beiden die ***gegenseitige Erbeinsetzung*** (= wechselseitiges Testament), so wird – entgegen der bisherigen Regel (§ 1248 aF) – auch der Widerruf durch den anderen vermutet (wird wohl auch für gemeinsame Vermächtnisse gelten). Diese Vermutung besteht jedoch nicht im Falle des Widerrufs der Einsetzung einer dritten Person (=gemeinsames Testament) durch einen Ehegatten bzw eP (§ 586/2). 95

Für die Errichtung gelten die oben angeführten ***Formvorschriften.*** Diese können allerdings, obwohl es sich um ein gemeinschaftliches Testament handelt, nicht gemeinsam erfüllt werden, sondern sind im Hinblick auf beide Ehegatten separat zu prüfen. So ist ein gemeinsames Testament, welches von einem Ehegatten eigenhändig geschrieben und von beiden unterschrieben wurde, nur im Hinblick auf den schreibenden Ehegatten gültig. In Bezug auf den anderen handelt es sich dabei um ein fremdhändiges Testament, welches mangels Erfüllung der Formvorschriften des § 579 formungültig ist. Dies bedeutet, dass zur Errichtung eines formgültigen eigenhändigen gemeinschaftlichen Testaments jeder Ehegatte seine Verfügung eigenhändig auf der gemeinschaftlichen Urkunde niederschreiben und unterschreiben muss. Im Hinblick auf diese, va für Laien nicht ohne Weiteres erkennbare Problematik und die mit der oben erwähnten Zweifelsregel verbundenen Unsicherheiten ist bei der Errichtung gemeinschaftlicher Testamente besondere Vorsicht geboten. 96

Beachte: Gemeinschaftliche Testamente von Nichtehegatten oder Personen, die nicht in einer eingetragenen Partnerschaft leben, sind selbst dann ungültig, wenn sie grundsätzlich formgültig errichtet wären.

Beispiel aus der Rechtsprechung:
Sachverhalt: Die Mutter und der Stiefvater der Klägerin hatten einander in einem gemeinschaftlichen Testament wechselseitig als Erben eingesetzt. Weiters enthielt das Testament folgende für den Rechtsstreit relevante Bestimmungen: Der von uns Letztversterbende verpflichtet sich, unsere Eigentumswohnung unserer Tochter [der Klägerin] entweder zu Lebzeiten zu angemessenen Bedingungen zu übergeben oder von Todes wegen zu hinterlassen. Der Stiefvater starb zwei Jahre nach Errichtung des Testaments. Der überschuldete Nachlass wurde der Mutter eingeantwortet; die Klägerin war an diesem Verlassenschaftsverfahren nicht beteiligt. Im Abhandlungsprotokoll ist festgehalten, dass der Erblasser mit seiner Frau „Kaufanwärter" der Wohnung gewesen sei; ein Kaufvertrag liege aber noch nicht vor. Die Ehegatten hätten bisher „Eigenmittel" von S 219.517 geleistet, wovon die Hälfte als Aktiva anzusetzen sei. Ein Belastungs- und Veräußerungsverbot könne bei der Wohnung mangels Eigentums der Erbin nicht eingetragen werden, sie verpflichte sich jedoch, dies „nach Vorliegen der entsprechenden Voraussetzungen" zu veranlassen. Unmittelbar nach Abschluss des Kauf- und Wohnungseigentumsvertrags veräußerte die Mutter die Wohnung am 20.5.1991 an einen Dritten. Der Kaufpreis betrug S 1.070.616,75, wovon S 670.616,75 zur Darlehenstilgung verwendet wurden. Der Beklagte ist Alleinerbe der im Jahr 2015 verstorbenen Mutter der Klägerin. Die Klägerin begehrt Zahlung von € 50.000. Ihre Mutter habe sich im gemeinschaftlichen Testament und im Verlassenschaftsverfahren verpflichtet, ihr die Ehewohnung spätestens mit dem Tod zu überlassen. Sie habe diese Verpflichtung durch die Veräußerung vereitelt und sei dadurch schadenersatzpflichtig geworden.
Aus der Begründung: Die Klägerin stützt sich auch in der Revision ausschließlich auf die von ihrer Mutter übernommene „Verpflichtung", ihr die Wohnung zu hinterlassen. Die Verletzung dieser Verpflichtung begründe einen Schadenersatzanspruch. Damit ist von entscheidender Bedeutung, ob die Erklärungen der Mutter im Testament und/oder im Verlassenschaftsverfahren tatsächlich eine Verpflichtung gegenüber der Klägerin begründet haben. Aus der Erklärung im Testament lässt sich diese Verpflichtung nicht ableiten. Die freie Widerrufbarkeit gilt auch bei gemeinschaftlichen Testamenten von Ehegatten iSv § 1248 idF vor dem ErbRÄG 2015. Eine verbindliche Verpflichtung gegenüber der Tochter hätte zwar bei einer Schenkung auf den Todesfall bestehen können; eine solche lag hier aber nicht vor. Ob der Widerruf wegen der Wechselbezüglichkeit des Testaments oder wegen der Deutung der Verpflichtung als Auflage die Ungültigkeit der Erbeinsetzung der Mutter zur Folge haben konnte, ist hier nicht zu prüfen. Die Klägerin könnte daraus mangels gesetzlichen Erbrechts nach ihrem Stiefvater und va wegen der Überschuldung des Nachlasses nichts gewinnen. Im Verlassenschaftsverfahren nach ihrem Ehemann hat die Mutter zwar erklärt, sich zur Begründung eines Belastungs- und Veräußerungsverbots zugunsten der Klägerin zu verpflichten. Die Klägerin hat aber nicht behauptet, dass diese Erklärung nach dem Willen der Mutter ihr zukommen sollte und von ihr auch angenommen wurde. Nur dann könnte sich die Klägerin aber (allenfalls) auf eine insofern getroffene Vereinbarung stützen. Tatsächlich hatte die Mutter aber – ungeachtet der gewählten Formulierung – wohl ohnehin nur eine auf einer falschen rechtlichen Beurteilung beruhende Wissenserklärung über das Bestehen einer solchen Verpflichtung abgegeben.
Zusammenfassung: Die freie Widerrufbarkeit von Testamenten gilt auch bei einem gemeinschaftlichen Testament. Eine darin übernommene Verpflichtung ist daher für den überlebenden Ehegatten unverbindlich und kann uU in eine Auflage umgedeutet werden (2 Ob 177/16t).

Die Formvorschriften letztwilliger Anordnungen haben sowohl Warn- als auch Beweisfunktion. Deshalb sieht das Gesetz vor, dass letztwillige Verfügungen, die an einem ***Formfehler*** leiden, auch dann ***ungültig*** bzw anfechtbar sind (§ 601), wenn der Wille des Erblassers eindeutig beweisbar ist (zB durch eine Video- oder Tonbandaufzeichnung). Im Verfahren über das Erbrecht trifft die Beweislast für die Echtheit des Testaments, also dafür, dass es vom Erblasser stammt, denjenigen, der sich auf das Testament beruft. 97

Beachte: Bei einer Fotokopie bzw Abschrift einer formgültigen letztwilligen Verfügung handelt es sich um keine selbständige letztwillige Verfügung. Anderes gilt für die vom Erblasser selbst mit Blaupapier hergestellte Durchschrift seiner eigenhändig geschriebenen und gefertigten letztwilligen Verfügung: Diese ist keine bloße Abschrift, sondern eine weitere Ausfertigung seiner letztwilligen Anordnung (eine von mehreren gleichlautenden Urkunden im Sinne des § 721 2. Satz, s Rz 143). Grund für die Differenzierung ist, dass auch bei der Durchschrift der Text der Urkunde und die Unterschrift vom Erblasser handschriftlich erzeugt wurden. Zudem bleibt der Zweck des § 578 – die verlässliche Feststellung der Identität des Verfassers sicherzustellen, s oben Rz 84 – dabei ebenfalls gewahrt.

Beispiel aus der Rechtsprechung:
Sachverhalt: Der Erblasser starb am 20.8.2014. Gesetzliche Erben waren eine Tochter und die Enkelin als einziges Kind eines vorverstorbenen Sohnes. Die Tochter gab aufgrund eines eigenhändigen Testaments eine bedingte Erbantrittserklärung zum gesamten Nachlass ab, die Enkelin aufgrund des Gesetzes eine bedingte Erbantrittserklärung zur Hälfte des Nachlasses. Im Verfahren über das Erbrecht bestritt die Enkelin die Echtheit des Testaments. Das Erstgericht stellte das Erbrecht der Tochter fest. Es traf dabei folgende Feststellung: „Nicht festgestellt werden kann, dass das Testament vom 23.7.2014 vom Erblasser eigenhändig geschrieben und unterschrieben wurde. Es ist eher von einem Urheberschaftszusammenhang auszugehen. Es wurden keine Merkmale gefunden, die Anhaltspunkte dafür ergeben, dass der Text des Testaments und die Unterschrift eine Fälschung wären."
Aus der Begründung: Es ist unstrittig, dass im Verfahren über das Erbrecht die allgemeinen Regeln zur Behauptungs- und Beweislast anzuwenden sind. Daher hat grds jede Partei die für ihren Rechtsstandpunkt günstigen rechtserzeugenden Tatsachen zu beweisen. Abweichungen von diesem Grundsatz bedürfen einer besonderen Begründung, die sich etwa aus der besonderen Beweisnähe einer Partei oder aus dem Vorliegen eines typischen Geschehensverlaufs ergeben kann. Des Weiteren ist denkbar, dass eine bestimmte Tatsache schon nach materiellem Recht nicht anspruchsbegründend, sondern nur ihr Fehlen anspruchsvernichtend ist, was bei richtigem Verständnis der allgemeinen Beweislastregeln von vornherein zur Beweislast des Gegners führt. Grundlage für das Erbrecht eines Testamentserben ist eine formgültige letztwillige Verfügung des Erblassers. Nach den allgemeinen Beweislastregeln muss der Testamentserbe daher beim eigenhändigen Testament nicht nur die Existenz einer Urkunde beweisen, die mit der Hand geschrieben und unterschrieben wurde (Formgültigkeit), sondern darüber hinaus auch, dass diese Urkunde tatsächlich vom Erblasser stammt. Steht das nicht fest, so fehlt jede inhaltliche Rechtfertigung, dennoch aufgrund dieser Urkunde das Erbrecht der darin genannten Person festzustellen. Eine andere Beurteilung wäre allenfalls dann denkbar, wenn es einen typischen Geschehensablauf gäbe, wonach eine mit einem be-

stimmten Namen unterfertigte und in einem Verfahren vorgelegte Urkunde tatsächlich von jener Person verfasst und unterschrieben wurde, die diesen Namen trägt. Dann müsste der Gegner – nur, aber immerhin – Tatsachen beweisen, die mit gleicher Wahrscheinlichkeit für die konkrete Möglichkeit fehlender Echtheit sprechen, und so den Anscheinsbeweis entkräften. Die Existenz eines solchen Erfahrungssatzes hat aber der auch hier erkennende Senat in 2 Ob 549/95 für den Fall der Erbschaftsklage ausdrücklich verneint. Wäre typischerweise ohnehin Echtheit anzunehmen, hätte der Gesetzgeber eine andere Regelung getroffen. Ein relevanter Beweisnotstand, der zu einer Umkehr der Beweislast führen könnte, liegt ebenfalls nicht vor. Er wäre nur anzunehmen, wenn eine Beweisführung von der an sich dazu verpflichteten Partei billigerweise nicht erwartet werden könnte, weil es sich um Umstände handelte, die allein in der Sphäre der Gegenseite lägen und daher nur ihr bekannt und damit auch nur durch sie beweisbar wären. Die Auffassung der Vorinstanzen, die Negativfeststellung zur Echtheit des Testaments falle der Enkelin zur Last, trifft daher nicht zu. Vielmehr wäre auf dieser Tatsachengrundlage deren Erbrecht zur Hälfte des Nachlasses festzustellen.
Zusammenfassung: Die bestrittene Echtheit eines eigenhändigen Testaments ist im Verfahren über das Erbrecht vom Testamentserben zu beweisen (2 Ob 78/17k).
Anmerkung: Der Erblasser kann dem Testamentserben diesen Beweis erleichtern, indem er ihm Schriftproben überlässt.

98 Damit besteht ein wesentlicher Unterschied zwischen Form und Inhalt der letztwilligen Anordnung: Die ***Form muss erfüllt*** sein, während der ***Inhalt*** lediglich ***gewollt*** sein muss. Der Grundsatz, dass dem Willen des Erblassers Rechnung zu tragen sei, hat also bei der Einhaltung der Formvorschriften seine Grenze (vgl § 601 nF: „Wurde bei der Errichtung einer letztwilligen Verfügung eine zwingende Formvorschrift nicht eingehalten, so ist die letztwillige Verfügung ungültig").

99 Nach hA besteht jedoch eine Ausnahme: Eine formungültige Verfügung kann dadurch „geheilt" werden, dass sie von allen Beteiligten anerkannt wird. Dies war aus Gründen der Rechtssicherheit schon nach bisherigem Recht fragwürdig, umso mehr nun im Hinblick auf den diesbezüglich eindeutigen Wortlaut des § 601 nF, der – in (anzunehmender) Kenntnis des Gesetzgebers über diese Ansicht – die Ausnahme der allseitigen Anerkennung nicht erwähnt. Eine solche ist auch deshalb problematisch, weil es rechtskonstruktiv und aus Gründen der Privatautonomie nicht möglich ist, dass die Gültigkeit oder Ungültigkeit eines Rechtsgeschäfts (hier letztwillige Verfügung als einseitiges Rechtsgeschäft) von Dritten abhängt, die nicht Partei dieses Geschäfts sind. Genauso wenig wie eine gültige letztwillige Verfügung dadurch ungültig wird, dass Dritte dies so wollen, kann ein ungültiges Rechtsgeschäft durch Vereinbarung bzw „Anerkennung" Dritter gültig werden. Zudem stellt sich die Frage, wie weit die Heilung des Formmangels durch „Anerkennung" reichen soll: Darf das Testament nur an spezifischen Formgebrechen leiden (zB fehlende Zeugenzusätze, fehlende Unterschrift des Erblassers), genügt eine rein mündliche Äußerung des Erblassers oder ist bereits der vermutete Erblasserwille ausreichend? Nach richtiger Ansicht ist daher davon auszugehen, dass formungültige letztwillige Verfügungen nicht durch Anerkennung wirksam werden können. Wenn die Beteiligten den vermuteten, jedoch nicht formgültig ausgedrückten Erblasserwillen verwirklichen möchten, steht ihnen daher nur die Möglichkeit der Übertragung des Erbrechts gemäß §§ 1278 ff zur Verfügung (s Rz 261 ff). Eine Anerkennungsvereinbarung kann dabei jedoch uU in eine Erbrechtsübertragung umgedeutet werden (hierzu müssen jedoch die Formvorschriften des § 1278/2 erfüllt sein).

Formungültige Anordnungen können allerdings bei der Auslegung formgültiger Verfügungen eine Rolle spielen; vgl in diesem Zusammenhang auch § 585 (**„*testamentum mysticum*"):** Schriftliche Bemerkungen, auf die eine Verfügung verweist, sind nur gültig, wenn sie selbst einer Testamentsform entsprechen. Sonst können sie aber zur Auslegung des letzten Willens herangezogen werden. Die formgültige letztwillige Verfügung muss jedoch jedenfalls für sich allein einen Sinn ergeben und die Auslegung in der letztwilligen Verfügung irgendeinen, wenn auch noch so geringen, Anhaltspunkt haben; Andeutungstheorie – s Rz 137). **100**

Beispiel:
Anton hatte zu Lebzeiten der Erblasserin Brigitte eine handschriftliche Liste ihrer Vermögensgegenstände erstellt. Brigitte fügte dieser Liste verschiedene Anmerkungen hinzu, wie „ja" und „Habe ich nicht mehr". Unter die Liste setzte Brigitte die Worte „Gehört nach meinem Tode Dir, Anton", sowie Datum und Unterschrift. Da die Formerfordernisse für eine fremdhändige letztwillige Verfügung hinsichtlich der Liste nicht erfüllt wurden und die eigenhändig geschriebenen Teile der Verfügung für sich allein keinen Sinn ergeben, ist das Vermächtnis unwirksam. Auf welche Gegenstände sich die Verfügung bezieht, ist nämlich im handschriftlichen Teil der Anordnung in keiner Weise angedeutet (sie enthält ja lediglich die Worte „ja" und „Habe ich nicht mehr").

Beispiel:
Hans schreibt in einem formgültigen Testament: „In meinem Safe liegt ein Dokument, in dem ich bestimmt habe, wie mein Erbe verteilt werden soll." Das Dokument im Safe wurde von Hans am Computer geschrieben und eigenhändig unterschrieben. Ein solcher Verweis ist gem § 585 unwirksam, sofern das verwiesene Schriftstück nicht alle Gültigkeitserfordernisse einer letztwilligen Verfügung erfüllt. Da das Dokument nicht die Gültigkeitserfordernisse für ein fremdhändiges Testament erfüllt (vgl §§ 579 ff), ist der Verweis ungültig, kann aber zur Auslegung hergezogen werden, wenn sich daraus zB ergibt, wen der Erblasser mit dem zum Universalerben eingesetzten Freund Peter meint, wenn er mehrere Freunde mit diesem Namen hat. Spricht er also im Testament nur von Peter, in dem Dokument im Safe aber stets von seinem Segelfreund Peter, so ist – obwohl dies formungültig geäußert wurde – anzunehmen, dass auch im Testament ebendieser Peter gemeint war.

Zur Anwendbarkeit der ***alten Formvorschriften*** auf Testamente, die vor dem Inkrafttreten des ErbRÄG 2015 (1.1.2017) verfasst wurden, s unten Rz 329 ff. **101**

c) Testamentarische Anordnungen

Neben der Erbeinsetzung kann eine letztwillige Verfügung noch eine Reihe anderer Anordnungen enthalten, durch die der Erblasser den Verbleib und die Verwaltung seines Vermögens auch über den Tod hinaus gezielt beeinflussen kann: **102**

aa) Bedingung, Befristung, Auflage

103 Eine ***Bedingung*** ist die der letztwilligen Verfügung beigesetzte Bestimmung, dass der Eintritt oder die Aufhebung einer Rechtswirkung vom Eintritt oder Nichteintritt eines ungewissen Umstandes abhängen soll.

Beispiele:
- A soll nach meinem Tod € 10.000 erhalten, sobald er sein Studium abgeschlossen hat.
- B soll mein Unternehmen erhalten, wenn er volljährig ist.
- C soll mein Erbe sein, wenn er sich um die Pflege meines Grabes kümmert.

104 Man unterscheidet zwischen aufschiebenden (Suspensiv-) und auflösenden (Resolutiv-)Bedingungen, je nachdem, ob der Erblasser einen ungewissen Rechtserwerb oder Rechtsverlust angeordnet hat. Im Falle der aufschiebenden Bedingung erwirbt der Begünstigte erst durch deren genaue Erfüllung (§ 699), bei auflösender Wirkung verliert er das Erhaltene, wenn die Bedingung eintritt. Bis zum Bedingungseintritt, mit welchem das Recht beginnt (aufschiebende Bedingung) oder verlustig geht (auflösende Bedingung), herrscht ein Schwebezustand, für den die Regeln der (konstruktiven) Nacherbfolge gelten (s Rz 119). Ist die Bedingung zu Lebzeiten des Erblassers bereits eingetreten, so muss sie vom Bedachten nur dann wiederholt werden, wenn eine Wiederholung möglich ist.

105 Unmögliche oder unerlaubte Bedingungen kann der Erblasser nicht wirksam anordnen (§§ 697 f). Unmöglich ist eine Bedingung, die aus tatsächlichen oder rechtlichen Gründen mit Sicherheit nicht eintreten kann. Unerlaubt ist eine Bedingung, wenn ihre Erfüllung gesetzlich verboten ist (zB „C ist mein Erbe, wenn er D umgebracht hat"). Bedingungen können auch gem § 879 ungültig (weil sittenwidrig) sein, zB wenn A nur erben soll, wenn sie sich dem C hingibt, oder B nur Legatar werden soll, wenn er im Falle der Verehelichung seine Ehegattin aus einer bestimmten Kategorie von Personen (Konfession, Stand ua) wählt (Rsp; keine Sittenwidrigkeit aber bei einer angeordneten Nacherbschaft für den Fall, dass der Sohn der Erblasserin als Vorerbe keine leiblichen Nachkommen hinterlässt). Eine unerlaubte oder sittenwidrige sowie eine auflösende unmögliche Bedingung gilt als nicht beigesetzt (§§ 697, 698 2. Satz); im Übrigen bleibt die letztwillige Anordnung aufrecht. Eine aufschiebende unmögliche Bedingung bewirkt grundsätzlich die Ungültigkeit der gesamten Anordnung (§ 698 1. Satz). Enthält die letztwillige Anordnung allerdings mehrere voneinander trennbare Teile, ist nur der Teil ungültig, der unter einer unmöglichen Bedingung steht.

106 Durch eine ***Befristung*** (§§ 705 f) kann der Erblasser den Erwerb oder Verlust der letztwilligen Zuwendung von einem bestimmten Termin oder einem bestimmten Ereignis abhängig machen, das (im Unterschied zur Bedingung) sicher einmal eintreten wird, zB bestimmtes Datum oder Tod einer Person. Hinsichtlich der Unmöglichkeit muss unterschieden werden: Gem § 706 macht ein unmöglicher Anfangstermin die Anordnung ungültig. Ein unmöglicher Endtermin gilt als nicht beigesetzt.

Der ***Erbanfall*** bestimmt sich bei Bedingungen und Befristungen wie folgt (wobei das Vorliegen der Erbfähigkeit jeweils zum Zeitpunkt des Erbanfalls erforderlich ist): 107

- Aufschiebende Bedingung: Erbanfall mit Eintritt der Bedingung
- Auflösende Bedingung: Erbanfall mit Tod des Erblassers, Verlust bei Bedingungseintritt
- Aufschiebende Befristung: Erbanfall mit dem Tod des Erblassers (!), lediglich die Erfüllung (Übergabe) ist bis zum Anfangstermin hinausgeschoben (§ 705)
- Auflösende Befristung: Erbanfall mit Tod des Erblassers, Verlust bei Eintritt des Befristungstermins

Durch eine ***Auflage*** kann der Erblasser den Bedachten zu einem bestimmten Verhalten (aktives Tun oder Unterlassen) verpflichten. 108

Beispiele:
- Mein Freund F erhält € 30.000, muss sich aber um mein Begräbnis und meine Grabpflege kümmern.
- Mein Sohn wird Universalerbe, soweit er sich um seine behinderte Schwester kümmert.
- Mein Erbe hat dafür zu sorgen, dass die von mir herausgegebene Zeitschrift weiterhin erscheint.

Der Unterschied zum ***Vermächtnis*** (dazu unten Rz 179 ff) besteht darin, dass die Auflage den Bedachten beschwert, ohne dass diesem ein auf Leistung Berechtigter gegenübersteht. Oft ist es auch schwer, zwischen einer Verpflichtung iS einer Auflage und ***unverbindlichen Wünschen oder Bitten*** des Verstorbenen zu unterscheiden. Was gemeint war, muss durch Auslegung ermittelt werden (§ 711). Im Zweifel wird – obwohl das in § 711 nF nicht mehr so wie in § 711 aF geregelt ist – anzunehmen sein, dass der Erblasser, wenn er nicht ausdrücklich oder eindeutig von einer Verpflichtung (Auflage) spricht, eine solche auch nicht gemeint hat. Dies deshalb, weil iZw nicht angenommen werden kann, dass der Erblasser einem letztwillig Bedachten die Zuwendung wieder entziehen will (was die Konsequenz der Nichterfüllung einer Auflage wäre). 109

Es ist freilich auch möglich, dass der Erblasser für den Fall der Nichterfüllung der Auflage anordnet, dass der dadurch Belastete die letztwillige Zuwendung nicht zur Gänze, sondern nur ***zum Teil verlieren*** (und wer diesen Teil an dessen Stelle erhalten) soll; ordnet er Letzteres – die Ersatzerbschaft – nicht an, so kann es bezüglich des frei werdenden Erbteils zur Anwachsung oder gesetzlichen Erbfolge kommen; nicht aber zugunsten des Belasteten, weil dieser davon stillschweigend ausgeschlossen ist, wenn er dem Willen des Erblassers zuwiderhandelt. 110

Beispiel aus der Rechtsprechung:
Sachverhalt: Alleinerbin in der verfahrensgegenständlichen Verlassenschaft ist die Revisionsrekurswerberin (Rrw), eines der Kinder der Erblasserin E. Die Rrw ist kinder-

los, ihre beiden Geschwister (= weitere Kinder der E) haben jeweils Nachkommen. E hinterließ eine letztwillige Verfügung mit ua folgendem Inhalt: „Sollte meine Tochter Elisabeth P. (=Rrw) ohne Kinder bleiben, fällt das Haus in X an ein Kind ihrer Geschwister, das sie in ihrem Testament selbst bestimmen kann." Das angesprochene Haus stellt das gesamte Vermögen der E dar, es liegt daher eine Erbeinsetzung vor (was nicht bestritten wird). Die vom ErstG erlassene Einantwortungsurkunde (nunmehr: Einantwortungsbeschluss) enthält eine Verbücherungsanordnung, wonach ob der gegenständlichen Liegenschaft die Einverleibung des Eigentumsrechtes für die Erbin mit der Beschränkung der fideikommissarischen Substitution im Sinne der letztwilligen Anordnung vorzunehmen sein werde. Die Rrw richtet sich gegen die Anordnung der entsprechenden Verbücherung.
Aus der Begründung: Eine wirksame fideikommissarische Substitution zugunsten der Enkel der Erblasserin ist im Hinblick auf § 564 zu verneinen, da der Erblasser bei Einsetzung eines Nacherben die Auswahl nicht dem Vorerben überlassen darf und den Nacherben wenigstens bestimmbar bezeichnen muss. Überlässt der Erblasser aber die Auswahl dem Vorerben aus einem eingegrenzten Personenkreis (hier: aus den Kindeskindern), wird eine solche Anordnung von der Judiktaur – um die letztwillige Verfügung durch Umdeutung wenigstens zum Teil zu retten – als Auflage (Auftrag) iSd §§ 709 ff beurteilt.
Da im vorliegenden Fall keine wirksame Anordnung einer fideikommissarischen Substitution vorliegt, kann der testamentarische Auftrag nur so verstanden werden, dass die Erbin dazu verpflichtet sein soll, den Nachlass zum Zeitpunkt ihres Todes einer begünstigten Person zu hinterlassen, sei es durch eine Verfügung auf den Todesfall, allenfalls auch in Form gesetzlicher Erbfolge. Die Rechtsstellung der Erbin wird damit va in zweierlei Richtung tangiert, nämlich a) inwieweit dadurch ihre Testierfreiheit unzulässigerweise beeinträchtigt ist und b) ob die ihr zustehende Pflichtteilsdeckung gewährleistet ist (§§ 774, 808; vgl nunmehr § 762).
Nach der Regel des § 610 1. Satz ist ein derartiger Eingriff in die Testierfreiheit in eine fideikommissarische Substitution umzudeuten, die aber grds einschränkend auszulegen ist (§ 614) und im vorliegenden Fall schon mangels Bestimmbarkeit der Nacherben ausgeschlossen ist (s oben). Eine Auflage, mit der außerhalb einer fideikommissarischen Substitution eine Nacherbschaft angeordnet wird, ist in dem hier gegebenen Fall, dass der Tod des Vorerben den „Substitutionsfall" bildet, wegen Eingriffs in die Testierfreiheit des Vorerben als ungültig anzusehen. Dazu kommt noch folgende Erwägung: Stellt sich nach dem Tod der Rrw heraus, dass sie die Auflage nicht erfüllt hat, ist der „Nachlass verwirkt". In diesem Fall sind aber nicht die Auflagebegünstigten, sondern die im Zeitpunkt des Bedingungseintritts vorhandenen gesetzlichen Erben zu Nacherben berufen – eine Konsequenz, die laut der testamentarischen Nacherbeinsetzung nicht eintreten soll. Da die Auflage als ungültig anzusehen ist, ist auch keine entsprechende Verbücherungsanordnung in die Einantwortungsurkunde aufzunehmen.
Zusammenfassung: Eine Auflage, mit der außerhalb einer fideikommissarischen Substitution eine Nacherbschaft angeordnet wird, ist als ungültig anzusehen (10 Ob 14/04p).
Anmerkung: Zur Subsitution s unten Rz 112 ff.

111 ***Unterschiede*** zwischen ***Auflage*** und ***Bedingung:*** Eine Bedingung muss unabhängig davon genau erfüllt werden, ob sie vom Zufall oder einem Verhalten des Bedachten abhängt (§ 699); auch der Grund des Nichteintritts der Bedingung ist unerheblich (nach der L und Rsp wird dies jedoch insofern etwas abgeschwächt, als zu ermitteln ist, ob nach dem Willen des Erblassers die Zuwendung nicht doch trotz Nichterfüllung der Bedingung aufrecht bleiben soll). Ist die Auflage (§ 709)

nicht genau erfüllbar, muss ihr der Auflageverpflichtete dagegen nur nach Möglichkeit nachkommen; ist nicht einmal das möglich, erhält der Verpflichtete dennoch den ihm zugedachten Teil aus der Verlassenschaft, wenn aus dem Willen des Erblassers nichts anderes hervorgeht. Erst bei schuldhafter Nichterfüllung verliert der Auflageverpflichtete das ihm Zugedachte (insofern wirkt die Auflage wie eine auflösende Bedingung). Auf Einhaltung der Auflage kann nur dann geklagt werden, wenn ein Auflageberechtigter vorhanden ist (zB der Testamentsvollstrecker). Damit zeigt sich, dass für einen Verpflichteten eine Auflage idR die geringere Belastung als eine Bedingung darstellt, weshalb iZw (wenn sich der Erblasser diesbezüglich nicht klar ausgedrückt hat) auch eine Auflage anzunehmen ist. Ob überhaupt eine Auflage oder nur ein unverbindlicher Wunsch gemeint ist, muss durch Auslegung geklärt werden (§ 711). Dass im Zweifel Letzteres anzunehmen ist (§ 711 aF), gilt seit dem ErbRÄG 2015 nicht mehr explizit, wird sich aber häufig durch Auslegung ergeben (s dazu schon Rz 109).

Beispiel aus der Rechtsprechung:
Sachverhalt: Die Klägerin ist die Schwester des am 7.4.1989 verstorbenen Erblassers. Die Beklagte war seine langjährige Lebensgefährtin. Der Erblasser wurde von der Beklagten bis zu seiner Spitalseinweisung, die medizinisch indiziert und von der Beklagten nicht beeinflussbar war, zu Hause gepflegt. Der Erblasser hinterließ ein Testament, in dem er 1. seine Verwandten enterbte und 2. die Beklagte zur Alleinerbin einsetzte, Letzteres mit dem Beisatz: „nur wenn sie mich pflegt, da ich nicht im Spital sterben will".
Die Klägerin begehrt die Feststellung, dass das Testament ungültig sei.
Aus der Begründung: Es ist durch Auslegung der wahre Wille des Erblassers zu erforschen. Dabei sind auch außerhalb der letztwilligen Verfügung liegende Umstände aller Art, sonstige mündliche oder schriftliche Äußerungen udgl heranzuziehen. Allerdings muss die Auslegung in der Verfügung irgendeinen, wenn auch noch so geringen Anhaltspunkt finden. Lässt sich der Wille nicht erforschen, weil der Erblasser den tatsächlichen Ablauf der weiteren Verhältnisse nicht bedacht hat, ist die hypothetische Auslegung anzuwenden. Es muss daher geklärt werden, was der Erblasser gewollt hätte, wenn er zur Zeit der Errichtung der letztwilligen Verfügung vorausschauend die Lage bedacht hätte, wie sie sich in der Folge dargestellt hat. In Bezug auf den vorliegenden Fall ist daher zu klären, ob die Erbeinsetzung auch dann gelten sollte, wenn sich der ihr zugrunde liegende Wunsch des Erblassers nach einem Verbleib in seiner Wohnung bis an sein Lebensende aus anderen Gründen als wegen mangelnder Pflege durch die Beklagte, etwa wegen der medizinisch gebotenen Notwendigkeit einer Spitalseinweisung, als undurchführbar erweisen sollte.
Zusammenfassung: Die Bedeutung einer Bedingung ist durch Auslegung zu klären (8 Ob 2017/96t).
Anmerkung: Die Anordnung könnte (zugunsten der Beklagten) auch als Auflage verstanden werden. Die Klägerin ist jedenfalls vom gesetzlichen Erbrecht stillschweigend ausgeschlossen (Verwandte wurden enterbt).

bb) Ersatz- und Nacherbschaft (Substitution)

112 Unter dem Begriff „Substitution" können zwei Fälle verstanden werden:

- ***Ersatzerbschaft (§§ 604 ff, „gemeine Substitution"):*** Der Erblasser bestimmt einen oder mehrere Ersatzerben für den Fall, dass der von ihm eingesetzte Erbe die Erbschaft nicht erlangt. Die Ersatzerbschaft geht der Anwachsung (§ 604/2) sowie der Transmission ieS vor (s dazu Rz 255 ff: „ISTAGLS"). Verstirbt der Ersteingesetzte *vor der Erbantrittserklärung,* so kommt die Erbschaft dem Ersatzerben zu (§ 537/2).
- ***Nacherbschaft (§§ 608 f, „fideikommissarische Substitution"):*** Nach dem ersten Erben sollen ein oder mehrere andere Erben die Erbschaft erlangen.

113 Für das Eintreten der ***Ersatzerbschaft*** ist es gleichgültig, aus welchem Grund der Ersteingesetzte die Erbschaft nicht erlangt. Hat der Ersteingesetzte einmal die Erbschaft angetreten, erlischt die Ersatzerbschaft.

114 Gem § 604/1 kann auch einem gesetzlichen Erbe ein Ersatzerbe berufen werden (ist bisher nicht ausdrücklich normiert gewesen). Im Unterschied zur Nacherbschaft unterliegt die Ersatzerbschaft keiner zahlenmäßigen Beschränkung (§ 604): Der Erblasser kann ***beliebig viele Ersatzerben*** einsetzen. Der Ersatzerbe muss iZw die dem ersten Erben auferlegten Lasten tragen (§ 606; zB Vermächtnisse, Nacherbschaften oder Auflagen). Demgegenüber muss der Ersatzerbe nicht die dem eingesetzten Erben gestellten Bedingungen erfüllen (§ 702). Hat der Verfügende Miterben gegenseitig als Ersatzerben eingesetzt, so wird vermutet, dass der Verstorbene die in der Einsetzung bestimmten Teile auch auf die Ersatzerbschaft ausdehnen wollte. Ist aber in der Ersatzerbschaft außer den Miterben auch eine andere Person zum Ersatzerben berufen, so fällt der frei gewordene Erbteil allen zu gleichen Teilen zu (§ 607).

115 Eine Art ***„gesetzliche Ersatzerbfolge"*** verfügt § 605: Hat der Erblasser ein (eigenes) Kind letztwillig bedacht und stirbt dieses vor ihm, so treten – wenn sich aus dem letzten Willen nichts anderes ergibt – die Nachkommen des Kindes an dessen Stelle. Dies wird auch dann angenommen, wenn das eingesetzte Kind nach Errichtung des letzten Willens erbunwürdig oder erbunfähig wird oder sich des Erbrechts entschlägt.

116 Bei der ***Nacherbschaft*** kann der Erblasser bestimmen, dass zuerst ein bestimmter Erbe (Vorerbe), nach dessen Tod oder nach Eintritt (Wegfall) eines anderen Umstands aber ein anderer (Nacherbe) zum Zuge kommt.

Beispiele:

- Mein Universalerbe ist A. Wenn dieser einmal stirbt, soll mein Nachlass dem B zufallen.
- C soll mein Erbe sein. Wenn seine Kinder volljährig werden, hat er ihnen die Erbschaft zu überlassen.
- D erhält aus meinem Nachlass € 20.000, die er meinem Sohn E herauszugeben hat, wenn dieser sein Studium beendet hat.
- Sollte mein Erbe F kinderlos bleiben, so geht mein Vermögen nach seinem Tod an B.

Für die Einsetzung des Nacherben gilt dasselbe wie für die Einsetzung eines Erben (dazu Rz 69). Der Erblasser kann sie daher nicht etwa dem Vorerben überlassen. **117**

Durch die Nacherbschaft kann der Erblasser den Vermögensübergang uU noch Jahrzehnte über seinen Tod hinaus beeinflussen. Um allzu langfristige Vermögensbindungen zu vermeiden, ordnet daher das Gesetz an (§ 611), dass der Erblasser nur dann unbegrenzt viele Nacherben hintereinander einsetzen kann, wenn diese im Zeitpunkt der Verfügung der Nacherbschaft schon leben (oder zumindest gezeugt sind, ***„Zeitgenossen“;*** nur natürliche Personen). Bei ungeborenen Nachkommen hat das Abhandlungsgericht zur Wahrung deren Rechte einen Substitutions-(Posteritäts-)Kurator zu bestellen (§ 156/1 iVm § 5/2 Z 2a AußStrG) Sind die Einzusetzenden noch nicht zumindest gezeugt, ist die Substitution bei beweglichen Sachen auf zwei Nacherbfälle und bei unbeweglichen Sachen auf einen Nacherbfall ***beschränkt*** (§ 612). Die Substitution umfasst nur das Vermögen des Erblassers, nicht auch jenes des Vorerben. Bei einem Testierverbot oder -gebot (dazu gleich) kann sich dieses daher nur auf das Vermögen des Erblassers beziehen. **118**

Hat der letztwillig Verfügende den Erben bedingt oder befristet eingesetzt (§§ 707 f) oder ihm verboten, über den Nachlass letztwillig zu verfügen (§ 610), bzw ihm ein Verfügungsgebot auferlegt, spricht man von ***„konstruktiver (= stillschweigender) Nacherbfolge“,*** bei welcher ebenfalls die Substitutionsregeln zur Anwendung kommen. Folgende Konstellationen können sich dadurch ergeben: **119**

- Ist der Nacherbe unter aufschiebender Bedingung oder Befristung berufen, sind die gesetzlichen Erben des Erblassers Vorerben, der aufschiebend bedingt oder befristet Eingesetzte ist Nacherbe. ***Beachte:*** Da bei aufschiebender Befristung der Anfall sofort und lediglich der Übergang erst mit dem Termin eintritt (s Rz 107 f), kann der Eingesetzte sein Recht sofort vererben; bei aufschiebender Bedingung hingegen erst nach Eintritt der Bedingung!
- Bei auflösender Bedingung oder Befristung sind die gesetzlichen Erben des Erblassers Nacherben.
- Liegt ein Testierverbot vor, sind die gesetzlichen Erben des Vorerben die Nacherben.
- Liegt ein Testiergebot vor, sind die vom Erblasser Genannten die Nacherben (vgl § 610).

Beispiel aus der Rechtsprechung:
Sachverhalt: Franz P starb 1973 unter Hinterlassung eines Testaments, in dem er seine (zweite) Ehegattin Marina zur Universalerbin einsetzte und bezüglich einer Eigentumswohnung nach dem Ableben seiner Frau seine Tochter Marianne als Nachlegatarin einsetzte. Für den Fall, dass diese im Zeitpunkt des Todes der Frau nicht mehr leben sollte, wurde deren (Mariannes) Sohn Reinhold begünstigt. Marianne starb 1995, ihr Sohn war

bereits 1992 verstorben. Die Kläger sind dessen Erben, beklagt sind die Erben nach der 1997 verstorbenen Marina.
Aus der Begründung: Es liegt ein uneigentliches Nachlegat zugunsten des Sohnes Reinhold vor. Dieser kann seine Rechtsstellung nur vererben, wenn sie im Augenblick seines Todes bereits entstanden war. Sofern nicht ein anderer Wille des Erblassers anzunehmen ist, geht das Recht des fideikommissarischen Erben (bzw Legatars) auch dann auf dessen Erben über, wenn er den Eintritt des Substitutionsfalles nicht erlebt hat, mit anderen Worten: Bereits die Anwartschaft des Nacherben ist vererblich, sofern nur nicht ein anderer Wille des Erblassers festgestellt wird. Im vorliegenden Fall ist Reinhold im Jahr 1992 verstorben und konnte damit sein Anwartschaftsrecht vererben; aus dem letzten Willen des Erblassers ist nichts Gegenteiliges ersichtlich. Das Klagebegehren ist daher erfolgreich.
Zusammenfassung: Einem fideikommissarischen Substituten (Nacherben) fällt die Erbschaft (das Nachlegat) bereits mit dem Tod des Erblassers an (sodass Vererblichkeit eintritt), wenn er terminisiert berufen ist, wobei eine an keine weitere Voraussetzung geknüpfte Berufung nach dem Tod des Vorerben als Terminisierung gilt (2 Ob 212/00s).

120 Bei der in § 609 geregelten ***„Nacherbschaft auf den Überrest"*** erhält der Nacherbe nach dem Willen des Verstorbenen nur das, was beim Ableben des Vorerben noch übrig ist. Der Vorerbe kann dann über die von der Nacherbschaft erfassten Sachen unter Lebenden frei (dh entgeltlich oder unentgeltlich), nicht aber von Todes wegen verfügen (§ 613/4). Der Nacherbe erhält also nur das, was der Vorerbe „übrig gelassen" hat. Nur bei sittenwidrigen Verfügungen des Vorerben steht dem Nacherben auf den Überrest uU ein Schadenersatzanspruch gegenüber dem Vorerben zu. Ergibt sich bei der Auslegung des letzten Willens nicht eindeutig der Umfang der Substitution, ist iZw eine Substitution auf den Überrest anzunehmen, da davon ausgegangen wird, dass der Erblasser die Verfügungsfreiheit des Erben möglichst wenig einschränken wollte (§ 614, s Rz 124).

121 Wurde eine Nacherbschaft angeordnet, hat das Verlassenschaftsgericht nach dem Ableben des Verstorbenen von Amts wegen ein Inventar zu errichten (§ 165/1 Z 4 AußStrG). Bei unbeweglichen Gütern ist im Grundbuch anzumerken, dass das Grundstück einer Nacherbschaft unterliegt. Mit der Einantwortung wird der Vorerbe Eigentümer des Nachlasses, darf darüber aber – außer bei Nacherbschaft auf den Überrest – nicht frei verfügen, weil die ***Substitutionsmasse*** ja später dem Nacherben zukommen soll; sein Eigentumsrecht ist auflösend oder aufschiebend befristet. Insb darf er das Geerbte grds ***weder veräußern noch belasten.*** Es steht ihm zwar ein unbeschränktes Nutzungsrecht zu (sodass zB der Ertrag von Liegenschaften oder die Zinsen der Substitutionsmasse in sein Vermögen fließen), doch darf er auch dieses Recht nur unter Schonung der Vermögenssubstanz ausüben (bspw kein „Raubbau" oder Änderung der Bewirtschaftungsart). Er hat insofern die Stellung eines ***Fruchtnießers*** (§ 613/1). Aufwendungen, die einem Fruchtnießer obliegen, trägt daher der Vorerbe, solche des Eigentümers die Substitutionsmasse.

Beispiel aus der Rechtsprechung:
Sachverhalt: Der Erblasser setzte in seinem Testament seinen Sohn als Vorerben und dessen lebende und ungeborene Kinder als Nacherben ein. Das Nachlassvermögen bestand ua aus Unternehmensbeteiligungen und einem Erfolgsschein bei einer Bank. Das ErstG erließ die Einantwortungsurkunde (nunmehr: Einantwortungsbeschluss) und erklärte das Verlassenschaftsverfahren für beendet.
Aus der Begründung: Nach § 158/1 aF AußStrG müssen Substitutionen und Anordnungen, die ihnen nach §§ 707–709 gleichzuhalten sind, auf die ihnen unterworfenen Güter in den öffentlichen Büchern eingetragen werden. Haben solche Anordnungen oder Substitutionen Kapitalien oder anderes bewegliches Vermögen zum Gegenstand, das den eingesetzten Erben ausgefolgt werden soll, so muss es pupillarmäßig gesichert werden, wenn Minderjährige berufen sind. Dabei sind Wertpapiere nach dem Tag des Kurses zu berechnen, der dem Tage vorangeht, an dem das Gericht über die Frage der Verwahrung beschließt. Da die Einantwortungsurkunde des ErstG der genannten Gesetzesstelle insofern nicht entspricht, als keinerlei Sicherstellungen in Bezug auf die Unternehmensbeteiligungen und den Erfolgsschein getroffen wurden, wird das ErstG nach Verfahrensergänzung diese neu zu erlassen haben.
Zusammenfassung: Das Verlassenschaftsgericht hat vor der Einantwortung die Sicherstellung der Kapitalien oder eines anderen beweglichen Vermögens, das für minderjährige Nacherben bestimmt ist, zu treffen (2 Ob 85/00i).
Anmerkung: § 158 aF AußStrG entspricht nun im Wesentlichen § 176 AußStrG.

Beispiel aus der Rechtsprechung:
Sachverhalt: Der Erblasser setzte in seinem Testament seinen Sohn, den Drittkläger, zum Alleinerben ein und verfügte weiter: „Seine Kinder berufe ich ihm zu Nacherben als fideikommissarische Substituten. Sollte mein Sohn nicht Erbe werden, so sollen seine Kinder zu gleichen Teilen meine Erben sein.“ Erst- und Zweitkläger sind die Kinder des Drittklägers. Diesem wurde die Verlassenschaft nach seinem Vater eingeantwortet und der Beklagte zum Substitutionskurator für die ungeborenen und noch nicht gezeugten Nachkommen des Drittklägers bestellt. Die Kläger begehren die Feststellung, dass der Erblasser nur Erst- und Zweitkläger – und nicht ungeborene Kinder – zu fideikommissarischen Substituten eingesetzt habe. Gegenstand der Entscheidung ist nur die Parteifähigkeit des Substitutionskurators, welche von den Klägern bestritten wird (diese bezeichneten „die ungeborenen Kinder“ als Beklagte).
Aus der Begründung: Aus der gesetzlichen Möglichkeit, noch ungeborene und selbst noch ungezeugte Nachkommen als Nacherben einzusetzen (§ 612), deren durch ihre Geburt bedingter Rechtsanspruch durch verschiedene Rechtsvorschriften abgesichert wird, und aus der in einem solchen Fall vom Gesetz zwingend angeordneten amtswegigen Bestellung eines Kurators für Ungeborene (§ 274 aF, § 77 Z 3 aF AußStrG) ist zu schließen, dass auch diesem Substitutionskurator namens der Nacherben Parteistellung zukommen soll.
Der Substitutionskurator hat auch schon vor Eintritt des Nacherbfalls die berechtigten Interessen der Nacherben wahrzunehmen. Er hat zwar bezüglich der Substitutionsmasse kein Recht zur Verwaltung oder Vertretung und kann darauf auch keinen Einfluss nehmen, er muss aber jeder Verfügung über die Substanz der Substitutionsmasse zustimmen. Er hat etwa einer Verpfändung oder überhaupt der Aufhebung des Substitutionsbandes zuzustimmen. Dass der für ungeborene und auch noch nicht gezeugte Nacherben bestellte Substitutionskurator im Verlassenschaftsverfahren und auch noch nach Einantwortung, wenn dem Verlassenschaftsgerichts nur mehr die Stellung eines Verwahrschaftsgerichtes („Substitutionspflegschaftsgerichtes“) zukommt, die Position

eines Verfahrensbeteiligten innehat, steht außer Zweifel. Er tritt hierbei namens der Nacherben auf, weil seine Handlungen und Erklärungen seinen persönlichen Rechtsbereich nicht berühren. Zur Wahrung der Interessen der noch ungeborenen Nacherben kann es auch erforderlich sein, den streitigen Rechtsweg zu beschreiten. Da das Substitutionsvermögen nach hA keine eigene Rechtspersönlichkeit hat und der Substitutionskurator daher nicht die „Substitutionsmasse" zu vertreten hat, hat er – wie im außerstreitigen Verfahren – auch im streitigen Verfahren als Vertreter der Nacherben einzuschreiten. Seine Bestellung wäre überhaupt überflüssig, käme ihm namens der Nacherben vor Gericht keine Parteistellung zu.

Das vorliegende Verfahren verdeutlicht, dass der Vorerbe ohne die Anerkennung einer Parteistellung des Substitutionskurators keine Möglichkeit hätte, im Falle von Zweifeln bezüglich einer möglichen Nacherbschaft gem dem Testament, die potenziell auch noch ungeborene Nacherben einschließt, den streitigen Rechtsweg zu beschreiten, um diese Frage zu klären. Zusätzlich könnte er sich nicht gegen Maßnahmen zur Wehr setzen, die in seine Rechtssphäre eingreifen, wie bspw die Eintragung der Nacherbschaft im Grundbuch.

Zusammenfassung: Einem für ungeborene Nacherben bestellten Substitutionskurator kommt in einem durch Klage der Erben eingeleiteten Prozess betreffend die Rechte dieser Ungeborenen aus der Nacherbschaft die Parteistellung als Beklagter zu (6 Ob 275/03i).

Anmerkung: § 77 aF AußstrG entspricht im Wesentlichen § 156 AußstrG. Die Regelungen des § 274 aF befinden sich nun in § 277.

122 Hinsichtlich der Rechtsfolgen einer Überschreitung der Grenzen der Nutzungsberechtigung des Vorerben ist zu unterscheiden. Schon vor Eintritt des Substitutionsfalls kann der Nacherbe vom Vorerben Unterlassung und Sicherstellung gemäß § 520 verlangen, außerdem besteht ein Beseitigungsanspruch. Nach Eintritt des Substitutionsfalls kann der Nacherbe – sofern ein Schaden entstanden ist – vom Vorerben bzw dessen Erben Schadenersatz verlangen.

Ob Verfügungen des Vorerben, die gegen die Nacherbschaftsbindung verstoßen, ***sachenrechtlich wirksam*** sind, ist auch nach dem ErbRÄG 2015 weiterhin strittig, obwohl das ErbRÄG diesen Meinungsstreit durch § 613/2 nF in Richtung Unwirksamkeit beseitigen wollte: § 613/2 nF spricht davon, dass Verfügungen sachenrechtlich nur „zulässig" (und nicht: „wirksam") sind, wenn sie mit der Zustimmung des Nacherben erfolgen. Nach zutreffender Rsp sind solche sachenrechtlichen Verfügungen absolut nichtig. Dies gilt jedoch nur für das jeweilige Verfügungsgeschäft, nicht für das vorausgehende Verpflichtungsgeschäft. Daher ist etwa die unerlaubte – also ohne Zustimmung des Nacherben getätigte – Veräußerung bzw pfandrechtliche Belastung der Substitutionsmasse ungültig. Der Nacherbe kann im Fall der unzulässigen Veräußerung zwar erst nach Eintritt des Nacherbfalls die Herausgabe mittels Eigentumsklage vom Erwerber verlangen, doch kann er schon vorher die (unzulässige) Veräußerung durch Unterlassungsklage verhindern (s bereits oben).

Der Vorerbe darf jedoch sehr wohl zur Erfüllung von Verbindlichkeiten der Verlassenschaft, zur Vermeidung von Schäden sowie im Rahmen der ordentlichen Verwaltung über die Substitutionsmasse verfügen (§ 613/2).

Bei unzulässigen Verfügungen kommt jedoch ein gutgläubiger Erwerb (§ 367) in Frage, da der Vorerbe immerhin Besitzer des Substitutionsnachlasses ist. Dies bereitet in der Konstellation des Erwerbs vom Vertrauensmann (§ 367/1 1. Satz 3. Fall) Schwierigkeiten, weil der Vorerbe Vertrauensmann des Nacherben sein müsste, damit die Veräußerung zu dessen Lasten wirkt – er ist aber allenfalls Vertrauensmann des Verstorbenen. Selbst wenn man von zwischen dem Vor- und dem Nacherben „funktional geteiltem Eigentum" ausgeht (s im Folgenden), hätte der Nacherbe dem Vorerben aber nie Substitutionssachen anvertraut, womit § 367 nicht zum Tragen kommen könnte. Sehr wohl möglich ist jedoch ein gutgläubiger Erwerb in den beiden anderen Konstellationen, also beim Erwerb im Rahmen einer öffentlichen Versteigerung und beim Erwerb von einem Unternehmer im gewöhnlichen Betrieb seines Unternehmens (§ 367 1. Satz 1. und 2. Fall).

Bereits vor Eintritt des Substitutionsfalles genießen ***Vor- und Nacherbe nach hM gemeinsam*** die Rechtsstellung eines ***Volleigentümers,*** insoweit sich ihre Berechtigungen ergänzen („funktional geteiltes Eigentum", für das es aber im Gesetz keinen Anhaltspunkt gibt). Gemeinsam ist ihnen daher, wie bereits erwähnt, jede Verfügung über die Substitutionsmasse sowie nach hM auch die Aufhebung der Nacherbschaft möglich. Letzteres ist allerdings auch aus rechtskonstruktiven Gründen problematisch, weil damit von Dritten (Vor- und Nacherbe) eine Verfügung rückgängig gemacht wird, die der Verstorbene gültig angeordnet hat (s schon Rz 99 bezüglich der ähnlichen – und ebenfalls zu verneinenden – Frage, ob ein formungültiges Testament von allen Beteiligten anerkannt werden kann). 123

Wurde eine ***Ersatz- oder Nacherbschaft undeutlich*** ausgedrückt oder ist ***unklar,*** ob sie überhaupt angeordnet wurde, so ist sie auf eine solche Art auszulegen, dass die Freiheit des Erben, über das Eigentum zu verfügen, am wenigsten eingeschränkt wird (§ 614). Daraus folgt zB, dass im Zweifel nur eine – den Erben am wenigsten belastende – Nacherbschaft auf den Überrest anzunehmen ist (s Rz 120). Die ***Nacherbschaft erlischt,*** wenn keiner der berufenen Nacherben mehr übrig ist oder wenn sie unter einer aufschiebenden Bedingung errichtet wurde, die endgültig nicht eintreten kann (§ 615/1). Das Nacherbrecht geht im Zweifel, wenn also der Verstorbene nichts anderes angeordnet hat, auch dann auf die Erben des Nacherben über, wenn dieser den Nacherbfall nicht erlebt hat (§ 615/2). Die einem vermeintlich ***Testierunfähigen*** gemachte Nacherbschaft ist ungültig, wenn diese Person im Zeitpunkt der Errichtung der letztwilligen Verfügung testierfähig war. Ist für eine tatsächlich testierunfähige Person ein Nacherbe bestimmt, so erlischt die Nacherbschaft im Zweifel, wenn diese Person die Testierfähigkeit später erlangt, wobei die Nacherbschaft nicht wieder auflebt, wenn die Person später wieder testierunfähig wird (§ 616). Belastet der letztwillig Verfügende sein Kind, das im Zeitpunkt der Testamentserrichtung keine Nachkommen hat, mit einer Nacherbschaft (dem Kind würde also lediglich die Stellung eines Vorerben zukommen), erlischt diese Nacherbschaft im Zweifel, wenn das Kind erbfähige Kinder (auch Adoptivkinder) hinterlässt (§ 617). Das Kind erhält 124 damit unbeschränktes Eigentum an den ihm zugedachten Werten, ohne zwingend seine Nachkommen bedenken zu müssen. Dabei handelt es sich um eine Auslegungsregel, die der Ersatz- oder Nacherbe im Verfahren über das Erbrecht (§ 161 AußStrG) widerlegen kann, indem er nachweist, dass der letztwillig Verfügende die Ersatz- oder Nacherbschaft auch für den Fall anordnen wollte, dass der Vorerbe nachträglich Nachkommen erhält.

125 Die Einsetzung eines Nacherben macht diesen iZw auch zum Ersatzerben des Ersteingesetzten (§ 608/1).

Beispiel:
Mein Erbe ist A, nach dessen Tod B (Nacherbschaft) – stirbt A vor dem Erblasser, so kommt B als dessen Ersatzerbe sofort zum Zug.

126 Schließlich ist auch die Kombination der Ersatz- mit der Nacherbschaft möglich: Der Erblasser kann für den Nacherben einen Ersatzerben berufen (= Ersatznacherbschaft).

Beispiel aus der Rechtsprechung:
Sachverhalt: Der Nacherbe beantragte die Genehmigung des Vertrages mit dem Inhalt, gegen Entgelt auf die Erbrechtsanwartschaft zugunsten des Vorerben zu verzichten und somit die Nacherbschaft aufzulösen. Der Ersatznacherbe stimmte dem unter dem Vorbehalt zu, dass die Erbunwürdigkeit des Nacherben nicht rechtskräftig festgestellt werde. Der Testamentsvollstrecker begehrt die Versagung der Genehmigung.
Aus der Begründung: Die Nacherbschaft erlischt auch dann, wenn sie Vor- und Nacherbe einvernehmlich aufheben. Immer müssen alle in Betracht kommenden Nacherben sowie die Ersatzerben zustimmen. Auch vor Erbsentschlagung des Nacherben hat der Ersatzerbe ein Recht, an die Stelle des Nacherben zu treten, obwohl sich dieser nicht der Erbschaft entschlagen, sondern auf diese entgeltlich verzichtet hat. Dies deshalb, weil es zum Eintritt des Ersatzerben nicht nur dann kommt, wenn der Nacherbe nicht erben will, sondern auch dann, wenn er nicht kann, zB erbunwürdig ist. Gerade für diesen Fall hat der Ersatznacherbe einen Vorbehalt gemacht; er möchte bei rechtskräftiger gerichtlicher Feststellung der Erbunwürdigkeit des Nacherben sein Ersatzerbrecht beanspruchen. Die Zustimmung zur Aufhebung der Nacherbschaft wäre – wie eine Erbs- oder Vermächtnisausschlagung – unbedingt zu erklären, eine beigesetzte Bedingung macht sie unwirksam.
Zusammenfassung: Das Verlassenschaftsgericht hat die Auflösung der Nacherbschaft nicht zu genehmigen, wenn der Ersatznacherbe nur unter dem Vorbehalt zustimmt, dass die Erbunwürdigkeit des Nacherben nicht rechtskräftig festgestellt wird (2 Ob 121/01k).

cc) Regelung der Erbauseinandersetzung

127 Bei Vorhandensein mehrerer Erben werden diese Miteigentümer der Nachlassgegenstände (s Rz 325). Es kommt dann häufig zur Erbteilung durch Erbteilungsübereinkommen oder Erbteilungsklage. Der Erblasser kann dem zuvorkommen, indem er letztwillig ***Teilungsanordnungen*** trifft, an die seine Erben dann gebunden sind. Dasselbe gilt für ***Teilungsverbote,*** die der Erblasser anordnen kann, um eine Zerstückelung des Nachlasses oder bestimmter Nachlasswerte (va Unternehmen) zu vermeiden. Die Miterben können allerdings einvernehmlich

von Teilungsanordnungen und -verboten abgehen, außer wenn diese als Auflagen verfügt sind. Teilungsverbote binden darüber hinaus nur den Belasteten, nicht aber seine Erben (§ 832).

Eine weitere Möglichkeit, die Erbauseinandersetzung schon im Vorhinein zu regeln, besteht darin, dass der Erblasser letztwillig ein (gesetzlich nicht geregeltes, aber allgemein anerkanntes) ***Aufgriffsrecht*** begründet. Die dadurch Begünstigten haben dann das Recht, den Nachlass oder bestimmte Teile davon gegen Zahlung eines (iZw „angemessenen“) Übernahmspreises zu erwerben. Voraussetzung dafür ist, dass der Begünstigte den Erblasser überlebt. Sein Recht ist also im Falle des Vorversterbens nicht vererblich. Inhaltlich wird das Aufgriffsrecht als Vermächtnis des Rechts auf Abschluss eines Kaufvertrages angesehen. **128**

dd) Testamentsvollstreckung

Zur Vollziehung seiner Anordnungen kann der Erblasser (in entsprechender Testamentsform) einen Testamentsvollstrecker bestimmen (§ 816). Dieser hat die ***Durchführung des letzten Willens*** zu überwachen und zu betreiben (indem er zB die Bestattungswünsche des Erblassers durchsetzt, an der Einberufung der Verlassenschaftsgläubiger teilnimmt oder als Auflagenberechtigter den Auflagenverpflichteten auf Einhaltung klagt). Der Erblasser kann den Testamentsvollstrecker aber auch mit einzelnen Akten der Nachlassverwaltung und mit der ***Verwaltung und Vertretung*** des gesamten Nachlasses betrauen, und zwar auch über die Einantwortung hinaus. Inwieweit die Erben an diese Anordnung gebunden sind, ist strittig. Richtigerweise müssen sich die Erben die Testamentsvollstreckung genauso gefallen lassen wie Vermächtnisse, Substitutionen oder andere beschränkende Anordnungen des Erblassers (Testierfreiheit). Die Rsp ist anderer Ansicht: Geht man von dieser aus, so können die Erben die Testamentsvollstreckung grundlos widerrufen (mehrere Erben allerdings nur einvernehmlich, vgl § 810/1: Miterben üben die Verwaltung der Verlassenschaft gemeinsam aus) und nur durch eine Bedingung oder Auflage, dies zu unterlassen, davon abgehalten werden. Der mit dem Widerruf verbundene (gänzliche) Verlust der Erbschaft entspricht aber oft nicht dem Willen des Verstorbenen (vgl dazu Rz 109). **129**

Beispiel aus der Rechtsprechung:
Sachverhalt: Die Erblasserin hinterließ ein Testament mit folgendem Inhalt: „Für den Fall meines Ablebens setze ich meine beiden Enkelinnen je zur Hälfte als Erben ein. Sie können über die Erbschaft jedoch erst ab dem 1.1.1998 verfügen. Bis zu diesem Zeitpunkt bestimme ich meinen Neffen Dr. Franz W zum Verwalter des Nachlasses. Bis zum 1.1.1998 hat der Verlassenschaftsverwalter lediglich die allenfalls anfallenden Erträgnisse aus der Erbschaft den Erben auszufolgen. Bis zum 1.1.1998 verfüge ich ein Belastungs- und Veräußerungsverbot hinsichtlich der im Nachlass befindlichen Liegenschaften. Meine Tochter Erika schließe ich ausdrücklich als Erbin aus. Sie soll auch den Pflichtteil nicht erhalten. Sie hat mich durch Versagung jeglichen Beistands in meiner seelischen Not hilflos allein gelassen.“

Die beiden (volljährigen) Enkelinnen haben aufgrund des Testaments unbedingte Erbserklärungen abgegeben und mit ihrer Mutter ein Pflichtteilsbedeckungsabkommen abgeschlossen, wonach die erblasserische Tochter Liegenschaftsanteile, verschiedene Gelder und Fahrnisse erhielt. Das Erstgericht nahm das Pflichtteilsbedeckungsübereinkommen zur Kenntnis, sah den Testamentserfüllungsausweis als erbracht an und ermächtigte die Tochter, über verschiedene Guthaben und Konten frei zu verfügen. Mit der Einantwortungsurkunde wurde der Nachlass den beiden Enkelkindern je zur Hälfte eingeantwortet. Dr. Franz W beantragte die Aufhebung der erstgerichtlichen Beschlüsse und Durchführung der Abhandlung unter seiner Beiziehung.
Aus der Begründung: § 816 umfasst auch den „verwaltenden Testamentsvollstrecker", nämlich jenen, dem der Erblasser nicht nur Überwachungsfunktionen, sondern auch Verwaltungsaufgaben übertragen will, die über die Beendigung des Abhandlungsverfahrens hinausreichen. Es steht dem Testamentsvollstrecker aber keine Befugnis zur persönlichen Vertretung des Erben zu, wenn dieser die vom Erblasser erteilte Vollmacht widerruft oder dem Testamentsvollstrecker keine eigene Verwaltungsvollmacht erteilt oder eigene konkurrierende Verwaltungshandlungen setzt. Der Erblasser hat somit nur die Möglichkeit, durch entsprechende Verfügungen, insb durch auflösende Bedingungen oder Auflagen, den Erben zu veranlassen, dem vom Erblasser gewünschten Nachlassverwalter Vollmacht zu erteilen, um eine Verwirkung des Nachlasses zu vermeiden. Im Zweifel, dh wenn die Anordnung des Erblassers nicht völlig eindeutig eine Bedingung oder Auflage mit der Wirkung einer Resolutivbedingung darstellt, ist eine solche den Erben stark belastende Auslegung abzulehnen. Die hier zu beurteilende Verfügung enthält über die Anordnung einer Verwaltung des Nachlasses durch Dr. Franz W hinaus nicht den geringsten Anhaltspunkt dafür, dass es der Wille der Erblasserin war, die eingesetzten Erbinnen sollten für den Fall der Nichtbefolgung ihrer Anordnungen der Erbschaft verlustig gehen. Dies umso weniger, als in einem solchen Fall bei Eintritt der gesetzlichen Erbfolge die Tochter der Erblasserin die nächstberufene Erbin gewesen wäre; gerade dies aber wollte die Erblasserin vermeiden. Dem Revisionsrekurs von Dr. Franz W kommt daher keine Berechtigung zu.
Zusammenfassung: Der Erbe kann den vom Erblasser eingesetzten Testamentsvollstrecker abberufen (6 Ob 536, 537/92).

Beispiel aus der Rechtsprechung:
Sachverhalt: Der am 13.3.1994 verstorbene Erblasser hinterließ seine Ehegattin, Dr. Brigitte H, und drei Kinder aus seiner geschiedenen Ehe mit Andrea H: Catherine und die minderjährigen Maximilian und Felicitas. Letztere setzte er als Alleinerbin ein, den beiden anderen Kindern setzte er Legate von je S 5 Mio aus und traf ua noch folgende Anordnungen: „Meine Alleinerbin darf erst nach Vollendung des 27. Lebensjahres die Verwaltung des Erbes übernehmen. Ich bestelle meinen Freund Dr. Ludwig D zum Verlassenschaftskurator und beauftrage ihn, für die Verwaltung des Erbes bis zur Vollendung des 27. Lebensjahres meiner Tochter Felicitas Sorge zu tragen ... Ich trage meinen Kindern bei sonstigem Verlust ihrer Ansprüche auf, dafür zu sorgen, dass meine geschiedene Frau Andrea, welche mich viele Jahre mit Hass verfolgt und mir großen Schaden zugefügt hat, von der Verwaltung meines Vermögens ferngehalten wird."
Das ErstG überließ der Erbin die Besorgung und Verwaltung der Verlassenschaft, bestellte zur Ausübung der Nachlassverwaltung Dr. Wolff P zum Sachwalter und wies den Antrag von Dr. D, ihn zum Verlassenschaftskurator zu bestellen, ab. Der vom Erblasser bestimmte Verwalter Dr. D sei wegen der Abneigung der minderjährigen Erbin und ihrer Mutter als gesetzliche Vertreterin ihm gegenüber als Sachwalter nicht geeignet. Dagegen erhob Dr. D Rekurs.

Aus der Begründung: Der OGH führte in JBl 1993, 310 aus, dass ein vom Erblasser bestimmter Machthaber nur dessen Machthaber sei, nicht aber jener des Erben. Es stehe ihm daher keine Befugnis zur persönlichen Vertretung des Erben zu, wenn dieser die vom Erblasser erteilte Vollmacht widerrufe oder ihm keine eigene Verwaltungsvollmacht erteile oder eigene konkurrierende Verwaltungsmaßnahmen setze. Der Erblasser habe daher nur die Möglichkeit, durch entsprechende Verfügungen, insb durch auflösende Bedingungen oder Auflagen, den Erben zu veranlassen, dem vom Erblasser gewünschten Nachlassverwalter Vollmacht zu erteilen, um eine Verwirkung des Nachlasses zu vermeiden.
Der erkennende Senat sieht keinen Anlass, von dieser Ansicht abzugehen. Der Revisionsrekurswerber wurde zwar vom Erblasser zum „Verlassenschaftskurator" bestellt. Eine wirksame Bestellung kann jedoch nur durch das Gericht und nur in den gesetzlich vorgesehenen Fällen vorgenommen werden. In Analogie zu § 77 Z 1 aF AußStrG ist ein Kurator zu bestellen, wenn ein Elternteil dem minderjährigen Kind ein Vermögen zugewendet und den anderen Elternteil von der Verwaltung ausgeschlossen oder einen Verwalter für das Vermögen bestellt hat (§ 145c/3 aF). Dies hat der Erblasser hier getan. Damit gingen die Verwaltungsbefugnisse nach § 145c/3 aF in sinngemäßer Anwendung der Abs 1 und 2 dieser Gesetzesstelle „auf einen vom Gericht zu bestellenden Sachwalter über", wobei der vom Erblasser bestimmte Verwalter, „wenn er geeignet ist, vom Gericht für dieses Vermögen unter Ausschließung anderer von der Verwaltung zum Sachwalter zu bestellen ist". In diesem Sinne lässt es die ablehnende Haltung der minderjährigen Erbin und ihrer obsorgeberechtigten Mutter angezeigt erscheinen, im Interesse einer gedeihlichen Führung der Sachwalterschaft den Revisionsrekurswerber nicht zum Sachwalter zu bestellen.
Zusammenfassung: Der Erblasser kann die Stellung des Testamentsvollstreckers nur durch Bedingung oder Auflage absichern (10 Ob 507/95).
Anmerkung: Die Regelungen des § 77 aF AußstrG und § 145c/3 aF finden sich nun in § 156 AußstrG, demgemäß nunmehr das Pflegschaftsgericht (und nicht mehr das Verlassenschaftsgericht) für die Bestellung eines Kurators für Minderjährige zuständig ist.

Beispiel aus der Rechtsprechung:
Sachverhalt: Der am 13.8.1989 verstorbene Erblasser setzte in seinem Testament ua den 1979 geborenen Kläger als Erben ein und verfügte, dass der Beklagte zum Testamentsvollstrecker bestellt werde. In der Folge wurden von Dritten dem Beklagten diverse Vermögenswerte des Erblassers zur Verwahrung übergeben. 1990 kam der Vater des Klägers zum Beklagten und verlangte unter Berufung auf seine Funktion als gesetzlicher Vertreter des Klägers die Herausgabe einiger dieser Werte (Sparbücher), die ihm der Beklagte auch tatsächlich übergab. 1991 wurde den Erben die Besorgung und Verwaltung (nunmehr: Benützung, Verwaltung und Vertretung) des Nachlasses überlassen und 1997 das Inventar zu Gericht angenommen. Der Kläger begehrt, da sein mittlerweile vermögensloser Vater ihm das Geld nicht hat zukommen lassen, vom Testamentsvollstrecker einen Betrag in der Höhe der damals übergebenen Werte.
Aus der Begründung: Der vom Erblasser bestimmte Testamentsvollstrecker hat gemäß § 816 als Machthaber für die Vollziehung der Anordnungen des Erblassers zu sorgen. Es ist die wesentliche Aufgabe des Testamentsvollstreckers, die Durchführung des letzten Willens des Erblassers zu überwachen und zu betreiben. Als der Beklagte die in seine Innehabung gelangten Nachlasswerte an den Vater des Klägers ausfolgte, hatten weder er noch der Testamentserbe die Vertretung des Nachlasses inne, der Erbe hatte noch nicht einmal eine Erbserklärung (nunmehr: Erbantrittserklärung) abgegeben. Die Ausfolgung von Nachlasswerten an den Vater des Klägers und die Realisierung von

zum Nachlass gehörenden Sparbüchern entbehrte schon deshalb jeder Rechtsgrundlage.
Es kann nicht zweifelhaft sein, dass dem Beklagten, der den Beruf eines Rechtsanwalts ausübt, insoweit Gesetzeskenntnis zuzumuten ist, dass er dies wusste und ihm klar war, dass nicht die im Testament eingesetzten Erben, sondern die Verlassenschaft einen Anspruch auf Herausgabe bezüglich der in seinen Händen befindlichen Nachlasswerte hatte. Es war von ihm zu erwarten, dass ihm der Inhalt der Bestimmung des § 797 geläufig war, wonach niemand eine Erbschaft eigenmächtig in Besitz nehmen darf, sondern dass vom Gericht die Einantwortung des Nachlasses bewirkt werden muss und dass die Überlassung von Teilen des Nachlasses zur freien Verwendung der ausgewiesenen Erben (also jener Erben, die bereits Erbserklärungen abgegeben haben) vor Einantwortung nur durch das Verlassenschaftsgericht bestimmt werden kann.
Wer einen Rechtsanwalt betraut, darf davon ausgehen, dass dieser im besonderen Maß geeignet ist, ihn vor Nachteilen zu schützen und alle nach der Rechtsordnung erforderlichen Schritte zur Verwirklichung des ihm bekannten Geschäftszweckes zu unternehmen. Diesen auch dem Erblasser zu unterstellenden Intentionen hat der Beklagte durch sein Verhalten zum Nachteil des damals minderjährigen Klägers, dessen Wohl der Erblasser offensichtlich im Auge gehabt hatte, zuwidergehandelt. In der Übernahme des Amtes des Testamentsvollstreckers ist auch nicht eine bloße Gefälligkeit iSd § 1300 zu erblicken, ist doch der Testamentsvollstrecker aufgrund rechtsgeschäftlicher Bestellung tätig und steht ihm dementsprechend ein Entgeltanspruch zu. Eine Haftung des Beklagten ist damit zu bejahen.
Zusammenfassung: Der Testamentsvollstrecker ist nicht berechtigt, vor Abschluss des Verlassenschaftsverfahrens in seiner Verwahrung befindliche Vermögenswerte an den gesetzlichen Vertreter des minderjährigen Erben ohne verlassenschafts- oder pflegschaftsgerichtliche Genehmigung herauszugeben. Bei Verlust dieser Werte steht dem Erben ein Ersatzanspruch gegen den Testamentsvollstrecker zu (6 Ob 196/01v).

Beispiel aus der Rechtsprechung:
Sachverhalt: Die Erblasserin setzte in ihrem Testament vier Verwandte (Nichten und Neffen) zu unterschiedlichen Anteilen zu Erben ihres – va aus Liegenschaften und Liegenschaftsanteilen bestehenden – Vermögens ein, erteilte diesen bestimmte Auflagen und verteilte weiteres Vermögen in Form von Legaten. Abgesehen von den im Testament im Einzelnen bezeichneten Vermögenswerten, erklärte sie in Punkt XIII. ihr „restliches Vermögen" drei Erben zusätzlich zu ihren Erbteilen zu gleichen Teilen mit der Auflage zu vermachen, dieses Vermögen für die Erhaltung der Gebäude auf einer bestimmten Liegenschaft zu verwenden, an denen diesen Erben Anteile zufallen sollten. In diesem Zusammenhang verfügte sie des Weiteren: „Die Geldmittel sind fruchtbringend anzulegen. Dies und ihre Verwahrung steht ausschließlich dem Testamentsvollstrecker und seinen Nachfolgern zu. Die widmungsgemäße Verwendung erfolgt durch den Hausverwalter. Diese Verwendung hat der Testamentsvollstrecker als weitere Aufgabe auch nach Ende seines Amtes zu überwachen und nach ihm seine Nachfolger." Schließlich ordnete sie an, dass „die Nichterfüllung dieser Auflage" bewirke, dass die Auflageverpflichteten der Zuwendung dieses „restlichen Vermögens" verlustig gingen und dieses einer kirchlichen Institution zufallen solle. In Punkt XV. der letztwilligen Verfügung berief die Erblasserin den nunmehrigen Antragsgegner zum Testamentsvollstrecker und ordnete im Einzelnen Folgendes an: „Zusätzlich zu den gesetzlichen Aufgaben kommen ihm die in diesem Testament erweiterten Aufgaben und Rechte zu, und zwar auch über die Einantwortung hinaus. Der Testamentsvollstrecker und seine Rechtsnachfolger sind insb berechtigt und verpflichtet, die Einhaltung aller Auflagen

und sonstigen Verpflichtungen zu überwachen. Die Bestellung zum Testamentsvollstrecker wird durch eine allfällige Niederlegung seiner Rechtsanwaltschaft nicht berührt. Er ist ausdrücklich ermächtigt, an seiner Stelle einen Nachfolger als Testamentsvollstrecker zu benennen." Im Zuge des Verlassenschaftsverfahrens beantragten alle vier Erben übereinstimmend, dem Antragsgegner das zur Verwaltung übergebene „restliche Vermögen" zu entziehen und seine Bestellung für unwirksam zu erklären oder ihn mit sofortiger Wirkung zu entheben.
Aus der Begründung: Der OGH hat sich schon wiederholt mit der Frage befasst, in welchem Verhältnis die Verwaltungsbefugnis eines (auch) zu diesem Zweck eingesetzten Testamentsvollstreckers nach § 816 zum Recht der (erbantrittserklärten) Erben steht, das Verlassenschaftsvermögen gemäß § 810/1 zu verwalten und die Verlassenschaft zu vertreten. In 2 Ob 1/08y setzte sich das Höchstgericht mit den dazu vertretenen unterschiedlichen Lehrmeinungen auseinander und schloss sich schließlich dem Ansatz von *F. Bydlinski* an (Letztwillige Verwaltungsanordnungen, JBl 1981, 72 ff), wogegen er die gegenteilige – und nunmehr vom Revisionsrekurswerber vertretene – Auffassung von *Zankl* ablehnte (Vertretungs- und schadenersatzrechtliche Aspekte der Testamentsvollstreckung, JBl 1998, 293 ff; Testamentsvollstreckung und Nachlassverwaltung, Besprechung der Entscheidung 10 Ob 507/95, NZ 1998, 72 f). Der Senat gelangte zum Ergebnis, dass ein (verwaltender) Testamentsvollstrecker von gemeinsam agierenden Miterben – jedenfalls dann, wenn der Erblasser in einer gültigen letztwilligen Verfügung hiezu nichts Gegenteiliges angeordnet hat – von seinen Verwaltungsaufgaben enthoben werden könne. Dieser Auffassung ist der erkennende Senat in diesem Verfahren zu 1 Ob 3/13t beigetreten. Er hat unter Hinweis auf die dargelegte Vorjudikatur vom Widerruf der dem Testamentsvollstrecker vom Erblasser eingeräumten Verwaltungsbefugnis als gemeinschaftlichem Recht aller erbantrittserklärten Erben bzw vom konstitutiv wirkenden Widerruf der Verwaltungsvollmacht des Testamentsvollstreckers durch die Erben gesprochen.
Zusammenfassung: Nur die dem Testamentsvollstrecker nach dem Willen des Erblassers zukommenden Verwaltungsfunktionen können ihm die Erben entziehen, nicht aber sein Amt schlechthin; dies kann nur das Abhandlungsgericht aus wichtigem Grund (4 Ob 233/14t).
Anmerkung: (Mit unzutreffenden Argumenten) zustimmend *Hofmann* (NZ 2015, 268); ablehnend und *Zankl* (JBl 1998, 293; NZ 1998, 71) folgend *Welser* (NZ 2015, 268) sowie *Till* (iFamZ 2015, 132).

Der Testamentsvollstrecker muss das ihm zugedachte Amt nicht annehmen. **130** Für den Fall der Annahme steht ihm nur bei ausdrücklicher letztwilliger Anordnung ein Entgelt zu; bei berufsmäßiger Testamentsvollstreckung (va Notare oder Rechtsanwälte) ist jedoch idR Entgeltlichkeit anzunehmen. Der Testamentsvollstrecker kann den Erben – va bei schuldhafter Fehlverwaltung – haftbar werden, soweit der Erblasser ihn davon (im Rahmen allgemeiner Grenzen der Haftungsfreizeichnung) nicht befreit hat. Str ist, ob sein Amt mit Einantwortung endet, also mit Beendigung des Verlassenschaftsverfahrens, oder mit Erledigung sämtlicher ihn treffenden Überwachungstätigkeiten (welche in zeitlicher Hinsicht über das Verlassenschaftsverfahren hinausreichen können). Aus wichtigen Gründen kann ihn das Verlassenschaftsgericht jedoch immer von seiner Tätigkeit entheben.

Trifft der Erbe während des Verlassenschaftsverfahrens Verfügungen über **131** Nachlassbestandteile, die der Verwaltung und Vertretungsbefugnis des Testamentsvollstreckers unterliegen, so handelt er ohne Vertretungsmacht für den Nachlass, sodass die entsprechenden Verträge mangels Titels ungültig sind. Nach der Einantwortung ist der Erbe Eigentümer des Nachlasses und kann daher trotz Testamentsvollstreckung derivativ Eigentum übertragen. Veräußerungserlöse unterliegen in diesem Fall jedoch wiederum der Testamentsvollstreckung.

ee) Kassatorische Klausel

132 Die kassatorische Klausel ***(Bestreitungsverbot)*** ist eine Anordnung des Erblassers, mit welcher er dem Erben oder Legatar unter angedrohter Entziehung eines Vorteils (dabei handelt es sich um eine auflösende Bedingung oder Auflage) oder angedrohter Auferlegung einer Belastung (dabei handelt es sich um eine aufschiebende Bedingung) verbietet, den letzten Willen zu bestreiten (§ 712/2). Grds ist die Beifügung einer solchen Klausel zulässig. Sie ist dann praktikabel, wenn eine Anfechtung des ***Inhalts*** der letztwilligen Anordnung hintangehalten werden soll. Werden vom Erben hingegen lediglich die ***Echtheit*** oder der ***Sinn*** der Erklärung oder die ***Auslegung*** des Bestreitungsverbots angefochten, sittenwidrige oder gesetzlich verbotene Anordnungen bekämpft oder Verstöße gegen zwingende Formvorschriften eingewendet, ist die kassatorische Klausel ***unwirksam*** (§ 712/2). Nach Teilen der Lehre gilt dies auch für die Geltendmachung von Willensmängeln, Erbunwürdigkeit und Testierunfähigkeit.

Beispiel aus der Rechtsprechung:
Sachverhalt: Der am 17.6.2009 verstorbene Dr. E S hinterließ neben seiner Ehegattin S S drei eheliche Kinder. Ein Testament hatte der Erblasser nicht verfasst, wohl aber am 29.3.2001 ein Vermächtnis zugunsten seiner langjährigen Lebensgefährtin H R Am 10.10.2006 verfasste der Erblasser folgende Ergänzung zu seinem Vermächtnis vom 29.3.2001: „Unter vollinhaltlicher und vollumfänglicher Aufrechterhaltung dieses meines Vermächtnisses vom 29.3.2001, dessen Zuwendung sich meine Lebensgefährtin mehr als redlich verdient hat, verfüge ich hiermit, daß jeder meiner Erben und allfälligen Nacherben, der dieses Vermächtnis vom 29.3.2001 aus welchen Gründen immer anfechten sollte, hiermit auf seinen Pflichtteil gesetzt wird. Diese Verfügung habe ich vorsorglich getroffen, gehe aber davon aus, daß meine Erben und allfälligen Nacherben die von H R mir gegenüber erbrachten umfangreichen Leistungen anerkennen und daher dieses mein Vermächtnis vom 29.3.2001 nicht anfechten werden.“ Die Witwe und die Kinder gaben am 23.10.2009 bedingte Erbantrittserklärungen jeweils aufgrund des Gesetzes und insgesamt zum gesamten Nachlass ab. Am 22.9.2010 gab die Lebensgefährtin eine bedingte Erbantrittserklärung ebenfalls zum gesamten Nachlass ab; die gesetzlichen Erben würden das ihr ausgesetzte Vermächtnis nicht anerkennen und hätten dies va im Verfahren 6 Cg 89/10i des LG Innsbruck angefochten.
Aus der Begründung: Nach § 720 (§ 712 nF) soll eine Anordnung des Erblassers, wodurch dieser dem Erben oder Legatar unter angedrohter Entziehung eines Vorteils verbietet, den letzten Willen zu bestreiten, für den Fall, dass nur die Echtheit oder der Sinn der Erklärung angefochten wird, nie von einer Wirkung sein. Da man ansonsten mit dem Wortlaut des Gesetzes in Widerspruch geraten würde, vertraten bereits *Gschnitzer/ Weiß* (in Klang[2] III 720), dass sich das Bestreitungsverbot nur gegen eingesetzte Erben und Vermächtnisnehmer, nicht aber gegen Personen wie die gesetzlichen Erben richten

können, die in der letztwilligen Verfügung überhaupt nicht bedacht sind; gedacht sei also an Fälle, wo der Bedachte durch die verbotene Bestreitung eine Besserstellung anstrebt. Damit scheidet hier aber auch eine Beurteilung des Bestreitungsverbots des Erblassers unter unmittelbarer Anwendung des § 720 (§ 712 nF) aus. Die vom Erblasser im vorliegenden Fall getroffene letztwillige Anordnung stellt sich als resolutiv bedingtes „negatives Testament" dar. Haben daher die Witwe und alle Kinder tatsächlich gegen das Bestreitungsverbot verstoßen, wäre die Resolutivbedingung erfüllt, womit die Genannten von der Erbfolge ausgeschlossen wären. Die Auslegung einer letztwilligen Verfügung hat möglichst so zu erfolgen, dass der vom Erblasser beabsichtigte Erfolg eintritt. Die Auffassung, das vom Erblasser erlassene Bestreitungsverbot sei mangels Anwendbarkeit des § 720 (§ 712 nF) überhaupt unbeachtlich, erscheint vor diesem Hintergrund unvertretbar; vielmehr hat sich die hier zu beurteilende kassatorische Klausel an den Grundsätzen des § 720 (§ 712 nF) messen zu lassen.
Zusammenfassung: Setzt der Erblasser in einem Kodizill die gesetzlichen Erben für den Fall auf den Pflichtteil, dass sie das von ihm ausgesetzte Legat bekämpfen, liegt ein resolutiv bedingtes negatives Testament vor. Auf ein solches Bestreitungsverbot zulasten der gesetzlichen Erben findet § 720 (§ 712 nF) sinngemäße Anwendung (6 Ob 10/14k).

ff) Schiedsklausel

Gem § 581/2 ZPO kann der Erblasser zur Schlichtung von Erbrechtsstreitig- **133** keiten auch ein Schiedsgericht anordnen. Die Auslegung dieser Bestimmung ist im Einzelnen strittig, fest steht aber, dass dies nach dem Gesetzeswortlaut ***„in gesetzlich zulässiger Weise"*** zu erfolgen hat, sodass bezüglich der Anordnung die einschlägigen Formvorschriften einzuhalten sind. Soweit das der Fall ist, kann einer Klage vor den ordentlichen Gerichten mit der Einrede der Unzuständigkeit begegnet werden (Rsp).

Da erfahrungsgemäß besonders um den Pflichtteil oft Streit herrscht, wird von **134** letztwilligen Schiedsklauseln im Hinblick auf die neue Rechtslage beim Pflichtteil, wonach dieser – anders als früher (§ 774 aF) – nicht mehr „ganz frei" bleiben muss, sondern Beschränkungen (wie etwa auch durch eine Schiedsklausel) nur wertmindernd zu berücksichtigen sind (§ 762 nF), vermutlich zunehmend Gebrauch gemacht werden. Zu beachten ist aber, dass gem § 582 ZPO nur vermögensrechtliche Ansprüche schiedsfähig sind. Dies ist beim Pflichtteil der Fall, weil dieser zwar erbrechtlichen Ursprungs ist, aber zu einem schuld-, also vermögensrechtlichen Anspruch führt. Anders zB die Einantwortung (Rz 319). Diese obliegt dem Verlassenschaftsgericht und kann nicht in die Zuständigkeit eines Schiedsgerichts übertragen werden. Auch Ansprüche von Gläubigern des Erblassers können nicht Gegenstand einer Schiedsklausel sein, weil der Erblasser damit einseitig in die Rechtsposition seiner Gläubiger eingreifen könnte, was deren Privatautonomie widerspräche.

gg) Demolierungsklausel

Fraglich ist, ob der Erblasser wirksam anordnen kann, dass Erben oder Drit- **135** te ***Verlassenschaftsbestandteile vernichten*** (demolieren) sollen. Die Demolierungsklausel wird va im Hinblick auf die einfache Löschung digitaler Inhalte (s dazu schon Rz 15) immer wichtiger und daher zB auch von Facebook unterstützt: „Du kannst auswählen, ob dein Konto im Fall deines Ablebens dauerhaft gelöscht werden soll" (facebook.com/help). Sie ist aber gesetzlich ungeregelt und bisher nicht erörtert worden, sodass es sich um eine komplexe und einigermaßen ***diffuse Rechtslage*** handelt. Für die Wirksamkeit einer solchen Anordnung spricht die Testierfreiheit und dass der Erblasser ihm gehörende Inhalte oder Sachen auch zu Lebzeiten hätte zerstören können, selbst wenn dies willkürlich erfolgt sein sollte. Als Eigentümer hatte er nämlich das Recht, mit seinen Sachen „nach Willkür zu schalten" (§ 354), was auch deren Zerstörung miteinschließt (§ 362: Recht des Eigentümers, seine Sachen „zu vertilgen"). Auch in diesem Fall wäre die Sache den Erben nicht zugekommen, und eine Anrechnung auf Verlangen der Pflichtteilsberechtigten (s dazu Rz 285 f) würde daran scheitern, dass eine solche (Hinzu- und) Anrechnung nur bei Schenkungen iSd § 781 infrage kommt, was bei bloßer Zerstörung nicht der Fall ist. Dass bezüglich des Pflichtteils auf den Todestag (an dem die zu zerstörende Sache noch zur Verlassenschaft gehört hat) abzustellen ist (§ 778/2 1. Satz), ändert daran nichts, weil Pflichtteilsberechtigte in Form der Verzinsung eine pauschalierte Wertsteigerung erhalten (§ 778/2 2. Satz) und daher umgekehrt – wie dies zu § 786 aF angenommen wurde und weiterhin sachgerecht ist – auch Wertminderungen oder den Verlust von Nachlasssachen hinzunehmen haben. Andernfalls hätten Erben den Verlust der zerstörten Sache zu tragen, Pflichtteilsberechtigte aber nicht – eine Ungleichbehandlung, für die es keine plausible Begründung gibt. Auch § 810, wonach für die Verlassenschaft „offenbar nachteilige Handlungen" (wozu die Vernichtung von Nachlasssachen gehört), die der Erbe vor der Einantwortung vornimmt, verlassenschaftsgerichtlich nicht genehmigt werden dürfen, spricht nicht gegen die grundsätzliche Gültigkeit der Demolierungsklausel, weil die Bestimmung verfahrensrechtlicher Natur ist (und überdies nicht Dritte, sondern nur Erben betrifft), während es bei der Klausel um eine materiell-rechtliche Anordnung des Erblassers geht. Schließlich kann auch die Sittenwidrigkeit einer solchen Anordnung (s dazu Rz 69) im Hinblick auf § 354 nicht ohne Weiteres angenommen werden, zumal in vielen Fällen ein Interesse daran bestehen wird, dass bestimmte Sachen (zB Tagebücher, kompromittierende Fotos usw) vernichtet werden sollen. Schließlich ist auch nichts dagegen einzuwenden, dass der Erblasser bestimmte Sachen „mit ins Grab" nehmen will oder zB ein Aufführungs- oder Veröffentlichungsverbot seiner Werke verfügt, wodurch der Wert der Verlassenschaft geschmälert wird. Die Demolierungsklausel ist daher grds gültig, durchsetzbar allerdings nur dann, wenn sie mit einer Auflage verbunden wird (s Rz 108 ff). Ungültigkeit wird aber (in Analogie zu § 875) dann anzunehmen sein, wenn der Erblasser in Schädigungsabsicht gehandelt hat und der Adressat der Klausel davon offenbar wissen musste. Bei Benachteiligungsabsicht gegenüber Gläubigern könnten Gläubigerschutzbestimmungen (vgl auch §§ 155 ff StGB) in Betracht kommen, zB §§ 438 ff EO, deren unmittelbare Anwendung aber Schwierigkeiten bereitet, weil entsprechende Rechtshandlungen zum „Zwecke der Befriedigung eines Gläubigers“ nur „angefochten und diesem gegenüber als unwirksam erklärt werden“ können. Unabhängig davon, ob man die letztwillige Anordnung selbst oder die Vernichtung der Sache als „Rechtshandlung“ im Sinne der Bestimmung ansieht, bringt eine Anfechtung und Unwirksamkeitserklärung den dadurch beeinträchtigten Gläubigern den zerstörten Haftungsfonds nicht zurück. Es käme daher allenfalls Schadenersatz in Betracht (s im Folgenden).

Da die Demolierungsklausel sohin grds wirksam ist, folgt aus ihrer Ausführung – außer im eben erwähnten Fall durchschaubarer (oder tatsächlich durchschauter) Schädigungsabsicht oder bei Benachteiligungsabsicht (s unten) – auch keine schadenersatzrechtliche Haftung des Adressaten gegenüber den Erben, Gläubigern oder Pflichtteilsberechtigten, weil es nicht rechtswidrig ist, gültige Anordnungen des Erblassers zu befolgen. Auch ist § 810 (für die Verlassenschaft offenbar nachteilige Handlungen, s oben) aus den bereits erwähnten Gründen kein Schutzgesetz (uU aber die erwähnten Gläubigerschutzbestimmungen), und die Schädigung absolut geschützter Güter des Nachlasses ist nicht per se rechtswidrig, weil der Nachlass zwar eine eigene Rechtspersönlichkeit hat (s Rz 319), die sich aber nach allgemeinen Regeln des Erbrechts (gültige) Erklärungen und Verfügungen des Erblassers zurechnen lassen muss. Eine Haftung könnte jedoch – unabhängig von der Qualifikation der Gläubigerschutzbestimmungen als Schutzgesetze – in Betracht kommen, wenn die Demolierungsanordnung als „Rechtshandlung“ iSd § 438 ff EO wegen Benachteiligungsabsicht anfechtbar wäre. Die Vernichtung der Sache wäre dann mangels gültiger Anordnung eine Verletzung absolut geschützter Güter des Nachlasses. Mangels Verschuldens scheidet die Haftung aber aus, wenn die Benachteiligungsabsicht nicht zumindest erkennbar war. 136

d) Testamentsauslegung

Wenn der Verfügende sich nicht eindeutig erklärt hat, muss interpretativ versucht werden, seinen wahren Willen zu ermitteln. Wenn auch letztwillige Anordnungen grds den für Willenserklärungen bei Rechtsgeschäften allgemein geltenden Regeln unterliegen, enthält das ABGB seit dem ErbRÄG 2015 eine spezielle Norm über die Auslegung letztwilliger Verfügungen (§ 553): Grds sind Worte nach ihrer gewöhnlichen Bedeutung auszulegen, außer der Verstorbene hat mit gewissen Ausdrücken einen besonderen Sinn verbunden. Maßgeblich ist dabei der wahre Wille des Verstorbenen. Es ist auf sämtliche Umstände Bedacht zu nehmen, etwa auf sonstige (formungültige; s bereits oben Rz 100) mündliche und schriftliche Äußerungen des Erblassers und auf den ihm eigenen Sprachgebrauch. Der wahre Wille des Verstorbenen muss aber in der letztwilligen Verfügung zumindest angedeutet sein (sog ***Andeutungstheorie),*** weil sonst die Formvorschriften leicht ad absurdum geführt werden könnten. Aus diesem Grund wurde die Andeutungstheorie nun auch in § 553 ausdrücklich verankert. 137

Beispiel:
Der Erblasser wollte seinem Sohn A eine Liegenschaft zukommen lassen, setzte aber seinen Sohn B zum Alleinerben ein, weil A in wirtschaftlichen Schwierigkeiten war und der Erblasser befürchtete, dass die Gläubiger des A auf die Liegenschaft greifen. Formlos wurde vereinbart, dass B dem A die Liegenschaft bei Wegfall seiner Schwierigkeiten herauszugeben habe. Erholt sich nun A tatsächlich finanziell, so kann er sich trotzdem nicht auf das Testament berufen, weil er darin nicht erwähnt, seine Erbfolge also nicht einmal angedeutet ist (Rsp).

138 § 553 statuiert überdies den Grundsatz des ***favor testamenti,*** wonach die Auslegung so erfolgen soll, dass der vom Verstorbenen angestrebte Erfolg eintreten und die letztwillige Anordnung als solche zumindest teilweise aufrecht bleiben kann. Im Sinne dieser Bestimmung berührt daher iZw auch die Ungültigkeit einer Verfügung die Gültigkeit einer anderen nicht.

e) Testamentswiderruf und Testamentsänderung

139 Auch nach Errichtung einer letztwilligen Verfügung ist der Erblasser in keiner Weise gebunden. Im Unterschied zum Erbvertrag (dazu Rz 151 ff) und zur Schenkung auf den Todesfall (dazu Rz 193 ff) kann er ein Testament jederzeit ändern oder widerrufen (§ 695). Ebenso wie die Errichtung einer letztwilligen Verfügung setzt auch ihr Widerruf (Änderung) die Testierfähigkeit des Erblassers voraus. Die jederzeitige Widerrufbarkeit gilt auch dann, wenn der Erblasser in der letztwilligen Verfügung selbst auf den Widerruf verzichtet oder in dieser erklärt hat, dass jede spätere Anordnung oder Änderung ungültig sei, wenn sie nicht mit einem bestimmten Merkmal versehen ist (***„derogatorische Klausel“,*** § 716). Eine solche derogatorische Klausel ist unwirksam, da sie dem Grundsatz der Testierfähigkeit und der jederzeitigen Widerruflichkeit letztwilliger Anordnungen widerspricht.

140 Im Einzelnen kann die letztwillige Verfügung entweder durch ***Errichtung*** einer ***neuen letztwilligen Anordnung, ausdrücklich*** oder ***stillschweigend*** widerrufen werden.

141 Durch die ***Errichtung*** eines gültigen neuen ***Testaments*** wird ein früheres Testament aufgehoben, außer der Erblasser gibt deutlich zu erkennen, dass das frühere Testament bestehen bleiben soll. Mit dem neuen Testament werden nicht bloß die im früheren Testament enthaltenen Erbeinsetzungen, sondern auch dessen übrige Anordnungen zur Gänze aufgehoben. Anderes gilt für das Vermächtnis (dazu Rz 179 ff): Durch eine spätere letztwillige Verfügung ohne Erbeinsetzung (früher Kodizill) werden frühere letztwillig angeordnete Vermächtnisse nur dann aufgehoben, wenn sie mit diesem in Widerspruch stehen. Durch das ErbRÄG 2015 wurde § 713/2 neu eingefügt, der bestimmt, dass frühere Anordnungen von Vermächtnissen iZw durch ein späteres Testament aufgehoben werden, wenn über die gesamte Verlassenschaft verfügt wird. Verfügt der Erblasser nicht über die gesamte Verlassenschaft, so bleibt eine frühere Verfügung ohne Erbeinsetzung grundsätzlich aufrecht. Anderes gilt freilich, wenn sich durch Auslegung der Wille des Erblassers ergibt, das frühere Vermächtnis aufzuheben.

Die Errichtung einer letztwilligen Anordnung, die ausschließlich den Widerruf eines früheren Testaments bezweckt ***(ausdrücklicher Widerruf),*** bedarf derselben Formvorschriften wie die Errichtung einer sonstigen letztwilligen Anordnung. Die Form ist frei wählbar, unabhängig von der Form des errichteten Testaments. Liegen die entsprechenden Voraussetzungen vor, können also auch die Formvorschriften des Nottestaments ausreichen. Durch die bloße Zurücknahme eines (gerichtlichen oder notariellen) öffentlichen Testaments ist dieses zwar keine öffentliche Urkunde mehr, kann aber dann weiterhin gültig sein, wenn es die Erfordernisse eines schriftlichen Testaments erfüllt. **142**

Der ***stillschweigende Widerruf*** geschieht durch absichtliche Vernichtung der (einzigen) Urkunde (§ 721; dass nach dieser Bestimmung bei Vernichtung einer von mehreren Urkunden – bspw der mit Blaupapier hergestellten Durchschrift des eigenhändigen Testaments, s Rz 97 – die Verfügung aufrecht bleibt, ist nur eine Zweifelsregel, die daher widerlegt werden kann). Die Zerstörungshandlung kann entweder durch den Testator oder in seinem Auftrag auch durch einen Dritten erfolgen. Diese Form des Widerrufs ist nur bei der schriftlichen Verfügung möglich. Geht die Verfügung zufällig, also ohne oder gegen den Willen des Testators unter, so bleibt sie gültig, wenn ihr Inhalt anderweitig (zB durch Zeugen oder eine Kopie) bewiesen werden kann (§ 722); allerdings trifft die Beweislast für den Inhalt und den bloß zufälligen Untergang, denjenigen, der den zufälligen Untergang behauptet. Hat der Erblasser eine spätere Anordnung vernichtet, die frühere schriftliche Anordnung aber unversehrt gelassen, so tritt diese wieder in Kraft. Eine frühere mündliche Anordnung lebt dagegen nicht wieder auf (§ 723). Ausgenommen sind mündliche gerichtliche und mündliche notarielle Verfügungen; diese leben gem § 723 2. Satz wieder auf. **143**

Beachte: Da eine Fotokopie bzw Abschrift keine eigenständige letztwillige Verfügung darstellt (s oben Rz 97), bewirkt die absichtliche Zerstörung der Fotokopie oder Abschrift auch keinen stillschweigenden Widerruf. Es kommt in diesem Fall allein auf die Zerstörung der Urschrift an.

Beispiel:
Der Erblasser zerreißt oder verbrennt die Testamentsurkunde oder streicht die nötigen Zeugenunterschriften oder die eigene Unterschrift durch (§ 721).

Beispiel aus der Rechtsprechung:
Sachverhalt: Der Erblasser E hat in seiner letztwilligen Anordnung vom 21.1.2000 ua seinem zweitklagenden Enkel eine Unternehmensbeteiligung vermacht. Mit Testament vom 19.9.2002 setzte E seine zwei Kinder und seine Gattin zu gleichen Teilen ein. Das Testament von 2002 wurde in zwei Originalen errichtet; eines verblieb beim errichtenden Rechtsanwalt und das andere im Safe des E. In der Folge wollte er dieses widerrufen und die Gültigkeit des Testaments von 2000 wiederherstellen. Er wies daher den Rechtsanwalt an, das bei ihm hinterlegte Original zu vernichten (was auch geschah); das zweite Original in seinem Safe werde er selbst vernichten. Irrtümlicherweise vernichtete er aber nur eine Kopie desselben. Er selbst war sicher, dass das Testament von 2002 vernichtet und das Testament von 2000 gültig sei. Im Erbrechtsstreit berufen sich

eines der eingesetzten Kinder und die Gattin auf die Gültigkeit der Anordnung von 2002.
Aus der Begründung: Der Widerruf einer schriftlichen letztwilligen Verfügung kann ausdrücklich oder stillschweigend erfolgen. Stillschweigend erfolgt der Widerruf durch eine der in § 721 angeführten Handlungen, wenn der Testamentserrichter in der Absicht handelt, die letztwillige Verfügung aufzuheben. Die Aufzählung des § 721 ist nicht erschöpfend. Es genügt jede Einwirkung auf die Urkunde, die auf einen endgültigen Aufhebungswillen schließen lässt. Der Testator muss die Vernichtungshandlung nicht höchstpersönlich vornehmen. Die Vernichtungshandlung eines Dritten stellt aber nur dann einen Widerruf dar, wenn sie im ausdrücklichen Auftrag des Testators erfolgt und der Dritte nicht als Stellvertreter, sondern als „Werkzeug" des Testators und ohne jedes eigene Ermessen tätig wird.
§ 721 2. Satz aF lautet: „Wenn von mehreren gleichlautenden Urkunden nur eine vertilgt worden; so kann man daraus auf keinen Widerruf schließen." Diese Formulierung schließt keineswegs den (Gegen-)Beweis aus, dass die letztwillige Verfügung auch bei Vernichtung von nur einer von mehreren Urkunden dennoch widerrufen wurde. Schon *Weiß* meint, die – nach der Formulierung scheinbare – Unmöglichkeit eines Gegenbeweises sei offensichtlich ungerecht, wenn der Erblasser die anderen Ausfertigungen nur deshalb nicht vernichtet habe, weil sie ihm nicht zugänglich gewesen seien. *Welser* beruft sich zustimmend auf diese Auffassung und erweitert sie um den Fall, dass der Erblasser die Vernichtung weiterer Ausfertigungen nur deshalb unterlässt, weil er sie schon für vernichtet hält. Beide Lehrmeinungen gehen somit davon aus, dass die Vernichtung auch nur einer Ausfertigung den Widerruf zur Folge haben kann, wenn nach den Umständen kein Zweifel am Aufhebungswillen des Erblassers besteht. Der Senat folgt dieser Auffassung. § 721 2. Satz aF enthält (nur) die gesetzliche Vermutung, dass aus der Vernichtung einer von mehreren gleichlautenden Urkunden für sich allein nicht auf den Widerruf der Verfügung geschlossen werden kann; diese Vermutung kann widerlegt werden.
Wendet man diese Grundsätze im vorliegenden Fall an, ist von einem stillschweigenden Widerruf der letztwilligen Verfügung vom 19.9.2002 auszugehen. E hatte seinen Anwalt angewiesen, die in dessen Verwahrung befindliche Ausfertigung des Testaments zu vernichten. Der Anwalt kam diesem Auftrag gleichsam als „Werkzeug" des Erblassers nach. Einen eigenen Ermessensspielraum hatte er nicht. Seine Handlung ist daher unmittelbar dem Erblasser zuzurechnen, so als hätte dieser die Ausfertigung selbst vernichtet. Dass E die zweite in seiner Verwahrung befindliche Ausfertigung (nach den Feststellungen irrtümlich) nicht vernichtet hat, schadet nach dem hier zu beurteilenden Sachverhalt nicht. Das Verfahren hat eindeutig ergeben, dass sein Wille klar auf den Widerruf des späteren Testaments gerichtet war und die Vernichtung des zweiten Originals lediglich aus einem Irrtum bzw wegen Verwechslung der Kopie mit dem Original unterblieb.
Zusammenfassung: § 721 2. Satz aF enthält nur die gesetzliche Vermutung, dass aus der Vernichtung einer von mehreren gleichlautenden Urkunden für sich allein nicht auf den Widerruf der Verfügung geschlossen werden kann. Diese Vermutung kann widerlegt werden (4 Ob 17/06p).
Anmerkung: Mit dem ErbRÄG 2015 wurde § 721 2. Satz zwar im Wortlaut geändert, ist inhaltlich jedoch gleich geblieben.

144 Bedeutend für Angehörige ist die durch das ErbRÄG 2015 neu eingeführte ***Vermutungsregel des § 725:*** Hat der Erblasser zu Lebzeiten seinen Ehegatten, eingetragenen Partner oder Lebensgefährten (s zu diesem Begriff bereits Rz 58, wobei die Rsp bezüglich des Vorliegens einer Lebensgemeinschaft iZm § 725 auch der Charakterisierung der Beziehung durch den Verstorbenen Relevanz zuspricht) letztwillig bedacht und wurde die Verbindung bereits zu Lebzeiten gelöst (Scheidung, Auflösung der Ehe, Beendigung der Lebensgemeinschaft), so wird die ***letztwillige Verfügung aufgehoben,*** soweit sie den früheren Ehegatten, eingetragenen Partner oder Lebensgefährten betrifft. Anderes gilt, wenn der Erblasser ausdrücklich und in Form einer letztwilligen Verfügung (Rsp; vgl das Bsp weiter unten) angeordnet hat, dass die letztwillige Verfügung trotzdem aufrecht bleiben soll. Das Gleiche gilt für die Aufhebung der Abstammung oder den Widerruf der Adoption, auch wenn sie nach dem Erbfall erfolgt. Die letztwillige Anordnung wird im Zweifel (also in Ermangelung eines anderslautenden Hinweises in der letztwilligen Verfügung, Rsp) auch dann aufgehoben, wenn der Verstorbene oder die letztwillig bedachte Person das gerichtliche Verfahren zur Auflösung der Ehe oder eingetragenen Partnerschaft oder zum Widerruf oder zur Aufhebung der Adoption eingeleitet hat. Das Gleiche gilt auch für den Fall, dass der Verstorbene das gerichtliche Abstammungsverfahren eingeleitet hat, wenn sich in der Folge herausstellt, dass der vermeintliche Angehörige tatsächlich nicht vom Verstorbenen abstammt (§ 725/2).

Anmerkung: Richtigerweise sollte es für die Frage des Vorliegens sowie insb der Auflösung einer Lebensgemeinschaft iSd § 725 va auf die Perspektive des Erblassers ankommen: Geht der Erblasser daher im Todeszeitpunkt davon aus, dass die Lebensgemeinschaft mit der testamentarisch begünstigten Person – trotz objektiv nicht mehr ausreichend ausgeprägter Wohn-, Wirtschaft-, und Geschlechtsgemeinschaft – nach wie vor besteht und nicht aufgelöst ist, kommt es (entgegen der Ansicht des OGH) nicht zur Aufhebung der letztwilligen Verfügung nach § 725. Die gegenteilige Ansicht birgt nämlich auch praktische Probleme: Wenn der Erblasser selbst davon ausgeht, dass die Lebensgemeinschaft immer noch besteht, fühlt er sich auch nicht dazu veranlasst, seinen „Lebensgefährten" in einer neuen letztwilligen Verfügung einzusetzen und somit die Rechtsfolge der Aufhebung nach § 725 zu verhindern.

Die neue Regelung entspricht dem mutmaßlichen Willen des Verstorbenen, **145**
denn dieser wird iZw nicht wollen, dass zB der geschiedene Ehegatte ihn beerbt. Bisher konnten Verfügungen zugunsten des geschiedenen Ehegatten oder ehemaligen Lebensgefährten nur wegen Motivirrtums angefochten werden. Die Rsp zu § 572 (s Rz 79 f) nahm in diesen Fällen allerdings regelmäßig keinen beachtlichen Motivirrtum an, weil meist nicht nachweisbar war, dass der Fortbestand der Ehe oder Lebensgemeinschaft iSd § 572 „einzig und allein" Motiv für die Bedenkung war. Insofern ist die neue Rechtslage grds zu begrüßen, wobei allerdings der Wortlaut der Bestimmung, insb angesichts der bisherigen Rsp (Motiv), ergänzungsbedürftig erscheint. Wird nämlich mangels gegenteiliger Anordnung des Verstorbenen angenommen, dass mit der Scheidung (Auflösung der Partnerschaft, Beendigung der Lebensgemeinschaft) das Motiv für die Einsetzung wegfällt, wäre es konsequent, nur solche Verfügungen aufzuheben, für deren Errichtung das Fortbestehen der Ehe (Partnerschaft, Lebensgemeinschaft) Motiv war, also nur Verfügungen, die während aufrechter Ehe (Partnerschaft, Le-

bensgemeinschaft) errichtet wurden. Nach der Rechtsprechung sind jedoch auch solche Verfügungen von § 725 erfasst, die bereits vor der – später wieder aufgehobenen oder sich im Scheidungsverfahren befindlichen – Ehe (Partnerschaft, Lebensgemeinschaft) errichtet wurden. Dass der Widerruf der Verfügung dem mutmaßlichen Willen des Erblassers eher entspricht als die Aufrechterhaltung der Verfügung, gelte nämlich unabhängig davon, ob das Testament bereits vor oder erst während der Ehe (Partnerschaft, Lebensgemeinschaft) verfasst worden sei (OGH).

146 Auch das von § 725 vorgesehene Ausdrücklichkeitserfordernis der gegenteiligen Anordnung (Nichtaufhebung der Verfügung) wird von der Lehre nach wie vor infrage gestellt. Warum sich der entsprechende Wille nicht auch (stillschweigend) aus den Umständen ergeben kann, leuchtet zB dann nicht ein, wenn die Nahebeziehung zwischen dem Verstorbenen und dem Bedachten trotz formaler Auflösung des Angehörigenverhältnisses fortbestand. Gegen das Erfordernis der Ausdrücklichkeit spricht in solchen und vergleichbaren Fällen insb die Anordnung, dass § 725 gem § 1503/7 Z 2 auf alle Todesfälle nach dem 31.12.2016 anzuwenden ist, unabhängig davon, wann die letztwillige Verfügung errichtet wurde. Somit bezieht sich die Regelung auch auf Verfügungen, die zu einem Zeitpunkt errichtet wurden, zu dem es für solche (ausdrücklichen) Anordnungen – insb im Hinblick auf die erwähnte Rsp – keinen Anlass gab. Die Lehre sprach sich dafür aus, die Bestimmung als lückenhaft anzusehen und sie bei eindeutigen Anhaltspunkten – wie im obigen Bsp – auf stillschweigende Anordnungen analog anzuwenden. Dieser Überlegung wurde vom OGH allerdings in seiner jüngsten Rsp ein Riegel vorgeschoben: Die in § 725/1 geforderte ausdrückliche Anordnung des Gegenteils hat in Form einer letztwilligen Verfügung zu ergehen. Einer analogen Anwendung auf stillschweigende Anordnungen ist damit der Boden entzogen. In der Beratungspraxis wird diese Rsp die Notwendigkeit verstärken, den damit einhergehenden Unsicherheiten und Risiken durch ausdrückliche Belehrungen über § 725 vorzubeugen.

Beispiel aus der Rechtsprechung:
Sachverhalt: Der Verstorbene und seine Ehegattin errichteten 1986 ein wechselseitiges Testament, in welchem sie für den Fall, dass die Ehegatten einander nicht beerben können oder wollen und keine Nachkommenschaft hinterlassen, ihren Neffen zum Universalerben einsetzten. Die Ehe wurde 2001 geschieden, der Erblasser verstarb 2017 kinderlos und hinterließ neben seiner Schwester deren (im Testament eingesetzten) Sohn. Die ehemalige Ehegattin gab eine Erbantrittserklärung ab und berief sich auf das wechselseitige Testament. Nach der Scheidung habe sich das Verhältnis zum Verstorbenen wieder gebessert. Der Erblasser habe – auch gegenüber anderen Personen im Bekanntenkreis – mehrfach geäußert, dass das wechselseitige Testament trotz der Scheidung unverändert aufrecht bleiben soll.
Aus der Begründung: Im vorliegenden Fall lag der Todeszeitpunkt des Verstorbenen nach dem 31.12.2016, weshalb gem § 1503/7 Z 2 die Bestimmung des § 725 idF des ErbRÄG 2015 anzuwenden war. Demnach wird vermutet, dass eine letztwillige Verfügung, sofern sie den früheren Ehegatten betrifft, mit Scheidung der Ehe widerrufen

wird. Anderes gilt nur, wenn der Erblasser „ausdrücklich das Gegenteil angeordnet hat“. In seiner Begründung schloss sich der OGH der hL an: Der Wille, eine während aufrechter Ehe errichtete letztwillige Verfügung solle betreffend den Ehegatten auch im Fall der Scheidung aufrecht bleiben, muss in einer formgültigen letztwilligen Verfügung geäußert worden sein. Bei Formungültigkeit wäre diese Anordnung selbst bei klarem und eindeutig erweisbarem Willen des Verstorbenen ungültig (vgl § 601) und könnte allenfalls für die Auslegung anderer formgültiger letztwilliger Verfügungen relevant sein. Möchte der Erblasser nach Auflösung der Ehe erstmals anordnen, dass die zuvor errichtete Verfügung betreffend den ehemaligen Ehegatten aufrecht bleiben soll, dann kann dies nur in Form einer weiteren letztwilligen Verfügung geschehen. Da sich im vorliegenden Fall weder im Wortlaut des wechselseitigen Testaments Anhaltspunkte für eine Weitergeltung im Scheidungsfall fanden noch die Äußerungen des Verstorbenen in Form einer letztwilligen Verfügung erfolgten, war das Testament – soweit es die frühere Ehegattin betraf – gem § 725 ungültig.
Zusammenfassung: Zur Widerlegung der Widerrufsvermutung gem § 725 hat der Erblasser ausdrücklich Gegenteiliges anzuordnen. Die Weitergeltung muss sich daher aus der Auslegung einer letztwilligen Verfügung ergeben und in deren Wortlaut zumindest angedeutet sein (§ 553; 2 Ob 43/19s).
Anmerkung: Der OGH hat selbiges bei einer Lebensgemeinschaft ausgesprochen (2 Ob 192/18a). Gleiches wird daher auch bei eingetragenen Partnerschaften der Fall sein (vgl nur den Wortlaut des § 725).

Zu beachten ist schließlich auch, dass § 725 nur für letztwillige Verfügungen gilt und sich nicht auch auf das gesetzliche Erbrecht bezieht. Wurde zB zu Lebzeiten ein Scheidungsverfahren anhängig und hatte der Verfügende seinen Ehegatten als Alleinerben eingesetzt, so kommt es zwar iZw zur Aufhebung der letztwilligen Verfügung, der Ehegatte bleibt aber gesetzlicher Erbe. Eine Ausnahme besteht diesbezüglich nur für den Fall, dass im Rahmen des Scheidungsverfahrens eine Vereinbarung über die Aufteilung des Gebrauchsvermögens und der Ersparnisse getroffen wurde. Durch eine solche Vereinbarung wird das gesetzliche Erbrecht ausgeschlossen (s dazu Rz 41 f). **147**

Eine (zusätzliche) Sonderregel gilt für den Widerruf von ***Vermächtnissen:*** Neben dem stillschweigenden gibt es hier auch den sog ***vermuteten Widerruf.*** Demnach gilt ein Vermächtnis als widerrufen, wenn der Verfügende die vermachte Forderung eingetrieben oder zum Erlöschen gebracht, die vermachte Sache veräußert oder derart umgestaltet (verarbeitet) hat, dass sie ihre vorige Gestalt und Bezeichnung verloren hat. Das Vermächtnis bleibt allerdings wirksam, wenn die Veräußerung auf gerichtliche oder behördliche (verwaltungsbehördliche) Anordnung erfolgt, die Sache ohne Einwilligung des Verstorbenen umgestaltet worden ist oder der Schuldner die Forderung aus eigenem Antrieb berichtigt hat (§ 724). **148**

Unabhängig sowohl von der Errichtung einer letztwilligen Anordnung als auch von deren Widerruf bleibt dem Erblasser zu Lebzeiten die volle Verfügungsfreiheit über sein Vermögen. Die Bedachten erhalten nur das, was zum Zeitpunkt des Todes vorhanden ist. **149**

150 Allerdings muss der Verfügende den Bedachten vom Widerruf der letztwilligen Verfügung informieren, wenn er sie als sicher hingestellt und vom Bedachten eine Leistung erhalten hat, die auf dessen Erbshoffnung schließen lässt. Die schuldhafte Verletzung dieser Pflicht ***(culpa in testando)*** begründet eine Haftung des Erben für den Vertrauensschaden.

Beispiel:
Anton hat seiner Tochter Charlotte versichert, sie im Hinblick auf ihre wirtschaftliche Ausbildung zur Universalerbin einzusetzen. Charlotte verzichtet daher auf eine weitere postgraduale Ausbildung und beginnt schon zu Lebzeiten des Vaters (unentgeltlich) in seinem Unternehmen mitzuarbeiten. Sie schafft auch aus eigenen Mitteln die Einrichtung und Ausstattung ihres Büros an. Nach Antons Tod stellt sich heraus, dass er nicht Charlotte, sondern seinen früheren Geschäftspartner Gustav zum Universalerben eingesetzt hat. Charlotte kann von Gustav als Universalerbe Schadenersatz wegen culpa in testando des Erblassers verlangen. Zu ersetzen ist nur der Vertrauensschaden (hier die Büromöbel), nicht aber der Nichterfüllungsschaden (Wert der Erbschaft, hier das Unternehmen), weil das rechtswidrige Verhalten des Erblassers nur darin bestanden hat, den potenziell Bedachten nicht zu informieren, nicht aber darin, ihn nicht einzusetzen (dazu ist der Erblasser nicht verpflichtet – Testierfreiheit).
Daher ist auch der gegen die culpa in testando zT erhobene ***Einwand unbegründet,*** dass sie den Erblasser am Widerruf der letztwilligen Verfügung hindert. Dies kann er weiterhin, so wie man auch grundlos ablehnen kann, einen Vertrag zu schließen, und nach hA trotzdem (wegen culpa in contrahendo) haftet, wenn der Vertragsabschluss als sicher hingestellt wurde.

3. Vertragliche Erbfolge

Literaturauswahl: *Zemen,* Erbvertrag, reines Viertel und Pflichtteilsansprüche, NZ 1988, 29; *Grabenwarter,* Ist der Erbvertrag ein Auslaufmodell? ecolex 1996, 589; *Zankl,* Schenkung auf den Todesfall, Vermächtnisvertrag und „reines Viertel", NZ 1997, 311; *B. Jud,* Schenkung auf den Todesfall und Berechnung des „freien Viertels" beim Erbvertrag, NZ 1999, 268; *Leopold/Koland/Caspary,* Die Gültigkeit eines Erbvertrages nach österreichischem Recht bei Beurkundung durch einen deutschen Notar, NZ 2005, 193; *Fischer-Czermak/Beclin,* Reformvorschläge für nichteheliche Lebensgemeinschaften, iFamZ 2012, 188; *Kogler,* Die Ausschlagungsverpflichtung vor Anfall des Erbrechts, EF-Z 2014/3; *Barth/Pesendorfer,* Erbrechtsreform 2015 (2015); *P. Bydlinski,* Modernisierung des ABGB, ÖJZ 2015/113; *Cach/Nalussi,* Erbrechts-Änderungsgesetz 2015, GesRZ 2015, 220; *Deixler-Hübner/Schauer,* Erbrecht NEU (2015); *Keinert,* Die Schenkung auf den Todesfall (2015); *Kolmasch,* Erbrechts-Änderungsgesetz 2015 (ErbRÄG 2015), Zak 2015, 250; *Pesendorfer,* Die Erbrechtsreform im Überblick, iFamZ 2015, 230; *C. Rabl,* Erbrechtsreform 2015 – Pflichtteilsrecht neu, NZ 2015, 321; *C. Rabl/Zöchling-Jud,* Das neue Erbrecht (2015); *Brandstätter,* Erbrechtsreform (Teil I), ecolex 2016, 30; *Fischer-Czermak,* Verträge auf den Todesfall, EF-Z 2016/107; *Fuhrmann/Verweijen/Witt-Döring,* Immobilien vererben und verschenken (2016); *Hofmair,* Erbunwürdigkeit und Enterbung nach dem ErbRÄG 2015, JEV 2016, 47; *Kathrein,* Das neue Erbrecht, EF-Z 2016, 4; *Keinert,* Schenkung auf den Todesfall im ErbRÄG 2015, JEV 2016, 18; *A. Tschugguel,* Erbunwürdigkeit und Begehung im Familienkreis, EF-Z 2016/143; *Bruckbauer,* Die Übergangsregelungen für die Anwendung des reinen Viertels auf die Schenkung auf den Todesfall nach dem ErbRÄG 2015, iFamZ 2017, 397; *Umlauft,* Die Anwendung des § 1253 ABGB auf die Schenkung auf den Todesfall: Ein Auslegungsvorschlag zur Rechtslage nach dem ErbRÄG 2015, EF-Z 2017/2; *Fischer-Czermak,* Mehrseitige Planung der Nachfolge von

Todes wegen, in *Gruber/Kalss/Müller/Schauer* (Hg), Erbrecht und Vermögensnachfolge[2] (2018) 709; *Wolkerstorfer,* Zum Verhältnis von Erbverträgen und Schenkungen auf den Todesfall im Anwendungsbereich des § 1253 ABGB, EF-Z 2018/30.

Judikaturauswahl: 9 Ob 83/10m (Verhältnismäßige Kürzung der Schenkung auf den Todesfall); 5 Ob 109/11g (Veräußerungs- und Belastungsverbot erlischt nicht mit Scheidung)

Der ***Erbvertrag*** bildet den ***stärksten Berufungsgrund,*** er geht also sowohl der gesetzlichen als auch der testamentarischen Erbfolge vor. Erbverträge sind aber nur zwischen Ehegatten, eingetragenen Partnern oder Personen, die sich verlobt oder die eingetragene Partnerschaft versprochen haben, wirksam (§ 602) und bedürfen eines Notariatsaktes (§ 1/1 lit a NotAktG). Da sie Vertragscharakter haben, für ihre gültige Errichtung aber auch sämtliche Formvorschriften für letztwillige Verfügungen eingehalten werden müssen, nehmen sie eine ***Mittelstellung*** zwischen einem ***Vertrag unter Lebenden*** und ***letztwilliger Anordnung*** ein. Der Testator muss also sowohl testier- als auch geschäftsfähig sein (auch wenn sich diese Begriffe idR überschneiden). Erbverträge können ihrem Vertragscharakter entsprechend nicht einseitig, sondern nur einvernehmlich aufgelöst werden, hindern einen Vertragspartner aber nicht daran, zu Lebzeiten „über sein Vermögen nach Belieben zu verfügen“ (§ 1252): Auch der Vertragserbe erhält (wie der Testamentserbe) aus dem Vermögen des Erblassers nur das, was bei dessen Tod noch vorhanden ist. **151**

Der Erbvertrag kann sich – damit sich der Erblasser nicht vollständig seiner Testierfreiheit begibt – nur auf höchstens drei Viertel des Nachlasses jedes Ehegatten beziehen. Ein Viertel, auf dem weder Schulden noch Pflichtteile haften dürfen, muss dem Erblasser zur freien Verfügung verbleiben (sog ***reines Viertel,*** § 1253). Der Berechnung des freien Viertels dient damit der Betrag, der sich aus den Nachlassaktiva abzüglich der Nachlass- sowie Erbgangsschulden und sodann der Pflichtteile (nicht aber der Vermächtnisse) ergibt. Der Pflichtteil des Ehegatten wird nach hA nicht abgezogen, weil er durch die erbvertragliche Zuwendung gedeckt ist und daher das reine Viertel nicht schmälern kann. **152**

Beispiel:
Der Erblasser hinterlässt seine Frau und seine Tochter. Der reine Nachlass (abzüglich Schulden) beträgt € 90.000. Das freie Viertel macht daher € 15.000 aus: € 90.000 minus € 30.000 als Pflichtteil der Tochter (zur Höhe des Pflichtteilsanspruches s Rz 235) = € 60.000, dividiert durch vier = € 15.000.

Über das reine Viertel kann der Erblasser auf den Todesfall frei disponieren (zugunsten anderer Personen, aber auch zugunsten des Vertragserben). Hat er dies nicht getan, so tritt bezüglich des reinen Viertels gesetzliche Erbfolge ein (§ 1253). **153**

Die erbvertragliche Berufung wird durch Erbunwürdigkeit, nicht aber durch Enterbung verhindert. Der Enterbungsgrund kann allenfalls nach dem Tod des Erblassers zur Anfechtung des Erbvertrags wegen Motivirrtums führen. **154**

155 Der Erbvertrag erlischt mit der ***Scheidung,*** doch bleibt dem schuldlos oder minderschuldig Geschiedenen gegenüber dem schuldigen Teil das Recht aus dem Erbvertrag vorbehalten (§ 1266 3. Satz).

156 Der ***Unterschied zwischen Erbvertrag und wechselseitigem Testament*** (dazu Rz 95 f) liegt darin, dass für Letzteres uneingeschränkt und ausschließlich die Vorschriften über letztwillige Verfügungen anzuwenden sind. Insb ist es daher von jedem Teil jederzeit frei widerruflich, und es ist nicht auf das Verbleiben des reinen Viertels zu achten. Möglich und in der Praxis verbreitet ist die Kombination eines Erbvertrages mit einem Testament oder einer sonstigen Verfügung in einer einzigen Urkunde.

4. Außerordentliche Erbfolge

Literaturauswahl: *Deixler-Hübner,* Das Heimfallsrecht an Nachlässen, in *Buchegger/Holzhammer* (Hg), Beiträge zum Zivilprozeßrecht III (1989); *Apathy,* Heimfall und Transmission, JBl 1990, 399; *Swoboda,* Transmission beim Heimfall hinfällig? JBl 1990, 298; *Windisch,* Zur Durchsetzbarkeit des staatlichen Heimfallsrechtes gegen behauptete Erbrechte, in Finanzprokurator-FS (1995) 309 ff; *C. Rabl,* Verwendungsanspruch des wahren Erben gegen den Fiskus – ist der Heimfall gegenüber dem wahren Erben gerechtfertigt? NZ 1997, 141; *Schauer,* Bemerkungen zum heimfälligen Nachlass im österreichischen internationalen Privatrecht, in FS 75 Jahre Max-Planck-Institut für Privatrecht (2001) 557; *W. Tschugguel,* Ein besonderer Fall des § 726 ABGB, iFamZ 2010, 163; *C. Rabl,* Das Schicksal der vom Erblasser verfügten Lasten nach Wegfall des belasteten Erben, NZ 2012, 193; *Schweda,* Zur Transmission an den Fiskus, NZ 2014/12; *Welser,* Gibt es eine Transmission des Erbrechts an den heimfallsberechtigten Fiskus? in FS Würth (2014) 345; *Hueber,* Der Lebensgefährte im neuen Erbrecht, EF-Z 2016/142; *Ludvik,* Kein außerordentliches Erbrecht bei Schenkungen auf den Todesfall, NZ 2016, 401; *Till,* Analoge Anwendung des außerordentlichen Erbrechts, iFamZ 2016, 32; *Verweijen,* ErbRÄG 2015 – zu den Rechten des Lebensgefährten, ÖJZ 2016/114; *Brandstätter,* Die Stellung des Lebensgefährten im neuen Erbrecht, Zak 2017, 84; *Kulhanek,* Das Aneignungsrecht – Ein Abriss der erbrechtlichen Gesamtrechtsnachfolge des Bundes gem § 750 ABGB, NZ 2021/76.

Judikaturauswahl: 7 Ob 641/90 (Außerordentliches Erbrecht); 5 Ob 116/12p (Verjährung der Erbschaftsklage); 2 Ob 58/17v (Keine Transmission an den Bund)

a) Außerordentliches Erbrecht des Lebensgefährten

157 Wie bereits erwähnt, hat der Lebensgefährte seit Inkrafttreten des ErbRÄG 2015 ein außerordentliches Erbrecht. In diesem Sinne bestimmt § 748, dass dem Lebensgefährten die Verlassenschaft zukommt, wenn weder durch Erbvertrag eingesetzte noch testamentarische, noch gesetzliche Erben zur Verlassenschaft gelangen. Vorausgesetzt wird, dass der Lebensgefährte mit dem Verstorbenen zumindest in den letzten drei Jahren vor dessen Tod im ***gemeinsamen Haushalt*** gelebt hat. Von diesem Erfordernis kann abgesehen werden, wenn dem Zusammenleben erhebliche Gründe, etwa gesundheitlicher oder beruflicher Art, entgegenstanden, ansonsten aber eine für Lebensgefährten typische Verbundenheit bestand (§ 748/2).

Die neue Regelung ist kritisch zu betrachten. Neben ***praktischen Problemen*** – Wie wird der Lebensgefährte ausfindig gemacht? Wann genau liegt eine (gesetzlich nach wie vor nicht definierte) Lebensgemeinschaft vor? (s dazu schon Rz 58 ff) – ist das außerordentliche Erbrecht des Lebensgefährten auch ***dogmatisch fragwürdig,*** weil es dem außerordentlichen Erbrecht des Vermächtnisnehmers vorgeht (s unten b). Diesem gegenüber hatte der Verstorbene aber immerhin einen Zuwendungswillen geäußert, dem Lebensgefährten gegenüber definitionsgemäß aber nicht, sodass es problematisch erscheint, dem Letzteren den Vorrang einzuräumen. 158

Beispiel:
A verstirbt und hinterlässt bis auf ihren Lebensgefährten B keine Angehörigen. A und B führten seit zehn Jahren eine ernste und innige Beziehung. Da B jedoch in den letzten Jahren vor A's Tod sehr häufig beruflich auf Reisen war, lebten die beiden aus Kostengründen in separaten Wohnungen. In diesem Fall würde das außerordentliche Erbrecht des Lebensgefährten sehr wohl zum Tragen kommen, da die emotionale Verbundenheit von A und B gegeben war, wenngleich sie aus beruflichen Gründen zuletzt keinen gemeinsamen Haushalt hatten.

b) Außerordentliches Erbrecht der Vermächtnisnehmer

Wenn weder durch Erbvertrag eingesetzte noch testamentarische, noch gesetzliche Erben vorhanden sind und der Verstorbene zu Lebzeiten auch keine Lebensgemeinschaft hatte (s oben a), beruft § 749 die Vermächtnisnehmer zu Erben ***(außerordentliches Erbrecht der Vermächtnisnehmer).*** Das Gesetz geht also davon aus, dass der Verstorbene seinen Nachlass vermutlich eher den Vermächtnisnehmern (die an sich ja nur einzelne Vermögenswerte aus dem Nachlass erhalten sollten) als dem Staat zukommen lassen will, da diese durch die letztwillige Zuwendung in einem gewissen Naheverhältnis zum Verstorbenen standen. Das außerordentliche Erbrecht der Vermächtnisnehmer soll damit dem vermuteten Willen des Verstorbenen gerecht werden. Da der Voraus (dazu Rz 48) nicht auf dem Zuwendungswillen des Verstorbenen, sondern unmittelbar auf dem Gesetz beruht, gehört der ***Ehegatte mit seinem gesetzlichen Vorausvermächtnis nicht*** zu den Vermächtnisnehmern iSd § 749. 159

Die Vermächtnisnehmer sind nach dem ***Verhältnis des Wertes ihrer Vermächtnisse*** zu Erben berufen. Nach Ermittlung der Werte sind die Erbquoten zu errechnen (was aufgrund der unterschiedlichen Bewertungen häufig lange dauern und unübersichtliche Zahlen ergeben kann), und die Legatare haben eine Erbantrittserklärung abzugeben. In der Folge werden sie wie eingesetzte Erben behandelt; sie müssen daher die übrigen Verfügungen des Erblassers befolgen. 160

Das außerordentliche Erbrecht kommt ***per analogiam*** auch dem ***Beschenkten auf den Todesfall*** zu (aA die wohl hL). Dies war nach alter Rechtslage klar, weil dieser zufolge (bzw nach der hA dazu) die Schenkung auf den Todesfall nach dem Tod des Erblassers als Vermächtnis behandelt wurde. Demgegenüber ist sie seit dem Inkrafttreten des ErbRÄG 2015 als Vertrag anzusehen (s dazu Rz 193). Dies steht aber der Analogie nicht entgegen, weil es weiterhin dem typischen Willen eines Verstorbenen widersprechen würde, wenn die gesamte Verlassenschaft dem Staat zukäme, obwohl er gegenüber dem Beschenkten einen Zuwendungswillen geäußert hatte. Die schon oben dargelegte Ratio des außerordentlichen Erbrechts (Verstorbener will vermutlich eher, dass diejenigen, denen er etwas zuwendet, mehr bekommen, als dass es zur Aneignung durch den Bund kommt) trifft daher auch auf die Schenkung auf den Todesfall zu.

Beispiel aus der Rechtsprechung:
Sachverhalt: Maria G ist am 14.1.1987 unter Hinterlassung eines Kodizills vom 9.1.1987 verstorben, mit dem sie Sieghilde R eine Liegenschaft vermachte. Mit Notariatsakt vom selben Tag wurde Sieghilde R die Liegenschaft von Maria G (unter Lebenden) geschenkt. Die Einverleibung erfolgte am 11.5.1987. Am 14.9.1987 gab Sieghilde R unter Hinweis auf § 726 (§ 749 nF) die bedingte Erbserklärung zum gesamten Nachlass ab.
Aus der Begründung: Zwar wird gem § 661 das Vermächtnis für aufgehoben gehalten, wenn es der Legatar vom Erblasser unentgeltlich erhält, und setzt das Erbrecht des Legatars nach § 726 (§ 749 nF) die gültige Berufung zum Vermächtnisnehmer voraus. Allerdings ist gerade die im Vermächtnis zum Ausdruck kommende Nahebeziehung zur Person des Legatars der eigentliche Umstand, an den das Gesetz seine Berufung zum Erben knüpft, sodass es nicht unbedingt notwendig ist, dass der Legatar das Vermächtnis auch erlangt. Dass der Legatar die vermachte Sache später vom Erblasser unentgeltlich erhalten hat, ändert nämlich nichts an diesem Naheverhältnis. Nach dem vermutlichen Willen des Erblassers soll aber eben die Erbschaft eher einer Person zukommen, zu der ein solches Naheverhältnis bestand, als dem Staat.
Zusammenfassung: Entscheidend für das außerordentliche Erbrecht des Legatars ist der Zuwendungswille des Erblassers (7 Ob 641/90).

c) Aneignung durch den Bund

161 Gem § 750 hat der Bund das Recht, sich die Verlassenschaft anzueignen, wenn kein zur Erbfolge Berechtigter vorhanden ist und auch sonst niemand die Verlassenschaft erwirbt („Kaduzität"). Das Aneignungsrecht des Bundes ist kein „Erbrecht", sondern ein ***spezifisches Aneignungsrecht mit der Wirkung einer Gesamtrechtsnachfolge.*** Es findet daher nach hL und Rsp auch keine Transmission (zu dieser Rz 261) an die Republik statt.

Beispiel:
A verstirbt (ohne letztwillige Anordnung) unter Hinterlassung seines Vaters B (zweite Parentel), welcher vor Annahme der Erbschaft nachverstirbt. Hinterlässt B keine Erben, so kann zwar sein eigenes, nicht aber das ihm aus der Erbschaft nach A angefallene Vermögen dem Staat zukommen. Hinterlässt auch A keine Erben, kann sich der Bund seinen Nachlass (unabhängig vom Nachlass des B) aneignen.

162 Die Übernahme einer erblosen Verlassenschaft ist ein Recht und keine Pflicht des Staates; sie kann daher nur über seinen Antrag erfolgen. Bei Verweigerung der Übernahme ist die Liquidation durchzuführen, der Reinerlös zu hinterlegen und dieser letztlich für den Bund einzuziehen. Zur Verjährung des Aneignungsrechts des Bundes s unten Rz 331.

Beispiel aus der Rechtsprechung:
Sachverhalt: Gegenstand des Verfahrens war die Entscheidung über das Erbrecht zwischen Verwandten des Verstorbenen, welche aufgrund des Gesetzes Erbantrittserklärungen abgegeben hatten, und der Verlassenschaft nach seiner (ohne gesetzliche Erben, ohne Testament und ohne Erbantrittserklärung nachverstorbenen) Ehefrau, deren Verlassenschaft nunmehr ihre Erbantrittserklärung auf ein Testament stützt.
Aus der Begründung: Der OGH hat zu den aufgeworfenen Fragen in 5 Ob 554/84 unter Festhalten an bereits damals längjähriger Rechtsprechung und Lehre ausgesprochen, dass die Republik Österreich nicht das Erbrecht des Transmittenten nach dem Erblasser erwirbt, wenn ihr der Transmittentennachlass als erbloses Gut anheimfällt. Der Staat kann ein Recht aus der Transmission einer erblos gewordenen Verlassenschaft nicht geltend machen. An der der Rechtsprechung zugrunde liegenden Rechtsauffassung, dass das Heimfallsrecht kein Erbrecht, sondern ein Aneignungsrecht spezifischer Art mit der Wirkung der Gesamtrechtsnachfolge ist, das in Wahrheit den Zweck hat, dass nachgelassenes Vermögen nicht herrenlos wird, hat der OGH bis in die jüngste Zeit festgehalten. Es wird nach wie vor als ultima ratio angesehen, wenn alle anderen Berufungsgründe versagen. Diese Rechtsansicht steht in Übereinstimmung mit den weitaus überwiegenden Lehrmeinungen. Der OGH sieht sich daher nicht veranlasst, von seiner Rechtsprechung abzugehen. Dazu kommt, dass auch der Gesetzgeber des – im konkreten Fall noch nicht anzuwendenden – ErbRÄG 2015 die ihm bekannte Rechtsprechung mit dem neuen § 750/1 keineswegs verändern, sondern die gesetzlichen Grundlagen nur sprachlich anpassen und die Befugnisse des Bundes bei erblosen Verlassenschaften klarstellen wollte.
Zusammenfassung: Es findet keine Transmission an den Bund statt. Dies gilt auch nach Inkrafttreten des ErbRÄG 2015 (2 Ob 58/17v).

Beispiel aus der Rechtsprechung:
Sachverhalt: Der Erblasser hinterließ zwei letztwillige Verfügungen. In der ersten (von 1947) setzte er seine Gattin, die 1994 verstorben ist, zur Alleinerbin ein. In der zweiten (von 1984) „vererbte" er eine Liegenschaft dem Zentralkomitee der KPÖ und seine Bibliothek mit antifaschistischer Literatur, den Fernseher, Radioapparat und die Fotoausrüstung der Purkersdorfer Parteiorganisation. Von diesen Sachen waren nur noch die drei Letzterwähnten vorhanden. Die KPÖ gab eine Erbserklärung (nunmehr: Erbantrittserklärung) nach § 726 (§ 749 nF) ab, die Finanzprokuratur bekämpfte diesen Beschluss.
Aus der Begründung: Der ao Revisionsrekurs ist zulässig, weil die zweite Instanz mit ihrer Auffassung, die KPÖ sei im Hinblick auf das der Purkersdorfer Organisation ausgesetzte Vermächtnis auch dann nicht als Vermächtnisnehmer anzusehen, wenn dieser keine Rechtspersönlichkeit zukommt, die Rechtslage verkannt hat. In der Sache ist es der Finanzprokuratur aber verwehrt, in das Verlassenschaftsverfahren einzugreifen, solange das Gericht die Voraussetzungen für eine Erbloserklärung nicht für gegeben erachtet. Ihr fehlt daher die Rekurslegitimation.
Zusammenfassung: Die Finanzprokuratur ist nicht berechtigt, den Beschluss über die Annahme der Erbserklärung eines Legatars anzufechten (8 Ob 238/00h).
Anmerkung: Nach dem AußStrG 2003 ist für die Annahme der Erbantrittserklärung kein eigener Beschluss mehr zu fassen.

III. Ausschluss der Erbfolge

1. Erbunfähigkeit

Literaturauswahl: *Schauer,* Familienstiftung und Unwürdigkeit des Begünstigten als Problem des Privatstiftungsrechts, GesRZ 2000, 233; *B. Jud,* § 540 ABGB – Erbunwürdigkeit und Tod des Erblassers, NZ 2006, 70; *Welser,* Die Reform des österreichischen Erbrechts (2009); *Scheuba,* Pflichtteilsrecht, Vermögensnachfolge (2010) 189; *Wendehorst,* Nach der deutschen Erbrechtsreform: Anregungen für Österreich? EF-Z 2010, 138; *Zimmermann,* Erbunwürdigkeit, in FS Koziol (2010) 463; *Barth/Pesendorfer,* Erbrechtsreform 2015 (2015); *P. Bydlinski,* Modernisierung des ABGB, ÖJZ 2015/113; *Cach/Nalussi,* Erbrechts-Änderungsgesetz 2015, GesRZ 2015, 220; *Kolmasch,* Erbrechts-Änderungsgesetz 2015 (ErbRÄG 2015), Zak 2015, 250; *Pesendorfer,* Die Erbrechtsreform im Überblick, iFamZ 2015, 230; *derselbe,* Erbunwürdigkeits- und Enterbungsgründe nach dem ErbRÄG 2015, iFamZ 2015, 237; *C. Rabl/Zöchling-Jud,* Das neue Erbrecht (2015); *Hofmair,* Erbunwürdigkeit und Enterbung nach dem ErbRÄG 2015, JEV 2016, 47; *Kathrein,* Das neue Erbrecht, EF-Z 2016, 4; *A. Tschugguel,* Erbunwürdigkeit und Begehung im Familienkreis, EF-Z 2016/143; *Gitschthaler,* Erbunwürdigkeit/Enterbung bei Vernachlässigung familienrechtlicher Pflichten, EF-Z 2018/51; *Kletečka,* Erbunwürdigkeit auf Grund von „betrügerischer Krida" (§ 156 StGB) im Familienkreis? NZ 2019/124; *Kraus,* Erbunwürdigkeit auch bei Beeinträchtigung der gesetzlichen Erbfolge!(?) ÖJZ 2021/75.

Judikaturauswahl: 6 Ob 636/93 (Tötung des Erblassers in schizophrener Psychose); 7 Ob 43/07k (Strafbare Handlung des Erben gegen Dritte); 6 Ob 286/07p (Passive Sterbehilfe als Fall der Erbunwürdigkeit); 6 Ob 264/11h (Verschweigen von Nachlassgegenständen als Erbunwürdigkeitsgrund); 9 Ob 23/12s (Eintrittsrecht der Nachkommen); 3 Ob 157/12b (Vorsatz bei Erbunwürdigkeit); 6 Ob 82/14y (Anstößige Lebensart als Enterbungsgrund); 2 Ob 60/19s (Begehung einer Straftat im Familienkreis iSd § 166 StGB allein stellt keine Erbunwürdigkeit wegen gröblicher Vernachlässigung familiärer Pflichten gem § 540 aF dar); 2 Ob 100/19y (Keine Erbunwürdigkeit nach § 539 bei freiwilligem Rücktritt von versuchter strafbarer Handlung); 2 Ob 75/20y (Eintritt von Erbunwürdigkeit nach eigenem Tod); 2 Ob 174/20g (Auch Vereitelung gesetzlicher Erbfolge begründet Erbunwürdigkeit/Keine Erbunwürdigkeit nach § 540 bei freiwilligem Rücktritt von versuchter strafbarer Handlung).

163 Jedweder Erwerb von Todes wegen – und daher insb auch die Erbfolge – setzt Erbfähigkeit voraus. Diese fehlt absolut (dh gegenüber jedermann) und relativ (dh nur gegenüber dem bestimmten Verstorbenen) erbunfähigen Personen.

164 ***Absolut erbunfähig*** (also nicht nur gegenüber einem bestimmten Verstorbenen, sondern gegenüber jedermann) sind Ausländer, wenn Österreicher in deren Heimat erbunfähig sind (§ 33). ***Relativ erbunfähig*** sind die Erbunwürdigen, wobei die Erbunwürdigkeitsgründe der §§ 539 und 540 von Gesetzes wegen wirken, weshalb eine Anordnung durch den Erblasser nicht notwendig ist. Demgegenüber führen die Erbunwürdigkeitsgründe des § 541 nur dann zur Erbunwürdigkeit kraft Gesetzes, wenn der Verstorbene zu Lebzeiten nicht mehr in der Lage war (zB aufgrund von Testierunfähigkeit oder Unkenntnis oder aus sonstigen Gründen), eine Enterbung vorzunehmen.

165 Erbunwürdig ist unabhängig davon, ob noch eine Enterbung möglich war,

- gem § 539: Wer gegen den Verstorbenen (1. Fall) oder die Verlassenschaft (2. Fall) eine gerichtlich strafbare Handlung gesetzt hat, die nur vorsätzlich begangen werden kann und mit mehr als einjähriger Freiheitsstrafe bedroht ist; wie zB schwerer Diebstahl oder schwerer Betrug, Mord, uU auch Sterbehilfe (vgl Casebook, Fall 249: „Sterbehilfe als Erbunwürdigkeitsgrund?"). Rechtfertigungsgründe oder Verschuldensunfähigkeit (zB Tötung des Erblassers in schizophrener Psychose) sowie (strafbefreiend wirkender) freiwilliger Rücktritt vom Versuch schließen nach der Rsp die Erbunwürdigkeit aus. Letzteres deshalb, um Wertungswidrigkeiten zu vermeiden: Der freiwillige Rücktritt vom Versuch wird im Strafrecht mit Straffreiheit belohnt. Ein solcher positiver Sinneswandel muss daher auch im Erbrecht gewürdigt werden (OGH).

Anmerkung: Nach stRsp gelangt bei der Begehung von gerichtlich strafbaren Handlungen gegen den Erblasser (§ 539 1. Fall) die Privilegierung des § 166 StGB zur Anwendung. Diese Bestimmung sieht bei der Begehung von gewissen Vermögensdelikten (bspw Diebstahl, Veruntreuung, Betrug) zum Nachteil naher Angehöriger eine Herabsetzung der Strafdrohung vor. Dadurch sinkt die Strafdrohung jedoch unter die Mindeststrafdrohung von mehr als einem Jahr (§ 539), sodass eine Erbunwürdigkeit nach § 539 1. Fall bei Erfüllung der Tatbestandsvoraussetzungen des § 166 StGB jedenfalls ausgeschlossen ist. Bei Straftaten gegen die Verlassenschaft ist § 166 StGB dagegen nicht anwendbar. Der OGH sah in dieser unterschiedlichen Behandlung hinsichtlich der Erbunwürdigkeit einen Wertungswiderspruch: Bei Straftaten gegen die Verlassenschaft liegt Erbunwürdigkeit daher erst dann vor, wenn dieselbe Tat auch gegen den Verstorbenen selbst zur Erbunwürdigkeit geführt hätte (OGH).

Beispiel:
Lisa entdeckt eines Tages am Dachboden ihres Vaters Josef ein Gemälde des Malers Licasso (Wert 10.000 €), das Josef bereits vor einigen Jahren gekauft hat. Lisa erkennt eine gute Möglichkeit durch den Verkauf an schnelles Geld zu kommen und nimmt das Gemälde daher heimlich mit. Wenig später stirbt Josef ohne Hinterlassung eines Testaments. Der Verlust des Gemäldes blieb bis zu seinem Tod unbemerkt.

Lisa hat durch die Wegnahme des Gemäldes einen schweren Diebstahl gem § 128/1 Z 5 StGB begangen. Die Strafdrohung hiefür beträgt drei Jahre, sodass Lisa eigentlich erbunwürdig iSd § 539 1. Fall wäre – mangels Kenntnis von dem Diebstahl kommt auch eine Verzeihung (s Rz 167) durch Josef nicht in Frage. Da Lisa jedoch nahe Angehörige Josefs ist und der Diebstahl unter § 166 StGB fällt, wird die Strafdrohung auf sechs Monate herabgesetzt (s § 166/1 1. Satz StGB). Somit ist Lisa nicht erbunwürdig nach § 539 1. Fall und erbt im Rahmen der gesetzlichen Erbfolge.

Beispiel aus der Rechtsprechung:
Sachverhalt: Der Verstorbene hinterließ seine Lebensgefährtin und eine Tochter. Letztere hatte er zur Alleinerbin eingesetzt und seiner Lebensgefährtin letztwillig das uneingeschränkte Wohnrecht auf der erblasserischen Liegenschaft eingeräumt. In den Unterlagen des Erblassers fand die Lebensgefährtin eine Lebensversicherungspolizze; für den Fall des Ablebens war eine sofortige Zahlung von € 10.000 vermerkt. Bezugsberechtigt war der Überbringer der Versicherungsurkunde. Die Lebensgefährtin begab sich mit der Polizze in eine Bankfiliale, um sich die Versicherungsleistung auszahlen zu lassen. Von einem Bankmitarbeiter wurde nach Durchsicht der Urkunde das für die Auszahlung der Versicherungsleistung vorgesehene Formular mit den Daten der Lebensgefährtin versehen und zur Unterschriftsleistung ausgedruckt. Auf die-

sem Formular fand sich die Passage, wonach der Antragsteller eidesstattlich erkläre, die Versicherungspolizze bereits zu Lebzeiten vom Versicherungsnehmer übertragen erhalten zu haben. Dies veranlasste die Lebensgefährtin, von ihrem Vorhaben Abstand zu nehmen und doch nicht die Unterschrift unter den Auszahlungsantrag zu setzen. Stattdessen übergab sie die Versicherungsurkunde der Tochter. Diese brachte nun vor, die Lebensgefährtin sei infolge ihres Verhaltens erbunwürdig iSd § 579 (versuchter schwerer Betrug) und habe dadurch das ihr letztwillig eingeräumte Wohnrecht verloren. *Aus der Begründung:* Aus strafrechtlicher Sicht ist die Lebensgefährtin in strafbefreiender Weise vom versuchten schweren Betrug zurückgetreten. Es stellt sich die Frage, ob der strafbefreiende Rücktritt der Erbunwürdigkeit nach § 539 entgegensteht. Nach stRsp führt der Versuch einer strafbaren Handlung zur Erbunwürdigkeit, weil dieser der vollendeten Tat gem § 15 StGB gleichgestellt ist. Umgekehrt muss auch ein strafbefreiender Rücktritt vom Versuch die Annahme der Erbunwürdigkeit ausschließen. § 539 stellt auf die Begehung einer „gerichtlich strafbaren Handlung" ab. Dieser Begriff hat in der strafrechtlichen Rechtsprechung einen eindeutigen Inhalt: Eine strafbare Handlung liegt nur dann vor, wenn ein Verhalten Gegenstand eines (den Täter verurteilenden) Ausspruchs sein kann. Der Täter muss also tatbestandsmäßig, rechtswidrig und schuldhaft gehandelt haben; sein Verhalten muss allfälligen zusätzlichen Voraussetzungen der Strafbarkeit genügen. Zu Letzterem gehört auch das Fehlen von Strafaufhebungsgründen (dazu zählt ua der freiwillige Rücktritt vom Versuch). Knüpft der Gesetzgeber eine zivilrechtliche Rechtsfolge an das Vorliegen einer „strafbaren Handlung" an, so ist aus systematischen Gründen anzunehmen, dass dieser Begriff im oben genannten Sinn zu verstehen ist. Denn es wäre widersprüchlich, wenn der Gesetzgeber zwar auf strafrechtliche Begriffe zurückgreift, diese jedoch in einem anderen Sinn verstanden wissen will als in ihrem ursprünglichen Anwendungsbereich. Vielmehr folgt aus der Einheit der Rechtsordnung zumindest im Grundsatz auch die Einheit der Rechtssprache. Den Materialien zum ErbRÄG 2015 ist keine abweichende Begriffsbildung zu entnehmen. Der Rücktritt vom versuchten Betrug hat daher nicht nur die Strafbarkeit, sondern auch die Erbunwürdigkeit der Lebensgefährtin beseitigt. *Zusammenfassung:* Ein strafbefreiender Rücktritt von einer versuchten strafbaren Handlung steht der Annahme von Erbunwürdigkeit iSd § 539 entgegen (2 Ob 100/19y). *Anmerkung:* Der freiwillige Rücktritt vom Versuch kann – dem OGH zufolge – auch Erbunwürdigkeit iSd § 540 verhindern. Die im Gesetz demonstrativ beschriebenen und in Lehre wie Rechtsprechung behandelten Fälle der absichtlichen Vereitelung der Verwirklichung des letzten Willens weisen – ebenso wie § 539 – einen unverkennbaren Bezug zum Strafrecht auf, weshalb die Wertungen aus 2 Ob 100/19y auch auf § 540 anzuwenden sind. Daher steht ein strafbefreiender Rücktritt von einer versuchten strafbaren Handlung, die die absichtliche Vereitelung des wahren letzten Willens des Erblassers zum Ziel hat, der Erbunwürdigkeit entgegen (2 Ob 174/20g, s dazu sogleich unten).

- gem § 540: Wer absichtlich die Verwirklichung des wahren letzten Willens des Verstorbenen vereitelt oder zu vereiteln versucht hat, etwa indem er den Verstorbenen zur Erklärung des letzten Willens gezwungen oder ihn dazu arglistig verleitet hat oder den Verstorbenen an der Erklärung bzw Änderung des letzten Willens gehindert oder einen bereits errichteten letzten Willen unterdrückt hat. Nach der Rsp führt die Unterdrückung des letzten Willens auch dann zur Erbunwürdigkeit, wenn die letztwillige Verfügung formungültig war. Auch wenn der Erblasser gar keine letztwillige Verfügung errichtet hat, ist erbunwürdig, wer dem Verstorbenen eine gefälschte letztwillige Verfügung unterschiebt. Im Anwendungsbereich des § 540 schließt ein freiwilliger Rücktritt von einer versuchten strafbaren Handlung, mit welcher der wahre letzte Wille des Erblassers hätte vereitelt werden sollen, die Erbunwürdigkeit ebenfalls aus.

Beispiel aus der Rechtsprechung:
Sachverhalt: Der 2019 Verstorbene hinterließ seine Ehefrau und eine aus früherer Ehe stammende Tochter. Er hatte keine letztwillige Verfügung getroffen. Nach dem Tod des Erblassers fälschte die Witwe ein eigenhändiges Testament, welches sie zur Universalerbin machte. Dieses übergab sie dem Gerichtskommissär. Später erstattete sie Selbstanzeige wegen Testamentsfälschung. Die Tochter brachte die Erbunwürdigkeit der Gattin gem § 540 nF vor, da sie absichtlich die Verwirklichung des wahren letzten Willens zu vereiteln versucht hatte. Die Witwe erwiderte, dass § 540 ausschließlich den durch eine gewillkürte Erbfolgeregelung zum Ausdruck gebrachten Willen des Erblassers und nicht auch die gesetzliche Erbfolge schütze.
Aus der Begründung: Nach der Rechtslage vor dem ErbRÄG 2015 war es unstrittig, dass sowohl die Beeinträchtigung der gewillkürten Erbfolgeordnung als auch der ausgesetzten Vermächtnisse des Verstorbenen erbunwürdig machen. Dies gilt ebenso für die neue Rechtslage. Ob § 540 nF auch die gesetzliche Erbfolge schützt, wurde bisher von der Judikatur nicht eindeutig beantwortet; die Lehre ist gespalten. Dennoch schloss der OGH, dass auch die gesetzliche Erbfolge unter den Schutz der Erbunwürdigkeitsbestimmungen fällt: Während § 542 aF ausschließlich Beispiele anführte, welche eine Beeinträchtigung des erklärten oder zu erklärenden letzten Willens betreffen, ist § 540 nF (als Nachfolgebestimmung) allgemeiner formuliert. Erbunwürdig ist nunmehr, „wer absichtlich die Verwirklichung des wahren letzten Willens des Verstorbenen vereitelt oder zu vereiteln versucht hat". Darunter lässt sich auch die Beeinträchtigung der gesetzlichen Erbfolge subsumieren. Aus § 541 nF ergibt sich, dass der Gesetzgeber auch die Unterlassung letztwilliger Verfügungen eines Testierfähigen als relevante Willensbetätigung akzeptiert. Jeder testierfähigen Person wird das Wissen unterstellt, dass man zum einen die Erbfolge durch letztwillige Verfügung regeln kann und dass zum anderen bei fehlendem letzten Willen die gesetzliche Erbfolge eintritt. Wer daher als Testierfähiger keine letztwillige Verfügung trifft, betätigt seinen Willen durch Unterlassung insoweit, als er sich mit der gesetzlichen Erbfolge abfindet. Daran anknüpfend kann – den Wertungen des Gesetzgebers folgend – jemand, der keinen letzten Willen erklärt hat, dennoch einen „wahren letzten Willen" iSd § 540 nF haben, der vereitelt werden kann. Erbunwürdig macht sich daher – wie im streitgegenständlichen Fall – auch jener Erbe, der versucht, dem Verstorbenen, der nicht letztwillig verfügt hat, ein Testament unterzuschieben.
Zusammenfassung: Erbunwürdigkeit iSd § 540 nF wegen absichtlicher Vereitelung der „Verwirklichung des wahren letzten Willens" des Verstorbenen liegt auch dann vor, wenn der Verstorbene keine letztwillige Verfügung hinterlassen hat und durch die Handlung eines Erben die gesetzliche Erbfolge beeinträchtigt werden soll – wie bei Unterschiebung eines Testaments (2 Ob 174/20g).
Anmerkung: Im vorliegenden Fall bewahrte sich die Ehefrau jedoch mit ihrer Selbstanzeige vor der Erbunwürdigkeit (s zum Rücktritt vom Versuch schon oben; Rz 165). Auch das Fingieren der Existenz eines Testaments und dessen vorgetäuschte Zerstörung stellen einen Erbunwürdigkeitsgrund iSd § 540 dar. Erbunwürdigkeit kann selbst nach dem Tod der betroffenen Person eintreten (s zum nachträglichen Verlust der Erbfähigkeit unten Rz 169).

Beispiel aus der Rechtsprechung:
Sachverhalt: Der Erblasser hatte zwei Kinder aus erster Ehe und seine zweite Ehefrau hinterlassen. Den genannten Personen war aufgrund der gesetzlichen Erbfolge zu je einem Drittel rechtskräftig eingeantwortet worden. Im Testament der kurz nach dem Tod ihres Gatten verstorbenen Ehefrau gestand diese, den letzten Willen ihres vorverstorbenen Mannes vereitelt zu haben: „Ich habe das Testament meines Mannes zerrissen. Er hat alles einer wohltätigen Organisation vermacht." Tatsächlich hatte der Erblasser niemals ein Testament errichtet. Hintergrund des falschen Geständnisses war vielmehr der Versuch der Frau, den Kindern ihres Mannes den gesetzlichen Erbteil zu entziehen, indem sie vortäuschte, ihr Gatte hätte in Wahrheit sein gesamtes Vermögen einer wohltätigen Organisation vermachen wollen.
Aus der Begründung: Während die Vorinstanzen die Ansicht teilten, die Witwe habe keinen Erbunwürdigkeitsgrund verwirklicht, kam der OGH zu einem anderen Ergebnis: Auch das Vortäuschen eines Testaments und dessen Zerstörung mit dem Vorsatz, die gesetzlichen Erben um ihren Erbteil zu bringen, stelle eine Vereitelung des wahren letzten Willens des Verstorbenen dar. Die Witwe sei nachträglich erbunwürdig geworden und daher von der gesetzlichen Erbfolge nach ihrem Mann ausgeschlossen gewesen. Dessen Kinder seien demnach berechtigt den der Witwe zu Lebzeiten eingeantworteten Erbteil herauszuverlangen.
Zusammenfassung: Die Existenz eines Testaments und dessen Vernichtung zu fingieren, stellt genauso einen Erbunwürdigkeitsgrund iSd § 540 dar, wie das Unterschieben einer letztwilligen Verfügung (s das Bsp oben). Wer eine solche Täuschung unternimmt, macht sich erbunwürdig – selbst, wenn die Täuschung erst nach dem Tod der betreffenden Person zu Tage kommt (2 Ob 75/20y).
Anmerkung: Die Entscheidung erging noch zur alten Rechtslage und bezog sich auf § 542 aF, jedoch wird seit dem ErbRÄG 2015 sogar ausdrücklich gesetzlich angeordnet, dass der Verlust der Erbfähigkeit ebenso nachträglich eintreten kann (§ 543/2 nF, s dazu unten Rz 169). Der OGH hielt in der vorliegenden E zudem fest, dass auch nach altem Recht die gesetzliche Erbfolge geschützt sei und deren Beeinträchtigung somit zur Erbunwürdigkeit führt.

Gem § 541 erbunwürdig sind Personen, die

166
- gegen den Ehegatten, eingetragenen Partner oder Lebensgefährten des Verstorbenen oder gegen dessen Verwandte in gerader Linie eine gerichtlich strafbare Handlung begangen haben, die nur vorsätzlich begangen werden kann und mit mehr als einjähriger Freiheitsstrafe bedroht ist,
- dem Verstorbenen schweres seelisches Leid zugefügt haben oder
- ihre aus dem Rechtsverhältnis zwischen Eltern und Kindern sich ergebenden Pflichten (zB Unterhalt, Obsorge) dem Verstorbenen gegenüber gröblich vernachlässigt haben (setzt Verschuldensfähigkeit voraus; str, ob Pflichtverletzung vorsätzlich begangen worden sein muss oder, ob bereits grobe Fahrlässigkeit genügt).

Beispiel aus der Rechtsprechung:
Sachverhalt: Hans ermordete seine Ehefrau Erna. Er war im Zeitpunkt der Tat aufgrund einer schizophrenen Psychose unfähig, das Unrecht seiner Tat einzusehen oder nach dieser Einsicht zu handeln. Im Verlassenschaftsverfahren gibt Martha, die Mutter

der kinderlosen Erna, eine Erbantrittserklärung zum gesamten Nachlass ab. Auch Hans gibt eine Erbantrittserklärung zu zwei Dritteln ab, die er auf sein gesetzliches Erbrecht stützt.
Aus der Begründung: Das Vorliegen eines Schuldausschließungsgrundes beseitigt die von Gesetzes wegen eintretende Erbunwürdigkeit. Dies führt dazu, dass Hans nicht erbunfähig ist und daher zwei Drittel des Nachlasses nach seiner getöteten Frau Erna unter Berufung auf sein gesetzliches Erbrecht fordern darf. Martha bekommt – ebenfalls aus dem gesetzlichen Erbrecht – lediglich das restliche Drittel (Anm.: Berechnung nach alter Rechtslage).
Zusammenfassung: Das Vorliegen eines Schuldausschließungsgrundes beseitigt die von Gesetzes wegen eintretende Erbunwürdigkeit (6 Ob 636/93).
Anmerkung: Das Ergebnis ist befremdend und fragwürdig, weil Hans immerhin die Bedingung für den Erbfall herbeigeführt hat.

Während die ***Enterbung ausdrücklich*** oder ***stillschweigend*** erklärt werden muss, bedarf die ***Erbunwürdigkeit keiner*** besonderen ***Anordnung*** des Erblassers: Sie wirkt ***von Gesetzes wegen,*** da davon ausgegangen wird, dass der Erblasser bei Kenntnis dieser Umstände den Erben vom Erbrecht ausgeschlossen hätte. Umgekehrt wird die Erbunwürdigkeit durch (formlose, nicht zugangsbedürftige) ***Verzeihung*** des Erblassers beseitigt. Die Verzeihung hat nicht den Charakter eines Rechtsgeschäfts, sodass der Erblasser weder geschäfts- noch testierfähig sein muss (str); jedoch muss er in der Lage sein, die Bedeutung seines Verhaltens zu verstehen. Die Enterbung muss hingegen (so wie andere letztwillige Verfügungen) in der entsprechenden Form widerrufen werden, sodass eine testierunfähige Person auch keine Enterbung vornehmen kann. Die Verzeihung kann (wie der Widerruf) auch stillschweigend erfolgen, zB dadurch, dass der Erblasser den Betroffenen in Kenntnis des Fehlverhaltens letztwillig bedenkt. Da die Verzeihung freilich nur zu Lebzeiten des Erblassers erfolgen kann, ist eine Verzeihung hinsichtlich nach dem Tod gesetzter Erbunwürdigkeitsgründe nicht möglich. **167**

Beachte: Die Erbunwürdigkeitsgründe nach § 541 stellen jedoch eine Ausnahme dar: Im Gegensatz zu den in §§ 539 und 540 genannten Gründen führen sie nicht automatisch (eo ipso) zum Verlust der Erbfähigkeit. Dies tritt nur ein, wenn der Erblasser faktisch oder rechtlich nicht mehr in der Lage war, die betreffende Person zu enterben. Dies ist etwa dann der Fall, wenn der Verstorbene bereits testierunfähig war oder keine Kenntnis vom Enterbungsgrund hatte.

Einem Erbunwürdigen fällt die Erbschaft gar nicht an. Die Erbunwürdigkeit ist von Amts wegen wahrzunehmen, wobei denjenigen, der sie geltend macht, die Beweislast trifft. Bei gesetzlicher Erbfolge sind die Nachkommen des Erbunwürdigen an dessen Stelle zur Erbfolge berufen, die über den Erbunwürdigen hinweg erben (§ 542). Dies gilt – da es sich um ***formelle Repräsentation*** handelt (dazu Rz 35) – nicht für Nachkommen, die gegenüber dem Erblasser gar nicht gesetzlich erbberechtigt sind, wie zB ein uneheliches Kind der erbunwürdigen Ehegattin des Erblassers oder Nachkommen von erbunwürdigen Urgroßeltern des Erblassers (jenseits der Erbrechtsgrenze). **168**

169 § 543/1 bestimmt, dass die Erbfähigkeit im Zeitpunkt des Erbanfalls vorliegen muss. Gem § 543/2 verliert der Erbe seine Erbfähigkeit aber nachträglich, wenn er eine gerichtlich strafbare Handlung gegen die Verlassenschaft iSd § 539 (zB schwerer Diebstahl) begeht oder den wahren letzten Willen des Verstorbenen vereitelt oder zu vereiteln versucht (§ 540).

Beispiel:
Nach ihrem Tod wird Isabellas Testament gefunden. In diesem behauptet sie wahrheitswidrig, den Willen ihres vorverstorbenen Ehemanns Edward durch Zerstörung seines Testaments – in dem dieser einen Tierschutzverein als Universalsukzessor eingesetzt habe – vereitelt zu haben. In Wahrheit gab es das vermeintlich zerstörte Testament nie, Isabella wollte lediglich Edwards Kinder um deren gesetzlichen Erbteil bringen. Isabella hat durch diese Behauptung in ihrem Testament nachträglich ihre Erbfähigkeit verloren (§§ 543/2 iVm 540, nachträglicher Vereitelungsversuch). Der ihr zu Lebzeiten gesetzlich eingeantwortete Erbteil kann von Edwards Kindern als tatsächlich berechtigte gesetzliche Erben mittels Erbschaftsklage (§ 823) herausverlangt werden. S dazu bereits das noch zur alten Rechtslage ergangene Judikaturbeispiel (2 Ob 75/20y) oben Rz 166.

Während die strafbare Handlung gegen den Verstorbenen zu dessen Lebzeiten begangen werden muss, zieht eine strafbare Handlung gegen die Verlassenschaft nunmehr also auch nach dem Tod des Verstorbenen den Verlust der Erbfähigkeit nach sich. Problematisch ist, dass die strafbare Handlung gegen die Verwandten des Verstorbenen auch zu Lebzeiten desselben begangen werden muss. Wurde bspw der Stiefsohn des Verstorbenen als Erbe testamentarisch bedacht und bringt dieser den Sohn des Verfügenden während der Verlassenschaftsabhandlung um, kommt es nach dem neuen Recht nicht zu einer Erbunwürdigkeit, was vollkommen wertungswidrig erscheint, sodass eine Analogie erwägenswert wäre.

2. Erbverzicht

Literaturauswahl: *Zankl,* Der Erbverzicht zum Nachteil minderjähriger Nachkommen, NZ 1990, 5; *Zemen,* Zu den Wirkungen des Erbverzichtes auf die Nachkommen, JBl 1990, 500; *Welser,* Erbverzicht und Schenkung auf den Todesfall, NZ 1991, 84; *Beer,* Die vorweggenommene Erbfolge, in *Kalss/Schauer* (Hg), Unternehmensnachfolge (2001) 35; *Zankl,* Umgehung der Schenkungsanrechnung, NZ 2001, 111; *C. Rabl,* Die Stellvertretung beim Erbverzicht, NZ 2002, 105; *Lenneis,* Problematik der Pflichtteilsvergrößerung durch Verzicht auf das Erbrecht, AnwBl 2009, 263; *W. Tschugguel,* Muss der Erbverzichtsvertrag in gleichzeitiger persönlicher Anwesenheit der Vertragsparteien geschlossen werden? iFamz 2010, 163; *derselbe,* Gültigkeit einer Erbeinsetzung nach Erbverzicht und pflichtteilsrechtliche Folgen, iFamZ 2010, 290; *derselbe,* Form des Erbverzichtsvertrags –prätorischer Vergleich? iFamZ 2011, 34; *Kogler,* Der Erbverzicht (2013); *derselbe,* Die Ausschlagungsverpflichtung vor Anfall des Erbrechts, EF-Z 2014/3; *Cach/Nalussi,* Erbrechts-Änderungsgesetz 2015, GesRZ 2015, 220; *Kogler,* Der Erbverzicht nach dem Erbrechts-Änderungsgesetz, JBl 2015, 613; *derselbe,* Die Vereinbarung der Anrechnung auf ein testamentarisches Erbrecht, NZ 2015/1; *Kolmasch,* Erbrechts-Änderungsgesetz 2015 (ErbRÄG 2015), Zak 2015, 250; *C. Rabl,* Erbrechtsreform 2015 – Pflichtteilsrecht neu, NZ 2015, 321; *C. Rabl/Zöchling-Jud,* Das neue Erbrecht (2015); *Brandstätter,* Erbrechtsreform (Teil I), ecolex 2016, 30; *Kathrein,* Das neue Erbrecht, EF-Z 2016, 4; *Kogler,* Formvorschriften im neuen Erbrecht – Zugleich ein Beitrag zu Vereinbarungen über die

Anrechnung (2016); *Pesendorfer,* Entstehung des Erbrechts, Erbverzicht, Erbschaftserwerb und Verjährung, in *Barth/Pesendorfer* (Hg), Praxishandbuch des neuen Erbrechts (2016) 17; *C. Rabl,* Der Pflichtteilsverzicht als anrechenbare Schenkung, NZ 2016/64; *A. Wall,* Erbverzicht, in *Gruber/Kalss/Müller/Schauer* (Hg), Erbrecht und Vermögensnachfolge[2] (2018) 777; *Kogler,* Schenkungsanrechnung und Ausmessung der Pflichtteile bei einem Erb- und Pflichtteilsverzicht, JBl 2019, 516; *Wibiral/Cach,* Partieller Erbverzicht hinsichtlich konkreter Gegenstände? JEV 2020, 159; *Christandl,* Verzicht auf die Vorerbschaft und Pflichtteil, EF-Z 2022/114.

Judikaturauswahl: 6 Ob 529/87 (Erb- oder Pflichtteilverzicht umfasst im Zweifel nicht auch einen Verzicht auf ein Vermächtnis); 8 Ob 103/11x (Anfechtung des Erbverzichts); 9 Ob 54/12z (Widerruf des Erbverzichts); 3 Ob 165/13f (Zum Pflichtteilsverzicht); 2 Ob 154/19i (Pflichtteilsverzicht mit mündlichen Nebenvereinbarungen).

Die Erbfolge wird ebenso durch Erbverzicht ausgeschlossen. Dieser kann sich auch nur auf Teile der Verlassenschaft beziehen (partieller Erbverzicht) und verschafft dem Erblasser ***„freie Hand“,*** was va dann erforderlich ist, wenn die Vermögensnachfolge schon *zu seinen Lebzeiten* herbeigeführt oder verbindlich geregelt werden soll. 170

Beispiele:
Der Erblasser hat zwei Töchter (A und B). A soll das Unternehmen des Vaters fortführen und erhält es daher schon jetzt übertragen. Um nicht gegenüber B bevorzugt zu werden, muss sie auf ihren Erbteil verzichten, sodass das restliche Vermögen des Vaters nach dessen Tod B zufällt.

Der Sohn des Erblassers ist in finanziellen Schwierigkeiten und bittet seinen Vater um Unterstützung. Dieser kommt für die Schulden seines Sohnes auf, verlangt aber dafür einen Erbverzicht, um eine Benachteiligung seiner anderen Kinder zu vermeiden.

Nach § 551/2 nF erstreckt sich der Erbverzicht – wenn nichts anderes vereinbart wurde – auch auf den Pflichtteil. Im Zweifel ist dies daher anzunehmen und auch konsequent, da pflichtteilsberechtigt nur jemand sein kann, der ohne letztwillige Verfügung gesetzlicher Erbe geworden wäre. Wird daher auf den (gesetzlichen) Erbteil verzichtet, so muss im Zweifel auch der Pflichtteil verloren gehen (nicht hingegen das testamentarische Erbrecht). Überlegt es sich der Erblasser daher anders, kann er den Verzichtenden immer noch testamentarisch bedenken; dies gilt auch bei einem Pflichtteilsverzicht, dazu Rz 176 (anders die Rsp, s das Bsp unten). Eine andere Frage ist es, ob ein Verzicht auf den testamentarischen Erbteil sich auch auf den gesetzlichen Erbteil bezieht. Dies ist von § 551/2 und der erwähnten Konsequenz nicht erfasst und daher im Zweifel nicht anzunehmen. Ebenso wenig kann wohl davon ausgegangen werden, dass ein Erb- bzw Pflichtteilsverzicht auch das Pflegevermächtnis gem § 677 (Rz 188 ff) umfasst, da dieses trotz seines zwingenden Charakters nicht im Pflichtteilsrecht verwurzelt ist. Sehr wohl ist jedoch nach hA das gesetzliche Vorausvermächtnis nach § 745/1 vom Verzicht umfasst. 171

Beispiel aus der Rechtsprechung:
Sachverhalt: Die am 26.8.2013 verstorbene Erblasserin hatte am 16.2.1990 mit ihrer Tochter S einen notariellen Schenkungsvertrag mit Pflichtteilsverzicht geschlossen,

worin sie ihrer Tochter eine Liegenschaft mit einem darauf befindlichen Wohnhaus schenkte. Punkt 3. dieses Vertrags lautet: „Frau S nimmt diese Schenkung rechtsverbindlich an. Sie erklärt, hiedurch in allen ihren Pflichtteilsansprüchen gegenüber ihrer Mutter, Frau M, vollkommen entfertigt zu sein und daher auch auf das ihr gegen den künftigen Nachlass derselben zustehende Pflichtteilsrecht auch mit Wirkung für ihre Nachkommen ausdrücklich zu verzichten. Frau M nimmt diesen Pflichtteilsverzicht ihrer Tochter, Frau S, rechtsverbindlich an." Am 6.10.2008 errichtete die Erblasserin vor einem Notar ein schriftliches Testament, in dem sie ihren Sachwalter G zum Alleinerben ihres Vermögens einsetzte. Punkt 3.3 des Testaments lautet: „Meine Tochter S setze ich auf den gesetzlichen Pflichtteil." Mit Schriftsatz vom 7.11.2013 beantragte S die Inventarisierung und Schätzung des Nachlasses. Sie brachte dazu vor, dass sie ungeachtet ihres Pflichtteilsverzichts vom 16.2.1990 im Testament vom 6.10.2008 auf den Pflichtteil „beschränkt" worden sei und sie aufgrund dieser letztwilligen Zuwendung als pflichtteilsberechtigte Noterbin dem Verfahren beizuziehen sei.
Aus der Begründung: Pflichtteilsberechtigte Personen sind gemäß §§ 784, 804 (§§ 778, 804 nF) berechtigt, im Verlassenschaftsverfahren die Inventarisierung und Schätzung des Nachlasses zu begehren. Ein Erbverzicht ist ein Vertrag zwischen dem künftigen Erblasser und einer Person, die als dessen künftiger Erbe oder sonst erbrechtlich Berechtigter angesehen wird und auf diese künftigen Ansprüche verzichtet. Ein Erbverzicht ist daher nicht einseitig widerruflich. Ein Erbverzichtsvertrag, in dem ein Pflichtteilsberechtigter auf sein gesetzliches Erbrecht und seinen Pflichtteilsanspruch verzichtet hat, hindert aber den Erblasser nicht, den Verzichtenden trotzdem zu bedenken. Der Erbverzicht berührt nur das Anwartschaftsrecht des Erben auf die Erbschaft, nicht aber seine Erbfähigkeit, weshalb er – unabhängig von einem Widerruf des Erbverzichts – aufgrund einer letztwilligen Verfügung erben kann. Pflichtteilsberechtigt sind die in § 762 (§ 757 nF) genannten Personen. Zudem muss eine konkrete Pflichtteilsberechtigung vorliegen; nur jene Personen haben ein Pflichtteilsrecht, die nach dem Erblasser tatsächlich aufgrund des Gesetzes berufen worden wären, wenn er nicht testiert hätte. Kein Pflichtteilsrecht haben daher Verwandte, die auf das Erbrecht (den Pflichtteil) verzichtet haben. Ausgehend von diesen Grundsätzen, kann sich die Antragstellerin für den von ihr geltend gemachten Anspruch auf Inventarisierung und Schätzung des Nachlasses gemäß § 804 nicht mit Erfolg auf eine Stellung als Pflichtteilsberechtigte berufen, weil sie aufgrund des von ihr im Schenkungsvertrag vom 16.2.1990 erklärten Pflichtteilsverzichts tatsächlich auch dann nicht als Noterbin (Pflichtteilsberechtigte) zum Zug gekommen wäre, wenn keine gültige letztwillige Verfügung der Erblasserin vom 6.10.2008 vorläge.
Zusammenfassung: Wer auf seinen Pflichtteil verzichtet, ist auch dann kein Pflichtteilsberechtigter und hat daher kein Recht auf Inventarisierung und Schätzung des Nachlasses, wenn der Erblasser ihn nachträglich testamentarisch bedenkt (10 Ob 35/14s).

172 Der Erbverzicht kommt durch einen ***Vertrag*** zwischen dem Erblasser und dem potenziellen Erben zustande, bedarf zu seiner Gültigkeit eines ***Notariatsaktes*** oder eines ***gerichtlichen Protokolls*** und kann vom Verzichtenden nicht einseitig, sondern nur im Einvernehmen mit dem Erblasser und (soweit er nach dem 31.12.2016 geschlossen wurde, s dazu Rz 327 ff) unter Wahrung der einfachen Schriftform (früher formlos) aufgehoben werden (§ 551/1). Da der Erbverzicht ein Vertrag ist, kommen auf ihn auch die Auslegungsregeln der §§ 914 ff zur Anwendung. Ebenso kann er (ausdrücklich wie konkludent) mit Bedingungen versehen werden (Rsp).

Beispiel aus der Rechtsprechung:
Sachverhalt: Der Verstorbene und seine Ehefrau (Beklagte) waren Hälfteeigentümer einer Liegenschaft samt Einfamilienhaus. Auf Wunsch der beiden hatten ihre drei Kinder – darunter die spätere Klägerin – noch zu Lebzeiten des Vaters auf ihre Pflichtteilsansprüche nach dem erstversterbenden Elternteil verzichtet, damit die Liegenschaft nicht zur Finanzierung der Pflichtteile vom überlebenden Elternteil verkauft werden müsse. Den Kindern wurde (mündlich) zugesagt, dass die Liegenschaft im Familienbesitz bleiben werde. Nach dem Tod des Erblassers im Jahr 2007 verkaufte die Beklagte die Liegenschaft im Februar 2014. Im März 2018 begehrte die Klägerin die Zahlung ihres Geldpflichtteils nach ihrem Vater, denn der Pflichtteilsverzichtsvertrag sei unter der Bedingung geschlossen worden, dass die elterliche Liegenschaft nicht verkauft werde.
Aus der Begründung I: Da auf die Auslegung von Erbverzichtserklärungen die §§ 914 ff Anwendung finden, ist nicht nur der objektive Erklärungswert des schriftlich Beurkundeten, sondern auch die mündlich erklärte Absicht der Parteien maßgebend. Der Beweggrund oder Endzweck einer Vereinbarung kann auch konkludent (§ 863) zur Vertragsbedingung erhoben werden. Aus dem erstinstanzlich festgestellten Sachverhalt ergab sich die wechselseitig erkennbare Absicht, die Liegenschaft im Familienbesitz zu halten. Der Wegfall der Bedingung (Veräußerung der Liegenschaft durch die Beklagte) hat die Unverbindlichkeit des Verzichts zur Folge.
Aus der Begründung II: Der Pflichtteilsanspruch war am 31.12.2016 – also weniger als drei Jahre nach Veräußerung der Liegenschaft im Februar 2014 – nach alter Rechtslage (§ 1487 aF) noch nicht verjährt. Am 1.1.2017 begann die Verjährungsfrist des § 1487a neu zu laufen – auch wenn dadurch die Verjährung faktisch verlängert wird (§ 1503/7 Z 9, vgl zur Verjährung Rz 331 und 2 Ob 167/19a).
Zusammenfassung: Bei Erb- und Pflichtteilsverzichten sind die Auslegungsregeln der §§ 914 ff anzuwenden. Die Vereinbarung einer (in diesem Fall auflösenden) Bedingung kann auch konkludent erfolgen (2 Ob 154/19i).

Verzichtet ein Erbe nur auf den Erbteil, wird er beim Erbfall so behandelt, als ob er nicht vorhanden wäre. Anders bei einem Erbverzicht, der den Pflichtteilsverzicht umschließt, oder bei einem bloßen Pflichtteilsverzicht. Hier sieht § 760/1 vor, dass dies im ***Zweifel die Pflichtteile der anderen Pflichtteilsberechtigten nicht erhöhen*** soll. Der Pflichtteilsverzicht soll damit mangels anderer Vereinbarung die Testierfreiheit des Erblassers erweitern. **173**

Der Erbverzicht wirkt sich ***im Zweifel*** (wenn also im Vertrag nicht das Gegenteil vorgesehen ist) ***auch zulasten der Nachkommen*** der Verzichtenden aus (§ 551/2), soweit diese in ihrer Eigenschaft als Repräsentanten des Verzichtenden erben würden. Der Verzicht bedarf nicht der Zustimmung der Nachkommen des Verzichtenden und auch nicht der pflegschaftsgerichtlichen Genehmigung für seine minderjährigen Nachkommen: Würden die Nachkommen über den Verzichtenden hinweg erben, hätte der Verzicht keinen Sinn, da der Erblasser wiederum über seinen Nachlass nicht frei verfügen könnte. **174**

Beispiele:
Der Erblasser hat zwei Söhne. Sohn A hat auf sein Erbrecht verzichtet, stirbt aber unter Hinterlassung eines eigenen Kindes (C) vor seinem Vater. Nach dessen Tod würde an sich das Kind C seinen Vater repräsentieren. Durch den Verzicht des Vaters ist nun

aber auch C vom Erbrecht nach seinem Großvater ausgeschlossen, sodass der gesamte Nachlass dem zweiten Sohn B zufällt.
Die Eltern A und B geben gegenüber ihrem Sohn C einen Erbverzicht ab. Damit sind auch dessen Geschwister (als Nachkommen der Eltern) vom Erbrecht nach C ausgeschlossen. Die eigenen Kinder des C bleiben aber gesetzlich erbberechtigt (obwohl sie als Enkel von A und B ebenfalls deren Nachkommen sind).

175 Mit den beiden oben genannten ***Zweifelsregeln*** (bezüglich der anderen Pflichtteilsberechtigten und der Nachkommen) entsteht für den Erblasser Regelungs- und für die Praxis damit Beratungsbedarf für den Fall, dass er die Konsequenzen dieser Regelungen nicht wünscht oder – weil sie eben nur im Zweifel zum Tragen kommen – klarstellen möchte.

176 Vor dem ErbRÄG 2015 wurde analog zum Erbverzicht auch der Abschluss eines ***Pflichtteilsverzichts*** (wenn auch im Gesetz nicht geregelt) allgemein anerkannt. Eine spezielle Norm für den Pflichtteilsverzicht sieht auch die neue Rechtslage nicht vor, doch wird der Pflichtteilsverzicht in § 758/1 erwähnt. Es gelten dieselben Formvorschriften wie für den Erbverzicht. Auch bei der Auslegung von Pflichtteilsverzichtserklärungen kommen die allgemeinen Regeln der §§ 914 ff zur Anwendung (OGH). Der Pflichtteilsverzicht hat in der Praxis aber eine wesentlich größere Bedeutung, da der Pflichtteil nur bei Vorliegen eines Enterbungsgrundes entzogen werden kann. Zur Entziehung des gesetzlichen Erbteils reicht hingegen die (verhältnismäßig einfache) Errichtung einer letztwilligen Anordnung. Wird nur auf das Pflichtteilsrecht verzichtet, so bleibt das gesetzliche Erbrecht gewahrt. Demgegenüber schließt gem § 551/2 ein Erbverzicht iZw (mangels gegenteiliger Vereinbarung) nicht nur das gesetzliche Erbrecht, sondern – wie erwähnt – auch das Pflichtteilsrecht des Verzichtenden aus (s Rz 172). Auch der Pflichtteilsverzicht erstreckt sich im Zweifel auf die Nachkommen (§ 758/2).

177 Verzichtsverträge, die zu Lebzeiten des Erblassers ***nicht mit diesem selbst*** geschlossen wurden, sind ***ungültig*** (§ 879/2 Z 3). Wenn also Sohn A mit seiner Schwester B vereinbart, dass er auf das Erbrecht nach dem Vater verzichtet, so ist diese Vereinbarung nichtig, und A hat nach dem Tod seines Vaters trotzdem ein Erbrecht.

3. Kapitel

Einzelrechtsnachfolge

I. Allgemeines

Der Einzelrechtsnachfolger ***(Singularsukzessor)*** erhält im Gegensatz zum Gesamtrechtsnachfolger nur ***einzelne Vermögenspositionen*** aus dem Nachlass. Diese können wertmäßig durchaus wesentliche Teile des Nachlasses erfassen oder diesen sogar erschöpfen (vgl §§ 535, 690). Da der Einzelrechtsnachfolger nicht an die Stelle des Erblassers tritt, haftet er insb auch nicht dessen Gläubigern, sondern wird selbst Gläubiger: Er hat gegen den Erben einen ***Erfüllungsanspruch,*** der zwar erbrechtlichen Ursprungs ist (sich nach dem Todesfall richtet), sich aber sonst nicht von anderen Forderungsrechten unterscheidet und daher ***schuldrechtlichen Regeln folgt.*** Daraus ergibt sich zB die Anwendbarkeit des § 1313a, wenn der Erbe einen Gehilfen zum Vermächtnisnehmer schickt, um das Legat zu übergeben. Auch der ***Eigentumserwerb*** des Einzelrechtsnachfolgers richtet sich nach allgemeinen Regeln, vollzieht sich also nicht (wie beim Universalsukzessor) durch Einantwortung, sondern bedarf in Bezug auf bewegliche Sachen grds der ***Übergabe*** und in Bezug auf unbewegliche Sachen der ***Grundbuchseintragung.*** Im Übrigen ist allerdings der erbrechtliche Ursprung doch insofern von Bedeutung, als für die Gültigkeit und den Inhalt des Erwerbstitels (also zB für das Vermächtnis) grds erbrechtliche Regeln gelten (vgl auch § 647/2). Daraus folgt, dass die oben beim Testament behandelten Voraussetzungen auch für die Einzelrechtsnachfolge gelten; dies jedenfalls insoweit, als es sich um die – konstruktiv dem Testament entsprechende – einseitige Singularsukzession durch Vermächtnis handelt (zu diesem sogleich). Für die vertragliche Einzelrechtsnachfolge (Rz 193 ff) gelten – eben im Hinblick auf ihre vertraglichen Elemente – teilweise Besonderheiten. 178

II. Einseitige Einzelrechtsnachfolge (Vermächtnis)

Literaturauswahl: *Zemen,* Zur Kürzung der Vermächtnisse nach § 783 ABGB, ÖJZ 1985, 65; *Welser,* Das Legat einer fremden Sache, NZ 1994, 197; *Zankl,* Schenkung auf den Todesfall, Vermächtnisvertrag und „reines Viertel", NZ 1997, 311; *derselbe,* Letztwillige Wertsicherungen im österreichischen und deutschen Recht, NZ 1998, 193; *Kletečka,* Das Nachlegat der Sache des Erben, NZ 1999, 66; *Zankl,* Antizipierte Vermächtniserfüllung, NZ 1999, 314; *Fischer-Czermak,* Vereinbarungen nach § 14 Abs 4 WEG, in FS Welser (2004) 189; *Umlauft,* Fragen und Fragwürdigkeiten im Zusammenhang mit Vereinbarungen zwischen Eigentümerpartnern zu Gunsten Dritter gemäß § 14 Abs 4 WEG 2002, in FS Welser (2004) 1119; *Fischer-Czermak,* Vermächtnisvertrag und Schenkung auf den Todesfall, in FS Binder (2010) 79; *Schweda,* Zur Ausfolgung von Legaten, NZ 2011, 161; *C. Rabl,* Das Schicksal der vom Erblasser verfügten Lasten nach Wegfall des belasteten Erben, NZ 2012/67; *Schweda,* Zur Ausfolgung von Legaten (Teil II), NZ 2012/59; *Barth/*

Pesendorfer, Erbrechtsreform 2015 (2015); *Cach/Nalussi,* Erbrechts-Änderungsgesetz 2015, GesRZ 2015, 220; *Deixler-Hübner/Schauer,* Erbrecht NEU (2015); *Kiener,* Abgeltung von Pflegeleistungen naher Angehöriger – Das Pflegevermächtnis, ÖZPR 2015/121; *Kolmasch,* Erbrechts-Änderungsgesetz 2015 (ErbRÄG 2015), Zak 2015, 250; *C. Rabl/Zöchling-Jud,* Das neue Erbrecht (2015); *Apathy,* Pflegevermächtnis und ungerechtfertigte Bereicherung, iFamZ 2016, 112; *Brandstätter,* Erbrechtsreform (Teil I), ecolex 2016, 30; *dieselbe,* Neue und alte Rechtsbehelfe zur Pflegeabgeltung, ecolex 2016, 1040; *Jöchl,* Das Pflegevermächtnis, VbR 2016/25; *Kathrein,* Das neue Erbrecht, EF-Z 2016, 4; *Neumayr/Kiener,* Die Abgeltung von Pflegeleistungen im Rahmen des Erbrechts, in *Barth/Pesendorfer* (Hg), Praxishandbuch des neuen Erbrechts (2016) 123; *Pesendorfer,* ErbRÄG 2015 – Neues im Vermächtnisrecht, in *Barth/Pesendorfer* (Hg), Praxishandbuch des neuen Erbrechts (2016) 101; *Stefula,* Die Abgeltung von Pflegeleistungen, EF-Z 2016/56; *Isola,* Das gesetzliche Pflegevermächtnis als Entgeltanspruch im Vermächtniswege, JEV 2017, 137; *Kamilarov/Schwangler,* Anspruchsvoraussetzungen des Pflegevermächtnisses, Zak 2017, 124; *Peyerl,* Das Pflegevermächtnis: Bewertung und steuerliche Aspekte, iFamZ 2017, 45; *Gruber/Sprohar-Helmich/Scheuba,* Erbeinsetzung und Vermächtnis, in *Gruber/Kalss/Müller/Schauer* (Hg), Erbrecht und Vermögensnachfolge[2] (2018) 650; *Hueber,* Direkter Anspruch der Vermächtnisnehmer gegen einen dritten Schädiger aufgrund eingetretener Schadensverlagerung? JBl 2018, 131; *Kolmasch,* Anfall, Fälligkeit und Verjährung des Vermächtnisses, Zak 2018, 106; *Jetzinger,* Die Anspruchsberechtigten des Pflegevermächtnisses: Zentrale Aspekte für pflegende Angehörige, NZ 2020/45; *Mondel,* Laufender Aufwand und Nutzen bei der vermachten Eigentumswohnung, iFamZ 2020, 388.

Judikaturauswahl: 6 Ob 204/09g (Anspruch des Nachlasses gegen den Legatar aus einem Benützungsentgelt); 1 Ob 108/10d (Bestätigung für Legatar nur mit Zustimmung der Erben); 6 Ob 140/10x (Vermächtnis von Mietzinsen); 6 Ob 74/12v (Sicherstellung des Vermächtnisses); 1 Ob 222/12x (Vermächtnis zur Körperspende); 8 Ob 1/14a (Uneigentliches Nachlegat); 2 Ob 124/17z (Klagslegitimation des Legatars gegen einen das Vermächtnis schädigenden Dritten).; 2 Ob 123/20g (Uneigentliches Nachlegat); 2 Ob 198/20m (Pflegevermächtnis und Pflichtteil); 2 Ob 54/21m (Kausalzusammenhang bei „Zuwendung“ iSd § 677).

179 Wie bereits erwähnt, kann ein Vermächtnis (Legat) nur durch eine ***gültige letztwillige Anordnung*** ausgesetzt werden. Für eine solche gilt das zum Testament Gesagte (etwa hinsichtlich der Testierfähigkeit, der Formvorschriften und der Substitution), jedoch mit einigen Abweichungen bzw Anpassungen, wie etwa den folgenden:

180 • Durch ein späteres Vermächtnis werden zu einem früheren Zeitpunkt ausgesetzte Vermächtnisse nur insofern aufgehoben, als sie mit demselben in Widerspruch stehen (§ 714). Nach neuer Rechtslage hebt ein späteres Testament ein früheres Vermächtnis jedoch auf, wenn damit über die gesamte Verlassenschaft verfügt wurde. Wurde nicht über die gesamte Verlassenschaft verfügt, so ist im Zweifel davon auszugehen, dass die frühere Verfügung aufrechtbleiben soll (§ 713/2).

181 • Der Verfügende muss die Bestimmung des Vermächtnisses – in Abweichung zu dem Grundsatz der Höchstpersönlichkeit (§ 564, s Rz 68) – nicht zwingend selbst vornehmen: Bedenkt er Verwandte, Dienstnehmer oder bedürftige Menschen mit einem Legat, kann er die Verteilung der Vermächtnisgegenstände, welche von diesen Personen begünstigt ist und was sie jeweils bekom-

men sollen, dem Erben oder einem Dritten überlassen. Hat der Verfügende keine bestimmte Anordnung diesbezüglich getroffen, so kann der Erbe die Verteilung vornehmen (§ 651 – Verteilungsvermächtnis).

Gegenstand des Vermächtnisses können einzelne Sachen, Sachen aus einer Gattung, bestimmte Beträge oder Rechte sein (§ 535). *Beschwert* kann damit jeder werden, der eine letztwillige Zuwendung erhält. Das ist gewöhnlich der Erbe, doch kann auch ein Vermächtnisnehmer seinerseits mit einem Vermächtnis belastet werden (§ 649/2: sog Untervermächtnis). Nimmt der sog Hauptvermächtnisnehmer das mit einem Untervermächtnis belastete Vermächtnis an, muss er das Untervermächtnis selbst dann erfüllen, wenn es den Wert seines Vermächtnisses übersteigt (§ 650). Nach wohl hL kann der Hauptvermächtnisnehmer die Annahme des Vermächtnisses jedoch irrtumsrechtlich anfechten, wenn er (im Zeitpunkt der Annahme) entweder keine Kenntnis vom Untervermächtnis hatte oder über die Wertverhältnisse zwischen Hauptvermächtnis und Untervermächtnis irrte. Schlägt der Hauptvermächtnisnehmer das Hauptvermächtnis aus oder erhält er es aus einem anderen Grund nicht (bspw wegen Erbunwürdigkeit), geht die Pflicht zur Erfüllung des Untervermächtnisses auf die Person über, der das Hauptvermächtnis zufällt. Dies kann ein Ersatzvermächtnisnehmer (§ 652) oder ein Mitvermächtnisnehmer kraft Anwachsung (§ 689) sein. Sind solche nicht vorhanden (oder erhalten sie das Hauptvermächtnis aus einem anderen Grund nicht), fällt das Hauptvermächtnis in die Verlassenschaft (§ 689 S 3), sodass die Erben zur Deckung des Untervermächtnisses verpflichtet sind. Gem § 650 S 2 kann derjenige, dem das Hauptvermächtnis zufällt, anstelle der Erfüllung des Untervermächtnisses auch dem Untervermächtnisnehmer das Hauptvermächtnis herausgeben (dabei handelt es sich um eine ***„facultas alternativa“***). Nach richtiger Ansicht steht diese Ersetzungsbefugnis jedoch ausschließlich dem Erben zu, nicht aber dem Hauptvermächtnisnehmer oder Ersatz- bzw Mitvermächtnisnehmer. Da das Hauptvermächtnis dadurch, dass es in die Verlassenschaft fällt, nicht mehr als Vermächtnis fortbesteht, könnte der Erbe sich nämlich nur durch Ausschlagung der gesamten Erbschaft vom Untervermächtnis befreien. Der Hauptvermächtnisnehmer sowie der Ersatz- bzw Mitvermächtnisnehmer könnten dagegen bereits durch Ausschlagung (nur) des Hauptvermächtnisses die Verpflichtung zur Erfüllung des Untervermächtnisses verhindern. **182**

Vermacht der Erblasser Sachen, die keine speziellen Merkmale aufweisen (zB „20 Goldbarren zu 500 Gramm“), so ist das Vermächtnis unabhängig davon zu erfüllen, ob die Sachen überhaupt im Nachlass oder im Eigentum des Beschwerten sind. Den Belasteten trifft dann auch ohne besondere Anordnung des Erblassers eine Beschaffungspflicht (§ 658/1). Vermacht der Erblasser hingegen ganz bestimmte Sachen (zB „das Gemälde X“), so ist dieses Vermächtnis unwirksam, wenn sich die Sache nicht im Nachlass oder im Eigentum des Beschwerten befindet (es können also auch Sachen vermacht werden, die dem Beschwerten persönlich gehören, § 662/1). Der Erblasser kann für diesen Fall aber anordnen, dass der Belastete dem Vermächtnisnehmer die Sache zu besorgen hat (§ 662/2:

Verschaffungsvermächtnis). Ist dem Erben der Erwerb dieser Sache nicht möglich, hat er dem Legatar den Wert der Sache zu entrichten.

183 Hat der Erblasser ohne nähere Bestimmung eine von mehreren Sachen einer Gattung vermacht (wobei die Auswahl dem Erben, einem Dritten oder dem Vermächtnisnehmer überlassen werden kann), so steht die Wahl im Zweifel dem Erben zu. Dieser muss aber ein Stück wählen, das unter Beachtung des letzten Willens den Bedürfnissen des Vermächtnisnehmers entspricht (§ 656; zB kann der gehbehinderte Vermächtnisnehmer einer Wohnung in einem bestimmten Haus verlangen, dass er nicht die Wohnung im Obergeschoss, sondern im Erdgeschoss erhält, wenn im Haus kein Aufzug vorhanden ist). War die vermachte Sache ursprünglich im Vermögen des Erblassers, hat er sie aber (unter Lebenden oder auf den Todesfall) veräußert, so gilt das Vermächtnis als widerrufen (§ 724/1 Z 2).

Beispiel:
Der Erblasser hat seiner Schwiegertochter eine Bildersammlung vermacht. Nach seinem Tod stellt sich heraus, dass er sie verkauft (oder auf den Todesfall verschenkt) hat. Die Schwiegertochter erhält in diesem Fall auch keinen (auf Geld gerichteten) Ersatzanspruch gegen den Nachlass, sondern geht völlig leer aus (Ausnahmen in § 724/2).

184 Aus dem Vermächtnis ist in der Regel eine Person begünstigt, die nicht Erbe ist; der Verfügende kann aber auch einem Erben (oder einem Pflichtteilsberechtigten) ein Legat aussetzen, und zwar als ***Voraus- oder Hineinvermächtnis:*** Beim Vorausvermächtnis erhält der Erbe das Legat neben seinem Erbteil. Es gebührt ihm im Voraus zusätzlich zu seinem Erbteil. Das Hineinvermächtnis ist hingegen auf den Erbteil anzurechnen. Nach § 648/1 sind Vermächtnisse im Zweifel Voraus- und nicht Hineinvermächtnisse. Anderes gilt, wenn die Anrechnung des Vermächtnisses auf den Erbteil angeordnet wurde oder sie sich aus der Auslegung des letzten Willens ergibt (Hineinvermächtnis). Dann ist laut Gesetz von einer Teilungsanordnung auszugehen (§ 648/2). Übersteigt allerdings der Wert des Hineinvermächtnisses den Erbteil, so erhöht sich im Zweifelsfall der Erbteil dieses Erben entsprechend. Die Erbteile der übrigen Erben vermindern sich dementsprechend verhältnismäßig. Hier kommt es grds auf den Wert des Hineinvermächtnisses im Zeitpunkt der Errichtung der letztwilligen Verfügung an (§ 648/3).

Das gesetzliche Vorausvermächtnis des Ehegatten (dazu Rz 48 ff) ist grds nicht auf dessen Erbteil anzurechnen (wohl aber auf den Pflichtteil, § 780).

Beispiel:
Der Erblasser setzt A zu einem Sechstel, B zu zwei Sechsteln und C zu drei Sechsteln seines Vermögens zu Erben ein. Der Wert der Verlassenschaft beträgt € 120.000. Zudem soll C ein Grundstück im Wert von € 90.000 erhalten, welches auf seinen Erbteil angerechnet werden soll. Berücksichtigt man das Hineinvermächtnis nicht, so würde A € 20.000, B € 40.000 und C € 60.000 erhalten. Das Legat an C übersteigt also den letztwillig bedachten Erbteil um € 30.000. Gem § 648/3 erhöht sich in diesem Fall der Erbteil von C entsprechend, die Anteile von A und B vermindern sich verhältnismäßig. Die Erbteile von A und B stehen im Verhältnis 1:2 zueinander – A erhält folglich € 10.000, B € 20.000 weniger. Im Ergebnis erhält A € 10.000, B € 20.000 und C € 90.000.

Das Vermächtnis ist als ***„Damnationslegat"*** ausgestaltet, verschafft also dem Vermächtnisnehmer nicht unmittelbar das Recht am Vermächtnisgegenstand, sondern (zwingend) bloß einen schuldrechtlichen Erfüllungsanspruch gegen den Erben (strittig bei Übergabe des Vermächtnisgegenstands schon zu Lebzeiten des Erblassers und beim Wohnrecht gem § 745). Nachlassgläubiger, Unterhaltsberechtigte und Pflichtteilsberechtigte gehen dem Vermächtnisnehmer vor. **185**

Zu einer (verhältnismäßigen) ***Kürzung des Legats*** kommt es, wenn der Erbe eine bedingte Erbantrittserklärung (dazu Rz 306) abgegeben hat und der Nachlass nicht ausreicht, um alle Forderungen (Schulden des Erblassers, Kosten von Begräbnis und Verlassenschaftsverfahren, Unterhaltsansprüche) zu begleichen (vgl im Einzelnen §§ 692 f). Die sog „privilegierten Vermächtnisse" dürfen jedoch erst dann gekürzt werden, wenn alle nicht privilegierten Vermächtnisse bereits auf null reduziert sind und die Restmasse trotzdem nicht ausreicht. Diese Privilegierung kann gesetzlich oder durch letztwillige Verfügung festgelegt sein. Fehlt eine spezielle Anordnung, sind alle privilegierten Vermächtnisse gleichrangig und proportional zu kürzen. Das Gesetz sieht diese Privilegierung ausdrücklich nur für Unterhaltsvermächtnisse vor (§ 691), jedoch ist sie auch auf andere Vermächtnisse mit Unterhaltscharakter, wie insb Rentenvermächtnisse (s dazu Rz 187), auszuweiten. Nach hL kommt diese Privilegierung auch den gesetzlichen Vermächtnissen – also dem Vorausvermächtnis des Ehegatten, dem Vorausvermächtnis des Lebensgefährten und dem Pflegevermächtnis – zu. **186**

Von der Kürzung des Legats nach § 692 f ist die materielle Beitragspflicht des Vermächtnisnehmers zur Deckung der Pflichtteile (§ 764/2) zu unterscheiden. Zwar überschneiden sich die beiden Bestimmungen im Ergebnis, allerdings ist § 764/2 im Gegensatz zu §§ 692 f bspw auch dann anwendbar, wenn der Erbe eine unbedingte Erbantrittserklärung abgegeben hat. Die Beitragspflicht nach § 764/2 gilt jedoch wiederum nur für letztwillige, nicht aber für die gesetzlichen Vermächtnisse.

Beispiel aus der Rechtsprechung:
Sachverhalt: Der Kläger ist Witwer der am 17.1.1990 ohne Nachkommen verstorbenen Erblasserin, die Beklagte ist deren Schwester. Die Erblasserin hat den Kläger testamentarisch zum Alleinerben bestimmt und der Beklagten eine Liegenschaft vermacht. Der Kläger gab aufgrund des Testamentes die unbedingte Erbserklärung ab und erklärte, sich die Geltendmachung der Ergänzung des Pflichtteils vorzubehalten, falls dieser verletzt sein sollte. Am 11.10.1990 wurde dem Kläger der Nachlass eingeantwortet. Der Kläger begehrt nunmehr von der Beklagten die Zahlung von S 500.000 als Pflichtteilsergänzung.
Aus der Begründung: Nach § 783 (§ 764/2 nF) haben sowohl die Erben als auch die Legatare zur vollständigen Entrichtung der Pflichtteile der Pflichtteilsberechtigten beizutragen, wenn dem Pflichtteilsberechtigten der ihm gebührende Pflichtteil nicht oder nicht vollständig ausgemessen wurde. Ist der Erbe zugleich pflichtteilsberechtigt, so ist sein Erbteil, wenn er den Wert des Pflichtteils nicht erreicht, aus dem Wert der Vermächtnisse und der (übrigen) Erbteile auf den Betrag seines Pflichtteils zu ergänzen. Das österreichische Erbrecht kennt zwei voneinander unabhängige Legatsreduktionen:

einmal das Recht des Erben nach § 692, wenn die Vermächtnisse den Reinnachlass übersteigen, und zum anderen gem § 783 (§ 764/2 nF), wenn dem Pflichtteilsberechtigten der gebührende Pflichtteil nicht vollständig ausgemessen wurde. Während das Recht gem § 692 zur Kürzung der Legate gem § 802 nur dem bedingt erbserklärten Erben zusteht, regelt § 783 (§ 764/2 nF) nicht die Haftung des Erben nach außen, sondern nur die materielle Beitragspflicht der Vermächtnisnehmer.
Zusammenfassung: Auch dem unbedingt erbsantrittserklärten Pflichtteilsberechtigten steht das Recht nach § 783 (§ 764/2 nF) zu (1 Ob 627/91).

Beispiel aus der Rechtsprechung:
Sachverhalt: Der Erblasser verfügte in seinem Testament die Enterbung seiner Kinder, während die Beklagte, seine Enkelin, „zur Erbin hinsichtlich (seiner) Liegenschaften bestimmt" wurde. Der Klägerin, seiner Lebensgefährtin, vermachte er ein „noch abzutrennendes Grundstück" sowie ein Legat von € 700 monatlich. Dieses Grundstück hat einen Verkehrswert von € 204.400. Die im Testament verfügte Enterbung der beiden Kinder erfolgte grundlos, weshalb sie ihre Pflichtteilsansprüche geltend machten. Die Beklagte gab ihnen gegenüber wiederholt Verjährungsverzichtserklärungen ab. Der Verkehrswert des reinen Nachlasses vor Abzug der Pflichtteilsansprüche der Kinder des Erblassers beträgt rund € 1,5 Mio. Insgesamt haben die Vermächtnisse zugunsten der Klägerin einen Verkehrswert von rund € 330.000. Die Beklagte verpflichtete sich ihrem Onkel (Sohn des Erblassers) gegenüber zur Zahlung von rund € 370.000 zur Begleichung seines Pflichtteilsanspruchs. Auch gegenüber ihrer Mutter (Tochter des Erblassers) leistete sie bereits Teilzahlungen zur Erfüllung ihres Pflichtteilsanspruchs. Mit der vorliegenden Klage begehrt nun die Klägerin, die Beklagte zur Zustimmung zu verpflichten, dass das Eigentum an dem vermachten Grundstück „grundbücherlich einverleibt werden kann". Eine Ausgleichsverpflichtung der Klägerin hinsichtlich der Pflichtteile der Kinder des Erblassers bestehe erst nach Erhalt des Legats und für den Fall, dass der verbleibende Nachlass nicht ausreiche, die behaupteten Pflichtteilsansprüche zu decken.
Die Beklagte wendete ein, die Klägerin habe als Vermächtnisnehmerin zur Entrichtung der Pflichtteilsansprüche verhältnismäßig beizutragen. Die Klägerin sei ihrer Beitragspflicht trotz Aufforderung nicht nachgekommen und habe auch keine Sicherstellung angeboten, sodass die Beklagte berechtigt sei, die Erfüllung des Sachvermächtnisses zu verweigern.
Aus der Begründung: Zwischen den Parteien ist in dritter Instanz unstrittig, dass die Beklagte vom Erblasser als (alleinige) Erbin und die Klägerin als Vermächtnisnehmerin (Legatarin) eingesetzt wurde. Ebenso unstrittig ist, dass Pflichtteilsansprüche der grundlos enterbten Kinder des Erblassers bestehen. Gemäß § 692 leiden die Legatare einen verhältnismäßigen Abzug, wenn die Verlassenschaft zur Bezahlung der Schulden, anderer pflichtmäßiger Auslagen und zur Berichtigung aller Vermächtnisse nicht zureicht. Daher ist der Erbe nicht schuldig, die Vermächtnisse ohne Sicherstellung zu berichtigen, solange eine solche Gefahr obwaltet. Gemäß § 783 (§ 764/2 nF) müssen in allen Fällen, wo einem Pflichtteilsberechtigten der gebührende Erb- oder Pflichtteil gar nicht oder nicht vollständig ausgemessen worden ist, sowohl die eingesetzten Erben als auch die Legatare – nicht jedoch der Ehegatte mit dem gesetzlichen Vorausvermächtnis – verhältnismäßig zur vollständigen Entrichtung beitragen. Das österreichische Erbrecht kennt demnach zwei verschiedene, voneinander unabhängige Formen der Legatsreduktion, nämlich einmal nach § 692, wenn die Vermächtnisse den Reinnachlass übersteigen, und zum anderen nach § 783 (§ 764/2 nF), wenn dem Pflichtteilsberechtigten der gebührende Pflichtteil nicht oder nicht vollständig ausgemessen wurde. Während

die Reduktion nach § 692 mit der Haftung des Erben nach außen zusammenhängt, regelt § 783 (§ 764/2 nF) die materielle Beitragspflicht der Legatare, also die Frage, wann und in welchem Ausmaß sie die Erben bei der Deckung des Pflichtteils zu entlasten haben. Diese Entscheidung greift auch dann ein, wenn der Erbe eine unbedingte Erbantrittserklärung abgegeben hat oder wenn der Nachlass zur Deckung des Pflichtteils und der Legate an sich ausreicht; dennoch muss der Legatar gegenüber dem Erben verhältnismäßig zur Deckung des Pflichtteils beitragen. Der Erbe schuldet dem Legatar also nur das um die aliquote Pflichtteilsdeckung reduzierte Legat. Die Beklagte ist daher nicht zur Leistung des ungekürzten Sachlegats verpflichtet. Es trifft sie diesbezüglich also keine Vorleistungspflicht, was ihr aufgrund der Unmöglichkeit einer Ausfolgung des (real) gekürzten Sachlegats das Recht des gänzlichen Zurückhaltens gibt. Dieses Recht wäre aber dann zu verneinen, wenn die Klägerin ihrer materiellen Beitragspflicht nachkäme, indem sie den auf sie entfallenden Geldbetrag zur Pflichtteilsdeckung leistet oder zumindest eine entsprechende Sicherstellung anbietet, ohne dass ein diesbezüglicher Rechtsanspruch der Beklagten bestünde. Zusammenfassend ist daher festzuhalten, dass sich die Beklagte – welche als Erbin den Pflichtteilsansprüchen der Pflichtteilsberechtigten ausgesetzt ist (den Pflichtteilsberechtigten steht schließlich kein direktes Klagerecht gegenüber den Vermächtnisnehmern zu) – zu Recht auf ein Zurückbehaltungsrecht bezüglich des Sachlegats der Klägerin berufen hat.
Zusammenfassung: Der Legatar hat gegenüber dem Erben verhältnismäßig zur Deckung des Pflichtteils beizutragen. Der Erbe schuldet dem Legatar also das um die aliquote Pflichtteilsdeckung reduzierte Legat. Er hat jedoch diesbezüglich ein Zurückbehaltungsrecht, es sei denn, der Vermächtnisnehmer kommt seiner materiellen Beitragspflicht nach, indem er den auf ihn entfallenden Geldbetrag zur Pflichtteilsdeckung leistet bzw eine entsprechende Sicherstellung anbietet (2 Ob 96/14b).

Beispiel aus der Rechtsprechung:
Sachverhalt: Die Klägerin ist alleinige Testamentserbin nach der verstorbenen M. Der Nachlass bestand im Wesentlichen aus einer Liegenschaft. Im Testament ließ die Erblasserin der Beklagten ein Legat in der Form eines Grundstücksteiles zukommen. Ihren Ehemann setzte sie ausdrücklich auf den Pflichtteil. Der Witwer der Verstorbenen brachte gegen die nunmehrige Klägerin eine Pflichtteilsklage auf Zahlung eines Betrags von € 500.000 sA ein. Mit der beim Erstgericht eingebrachten Klage begehrt die Klägerin nunmehr von der Beklagten unter Berufung auf § 783 (§ 764/2 nF) die Zahlung eines Betrags von € 113.000 sA zur Pflichtteilsdeckung. Die Beklagte habe als Legatarin eine Grundstücksfläche von 530 m² erworben. Die Klägerin sei in weiterer Folge vom Witwer der Verstorbenen mittels Pflichtteilsergänzungsklage in Anspruch genommen worden. In diesem Pflichtteilsprozess habe die Klägerin eine Beteiligung der Beklagten als Legatarin gemäß § 693 nicht erreichen können, weil das Legat bereits ausgefolgt gewesen sei und die Verlassenschaftsmasse zur Abdeckung des Pflichtteilsanspruchs ausgereicht habe.
Aus der Begründung: Das österreichische Erbrecht kennt zwei verschiedene, voneinander unabhängige Formen der Legatsreduktion, nämlich das Recht nach § 692, wenn die Vermächtnisse den Reinnachlass übersteigen, und das Recht gem § 783 (§ 764 nF), wenn dem Pflichtteilsberechtigten der gebührende Pflichtteil nicht oder nicht vollständig ausgemessen wurde. Während die Reduktion nach § 692 mit der Haftung des Erben nach außen zusammenhängt, daher eine bedingte Erbantrittserklärung und einen zur Befriedigung Aller unzureichenden Nachlass voraussetzt, regelt § 783 (§ 764 nF) die materielle Beitragspflicht der Vermächtnisnehmer, also die Frage, wann und in welchem Ausmaß die Legatare die Erben bei der Pflichtteilsdeckung zu entlasten

haben. Diese Entlastung greift auch dann ein, wenn der Nachlass zur Befriedigung Aller ausreicht oder der Erbe eine unbedingte Erbantrittserklärung abgegeben hat. Wird der Pflichtteil des Erben durch Legate verkürzt, so erfahren die Legate auch dann eine Kürzung gem § 783 (§ 764 nF), wenn der Erbe eine unbedingte Erbantrittserklärung abgegeben hat. Ist die Kürzung von Vermächtnissen zur Pflichtteilsergänzung notwendig, so sind die Erben zur Vornahme der Legatsreduktion berufen. Sie haben demgemäß den Vermächtnisnehmern entsprechend gekürzte Legate auszufolgen oder, wenn diese – wie hier – bereits ungekürzt ausgefolgt wurden, zu viel Geleistetes zurückzufordern. Bei diesem Rückforderungsanspruch des Erben handelt es sich nach allgemein hA entgegen der Rechtsansicht der Beklagten um keinen Schadenersatzanspruch, sondern um einen Bereicherungsanspruch des Erben nach § 1431. Die Verjährungsfrist für Bereicherungsansprüche beträgt nach § 1479 grds 30 Jahre.
Zusammenfassung: Ist die Kürzung von Vermächtnissen zur Pflichtteilsergänzung notwendig, so sind die Erben dazu berufen, den Vermächtnisnehmern entsprechend gekürzte Legate auszufolgen oder, wenn diese bereits ungekürzt ausgefolgt wurden, zu viel Geleistetes zurückzufordern (10 Ob 6/14a).

187 Fällig ist das Vermächtnis mit dem Erbfall (§ 685). Diesen muss der Legatar erleben (um das Legat zu erwerben und vererben zu können). Geldvermächtnisse und Vermächtnisse von Sachen, die sich nicht in der Verlassenschaft befinden (Verschaffungsvermächtnis), können allerdings erst nach Ablauf eines Jahres nach dem Tod des Vermächtnisgebers geltend gemacht werden (§ 685 2. Satz); dabei handelt es sich um eine reine Stundung, die die Fälligkeit unberührt lässt und lediglich die Möglichkeit zur Geltendmachung hinausschiebt. Dem Vermächtnisnehmer stehen daher bei Geldvermächtnissen ab dem auf den Todestag des Erblassers folgenden Tag die gesetzlichen Verzugszinsen iHv 4 % zu (§ 1000 iVm § 1333/1); die durch § 685 2. Satz eigentlich bezweckte Entlastung des Vermächtnisschuldners wird jedoch durch diese „reine Stundung" nicht erreicht, weshalb ein Festhalten an der Lösung des § 685 aF, wonach Geldvermächtnisse erst ein Jahr nach dem Erbfall fällig waren, wünschenswert gewesen wäre. Beim Verschaffungsvermächtnis muss der Vermächtnisschuldner – sofern es sich um kein Geldvermächtnis handelt – lediglich die seit Anfall des Vermächtnisses entstandenen Nutzungen und erzielten Erträge dem Vermächtnisnehmer herausgeben (§ 686 1. Satz, s dazu auch unten).

Die Verjährung beginnt – anders als vor dem ErbRÄG – nicht mit der Fälligkeit des Vermächtnisses, sondern ab Kenntnis der für das Bestehen des Anspruchs maßgebenden Tatsachen (insb Kenntnis von Vermächtnis und Tod des Erblassers) und beträgt drei Jahre bzw kenntnisunabhängig 30 Jahre nach dem Tod des Erblassers (§ 1487a). Die „reine Stundung" des Geld- sowie des Verschaffungsvermächtnisses nach § 685 2. Satz hemmen allerdings den Lauf der Verjährungsfrist, sodass die kenntnisabhängige dreijährige Frist in diesen Fällen frühestens ein Jahr nach dem Tod des Erblassers zu laufen beginnt.

Beim Vermächtnis von Sachen aus der Verlassenschaft gebühren dem Legatar alle Zinsen und ***Nutzungen*** der vermachten Sache (§ 686 1. Satz). Umgekehrt trägt er auch die mit dem Legat zusammenhängenden ***Lasten*** (§ 686 2. Satz) und die Gefahr des zufälligen Untergangs der Sache. Wenn der Verstorbene dem Vermächtnisnehmer ein Rentenvermächtnis, also einen bestimmten, jährlich, monatlich oder sonst in periodischen Zeiträumen zu leistenden Betrag vermacht hat, erhält der Vermächtnisnehmer ein Recht auf den ganzen Betrag für den Zeitraum, dessen Anfang er erlebt hat. Den Betrag selbst kann er jedoch erst mit Ende des Zeitraums fordern. Der erste Zeitraum beginnt mit dem Tod des Vermächtnisgebers.

Durch das ErbRÄG 2015 wurde ein neues gesetzliches Vermächtnis eingeführt, mit dem es zu einer Abgeltung für Pflegeleistungen kommen soll (sog ***Pflegevermächtnis,*** vgl §§ 677 f). Demnach hat eine dem Verstorbenen nahestehende Person, die diesen in den letzten drei Jahren vor seinem Tod mindestens sechs Monate in nicht bloß geringfügigem Ausmaß (und nicht gegen seinen Willen) gepflegt hat, Anspruch auf ein gesetzliches Vermächtnis, wenn der pflegenden Person nicht ein entsprechendes Vermächtnis zugewendet oder ein Entgelt für die Pflege vereinbart wurde. Gem § 677/2 ist unter Pflege jede Tätigkeit zu verstehen, „die dazu dient, einer pflegebedürftigen Person soweit wie möglich die notwendige Betreuung und Hilfe zu sichern sowie die Möglichkeit zu verbessern, ein selbstbestimmtes, bedürfnisorientiertes Leben zu führen". Der Anspruch entsteht erst dann, wenn die Pflege ***ein geringfügiges Ausmaß*** überschreitet (nach den Materialien durchschnittlich mehr als 20 Stunden pro Monat). Dies hängt insb von der Intensität der Pflege ab: Je intensiver diese ist, desto geringer kann der Stundenumfang sein, um das Pflegevermächtnis zu begründen. Beschränkt sich die Pflege zB auf bloße Gespräche oder Spaziergänge, so wird ein Umfang von 20 Stunden im Monat (fünf Stunden pro Woche) im Allgemeinen nicht ausreichen. Jedenfalls haben die 20 Stunden mangels gesetzlicher Regelung keine normative Bedeutung und dienen daher, wie andere solcher Hinweise der Materialien (zB 20 Jahre nicht mehr bestehendes Naheverhältnis als Voraussetzung der Pflichtteilsminderung, s Rz 250 f), nur der Orientierung. Wie schon oben erwähnt, entsteht der Anspruch nicht, wenn für die Pflege ein Entgelt vereinbart wurde (dazu zählen nicht Schenkungen aus Dankbarkeit). Der Entgeltanspruch wäre als schuldrechtliche Forderung gegen die Verlassenschaft geltend zu machen. Dieser Anspruch schließt aber das Pflegevermächtnis nur dann aus, wenn das Entgelt angemessen war, weil sonst sein zwingender Charakter dadurch umgangen werden könnte, dass der Gepflegte der pflegenden Person ein „Trinkgeld" von ein paar Euro zukommen lässt. **188**

„Nahestehend" iSd § 677 und damit anspruchsberechtigt sind Personen aus dem Kreis der gesetzlichen Erben des Verstorbenen, deren Ehegatte, eingetragener Partner oder Lebensgefährte und deren Kinder sowie der Lebensgefährte des Verstorbenen und dessen Kinder (unabhängig davon, ob diese Personen auch tatsächlich gesetzliche Erben werden, und unabhängig davon, ob sie – wie zB der Ehegatte gem § 90 – gesetzlich zum Beistand verpflichtet sind; gerade im Bsp des Ehegatten ist dies aber deshalb fragwürdig, weil dessen Beistandspflicht ent- **189**

sprechende Pflichten des anderen Ehegatten, insb auch Unterhaltspflicht, gegenüberstehen, sodass Pflegeleistungen insofern idR bereits durch die Erfüllung der ehelichen Pflichten des Verstorbenen abgegolten sind, weswegen ein zusätzliches Pflegevermächtnis nicht erforderlich erscheint; diesem Umstand sollte – da das Gesetz bezüglich des Pflegeverhältnisses des Ehegatten an sich keinen Interpretationspielraum offenlässt – zumindest bei der Frage der Angemessenheit, Rechnung getragen werden; s dazu Rz 190). Das Naheverhältnis muss schon während der Pflege vorliegen, weshalb nur Pflegemonate (s oben Rz 188) während des Bestehens des Naheverhältnisses beachtlich sind.

Die Abgrenzung kann im Einzelfall mangels „Reziprozität" problematisch sein. Während nämlich die Stieftochter des Verstorbenen zu den Anspruchsberechtigten zählt, kann sich zB die Stiefmutter nur auf § 1435 per analogiam stützen (Bereicherungsanspruch für die Pflegeleistung, soweit keine erhoffte „Gegenleistung", zB in Form eines Vermächtnisses, erfolgt ist), weil sie nicht in § 677/3 aufgezählt ist.

Bereicherungsansprüche schließen das Pflegevermächtnis ebensowenig aus (das Pflegevermächtnis verringert allerdings den Bereicherungsanspruch) wie Ansprüche aus culpa in testando (s Rz 150). Auch bei Letzteren ist aber zu berücksichtigen, dass sich der Schaden durch das Pflegevermächtnis verringert. Überdies sind unterschiedliche Verjährungsfristen zu beachten.

190 Die ***Höhe des Pflegevermächtnisses*** richtet sich nach Art, Dauer und Umfang der Leistungen. Sie bemisst sich primär an dem Nutzen des Empfängers, der insb an der Ersparnis von eigenen Aufwendungen für eine professionelle Pflegekraft zu messen ist. Daher ist die Höhe einerseits durch das Ausmaß der objektiv erforderlichen Pflege (konkrete Pflegebedürftigkeit des Erblassers) und andererseits durch das Ausmaß der tatsächlich von der nahestehenden Person erbrachten Pflegeleistungen begrenzt. Nach den Erläuterungen ist das Vermächtnis nicht auf den Wert der Verlassenschaft beschränkt, und ein unbedingt erbantrittserklärter Erbe kann daher auch darüber hinaus zur Leistung herangezogen werden (was problematisch ist, weil der Erbe nun Pflegeleistungen „bezahlen" muss, die sich der Verstorbene nicht hätte leisten können). Als grober Anhaltspunkt für die Höhe dienen die Kosten für eine professionelle Pflegekraft. Da die meisten pflegenden Angehörigen jedoch keine ausgebildeten Fachkräfte sind und daher auch keine professionellen Pflegeleistungen erbringen, liegt die Höhe des Pflegevermächtnisses grundsätzlich deutlich darunter; der Gerichtskommissär hat allerdings auf die Herstellung des Einvernehmens zur Erfüllung des Vermächtnisses hinzuwirken (§ 174a AußStrG). Das Pflegevermächtnis gebührt ***neben dem Pflichtteil*** (neben anderen Leistungen aus der Verlassenschaft nur dann nicht, wenn der Verstorbene das verfügt hat); die Anrechnung auf den Pflichtteil kann vom Verstorbenen nicht angeordnet werden. Es kann nur bei Vorliegen eines Enterbungsgrundes entzogen werden. Gleichermaßen steht es bei Erbunwürdigkeit des Anspruchsberechtigten nicht zu (§ 647/2). Wenn die Verlassenschaft nicht ausreicht, um neben dem Pflegevermächtnis die Pflichtteile zu begleichen, muss der Pflegevermächtnisnehmer zu deren Entrichtung nicht beitragen (§ 764/2, s bereits oben Rz 186), geht also insofern den Pflichtteilen vor. Dies ist konsequent, weil die Pflichtteilsberechtigten auch dann entsprechend weniger erhalten hätten, wenn die Pflegeleistungen vom Verstorbenen zu Lebzeiten bezahlt worden wären. Unterschiedlich zu behandeln ist das Pflegevermächtnis im Verhältnis zu Gläubigern der Verlassenschaft. Der Vermächtnisnehmer hat diesen gegenüber einen nachrangigen Anspruch (vgl aber Rz 191). Jedoch kann der Berechtigte seinen Anspruch alternativ auf § 1435 per analogiam stützen, wodurch er gegenüber anderen Gläubigern der Verlassenschaft einen gleichrangigen Anspruch hätte (str).

Fraglich ist allerdings, ob der Pflegevermächtnisnehmer auch in den Genuss **191**
des § 749 kommen kann (außerordentliches Erbrecht der Vermächtnisnehmer; Rz 159). Dies ist zu verneinen, weil das Pflegevermächtnis als gesetzliches Vermächtnis ausgestaltet ist und daher nicht auf dem Zuwendungswillen des Verstorbenen beruht. Da dieser Zuwendungswille entscheidend für das außerordentliche Erbrecht der Vermächtnisnehmer ist, kommt es bei gesetzlichen Vermächtnissen des vorliegenden Falles (und des Ehegatten in Bezug auf das gesetzliche Vorausvermächtnis, s Rz 48 ff) nicht zum Tragen, die somit dem Aneignungsrecht des Bundes nicht vorgehen. Fraglich ist ferner, ob das Pflegevermächtnis durch einen Erbverzicht ausgeschlossen wird. Dies ist zu verneinen, da das Pflegevermächtnis Personen aus dem Kreis der gesetzlichen Erben auch dann zusteht, wenn diese im konkreten Fall nicht gesetzliche Erben werden (s Rz 189). Da es somit auf das konkrete Erbrecht nicht ankommt, spielt es auch keine Rolle, wenn dieses durch Erbverzicht ausgesschlossen ist.

Beispiel aus der Rechtsprechung:
Sachverhalt: Die Erblasserin trug zu Lebzeiten einvernehmlich die laufenden Kosten der Wohnung, in der sie mit ihrem Lebensgefährten wohnte. Nach einer Verschlechterung des Gesundheitszustandes der Erblasserin kümmerte sich ihr Lebensgefährte um den Haushalt, kochte und erbrachte umfassende Hilfeleistungen bei der Körperpflege der Erblasserin. Bereits zwei Jahre vor ihrem Tod bezog sie Pflegegeld im Ausmaß eines angenommenen Pflegebedarfs von 126 Stunden pro Monat. Im Verlassenschaftsverfahren machte der Lebensgefährte gegen die Erben einen Pflegevermächtnisanspruch geltend. Die beklagten Erben erwiderten, dass die erbrachten Pflegeleistungen bereits durch die Zahlung der laufenden Wohnungskosten durch die Erblasserin als Zuwendung nach § 677/1 abgegolten worden seien, der Anspruch daher nicht bestehe.
Aus der Begründung: Eine Legaldefinition der „Zuwendung" nach § 677/1 liegt nicht vor. Der OGH entschied in Übereinstimmung mit der hL, dass eine „Zuwendung" iSd § 677/1 nur dann vorliegt, wenn ein Kausalzusammenhang zwischen der gewährten Zuwendung und der Erbringung von Pflegeleistungen besteht. Dies entspricht auch der Rechtslage in Deutschland, die dem Gesetzgeber als Vorbild für das Pflegevermächtnis diente, wenn auch der Wortlaut des BGB einen solchen Kausalzusammenhang – im Gegensatz zur österreichischen Gesetzeslage – explizit normiert. Ein derartiger Kausalzusammenhang zwischen Zuwendung (Zahlung der laufenden Wohnungskosten) und der Pflege der Erblasserin lag im konkreten Fall nicht vor. Der Anspruch des Lebensgefährten aus dem Pflegevermächtnis bestand also zurecht.

Zusammenfassung: Eine „Zuwendung" iSd § 677/1 liegt nur bei einem Kausalzusammenhang zwischen der gewährten Zuwendung und der Erbringung von Pflegeleistungen vor (2 Ob 54/21m).

192 Im Rahmen des ***Verlassenschaftsverfahrens*** ist der Legatar hinsichtlich der ihm aus dem Vermächtnis zustehenden Rechte ***Partei.*** Es ist ihm eine Kopie der letztwilligen Anordnung zu übermitteln (§ 152/2 AußStrG), und er kann die Nachlassseparation verlangen, wenn er befürchtet, dass seine Forderung durch Vermengung der Verlassenschaft mit dem Vermögen des Erben gefährdet wird (§ 812/1). Zum Erwerb des Eigentumsrechts an einer Liegenschaft ist ihm auf Antrag und mit Zustimmung der Erben vom Verlassenschaftsgericht eine Amtsbestätigung auszustellen (§ 182/3 AußStrG). Um ihm die Durchsetzung seines fälligen Vermächtnisses zu ermöglichen, steht dem Legatar die Vermächtnisklage zu.

III. Vertragliche Einzelrechtsnachfolge (Vereinbarungen auf den Todesfall)

Literaturauswahl: *Eccher,* Antizipierte Erbfolge (1980); *Zankl,* Lebensversicherung und Nachlaß, NZ 1985, 81; *Kurschel,* Folgen des Zuwiderhandelns gegen einen Schenkungsvertrag auf den Todesfall, NZ 1986, 97; *Zankl,* Lebensversicherung mit Inhaberklausel, ecolex 1990, 217; *Welser,* Erbverzicht und Schenkung auf den Todesfall, NZ 1991, 84; *M. Mohr,* Wirkungen und Gefahren der Gütergemeinschaft auf den Todesfall, NZ 1995, 7; *Welser,* Gütergemeinschaft auf den Todesfall und unentgeltliche Verfügung unter Lebenden, NZ 1997, 270; *Zankl,* Schenkung auf den Todesfall, Vermächtnisvertrag und „reines Viertel", NZ 1997, 311; *Dehn,* Formnichtige Rechtsgeschäfte und ihre Erfüllung (1998); *Grabenwarter,* Schenkung auf den Todesfall und Abhandlungspflege, ÖJZ 1998, 558; *Zankl,* Vertrag und Treuhand zugunsten Dritter auf den Todesfall, NZ 1998, 225; *B. Jud,* Schenkung auf den Todesfall und Berechnung des „freien Viertels" beim Erbvertrag, NZ 1999, 268; *Fischer-Czermak,* Verträge auf den Todesfall zwischen Ehegatten und Scheidung, NZ 2001, 3; *M. Binder,* Zum Erfordernis des Widerrufsverzichts bei der Schenkung auf den Todesfall, in FS Welser (2004) 77; *B. Jud,* Die bedingte Schenkung auf den Todesfall, NZ 2004, 321; *C. Rabl,* Die Schenkung auf den Todesfall im Pflichtteilsrecht, NZ 2005, 129; *Welser,* Schenkung auf den Todesfall – Widerrufsverzicht und Bedingung, NZ 2005, 161; *Schauer,* Die Privatstiftung als Funktionsäquivalent der Schenkung auf den Todesfall, ZFS 2006, 52; *Zankl,* Fehler bei der Vermögensweitergabe von Todes wegen, LJZ 2007, 11; *Oberhumer,* Die Schenkung auf den Todesfall – kein Zwitter, NZ 2008/37; *Gantner-Doshi,* Die Vererbung von Sparbüchern, in *Feiler/Raschhofer* (Hg), Innovation und internationale Rechtspraxis, Praxisschrift für Wolfgang Zankl (2009) 177; *Keinert,* Kassatorische Klausel bei Schenkung auf den Todesfall? JBl 2009, 217; *M. Längle,* Schenkung auf den Todesfall (2009); *Cohen,* Rechtserwerb der auf den Todesfall geschenkten Sache außerhalb des Verlassenschaftsverfahrens? JEV 2011, 114; *Griller,* Die Gestaltbarkeit der Pflichtteilsdeckung, JEV 2014, 14; *Kogler,* Die Ausschlagungsverpflichtung vor Anfall des Erbrechts, EF-Z 2014/3; *Barth/Pesendorfer,* Erbrechtsreform 2015 (2015); *P. Bydlinski,* Modernisierung des ABGB, ÖJZ 2015/113; *Cach/Nalussi,* Erbrechts-Änderungsgesetz 2015, GesRZ 2015, 220; *Keinert,* Die Schenkung auf den Todesfall (2015); *Kolmasch,* Erbrechts-Änderungsgesetz 2015 (ErbRÄG 2015), Zak 2015, 250; *Blümel,* ErbRÄG 2015 –

Die Schenkung auf den Todesfall, Zak 2016, 264; *Brandstätter,* Erbrechtsreform (Teil I), ecolex 2016, 30; *Fischer-Czermak,* Verträge auf den Todesfall, EF-Z 2016/107; *Kathrein,* Das neue Erbrecht, EF-Z 2016, 4; *Keinert,* Schenkung auf den Todesfall im ErbRÄG 2015, JEV 2016, 18; *Kilian/Gall/A. Tschugguel,* Vorsorge für den Todesfall (2016); *Oberndorfer/Zobl,* Stiftungsrechtliche Highlights des ErbRÄG 2015, ZFS 2016, 3; *Till,* Analoge Anwendung des außerordentlichen Erbrechts, iFamZ 2016, 32; *Bruckbauer,* Die Schenkung auf den Todesfall und das reine Viertel nach dem Erbrechts-Änderungsgesetz 2015 – praktische Anwendung der neuen Regelungen durch das Notariat, NZ 2017, 290; *Schweda,* Aufschiebend bedingte Besitznachfolgerechte und obligatorische Übertragungsverpflichtungen, iFamZ 2017/74; *Umlauft,* Die Anwendung des § 1253 ABGB auf die Schenkung auf den Todesfall: Ein Auslegungsvorschlag zur Rechtslage nach dem ErbRÄG 2015, EF-Z 2017/2; *Wolkerstorfer,* Eintritt des Vermögensopfers bei Schenkung auf den Todesfall, NZ 2017, 418; *Brandstätter,* Die Rechtsstellung des Geschenknehmers auf den Todesfall vor dem Tod des Geschenkgebers, JBl 2018, 556; *Cohen,* Vertrag zugunsten Dritter auf den Todesfall, in *Gruber/Kalss/Müller/Schauer* (Hg), Erbrecht und Vermögensnachfolge[2] (2018) 793; *Deixler-Hübner,* Der Ehevertrag[4] (2018); *Wolkerstorfer,* Zum Verhältnis von Erbverträgen und Schenkungen auf den Todesfall im Anwendungsbereich des § 1253 ABGB, EF-Z 2018/30; *Zankl,* Notarielle Beratungsfragen des ErbRÄG, in FS Bittner (2018) 841.

Judikaturauswahl: 7 Ob 622/95 (Lebensversicherung und Nachlass); 4 Ob 2029/96b (Pflichtteilsrecht und Schenkung auf den Todesfall); 1 Ob 39/97k (Treuhand auf den Todesfall – Sparbuch); 9 Ob 98/01d (Passivlegitimation des auf den Todesfall Beschenkten); 1 Ob 133/02v (Sparbuchverfügung und Schenkung auf den Todesfall); 3 Ob 9/08g (Anfechtung); 5 Ob 205/09x (Verbücherungsfähigkeit einer Gütergemeinschaft auf den Todesfall); 9 Ob 83/10m (Vermächtnis- und Vertragstheorie); 5 Ob 245/10f (Gütergemeinschaft auf den Todesfall und Pflichtteilsansprüche); 8 Ob 16/12d (Lebensversicherung mit Begünstigungsklausel); 3 Ob 77/12p (Haftung bei allgemeiner Gütergemeinschaft); 1 Ob 232/13v (Gütergemeinschaftliches Aufgriffsrecht); 5 Ob 39/14t (Verzicht und Schenkung auf den Todesfall); 1 Ob 61/15z (Lebensversicherung, die auf Überbringer lautet, fällt in den Nachlass); 2 Ob 231/15g (Vereinbarung der Nacherbschaft im Schenkungsvertrag auf den Todesfall); 2 Ob 130/16f (Nachlasszugehörigkeit einer frei widerruflichen Schenkung); 2 Ob 137/16k (Weiterverschenkte Schenkung auf den Todesfall); 7 Ob 136/18b (Änderung der Bezugsberechtigung durch letztwillige Verfügung).

1. Schenkung auf den Todesfall

Wie bereits erwähnt, sind letztwillige Verfügungen dadurch charakterisiert, **193**
dass der Erblasser zu Lebzeiten völlig ungebunden ist und bereits getroffene Anordnungen frei widerrufen kann. Oft besteht aber das Bedürfnis, dem potenziellen Zuwendungsempfänger sofort eine verbindliche Rechtsposition zu verschaffen. Diesem Anliegen kann durch Schenkung unter Lebenden nur beschränkt entsprochen werden, weil sie für den Geschenkgeber den Nachteil hat, dass er den Schenkungsgegenstand nun seinerseits nicht mehr nutzen kann. Einen Kompromiss bietet die Schenkung auf den Todesfall (§ 603). Sie bedarf zu ihrer Wirksamkeit zweier Voraussetzungen:

- Der Geschenkgeber darf sich ***kein Widerrufsrecht*** (das ihm bei einer Verfügung auf den Todesfall an sich zustünde) ***vorbehalten.*** Dies bezieht sich aber nur auf den grundlosen Widerruf; hingegen bleibt ein Widerruf nach den §§ 947 ff weiter möglich.

- Der Vertrag bedarf der Form des ***Notariatsaktes*** (§ 1/1 lit d NotAktG).

194 Das ErbRÄG 2015 hat hinsichtlich der Rechtsnatur der Schenkung auf den Todesfall eine wesentliche Neuerung mit sich gebracht. Während die Schenkung auf den Todesfall vor Inkrafttreten des ErbRÄG 2015 noch eine „Zwitterstellung" hatte und sie (von der hM) vor dem Tod als Vertrag und danach als Vermächtnis behandelt wurde, ist sie nunmehr auch nach dem Tod des Geschenkgebers ***als Vertrag anzusehen*** (§ 603). Abgesehen davon, dass daher Erbwürdigkeit nicht erforderlich ist (kein Vermächtnis, vgl § 647/2), bedeutet dies insb auch, dass die geschenkte Sache ***nicht in den Nachlass fällt,*** der Beschenkte sohin die Stellung eines Verlassenschaftsgläubigers hat und den Vermächtnisnehmern damit vorgeht. Dasselbe gilt für das Verhältnis zu Pflichtteilsberechtigten: Die Schenkung ist von den Nachlassaktiva als Passivum abzuziehen, sodass sich die Pflichtteile gegen eine entsprechend verminderte Verlassenschaft richten, und es trifft den Beschenkten – anders als die Vermächtnisnehmer (s Rz 186) – auch ***keine Pflicht, zu den Pflichtteilen beizutragen,*** wenn die Verlassenschaft für beides nicht reicht. Schenkungen auf den Todesfall (auch solche, die vor dem 1.1.2017 geschlossen wurden; s Rz 329 ff) werden allerdings bei der Ausmessung der Pflichtteile im Rahmen der ***Hinzu- und Anrechnung*** berücksichtigt (§ 781/1; s Rz 263 ff).

195 In § 603 idF des ErbRÄG 2015 wurde durch den Verweis auf § 1253 die Meinung des Autors übernommen, wonach sich nicht nur der Erbvertrag (gem § 1253), sondern auch die Schenkung auf den Todesfall ***nur auf drei Viertel der Verlassenschaft*** beziehen kann. Ein Viertel muss dem Geschenkgeber demnach ebenso zur freien Verfügung bleiben wie dem Erblasser, wenn er sich durch einen Erbvertrag verpflichtet hat, was vor der nunmehrigen gesetzlichen Gleichstellung damit begründet wurde, dass die Bindung des Erblassers bei der Schenkung auf den Todesfall noch stärker ist als beim Erbvertrag, der ihm immerhin zu Lebzeiten freie Hand lässt, während er über die auf den Todesfall verschenkten Sachen nicht mehr verfügen darf (s Rz 193). Umso mehr hat daher bei der Schenkung auf den Todesfall ein Viertel zur freien Verfügung bleiben, sodass § 1253 analog (per Größenschluss) anzuwenden ist. Daraus bzw aus der nunmehrigen Regelung können sich auf den ersten Blick Rechtsunsicherheiten ergeben, weil die Parteien keine vollständige Gewissheit darüber haben, ob sich die Schenkung (in den drei Vierteln der dafür zur Verfügung stehenden Verlassenschaft) „ausgeht"; was zB nicht der Fall wäre, wenn das Vermögen des Geschenkgebers zum Zeitpunkt seines Todes nur aus der verschenkten Sache besteht. Diese Unsicherheit gab es allerdings schon bisher, also nach alter Rechtslage, weil nach dieser die Pflichtteile der Schenkung auf den Todesfall vorgingen, sodass der Beschenkte – um der Einfachheit halber bei dem erwähnten Beispiel zu bleiben, in dem das Vermögen nur aus der verschenkten Sache bestand – diese auch nicht unbedingt zur Gänze, sondern erst nach den Pflichtteilsberechtigten erhielt. Er musste so viel in den Nachlass einzahlen, bis die Pflichtteile frei waren; genauso ist es jetzt: Der Beschenkte muss so viel in die Verlassenschaft einzahlen (bzw erhält die Sache nur Zug um Zug gegen diese Zahlung), bis das reine Viertel frei ist.

Beispiel:
Der Geschenkgeber G schenkt seiner Lebensgefährtin L eine Liegenschaft im Wert von € 400.000 auf den Todesfall. Er hinterlässt zwei Kinder A und B und kein sonstiges Vermögen. Das reine Viertel beträgt € 100.000. Dieses wäre nicht frei, wenn L (ohne Weiteres) die Liegenschaft erhielte. L muss daher € 100.000 an die Verlassenschaft zahlen, um die Liegenschaft zu erhalten. Nicht aber muss sie die Pflichtteile von A und B in der Höhe von insgesamt € 200.000 bezahlen, weil sie diesen vorgeht. A und B erhalten also insgesamt nur € 100.000 (in ihrer Eigenschaft als Erben und nicht als Pflichtteilsberechtigte).

Die Schenkung auf den Todesfall kann auch unter einer ***Bedingung*** geschlossen werden, soweit der Erblasser auf ihren Eintritt keinen Einfluss hat (dies käme ansonsten einer Widerrufsmöglichkeit gleich). Zulässig ist daher zB die Bedingung, dass der Beschenkte den Erbfall erlebt, nicht hingegen die Vereinbarung, dass der Beschenkte vom Schenkungsgegenstand (zB einem Aktiendepot) nur das erhält, was der Erblasser „übrig lässt". Eine Schenkung des gesamten Vermögens auf den Todesfall ist vorbehaltlich der Drei-Viertel-Grenze des § 1253 (s Rz 195) zulässig, hinsichtlich des nach der Schenkung erworbenen Vermögens aber nur zur Hälfte wirksam. Dies ergibt sich aus der ***Anwendbarkeit der Bestimmungen über Schenkungen unter Lebenden*** (§ 603), zu denen auch § 944 gehört, wonach jemand sein ganzes gegenwärtiges Vermögen verschenken kann, eine Schenkung über zukünftiges Vermögens aber nur insoweit gilt (s aber das folgende Bsp), als sie die Hälfte des Vermögens nicht übersteigt. 196

Beispiel aus der Rechtsprechung:
Sachverhalt: Mit Notariatsakt vom 19.5.1998 wurde ein Schenkungsvertrag auf den Todesfall errichtet, mit dem die (am 13.11.1999 verstorbene) Geschenkgeberin ihr gesamtes gegenwärtiges und zukünftiges Vermögen dem Kläger schenkte. Zu ihrem Nachlass gehörten mehrere Vermögenswerte, darunter auch das hier streitverfangene Sparbuch. Im Zuge des Verlassenschaftsverfahrens beantragte der Kläger ua, die Beklagte (ein Kreditinstitut) anzuweisen, dieses Sparbuch auf ihn „umzuschreiben", weil er „darüber verfügungsberechtigt" sei. Diesen Antrag wies das Verlassenschaftsgericht mit Beschluss vom 22.11.2000 rechtskräftig ab. Mit Schreiben vom 11.12.2000 übermittelte der Kläger der Beklagten Ablichtungen des notariellen Schenkungsvertrages, des Abhandlungsprotokolls sowie des eben zitierten Beschlusses mit dem Ersuchen, ihm diesen Vermögenswert auszufolgen. Er präsentierte auch der Beklagten das Sparbuch, konnte aber das Losungswort nicht nennen, weshalb ihm die Beklagte die Auszahlung des Guthabens verweigerte. Der Kläger begehrt nun die Auszahlung dieses Betrages ohne Angabe des Losungswortes.
Aus der Begründung: Ein unbeschränkter Eigentümer kann nicht nur sein gegenwärtiges, sondern auch (unter Beachtung der gesetzlichen Vorschriften) sein künftiges Vermögen verschenken. Die Schenkung künftigen Vermögens könnte nur insoweit rechtsunwirksam sein, als sie dem gesetzlichen Gebot des § 944 2. Satz (es wird nicht mehr als die Hälfte des künftigen Vermögens verschenkt) widerspräche. Der hier zu beurteilende Schenkungsvertrag auf den Todesfall ist an sich somit rechtswirksam.
Eine Schenkung auf den Todesfall ist zwar iSd § 956 (§ 603 nF) zweiter Fall „unter Lebenden gemacht", sie wird aber erst mit dem Tod des Geschenkgebers wirksam, deshalb ist auch der Erwerb dieses Vermögensteils „von Todes wegen" erfolgt. Da der

Kläger die Spareinlage von Todes wegen erworben hat, kann er gemäß § 31/3 BWG über diese ohne Angabe des Losungswortes verfügen.
Daran ändert auch nichts, dass gegebenenfalls ein Abhandlungsverfahren durchzuführen gewesen wäre. Maßgeblich ist nämlich nur, ob der Kläger in diesem Rechtsstreit den Beweis seines Verfügungsrechts über das Sparbuch erbrachte; dies ist zu bejahen. Die Vorgangsweise des Abhandlungsgerichts und dessen abweislicher Beschluss über den Antrag des Klägers sind für die gegenständliche Frage ohne jede Bedeutung. Die im Verlassenschaftsverfahren gefassten Beschlüsse entfalten auch nur für den Bereich dieses Verfahrens rechtliche Wirkung.
Ist der Erwerb von Todes wegen – wie hier – erwiesen, so bleibt es der Beklagten verwehrt, sich auf § 944 2. Satz zu berufen. Diese Bestimmung dient dem Schutz des Geschenkgebers „vor sich selbst" und naher Angehöriger, gewiss aber nicht dem Schutz eines Geldinstituts, bei dem eine Spareinlage verwahrt ist. Ein Verstoß gegen § 944 2. Satz macht den Schenkungsvertrag nicht absolut nichtig; es liegt vielmehr ein insofern relativ nichtiges Rechtsgeschäft vor, als dessen Anfechtung nur den vom Schutzzweck des § 944 2. Satz umfassten Personenkreis gestattet ist (was hier eben nicht der Fall ist).
Zusammenfassung: Der aufgrund eines Schenkungsvertrags auf den Todesfall über eine Spareinlage Berechtigte darf nach Eintritt des Schenkungsfalles über diese ohne Angabe des Losungswortes verfügen. Lediglich die Rechtsunwirksamkeit des Schenkungsvertrags auf den Todesfall stünde dem entgegen, nicht aber die Nichteinhaltung bestimmter Schutzbestimmungen für den Geschenkgeber selbst (1 Ob 133/02v).

197 Der Beschenkte erlangt einen ***verbindlichen*** – und daher schon zu Lebzeiten des Geschenkgebers abtretbaren und vererblichen (§ 705) – ***Anspruch*** auf den Schenkungsgegenstand, kann dieses Recht aber erst nach dem Tod des Erblassers geltend machen. Der Erblasser bleibt zu Lebzeiten im Besitz der verschenkten Sache und kann sie weiter benützen. Er darf hingegen keine Handlungen setzen, welche die schon vereinbarte Vermögensweitergabe beeinträchtigen können. Die auf den Todesfall verschenkten Sachen dürfen daher zB nicht an Dritte verkauft werden. Handelt der Erblasser diesem Verbot zuwider, so ist die Veräußerung zwar wirksam, seine Erben werden aber dem auf den Todesfall Beschenkten gegenüber ***schadenersatzpflichtig*** (der Dritte selbst haftet nach hA nur bei bewusster Verleitung zum Vertragsbruch).

Beispiel aus der Rechtsprechung:
Sachverhalt: Der Vater der Streitteile verkaufte seiner Ehefrau (der Mutter der Streitteile) im Jahr 1954 das T-Gut. Im Kaufvertrag wurde die Verpflichtung der Mutter vereinbart, die Liegenschaft einem Kind ihrer Wahl unter Lebenden zu übergeben oder im Erbweg zu hinterlassen. 1987 verstarb der Vater unter Hinterlassung eines Testaments aus dem Jahr 1983, in welchem er ua verfügte: „Hedwig (= Klägerin) soll von der Mutter den schönen Bauernhof T erhalten." Im Verlassenschaftsverfahren nach dem Vater wurde ua festgehalten, dass das T-Gut nicht in seinem Eigentum stand. 1991 schenkte die Mutter der Beklagten das T-Gut auf den Todesfall. Die Klägerin begehrt nunmehr (nach dem Ableben der Mutter) die Rückabwicklung des Schenkungsvertrages auf den Todesfall. Im Verlassenschaftsverfahren nach dem Vater der Streitteile sei allen Beteiligten klar gewesen, dass der Erblasser das Gut der Klägerin letztwillig zugewendet habe. Die Beklagte habe sich wissentlich über das Recht der Klägerin hinweggesetzt und in Kenntnis des Inhalts des Testaments ihre Mutter zum Vertragsabschluss und zur Übergabe veranlasst. Sie hafte daher der Klägerin wegen Verletzung ihres Forderungsrechts.

Vom ErstG wurde des Weiteren folgender Sachverhalt festgestellt: Weder die Mutter noch die Beklagte konnten gesichert davon ausgehen, dass die Klägerin aufgrund der Verfügungen im Nachtrag zum Testament keinen Anspruch auf Gut T hatte und die Mutter ohne Bedenken zur Übergabe des Gutes an die Beklagte berechtigt gewesen sei. Vielmehr hatten beide Bedenken gegen eine solche Berechtigung und hielten es ernsthaft für möglich, dass durch den Übergabsvertrag in einen Anspruch der Klägerin auf Gut T eingegriffen werde.
Aus der Begründung: Gemäß der neueren Rsp des OGH löst grds nur die wissentliche Beeinträchtigung eines bekannten Forderungsrechts einen Schadenersatzanspruch aus. Auf (vorwerfbare) Unkenntnis des Bestehens eines fremden Forderungsrechts kann ein Schadenersatzanspruch lediglich dann gestützt werden, wenn aufgrund besonderer Umstände das fremde Forderungsrecht für den Verletzer deutlich „sozial-typisch" erkennbar war. Es ist daran festzuhalten, dass Nachforschungspflichten grds zu verneinen sind und sich solche lediglich aufgrund besonderer Umstände (wie etwa eines „besitzverstärkten" Forderungsrechts) rechtfertigen lassen, weshalb an die „sozial-typische" Erkennbarkeit strenge Anforderungen zu stellen sind.
Solche besonderen Umstände liegen aber hier nicht vor. Aus der Feststellung, dass die Beklagte nicht gesichert davon ausgehen konnte, dass die Klägerin keinen Anspruch auf die strittigen Liegenschaften hatte und sie es „ernsthaft für möglich hielt, dass durch den Übergabsvertrag in einen Anspruch der Klägerin eingegriffen werde", kann nicht auf eine positive Kenntnis der Klägerin von einem allfälligen Forderungsrecht der Beklagten geschlossen werden. Insb lässt die Formulierung im Testament „Hedwig soll von der Mutter den schönen Bauernhof T erhalten" auch die Deutung zu, dass es sich lediglich um einen (unverbindlichen) Wunsch des Vaters der Streitteile und nicht um eine rechtsverbindliche letztwillige Anordnung handelte. Auch im Testamentserfüllungsausweis hielt die Mutter der Streitteile fest, dass die Anordnung hinsichtlich des Bauernhofs im Verlassenschaftsverfahren nicht zu berücksichtigen sei, weil das diesbezügliche Vermögen ausschließlich in ihrem Alleineigentum stehe. Es ist daher nicht davon auszugehen, dass die Beklagte zum Zeitpunkt des Übergabe- und Schenkungsvertrags positive Kenntnis von einem Forderungsrecht ihrer Schwester am strittigen Bauernhof hatte.
Die Klägerin durfte aufgrund des ihr bekannten Sachverhalts, insb des Umstands der Eigentumsübertragung im Jahre 1954, zu Recht annehmen, dass der Vater ein Legat nicht mehr wirksam habe einräumen können. Ungeachtet der rechtlichen Frage, ob der Vater der Streitteile deren Mutter als seine Alleinerbin verpflichten konnte, die damals bereits in ihrem Vermögen befindliche Liegenschaft einem Dritten zu überlassen, ist dem Klagebegehren ein Erfolg zu versagen, da die Beklagte zum Zeitpunkt des Übergabsvertrags weder positive Kenntnis vom fremden Forderungsrecht hatte noch ihr nach den vorliegenden Umständen die Unkenntnis vorwerfbar war.
Zusammenfassung: Nur die wissentliche Beeinträchtigung eines bekannten Forderungsrechts löst einen Schadenersatzanspruch aus. Auf (vorwerfbare) Unkenntnis des Bestehens eines fremden Forderungsrechts kann ein Schadenersatzanspruch lediglich dann gestützt werden, wenn aufgrund besonderer Umstände das fremde Forderungsrecht für den Verletzer deutlich „sozial-typisch" erkennbar war (1 Ob 125/05x).

Wird eine ***Liegenschaft*** auf den Todesfall verschenkt, kann mit der gleichzeitigen Vereinbarung (und grundbücherlichen Durchführung) eines Belastungs- und Veräußerungsverbotes, welches zugunsten des Geschenknehmers eine dingliche Wirkung entfaltet, eine weitere Verfügungsmöglichkeit durch den Geschenkgeber ausgeschlossen werden (falls der Geschenknehmer vom Personenkreis des **198**

§ 364c erfasst ist); eine bloße grundbücherliche Anmerkung der Schenkung auf den Todesfall ist hingegen nicht möglich.

2. Übergabe auf den Todesfall

199 Bei der Übergabe auf den Todesfall übergibt der Erblasser jemandem eine Sache mit der Erklärung, dass dieser sie nach seinem (des Erblassers) Tod behalten darf. Nach hA wird dadurch ***kein wirksamer Erwerb*** begründet: Für ein Vermächtnis oder eine Schenkung auf den Todesfall fehlt die Form (der Formzweck letztwilliger Verfügungen, nämlich die Warn- und die Beweisfunktion, könnten damit leicht umgangen werden) und die Annahme einer Schenkung unter Lebenden scheitert daran, dass das Geschenk ja erst nach dem Tod des Übergebers (endgültig) beim Erwerber bleiben soll.

Beispiele:
Die Großmutter möchte nicht, dass der Familienschmuck nach ihrem Tod in den Besitz ihrer Tochter gelangt, weil sie weiß, dass diese ihn sofort „verscherbeln" würde. Sie übergibt daher die Schmuckschatulle ihrer Enkelin und erklärt: „Wenn ich einmal nicht mehr bin, soll der Familienschmuck dir gehören." Nach dem Tod der Großmutter kann die Tochter als gesetzliche Erbin den Schmuck von der Enkelin herausverlangen.

Schweindl wurde aufgrund eines schweren Unfalls ins Krankenhaus gebracht und erlag dort seinen Verletzungen. Auf dem Totenbett hatte er erklärt, dass sein Freund Breitlinger ihn als Einziger im Spital besucht habe und daher dieser nach seinem, Schweindls, Tod die Armbanduhr behalten dürfe, die ihm Schweindl vor seinem Tod zur Aufbewahrung gegeben hatte. Dagegen protestiert allerdings Schweindls Sohn Max, weil ihm die Uhr in einer älteren letztwilligen Verfügung als Vermächtnis zugedacht worden sei. Es handelt sich um eine ungültige Übergabe auf den Todesfall, weil die Formerfordernisse für ein Vermächtnis oder eine Schenkung auf den Todesfall fehlen (s dazu Casebook, Fall 136: „WC-Probleme").

3. Auftrag auf den Todesfall

200 Beim Auftrag auf den Todesfall übergibt der Erblasser einem Dritten eine Sache (oder sie befindet sich schon bei diesem) mit der Vereinbarung, dass dieser sie nach seinem (des Erblassers) Tod einem bestimmten Begünstigten ausfolgt. Wieder liegt kein gültiger Erwerb vor: Der Auftrag begründet nur die Pflicht des Beauftragten zur Ausfolgung, enthält aber für den Begünstigten noch keinen Erwerbstitel. Soweit dieser unentgeltlich ist, liegt eine Schenkung auf den Todesfall vor, für die aber mangels Notariatsakts der Titel fehlt. Auch dann, wenn der Auftrag auf den Todesfall als Vertrag zugunsten Dritter ausgestaltet ist, stellt er ***keinen Titel für den Eigentumserwerb*** dar.

Beispiele:
Vor der Operation übergibt der Erblasser seine wertvolle Armbanduhr dem Arzt mit dem Ersuchen, sie – „falls etwas passiert" – dem A zukommen zu lassen. Leider „passiert etwas". Der Arzt entspricht dem Wunsch seines Patienten und übergibt die Uhr nach dessen Ableben an A, der aber wiederum vom testamentarischen Erben B mit Erfolg auf Herausgabe geklagt wird.

Wie Bsp oben bei Rz 199, nur hatte Schweindl auf dem Totenbett der Krankenschwester Walpurga in einem lichten Augenblick seinen Siegelring und seine Armbanduhr übergeben und dabei Folgendes erklärt: Da ihn sein Freund Breitlinger als Einziger im Spital besucht habe, solle dieser nach seinem, Schweindls, Tod die Armbanduhr bekommen, auf die es Breitlinger schon immer abgesehen hätte, weil er Uhren sammle. Walpurga solle ihm die Uhr zum Katalogpreis verkaufen. Aus dem Erlös dürfe sie sich 1 % als Honorar für ihre Mühewaltung einbehalten. Walpurga solle weiters Schweindls Siegelring nach dessen Tod dem Großonkel Dagobert überlassen. Was in Schweindls Nachtkästchen an Bargeld vorgefunden werde, dürfe sich Walpurga als persönliches Geschenk behalten. Nach Schweindls Tod entnimmt Walpurga seinem Nachtkästchen € 800, übergibt Dagobert den Ring und verkauft Breitlinger die Uhr um € 7.000. Dagegen protestiert allerdings Schweindls Sohn Max, weil ihm die Uhr in einer älteren letztwilligen Verfügung als Vermächtnis zugedacht worden sei.
Der Auftrag zum Verkauf der Uhr stellt einen vermuteten Widerruf des Legats (§ 724) dar. Da der Verkauf auf den Todesfall (anders als die unentgeltliche Zuwendung im Bsp oben bei Rz 199) nicht formbedürftig ist, stellen sich hier keine Probleme. Breitlinger hat € 7.000 an den Nachlass zu zahlen. Walpurga erhält € 70 als Honorar. Hinsichtlich des Rings liegt ein unwirksamer Auftrag auf den Todesfall vor. Die € 800 stellen eine Schenkung auf den Todesfall dar, die mangels Notariatsakts unwirksam ist.

Vom Auftrag auf den Todesfall ist der Tod des Geschäftsherrn im Rahmen einer erteilten ***Vollmacht*** zu unterscheiden. Die vom Gesetz eingeräumte Möglichkeit, dass derartige Aufträge uU noch über den Tod hinaus wirken können (§§ 1022, 1025), hat nichts mit dem hier behandelten Auftrag auf den Todesfall zu tun. **201**

4. Treuhand auf den Todesfall

Bei der Treuhand auf den Todesfall überträgt der Erblasser das Eigentum an einer Sache an einen Treuhänder mit der Vereinbarung, dass dieser sie nach dem Tod des Erblassers einem ***Dritten*** überlässt. Der Erwerb vollzieht sich hier zwar formal aus dem Vermögen des Treuhänders (sodass gar kein Geschäft auf den Todesfall vorzuliegen scheint), kommt bei wirtschaftlicher Betrachtungsweise (die bei der Treuhand anzustellen ist) allerdings doch vom Erblasser, sodass letztlich wieder ein ungültiger Auftrag auf den Todesfall vorliegt. **202**

Beispiel aus der Rechtsprechung:
Sachverhalt: E hatte zwei Sparbücher, welche sich in einem Depot einer Bank befinden. Dort wurde vor Es Tod ein als „Verfügungsberechtigung" bezeichnetes Schriftstück mit folgendem Wort verfasst: „Herr Ing. S wird von mir als Treuhänder über meine Sparbücher mit Losungswort bestellt. Diese sollen nach meinem Ableben zu gleichen Teilen an Frau Ilse L und Herrn Alois P ausgefolgt werden. Ing. S ist im Beisein von zwei Mitarbeitern der Bank berechtigt, die Sparbücher aus dem Depot zu entnehmen und sie den Bezugsberechtigten auszufolgen." Die Vereinbarung wurde von E, vom Treuhänder Ing. S und von den Bankmitarbeitern unterzeichnet. Den Depotschlüssel bewahrte in der Folge der Treuhänder S auf, der ihn wiederum E zur Verfügung stellte, damit dieser in den Sparbüchern die Zinsen nachtragen lassen konnte. Nun verlangen die in der Verfügungsberechtigung Begünstigten von der Erbin die Zustimmung zur Ausfolgung der Sparbücher.

Aus der Begründung: Grds ist es für die „wirkliche Übergabe“ beim Schenkungsvertrag ausreichend, dem Beschenkten den unmittelbaren Zugriff, wie etwa durch Mitteilung des Losungsworts und Übergabe der Schlüssel zum Bankschließfach, in dem das Sparbuch verwahrt ist, zu ermöglichen. Für eine rechtswirksame Übertragung der Verfügungsberechtigung über eine Spareinlage an einen Treuhänder können keine anderen Anforderungen gelten. Im konkreten Fall hatte der Erblasser jedoch gar keinen rechtsgeschäftlichen Willen, durch die Einräumung der Verfügungsberechtigung die Übertragung des Eigentums zu Lebzeiten herbeizuführen. Ing. S hat daher lediglich einen Auftrag auf den Todesfall bekommen.
Zusammenfassung: Die Treuhand auf den Todesfall entspricht dem Auftrag auf den Todesfall und begründet daher keinen gültigen Erwerb von Todes wegen (1 Ob 39/97k).

203 Keine Treuhand auf den Todesfall im obigen Sinne liegt hingegen vor, wenn der Erblasser für den formgültig eingesetzten ***Erben*** einen Treuhänder zur Verwaltung der Verlassenschaft nach der Einantwortung bestellt. Der Unterschied zur (ungültigen) Treuhand auf den Todesfall liegt darin, dass der Erbe – anders als der Dritte – einen gültigen Erwerbstitel, nämlich sein Erbrecht, in Bezug auf die Verlassenschaft hat. Daher handelt es sich bei dieser Variante eher um eine Art Testamentsvollstreckung (s dazu Rz 129).

5. Lebensversicherung auf den Todesfall

204 Eine Lebensversicherung kann auf Er- oder Ableben geschlossen werden. Für den Bereich des Erbrechts ist nur die Ablebensversicherung von Interesse. Eine solche kann eine bestimmte Person als ***Bezugsberechtigten*** vorsehen oder auf den Inhaber der Polizze lauten. Die Einsetzung eines Bezugsberechtigten kann auch durch eine letztwillige Verfügung begründet, widerrufen oder abgeändert werden (Rsp). Ist ein Bezugsberechtigter vorgesehen (§ 166 VersVG) oder hat der Versicherungsnehmer eine Inhaberpolizze zu Lebzeiten an einen Dritten übergeben (was oft eine Beweisfrage ist), erwirbt der Berechtigte gegen den Versicherer einen unmittelbaren Anspruch (echter Vertrag zugunsten Dritter) auf die Versicherungssumme, der außerhalb des Verlassenschaftsverfahrens geltend gemacht wird (ebenso verhält es sich mit einer Unfallversicherung, bei welcher eine bezugsberechtigte Person benannt ist). Dadurch kommt es nicht nur zu einem formlosen Erwerb von Todes wegen (einziger Fall im Rahmen der vertraglichen Einzelrechtsnachfolge) und damit zu einem Bruch mit der Systematik der Formvorschriften für letztwillige Verfügungen, sondern es ist die Versicherungssumme – weil sie sich nicht im Nachlass befindet – auch dem direkten Zugriff der Gläubiger und Pflichtteilsberechtigten des Erblassers entzogen. Letztere können allerdings mit Schenkungsanrechnung, Erstere allenfalls mit der Gläubigeranfechtung nach der EO vorgehen. Denn auch nach dem ErbRÄG 2015 fällt die Versicherungssumme einer Lebensversicherung mit Bezugsberechtigung nicht in den Nachlass (§ 167 VersVG), wird aber iSd § 781 Z 6 als Schenkung hinzu- und angerechnet, und zwar – wie die Schenkung auf den Todesfall – immer unbefristet, also auch dann, wenn der oder die Bezugsberechtigte nicht pflichtteilsberechtigt ist (dazu unten Rz 233). Nur dann, wenn eine auf den Inhaber lautende Polizze noch im Besitz des Versicherungsnehmers war, ist sie nachlasszugehörig.

Beispiel aus der Rechtsprechung:
Sachverhalt: Die Klägerin ist die Witwe des am 3.1.1998 verstorbenen Erblassers E. Die Beklagten sind die Söhne aus erster Ehe und zugleich Testamentserben. E hatte eine Lebensversicherung abgeschlossen. Als bezugsberechtigt ist im Fall des Ablebens der Überbringer der Polizze genannt. Im Frühjahr 1997 übergab E der Klägerin die Polizze und trug ihr auf, sofort nach seinem Tod mit seinem Versicherungsvertreter zwecks Einlösung der Polizze Kontakt aufzunehmen, was die Klägerin auch nach dem Ableben des E tat. Die Klägerin begehrt ihren Pflichtteil, die Beklagten wenden ua ein, dass die Polizze nachlasszugehörig sei und die Klägerin sich den gesamten Versicherungserlös auf den Pflichtteil anrechnen lassen müsse.
Aus der Begründung: Da der Erblasser den Pflichtteil auf was immer für eine Art hinterlassen kann, muss sich ein Noterbe alles, was er vom Erblasser letztwillig erhält, auf den Pflichtteil anrechnen lassen. Ob Verfügungen des Erblassers über eine Lebensversicherung zugunsten einer bestimmten Person wie eine Schenkung auf den Todesfall bzw wie ein Vermächtnis (und damit letztwillig) oder wie eine Schenkung unter Lebenden zu behandeln ist, ist strittig. Nach stRsp ist eine auf Überbringer bzw Inhaber lautende Lebensversicherung in den Nachlass einzubeziehen, wenn der Versicherungsnehmer es unterlassen hat, über den Anspruch aus dem Versicherungsvertrag „unter Lebenden oder von Todes wegen" zu verfügen. Hat dagegen der Versicherungsnehmer „irgendwie" über seine Ansprüche verfügt oder lautet die Lebensversicherung zugunsten einer bestimmten, namentlich genannten Person, ist die Versicherungssumme aus dem Nachlass auszuscheiden. Nicht einzubeziehen ist die auf Überbringer oder Inhaber lautende Lebensversicherungspolizze, die sich zum Todeszeitpunkt des Erblassers im Besitz eines Dritten befindet.
Die Übergabe der Polizze sowie die Äußerung des Erblassers gegenüber der Klägerin anlässlich der Übergabe der Versicherungspolizze lassen nur den Schluss zu, dass ihr die Versicherungssumme nach seinem Tod ohne Gegenleistung zukommen sollte. Es ist von einer zumindest schlüssigen Annahme dieser Erklärung seitens der Klägerin auszugehen, sodass ein Schenkungsvertrag vorlag. E hat damit über die Lebensversicherung unwiderruflich verfügt. Dass hierbei die Verrechnung auf den Pflichtteil bedungen worden wäre, lässt sich dem Sachverhalt nicht entnehmen. Es ist im Ergebnis also der Wert aus der Realisierung der Lebensversicherung nicht in den Nachlass einzubeziehen und vom verbleibenden Reinnachlass der Pflichtteil der Klägerin (1/6) zu errechnen und dieser auszufolgen.
Zusammenfassung: Wurde eine Lebensversicherungspolizze, lautend auf Überbringer, zu Lebzeiten übergeben, so ist sie nicht nachlasszugehörig. Der Übernehmer der Polizze hat nach dem Ableben des Übergebers einen unmittelbaren Anspruch gegen die Versicherung auf Ausfolgung der Versicherungssumme. Ist der Übernehmer zugleich Pflichtteilsberechtigter des Übergebers, so hat er sich die Versicherungssumme nicht auf den Pflichtteil anrechnen zu lassen (6 Ob 181/02i).
Anmerkung: Unterscheide davon den Fall, dass der Erbe, der zugleich Begünstigter einer Lebensversicherung ist, sehr wohl einer gegen ihn geltend gemachten Schenkungsanrechnung ausgesetzt sein kann (s dazu Rz 263 ff).

Beispiel aus der Rechtsprechung:
Sachverhalt: Der am 9.7.1993 verstorbene Erblasser hinterließ ein Testament, in dem er Barbara L als Universalerbin („inklusive aller bestehenden Versicherungsansprüche")

einsetzte. Der Erblasser hatte drei Lebensversicherungen abgeschlossen, von denen zwei laut Polizze Barbara W und eine Barbara L als Bezugsberechtigte ausweisen. Die pflichtteilsberechtigten Angehörigen des Erblassers vertraten die Auffassung, dass die Versicherungssummen als Nachlassaktiva in das Inventar aufzunehmen seien.
Aus der Begründung: Die Bezugsberechtigung kann vom Erblasser auch letztwillig angeordnet oder geändert werden. Bezüglich der Rechtsstellung des Bezugsberechtigten wird in der Literatur zutreffend auf § 167/2 1. Satz VersVG verwiesen. Die Bestimmung sieht vor, dass für den Fall, dass die Zahlung der Versicherungssumme an die Erben des Versicherungsnehmers bedungen ist, diejenigen, welche zur Zeit des Todes als Erben berufen sind, das Bezugsrecht nach dem Verhältnis ihrer Erbteile haben; „eine Ausschlagung der Erbschaft hat auf die Berechtigung keinen Einfluss." Dies legt den Schluss nahe, dass die Erben nicht in ihrer Eigenschaft als Rechtsnachfolger von Todes wegen, sondern als Bezugsberechtigte iSd VersVG erwerben. Nichts anderes kann für Begünstigte gelten, die nicht Rechtsnachfolger des Versicherungsnehmers sind. Übereinstimmend mit der Meinung des Erstgerichts, haben daher die Erlöse der vorliegenden Lebensversicherungen im Inventar keinen Niederschlag gefunden, weil sie der testamentarischen Erbin aufgrund der Bezugsberechtigung und nicht im Erbweg zugekommen sind.
Zusammenfassung: Die Versicherungssumme wird vom Bezugsberechtigten nicht erbrechtlich erworben (7 Ob 622, 623/95).

Beispiel aus der Rechtsprechung:
Sachverhalt: Der Erblasser hinterließ seine Ehegattin (die Beklagte) und seine uneheliche Tochter (Klägerin). In einem rechtswirksamen Testament hatte er die Beklagte zur Alleinerbin eingesetzt. Weitere Bestimmungen enthielt das Testament nicht. Die Klägerin hatte zu Lebzeiten mit ihrem Vater keinerlei Kontakt. Sie begehrt nunmehr ihren Pflichtteil vom reinen Nachlass und von einer Versicherungssumme, die die Beklagte als Bezugsberechtigte eines Lebensversicherungsvertrages erhalten hatte, den der Erblasser abgeschlossen hatte. Festgestellt ist, dass der Erblasser bei Testamentserrichtung den Willen hatte, dass die Klägerin nichts erhalten solle.
Aus der Begründung: Der OGH schließt sich der vom Großteil der Lehre vertretenen Auffassung an, wonach die Pflichtteilsminderung nicht nur ausdrücklich, sondern auch stillschweigend erfolgen kann. Dadurch, dass der Erblasser die Klägerin im vorliegenden Fall ausdrücklich überging, brachte er konkludent zum Ausdruck, dass sie nichts bzw nur das gesetzlich vorgesehene Minimum (ein Sechstel des Nachlasswerts) erhalten solle. Die Versicherungssumme ist nach stRsp nicht in die Verlassenschaft des Versicherungsnehmers einzubringen. Dies hindert allerdings eine allfällige Anrechnung der in der Bezugsberechtigung liegenden Zuwendung bei der Berechnung des Pflichtteils nach § 785 (§§ 781 ff nF) nicht. Ob der Erblasser der Beklagten die Bezugsberechtigung in Schenkungsabsicht eingeräumt hat, wird festzustellen sein. Bejahendenfalls schließt sich der OGH jener Lehre an *(Zankl),* wonach nicht nur der Rückkaufswert oder die Summe der einbezahlten Prämien, sondern die gesamte Versicherungssumme der Anrechnung unterliegt. Soweit allerdings die Lebensversicherung zur Versorgung des überlebenden Ehegatten (allenfalls auch zur Deckung der mit dem Todesfall verbundenen Aufwendungen) abgeschlossen wurde und die Versicherungssumme ein nach den Vermögens- und Einkommensverhältnissen der Beteiligten vernünftiges Maß nicht überschreitet, ist sie in Erfüllung einer sittlichen Pflicht erfolgt und damit von der Anrechnung ausgenommen (§ 785/3 – § 784 nF).
Zusammenfassung: Im Falle einer Bezugsberechtigung gehört die Versicherungssumme zwar nicht zum Nachlass, unterliegt aber der Anrechnung (4 Ob 136/97x).

Beispiel aus der Rechtsprechung:
Sachverhalt: Die Verstorbene hatte eine Lebensversicherung abgeschlossen, bei der sie im Ablebensfall die „gesetzlichen Erben" als Bezugsberechtigte eingesetzt hatte. Die Verstorbene errichtete später vor einem öffentlichen Notar ein Testament, das auszugsweise wie folgt lautete: „Erstens: Widerruf früherer Testamente – Ich widerrufe hiermit sämtliche von mir bisher errichteten letztwilligen Anordnungen ihrem gesamten Inhalte nach. Zweitens: Familienverhältnisse – Ich stelle fest, dass ich unverheiratet bin und keine Nachkommen hinterlasse. Drittens: Erbeinsetzung – Zu Erben meines gesamten beweglichen und unbeweglichen Vermögens bestimme ich zu gleichen Teilen die Ehegatten [...][Zweitbeklagter] und [...] [Erstbeklagte] [...]." Die Kläger waren die Neffen und die Nichte der Verstorbenen. Diese begehrten, die Beklagten zur ungeteilten Hand zur Einwilligung in die Ausfolgung des Erlags zu verpflichten. Als gesetzliche Erben seien sie die Begünstigten aus dem Lebensversicherungsvertrag. Eine Änderung der Bezugsberechtigung habe die Verstorbene im Zuge der Errichtung des Testaments nicht vorgenommen. Die Beklagten beantragten die Klagsabweisung und wandten im Wesentlichen ein, aus dem Testament ergebe sich eindeutig, dass die Verstorbene die Kläger nicht letztwillig habe berücksichtigen wollen. Sie habe gar nicht daran gedacht, dass die Kläger gesetzliche Erben sein könnten. Vielmehr habe die Verstorbene durch die Einsetzung der Beklagten als Erben sowie mit der Verfügung, dass sämtliche früheren letztwilligen Verfügungen widerrufen würden, das Bezugsrecht aus dem Lebensversicherungsvertrag zugunsten der Beklagten geändert.
Aus der Begründung: Lautet die Lebensversicherungspolizze zugunsten einer bestimmten, namentlich bezeichneten Person, so ist die Versicherungssumme in die Verlassenschaft des Versicherungsnehmers grds nicht einzubeziehen. Zur Frage, ob eine Bezugsberechtigung auch durch letztwillige Verfügung begründet, widerrufen oder abgeändert werden kann, hat der OGH bereits bejahend Stellung genommen. Eine letztwillige Verfügung über die Begünstigung aus einer Lebensversicherung ist daher, soweit ihr andere Vereinbarungen nicht entgegenstehen, schon aufgrund der Bestimmungen des bürgerlichen Rechts zulässig und zwischen verschiedenen Personen, die als (vermeintlich) Begünstigte Anspruch auf die Versicherungssumme erheben, wirksam. Hier steht aufgrund der Feststellungen des Erstgerichts der wahre Wille der Verstorbenen dahin fest, dass diese „mit der Einsetzung der Erst- und des Zweitbeklagten als ihrer [sic!] Erben auch verfügen (wollte), dass diese die Bezugsberechtigten aus ihrer Lebensversicherung werden". Die Verstorbene hat in ihrer letztwilligen Verfügung die Beklagten nicht nur als Erben ihres „gesamten beweglichen und unbeweglichen Vermögens" bestimmt. Sie hat überdies zugunsten anderer Personen Legate bestimmt, und zwar soweit die betreffenden Beträge „nach Abzug der Begräbniskosten und Passiva in den verbleibenden Bankguthaben, Versicherungen oder Bargeld Deckung" finden. Daraus folgt zugleich, dass der wahre Wille der Verstorbenen, nach dem die Erbeinsetzung der Beklagten auch die Bezugsberechtigung aus ihrer Lebensversicherung umfassen sollte, auch einen im Sinn der Andeutungstheorie ausreichenden Anhaltspunkt im Testament gefunden hat. Dies führt zum Ergebnis, dass die Verstorbene mit ihrer letztwilligen Verfügung vom 11.12.2012 auch eine Änderung der Bezugsberechtigung für ihre Lebensversicherung zugunsten der Beklagten vorgenommen hat.
Zusammenfassung: Eine Bezugsberechtigung aus einer Lebensversicherung kann auch durch eine letztwillige Verfügung begründet, widerrufen oder abgeändert werden (7 Ob 136/18b).

Lebensversicherungen werden gewöhnlich zu Versorgungszwecken abgeschlossen. Ihr ***Vorteil*** liegt – abgesehen davon, dass sie dem direkten Gläubigerzugriff entzogen sind (zur Anfechtung und Anrechnung s aber Rz 204 und 263) – in 205 der steuerlichen Behandlung: Die Prämien der Lebensversicherung können vom Versicherungsnehmer (teilweise, weil nur unter den Einschränkungen des § 18/3 Z 2 EStG) als Sonderausgaben geltend gemacht werden und mindern dadurch seine Steuerlast (daneben ist auch die Gebührenersparnis zu beachten: Soweit die Lebensversicherung nicht nachlasszugehörig ist, also bei Bezugsberechtigung – s Rz 209 – verringern sich die Gebühren des Gerichtskommissärs und die gerichtlichen Pauschalgebühren). Große Bedeutung kommt der Ablebensversicherung schließlich auch im Rahmen einer Kreditaufnahme zu: Die finanzierende Bank verlangt, dass sie als Bezugsberechtigte eingesetzt wird. Damit sichert sie sich im Fall des Ablebens des Kreditnehmers die Rückzahlung des Kredites.

6. Gütergemeinschaft auf den Todesfall

206 Die Gütergemeinschaft auf den Todesfall bedarf als Ehepakt eines ***Notariatsakts*** und gibt dem überlebenden Ehegatten gem § 1234 das Recht auf die ***Hälfte*** des im Zeitpunkt des Todes vorhandenen ***Gemeinschaftsvermögens.*** Die andere Hälfte bildet die Verlassenschaft des Erblassers, über die er letztwillig verfügen (also auch den Ehegatten zum Erben berufen) kann.

7. Privatstiftung auf den Todesfall

207 Gem § 8 Privatstiftungsgesetz (PSG) kann durch eine letztwillige Stiftungserklärung eine ***Privatstiftung von Todes wegen*** errichtet werden. Die letztwillige Stiftungserklärung bedarf der Form einer letztwilligen Verfügung sowie der Beurkundung durch Notariatsakt (§ 39/1 PSG). Der Testator kann in die Privatstiftung sein gesamtes ***Vermögen oder Teile davon einbringen.*** Liegt eine entsprechende letztwillige Stiftungserklärung vor, ist der gegebenenfalls bestellte erste Stiftungsvorstand im Verlassenschaftsverfahren zu verständigen; nimmt die Eintragung in das Firmenbuch längere Zeit in Anspruch, ist bis zu diesem Zeitpunkt allenfalls ein Stiftungskurator zu bestellen, der für das ehestmögliche Entstehen der Privatstiftung Sorge zu tragen hat. Im Übrigen (Stiftungsorgane, Stiftungsvermögen usw) gelten für die Privatstiftung von Todes wegen die einschlägigen Bestimmungen des PSG.

IV. Gesetzliche Einzelrechtsnachfolge

Literaturauswahl: *Fischer-Czermak,* Vereinbarungen nach § 14 Abs 4 WEG, in FS Welser (2004) 189; *Umlauft,* Fragen und Fragwürdigkeiten im Zusammenhang mit Vereinbarungen zwischen Eigentümerpartnern zu Gunsten Dritter gemäß § 14 Abs 4 WEG 2002, in FS Welser (2004) 1119; *Frei,* Wohnungseigentum von Partnern im Todesfall nach der WRN 2006, NZ 2006, 292; *Hofmann,* Die Neuregelung der Eigentümerpartnerschaft im Todesfall (§ 14 WEG 2002) durch die Wohnrechtsnovelle 2006, iFamZ 2006, 228; 2007, 46; *Likar-Peer,* Die Neufassung des § 14 WEG 2002 durch die WRN 2006, immolex 2006, 294; *Spitzer,* § 14 WEG neu: Tod des Eigentümerpartners, ecolex 2006, 818; *Markl/*

Hechenbichler, Eigentümerpartnerschaft im Todesfall. § 14 WEG idF WRN 2006 im Überblick, EF-Z 2007, 16; *A. Tschugguel,* § 14 WEG und Pflichtteilsrecht, NZ 2010/100; *Perscha,* Checkliste: § 14 WEG 2002 – Tod des Partners, EF-Z 2012, 237; *A. Tschugguel,* Die Vereinbarung der Wohnungseigentumspartner nach § 14 Abs 5 WEG aus kautelarjuristischer Sicht, EF-Z 2013, 17; *derselbe,* Die Vereinbarung der Eigentumspartner nach § 14 Abs 5 WEG 2002 aus Sicht des Gerichtskommissärs, EF-Z 2013/40; *Gruber/A. Tschugguel,* § 14 WEG 2002 und Immobilienertragssteuer, EF-Z 2014/68; *dieselben,* § 14 WEG 2002 und Grunderwerbsteuer NEU, EF-Z 2014, 149; *Barth/Pesendorfer,* Erbrechtsreform 2015 (2015); *P. Bydlinski,* Modernisierung des ABGB, ÖJZ 2015/113; *Cach/Nalussi,* Erbrechts-Änderungsgesetz 2015, GesRZ 2015, 220; *Deixler-Hübner/Schauer,* Erbrecht NEU (2015); *Kolmasch,* Erbrechts-Änderungsgesetz 2015 (ErbRÄG 2015), Zak 2015, 250; *Mondel,* Aus der Erbrechtspraxis des Dr. M., iFamZ 2015, 244; *Pesendorfer,* Die Erbrechtsreform im Überblick, iFamZ 2015, 230; *derselbe,* Erbunwürdigkeits- und Enterbungsgründe nach dem ErbRÄG 2015, iFamZ 2015, 237; *C. Rabl/Zöchling-Jud,* Das neue Erbrecht (2015); *Kathrein,* Das neue Erbrecht, EF-Z 2016, 4; *Neumayr,* Das gesetzliche Unterhaltsvermächtnis, NZ 2020/26; *Rabl,* Der Tod des Wohnungseigentumspartners (2023).

Judikaturauswahl: 5 Ob 200/05f (Übergang des Wohnungseigentums gem § 14 WEG 2002); 8 Ob 22/13p (Amtsbestätigung bei Anwachsung); 2 Ob 159/17x (Anwachsung bei Eigentümerpartnerschaft auch in internationalen Erbfällen).

1. Unterhalt des Ehegatten und der Kinder

Sowohl dem überlebenden Ehegatten als auch den Kindern steht von Gesetzes wegen ein Unterhaltsanspruch zu (s Rz 46 f). Die entsprechende Unterhaltspflicht geht (auch bei unbedingter Erbantrittserklärung) mit dem ***Wert der Verlassenschaft*** begrenzt auf die Erben über, und es ist jeweils alles anzurechnen, was der Berechtigte durch vertragliche oder letztwillige Zuwendung als gesetzlichen Erbteil, als Pflichtteil oder durch eine öffentlich-rechtliche oder privatrechtliche Leistung erhält (§§ 233, 747). **208**

Der Anspruch des Kindes ist zeitlich bis zum Eintritt seiner Selbsterhaltungsfähigkeit beschränkt, jener des Ehegatten gebührt nur bis zu einer allfälligen Wiederverheiratung. **209**

Im Rahmen des Verlassenschaftsverfahrens geht der Unterhalt den Nachlassschulden (also auch der Schenkung auf den Todesfall, s Rz 193) und Pflichtteilen (beides zweifelhaft, s Rz 230) im Rang nach, Vermächtnissen hingegen vor. Das Verhältnis zum gesetzlichen Vorausvermächtnis ist nach wie vor strittig. In den Unterhaltsanspruch des Ehegatten ist jedenfalls alles anzurechnen, was dieser nach dem Verstorbenen durch vertragliche oder letztwillige Zuwendung erhalten hat. In diesem Sinne muss mE auch das gesetzliche Vorausvermächtnis angerechnet werden, was dazu führen kann, dass der Ehegatte seinen Unterhaltsanspruch zur Gänze verlieren kann. Im Verhältnis zu Unterhaltsansprüchen Dritter geht das gesetzliche Vorausvermächtnis trotz des „pflichtteilsähnlichen Charakters“ mE nach, wenn der Ehegatte diesbezüglich keinen Bedarf hat. **210**

2. Übergang des gemeinsamen Wohnungseigentums nach § 14 WEG

211 Seit Erlassung des WEG 2002 ist es zwei natürlichen Personen möglich (nach dem WEG 1975 galt dies nur für Ehegatten), gemeinsam eine Eigentumswohnung zu erwerben (mittels gesellschaftsrechtlicher Konstruktionen kann diese Regelung umgangen werden, zB durch Gründung einer OG mit drei Gesellschaftern). Sie sind dann „Eigentümerpartner" iSd 4. Abschnitts des WEG 2002. Fraglich ist, was gilt, wenn der Verstorbene drei Kinder hinterlässt und diesen seine Eigentumswohnung vermacht. Da, wie erwähnt, nur zwei natürliche Personen eine Eigentumspartnerschaft bilden können, bleibt in derartigen Fällen nur die Möglichkeit der Gründung einer rechtsfähigen Gesellschaft. In der Praxis wird in solchen Fällen eine OG wegen der schnellen und kostengünstigen Gründungsmöglichkeit als Eigentümerin (mit den drei Kindern als Gesellschaftern) vorgeschlagen.

212 Stirbt einer der Eigentümerpartner, sieht § 14 WEG 2002 idF Wohnrechtsnovelle 2006 eine im Einzelnen komplizierte Regelung für den Übergang seines Anteils vor. Demnach ist für den Erwerb des Anteils – unter Ausschluss sonstiger erbrechtlicher Regelungen – folgende absteigende Reihenfolge vorgesehen (beachte zur Terminologie: „Mindestanteil" = gesamtes Wohnungseigentumsobjekt; „Anteil am Mindestanteil" = halbes Wohnungseigentumsobjekt):

1. Die Partner haben ***zu Lebzeiten*** vor einem Notar oder einem Rechtsanwalt eine schriftliche ***Vereinbarung*** geschlossen (Abs 5 Z 1), dass der Anteil des Verstorbenen am Mindestanteil einer anderen Person zukommt. Der Begünstigte erhält im Todesfall des Eigentümerpartners einen Anspruch auf Übereignung, den er wahlweise geltend machen kann.
2. Der überlebende Partner schließt im Rahmen des Verlassenschaftsverfahrens ***mit den Erben*** unter Zustimmung der ***Pflichtteilsberechtigten*** eine Vereinbarung, aufgrund deren der Anteil auf eine andere Person übergehen soll (Abs 1 Z 2).
3. Der Anteil ***geht von Gesetzes wegen*** unmittelbar ins Eigentum des überlebenden Partners ***über*** (Abs 1 Z 1). Es handelt sich dabei um ein Anwachsungsrecht sui generis; im Gegensatz dazu sah § 12 WEG 1975 noch die Konstruktion des Vindikationslegats vor.

213 Bei einem Erwerb nach Punkt 1. und 3. hat der jeweils Begünstigte an die Verlassenschaft einen Übernahmspreis in der Höhe der Hälfte des Verkehrswerts des Mindestanteils zu bezahlen (Abs 2). Ist der Begünstigte jedoch selbst pflichtteilsberechtigt und dient die Wohnung der Befriedigung seines dringenden Wohnbedürfnisses (sog Bedarfsqualifizierung), hat er ein Viertel (unabhängig von der Höhe der Pflichtteilsquote; s dazu Rz 235) des Verkehrswerts des Mindestanteils an die Verlassenschaft zu bezahlen, allerdings nur dann, wenn noch ein anderer Pflichtteilsberechtigter vorhanden ist oder die Verlassenschaft sonst überschuldet wäre. Ist ihm die sofortige Bezahlung nicht möglich, ist die Zahlungspflicht auf

bis zu fünf Jahre hinauszuschieben (Abs 3). Gem Abs 4 kann die in den Absätzen 2 und 3 bestimmte Zahlungspflicht durch letztwillige Verfügung des Erblassers oder Schenkung auf den Todesfall erlassen werden. Umstritten und ungeklärt ist in diesem Zusammenhang, wie sich diese verminderte Zahlungspflicht eines pflichtteilsberechtigten Eigentumspartners auf die Bemessungsgrundlage des Pflichtteils auswirkt. Im Detail stellt sich also die Frage, ob der Zahlungsverpflichtung entsprechend nur der halbe Übernahmspreis zur Pflichtteilsberechnung herangezogen werden sollte oder man vielmehr den vollen Übernahmspreis der Verlassenschaft hinzurechnen und somit dem gesetzgeberischen Willen, die Position der Pflichtteilsberechtigten zu stützen, folgen sollte.

Beispiele:
Der Erblasser E hinterlässt zwei Kinder und seine Ehefrau F. E und F sind Eigentümerpartner einer Eigentumswohnung. F ist auf die Wohnung dringend angewiesen, eine Vereinbarung zu Lebzeiten wurde nicht getroffen. Der Mindestanteil hat einen Wert von € 160.000. Da neben der Ehefrau weitere Pflichtteilsberechtigte vorhanden sind, hat sie einen Betrag von € 40.000 an die Verlassenschaft zu bezahlen. Hätte der Erblasser durch letztwillige Verfügung oder Schenkung auf den Todesfall die Zahlungspflicht erlassen, wären die Kinder (auch für den Fall ihrer Minderjährigkeit) hinsichtlich der Eigentumswohnung leer ausgegangen.

Herbert bedenkt seine drei Söhne letztwillig. Der Nachlass besteht nur aus einer Wohnung in Wien. Das Problem liegt darin, dass maximal zwei Personen Wohnungseigentümer sein können (§ 13 WEG). In der Praxis findet sich in solchen Konstellationen häufig eine OG als Eigentümerin (vgl § 105 UGB), weil diese sehr schnell und einfach gegründet werden kann.

Beispiel aus der Rechtsprechung:
Sachverhalt: Der Verstorbene und seine Gattin waren ua Eigentümer je eines halben Mindestanteils einer Liegenschaft (Reihenhaus), verbunden mit gemeinsamem Wohnungseigentum. Neben dem Revisionsrekurswerber, dem Sohn des Verstorbenen, haben die Witwe und die Tochter des Verstorbenen jeweils bedingte Erbantrittserklärungen abgegeben. Am 15.3.2012 beantragte der Sohn des Verstorbenen unter Berufung auf § 14/2 WEG 2002, der Witwe als überlebender Eigentümerpartnerin die Zahlung eines Übernahmspreises von € 125.500 für den Mindestanteil des Verstorbenen an dieser Liegenschaft aufzutragen. Mit Beschluss vom 16.5.2012 bestätigte das Erstgericht gemäß § 182/3 AußStrG, dass das Eigentumsrecht an dem zum Nachlass gehörigen Anteil an dieser Liegenschaft unter gleichzeitiger Auflösung der Verbindung gem § 12/1 WEG für die Witwe im Grundbuch einverleibt werden kann (s dazu die bereits in diesem Verfahren ergangene Entscheidung 8 Ob 22/13p). Am 9.1.2013 stellte die Witwe den Antrag auf Stundung der Zahlung des Übernahmspreises für die Dauer eines Jahres ab Erteilung der Rechtskraftbestätigung für die Amtsbestätigung, weil sie den Übernahmspreis noch nicht aufbringen könne. Der Sohn des Verstorbenen sprach sich gegen die Stundung aus, weil die Witwe am Reihenhaus kein dringendes Wohnbedürfnis habe, sodass die Voraussetzungen für eine Stundung gemäß § 14/3 WEG 2002 nicht gegeben seien. Darüber hinaus wäre es für die Witwe zumutbar, den Übernahmspreis sofort zu entrichten.
Aus der Begründung: Wie der erkennende Senat bereits in der in diesem Verfahren ergangenen Vorentscheidung 8 Ob 22/13p ausgesprochen hat, ist der Streit über die Höhe des Übernahmspreises im Rechtsweg auszutragen (RIS-Justiz RS0013472;

RS0128692). Die Vorgangsweise des Rekursgerichts, die Höhe des Übernahmspreises im Spruch seiner Entscheidung nicht festzusetzen, entspricht dieser Rechtsprechung. Insoweit macht der Revisionsrekurswerber daher keine iSd § 62/1 AußStrG erhebliche Rechtsfrage, die die Zulässigkeit des Revisionsrekurses rechtfertigen könnte, geltend. Durch die Entscheidung über den Antrag der Witwe auf Stundung der Zahlung des Übernahmspreises gemäß § 14/3 letzter Satz WEG 2002 ist der Revisionsrekurswerber nicht mehr beschwert, weil die von den Vorinstanzen gewährte Frist bis 15.11.2013 bereits kurz nach Einbringung des Revisionsrekurses und der Revisionsrekursbeantwortung abgelaufen ist. Voraussetzung für die Zulässigkeit jedes Rechtsmittels ist aber das Rechtsschutzbedürfnis des Rechtsmittelwerbers. Die Beschwer muss bei Einlangen des Rechtsmittels und auch noch im Zeitpunkt der Rechtsmittelentscheidung bestehen (RIS-Justiz RS0006497; RS0041770). Dies ist hier nicht mehr der Fall. Der Entscheidung über diese Frage käme daher nur mehr theoretisch-abstrakte Bedeutung zu. Über bloß theoretisch bedeutsame Fragen abzusprechen ist aber nicht Aufgabe der Rechtsmittelgerichte (RIS-Justiz RS0002495). Insoweit ist das Rechtsmittel daher unzulässig. *Zusammenfassung:* Die Höhe des Übernahmspreises ist im Rechtsweg zu klären. Ist dem überlebenden Partner die sofortige Zahlung des Übernahmspreises nach seinen Verhältnissen, insb seinem Vermögen, seinem Einkommen, seinen Sorgepflichten sowie seinen Aufwendungen für die Wohnung und zur Aufrechterhaltung einer angemessenen Lebenshaltung, nicht zumutbar, so kann eine Stundung vereinbart oder ein entsprechender Antrag gestellt werden. Die Zahlung darf allerdings nicht mehr als fünf Jahre hinausgeschoben werden (8 Ob 117/13h).

4. Kapitel

Pflichtteilsrecht

I. Allgemeines

Literaturauswahl: *Welser,* Hinterlassung des Pflichtteils als Vermächtnis und Abrechnungsgemeinschaft nach § 786 Satz 2 ABGB, NZ 1994, 269; *C. Rabl,* § 777 ABGB und die Anpassung einer letztwilligen Verfügung, NZ 1996, 49; *Zankl,* Rechtsvergleichende Gedanken zu einer Reform der Anrechnung, NZ 1998, 35; *C. Rabl,* Änderungen im Erbrecht durch das Erste Bundesrechtsbereinigungsgesetz, NZ 1999, 229; *Hauser,* Das gesetzliche Vorausvermächtnis bei der Ermittlung der Erb- und Pflichtteilsansprüche, NZ 2000, 27; *Zankl,* Pflichtteilsdeckung und Pflichtteilsverjährung, NZ 2000, 36; *Schauer,* Ist das Pflichtteilsrecht noch zeitgemäß? NZ 2001, 70; *derselbe,* Rechtsgeschäftliche Gestaltungsmöglichkeiten bei der erbrechtlichen Nachfolge in Personengesellschaften, in *Kalss/Schauer* (Hg), Unternehmensnachfolge (2001) 111; *Unterkofler,* Die rechtliche Stellung des Pflichtteilsberechtigten im Spannungsverhältnis zwischen Erbrecht und Privatstiftungsrecht (2003); *Samek,* Das österreichische Pflichtteilsrecht samt Anrechnungsrecht (2004); *C. Rabl,* Die Schenkung auf den Todesfall im Pflichtteilsrecht, NZ 2005, 129; *Krejci/Parapatits,* Unternehmensnachfolge und Pflichtteilsrecht (2006); *Limberg,* Privatstiftung und Pflichtteilsrecht (2006); *Jordis,* Strategien zur rechtlichen Ordnung von Familienunternehmen in Österreich, in *Frasl/Rieger* (Hg), Family Business Handbuch (2007) 102; *B. Jud,* Privatstiftung und Pflichtteilsrecht: Erste Klärung durch den OGH, Zak 2007, 369; *Giller,* Zur Reform der Pflichtteilsdeckung, iFamZ 2008, 36; *Welser,* Die Reform des Pflichtteilsrechts in Österreich und Deutschland, ZfRV 2008, 175; *derselbe,* Ein eigenes Pflichtteilsrecht für Unternehmer? GesRZ 2008, 261; *derselbe,* Erbrechtsreform in Deutschland – ein Vorbild für Österreich? NZ 2008, 257; *Zankl,* Austrian and Liechtenstein private foundations: interferences by forced heirship, Trusts & Trustees 2008, 284; *Zollner,* Die neuen Herausforderungen an das Erbrecht. Privatstiftung und Pflichtteilsrecht – ein unlösbarer Widerspruch? EF-Z 2008, 4; *Lenneis,* Problematik der Pflichtteilsvergrößerung durch Verzicht auf das Erbrecht gem § 767 ABGB, AnwBl 2009, 263; *Riss,* Zur Behandlung der Kostenersatzpflicht aus dem Pflichtteilsprozess bei der Bemessung des Pflichtteils, JBl 2009, 618; *Umlauft,* Die Rolle der Zeit bei der Bewertung anrechnungspflichtiger Zuwendungen im Pflichtteilsrecht, in *Feiler/Raschhofer* (Hg), Innovation und internationale Rechtspraxis, Praxisschrift für Wolfgang Zankl (2009) 909; *Wendehorst,* Nach der deutschen Erbrechtsreform: Anregungen für Österreich? E-FZ 2010, 138; *W. Tschugguel,* § 758 ABGB: Wohnvoraus des Ehegatten in Kollision mit dem Pflichtteilsrecht des Kindes, iFamZ 2011, 166; *Hawel,* Zur Pflichtteilsminderung nach § 773 a ABGB, EF-Z 2012, 55; *Kletečka,* Pflichtteilsrechtliche Behandlung der Errichtung einer Privatstiftung, EF-Z 2012/2; *Pointner/Pintscher,* Unternehmensnachfolge-Umsatzsteuer in FS Schlager (2012), 697; *C. Rabl,* Das Schicksal der vom Erblasser verfügten Lasten nach Wegfall des belasteten Erben, NZ 2012/67; *Stifter,* Intertemporale Pflichtteilsminderung, ÖJZ 2012, 331; *Perscha,* Rechte der Noterben im Verlassenschaftsverfahren, EF-Z 2013/127, 189; *Giller,* Die Gestaltbarkeit der Pflichtteilsdeckung, JEV 2014, 14; *C. Rabl,* Kampf um das Pflichtteilsrecht, NZ 2014/81; *Scheuba,* Grundrechte im Rechtssystem – Ist das Pflichtteilsrecht noch zeitgemäß? AnwBl 2014, 44; *Arnold,* Privatstiftung und Pflichtteilsrecht, GesRZ 2015, 346; *Barth/Pesendorfer,* Erbrechtsreform 2015 (2015); *P. Bydlinski,* Modernisierung des ABGB, ÖJZ 2015/113; *Cach/Brehm,* Die Stundung des Pflichtteils – ein attraktives Werkzeug im Rahmen der Unternehmensnachfolge? JEV 2015, 137; *Cach/Nalussi,* Erbrechts-Änderungsgesetz 2015, GesRZ 2015, 220; *Kalss/Cach,* Das neue

Pflichtteilsrecht, Aufsichtsrataktuell 2015 H 5, 5; *Kolmasch,* Erbrechts-Änderungsgesetz 2015 (ErbRÄG 2015), Zak 2015, 250; *C. Rabl,* Erbrechtsreform 2015 – Pflichtteilsrecht neu, NZ 2015, 321; *C. Rabl/Zöchling-Jud,* Das neue Erbrecht (2015); *Giller,* Die Gestaltbarkeit der Pflichtteilsdeckung nach dem ErbRÄG 2015 – eine erste Annäherung, JEV 2016, 58; *Hasch/Wolfgruber,* Potenzielle Verschärfung pflichtteilsrechtlicher Auseinandersetzungen durch das ErbRÄG 2015, PSR 2016/4; *Kathrein,* Das neue Erbrecht, EF-Z 2016, 4; *C. Rabl,* Das neue Pflichtteilsrecht des Ehegatten, EF-Z 2016/138; *Welser,* Die Fälligkeit von Pflichtteilsansprüchen und Legatsforderungen nach dem neuen Erbrecht, GesRZ 2016, 164; *Zollner/Pitscheider,* Pflichtteilsrechtliche Aspekte einer Begünstigtenstellung, PSR 2016/3; *Brehm,* Die Stundung des Pflichtteils, Zak 2017, 89; *Geroldinger,* „Stichtagsprinzip" und Fälligkeitskonzept des neuen Pflichtteilsrechts – zwei Danaergeschenke? NZ 2017, 128; *Hofmann,* Die sukzessive Erfüllung des Pflichtteils nach dem ErbRÄG 2015 – Überlegungen zur Auflösung des angeblichen Widerspruchs zwischen §§ 766 und 762 ABGB, NZ 2017, 441; *Kurz/Andres,* Bewertungsfragen im Zusammenhang mit der Ermittlung des Pflichtteils unter besonderer Berücksichtigung der Unternehmensbewertung, JEV 2017, 10; *A. Tschugguel,* Pflichtteilsdeckung neu – Zur Auflösung eines (scheinbaren) Normenwiderspruchs – Zugleich eine Besprechung der E 2 Ob 167/16x, EF-Z 2017/45; *Vidmar,* Der Agnationsfall nach dem ErbRÄG 2015, EF-Z 2017/131; *Binder/Giller,* Pflichtteilsrecht, in *Gruber/Kalss/Müller/Schauer* (Hg), Erbrecht und Vermögensnachfolge^{2} *(2018) 202; Entleitner,* Die Pflichtteilsminderung nach dem ErbRÄG 2015, Zak 2018, 104; *Kogler,* Pflichtteilsberechtigung und Ausmessung der Pflichtteile (1.Teil), JBl 2018, 141; *derselbe,* Pflichtteilsberechtigung und Ausmessung der Pflichtteile (2. Teil), JBl 2018, 229; *Liebwald,* Erben in Österreich: Heimat großer Töchter und Söhne? JEV 2018, 91; *Schauer,* Nachfolge im Recht der Personengesellschaften, in *Gruber/Kalss/Müller/Schauer* (Hg), Erbrecht und Vermögensnachfolge^{2} (2018) 1221; *Zankl,* Erbrechtliche Informations- und Schadenersatzpflichten, EF-Z 2018/76; *derselbe,* Notarielle Beratungsfragen des ErbRÄG 2015, in FS Bittner (2018) 841; *Welser,* Erbrechts-Kommentar (2019); *Hartlieb,* Die Belastung der Pflichtteilszuwendung – Zugleich ein Beitrag zur Erweiterung der Testierfreiheit durch das ErbRÄG 2015, JBl 2020, 815; *Romanek,* Ehelichkeitsvermutung bei Nichtigerklärung der Ehe und Erbrecht des nachgeborenen Kindes, ecolex 2020, 880; *Schwarzenegger,* Neues zur Rechtsnatur der reinen Stundung in § 765 Abs 2 ABGB, EF-Z 2020/29; *Verweijen,* Fruchtgenussrechte als Mittel der Pflichtteilsdeckung, JEV 2020, 145; *Vogl,* Steuern als Belastung des Pflichtteils iSd § 762 ABGB nF, ÖJZ 2020/31; Hofman, Minderung des Pflichtteils durch das Berücksichtigen „latenter Steuern"?, NZ 2021, 107; *Welser,* Feststellung der Abstammung, Verjährung des Pflichtteilsanspruchs, EF-Z 2021/25; *Christandl,* Pflichtteilsklage und Stundung 2.0: Irrung und Verwirrung, EF-Z 2022/48; *Hofmann,* Wann verjährt der Geldpflichtteil? – Überlegungen zur Entscheidung OGH 25.11.2021, 2 Ob 117/21a, JEV 2022, 4; *Schwarzenegger,* Zur Stundung und Verjährung des Geldpflichtteils, EF-Z 2022/67.

Judikaturauswahl: 5 Ob 14/02y (Wohnungsrecht grds zur Pflichtteilsdeckung geeignet); 6 Ob 52/05y (Pflichtteilsberechtigung und Ehelichkeitsvermutung – § 138/1 aF); 3 Ob 315/05b (Teileinklagung des Pflichtteils); 4 Ob 214/06h (Schenkungspflichtteilsanspruch eines gesetzl Erben gg Miterben verjährt gem § 1487 in drei Jahren); 10 Ob 45/07a (Vermögenszuwendung an Privatstiftung – Beginn des Fristenlaufs gem § 785/3); 7 Ob 56/10a (Prozess- und Vertretungskosten eines auf Zahlung des Pflichtteils gerichteten Verfahrens); 1 Ob 159/10d (Beginn der Verjährungsfrist für Pflichtteilsansprüche); 7 Ob 248/11p (Schenkungspflichtteil und Pflichtteilsverkürzung); 1 Ob 139/12s (Verjährung des Schenkungspflichtteils); 4 Ob 3/13i (Fideikommissarische Substitution beschränkt Pflichtteilsberechtigten); 2 Ob 102/15m (Erbschaftsschenkung liegt in Abgeltung des Pflichtteilsanspruchs); 2 Ob 174/15z (Verjährungsfrist für übergangene Pflichtteilsberechtigte); 2 Ob 167/16x (Pflichtteilsdeckung durch Nutzungsrecht); 2 Ob 105/17f (Pflichtteilsdeckung durch mit Nachvermächtnis belastetes Vermächtnis); 2 Ob 49/19y (§ 765/2 normiert keine Klagssperre); 2 Ob 87/19m (Erhalt eines Kindes nach Errichtung des Testaments); 2 Ob 154/19i (Pflichtteilsverzicht mit mündlichen Nebenvereinbarungen); 2 Ob 117/21a (Beginn der Verjährungsfrist); 2 Ob 44/20i (Schuldentilgung als anrechnungspflichtige Schenkung); 2 Ob 214/20i (Pflichtteilsrecht kein Bestandteil des österreichischen ordre public); 2 Ob 35/21t (Hemmung der Verjährung des Pflichtteilsanspruchs); 2 Ob 116/22f (Pflichtteilsminderung bei beidseitig fehlendem Kontaktinteresse); 2 Ob 214/22t (Analoge Anwendung des § 765/2 auf die Haftung des Geschenknehmers); 2 Ob 15/23d (Testament zu Gunsten von Pflegepersonal aufgrund Testierfreiheit wirksam).

Der Verstorbene kann grds frei über den Verbleib seines Vermögens nach seinem Tod entscheiden ***(Testierfreiheit*** – erbrechtlicher Ausdruck der Privatautonomie). ***Gewisse Schranken*** sind ihm aber doch gesetzt, weil bestimmten Personen (den sog Pflichtteilsberechtigten oder Noterben) ein Mindestanteil am Wert der Verlassenschaft zusteht. Es handelt sich dabei nicht um ein echtes Erbrecht, sondern um einen Anspruch, den die Pflichtteilsberechtigten gegenüber den Erben geltend machen können. Das Bestehen von Pflichtteilsansprüchen ändert also nichts an der Stellung des Erben an sich. **214**

Beispiel:
Der Erblasser hinterlässt seine Frau und zwei Kinder, verfügt aber letztwillig, dass sein gesamter Nachlass einer gemeinnützigen Organisation zukommen soll. Die Verfügung ist wirksam, doch haben Frau und Kinder einen Pflichtteilsanspruch, der ihnen – wenn keine Enterbungsgründe vorliegen – nicht entzogen werden kann.

Der Pflichtteilsanspruch musste vor dem ErbRÄG 2015 ***„ganz frei bleiben“*** (§ 774 aF), durfte also nicht durch Bedingungen, Auflagen, Nacherbschaften oder andere einschränkende Zuwendungen belastet werden. Ganz anders sieht nunmehr § 762 nF vor, dass Zuwendungen, an denen Bedingungen oder gar Belastungen haften, die einer Verwertung des zugewendeten Teils der Verlassenschaft entgegenstehen, dennoch zur Pflichtteilsdeckung geeignet sind. Ein dadurch verminderter Nutzen ist aber bei der Bewertung der Zuwendung zu berücksichtigen. Wenn also dem Pflichtteilsberechtigten zB eine vermietete Eigentumswohnung vermacht wird, ist diese Zuwendung als Pflichtteilsdeckung anzusehen (sodass der Pflichtteilsberechtigte sie nicht ausschlagen und den gesamten Pflichtteil in Geld verlangen kann), für deren Bewertung aber die Vermietung zu berücksichtigen. Es ist also zu klären, welchen Wert die vermietete Eigentumswohnung hat (wie viel dafür am Markt zu erzielen wäre). Dieser Wert ist dann als pflichtteilsdeckend anzusehen. Beträgt der Pflichtteil also zB € 400.000 und der Wert der vermieteten Wohnung (dieser wird wesentlich davon abhängen, ob und für welche Dauer der Mietvertrag befristet ist oder ob die Wohnung unbefristet vermietet wurde und daher nach dem MRG nur schwer kündbar ist) € 250.000, so hat der Pflichtteilsberechtigte die Wohnung als (teilweise) Pflichtteilsdeckung zu akzeptieren und noch einen Geldpflichtteilsanspruch von € 150.000. Schwieriger ist die Bewertung von Zuwendungen, für die es – anders als bei Wohnungen – keinen Markt gibt, wenn also zB die pflichtteilsdeckende Zuwendung durch eine Testamentsvollstreckung (s dazu Rz 129 ff) belastet ist. In solchen Fällen könnte sogar die paradoxe Situation eintreten, dass die Zuwendung – weil der Testamentsvoll- **215** strecker zB professioneller Vermögensverwalter ist – mehr wert ist (bzw wird) als ohne die „Belastung".

216 Die Grundsätze des § 762 gelten – unabhängig von Belastungen – immer dann, wenn der Erblasser von der Möglichkeit Gebrauch macht, den Pflichtteil in Gestalt einer Zuwendung auf den Todesfall oder einer Schenkung unter Lebenden zu hinterlassen (vgl §§ 761/1, 780/1, 781). Diese letztwillig zugedachte Pflichtteilsdeckung können die Pflichtteilsberechtigten nicht ausschlagen und den Pflichtteil in Geld verlangen. Dies gilt auch dann, wenn ihnen die letztwillige Pflichtteilsdeckung „unerwünscht" ist (zB Kfz für deklarierten Autofeind; Beteiligung an einer Gesellschaft für wirtschaftlich Uninteressierten). Ist allerdings der Pflichtteil durch die Zuwendung nicht gedeckt, so hat der Pflichtteilsberechtigte einen Ergänzungsanspruch in Geld (§ 763).

Beispiel:
Eine vermachte Liegenschaft ist auch dann zur Abdeckung des Pflichtteils geeignet, wenn sie zwar belastet ist (etwa mit einem Pfandrecht), aber trotzdem am Markt zu einem bestimmten Preis verkauft werden kann (anders wenn auf ihr ein Belastungs- und Veräußerungsverbot lastet).

217 Hat der Verstorbene den Pflichtteilsberechtigten nicht ausreichend bedacht, so kann der Pflichtteilsberechtigte, wie bereits erwähnt, seinen Anspruch mit der Pflichtteilsklage durchsetzen (s dazu auch Rz 222). Vor der Einantwortung ist der Pflichtteilsanspruch von der Verlassenschaft und danach von den Erben zu erfüllen.

218 Bis zum ErbRÄG 2015 stand dem Pflichtteilsberechtigten zum Unterschied vom Erben, dem ein Teilantritt der Erbschaft verwehrt war, die Möglichkeit offen, ***„die Erbschaft mit Vorbehalt seines Pflichtteils auszuschlagen"*** (§ 808 letzter Satz aF). Die hM verstand darunter die Möglichkeit des Pflichtteilsberechtigten, einen ihm zugewendeten Erbteil in Höhe der Pflichtteilsdeckung unbelastet anzunehmen, den belasteten Rest aber auszuschlagen, und zwar unabhängig davon, ob dadurch der Wille des Erblassers vereitelt wurde oder nicht. § 808/2 nF normiert nunmehr, dass auch eine pflichtteilsberechtigte Person die Erbschaft nicht unter Vorbehalt ihres Pflichtteiles ausschlagen kann. Pflichtteilsberechtigte müssen sich daher Zuwendungen von Todes wegen pflichtteilsdeckend gefallen lassen.

219 Ist dem Erblasser die Existenz eines pflichtteilsberechtigten Kindes bekannt und übergeht er es mit Stillschweigen („bewusste Übergehung"), kann das Kind ebenfalls nur den Pflichtteil fordern (§ 775/1). Übergeht er ein Kind hingegen ***„irrtümlich"***, da ihm die Existenz desselben bei der Errichtung der letztwilligen Verfügung unbekannt war, so braucht sich der Übergangene nicht mit dem Pflichtteil zu begnügen: Er kann (als Erbteil) so viel fordern, wie das am mindesten bedachte Kind (§ 775/2). Hat der Erblasser sein einziges Kind irrtümlich übergangen oder erhält ein kinderloser Erblasser nach Errichtung seines letzten Willens (durch Geburt oder Adoption) ein Kind, das er dann letztwillig nicht erwähnt hat (Agnationsfall), so gilt die letztwillige Verfügung als widerrufen (§ 775/2,

testamentum ruptum), und es tritt gesetzliche Erbfolge ein. Letzteres – also der nachträgliche Erhalt eines Kindes (Agnationsfall) – war ausdrücklich in § 778 aF, aber nicht mehr in § 775/2 nF geregelt, welcher anstelle der bisherigen Regelung trat, sollte aber per analogiam gleichbehandelt werden (so mittlerweile auch der OGH). Einzuschränken ist dies allerdings wohl wiederum für den Fall, dass der Erblasser zumindest von der Schwangerschaft wusste, weil dann keine irrtümliche Übergehung mehr vorliegt.

Beispiel:
Adam hat seine Mutter Hermine in einem Testament vor 20 Jahren als Universalerbin eingesetzt. Kurz nach dem Tod des Adam taucht die 16-jährige Marie auf und beweist, dass sie die Tochter des Adam ist. Das Testament, in dem Adam zugunsten von Hermine testiert hat, ist ungültig. Hermine steht daher kein testamentarisches Erbrecht zu (vgl dazu Casebook, Fall 156: „Hermines Haus“).

Der letztgenannte Fall trägt also einer zukünftigen Entwicklung Rechnung: **220** Es erfolgt eine gesetzliche Korrektur im Sinne eines vermuteten Willens des Erblassers. Stirbt das Kind noch vor dem Erblasser, tritt die letztwillige Anordnung wiederum in Kraft (dies wurde nach altem Recht ausdrücklich angeordnet, sollte aber aus teleologischen Gründen ebenso für die neue Rechtslage gelten). Das eben Ausgeführte gilt zudem nicht, wenn der Verstorbene „diese Verfügung auch in Kenntnis von seinem Kind errichtet hätte“ (§ 775/2 letzter Satz).

Für die Anwendung des § 775/2 kommt es zudem auf die Unkenntnis über die biologische Verwandtschaft an. Es handelt sich daher bspw nicht um eine irrtümliche Übergehung, wenn dem Erblasser die Vaterschaft zwar bekannt war, die rechtliche Feststellung derselben jedoch erst nach seinem Tod erfolgte. Umgekehrt ist hingegen sehr wohl von einer irrtümlichen Übergehung auszugehen, wenn der Erblasser zwar von der physischen Existenz des Kindes wusste, aber fälschlicherweise davon ausging, es sei nicht sein leibliches Kind. Nach zutreffender Ansicht *Welsers* führt zudem auch die irrige Annahme des Erblassers, sein Kind sei gestorben, zur Anwendung des § 775/2.

Der Pflichtteilsanspruch ist von der Verlassenschaft und nach der Einantwor- **221** tung von den Erben zu erfüllen (§ 764/1). Er entsteht mit dem Tod des Erblassers und ist nicht nur ***sofort vererblich und fällig*** (§ 765), sondern grds auch sofort gerichtlich einklagbar. Allerdings kann die Zahlung des Pflichtteils – weil er zunächst berechnet werden und ein Überblick über die Verlassenschaft erfolgen muss – erst ein Jahr nach dem Tod des Erblassers gefordert werden (§ 765/2, Rsp). Es wird also die Geldzahlungspflicht des Erben, nicht aber bereits die Möglichkeit der Einleitung eines Pflichtteilsprozesses, um ein Jahr aufgeschoben. Diese Regelung bezieht sich zudem nur auf den Geldpflichtteil und folgt dem Konzept der „reinen Stundung“ (s Rz 227) – schiebt also nicht die Fälligkeit hinaus (zu den gesetzlichen Zinsen s § 778/2). Hat der Verstorbene den Pflichtteil in Form einer Zuwendung hinterlassen, so kommt es auf die für diese Zuwendung maßgebende Fälligkeit an (zur analogen Anwendung des § 765/2 auf die Haftung des Geschenknehmers gem § 789 s Rz 289).

Beispiel:
Der Erblasser Hans hat drei Kinder hinterlassen. In seinem Testament hat er allerdings seine Lebensgefährtin Hertha als Alleinerbin eingesetzt und seine drei Kinder auf den Pflichtteil beschränkt, wobei er jedem ein bestimmtes Gemälde aus seiner Kunstsammlung vermacht hat. Kurz nach Einleitung des Verlassenschaftsverfahrens stirbt einer seiner Söhne unter Hinterlassung einer Tochter. Diese kann nunmehr an seiner Stelle den Pflichtteil fordern: Das Gemälde ist gem § 685 mit dem Tod fällig und kann sofort gefordert werden. Falls damit der Pflichtteil nicht gedeckt ist, kann die Tochter die Differenz in Geld fordern (§ 763, Pflichtteilsergänzungsanspruch, s dazu sogleich unten). Dieser Teil wird auch sofort mit dem Tod fällig, da es sich jedoch um einen Geldpflichtteil handelt, muss dieser erst nach einem Jahr geleistet werden (§ 765/2). Bis dahin bzw bis zur Erfüllung des Pflichtteils gebühren der Tochter gesetzliche Zinsen iSd § 1000 iVm § 1331/1 (§ 778/2).

222 Ist der dem Pflichtteilsberechtigten zustehende Anspruch nicht durch Erbeinsetzung, Vermächtnis oder Schenkung auf den Todesfall gedeckt, steht ihm ein der Pflichtteilsquote entsprechender *Geldanspruch* zu (§ 763), der mittels ***Pflichtteils(ergänzungs-)klage*** grds innerhalb von ***drei Jahren ab Kenntnis*** der für das Bestehen des Anspruchs maßgebenden Tatsachen (insb Tod des Verstorbenen und Abstammung von diesem sowie auch weitere Tatsachen, die ein schlüssiges Vorbringen zum Bestehen des Anspruchs ermöglichen) geltend zu machen ist (§ 1487a). Diese kurze Frist beginnt zu laufen, wenn das Recht erstmalig geltend gemacht werden kann. Können die entsprechenden Rechte bereits im Verlassenschaftsverfahren geltend gemacht werden, so ist dieser Zeitpunkt auch für die objektive lange (30-jährige) Frist maßgeblich. Hatte der Pflichtteilsberechtigte nämlich keine Kenntnis der für das Bestehen des Anspruchs maßgebenden Tatsachen, so verjährt der Anspruch 30 Jahre nach dem Tod des Verstorbenen (§ 1487a 2. Satz). Während des Erbrechtsstreits ist der Ablauf der Verjährung des Pflichtteilsanspruchs jedoch gehemmt.

Beispiel aus der Rechtsprechung:
Sachverhalt: Die Klägerin hat gegen die beklagte Verlassenschaft ihren Pflichtteilsanspruch geltend gemacht. Ausgehend von der im Verlassenschaftsverfahren erfolgten Schätzung einer Liegenschaft (Schätzwert € 555.000), wurde die Höhe des Pflichtteilsanspruchs berechnet. In der Folge hat die Erbin die Liegenschaft um € 900.000 verkauft. Die Klägerin begehrt nunmehr die der Pflichtteilsquote entsprechende Differenz, da die Liegenschaft bereits zum Zeitpunkt der Zuteilung des Pflichtteiles tatsächlich diesem Wert entsprochen hätte.
Aus der Begründung: Der Nachlasspflichtteil ist zwar grds nach dem Wert des Nachlasses am Todestag des Erblassers zu berechnen. Da aber die Verlassenschaft nach § 786 2. Satz aF bis zur „wirklichen Zuteilung" als ein den „Haupt- und Noterben verhältnismäßig gemeinschaftliches Gut" anzusehen ist, nehmen die Pflichtteilsberechtigten bis dahin an deren wirtschaftlicher Entwicklung teil. Im Ergebnis bestimmt sich die Höhe des Pflichtteils daher nach dem Wert der Verlassenschaft zu diesem Zeitpunkt. Unter wirklicher Zuteilung wird die ziffernmäßige Feststellung des Pflichtteilsanspruchs verstanden, die durch Vereinbarung (Anerkenntnis, Vergleich, tatsächliche Auseinandersetzung) oder gerichtliche Entscheidung erfolgen kann.
So wie der Abfindungsanspruch eines ausgeschiedenen Personengesellschafters (bei diesem Anspruch handelt es sich um eine Gesamtforderung, die in Teilen eingeklagt

werden kann) auf der zu einem bestimmten Stichtag erstellten Abschichtungsbilanz beruht, ist auch der Pflichtteil nach dem Wert des gemäß § 786 aF als „gemeinsam“ zu betrachtenden Verlassenschaftsvermögens zu bemessen. Stichtag ist (auch) hier – durch die Bezugnahme auf die „wirkliche Zuteilung“ – die Auflösung der Gemeinschaft. Da „Gemeinschaft“ hier nur als schuldrechtliche Teilnahme an Gewinn und Verlust zu verstehen ist, kann dem Urteil über das Zahlungsbegehren auch kein rechtsgestaltender und damit Nachforderungen möglicherweise ausschließender Inhalt unterstellt werden. Das müsste nämlich umso mehr für Klagen auf Zahlung eines gesellschaftsrechtlichen Abfindungsanspruchs gelten, wurde dort aber in der Rsp gerade nicht angenommen.
Auch sonst spricht nichts gegen eine Pflichtteilsnachforderung innerhalb der Verjährungsfrist des § 1487 aF, etwa bei nachträglichem Auftauchen von Nachlassgegenständen oder einem tatsächlich höheren Wert eines Nachlassgegenstands im allein maßgeblichen, oben dargestellten Zeitpunkt. Wer zur Leistung des Pflichtteils verpflichtet ist, kann sich vor Nachforderungen des Noterben durch Abschluss einer Vereinbarung schützen. Ist der Noterbe dazu nicht bereit, wäre wohl regelmäßig eine (Wider-)Klage auf Feststellung des Nichtbestehens weiterer Ansprüche möglich (§ 228 ZPO), wenngleich in beiden Fällen der Noterbe unter gewissen Umständen dennoch die Möglichkeit hätte, Nachforderungen zu erheben, etwa bei Ungültigkeit oder erfolgreicher Anfechtung der Vereinbarung oder nach erfolgreicher Wiederaufnahme des von ihm verlorenen Feststellungsprozesses. Wenn man dagegen dem Noterben das Recht zur Nachforderung verweigerte, stünde er ohne ausreichende sachliche Rechtfertigung schlechter da als in den soeben dargestellten Fällen. Mangels rechtsgeschäftlicher Grundlagen käme eine Irrtumsanfechtung nicht in Betracht. Den Noterben auf die Wiederaufnahmsklage zu verweisen, müsste an seiner fehlenden formellen Beschwer und daran scheitern, dass das verfahrensrechtliche Instrument der Wiederaufnahmsklage mit dem materiellrechtlich begründeten Ausschluss der Nachforderung verknüpft werden müsste. Vor allzu langer Rechtsunsicherheit schützt den Erben ohnehin die kurze Verjährungsfrist des § 1487 aF, dessen Zweck es doch ist, dem Erben so rasch wie möglich Gewissheit darüber zu schaffen, ob und wie weit der letzte Wille des Erblassers von Ansprüchen dritter Personen unberührt bleibt. Eine darüber hinausgehende Beschränkung der Rechtsstellung des Noterben ist bei Abwägung der beiderseitigen Interessen nicht gerechtfertigt. Das Begehren der Klägerin besteht daher zu Recht.
Zusammenfassung: Bei der gerichtlichen Geltendmachung von Pflichtteilsansprüchen durch den Noterben steht einer Teileinklagung grds kein Hindernis entgegen. Stellt sich daher erst zu einem späteren Zeitpunkt heraus, dass der Pflichtteilsanspruch zum Zuteilungszeitpunkt höher gewesen wäre, kann der überschießende Teil nachgefordert werden (3 Ob 315/05b).
Anmerkung: Die hier dargestellte rechtliche Beurteilung entspricht der alten Rechtslage, welche durch das ErbRÄG 2015 weitgehend verändert wurde. Zunächst ist zu beachten, dass die Verlassenschaft nicht mehr bis zur „wirklichen Zuteilung“ als ein den „Haupt- und Noterben verhältnismäßig gemeinschaftliches Gut“ (§ 786 aF) anzusehen ist. Vielmehr ist bei der Schätzung des Pflichtteils auf den für den Todeszeitpunkt ermittelten Gesamtwert der Verlassenschaft abzustellen. Ab diesem Zeitpunkt stehen dem Pflichtteilsberechtigten gesetzliche Verzugszinsen von 4 % bis zum Erfüllungszeitpunkt zu. Auf diese Weise partizipiert der Pflichtteilsberechtigte an der Wertentwicklung der Verlassenschaft seit dem Erbfall (§ 778/2 nF). Auch in Bezug auf die Verjährungsfristen des ursprünglichen § 1487 kam es zu einer Neuregelung. § 1487a nF unterscheidet nun zwischen einer kenntnisabhängigen kurzen und einer kenntnisunabhängigen langen Verjährung (vgl Rz 331).

223 Eine wichtige und für die Praxis bedeutsame Neuerung hat das ErbRÄG 2015 in Form der Einführung einer ***Stundung des Pflichtteils*** gebracht (§§ 766 f). Vor dieser Möglichkeit mussten im Hinblick auf die sofortige Fälligkeit des Pflichtteils oft Nachlasswerte (va Unternehmen) zerschlagen (veräußert) werden, um – mangels eigener Liquidität des Erben oder der Verlassenschaft – die Pflichtteile entrichten zu können.

224 Nunmehr sind zwei Stundungsmöglichkeiten zu unterscheiden. Einerseits kann die Stundung in der letztwilligen Verfügung angeordnet (§ 766), andererseits kann sie gerichtlich verfügt werden (§ 767).

225 Der ***Verfügende*** kann die Stundung des Pflichtteils auf ***höchstens fünf Jahre*** nach seinem Tod oder die Zahlung in Teilbeträgen innerhalb dieses Zeitraums anordnen. Darüber hinaus kann der Erblasser die Deckung des Pflichtteils durch eine Zuwendung ganz oder zum Teil auf diesen Zeitraum erstrecken. Der Pflichtteilsberechtigte kann in diesen Fällen den Geldpflichtteil oder die Deckung erst mit Ende dieses Zeitraums fordern, außer dies träfe ihn „unter Berücksichtigung aller Umstände unbillig hart". Diese Formulierung macht klar, dass das Gericht auf Antrag im Pflichtteilsprozess die angeordnete Stundung oder die Anordnung über die spätere Deckung einer Billigkeitsprüfung unterziehen kann. Dabei sind die Interessen und die Vermögenslage des Pflichtteilsschuldners angemessen zu berücksichtigen. Empfindet das Gericht, dass die Dauer der Stundung zu lang bemessen ist, so kann es von der Stundungsordnung abgehen und die Dauer der Stundung verkürzen oder den gestundeten Beitrag entsprechend vermindern, sodass ein Teil des Pflichtteils früher als angeordnet zu leisten ist. Unter besonders berücksichtigungswürdigen Umständen kann das Gericht, wenn es den Verpflichteten unbillig hart träfe, die verfügte Stundung des Anspruchs auf ***insgesamt höchstens zehn Jahre*** nach dem Tod des Verstorbenen verlängern. So ist es denkbar, dass der Pflichtteil bei drohender Insolvenz derart lange gestundet wird. Zu beachten ist im Zusammenhang mit der letztwilligen Stundung allerdings ein Spannungsverhältnis zwischen § 766, der diese Möglichkeit zeitlich beschränkt vorsieht, und § 762, der eine weitgehende Liberalisierung und damit auch die Möglichkeit sukzessiver Pflichtteilsdeckung über längere Zeiträume (mit entsprechender Berücksichtigung bei der Bewertung solcher Zuwendungen) vorsieht. Die Frage ist im Einzelnen strittig, die Materialien betonen überzeugend, dass § 762 im Lichte der spezielleren Norm des § 766 zu lesen ist, sodass die Möglichkeit, sukzessive (zeitlich hinausgeschobene) Pflichtteilsdeckungen iSd § 762 anzuordnen, nur in den zeitlichen Schranken des § 766 erfolgen kann.

226 Neben der Anordnung der Stundung des Pflichtteils kann der Pflichtteilsanspruch auf Verlangen eines Pflichtteilsschuldners ***gerichtlich gestundet*** werden, wenn den Verpflichteten die Erfüllung ***unter Berücksichtigung aller Umstände unbillig hart träfe*** (§ 767). Dies ist zB dann der Fall, wenn er mangels ausreichenden anderen Vermögens die Wohnung, die ihm zur Befriedigung seines dringenden Wohnbedürfnisses dient, oder ein Unternehmen, das seine wirtschaftliche

Lebensgrundlage darstellt, veräußern müsste. Der Geldpflichtteilsanspruch ist in diesem Sinne auf Verlangen des Verpflichteten auch dann zu stunden, wenn die sofortige Entrichtung den Fortbestand eines Unternehmens (dieser Begriff ist weit zu verstehen, auch Gesellschaftsanteile sind erfasst) erheblich gefährdet. Bei dieser Regelung sind allerdings die Interessen des Pflichtteilsberechtigten angemessen zu berücksichtigen. Insgesamt kann das Prozessgericht den Pflichtteilsanspruch auf höchstens ***fünf Jahre*** nach dem Tod des Verstorbenen stunden oder die Zahlung in Teilbeträgen innerhalb dieses Zeitraums bewilligen. Befindet das Gericht, dass es sich um einen besonders berücksichtigungswürdigen Fall handelt, so kann der Zeitraum *sogar* auf insgesamt ***höchstens zehn Jahre*** erstreckt werden.

Anzumerken und zu beachten ist, dass es sich bei diesen Stundungsregelungen um die sog ***reine Stundung*** handelt (im Gegensatz zur fälligkeitsändernden Stundung), weshalb die Fälligkeit nicht hinausgeschoben wird und der Pflichtteilsschuldner ***Verzugszinsen*** für diesen Zeitraum entrichten muss. Dies bedeutet in Zeiten grds niedriger Zinsen freilich eine nicht wirklich gerechtfertigte Verbesserung der Stellung des Pflichtteilsberechtigten: Würde er seinen Pflichtteil sofort erhalten und den entsprechenden Betrag auf ein Sparbuch legen, erhielte er idR einen wesentlich geringeren Zinssatz. Der Pflichtteilsschuldner muss ihm hingegen die gesetzlichen Zinsen in der Höhe von 4 % zahlen (§ 1000). Die damit verbundene Schlechterstellung des Pflichtteilsschuldners (Erben) sollte ein Verfügender daher bedenken, wenn er eine Stundung anordnet. Dasselbe gilt für die – nicht geregelte – Frage, ob der Pflichtteilsschuldner (um der Konsequenz der gesetzlichen Verzinsung zu entgehen) trotz Stundungsanordnung bereits früher leisten kann. Soweit das im Sinne des Verfügenden ist, sollte er dies sicherheitshalber (weil ungeregelt) anordnen. **227**

Dennoch bleibt im Zusammenhang mit der Stundung des Pflichtteils eine gewisse ***Rechtsunsicherheit***, denn in keiner anderen Bestimmung des ABGB kommen so viele unbestimmte Gesetzesbegriffe vor wie in § 766 im Zusammenhang mit der Stundung: **228**

- „unter Berücksichtigung aller Umstände"
- „unbillig"
- „angemessen"
- „besonders berücksichtigungswürdig"

Im Hinblick auf die Auslegungsbedürftigkeit und Einzelfallbezogenheit jedes dieser Begriffe ist ***für einen Verfügenden kaum vorherzusehen***, ob und inwieweit seine Stundungsanordnung „halten" wird. Zu berücksichtigen ist schließlich auch, dass sich die für die Stundung maßgeblichen „Umstände" ändern können. Soweit eine solche Änderung „erheblich" ist (ein weiterer unbestimmter Gesetzesbegriff), „kann" (muss) das Gericht die Stundungsregelung entsprechend ändern. Diesbezüglich bestehen zwischen dem Pflichtteilsschuldner und dem Pflichtteilsberechtigten wechselseitig Informationspflichten (§ 768 2. Satz). Zu beachten ist schließlich auch, dass das Gericht auf Antrag eine Sicherstellung des **229**

Pflichtteilsanspruchs anordnen kann (§ 768 1. Satz). Soweit eine solche erfolgt, ist freilich fraglich, wieso es zur Stundung kommt, denn wenn für die Sicherstellung ausreichende Mittel vorhanden sind, könnte gleich der Pflichtteil beglichen werden.

230 Da der Pflichtteil ***vom „reinen" Nachlass errechnet*** wird (Aktiva minus Passiva, § 779), geht manchmal auch der Pflichtteilsanspruch ins Leere, nämlich dann, wenn der Erblasser keine Vermögensaktiva hinterlässt (allerdings besteht die Möglichkeit der Anrechnung; s Rz 291) oder der gesamte Nachlass von seinen Schulden aufgezehrt wird. Die Pflichtteile gehen also den Gläubigern des Erblassers im Range nach, Vermächtnissen und nach hA auch den Unterhaltsansprüchen hingegen vor (Letzteres zweifelhaft; vgl hinsichtlich des notwendigen Unterhalts die Wertung des § 777). Nach der Rsp fallen auch die gesetzlichen Vermächtnisse (Vorausvermächtnis nach § 745 und das Pflegevermächtnis nach §§ 677 f) unter § 779/2 und werden diese daher zur Ermittlung des „reinen" Nachlasses nicht abgezogen.

231 Die Höhe des Pflichtteils ist nicht mehr wie vor dem ErbRÄG nach dem Wert zur Zeit der „wirklichen Zuteilung" (vgl das Bsp unter Rz 221), sondern so zu berechnen, dass auf den zum Todeszeitpunkt ermittelten Gesamtwert der Verlassenschaft abzustellen ist. Ab diesem Zeitpunkt stehen dem Pflichtteilsberechtigten gesetzliche Verzugszinsen von 4 % bis zum Erfüllungszeitpunkt zu. Auf diese Weise partizipiert der Pflichtteilsberechtigte an der Wertentwicklung der Verlassenschaft seit dem Erbfall (§ 778/2 nF).

232 Im Rahmen des Verlassenschaftsverfahrens kommt den Pflichtteilsberechtigten ***Parteistellung*** zu. Sie müssen daher verständigt werden und sind berechtigt, die Schätzung und Inventarisierung sowie die Absonderung des Nachlasses zu verlangen (§§ 804, 812/1), wenn die entsprechenden Voraussetzungen dafür vorliegen (s dazu Rz 322 ff). Zugunsten von Pflegebefohlenen sind gewisse Schutzmaßnahmen von Amts wegen zu treffen. Um den Pflichtteilsanspruch nicht klageweise geltend machen zu müssen, kommt es oft zum Abschluss eines Pflichtteilsübereinkommens im Verlassenschaftsverfahren.

II. Pflichtteilsberechtigte Personen

Literaturauswahl: *Zemen,* Der Kreis der Pflichtteilsberechtigten, ÖJZ 1987, 231; *Arnold,* Privatstiftung und Pflichtteilsrecht, GesRZ 2015, 346; *Barth/Pesendorfer,* Erbrechtsreform 2015 (2015); *P. Bydlinski,* Modernisierung des ABGB, ÖJZ 2015/113; *Cach/Nalussi,* Erbrechts-Änderungsgesetz 2015, GesRZ 2015, 220; *Deixler-Hübner/Schauer,* Erbrecht NEU (2015); *Kalss/Cach,* Das neue Pflichtteilsrecht, Aufsichtsrataktuell 2015 H 5, 5; *C. Rabl,* Erbrechtsreform 2015 – Pflichtteilsrecht neu, NZ 2015, 321; *C. Rabl/Zöchling-Jud,* Das neue Erbrecht (2015); *Kathrein,* Das neue Erbrecht, EF-Z 2016, 4.

233 Pflichtteilsberechtigt sind gem § 757 der ***Ehegatte*** oder eingetragene Partner und die ***Nachkommen*** des Verstorbenen. Die genannten Personen ***(abstrakt***

Pflichtteilsberechtigte) sind allerdings nur unter der Voraussetzung pflichtteilsberechtigt, dass sie gesetzliche Erben geworden wären, wenn nicht der Erblasser eine letztwillige Verfügung zugunsten anderer Personen getroffen hätte (§ 758). Eine solche ***konkrete*** Pflichtteilsberechtigung wird etwa durch Erbunwürdigkeit oder Erbverzicht ausgeschlossen.

Beispiele:
Der Erblasser hinterlässt seine Ehegattin, ein Kind und seine Eltern. Er hat seinen Freund F zum Universalerben eingesetzt. Pflichtteilsberechtigt sind seine Ehegattin und das Kind. Die ***Eltern*** (2. Parentel) sind ***seit dem ErbRÄG 2015 nicht mehr pflichtteilsberechtigt.***

Der Erblasser hinterlässt die beiden Töchter A und B, testiert aber zugunsten seines Schwiegersohnes. A hat zu Lebzeiten des Erblassers einen Erbverzicht abgegeben, sodass sie nun vom gesetzlichen Erbrecht ausgeschlossen ist. Sie hat daher auch kein Pflichtteilsrecht mehr.

Das Pflichtteilsrecht wird auch durch uneheliche Verwandtschaft und Adoption begründet, soweit die infrage kommenden Personen ein gesetzliches Erbrecht hätten. Nicht pflichtteilsberechtigt sind hingegen, wie bereits erwähnt, die Vorfahren und damit auch die Nachkommen von Vorfahren des Erblassers. Auch ***Geschwister, Neffen oder Nichten*** des Erblassers haben daher ***kein Pflichtteilsrecht.*** Letzteres (kein Pflichtteil der Seitenverwandten) war schon nach bisheriger Rechtslage so. Dass nunmehr aber auch die ***Eltern*** vom Pflichtteil ausgeschlossen sind, mutet eigenartig an, sind sie es doch, denen der Erblasser – biologisch und meist auch wirtschaftlich – seine Existenz zu verdanken hat. Dass die Eltern vor diesem Hintergrund nicht einmal einen Mindestanteil an der Verlassenschaft ihres Kindes erhalten sollen, erscheint rechtspolitisch fragwürdig. Dies insb auch im Zusammenhang mit der verbesserten erbrechtlichen Stellung des Ehegatten (s Rz 41 ff), sodass Vermögen auch dann auf die angeheiratete Familie übergeht, wenn es aus der biologischen Familie stammt. **234**

III. Pflichtteilsquote

Die Pflichtteilsquote der Nachkommen des Erblassers und seines Ehegatten beträgt die ***Hälfte*** dessen, was sie als gesetzliche Erben bekommen hätten (§ 759). Wer auf das Erbrecht verzichtet hat, erbunfähig oder rechtmäßig enterbt ist, hat keinen Pflichtteilsanspruch (§ 758/1). In § 760/1 ist allerdings klargestellt, dass sich die Pflichtteile der anderen im Zweifel (wenn also der Verstorbene nichts anderes verfügt hat) nicht erhöhen, wenn ein Pflichtteilsverzicht vorliegt oder die Erbschaft ausgeschlagen wurde. Anderes gilt bei Pflichtteilsminderung (str), Vortod, Enterbung und Erbunwürdigkeit: § 760/2 sieht in diesen Fällen vor, dass sich die Pflichtteile der übrigen Pflichtteilsberechtigten anteilig erhöhen; dabei sind die §§ 733 und 734 anzuwenden (§ 760/2). Daraus folgt, dass bei Enterbung, Erbunwürdigkeit etc (also in sämtlichen anderen als den in Abs 1 genannten Gründen) eines Kindes nur die anderen Kinder (bzw Nachkommen) profitieren, ***nicht*** **235** aber ein allfälliger Ehegatte. Umgekehrt erhöht jedoch sehr wohl der Ausfall des Ehegatten die Quoten der Kinder. Ausnahme: Handelt es sich beim enterbten, erbunwürdigen oder vorverstorbenen Kind um den einzigen Nachkommen, so profitiert der Ehegatte sehr wohl. Dies gilt gleichermaßen im Fall der Pflichtteilsminderung, sodass sich der Pflichtteil des Ehegatten auch infolge der Minderung des Pflichtteils des einzigen Nachkommens iSd § 760/2 erhöht.

Beachte: Die Erhöhung greift freilich nur, wenn die Ausgefallenen nicht durch ihre Nachkommen repräsentiert werden (vgl § 760/2).

Beispiel:
Der Erblasser hinterlässt seine Frau und die Söhne A und B, hat aber seinen Bruder C zum Universalerben eingesetzt. Der Wert seines Nachlasses beträgt € 60.000. Wenn der Erblasser nicht zugunsten seines Bruders testiert hätte, würden seine Frau nach der gesetzlichen Erbfolgeordnung ein Drittel und die Kinder gemeinsam zwei Drittel (also jedes ein Drittel) des Nachlasses bekommen. Da der Pflichtteilsanspruch für Ehegatten und Kinder die Hälfte des gesetzlichen Erbteils ausmacht, erhalten nun Ehegattin und Kinder je ein Sechstel vom Nachlasswert (also je € 10.000). Hätte A einen Erbverzicht abgegeben, so würde sich im Zweifel die Quote von B nicht erhöhen, sondern dem Universalerben C zukommen (§ 760/1). Wäre B jedoch erbunfähig, so würde sich nur der Anteil von A anteilig erhöhen. Im Ergebnis würde somit die Ehefrau € 10.000 und der Sohn A € 20.000 erhalten, Bruder C als Universalerbe € 30.000 (§ 760/2).

Beispiel aus der Rechtsprechung:
Sachverhalt: Der Klägerin wurde am 13.7.1996 der Nachlass des Erblassers eingeantwortet. Die Beklagten sind Söhne des vorverstorbenen einzigen gesetzlichen Erben des Erblassers. Die Streitteile schlossen am 27.6.1996 ein Pflichtteilsübereinkommen, nach welchem die Beklagten zur Abgeltung ihres vermeintlichen Anspruchs auf je ein Viertel des angenommenen reinen Wertes des Nachlasses je S 350.000 erhielten. Keinem der Beteiligten war bekannt, dass der vorverstorbene Vater der Beklagten einen weiteren außerehelichen Sohn hinterlassen hatte. Dieser machte gegenüber der Klägerin im März 1998 einen Pflichtteilsanspruch in Höhe eines Drittels des den beiden anderen Pflichtteilsberechtigten zuerkannten Gesamtbetrages von S 700.000, also S 233.333 geltend, den die Klägerin erfüllte. Nun begehrt sie die Erstattung je der Hälfte des dem hinzugekommenen Pflichtteilsberechtigten bezahlten Betrages.
Aus der Begründung: Den vertragschließenden Parteien ist bei Abschluss des Vergleiches ein gemeinsamer Irrtum über die als unstrittig angenommenen Umstände unterlaufen, der nach den Regeln über die Geschäftsgrundlage zur Vertragsauflösung oder Vertragsanpassung führen kann. Im Wege ergänzender Auslegung ist der Vertrag um dasjenige zu vervollständigen, was unter Berücksichtigung des von den Parteien verfolgten Vertragszwecks sowie unter Heranziehung der Verkehrssitte einer zwischen redlichen und vernünftigen Parteien geschlossenen Vereinbarung entsprechen würde.
Den Parteien kann beim Abschluss des Vertrages nicht unterstellt werden, die Existenz eines weiteren pflichtteilsberechtigten Erben auch nur bedacht zu haben. Es ist daher davon auszugehen, dass die Bereinigungswirkung des Vergleichs allenfalls die aufgrund des Reinnachlasses zu ermittelnde Höhe des den Beklagten zustehenden Pflichtteilsanspruchs umfasst, nicht aber den Umstand, dass dieser Pflichtteilsanspruch durch das Hinzukommen eines weiteren Noterben vermindert werden könnte. Bei Kenntnis aller Umstände hätten sich die Streitteile wohl nur dahingehend verglichen, dass den beiden Beklagten und dem weiteren Noterben jeweils ein Sechstel als Pflichtteil gebührt. Die Testamentserbin hätte alle Pflichtteilsansprüche in der berechtigten Höhe zu

befriedigen, und der restliche Erbteil fällt ihr zu. Keinesfalls kann dem geschlossenen Pflichtteilsübereinkommen die Absicht unterstellt werden, die Testamentserbin hätte auch bei Hervorkommen eines weiteren Noterben dessen Pflichtteile aus Eigenem zu tragen. Die Beklagten haben daher die Differenz ihres überschießenden Pflichtteils herauszugeben.
Zusammenfassung: Wenn weder der Erbe noch die Pflichtteilsberechtigten bei Abschluss eines Pflichtteilsübereinkommens von der Existenz eines weiteren Pflichtteilsberechtigten wussten, haben die bisherigen Pflichtteilsberechtigten das entsprechend zu viel Erhaltene zurückzuzahlen (2 Ob 31/01z).

IV. Verfügungen über den Pflichtteil

Literaturauswahl: *Umlauft,* Pflichtteilsminderung nach § 773a ABGB, NZ 1990, 143; *Paliege,* Neues im österreichischen Erbrecht, ZfRV 1991, 169; *Umlauft,* Die Pflichtteilsminderung im Lichte des Repräsentationsrechts, JBl 1992, 557; *Zemen,* Die Pflichtteilsminderung im Parentelensystem, JBl 1992, 220; *Battlogg,* Reformvorschläge und Auslegungsergebnisse im Hinblick auf die Pflichtteilsminderung nach § 773a ABGB, NZ 1998, 353; *C. Rabl,* Die Folgen der Enterbung für die gesetzliche Erbfolge, NZ 2003, 257; *Beclin,* Das Familien- und Erbrechtsänderungsgesetz 2004 – Teil II Erbrecht, JAP 2004/05, 61; *Fischer-Czermak,* Neueste Änderungen im Abstammungs- und Erbrecht, JBl 2005, 2; *Perscha,* Rechte der Noterben im Verlassenschaftsverfahren, EF-Z 2013/127; *Klausberger,* Contra bonos mores? Zur Sittenwidrigkeit sexueller Handlungen gegen Entgelt, NZ 2014/152; *C. Rabl,* Der Kampf ums Pflichtteilsrecht, NZ 2014/81; *Barth/Pesendorfer,* Erbrechtsreform 2015 (2015); *Cach/Nalussi,* Erbrechts-Änderungsgesetz 2015, GesRZ 2015, 220; *Kogler,* Der Erbverzicht nach dem Erbrechts-Änderungsgesetz, JBl 2015, 613; *Mondel,* Aus der Erbrechtspraxis des Dr. M., iFamZ 2015, 106; *Pesendorfer,* Die Erbrechtsreform im Überblick, iFamZ 2015, 230; *derselbe,* Erbunwürdigkeits- und Enterbungsgründe nach dem ErbRÄG 2015, iFamZ 2015, 237; *C. Rabl,* Erbrechtsreform 2015 – Pflichtteilsrecht neu, NZ 2015, 321; *C. Rabl/Zöchling-Jud,* Das neue Erbrecht (2015); *Christandl/Nemeth,* Das neue Erbrecht – ausgewählte Einzelfragen, NZ 2016/1; *Kathrein,* Das neue Erbrecht, EF-Z 2016, 4; *A. Tschugguel,* Beitragspflicht bei „Setzung auf den Pflichtteil"? EF-Z 2016/78; *derselbe,* Neue Repräsentationsfragen bei Enterbung und Pflichtteilsminderung, EF-Z 2016/61; *Verweijen,* Zur Pflichtteilsminderung nach § 776 ABGB nF ErbRÄG 2015, EF-Z 2017/46; *Entleitner,* Die Pflichtteilsminderung nach dem ErbRÄG 2015, Zak 2018, 104.

Judikaturauswahl: 2 Ob 511/94 (Enterbung); 1 Ob 510/96 (Pflichtteilsminderung I – Anordnung); 1 Ob 2247/96i (Pflichtteilsminderung II); 1 Ob 155/04g (Familiäres Naheverhältnis bei der Pflichtteilsminderung); 6 Ob 52/05y (Pflichtteilsberechtigung und Ehelichkeitsvermutung – § 138/1 aF); 6 Ob 136/10h (Pflichtteilsminderung mangels Naheverhältnis); 4 Ob 98/11g (Schranken des Rechts zur Pflichtteilsminderung); 9 Ob 23/12s (Rechtsfolgen einer unrechtmäßigen Enterbung); 6 Ob 82/14y (Anstößige Lebensart als Enterbungsgrund); 6 Ob 226/14z (Morddrohung rechtfertigt Ablehnung des Kontakts); 2 Ob 17/16p (Pflichtteilsminderung und Beitrag); 2 Ob 180/17k (Verjährung des Pflichtteils); 2 Ob 116/22f (Pflichtteilsminderung bei beidseitig fehlendem Kontaktinteresse); 2 Ob 89/23m (Keine Pflichtteilsminderung bei grundloser, unfreundlicher Kontaktablehnung).

Der Pflichtteilsanspruch ist ***zwingend*** und daher an sich der Disposition des Erblassers entzogen. Aus besonderen Gründen kann er aber ***ausgeschlossen*** („Enterbung") oder ***reduziert*** werden („Pflichtteilsminderung"): **236**

1. Enterbung

237 Unter Enterbung versteht man die Entziehung des Pflichtteils durch letztwillige Verfügung (§ 769). Manchmal wird (untechnisch) auch dann von Enterbung gesprochen, wenn der Erblasser bloß das gesetzliche Erbrecht ausschließt. Der entscheidende Unterschied liegt darin, dass das gesetzliche Erbrecht ohne Weiteres, der Pflichtteil hingegen ***nur bei Vorliegen von „Enterbungsgründen“*** entzogen werden kann. Die Enterbung kann ***stillschweigend*** (durch Einsetzung von Erben unter Übergehung Pflichtteilsberechtigter) oder ***ausdrücklich*** (durch entsprechende Erklärung in der letztwilligen Verfügung) erfolgen. Der Enterbungsgrund muss allerdings für die Enterbung durch den Verstorbenen ursächlich gewesen sein (§ 772/2). Dies wird vermutet, wenn ein Enterbungsgrund vorliegt (§ 774/2). Ob die Ursächlichkeit nur dann gegeben ist, wenn der Enterbungsgrund bereits im Zeitpunkt der Enterbung vorlag (so die Materialien), ist fraglich, weil dies nicht gesetzlich angeordnet ist und Fälle denkbar sind, in denen der Enterbungsgrund zwar noch nicht vorlag, aber vom Erblasser konkret befürchtet wurde (und dann auch eintrat), was wohl als ausreichend anzusehen ist. Hat der Verstorbene den Pflichtteilsberechtigten wegen eines bestimmten Verhaltens, das keinen Enterbungsgrund darstellt, ausdrücklich oder stillschweigend enterbt, so wird vermutet, dass er ihn auf den Pflichtteil setzen und nicht mit einem Erbteil bedenken wollte (§ 775/1). Hat also der Verstorbene zB seine Tochter mit der Begründung enterbt, dass sie gegen seinen Willen einen Schnösel geheiratet hat (kein Enterbungsgrund), und sonst keine Verfügung hinterlassen, so erhält die Tochter nicht den gesetzlichen Erbteil, sondern nur den Pflichtteil. Die Anführung des Enterbungsgrundes ist zwar nicht erforderlich, könnte aber später dem Testamentserben eine Hilfe sein, weil er die Enterbung und ihre Rechtmäßigkeit einwenden und ***beweisen*** muss (§ 774/1).

Beispiele:
Der Erblasser hinterlässt zwei Töchter. Er setzt in einem formgültigen Testament seine Mutter zur Alleinerbin ein. Die Töchter sind dadurch vom gesetzlichen Erbrecht, nicht aber vom Pflichtteilsrecht ausgeschlossen (Enterbung im untechnischen Sinn), wenn kein Enterbungsgrund vorliegt.

Der Erblasser hinterlässt seine Ehegattin und einen Sohn und verfügt letztwillig Folgendes: „Ich enterbe meine Familie. Mein gesamter Nachlass soll meinem Freund F zukommen.“ Auch hier würde sich die „Enterbung“ nur dann auf den Pflichtteil erstrecken, wenn Enterbungsgründe vorlägen. Ansonsten würden Frau und Kind nur ihr gesetzliches Erbrecht verlieren (Frau: ein Drittel, Kind: zwei Drittel des Nachlasses), den Pflichtteilsanspruch aber behalten (Frau: ein Sechstel, Kind: ein Drittel des reinen Nachlasses).

238 Die ***Enterbungsgründe*** sind in § 770 aufgezählt. Im Einzelnen kann demnach ein Pflichtteilsberechtigter enterbt werden, wenn er

- gegen den Verstorbenen eine gerichtlich strafbare Handlung begangen hat, die nur vorsätzlich begangen werden kann und mit mehr als einjähriger Freiheitsstrafe bedroht ist,

- gegen den Ehegatten, eingetragenen Partner, Lebensgefährten oder Verwandten in gerader Linie, die Geschwister des Verstorbenen und deren Kinder, Ehegatten, eingetragenen Partner oder Lebensgefährten sowie die Stiefkinder des Verstorbenen eine gerichtlich strafbare Handlung begangen hat, die nur vorsätzlich begangen werden kann und mit mehr als einjähriger Freiheitsstrafe bedroht ist (Z 1 und 2); die Rsp zur Anwendbarkeit des § 166 StGB sowie zu den Folgen des strafbefreienden Rücktritts vom Versuch auf die Erbunwürdigkeit ist auch auf diesen Enterbungsgrund übertragbar, sodass oben Gesagtes sinngemäß gilt (s Rz 165),
- absichtlich die Verwirklichung des wahren letzten Willens des Verstorbenen vereitelt oder zu vereiteln versucht hat (Z 3; beinhaltet einen ausdrücklichen Verweis auf § 540),
- dem Verstorbenen in verwerflicher Weise schweres seelisches Leid zugefügt hat (Z 4; entspricht ausweislich der Materialien dem § 541 Z 2),
- sonst seine familienrechtlichen Pflichten gegenüber dem Verstorbenen gröblich vernachlässigt hat (Z 5; dieser Enterbungsgrund geht insofern über den Erbunwürdigkeitsgrund des § 541 Z 3 hinaus, als § 541 Z 3 nur die gröbliche Verletzung der Pflichten aus dem Rechtsverhältnis zwischen Eltern und Kindern nennt, während § 770 Z 5 allgemein von der gröblichen Verletzung familienrechtlicher Pflichten spricht. § 770 Z 5 greift daher bei allen Pflichtteilsberechtigten, dh auch zwischen Ehegatten bzw eingetragenen Partnern. Wie auch § 541 Z 3 erfordert § 770 Z 5 die Verschuldensfähigkeit des Pflichtverletzers, jedoch ist auch hier str, ob die Pflichtverletzung vorsätzlich erfolgen muss oder bereits grobe Fahrlässigkeit die Möglichkeit der Enterbung begründet), oder
- wegen einer oder mehrerer mit Vorsatz begangener strafbarer Handlungen zu einer lebenslangen oder 20-jährigen Freiheitsstrafe verurteilt worden ist.

Beispiel aus der Rechtsprechung:
Sachverhalt: Die Erblasserin hinterließ ihre Tochter Ruth und vier minderjährige Enkelkinder. Im Testament vom 7.12.1990 setzte sie Maria S zur Alleinerbin ein und verfügte: „Meine Tochter Ruth enterbe ich wegen groben Undanks und Lieblosigkeit, ebenso enterbe ich deren Kinder.“ Am 10.11.1992 erklärte die Tochter zu Protokoll des Abhandlungsgerichtes, den Willen ihrer Mutter, sie enterben zu wollen, zu akzeptieren; sie werde sich am Verlassenschaftsverfahren nicht beteiligen und erkläre, keine Pflichtteilsansprüche zu stellen. Sie und der Kindesvater erklärten jedoch namens der Enkelkinder, dass diese keinen Enterbungsgrund gesetzt hätten; die Erblasserin habe die Enkelkinder nie gesehen. Am 25.11.1992 gab Maria S aufgrund des Testaments die unbedingte Erbantrittserklärung ab. Mit rechtskräftigem Beschluss wurde ihr der Auftrag zur Erstattung des Pflichtteilsausweises erteilt. In der Folge erklärte die Erbin, keinen Pflichtteilsausweis zu erstatten, da keine rechtsgültige Enterbung der Tochter stattgefunden habe. Es liege kein Enterbungsgrund vor. Das Erstgericht verwies die minderjährigen Enkelkinder mit ihren Pflichtteilsansprüchen auf den ordentlichen Rechtsweg und setzte ihnen eine Frist von vier Wochen zur Klagseinbringung. Andern-

falls würde die Abhandlung ohne Berücksichtigung dieser Pflichtteilsansprüche fortgesetzt werden. Das Rekursgericht gab dem Rekurs der minderjährigen Enkelkinder der Erblasserin nicht Folge und ließ den Revisionsrekurs zu.
Aus der Begründung: Die Erbin vertrat den Standpunkt, Pflichtteilsansprüche der Enkelkinder bestünden nicht, weil sie der Tochter zukämen; dieser sei die Geltendmachung durch ihre ausdrückliche, zu Gericht abgegebene „Verzichtserklärung" verwehrt. Dabei verkennt die Erbin, dass es ihr verwehrt ist, den Willen des Erblassers zu missachten und die Rechtmäßigkeit der Enterbung zu bestreiten, wenn die Enterbte ausdrücklich erklärt, den Willen des Erblassers, sie enterben zu wollen, zu akzeptieren und keine Pflichtteilsansprüche zu stellen.
Im Testament wurden freilich auch die Enkelkinder der Erblasserin enterbt; die Enkelkinder betreffende Gründe nannte die Erblasserin hierfür nicht. Da deren Tochter die eigene Enterbung anerkannt hat, müssen die Enkelkinder die Rechtmäßigkeit der Enterbung ihrer Mutter nicht nachweisen. Es bleibt vielmehr bei der Regel des § 771 (§ 774 nF), wonach die Beweislast für das Vorliegen eines Enterbungsgrundes beim Erben liegt. Die Testamentserbin hat aber nicht einmal behauptet, dass die Enkelkinder einen Enterbungsgrund gesetzt hätten. Insoweit liegt daher kein Streit vor, der mit den Mitteln des außerstreitigen Verfahrens nicht zu klären wäre. Dem Revisionsrekurs ist daher stattzugeben.
Zusammenfassung: Dem Erben ist es verwehrt, den Willen des Erblassers zu missachten und die Rechtmäßigkeit der Enterbung zu bestreiten, wenn der Enterbte ausdrücklich erklärt, den Willen des Erblassers, ihn enterben zu wollen, zu akzeptieren und keine Pflichtteilsansprüche zu stellen (2 Ob 511/94).
Anmerkung: Letzteres ist fraglich, weil die Enterbung entweder objektiv rechtmäßig ist oder nicht. Die Erbin hätte sich aber auf § 773a (§ 776 nF) berufen können (stillschweigende Pflichtteilsminderung der Enkel; s Rz 252).

239 § 771 sieht noch die sog ***Enterbung in guter Absicht*** vor: Besteht bei einem verschuldeten oder verschwenderischen Pflichtteilsberechtigten die Gefahr, dass der ihm gebührende Pflichtteil ganz oder zum größten Teil seinen Kindern entgehen würde, kann ihm der Pflichtteil entzogen werden, allerdings nur unter der Voraussetzung, dass der dem Pflichtteilsberechtigten entzogene Pflichtteil dessen Kindern – zu gleichen Teilen – zugewendet wird. Eine Enterbung iSd § 771 erfordert, dass der enterbte Pflichtteilsberechtigte im Zeitpunkt des Todes des Verstorbenen Nachkommen hat (Zeugung genügt – § 22); diese müssen daher nicht bereits im Zeitpunkt der Anordnung der Enterbung vorhanden sein.

240 Auch der rechtmäßig Enterbte hat einen (unentziehbaren) Anspruch auf den ***notwendigen Unterhalt*** (§ 777). Überdies bezieht sich die Enterbung (im Gegensatz zum Erbverzicht, s oben Rz 174) nur auf den Betroffenen selbst, ***nicht*** aber auf seine ***Nachkommen,*** die bei gewillkürter Erbfolge den Pflichtteil (§ 758/2) und bei Intestaterbfolge den gesetzlichen Erbteil erhalten (§ 542 per analogiam).

241 Im Unterschied zur Erbunwürdigkeit (§§ 539 ff) wird die Enterbung nicht auch durch (formlose) Verzeihung, sondern grds ***nur durch letztwilligen Widerruf beseitigt*** (§ 773), der allerdings auch stillschweigend erklärt werden kann (zB durch letztwillige Zuwendung trotz Setzung eines Enterbungsgrundes). War der Verstorbene aufgrund fehlender Testierfähigkeit nicht mehr in der Lage, die Enterbung zu widerrufen, so ist sie unwirksam, wenn der Verstorbene zu erkennen gegeben hat, dass er dem Enterbten verziehen hat ***(faktischer Widerruf,*** § 773/2), wofür aber ein gewisses Maß an Einsichts- und Urteilsfähigkeit erforderlich ist.

Beispiel:
Nachdem der verstorbene Anton seinen Sohn Sebastian vor vielen Jahren rechtmäßig enterbte, hatten die beiden keinen Kontakt mehr. Zehn Jahre nach der Enterbung ging es Anton so schlecht, dass er seinen Sohn um Hilfe bat. Sebastian pflegte seinen Vater viele Jahre. Die Beziehung zwischen den beiden verbesserte sich merklich, und zuletzt betonte Anton immer wieder, wie stolz er darauf sei, einen Sohn wie Sebastian zu haben. Anton konnte allerdings wegen fehlender Testierfähigkeit die Enterbung nicht widerrufen. Sebastian hat daher Anspruch auf den Pflichtteil – daneben hat er sich das Pflegevermächtnis „erpflegt" (vgl § 678/2).

Bemerkenswert ist, dass gerade hier (nicht aber bei sonstigen Anordnungen, **242** zB wenn der Erblasser mangels Testierfähigkeit eine Auflage nicht mehr widerrufen kann) die Aufhebung einer letztwilligen Verfügung durch formloses Verhalten zugelassen wird. Wie erwähnt, kann zwar auch die Erbunwürdigkeit durch formlose Verzeihung beseitigt werden, muss aber – anders als die Enterbung – auch nicht formgültig angeordnet werden. Da es sich sohin um eine systemwidrige Ausnahme handelt (letztwillige Erklärungen sind formbedürftig), ist die Bestimmung restriktiv, nämlich iSd § 863 so auszulegen, dass „kein vernünftiger Grund daran zu zweifeln" bestehen darf, dass ein Widerrufswille besteht. Im Zweifel ist daher nicht von einem Widerruf der Enterbung auszugehen. Weder der bloße Kontakt (s hingegen das Bsp oben) noch die Tatsache, dass der Verstorbene bei bereits erfolgter Enterbung nicht auch auf weitere Enterbungsgründe reagiert hat, sind daher als faktischer Widerruf der Enterbung anzusehen.

Beachte auch: Obwohl der Konkludenzmaßstab des § 863 angelegt wird, **243** unterscheidet sich der faktische Widerruf der Enterbung von einem stillschweigenden Widerruf derselben im Sinne des oben Gesagten dadurch, dass der stillschweigende Widerruf in einem formgültigen Akt liegt (zB eben in einem Vermächtnis trotz vorheriger Enterbung).

2. Pflichtteilsminderung

„Der Verfügende kann den Pflichtteil letztwillig auf die Hälfte mindern, wenn **244** er und der Pflichtteilsberechtigte zu keiner Zeit oder zumindest über einen längeren Zeitraum vor dem Tod des Verfügenden nicht in einem Naheverhältnis standen, wie es zwischen solchen Familienangehörigen gewöhnlich besteht" (§ 776).

Die Pflichtteilsminderung ist nach dem Wortlaut des § 776 zwar auch in der **245** ehelichen Familie möglich, trifft aber de facto – jedenfalls was das zu keiner Zeit bestandene Naheverhältnis betrifft – nur Uneheliche. Damit wird die erbrechtliche Gleichstellung mit den Ehelichen (s Rz 29) auf einem „Nebengleis" wieder abgeschwächt. Erweitert wird demgegenüber der von der Pflichtteilsminderung betroffene ***Personenkreis.*** Während nach ursprünglicher Rechtslage (ErbRÄG

1989) nur der Pflichtteil im Verhältnis zwischen Eltern und Kindern gemindert werden konnte („Standen ein Elternteil und sein Kind zu keiner Zeit in einem Naheverhältnis“), ist die Pflichtteilsminderung seit dem FamuErbRÄG 2004 („der Erblasser und der Pflichtteilsberechtigte“) auch zwischen Ehegatten möglich. Dies ergibt erst seit dem ErbRÄG 2015 Sinn, weil nach diesem die Pflichtteilsminderung nicht erst dann infrage kommt, wenn zu keiner Zeit ein familiäres Naheverhältnis bestanden hat (was bei Ehegatten schwer vorstellbar ist), sondern auch dann, wenn das Naheverhältnis über einen längeren Zeitraum vor dem Tod des Verfügenden nicht mehr bestanden hat (was auch bei – zB getrennt lebenden – Ehegatten vorkommt).

246 Dass der Verstorbene den Pflichtteil mindern kann, wenn er zum betreffenden Familienangehörigen ***„zu keiner Zeit“*** ein familiäres Naheverhältnis hatte, bedeutet, dass das Gesetz hier nicht auf einen Zeitpunkt („nie“), sondern auf einen Zeitraum abstellt. Daher kommt die Pflichtteilsminderung infrage, wenn zB der Vater bei der Geburt des Kindes dabei war, es aber dann – weil er die Kindesmutter kurz nach der Geburt verlässt – bis zu seinem Tod nicht mehr gesehen hat. Das Naheverhältnis bestand hier nicht über einen Zeitraum, sondern nur für einen bestimmten Zeitpunkt, was eben nicht ausreicht, um eine Pflichtteilsminderung auszuschließen.

247 Wie lange der erwähnte ***Zeitraum*** dauern muss, in dem die familiäre Nahebeziehung bestanden hat, damit die Pflichtteilsminderung ausgeschlossen ist, regelt das Gesetz nicht. Klar ist, dass diese Voraussetzung zB nicht gegeben ist, wenn das Naheverhältnis zwischen einem Vater und seinem Kind zB bis zu dessen viertem Lebensjahr gedauert und dann infolge Scheidung von der Kindesmutter geendet hat.

Beispiel:
Ein Jahr nach der Geburt von Christina haben sich ihre Eltern scheiden lassen. Bis zum vierten Lebensjahr bestand regelmäßiger Kontakt zum Vater, welcher auch Unterhalt bezahlte. Kurz nach Christinas viertem Geburtstag verweigerte der Vater auf Drängen seiner neuen Frau den Kontakt zu seiner Tochter und verstarb wenige Zeit später. In einer letztwilligen Verfügung minderte der Vater den Pflichtteil von Christina auf die Hälfte. Gem § 776 kann der Pflichtteil nur dann auf die Hälfte gemindert werden, wenn „der Verfügende und der Pflichtteilsberechtigte zu keiner Zeit oder zumindest über einen längeren Zeitraum vor dem Tod des Verfügenden nicht in einem Naheverhältnis standen“. Dies trifft laut Sachverhalt nicht zu. Christina erhält daher den vollen Pflichtteil (s dazu den Fall „Der ablehnende Vater“ auf *www.checkmycase.com).*

248 Im Übrigen kommt es aber auf den konkreten Fall an, wobei im Sinne eines beweglichen Systems auch auf die Intensität der Nahebeziehung abzustellen ist. Mit anderen Worten: ***Je intensiver*** die Nahebeziehung war, ***umso kürzer*** kann sie bestanden haben, ***damit die Pflichtteilsminderung*** bereits ***ausgeschlossen*** ist.

249 Dasselbe – Abstellen auf die Intensität der Nahebeziehung – gilt für die Neuregelung des ErbRÄG 2015, wonach die Pflichtteilsminderung auch dann erfolgen kann, wenn zwar ursprünglich ein Naheverhältnis existierte, dieses dann aber

„über einen längeren Zeitraum" vor dem Tod des Verfügenden nicht mehr bestand ***(Lex Falco,*** weil diese Thematik nach Falcos Tod 1998 aufgetreten ist und es der Autor schon damals – wie auch in den letzten Auflagen – als eigenartig betrachtete, dass es für die Pflichtteilsminderung nach alter Rechtslage keine Rolle gespielt hat, ob zwischen dem Erblasser und dem Pflichtteilsberechtigten jahrzehntelang kein Kontakt mehr bestand und die Pflichtteilsminderung trotzdem unzulässig war, nur weil im Kleinkindalter eine gewisse Zeit ein solcher Kontakt gegeben war). Auch hier nennt das Gesetz keine bestimmte Zeit, sodass es – mangels entsprechender Regelung – nicht immer auf die von den Materialien genannten 20 Jahre, sondern darauf ankommt, wie intensiv die Beziehung vorher war und ob es immer noch – wenn auch keinen familienüblichen, weil zB nur sporadischen – Kontakt gab. Dabei gilt: ***Je intensiver*** die Nahebeziehung einmal war, ***desto länger*** muss der Zeitraum sein, in dem sie nicht mehr bestand, damit die ***Pflichtteilsminderung gerechtfertigt*** ist.

Die erwähnten 20 Jahre können daher nur der Orientierung dienen, sind – **250**
da gesetzlich nicht geregelt – nicht zwingend und weichen den Umständen des Einzelfalles, insb eben der Intensität der familiären Beziehung. Hätte der Gesetzgeber einen einheitlichen Zeitraum von 20 Jahren normativ gewollt, wäre dieser Zeitraum in den Gesetzestext aufzunehmen gewesen. Dass dies nicht geschehen ist, trägt zwar zu einer gewissen Rechtsunsicherheit bei, ermöglicht aber immerhin, auf die Umstände des Einzelfalles (wie eben insb auf die Intensität der familiären Beziehung) einzugehen.

Das ***familiäre Verhältnis,*** auf dessen Fehlen es ankommt, ist typisch auch von **251**
einer geistig-emotionalen Bindung geprägt. Bloße Unterhaltsleistungen begründen daher noch keine familiäre Nahebeziehung. Umgekehrt reicht ein bloßes Gefühl der Entfremdung nicht ohne Weiteres aus, um von fehlender Nahebeziehung sprechen zu können. Entscheidend ist vielmehr die nach den konkreten Lebensverhältnissen mögliche „Anteilnahme an der Entwicklung und dem Wohlergehen" des Betreffenden (Rsp). Zu einem Nasciturus kann es begrifflich kein (familiäres) Naheverhältnis geben, sodass § 776 überhaupt ***unanwendbar*** ist. Warum das Naheverhältnis gefehlt hat, spielt grds keine Rolle. Auch wenn es von der Mutter durch Vereitelung des Besuchsrechts des Vaters gegenüber den gemeinsamen Kindern verhindert wurde (= Verwirkung des Unterhalts gem § 74 EheG), kann der Vater den Pflichtteil der Kinder mindern (Schadenersatzansprüche der Kinder gegen die Mutter scheitern an der „Unterbrechung des Kausalzusammenhangs" bzw mangelndem Rechtswidrigkeitszusammenhang). ***Ausgeschlossen ist die Pflichtteilsminderung hingegen dann,*** wenn das Naheverhältnis deshalb gefehlt hat, weil der Verstorbene grundlos den Kontakt zu einem Kind gegen dessen Willen gemieden hat (§ 776/2; ***„Lex Udo Jürgens");*** dies ist nicht der Fall, wenn der Verstorbene zB gesundheitsbedingt oder wegen beruflicher Abwesenheit keinen Kontakt herstellen konnte, oder der Kontakt vom Kind selbst abgelehnt wurde. Während die Rsp zur alten Rechtslage noch annahm, dass es vor Ablehnung des

Kontakts grds zumindest den Versuch einer Kontaktaufnahme durch das jeweilige Gegenüber gegeben haben muss, entschied der OGH mittlerweile bezogen auf das neue Recht, dass der Ausschluss der Pflichtteilsminderung nach § 776/2 erster Fall keinen vorangehenden Kontaktaufnahmeversuch des Pflichtteilsberechtigten voraussetzt. Bloß passives Verhalten und fehlendes Bemühen um Kontakt durch den Erblasser ist allerdings wiederum kein „Meiden" des Kontakts, weshalb dadurch das Recht auf Pflichtteilsminderung noch nicht ausgeschlossen ist (etwa bei wechselseitig fehlendem Kontaktinteresse). Das Recht auf Pflichtteilsminderung steht aber nicht zu, wenn der Verstorbene berechtigten Anlass für den fehlenden Kontakt gegeben hat (§ 776/2 zweiter Fall, zB bei Morddrohung).

252 Die Pflichtteilsminderung muss zwar im Rahmen einer letztwilligen Verfügung angeordnet werden, kann dort aber auch ***stillschweigend*** (zB durch Übergehung oder durch Enterbung ohne Enterbungsgrund) und weiters (Größenschluss) auch um ***weniger*** als die Hälfte erfolgen (zB um ein Viertel). Derjenige Teil der Verfügung des Erblassers, der den Pflichtteil auf ***mehr*** als die Hälfte (zB um drei Viertel) einschränkt, ist in Bezug auf den Mehrbetrag (im Bsp ein Viertel) ungültig. Ein Widerruf der Pflichtteilsminderung bedarf grds der Form einer gültigen letztwilligen Anordnung, ist allerdings ebenso stillschweigend möglich (zB durch nachträgliche letztwillige Bedenkung, § 776/3 iVm § 773/1). Verfügt der Testator eine Pflichtteilsminderung, da seit längerer Zeit kein Naheverhältnis zwischen ihm und dem Pflichtteilsberechtigten bestanden hat, wird von den Materialien verlangt, dass zum Zeitpunkt der Anordnung zumindest eine beginnende Entfremdung vorliegt. Somit sei auf diese Situation das Ursächlichkeitserfordernis des § 772/2 bei der Enterbung anzuwenden. Dagegen spricht allerdings, dass § 776, der die Pflichtteilsminderung regelt, nur auf § 773 (Widerruf der Enterbung) und § 774 (Beweislast beim Erben) verweist, nicht aber auf § 772.

253 Die ***Nachkommen*** eines verstorbenen Pflichtteilsberechtigten, dessen Pflichtteil gemindert worden ist, müssen sich nur dann mit dem geminderten Pflichtteil begnügen, wenn auch für sie die Voraussetzungen für die Minderung vorliegen (§ 758/2). Kommen anstelle des Pflichtteilsberechtigten keine Nachkommen zum Zug, erhöhen sich die Pflichtteile der übrigen Pflichtteilsberechtigten anteilig. Die Pflichtteilsminderung erweitert also die Testierfreiheit des Erblassers nicht (anders bei Pflichtteilsverzicht oder Ausschlagung der Erbschaft, vgl § 760/1; Rz 173).

Beispiel aus der Rechtsprechung:
Sachverhalt: Die 1952 geborene Klägerin ist die außereheliche Tochter des im Juli 1995 verstorbenen Erblassers (E). Die Klägerin wuchs in Graz bei ihrer Mutter auf. Der in Wien wohnende E besuchte die Klägerin bis zum Jahr 1970 in regelmäßigen Abständen von etwa zwei bis drei Monaten, von 1973 bis 1979 von etwa sieben bis acht Monaten. Bis dahin telefonierten sie auch in regelmäßigen Abständen. 1979 erklärte E der Klägerin, dass er eine Frau kennengelernt habe, die den Kontakt zwischen ihm und der Klägerin nicht schätze, und brach diesen auch tatsächlich komplett ab. Seit Mai 1995 war E mit der Beklagten verheiratet. In seinem Testament verfügte E, dass die

Klägerin lediglich den halben Pflichtteil gemäß § 773a aF erhalten solle. Die Klägerin begehrt den vollen Pflichtteil.
Aus der Begründung: Bei der Beurteilung des Bestehens familiärer Nahebeziehungen ist einerseits für den unehelichen Vater ein weniger strenger Maßstab anzulegen und andererseits das Umfeld der beteiligten Personen als wesentliches Kriterium in die Analyse einzubeziehen. Hier ist zwar der Beklagten zuzugestehen, dass der Verstorbene nicht mit der Mutter der Klägerin verheiratet war, doch ist ihr andererseits die nicht unbeträchtliche räumliche Entfernung entgegenzuhalten. Die Beklagte weist selbst darauf hin, dass E in Graz über keine Wohnmöglichkeit verfügte und dass er zudem ein äußerst schlechtes Verhältnis zur Mutter der Klägerin hatte. Ausgehend davon können aber regelmäßige Besuche im Abstand von zwei bis drei Monaten bis etwa zum 18. Lebensjahr der Tochter nicht ohne Weiteres als „Mindestmaß an Kontakt" abgetan werden.
Vielmehr zeigt sich darin ein doch einigermaßen gewichtiges Interesse des Verstorbenen am Wohlergehen seiner Tochter, welches sich in der Folge auch durchaus am Weiterbestand dieser, wenngleich mit fortschreitendem Alter der Tochter und größer werdender räumlicher Entfernung spärlicher werdenden Kontakte zeigt. Die Tatsache, dass der Verstorbene seine Tochter im Jahr 1979 darum bat, ihn nicht mehr anzurufen, weil er eine Frau kennengelernt habe, die derartige Kontakte nicht schätze, vermag die Pflichtteilsminderung nicht zu begründen, weil diese schon durch länger dauernden Kontakt im Kleinkindalter ausgeschlossen wird. Der Anspruch der Klägerin besteht somit zu Recht.
Zusammenfassung: Ein länger dauernder Vater-Tochter-Kontakt im Kleinkindalter der Tochter schloss eine Pflichtteilsminderung gemäß § 773a aF aus (1 Ob 155/04g).
Anmerkung: Ob auch nach neuer Rechtslage (§ 776) der Pflichtteil nicht gemindert werden kann, ist fraglich, weil der Kontakt zwar nicht länger als 20 Jahre (sondern nur 16 Jahre) zurückliegt und vorher ausreichend für ein Naheverhältnis war, aber dennoch nicht besonders intensiv, sodass eine Pflichtteilsminderung in Betracht käme (s Rz 176). Allerdings hat der Vater selbst den Kontakt abgelehnt (Lex Udo Jürgens, s Rz 251). Fraglich ist, ob diese Ablehnung im Hinblick auf das Drängen der Lebensgefährtin und späteren Ehefrau des Erblassers grundlos iSd § 776 nF war. Anzunehmen ist wohl, dass der Grund gerade in der Person des Pflichtteilsberechtigten zu liegen hat, damit der Verfügende den Pflichtteil nach neuer Rechtslage mindern kann und keine Grundlosigkeit iSd § 776/2 nF vorliegt. Das war hier nicht der Fall: Der Kontakt unterblieb auf Betreiben der Lebensgefährtin des Verstorbenen, sodass die Pflichtteilsminderung ausscheidet.

Beispiel aus der Rechtsprechung:
Sachverhalt: Die am 14.8.1962 geborene Klägerin ist eine uneheliche Tochter des Erblassers. Ihre Mutter brachte am 13.9.1963 eine weitere Tochter zur Welt, deren Vater ebenso der Erblasser ist. Dieser war vor, während und nach der Beziehung zur Mutter der Klägerin mit der Erstbeklagten verheiratet, die ihm am 19. September 1964 die Zweitbeklagte gebar. Der Erblasser hinterließ ein Testament, in dem er die Beklagten zu Erben einsetzte und den Pflichtteil seiner unehelichen Töchter minderte. Diese lebten großteils mit ihrer Mutter bei deren Eltern. Der Erblasser besuchte sie regelmäßig. Die Klägerin erhielt anlässlich dieser Besuche vom Erblasser mehrmals Geld, „damit sie sich etwas kaufen könne". Der Erblasser bezahlte für sie und ihre Schwester regelmäßig Unterhalt. Der Erblasser kam auch „am Samstagabend und am Wochenende zu Besuch". Er saß dann mit der Mutter der Klägerin, deren Ehemann, den beiden Töchtern und seiner eigenen Mutter zusammen. Das Verhältnis zwischen ihm und seinen Töchtern war „sehr herzlich", und er besprach mit der Mutter der Klägerin und deren

Ehemann auch „familiäre Dinge". Obwohl der Erblasser mit seinen Töchtern nicht im gemeinsamen Haushalt lebte, wurden sie von ihm regelmäßig besucht und erhielten „persönliche und finanzielle Zuwendungen". Der Erblasser verkehrte regelmäßig mit der Klägerin, deren Mutter und deren Großeltern. Der Kontakt mit der Mutter hatte seinerzeit auch zur Geburt der Schwester der Klägerin geführt. Der Erblasser war „über das Wohlergehen seiner Töchter informiert". Die Klägerin begehrt nunmehr ihren vollen Pflichtteil.
Aus der Begründung: Für die Beurteilung eines familiären Naheverhältnisses iSd § 773a (776 nF) sind die konkreten Lebensumstände der Beteiligten maßgebend. Relevant sind daher etwa Erwägungen des natürlichen Einflusses von Alter, Gesundheit und Beruf der Beteiligten auf die bestehenden Möglichkeiten einer engeren und loseren geistig-emotionalen Kontaktpflege. Damit zusammenhängend sind aber auch die räumliche Entfernung des unehelichen Vaters von seinem Kind und das familiäre Umfeld, in dem beide leben, wesentlich. So wird bspw ein verheirateter Vater ehelicher Kinder weniger Zeit und Anteilnahme für seine unehelichen Nachkommen aufbringen können als uneheliche Väter in einer anderen familiären Situation. Eine Pflichtteilsminderung scheidet daher nicht erst aus, wenn sich der uneheliche Vater während eines gewissen Zeitraums intensiv um sein Kind bemühte und daher eine besonders enge geistig-emotionale Nahebeziehung aufzubauen verstand, sondern bereits dann, wenn er über seine Rolle als bloßer „Zahlvater" hinaus die nach seinen Verhältnissen und den Lebensumständen des Kindes mögliche Anteilnahme an der Entwicklung und dem Wohlergehen des Kindes erkennen ließ. Der Klage war daher stattzugeben.
Zusammenfassung: Für die Pflichtteilsminderung sind nicht die typischen, sondern die konkreten Lebensverhältnisse maßgebend (1 Ob 2247/96i).

Beispiel aus der Rechtsprechung:
Sachverhalt: Die am 14.6.1969 geborene Klägerin ist ein uneheliches Kind des am 15.11.1992 ohne Hinterlassung einer letztwilligen Verfügung verstorbenen Wahlvaters des Beklagten. Zwischen dem Erblasser und der Klägerin bestand nie ein familienähnliches Verhältnis. Am 22.5.1990 übergab der Erblasser dem Beklagten all seine Liegenschaften im Wert von S 62 Mio. Bei seinem Tod hatte der Erblasser kein maßgebliches Vermögen mehr, sodass die Klägerin nunmehr den Beklagten auf ein Viertel des Wertes der Liegenschaften in Anspruch nimmt.
Der Beklagte wendet ein, dass der Klägerin als gesetzlicher Erbin kein Pflichtteil zustehe; bestenfalls stehe ihr aber ein Pflichtteil von einem Achtel zu.
Aus der Begründung: Der Erblasser hat keinen der wirksamen Pflichtteilsminderung vorausgesetzten formgültigen letzten Willen geäußert, sodass sich der Beklagte auf eine Pflichtteilsminderung in Ansehung der Klägerin allein schon deshalb nicht mit Erfolg berufen kann, ohne dass der Autorenstreit über die Möglichkeit einer stillschweigenden Pflichtteilsminderung geklärt werden müsste.
Zusammenfassung: Die stillschweigende Pflichtteilsminderung muss formgültig zum Ausdruck gebracht werden (1 Ob 510/96).

Beispiel aus der Rechtsprechung:
Sachverhalt: Der am 6.12.1936 geborene Kläger ist der uneheliche Sohn, die Beklagte die eheliche Tochter des am 6.2.1908 geborenen und am 7.11.2007 verstorbenen Erblassers (in der Folge: Vater), der auch eine uneheliche Tochter hatte. Eine Verlassenschaftsabhandlung unterblieb gemäß § 153 AußStrG. Am 13.8.1990 errichtete der Vater ein Testament, mit dem er die Beklagte zur Alleinerbin einsetzte und seine beiden

außerehelichen Kinder auf die Hälfte des gesetzlichen Pflichtteils beschränkte, weil zwischen ihnen und dem Erblasser „zu keiner Zeit irgendein familiärer Kontakt im Sinne des Erbrechtsänderungsgesetzes bestanden" habe. Der Vater hat für den Kläger Unterhalt geleistet. Die Mutter hat dem Kläger verschwiegen, wer sein Vater ist. Als der Kläger von der Schwester seiner Mutter 1957 – der Kläger war damals 21 Jahre alt – erfuhr, wer sein Vater ist, hat er sofort Kontakt zu ihm gesucht, ihn besucht und ihm seine Lebensgefährtin vorgestellt. Der Kläger war in der Folge bemüht, eine gute Beziehung mit seinem Vater aufzubauen, und besuchte ihn während eines längeren Zeitraums ungefähr acht Mal. Anlässlich eines Besuchs 1988 ersuchte ihn die Ehefrau seines Vaters, „Abstand zu halten" und weitere Besuche zu unterlassen. Letztmalig hatte der Kläger Kontakt zu seinem Vater, als er auf einer Baustelle in der Nähe des Hauses des Vaters beschäftigt war; während dieser Zeit besuchte ihn der Vater öfters und sprach mit ihm. Damals ersuchte der Vater den Kläger, ihn nicht mehr aufzusuchen, weil seine Ehefrau dies nicht wünsche. Wenn sein Vater es gewollt hätte, hätte der Kläger Kontakt zu ihm gehalten. Der Kläger hat seinen Vater nie gebeten, ihm Geld zu geben. Das Vorbringen der Beklagten, der Vater sei ab November 1999 pflegebedürftig gewesen, hat der Kläger nicht substantiiert bestritten. Der Kläger begehrte von der Beklagten mit Klage vom 16.4.2008 zunächst € 14.000 sA als Pflichtteilsergänzungsanspruch. Die Beklagte beantragte die Abweisung des Klagebegehrens. Über den unpräjudiziell gezahlten Betrag hinaus stehe dem Kläger kein weiterer Anspruch zu. Der Erblasser habe den Pflichtteil des Klägers auf die Hälfte gemindert. Zwischen Vater und Sohn habe zu keiner Zeit ein familiärer Kontakt bestanden. Das Berufungsgericht sprach aus, dass die ordentliche Revision zulässig sei, weil Rsp des OGH zur Frage fehle, ob § 773a/3 aF nur im Fall grundloser Verweigerung des persönlichen Kontakts mit einem minderjährigen Kind oder auch im Fall der Verweigerung von Kontakten gegenüber einem Volljährigen zur Anwendung komme.

Aus der Begründung: Nach Auffassung des Senats sind bei Anwendung des § 773a/3 aF minderjährige und erwachsene Kinder gleich zu behandeln. Mag auch das Motiv für den Gesetzgeber bei Einführung der genannten Bestimmung die Stärkung des Rechtes des minderjährigen Kindes auf persönlichen Verkehr mit seinen Eltern gewesen sein, ist die gesetzliche Neuregelung des Rechtes auf Pflichtteilsminderung doch letztlich in einer Textfassung erfolgt, die den Entfall dieses Rechtes nicht davon abhängig macht, dass das vom Gesetz missbilligte Verhalten gegenüber einem noch minderjährigen Noterben gesetzt worden sei. Dazu kommt die systematische Überlegung, dass § 773a/3 aF eine erbrechtliche Norm ist, in welchem Kontext eine unterschiedliche Behandlung minderjähriger und großjähriger Kinder einer besonderen Anordnung und Begründung bedürfte.

Zu berücksichtigen ist in diesem Zusammenhang schließlich auch, dass das mit wechselseitigen Rechten und Pflichten verbundene Rechtsband zwischen Eltern und Kindern stets auch das Streben nach persönlichem Kontakt erfasst (RIS-Justiz RS0047754), lebenslang andauert und ein von der Rechtsordnung anerkanntes, grundrechtlich abgesichertes Rechtsverhältnis ist, das auch von Dritten – ohne zeitliche Schranken – zu respektieren ist (4 Ob 186/09). Im Juli 2001 stand der Kläger im 65. Lebensjahr, sein Vater im 94. Lebensjahr. Bis dahin hatte der Kläger das Ersuchen seines Vaters, ihn nicht mehr aufzusuchen, weil seine Ehefrau dies nicht wünsche, respektiert. Das Recht des Erblassers auf Pflichtteilsminderung ist nicht schon deshalb entfallen, weil der Kläger nicht mehr minderjährig war.

Zusammenfassung: Beim Entfall des Rechts auf Pflichtteilsminderung nach § 773a/3 aF (§ 776/2 nF) sind minderjährige und erwachsene Kinder gleich zu behandeln (4 Ob 98/11g).

Anmerkung: Die neuere Rsp betont, dass der Gesetzgeber mit dem ErbRÄG 2015 eine Neuregelung des Ausschlusses der Pflichtteilsminderung (§ 776/2 nF) gerade deshalb anstrebte, weil es durch die Ausdehnung des Pflichtteilsminderungsrechts vermehrt auf das Verhältnis zwischen erwachsenen Personen ankomme und die bisherige Regelung (§ 773a/3 aF) – mag sie von der Rsp wie im vorliegenden Fall auch auf volljährige Pflichtteilsberechtigte angewendet worden sein – auf minderjährige Kinder zugeschnitten war. Es wird daher allgemein nicht mehr auf das vom Verstorbenen grundlos abgelehnte „Recht" auf Ausübung persönlicher Kontakte mit dem Pflichtteilsberechtigten, sondern auf die grundlose Meidung des Kontakts abgestellt. Der Gesetzgeber wollte also eine einheitliche, sowohl für minderjährige als auch volljährige Pflichtteilsberechtigte gleichermaßen geltende Regelung schaffen (2 Ob 116/22f).

Beispiel aus der Rechtsprechung:
Sachverhalt: Die Klägerin in diesem Verfahren war die Tochter eines vorverstorbenen Sohnes der Erblasserin. Sie machte Pflichtteilsansprüche gegen die Beklagte, die Tochter und testamentarische Alleinerbin, geltend. Gegenstand des Verfahrens war die Frage, ob das Recht der Erblasserin, den Pflichtteil zu mindern, gemäß § 776/2 ausgeschlossen war. Danach steht das Recht auf Pflichtteilsminderung nicht zu, „wenn der Verstorbene den Kontakt grundlos gemieden oder berechtigten Anlass für den fehlenden Kontakt gegeben hat." 2008 kam es zwischen der Erblasserin und der Klägerin zu einem Streit, aufgrund dessen die Erblasserin bis zu ihrem Tod keinen weiteren Kontakt zur Klägerin unterhielt. Auch in den Jahren davor trafen die beiden Frauen gelegentlich bei Familienfeiern zusammen, zu persönlichen Gesprächen kam es jedoch nicht. Weder die Erblasserin noch die Klägerin bemühten sich um ein Gespräch oder die Aufnahme weitergehenden Kontakts.
Aus der Begründung: Der OGH legte in seinem Urteil fest, dass der Ausschluss der Pflichtteilsminderung nach § 776/2 erster Fall keinen vorangehenden Kontaktaufnahmeversuch des Pflichtteilsberechtigten voraussetzt. Trotz unterbliebenen Kontaktaufnahmeversuchs der klagenden Pflichtteilsberechtigten könnte daher die Pflichtteilsminderung ausgeschlossen sein. Weiters hatte der OGH zu prüfen, ob der Umstand, dass sich (auch) die Erblasserin weder um persönliche Gespräche bei Familienfeiern noch um anderen weitergehenden Kontakt bemühte, eine „Meidung" des Kontakts iSd § 776/2 darstellte. Der OGH verneinte dies im vorliegenden Fall, da fehlendes Kontaktinteresse und passives Verhalten noch kein solches „Meiden" des Kontakts begründet, das zum Ausschluss des Rechts auf Pflichtteilsminderung führt. Daraus folgt für diesen Fall, dass das Recht auf Pflichtteilsminderung nicht ausgeschlossen ist.
Zusammenfassung: Der Ausschluss der Pflichtteilsminderung nach § 776/2 erster Fall setzt keinen vorangehenden Kontaktaufnahmeversuch des Pflichtteilsberechtigten voraus. Bloß passives Verhalten und fehlendes Bemühen um Kontakt durch den Erblasser stellt allerdings kein „Meiden" des Kontakts dar, weshalb dadurch das Recht auf Pflichtteilsminderung noch nicht ausgeschlossen ist (2 Ob 116/22f).

Beispiel aus der Rechtsprechung:
Sachverhalt: Die Klägerin wurde während aufrechter Ehe des Erblassers mit ihrer Mutter geboren. Der Ehe entstammten weiters zwei bereits vorverstorbene Brüder. Wie später festgestellt wurde, war der Erblasser nicht der leibliche Vater der drei Kinder. Nachdem die Ehe des Erblassers und der Mutter der drei Kinder geschieden wurde, hatte der Erblasser auch keinen Kontakt mehr mit seinen rechtlichen Kindern. Die Klägerin versuchte im Alter von etwa 30 Jahren, mit dem Erblasser in Kontakt zu treten.

Dabei versuchte zunächst einer ihrer Brüder, beim Erblasser „vorzufühlen", ob dieser an einem Kontakt mit der Klägerin bzw seinen Kindern interessiert sei. Der Erblasser wies den Kontaktversuch mit den Worten zurück, der Bruder der Klägerin solle „sich schleichen", was er sich einbilde, ihn zu kontaktieren, er habe sein eigenes Leben und darin sei kein Platz für seine Kinder, sie seien Fremde. Angesichts dieser Äußerungen unternahm die Klägerin keine weiteren Versuche, den Erblasser zu kontaktieren und von diesem Zeitpunkt an gab es über 20 Jahre bis zum Tod des Erblassers keinerlei Kontaktversuche mehr. In seinem Testament setzte er die Beklagte als Alleinerbin ein. Die rechtliche Vaterschaft wurde zu Lebzeiten des Erblassers nicht aufgehoben. Die Klägerin begehrte ihren gesamten Pflichtteil. Die Beklagte wandte ein, dass die Klägerin einerseits nicht die leibliche Tochter des Erblassers sei und andererseits auch durch deren Übergehung im Testament durch den rechtlichen Vater eine stillschweigende Pflichtteilsminderung vorgenommen wurde.
Aus der Begründung: Den Kontaktversuch betreffend führte der OGH aus, dass nach den Feststellungen der Bruder der Klägerin (auf deren Initiative) beim Erblasser bezüglich eines Kontaktinteresses „vorfühlte" und dies nur so verstanden werden könne, dass aus diesem „Vorfühlen" dem Erblasser jedenfalls erkennbar war, dass (zumindest auch) die Klägerin den Kontakt suchte. Wenn der Erblasser darauf ua antwortete, (in seinem Leben) sei kein Platz für seine Kinder, sie seien (Plural: also auch die Klägerin) Fremde, hat er damit auch die Klägerin gemeint und adressiert, zumal er damit rechnen musste, der Bruder werde der Klägerin seine Reaktion mitteilen. Insofern konnte darin nach Ansicht des OGH ein (grundloses) Meiden des Kontakts durch den Erblasser gesehen werden. Überdies habe der Erblasser aber mit seiner unfreundlichen und harschen Ablehnung jeglichen Kontakts für die Klägerin auch berechtigten Anlass für den fehlenden Kontakt iSd § 776/2 zweiter Fall gegeben. Wer so unfreundlich abgewiesen wird, hat einen berechtigten Anlass, keinen Kontakt mehr zu suchen. Der fehlende Kontakt führte daher in casu nicht zu der Berechtigung, den Pflichtteil der Klägerin zu mindern. Ob tatsächlich eine stillschweigende Pflichtteilsminderung im Testament erfolgte, war daher unerheblich. Auch irrelevant ist der Umstand, dass die Klägerin nicht die leibliche Tochter des Erblassers war. Es kommt einzig und allein auf die rechtliche Vaterschaft an.
Zusammenfassung: Ein Meiden des Kontakts iSd § 776/2 erster Fall kann jedenfalls dann vorliegen, wenn ein von der Gegenseite angestrebter Kontakt aktiv abgelehnt wird. Berechtigter Anlass für den fehlenden Kontakt iSd § 776/2 zweiter Fall ist anzunehmen, wenn bei einem Kontaktaufnahmeversuch jeglicher (zukünftiger) Kontakt unfreundlich und harsch abgelehnt wird. Da es nur auf die rechtliche und nicht auf die leibliche Vaterschaft ankommt, kann auch die fehlende Blutsverwandtschaft nicht als „Grund" für den fehlenden Kontakt ins Treffen geführt werden (2 Ob 89/23m).

5. Kapitel

Erwerb der Erbschaft (Rechtslage nach dem Erbfall)

I. Bestimmung des Erben

Judikaturauswahl: 2 Ob 62/19k (Kommorientenvermutung nur bei Beweis der Unrichtigkeit der Sterbeurkunde anwendbar).

Der Zeitpunkt des ***Erbanfalls*** ist grds der Tod des Erblassers ***(Erbfall),*** nur ausnahmsweise (bei aufschiebend bedingter Berufung) später. Mit dem Erbanfall tritt das Erbrecht ein, bis dahin gibt es nur eine ***Erbaussicht,*** die an sich noch nichts bewirkt und auch nicht übertragen werden kann (§ 879, s gleich unten), aber auch nicht völlig bedeutungslos ist, sondern bereicherungsrechtlich (bei der Rückforderung von Leistungen im Hinblick auf eine erhoffte Erbschaft; s beim Pflegevermächtnis Rz 188) und schadenersatzrechtlich (bei culpa in testando; s Rz 150) eine Rolle spielen kann. Stirbt ein vermeintlicher Erbe vor dem Erblasser, so hat er das noch nicht erlangte Erbrecht auch nicht auf seine Erben übertragen können, der Erbe muss den Erbanfall also grds erleben (§ 536; Ausnahme zugunsten des Nasciturus, § 22). **254**

Beispiel:
Sabine stirbt bei einem Kletterunfall. Sie hat verfügt, dass ihr Mann Fredi und ihre Tochter Lisa jeweils die Hälfte ihres Vermögens erben sollen. Wenige Tage später, noch bevor er eine Erbantrittserklärung abgegeben hat, stirbt aber auch Fredi. Dessen Testament begünstigt seine Tochter Lisa und seinen unehelichen Sohn Daniel zu gleichen Teilen. Lisa bekommt drei Viertel von Sabines Vermögen und Daniel ein Viertel. Da Fredi den Erbanfall erlebt hat, hat er ein Erbrecht in Bezug auf Sabines Nachlass erworben, das er an Lisa und Daniel weitervererbt (vgl Casebook, Fall 109: „Transmission“).

Ein Erleben des Erbfalls liegt auch dann nicht vor, wenn der potenzielle Erbe und der Erblasser gleichzeitig versterben. § 11 TEG vermutet dies, wenn (zB nach einem Unfall) nicht mehr festgestellt werden kann, in welcher Reihenfolge die Opfer gestorben sind ***(„Kommorientenpräsumtion“).*** Voraussetzung für die Anwendung des § 11 TEG ist, dass nicht bewiesen werden kann, dass eine Person die andere überlebt hat. Nach dem OGH begründen Sterbeurkunden jedoch den vollen Beweis iSd § 292/1 ZPO auch für die darin bezeugten Todeszeitpunkte. Die Kommorientenvermutung des § 11 TEG greift daher im Falle des Vorliegens zweier Sterbeurkunden mit unterschiedlichen Todeszeitpunkten nur, wenn bewiesen wird, dass zumindest einer der in den Sterbeurkunden genannten Todeszeitpunkte unrichtig ist und nicht zugleich ein anderer Zeitpunkt bewiesen wird.

Beispiel:
Jack und seine Ehefrau Rose sterben bei einem Autounfall. Die Rettungskräfte können nach ihrem Eintreffen am Unfallort nur mehr den Tod der beiden feststellen, nicht aber, wann genau dieser jeweils eingetreten ist. Gem § 11 TEG wird in diesem Fall

vermutet, dass die beiden gleichzeitig gestorben sind, weshalb weder Jack Erbe von Rose, noch Rose Erbin von Jack werden kann (was wiederum Einfluss auf die Erbfolge nach den beiden hat).

255 Ein Vertrag, mit welchem eine Erbschaft (oder ein Vermächtnis), die man von einem Dritten erhofft, noch *zu dessen Lebzeiten* veräußert wird, ist nichtig (§ 879/2 Z 3). Die Reihenfolge, nach der die *Berufung zur Erbschaft* erfolgt, richtet sich nach der Merkformel ***„ISTAGLS“:***

I	=	Institut (Erbe)
S	=	Substitut (Ersatzerbe)
T	=	Transmissar (Erbe des angefallenen Erbrechts; s Rz 261 f)
A	=	Anwachsungsberechtigter (Akkreszenz, s sogleich Rz 258 ff)
G	=	Gesetzlicher Erbe
L	=	Lebensgefährte und danach Legatar (ao Erbrecht; s Rz 157 ff)
S	=	Staat (Aneignungsrecht des Bundes, s Rz 161 f)

256 ***Beachte aber:*** Nur die ***Transmission im engeren Sinn*** (Tod des Erben vor Abgabe einer Erbantrittserklärung, s unten) geht der Substitution nach, nicht hingegen die ***Transmission im weiteren Sinn*** (Tod nach Erbantrittserklärung).

Beispiel:
Der Erblasser E hat A und B zu Erben eingesetzt und C als Ersatzerben von B bestimmt. Kurz nach dem Erbfall, aber vor Abgabe einer Erbantrittserklärung stirbt auch B und hinterlässt D als Erben. Nach E erben sohin A und C (Vorrang der Substitution). Stirbt B hingegen erst nach Abgabe einer Erbantrittserklärung, so erlischt die Substitution und es erben (nach E) A und D (Vorrang der Transmission nach Erbantrittserklärung, § 537/2). Für das Verhältnis zwischen Transmission und Anwachsung spielt die Differenzierung zwischen Transmission ieS und iwS hingegen keine Rolle. Die Transmission geht der Anwachsung jedenfalls vor. Wenn also der Verstorbene A, B und C zur gesamten Verlassenschaft als Erben eingesetzt hatte (Voraussetzung der Anwachsung, s Rz 259), A vor der Einantwortung stirbt und den gesetzlichen oder testamentarischen Erben D hinterlässt, so geht das frei werdende Drittel unabhängig davon auf D (und nicht auf B und C) über, ob A bereits eine Erbantrittserklärung abgegeben hatte oder nicht.

II. Anwachsung

Literaturauswahl: *Nitsche,* Akkreszenz und Erbrecht, GesRZ 1994, 97; *Welser,* Einsetzung auf bestimmte Teile und gesetzliches Erbrecht, NZ 1997, 345; *Barth/Pesendorfer,* Erbrechtsreform 2015 (2015); *P. Bydlinski,* Modernisierung des ABGB, ÖJZ 2015/113; *Cach/Nalussi,* Erbrechts-Änderungsgesetz 2015, GesRZ 2015, 220; *Deixler-Hübner/Schauer,* Erbrecht NEU (2015); *Kolmasch,* Erbrechts-Änderungsgesetz 2015 (ErbRÄG 2015), Zak 2015, 250; *C. Rabl/Zöchling-Jud,* Das neue Erbrecht (2015); *Kathrein,* Das neue Erbrecht, EF-Z 2016, 4; *Mondel,* Konsequenzen des Vorversterbens eines testamentarischen Miterben, iFamZ 2020, 255.

Judikaturauswahl: 4 Ob 88/97p (Gesetzliches Erbrecht und Anwachsung); 7 Ob 236/04p (Prozessführung durch Miterben); 7 Ob 147/06b (Zulässigkeit der Stufenklage Art XLII EGZPO); 5 Ob 97/11t (Überlebender ist nach Anwachsung außerbücherlicher

Eigentümer); 6 Ob 79/12d (Erbengemeinschaft und Erbteilungsklage); 5 Ob 225/12t (Manifestationsklage bei Miterbschaft); 3 Ob 79/13h (Erbteilungsklage und Erbenübereinkommen).

Mehrere Erben bilden eine ***Rechtsgemeinschaft*** (nach Einantwortung: Miteigentum), an der jeder Erbe nach Maßgabe seiner Erbquote beteiligt ist. Die Gemeinschaft wird durch Erbteilung aufgehoben, die jeder Miterbe verlangen kann, soweit nicht der Verstorbene besondere Teilungsanordnungen getroffen hat (s Rz 127). **257**

Für den Bereich der ***testamentarischen Erbfolge*** gelten besondere Regelungen hinsichtlich der Erbquote, wenn einzelne Testamentserben nicht zur Erbschaft (zB wegen Vortods, Erbverzichts, Entschlagung) gelangen und der Erblasser für den erledigten Erbteil nichts verfügt hat. Dieser fällt bei Fehlen von Ersatzerben oder Transmissaren (s oben: „ISTAGLS“) den Miterben zu (§ 560: „Anwachsung“, „Akkreszenz“, „Zuwachs“). **258**

Beispiel:
Peter hat seine Freunde Klaus und Elke als Erben eingesetzt. Verstirbt nun Elke vor der Erbantrittserklärung und hinterlässt sie ihren Sohn Tibor, so kommt es zur Transmission an Tibor gem § 537 und nicht zur Anwachsung an Klaus (ISTAGLS: Transmission vor Anwachsung).

Kommt es zu keiner Anwachsung, so fällt der frei gewordene Teil an die gesetzlichen Erben (§ 560/2). Während es nach alter Rechtslage für die Beurteilung, ob Anwachsung eintritt, darauf ankam, ob der Erblasser eine bestimmte (zB „zu einem Drittel“) oder unbestimmte („zu gleichen Teilen“) Erbeinsetzung vorgenommen hat (Anwachsung nur an unbestimmt eingesetzte Erben), ist nach neuer Rechtslage von Bedeutung, ob der Verfügende über die gesamte Verlassenschaft verfügt hat: „Wenn der Verstorbene über die gesamte Verlassenschaft verfügt und mehrere Erben eingesetzt hat, einer der Erben aber von seinem Erbrecht keinen Gebrauch machen kann oder will und für diesen Erben kein Ersatzerbe bestimmt ist, wächst der frei gewordene Teil im Zweifel den übrigen eingesetzten Erben im Verhältnis ihrer Erbteile an. Gleiches gilt, wenn die Einsetzung eines von mehreren Erben unwirksam ist.“ Nach der neuen Regelung ist die Einsetzung auf bestimmte Quoten (vgl dazu im Detail § 556; zu bestimmten und unbestimmten Quoten nebeneinander § 557 f; zu unbestimmten Quoten § 559) kein Hindernis mehr für den Zuwachs. Dies entspricht eher dem mutmaßlichen Erblasserwillen, weil die Quote – anders, als früher angenommen wurde – idR nicht als Höchstanteil gemeint war. MaW: Hätte der Verstorbene gewusst, dass von ihm eingesetzte Erben nicht zum Zuge kommen, so wäre es ihm idR wohl lieber gewesen, dass ein frei werdender Erbteil den anderen Erben (mögen diese von ihm auch zu bestimmten Quoten eingesetzt worden sein) zufällt als den gesetzlichen Erben, die mangels Anwachsung zum Zuge kämen, denn immerhin hat er ja gegenüber den Eingesetzten – anders als gegenüber gesetzlichen Erben – einen Zuwendungswillen geäußert. Der frei gewordene Teil wächst somit – soweit der Verstorbene nichts anderes angeordnet hat – den übrigen eingesetzten Erben im Verhältnis **259** ihrer Erbteile an. Warum es diesbezüglich aber eine Rolle spielen soll, ob der Erblasser über die gesamte Verlassenschaft oder nur über einen Teil davon verfügt hat, ist nicht ersichtlich, denn die Anwachsung spielt sich ohnedies nur zwischen den eingesetzten Erben ab und hat auf den restlichen Nachlass keinen Einfluss.

Beispiele:
Der Verstorbene hinterlässt seine Ehegattin E, hat aber A, B und C zu je einem Drittel als Erben eingesetzt, A stirbt nach dem Erbfall, aber vor Einantwortung. Sein damit frei gewordenes Drittel wächst – wenn der Erblasser nichts anderes angeordnet hat und es auch zu keiner Transmission kommt – B und C an, die somit je zur Hälfte erben und das gesetzliche Erbrecht von E verdrängen. Diese kann von B und C nur den Pflichtteil verlangen (im vorliegenden Fall – mangels Nachkommen – die Hälfte des Nachlasswerts, s Rz 235).

Der Verstorbene hat Anton und Bertram zu einem Viertel und Clara unbestimmt als Erbin eingesetzt (zB „Meine Erben sind zu je einem Viertel Anton und Bertram sowie Clara“). Clara würden daher zwei Viertel zustehen. Verstirbt Bertram oder schlägt er aus und kommt es weder zu einer Ersatzerbschaft noch zur Transmission, so wächst sein Anteil den übrigen Erben proportional an. Anton erbt sohin vier Zwölftel (ein Drittel) und Clara acht Zwölftel (zwei Drittel).

Der Verstorbene hat seine Nichten Clara und Dora zu je einem Viertel eingesetzt (bestimmte Quoten) und hinterlässt seine Söhne Emil und Felix. Dora ist vor dem Erblasser gestorben. Da nicht über die gesamte Verlassenschaft, sondern nur über die Hälfte verfügt wurde, kommt es gem § 560 nicht zur Anwachsung des frei gewordenen Viertels an Clara, sondern es tritt diesbezüglich gesetzliche Erbfolge ein, sodass Emil und Felix drei Viertel erben. Genauso wäre es bei unbestimmten Quoten, wenn der Verstorbene also verfügt hätte: „Clara und Dora erben gemeinsam die Hälfte meines Vermögens“, woran man sieht, dass die Art der Quoten (bestimmt oder unbestimmt) keine Rolle mehr spielt. Wären Clara und Dora hingegen je zur Hälfte eingesetzt worden (Verfügung über die gesamte Verlassenschaft), käme es zur Anwachsung an Clara, sodass Emil und Felix als gesetzliche Erben nichts bekämen, sondern nur pflichtteilsberechtigt wären.

260 Das Anwachsungsrecht tritt von selbst mit dem Erbanfall ein, eine Erbantrittserklärung ist daher nicht notwendig; dem Anwachsungsberechtigten steht aber nach hM die Möglichkeit zu, den Zuwachs auszuschlagen. Wer einen frei gewordenen Erbteil erhält, übernimmt auch die damit verknüpften Lasten, soweit sie nicht höchstpersönlich sind (§ 563).

III. Übertragung des Erbrechts

Literaturauswahl: *Apathy,* Heimfall und Transmission, JBl 1990, 399; *Swoboda,* Transmission beim Heimfall hinfällig? JBl 1990, 298; *B. Jud,* Der Erbschaftskauf (1998); *Zemen*, Das erbrechtliche Eintrittsrecht in der jüngeren Rechtsentwicklung, JBl 2004, 356; *A. Tschugguel,* Ersatzerbschaft, Transmission und Anwachsung – Überlegungen aus kautelarjuristischer Sicht, EF-Z 2012/156; *Kogler,* Die Ausschlagungsverpflichtung vor Anfall des Erbrechts, EF-Z 2014/3; *Schweda,* Zur Transmission an den Fiskus, NZ 2014, 57; *Welser,* Gibt es eine Transmission des Erbrechts an den heimfallsberechtigten Fiskus? in FS

Würth (2014) 345; *Barth/Pesendorfer,* Erbrechtsreform 2015 (2015); *C. Rabl/Zöchling-Jud,* Das neue Erbrecht (2015); *Kathrein,* Das neue Erbrecht, EF-Z 2016/2; *Linder,* Der Erbschaftskauf, in *Gruber/Kalss/Müller/Schauer* (Hg), Erbrecht und Vermögensnachfolge[2] (2018) 449; *Mondel,* Die Abtretung des Pflichtteilsanspruchs, iFamZ 2020, 177.

Judikaturauswahl: 4 Ob 218/10b (Erbschaftskauf ist kein Vorkaufsfall); 7 Ob 189/12p (Keine Formbedürftigkeit bei Abtretung des Anspruchs); 1 Ob 165/21b (Bereicherungsanspruch gegen den Erbschaftskäufer).

Stirbt der Erbe nach dem Tod des Erblassers, aber vor der Einantwortung (also der Beendigung des Verlassenschaftsverfahrens), so geht sein Erbrecht grds auf seine eigenen (testamentarischen oder gesetzlichen) Erben über („Transmission“). Es kommt dadurch zu einer ***„Vererbung des Erbrechts“,*** die allerdings vom Erblasser ausgeschlossen werden kann (§ 537/1). Der Erbeserbe („Transmissar“) hat dabei kein unmittelbares Erbrecht gegenüber dem Erblasser, sondern er ist Erbe des Transmittenten; er kann daher etwa bei Transmission ieS (s sogleich) die Erbschaft nach dem Erblasser ausschlagen und nach dem Transmittenten annehmen, nicht aber umgekehrt. Im Einzelnen unterscheidet man zwischen Transmission ***im engeren Sinn*** (Erbe stirbt ***vor*** Abgabe einer Erbantrittserklärung) und Transmission ***im weiteren Sinn*** (Erbe stirbt ***nach*** Abgabe einer Erbantrittserklärung). Die Unterscheidung ist va für das Verhältnis zwischen Transmission und Substitution relevant (s Rz 256): Die Transmissare gehen Ersatzerben vor, wenn der Erbe nach Abgabe seiner Erbantrittserklärung verstirbt. **261**

Zudem hat der Transmissar aber bei der Transmission ieS selbst die Wahl hinsichtlich bedingter oder unbedingter Erbantrittserklärung sowie hinsichtlich einer etwaigen Ausschlagung des durch Transmission übergegangenen Erbrechts, wohingegen bei Transmission iwS eine entsprechende Erklärung des Transmittenten auch den Transmissar bindet. Für das Verhältnis zwischen Anwachsung und Transmission spielt die Unterscheidung freilich keine Rolle – Transmission geht also unabhängig davon der Anwachsung vor, ob sie ieS oder iwS zum Tragen kommt (s Rz 259). Gegenstand der Transmission ist „das Erbrecht“, doch sie gilt auch für das Vermächtnis (§ 684); nach übereinstimmender Rsp und Lehre sind ebenso Pflichtteilsansprüche vererblich.

Beispiel:
Der Erblasser bestimmt in seinem Testament: Mein Freund A soll mein Universalerbe sein. Kann dieser nicht erben, dann soll meine Freundin B die gesamte Verlassenschaft erben. A stirbt wenige Wochen nach dem Tod des Erblassers, ohne eine Erbantrittserklärung abgegeben zu haben. Er hinterlässt zwei Kinder C und D. Dies ist ein Fall einer Transmission im engeren Sinn, was dazu führt, dass der Ersatzerbe den Transmissaren vorgeht. B ist Universalerbin.

Zu einer Übertragung des Erbrechts kommt es auch beim ***Erbschaftskauf*** (§§ 1278 ff), worunter man die entgeltliche Veräußerung des Erbrechts zwischen Erbanfall und Einantwortung versteht. Der Erbschaftskauf bedarf eines Notariatsakts oder gerichtlichen Protokolls und macht den Käufer zum Gesamtrechtsnachfolger des Verstorbenen. Als solcher ist er bspw ersatzpflichtig für eine im Vermögen des Erblassers eingetretene ungerechtfertigte Bereicherung. Er tritt im **262**

Verlassenschaftsverfahren an die Stelle des Erben. Dieser haftet jedoch (je nach Erbantrittserklärung) solidarisch mit dem Käufer weiterhin für Nachlassschulden (§ 1282). Die §§ 1278 ff sind ebenso auf die Erbschaftsschenkung anzuwenden.

Beispiel aus der Rechtsprechung:
Sachverhalt: Der Erblasser setzte einen seiner Söhne zum Alleinerben ein und vermachte seinen übrigen Kindern, darunter auch Kläger und Beklagter, je 7 % seines Realbesitzes zur Abgeltung ihres Pflichtteils. Dem Alleinerben wurde die Besorgung und Verwaltung (nunmehr: Benützung, Verwaltung und Vertretung) des Nachlasses übertragen, nachdem er eine bedingte Erbserklärung (nunmehr: Erbantrittserklärung) abgegeben hatte; er verkaufte jedoch diese Erbschaft an den Kläger, wobei im erforderlichen Notariatsakt alle mit dem Pflichtteilsberechtigten getroffenen vertraglichen Regelungen angeführt wurden, hinsichtlich des Beklagten allerdings nur, dass restliche Ansprüche noch offen seien. Der Kläger begehrt die Feststellung, dass der Beklagte keinen Anspruch auf Einräumung von ideellem Miteigentum, sondern nur auf Verschaffung des Alleineigentums an 7 % des gesamten Realbesitzes habe, da er an die diesbezüglichen Zusagen des früheren Alleinerben nicht gebunden sei.
Aus der Begründung: Beim Erbschaftskauf gem §§ 1278 ff wird das subjektive Erbrecht des Verkäufers übertragen, so wie dieser es besessen hat. Der Erbschaftskäufer übernimmt die Erbschaft in dem Stande, in dem sie sich befindet, und tritt in das Erbrecht des Veräußerers zur Gänze ein. Daher muss er auch Dispositionen über das Erbrecht – soweit diese für den Veräußerer selbst wirksam waren – gegen sich gelten lassen. Da es zu den Verfügungsbefugnissen des Erben gehört, auch die Beziehungen zu den Legataren abzuklären, kann er auch Zusagen über die Art der Begleichung der Vermächtnisse machen, an die ein etwaiger Erbschaftskäufer gebunden ist.
Zusammenfassung: Da der Erbschaftskäufer die Erbschaft in dem Stande, in dem sie sich befindet, übernimmt, ist er auch an zulässige Dispositionen des Erbschaftsverkäufers gebunden (7 Ob 142/00h).

IV. Veränderung des Erb- oder Pflichtteils durch Anrechnung

Literaturauswahl: *Schauer,* Rechtsprobleme bei der Anrechnung im Erbrecht, JBl 1980, 449; *derselbe,* Verzugszinsen und Pflichtteilsanrechnung, NZ 1987, 114; *Umlauft,* Unbefristete Schenkungsanrechnung im Pflichtteilsrecht, NZ 1988, 89; *derselbe,* Nochmals zur Schenkungsanrechnung im Pflichtteilsrecht, NZ 1989, 257; *Zankl,* Die Lebensversicherung im Pflichtteilsrecht, NZ 1989, 1; *Fischer-Czermak,* Die erbrechtliche Anrechnung und ihre Unzulänglichkeiten, NZ 1998, 2; *B. Jud,* Zur Entwicklung der Schenkungsanrechnung im ABGB, NZ 1998, 16; *C. Rabl,* Die historische Entwicklung der Anrechnung von Vorempfängen und Vorschüssen auf den Pflichtteil seit den Vorentwürfen zum ABGB, NZ 1998, 7; *Schauer,* Die Bewertung von Vorempfang und Schenkungen bei der Pflichtteilsanrechnung, NZ 1998, 23; *Zankl,* Rechtsvergleichende Gedanken zu einer Reform der Anrechnung, NZ 1998, 35; *C. Rabl,* Die Auswirkungen eines Fruchtgenußvorbehaltes auf die Schenkungsanrechnung, NZ 1999, 291; *Zankl,* Die Anrechnung im deutschen, schweizerischen und israelischen Erbrecht vor dem Hintergrund österreichischer Reformüberlegungen, ZfRV 1999, 13; *B. Jud,* Entwicklungen im Recht der Anrechnung beim Pflichtteil, AnwBl 2000, 716; *Welser,* Zur Reform des Anrechnungsrechts – Ergebnisse einer Umfrage im Notariat, NZ 2001, 105; *Zankl,* Umgehung der Schenkungsanrechnung, NZ 2001, 111; *Unterkofler,* Die rechtliche Stellung des Pflichtteilsberechtigten im

Spannungsverhältnis zwischen Erbrecht und Privatstiftungsrecht (2003); *B. Jud,* Privatstiftung und Pflichtteilsdeckung, in FS Welser (2004) 369; *Mader,* Pflichtteilsverzicht und Schenkungsanrechnung, in FS Welser (2004) 669; *Riedmann,* Privatstiftung und Schutz der Gläubiger des Stifters (2004); *Samek,* Das österreichische Pflichtteilsrecht samt Anrechnungsrecht (2004); *Müller,* Schenkungsanrechnung und verlorene Pflichtteilsberechtigung – Die Haftungsbeschränkung des § 951 Abs 2 ABGB, NZ 2005, 77; *Zemen,* Nochmals: Die Pflichtteilsminderung gegen den Enkel, JBl 2005, 538; *Limberg,* Privatstiftung und Pflichtteilsrecht (2006); *B. Jud,* Privatstiftung und Pflichtteilsrecht: Erste Klärung durch den OGH, Zak 2007, 369; *Karth,* Die Berechnung des Schenkungspflichtteils bei einer „gemischten" Schenkung, NZ 2007, 106; *Schauer,* OGH: Schutz der Pflichtteilsberechtigten gegenüber der Privatstiftung, JEV 2007, 90; *Limberg,* Die Privatstiftung im Zivilrecht, ecolex 2008, 724; *Parapatits/Schörghofer,* Privatstiftung und Schenkungsanrechnung, iFamZ 2008, 42; *Umlauft,* Schenkungsanrechnung – Bewertungsfragen unter Berücksichtigung der gemischten Schenkung, NZ 2008, 33; *Limberg,* Bemessung der Pflichtteile nach Stiftern, in *Eiselsberg* (Hg), Jahrbuch Stiftungsrecht 2009 (2009) 213; *Limberg/A. Tschugguel,* Neues zu Privatstiftung und Pflichtteilsrecht, NZ 2009, 200; *Umlauft,* Die Rolle der Zeit bei der Bewertung anrechnungspflichtiger Zuwendungen im Pflichtteilsrecht, in *Feiler/Raschhofer* (Hg), Innovation und internationale Rechtspraxis, Praxisschrift für Wolfgang Zankl (2009) 909; *Jaksch-Ratajczak,* Pflichtteilsverkürzung durch Schuldentilgung mit Geldgeschenken? E-FZ 2010, 180; *W. Tschugguel,* Probleme des Schenkungspflichtteils. Gegen wen richtet sich der Pflichtteilsauffüllungsanspruch? iFamZ 2010, 40; *Barth,* Die Anrechnung im Pflichtteilsrecht: Übersicht zur geltenden Rechtslage, iFamZ 2011, 287; *Cohen,* Rechtserwerb der auf den Todesfall geschenkten Sache außerhalb des Verlassenschaftsverfahrens? JEV 2011, 114; *Eder,* Die Bewertung des Unternehmens zum Zwecke der Pflichtteilsanrechnung, JEV 2011, 49; *W. Tschugguel,* Wohnvoraus des Ehegatten in Kollision mit dem Pflichtteilsrecht des Kindes, iFamZ, 2011, 166; *Umlauft,* Die Anrechnung im Pflichtteilsrecht: Überlegungen de lege lata und de lege ferenda, iFamZ 2011, 282; *Fischer-Czermak,* Anmerkung zur Entscheidung 2 Ob 186/10g, EF-Z 2012/50; *Kletečka,* Pflichtteilsrechtliche Behandlung der Errichtung einer Privatstiftung, EF-Z 2012/2; *Umlauft,* Anrechnung von Vorempfängen nur auf den Nachlasspflichtteil? NZ 2012, 169; *Welser,* Die Reform des österreichischen Erbrechts, NZ 2012/1; *derselbe,* Widerrufsrecht, unbeschränktes Änderungsrecht und Schenkungsanrechnung bei der Privatstiftung, in FS Aicher (2012) 865; *derselbe,* Zur Reform der Anrechnung im Erbrecht, in FS Jud (2012) 773; *derselbe,* Anrechnung von Vorempfängen auf den Schenkungspflichtteil? – Rechtslage und Reformbedarf, in FS Torggler (2013), 1295; *Zöchling-Jud,* Die Bewertung von gestiftetem Vermögen bei der Schenkungsanrechnung, in FS Torggler (2013), 1413; *Gruber,* Die Schenkungsanrechnung auf den Pflichtteil als Rechtsschutzfall, NZ 2014/106; *Zollner,* Aufgriffsrechte in der GmbH und Pflichtteilsrecht, JEV 2014, 6; *Barth/Pesendorfer,* Erbrechtsreform 2015 (2015); *P. Bydlinski,* Modernisierung des ABGB, ÖJZ 2015/113; *Cach/Nalussi,* Erbrechts-Änderungsgesetz 2015, GesRZ 2015, 220; *Kletečka,* Anrechnung auf den Pflichtteil nach dem ErbRÄG 2015, in *C. Rabl/Zöchling-Jud (Hg),* Das neue Erbrecht (2015) 89; *Kolmasch,* Erbrechts-Änderungsgesetz 2015 (ErbRÄG 2015), Zak 2015, 250; *Pesendorfer,* Die Erbrechtsreform im Überblick, iFamZ 2015, 230; *derselbe,* Erbunwürdigkeits- und Enterbungsgründe nach dem ErbRÄG 2015, iFamZ 2015, 237; *C. Rabl,* Erbrechtsreform 2015 – Pflichtteilsrecht neu, NZ 2015, 321; *Zankl,* Durchsetzung der Anrechnung und Auskunftsanspruch, in *C. Rabl/Zöchling-Jud,* Das neue Erbrecht (2015) 111; *Apathy,* Zur Hinzu- und Anrechnung im neuen Erbrecht, ÖJZ 2016/108; *Barth,* Pflichtteilsrecht neu, in *Barth/Pesendorfer* (Hg), Praxishandbuch des neuen Erbrechts (2016) 157; *Brandstätter,* Erbrechtsreform (Teil I), ecolex 2016, 30; *Giller,* Die Gestaltbarkeit der Pflichtteilsdeckung nach dem ErbRÄG 2015 – eine erste Annäherung, JEV 2016, 58; *Kathrein,* Das neue Erbrecht, EF-Z 2016, 4; *Kogler,* Die Formvorschriften im neuen Erbrecht (2016); *Mondel,* Der Einfluss eines abgegebenen Erb- und/oder Pflichtteilsverzichts auf die Höhe der Pflichtteile anderer Pflichtteilsberechtigter, iFamZ 2016, 114; *C. Rabl,* Das neue Pflichtteilsrecht des Ehegatten, EF-Z 2016/138; *derselbe,* Der Pflichtteilsverzicht als anrechenbare Schenkung, NZ 2016/64; *Rucker,* Die Anrechnung im neuen Erbrecht, NZ 2016, 31; *Schauer,* Anrechnung beim Erbteil, in *Barth/Pesendorfer* (Hg), Praxishandbuch des neuen Erbrechts (2016) 55; *derselbe,* Hinzu- und Anrechnung von Schenkungen, in *Barth/Pesendorfer* (Hg), Praxishandbuch des neuen Erbrechts (2016) 193; *Klampfl,* Hinzurechnung und Anrechnung, JEV 2017, 124; *Kogler,* Keine Pflicht des Pflichtteilsberechtigten, der aufgrund lebzeitiger Schenkungen einen erhöhten Pflichtteil fordert, zur Anrechnung von Eigenschenkungen, JBl 2017, 515; *Müller/Melzer,* Pflichtteilsrecht und Letztbegünstigtenstellung, JEV 2017, 4; *C. Rabl,* Keine Belastung der Freiheit des Pflichtteils durch Einsetzung eines Nacherben, NZ 2017/52; *Schamberger,* Die Haftung des Geschenknehmers nach §§ 789 ff ABGB, NZ 2017, 369; *Schweda,* Ablauf der Zweijahresfrist nach Schenkung an nicht pflichtteilsberechtigte Schwiegertochter – Umgehung oder Rechtsmissbrauch? iFamZ 2017/73; *derselbe,* Bewertung des Schenkungspflichtteils, iFamZ 2017/134; *A. Tschugguel,* Die typisierend betrachtete Vermögensopferfrage, EF-Z 2017/20; *derselbe,* Rechtsmissbrauch und Vermögensopfer, EF-Z 2017/21; *derselbe,* Einwandfrei am Pflichtteil vorbei, EF-Z 2017/37; *derselbe,* Vorerbschaft (war) pflichtteilsdeckend! EF-Z 2017/63; *derselbe,* Schenkungspflichtteil und vorbehaltene Nutzungsrechte, EF-Z 2017/90; *Umlauft,* Das Vermögensopfer nach dem ErbRÄG 2015, NZ 2017, 241; *Vogl,* Schenken durch Nichtstun: Verjährenlassen einer Forderung als „Schenkung" iSd §§ 781 ff ABGB idF ErbRÄG 2015, EF-Z 2017/102; *Binder/Giller,* Pflichtteilsrecht, in *Gruber/Kalss/Müller/Schauer* (Hg), Erbrecht und Vermögensnachfolge (2018) 202; *Deixler-Hübner* (Hg), Der Ehevertrag[4] (2018); *Hofmann,* Anrechnung von Zuwendungen an eine Privatstiftung bei einer Pflichtteilsklage, NZ 2018/64; *derselbe,* Kritische Anmerkungen zum Konstrukt der „typisierenden Betrachtungsweise", NZ 2018/70; *Klampfl,* Privatstiftung und Pflichtteilsrecht (2018); *Müller/Melzer,* Erbrechtliche und pflichtteilsrechtliche Konsequenzen der vorweggenommenen Erbfolge, in *Gruber/Kalss/Müller/Schauer* (Hg), Erbrecht und Vermögensnachfolge[2] (2018) 67; *Pollan,* Schenkungsanrechnung und Pflichtteilsberechtigung, NZ 2018, 81; *A. Tschugguel,* Schenkung an das Enkelkind, EF-Z 2018/70; *derselbe,* Schenkung durch Einräumung einer Depot-Mitinhaberschaft, EF-Z 2018/112; *derselbe,* Nachlassüberschuldung: Abzug vom Schenkungspflichtteil, EF-Z 2018/132; *Umlauft,* Die Hinzu- und Anrechnung von Schenkungen im Erb- und Pflichtteilsrecht[2] (2018); *Zankl,* Erbrechtliche Informations- und Schadenersatzpflichten, EF-Z 2018/76; *Kogler,* Schenkungsanrechnung und Ausmessung der Pflichtteile bei einem Erb- und Pflichtteilsverzicht, JBl 2019, 516; *Hofmann,* Der Anspruch auf Auskunft über Schenkungen nach dem ErbRÄG 2015, NZ 2019, 112 *Krausler,* Umgehung des Pflichtteils bei periodischer Verschenkung des Einkommens? NZ 2019, 401; *derselbe,* Die Schenkungsanrechnung (2019); *Kubasta,* Die Begünstigtenstellung in der Privatstiftung im Spannungsverhältnis zwischen Privatautonomie und Gleichbehandlung, JEV 2019, 155; *Eisner,* Die Privatstiftung in der nachehelichen Vermögensaufteilung, JEV 2020, 4; *Vaclavek,* Die Haftung des Geschenknehmers (2020); *Dukic,* Der Auskunftsanspruch des Pflichtteilsberechtigten über das Verlassenschaftsvermögen und Schenkungen, NZ 2021/47; *Kastler/Melzer,* Die Unternehmensnachfolge im Familienunternehmen, JEV 2021, 19; *Müller/Aschauer,* Aktuelle Bewertungsfragen im Pflichtteilsrecht bei der Gestaltung der Unternehmensnachfolge, JEV 2021, 4; *Prankl,* Gedanken zum erbrechtlichen Auskunftsanspruch (§ 786 ABGB), Zak 2021/146; *Entleitner,* Der Auskunftsanspruch des Gerichtskommissärs gegenüber Versicherungsunternehmen im Verlassenschaftsverfahren, NZ 2022, 493; *derselbe,* Der Auskunftsanspruch über Schenkungen gem § 786 ABGB, Zak 2022/188; *Geroldinger/Kogler,* Verhältnismäßige Haftung der Geschenknehmer und Haftungsfreistellung aufgrund eines Pflichtteilsverzichts, NZ 2022/61; *Kirschner,* „Nachträgliches" Kürzungsrecht des bedingt erbantrittserklärten Erben, EF-Z 2022/46; *Schweda,* Endgültige Erbringung des Vermögensopfers, iFamZ 2022, 307; *Zankl,* Hinzu- und Anrechnung von Altschenkungen nach dem ErbRÄG 2015, NZ 2022/75.

Judikaturauswahl: 7 Ob 600/90 (Befristete Schenkungsanrechnung); 1 Ob 525/92 (Schenkungspflichtteil bei überschuldetem Nachlass); 7 Ob 595/93 (Schenkungsanrechnung zugunsten unehelicher Kinder); 4 Ob 519/95 (Unbefristete Schenkungsanrechnung); 6 Ob 615/95, 6 Ob 616/95, 6 Ob 617/95 (Hypothetisches Wohnrecht); 3 Ob 47/97a (Café Christl – Anrechnung); 4 Ob 136/97x (Lebensversicherung und Pflichtteil); 4 Ob 136/98y (Schenkung zulasten unehelicher Kinder); 6 Ob 181/02i (Lebensversicherung und Pflichtteilsrecht); 6 Ob 290/02v (Schenkungsanrechnung und Privatstiftung); 6 Ob 109/03b (Verzinsung des Pflichtteilsergänzungsanspruchs); 6 Ob 263/03z (Passivlegitimation bei Schenkungsanrechnung); 6 Ob 185/04f (Schenkungsanrechnung gegenüber Erben des Geschenknehmers); 6 Ob 154/06z (Schenkungsanrechnung beim Ehegatten); 10 Ob 45/07a (Vermögenszuwendung an Privatstiftung – Beginn des Fristenlaufs gem § 785/3); 9 Ob 48/09p (Kein Pflichtteilsergänzungsanspruch bei redlicher Verwendung des Geschenks zur Schuldentilgung); 2 Ob 208/09s (Pflichtteilsberücksichtigung von Schenkungen auf den Todesfall); 4 Ob 219/09y (Erb- und Pflichtteilsverzicht gegen Abfindung ist keine Schenkung); 2 Ob 186/10g (Vorempfang und Schenkung); 9 Ob 7/11m (Schenkungsanrechnung zwischen Pflichtteilsberechtigten); 6 Ob 54/11a (Geltendmachung des Schenkungspflichtteils der Erben); 8 Ob 103/11x (Passive Klagslegitimation bei Geltendmachung des Schenkungspflichtteils); 2 Ob 14/12s (Sittliche Pflicht und Schenkungsanrechnung); 2 Ob 219/12p (Schenkungsanrechnung); 10 Ob 50/13w (Zur Anrechnung auf den Erbteil); 8 Ob 55/13s (Schenkungsanrechnungund Manifestationsanspruch); 5 Ob 188/13b (Schenkungsabsicht und Übergabsvertrag); 7 Ob 204/13w (Manifestationsanspruch des Pflichtteilsberechtigten); 7 Ob 239/13t (Schenkungsanrechnung auf den Pflichtteil als Rechtsschutzfall); 10 Ob 6/14a (Pflichtteilslast führt zur Legatskürzung); 2 Ob 39/14w (Hemmung der Zweijahresfrist des § 785 aF bei eingeräumtem Fruchtgenussrecht und Belastungs- und Veräußerungsverbot); 6 Ob 101/14t (Anrechnungsfreie Schenkung aus sittlicher Pflicht?); 2 Ob 125/15v (Vermögensopfertheorie); 2 Ob 197/15g (Anrechnung von Eigenschenkungen); 2 Ob 220/15i (Vermögensopfertheorie bei Einräumung eines Wohnungsgebrauchsrechts); 2 Ob 91/16w (Sittliche Pflicht muss zum Zeitpunkt der Schenkung vorliegen); 2 Ob 96/16f (Bewertung des Schenkungspflichtteils); 2 Ob 144/16i (Vermögensopfer trotz Dienstbarkeit); 2 Ob 145/16m (Zweijahresfrist bei Schenkung an Schwiegertochter?); 2 Ob 35/17m (Vermögensopfer bei Vorbehalten eines Fruchtgenussrechts); 2 Ob 98/17a (Schenkungsanrechnung bei Privatstiftungen); 2 Ob 122/17f (Schenkungsübergabe durch Einräumung einer Kontomitinhaberschaft); 2 Ob 201/17y (Schenkung auf den Todesfall); 2 Ob 213/17k (Grds kein Rechtsmissbrauch bei Schenkung an Enkelkind); 2 Ob 80/18f (Kein Rechtsmissbrauch bei Schenkung an Schwiegerkind); 2 Ob 91/18y (Überschuldung des Nachlasses ist bei der Ermittlung der Bemessungsgrundlage zu berücksichtigen); 2 Ob 64/19d (Bei Bewertung hinzu-/anzurechnender Schenkungen wirkt sich vorbehaltenes lebenslanges Wohnrecht des Erblassers nicht wertmindernd aus); 5 Ob 189/19h (Schenkung aus sittlicher Pflicht); 2 Ob 55/19f (Heiratsgut unterliegt der Schenkungsanrechnung); 2 Ob 195/19v (Unbefristete Schenkungsanrechnung nur bei abstrakter Pflichtteilsberechtigung im Schenkungs- und Todeszeitpunkt); 2 Ob 227/19z (Reichweite des Auskunftsanspruchs bei hinzurechnungspflichtigen Schenkungen); 2 Ob 124/20d (Zur Bewertung von zurückbehaltenen Nutzungsrechten Dritter); 2 Ob 73/20d (Bezugsrecht aus einer Lebensversicherung und Überlassung der Verlassenschaft an Zahlungs statt); 2 Ob 106/20g (Unbefristete Hinzurechnung von Schenkung**en**); 2 Ob 199/20h (Haftung der Beschenkten); 2 Ob 44/20i (Schuldentilgung als anrechnungspflichtige Schenkung); 2 Ob 215/20m (Schenkungsabsicht); 2 Ob 171/20s (Kein Rechtsmissbrauch bei Schenkung außerhalb der Zweijahresfrist); 2 Ob 120/20s (Zur Rechenmethode bei Hinzu- und Anrechnung von Schenkungen); 2 Ob 110/20w (Allgemeine Gütergemeinschaft unter Lebenden stellt keine Schenkung dar); 2 Ob 119/20v (Fruchtgenuss steht Vermögensopfer nicht entgegen);

2 Ob 58/20y (Verschleierung einer Schenkung); 2 Ob 132/21g (Zur fideikommissarischen Substitution): 2 Ob 111/21v (Wertveränderungen nach Erbringung des Vermögensopfers sind unerheblich); 2 Ob 60/22w (Auskunftsanspruch gegen Geschenknehmer); 2 Ob 100/22b (Schenkungsanrechnung auf den gesetzlichen Erbteil = streitiger Rechtsweg); 2 Ob 199/22m (Auch Anspruch auf Anrechnung einer Schenkung verjährt); 2 Ob 205/22v (Hinzu- und Anrechnung von gemischten Schenkungen); 2 Ob 214/22t (Analoge Anwendung des § 765/2 auf die Haftung des Geschenknehmers); 2 Ob 233/22m (Schenkung aus sittlicher Pflicht); 2 Ob 100/23d (Auch ein beschenkter Enkel ist zur Schenkungsanrechnung berechtigt).

1. Allgemeines

263 Manche Erben oder Pflichtteilsberechtigte haben schon zu Lebzeiten des Erblassers Zuwendungen erhalten oder sind jetzt (als Erben oder Vermächtnisnehmer) an seinem Nachlass beteiligt. Um eine ***Ungleichbehandlung*** jener Erben (oder Pflichtteilsberechtigten) zu ***vermeiden,*** die noch nichts oder weniger bekommen haben, müssen sich die Zuwendungsempfänger den Wert der Zuwendung auf ihren Erb- oder Pflichtteil hinzu- und/oder anrechnen lassen (zu dieser Unterscheidung s Rz 264 f). Es kommt dadurch im Ergebnis zu einer Verringerung der ihnen nun zustehenden Erb- oder Pflichtteilsansprüche. Diese Verringerung schlägt sich aufseiten derjenigen, die noch nichts oder weniger erhalten haben, in manchen Fällen in einer Erhöhung ihrer Erb- oder Pflichtteilsansprüche nieder. Damit kann auch die Verkürzung von Pflichtteilsansprüchen verhindert werden, denn ohne Berücksichtigung bereits erhaltener Zuwendungen wäre es ein Leichtes, die Ansprüche der Pflichtteilsberechtigten zB durch Schenkungen zu vereiteln (die Verlassenschaft als Bemessungsgrundlage der Pflichtteile wäre dann entsprechend vermindert), da das Pflichtteilsrecht den Verstorbenen ja nicht daran hindert, zu Lebzeiten frei über sein Vermögen zu verfügen.

264 Im Einzelnen sind ***zwei Fälle zu unterscheiden:*** Erfolgt die Zuwendung aus der Verlassenschaft (zB Vermächtnis), wird der anzurechnende Wert vom Erb- oder Pflichtteil des Zuwendungsempfängers einfach abgezogen und dessen Erb- oder Pflichtteil somit vermindert, ohne dass sich andere Erb- oder Pflichtteile dadurch ändern; es erfolgt also nur ***Anrechnung*** – keine Hinzurechnung, ***§ 780*** (vor der Erbrechtsreform 2015 wurde diese Art der Anrechnung auch als Einrechnung bezeichnet). Die zweite Art der Anrechnung besteht in der Berücksichtigung von Vermögenswerten, die der Anrechnungspflichtige bereits zu Lebzeiten des Verstorbenen erhalten hat, die sich also nicht mehr in der Verlassenschaft befinden (Schenkungen, zu diesem Begriff im Einzelnen s Rz 274 f), also dieser zunächst hinzugerechnet werden müssen, bevor der Abzug (Anrechnung) zu erfolgen hat ***(Hinzu- und Anrechnung, § 781).***

265 Insoweit ist der Begriff ***Anrechnung als Oberbegriff (iwS)*** zu verstehen, welcher die ***reine Anrechnung*** (nur Anrechnung, also Abzug beim Zuwendungsempfänger ohne Hinzurechnung) sowie die ***Hinzu- und Anrechnung*** (s Rz 274 ff) umfasst. Den Abzug selbst, der bei der reinen Anrechnung sowie als zweiter

Schritt nach der Hinzurechnung erfolgt, kann man als ***Anrechnung ieS*** bezeichnen.

Beispiele:

1. Der Erblasser setzt seinen Freund A zum Universalerben ein und bestimmt zugunsten seines Sohnes B ein Vermächtnis. Seine Tochter C bleibt unerwähnt. Das Vermächtnis wird auf den Pflichtteil des B dadurch angerechnet, dass der Vermächtniswert von dessen Pflichtteil abgezogen wird ***(reine Anrechnung).*** Der Pflichtteil von C erhöht sich dadurch nicht.
2. Erbeinsetzung wie oben, der Verstorbene hatte aber B eine Eigentumswohnung geschenkt. C kann verlangen, dass diese auf Bs Pflichtteil angerechnet wird, wodurch sich dessen Pflichtteil verringert und ihrer sich erhöht ***(Hinzu- und Anrechnung).***

Bei beiden Beispielen handelt es sich um Anrechnung iwS. Der Abzug, der sowohl bei der reinen Anrechnung erfolgt (1. Bsp) als auch als zweiter Schritt bei Hinzu- und Anrechnung (2. Bsp), ist Anrechnung ieS.

Hinsichtlich der ***Bewertung von Zuwendungen*** bestimmte § 794 aF, dass danach unterschieden werden muss, ob es sich um bewegliche oder unbewegliche Sachen handelt. Nach dem neuen § 788 idF des ErbRÄG 2015 ist „die geschenkte Sache" (zum Begriff der Schenkung s Rz 274 f) unabhängig davon, ob sie beweglich oder unbeweglich ist, zum Zeitpunkt zu bewerten, in dem die ***Schenkung „wirklich gemacht"*** wurde. Im ersten Schritt gilt es daher, den ***Bewertungszeitpunkt*** festzustellen. Maßgebend ist nicht der Vertragsabschluss, sondern wann der Geschenknehmer die Sache durch Übergabe tatsächlich erhält, also das „Vermögensopfer" seitens des Geschenkgebers erbracht wurde ***(Vermögensopfertheorie).*** Eine wesentliche Folge dieser Regelung ist, dass der Beschenkte nunmehr auch das Risiko des Untergangs oder der Verschlechterung trägt, weil es eben nicht mehr auf den Zeitpunkt des Erbfalls, sondern auf jenen der (früheren) Zuwendung ankommt. Mit der neuen Bewertungsvorschrift gehen aber auch Rechtsunsicherheiten einher, weil nach dem Gesetzeswortlaut nicht klar ist, ob, wann und wie genau „das Vermögensopfer" erbracht wird. Wie ist es zB, wenn der Verstorbene eine Liegenschaft verschenkt, sich aber ein lebenslanges Wohn- oder gar Fruchtgenussrecht bzw den Widerruf vorbehalten hat? Die Frage, wann das Vermögensopfer erbracht ist, hat sich für die Rsp bereits iZm § 785/3 aF gestellt und wird sich – im Hinblick auf den inhaltsgleichen § 782/1 nF – weiterhin stellen (hier ist die „Wirklichmachung" der Schenkung für den Beginn der Zweijahresfrist bei der befristeten Anrechnung maßgeblich, s Rz 287). Der älteren Rsp zufolge galt das Vermögensopfer beim Vorbehalt eines Wohnrechts als erbracht, bei Vorbehalt eines Widerrufs- und Fruchtgenussrechts hingegen nicht (s dazu das Bsp unter Rz 289) – eine Differenzierung, die nicht ganz überzeugte, weil der Geschenkgeber den „Verlust" auch beim Wohnrechtsvorbehalt nicht spürt, wenn sich faktisch nichts ändert und er weiterhin wie bisher wohnen kann. Jüngst wendete sich der OGH – zumindest den Fruchtgenuss betreffend – von dieser Rechtsprechungslinie ab und stellte klar, dass auch ein Fruchtgenussrecht, das sich der Erblasser an einer Liegenschaft vorbehält, der vollständigen Erbringung des Vermögensopfers nicht entgegensteht, die Schenkung damit als „wirklich ge- 266 macht" iSd § 788 gilt. Dadurch können starke Ungleichbehandlungen, die sich zuvor aus der unterschiedlichen Bewertung von Wohn- und Fruchtgenussrecht ergeben haben, nunmehr vermieden werden.

Beispiel:
Hätte der Verstorbene etwa einem Kind ein vermietetes Haus geschenkt und sich (um weiter die Zinseinnahmen zu lukrieren) ein Fruchtgenussrecht vorbehalten, so wäre das Vermögensopfer von der Rsp vor dem ErbRÄG 2015 als noch nicht erbracht angesehen worden, sodass die Bewertung auf den Todestag erfolgt wäre. Hätte er dem Kind hingegen sein Wohnhaus geschenkt und sich ein lebenslanges Wohnrecht vorbehalten, so hätte das Vermögensopfer schon nach der Rsp zur alten Rechtslage als bereits erbracht gegolten. Dies führte bei längeren Zeiträumen zwischen Schenkung und Tod idR dazu, dass ein vermietetes Haus zB 20 Jahre nach der Schenkung wesentlich höher bewertet wurde als ein Wohnhaus, das mit dem damaligen, viel geringeren Wert angesetzt wurde, obwohl sich der Erblasser durch den Fruchtgenuss gegenüber dem bloßen Wohnrecht das „größere" Recht vorbehalten hat. Beim Fruchtgenussrecht des Erblassers hatte der Beschenkte also „weniger" von der geschenkten Sache, musste sich im Endeffekt aber den höheren Wert zum Todeszeitpunkt anrechnen lassen. Seit der oben dargestellten Judikaturwende ist nunmehr sowohl beim Fruchtgenuss- als auch beim Wohnrecht lediglich der (oft geringere) Wert des früheren Zeitpunkts anzurechnen. Unterschiede bestehen allerdings auch heute noch im Verhältnis zum Widerrufsrecht: Dieses wird von der Rsp nach wie vor als Hindernis für die Annahme des erbrachten Vermögensopfers gesehen.

267 Jedenfalls ist, wenn das Vermögensopfer als erbracht anzusehen ist, der ***Verkehrswert der Liegenschaft*** (vgl § 2/1 LBG) zum Zeitpunkt der Übergabe maßgeblich. Es stellt sich die Frage, zu welchem Betrag die Liegenschaft damals veräußerbar gewesen wäre. Dieser Betrag ist nachfolgend durch den VPI zu valorisieren (vgl Rz 270).

268 Nachdem also in einem ersten Schritt der Bewertungszeitpunkt festgelegt wird, erfolgt nun in einem zweiten Schritt – ausgehend vom Wert im Zuwendungszeitpunkt – die Berücksichtigung von ***Wertveränderungen*** bis zum Todeszeitpunkt des Erblassers. Neben der (soeben besprochenen) Frage, ***wann*** das Vermögensopfer als erbracht anzusehen ist, stellt sich seit Inkrafttreten des ErbRÄG 2015 in diesem zweiten Schritt ein weiteres Problem: Wenn mit Übergabe einer Liegenschaft unter Vorbehalt eines Wohn- bzw Fruchtgenussrechts die Schenkung iSd §§ 782/1, 788 wirklich gemacht wird, ***wie*** ist dann dieser ***Vorbehalt*** des Erblassers bei der ***Bewertung*** der Schenkung zu ***berücksichtigen?*** Ist der Wert des vorbehaltenen Rechts vom Wert der Schenkung abzuziehen oder unberücksichtigt zu lassen? Der Wortlaut des (oben erwähnten) § 794 aF unterschied für die Bewertung von Schenkungen zwar zwischen beweglichen (Bewertung auf den Todeszeitpunkt) und unbeweglichen Gütern (Bewertung auf den Zeitpunkt des Empfanges). Lehre und Rsp korrigierten diese Bestimmung aber dahingehend, dass die Schenkung auf den Zeitpunkt des Erbanfalls zu bewerten sei. Ein bei Übergabe einer Liegenschaft vorbehaltenes lebenslanges persönliches Nutzungsrecht (wie zB ein Wohnrecht) war also bis zum ErbRÄG 2015 für die Bemessung des Pflichtteils außer Acht zu lassen, da zum Zeitpunkt des Erbanfalls die Belastung weggefallen war (vgl § 529: Personalservituten erlöschen mit dem Tod des Berechtigten).

Der neue § 788 stellt aber (wie in Rz 268 erläutert) für die Bewertung der 269
Schenkung auf den ***Zeitpunkt des Vermögensopfers*** ab – und nicht wie die bisherige Rechtslage auf den Erbanfall. Die damit einhergehende Frage, ob sich vorbehaltene, zum Zeitpunkt des Empfangs wertmindernde Rechte, die mit dem Tod des Erblassers erlöschen (also bspw eine Personalservitut), bei Hinzurechnung der Schenkung wertmindernd auswirken, spaltete die Lehre. Klärung brachte der OGH. Dieser entschied, dass sich ein vorbehaltenes Wohnrecht nicht wertmindernd auf eine Schenkung auswirkt. Dadurch sollen Wertungswidersprüche zum übrigen Pflichtteilsrecht (va zur Pflichtteilsdeckung iSd § 762) verhindert werden: Nach neuer Rechtslage hindert eine Belastung, die einer Schenkung anhaftet und der Verwertung des zugewendeten Vermögens entgegensteht, nicht deren Eignung zur Pflichtteilsdeckung – ein dadurch verminderter Nutzen ist bei der Bewertung der Zuwendung zu berücksichtigen (s Rz 215). Die Frage, ob von einer solchen Belastung für die Verwertung auszugehen ist, kann sich aber frühestens nach dem Tod des Erblassers stellen, weil erst zu diesem Zeitpunkt ein allfälliger Pflichtteilsanspruch überhaupt entstehen kann (§ 765/1). Besteht die Belastung in einer Personalservitut (zB Wohnrecht zugunsten des Erblassers), dann erlischt diese ohnehin mit dem Tod des begünstigten Verstorbenen. Mit Erbfall steht das Wohnrecht einer Verwertung der zugewendeten Sache also nicht (mehr) entgegen und ist bei der Pflichtteilsdeckung nicht wertmindernd zu berücksichtigen. In einem solchen Fall ist die geschenkte Sache lastenfrei zu bewerten. Es wäre aber ein Wertungswiderspruch, wenn sich ein Pflichtteilsberechtigter eine lebzeitige Schenkung unter Vorbehalt einer Servitut ohne Wertminderung als Pflichtteilsdeckung anrechnen lassen müsste, ein nach den §§ 782 f hinzu- und anrechnungsverpflichteter Beschenkter die Servitut aber bei Bewertung der lebzeitigen Schenkung wertmindernd abziehen könnte. Die Belastung durch das Wohnrecht ist daher in beiden Fällen (Pflichtteilsdeckung und Schenkungsbewertung für Hinzu- und Anrechnung) außer Acht zu lassen. Der gesamte Wert der Liegenschaft ist der Verlassenschaft iSd §§ 781 ff ohne Abschlag für die Servitut hinzuzurechnen. Dies gilt nach dem OGH auch für ein Fruchtgenussrecht an einer Liegenschaft zugunsten des Erblassers.

Sehr wohl berücksichtigt werden nach dem OGH Nutzungsrechte Dritter an der geschenkten Liegenschaft, wenn diese Nutzungsrechte nach dem Tod des Erblassers weiter bestehen. Der aufgrund der wahrscheinlichen Restnutzungsdauer ermittelte Wert ist demnach von der Bemessungsgrundlage abzuziehen.

Beispiel aus der Rechtsprechung:
Sachverhalt: Die Streitteile sind die beiden einzigen Kinder des Erblassers. Daneben hinterließ der Verstorbene seine Ehefrau. Der Erblasser schenkte dem Beklagten im Jahr 2011 Liegenschaftsteile und räumte sich und seiner Ehefrau dabei ein lebenslängliches Fruchtgenussrecht ein. Im Verlassenschaftsverfahren begehrte die Klägerin die

Auszahlung ihres „Schenkungspflichtteilsanspruchs" in Höhe von einem Sechstel des Verkehrswerts der Liegenschaftsanteile zum Zeitpunkt und im Zustand der Übergabe im Jahr 2011. Der Beklagte wendete ein, dass der Wert der Liegenschaft zu hoch bemessen sei und das vorbehaltene und für die Ehefrau des Verstorbenen weiter bestehende Fruchtgenussrecht wertmindernd zu berücksichtigen sei. Das Erstgericht beurteilte den Pflichtteilsanspruch unter Zugrundelegung des Liegenschaftswertes im Schenkungszeitraum. Das Berufungsgericht hob das Urteil auf. Es verwies die Rechtssache mit der Begründung an das Erstgericht zurück, dass das Vermögensopfer bei Vorbehalt eines Fruchtgenussrechts erst mit dem Tod eintrete. Die Liegenschaftsteile seien daher auf den Todeszeitpunkt zu bewerten, das Fruchtgenussrecht der Witwe habe für die Bewertung unberücksichtigt zu bleiben. Gegen diesen Beschluss erhob der Beklagte Rekurs. Das Rechtsmittel war zulässig, weil die Frage, ob ein vorbehaltenes Fruchtgenussrecht auch nach der Rechtslage nach dem ErbRÄG 2015 verhindert, dass die Schenkung einer Liegenschaft iSd § 788 „wirklich gemacht" wurde, vom OGH bisher noch nicht entschieden wurde und weil das Berufungsgericht betreffend die Berücksichtigung des Fruchtgenussrechts der Witwe bei der Hinzu- und Anrechnung von Schenkungen von der mittlerweile vorliegenden Rechtsprechung des OGH abging.
Aus der Begründung: § 788 stellt bzgl der Frage, auf welchen Zeitpunkt die Schenkung iZm der Pflichtteilsermittlung zu bewerten ist, auf jenen Zeitpunkt ab, in dem diese „wirklich gemacht" wurde. Dies wird danach beurteilt, wann das Vermögensopfer als erbracht anzusehen ist. Nach der Rsp vor dem ErbRÄG 2015 galt das „Vermögensopfer" bei Vorbehalt eines Fruchtgenussrechts als erst mit dem Tod erbracht. Der Gesetzestext nach dem ErbRÄG 2015 enthält keine ausdrückliche Regelung, wann eine Schenkung als „wirklich gemacht" iSd § 788 anzusehen ist. Nach den Materialien soll mit der Terminologie „wirklich gemacht" die Vermögensopfertheorie kodifiziert werden. Das Vermögensopfer wird nach den Materialien zu § 782 nur ausgeschlossen, wenn der Geschenkgeber die Sache zurückerlangen kann. Ein bloßes Nutzungsrecht, womit auch ein Fruchtgenussrecht gemeint ist, hindert hingegen demnach nicht die Erbringung des Vermögensopfers. Diese Ansicht wird nach dem OGH auch durch den Ministerialentwurf gestärkt, weil dieser noch vorsah, dass ein eingeräumtes Nutzungsrecht die Erbringung des Vermögensopfers verhindere, diese Einschränkung jedoch in den Erläuterungen zur Regierungsvorlage fallengelassen wurde. Daneben hält der OGH fest, dass nach bereits gefestigter Rsp (RS0133183) das für den Erblasser vorbehaltene Fruchtgenussrecht nicht für die Bewertung der Liegenschaft berücksichtigt wird. Dieses bleibt also für die Bemessung des Pflichtteils außer Ansatz. Sehr wohl berücksichtigt wird der Wert des Fruchtgenussrechts der Ehefrau, welches mit dem Wert im Todeszeitpunkt zu veranschlagen ist. Dies wird damit begründet, dass der Pflichtteilsberechtigte so zu stellen ist, als wäre die geschenkte Sache noch im Nachlass vorhanden. Wären die Liegenschaftsanteile noch im Nachlass, so wären sie weiterhin mit dem Fruchtgenussrecht der Ehefrau belastet. Die Wertminderung ist jedoch nur im Ausmaß der wahrscheinlichen Restnutzungsdauer zu berücksichtigen, welche nach Sterbetafeln zu bestimmen ist (s dazu bereits 2 Ob 124/20d, RS0133516)
Zusammenfassung: Nach der seit dem ErbRÄG 2015 geltenden Rechtslage verhindert ein vom Erblasser bei einer Schenkung unter Lebenden an der geschenkten Sache vorbehaltenes Fruchtgenussrecht nicht (mehr), dass er die Schenkung „wirklich gemacht" und somit das Vermögensopfer erbracht hat (2 Ob 119/20v).

Merke:
Bei Einräumung eines Widerrufsvorbehalts wird sich die Frage nach dessen Berücksichtigung bei Bewertung der Schenkung nicht stellen. In diesem Fall gilt die Schenkung erst mit dem Tod des Erblassers als wirklich gemacht (vgl Rz 266) und wird gem § 788 auch auf diesen Zeitpunkt bewertet.

Auch ***Wertveränderungen durch Handlungen und Unterlassungen*** des Beschenkten sind für die Bewertung der Schenkung unerheblich. Eine Berücksichtigung von Wertveränderungen enthält jedoch das Gesetz: Gem § 788 2. Satz ist der Wert der Schenkung im Zuwendungszeitpunkt auf Basis des Verbraucherpreisindex (VPI) auf den Todeszeitpunkt anzupassen. Diese Valorisierungsmethode ist va in Bezug auf Liegenschaften unpassend, weil deren Wertentwicklung anderen Gesetzmäßigkeiten folgt als die im VPI berücksichtigten Güter (zB im Hinblick auf Wertsteigerungen durch Umwidmungen oder – wie in den vergangenen Jahren – stark wachsende Nachfrage nach Immobilien infolge Bevölkerungswachstums und Wirtschaftskrise). Auch vor dem Hintergrund der Globalisierung, durch die sich Preise und Werte nach internationalen Parametern entwickeln, erscheint ein rein nationaler Index fragwürdig. So sind zB Apple-Aktien heute um ein Zigfaches mehr wert als vor 20 Jahren. Auf solche Entwicklungen nimmt der VPI aber keine Rücksicht, was sich besonders stark auswirkt, weil es – entgegen der massiven Kritik des Autors – weiterhin die unbefristete Anrechnung gibt (s Rz 286), bei der solche Wertverzerrungen besonders krass ausfallen und erst recht wieder zu Ungleichbehandlungen führen können, die durch die Anrechnung eigentlich vermieden werden sollten (s Rz 263). 270

Zusammenfassen lassen sich die ***Grundsätze der Schenkungsbewertung*** also wie folgt: Die Schenkung wird auf den Zeitpunkt bewertet, in welchem der Erblasser das Vermögensopfer erbracht hat. Übergibt er eine Liegenschaft, räumt sich aber einen Widerrufsvorbehalt ein, so gilt das Vermögensopfer nicht als erbracht. Die Schenkung wird hier erst auf den Todeszeitpunkt des Verstorbenen bewertet, weil dann dieses vorbehaltene Recht erlischt und die Schenkung „wirklich gemacht“ wird. Räumt sich der Erblasser allerdings ein Wohn- oder Fruchtgenussrecht ein, so gilt das Vermögensopfer schon mit Übergabe als erbracht. Der Liegenschaftswert im Übergabezeitpunkt ist bis zum Todeszeitpunkt mit dem VPI aufzuwerten. Ein Wohn- bzw Fruchtgenussrecht des Erblassers selbst wird in der Bewertung der Schenkung nicht berücksichtigt. 271

Beispiel aus der Rechtsprechung:
Sachverhalt: Der im Jahr 2017 Verstorbene hinterließ zwei Kinder, darunter die Klägerin. Die Lebensgefährtin (Beklagte) war testamentarische Alleinerbin. Ein halbes Jahr vor seinem Tod schenkte der Erblasser der Beklagten eine Liegenschaft. Dafür räumte er sich ein lebenslanges unentgeltliches Wohnungsgebrauchsrecht (Personalservitut) ein. Die Klägerin machte geltend, dass zahlreiche Gründe dafürsprechen, die höchstgerichtliche Judikatur zu § 794 aF auch auf den neuen § 788 idF des ErbRÄG 2015 anzuwenden. Bei Berechnung ihres Pflichtteiles sei die geschenkte Liegenschaft der Verlassenschaft wertmäßig hinzuzurechnen, das Wohnungsgebrauchsrecht mindere den Wert der Schenkung nicht. Die Beklagte berief sich auf klaren Wortlaut des § 788 nF, wonach die Schenkung auf den Zeitpunkt des Empfangs (daher unter Berücksichtigung der Dienstbarkeit) zu bewerten sei.
Aus der Begründung: Der OGH verglich in seiner Begründung den Wortlaut der alten Bestimmung zur Bewertung hinzu- und anrechnungspflichtiger Schenkungen mit jener nach der Erbrechtsreform 2015. § 794 aF differenzierte zwischen beweglichen

und unbeweglichen Sachen, für Bargeldzuwendungen war überhaupt keine Regelung vorgesehen. Um Ungerechtigkeiten zu vermeiden, ging die Rsp zur alten Rechtslage davon aus, den Wert des Geschenks zum Zeitpunkt des Erbanfalls zu bestimmen. Zweck der Bestimmung ist es nämlich, den Pflichtteilsberechtigten so zu stellen, wie er bei Unterbleiben der Schenkung stünde. Daher ist danach zu fragen, welchen Wert die Verlassenschaft hätte, wenn die geschenkte Sache noch im Nachlass enthalten wäre. Ein lebenslanges persönliches Nutzungsrecht des Verstorbenen ist dabei nicht zu beachten, weil dieses ohnehin mit dem Tod des Erblassers wegfällt. Gem § 788 idF des ErbRÄG 2015 ist die geschenkte Sache auf den Zeitpunkt zu bewerten, in welchem die Schenkung wirklich gemacht wurde (Vermögensopferprinzip). In den Materialien dieser Bestimmung findet sich keine Aussage dazu, ob vorbehaltene lebenslange und wertmindernde Rechte bei der Schenkungsbewertung wie bisher außer Acht gelassen werden. Der OGH zog zur Beantwortung dieser Frage einen Vergleich zum übrigen Pflichtteilsrecht: Eine Zuwendung deckt auch dann den Pflichtteil, wenn ihr Bedingungen oder Belastungen anhaften, die der Verwertung des zugewendeten Vermögens entgegenstehen. Ein fehlender oder verminderter Nutzen durch diese Belastung ist aber bei Bewertung der Zuwendung zu berücksichtigen (§ 762). Da der Pflichtteilsanspruch jedoch erst mit Erbfall entsteht, kann sich die Frage nach einer zu berücksichtigenden Bedingung oder Belastung erst nach dem Tod des Erblassers stellen. Zu diesem Zeitpunkt sind belastende Personalservitute (wie zB ein Wohnrecht) bereits erloschen (§ 529). Hat der Verstorbene dem Pflichtteilsberechtigten bereits zu Lebzeiten bspw eine Liegenschaft geschenkt, sich aber eine lebenslange Personaldienstbarkeit vorbehalten, so kann diese der Verwertung der Liegenschaft nicht entgegenstehen und wird deswegen für die Pflichtteilsdeckung nicht wertmindernd berücksichtigt. Für die Frage der Pflichtteilsdeckung bei einer zu Lebzeiten unter Vorbehalt einer Personaldienstbarkeit vom Erblasser dem Pflichtteilsberechtigten geschenkten Sache wirkt sich die Servitut also nicht wertmindernd aus. Es wäre ein eklatanter Wertungswiderspruch, wenn sich ein Noterbe eine solche belastete Schenkung unter Lebenden ohne Wertminderung als Pflichtteilsdeckung anrechnen lassen müsste, ein nach § 782 f hinzu- bzw anrechnungspflichtiger Beschenkter die (dann ebenfalls erloschene) Personalservitut aber wertmindernd abziehen könnte. Im konkreten Fall war das vorbehaltene Wohnungsgebrauchsrecht des Erblassers daher nicht wertmindernd zu berücksichtigen und der gesamte Wert der geschenkten Liegenschaft iSd §§ 782 f für die Berechnung des Pflichtteils der Klägerin hinzuzurechnen.
Zusammenfassung: Der Wert einer vom Erblasser bei Schenkung einer Liegenschaft vorbehaltenen lebenslangen Personaldienstbarkeit ist bei der Hinzu- und Anrechnung (§§ 782 f, 787) für die Bemessung des Pflichtteils nicht zu berücksichtigen (2 Ob 64/19d).

272 Die eben dargestellte zweistufige Bewertung, die vom Wert der Schenkung zu jenem Zeitpunkt ausgeht, zu dem diese „wirklich gemacht" wurde, gilt ***nur bei Hinzu- und Anrechnung von Schenkungen unter Lebenden,*** nicht aber für Zuwendungen auf den Todesfall (reine Anrechnung). Diese sind, da sie der Zuwendungsempfänger ja nicht schon früher (zu Lebzeiten des Verstorbenen), sondern erst aus der Verlassenschaft erhält, „auf den Zeitpunkt des Todes des Verstorbenen zu bewerten" (§ 780/2).

273 Die Differenzierung zwischen Schenkungen unter Lebenden (die hinzu- und anzurechnen sind) und Zuwendungen auf den Todesfall (die nur anzurechnen, also dem Zuwendungsempfänger, zB Legatar, ohne Hinzurechnung zur Verlas-

senschaft einfach abzuziehen sind) hängt mit einer weiteren Unterscheidung zusammen, die zu den wesentlichen Neuerungen des ErbRÄG 2015 gehört: Während bisher bei der Berücksichtigung von Zuwendungen, die der Empfänger zu Lebzeiten erhalten hat, zwischen Schenkungen und anderen Zuwendungen (zB Ausstattung, Vorschüsse auf den Erb- oder Pflichtteil) differenziert wurde (und diesbezüglich auch unterschiedliche Anrechnungsregeln zur Anwendung kamen), wird nunmehr – einer Publikation des Autors folgend – im Prinzip (ungerechtfertigte Ausnahme bei der Ausstattung) danach unterschieden, ob der Verstorbene zu einer bestimmten Zuwendung verpflichtet war (keine Anrechnung) oder diese auf Freiwilligkeit beruht hat (Anrechnung). Dies ist sinnvoll und vereinfacht die Anrechnung. Kompliziert wird die neue Rechtslage aber dadurch, dass nun (auch) Zuwendungen als „Schenkungen zu Lebzeiten" bezeichnet werden (vgl § 781), die eigentlich keine sind bzw nach früherer Terminologie nicht waren, zB Ausstattungen oder Schenkungen auf den Todesfall (Details unten Rz 275 f).

2. Anrechnung beim Erbteil

Sowohl bei gewillkürter als auch bei gesetzlicher Erbfolge kann der Erblasser in der für letztwillige Anordnungen vorgeschriebenen Form die Anrechnung von Schenkungen unter Lebenden (§ 781) verfügen (soweit dadurch der Pflichtteil nicht geschmälert wird): ***„gewillkürte Anrechnung"***. Darüber hinaus können der Erbe und der Verfügende die Anrechnung vereinbaren. Dieser Anrechnungsvertrag und dessen Aufhebung bedürfen der einfachen Schriftform, bei Abschluss erst nach erfolgter (an sich anrechnungspflichtiger) Zuwendung (dazu Rz 278 f) aber der Formvorschriften für einen Erbverzicht, also eines Notariatsaktes oder einer Beurkundung durch gerichtliches Protokoll (§ 752). **274**

Zu den „Schenkungen" iSd § 781 gehören:

- Schenkungen zu Lebzeiten (dazu zählen auch gemischte Schenkungen, also solche Verträge, die mit dem Parteiwillen geschlossen wurden, dass ein Teil der Leistung geschenkt werden soll; allein die objektive Wertdifferenz zwischen Leistung und Gegenleistung reicht nicht, um eine Schenkung anzunehmen)
- Schenkungen auf den Todesfall
- Ausstattung
- Vorschuss auf den Pflichtteil
- Abfindung für einen Erb- oder Pflichtteilsverzicht
- Vermögenswidmung an eine Privatstiftung
- Einräumung der Stellung als Begünstigter einer Privatstiftung, soweit ihr der Verstorbene sein Vermögen gewidmet hat
- jede andere Leistung, die nach ihrem wirtschaftlichen Gehalt einem unentgeltlichen Rechtsgeschäft unter Lebenden gleichkommt (zB einseitig begünstigende Nachfolgeregelungen in Gesellschaftsverträgen, Befriedigung der Gläubiger des Begünstigten – vgl dazu gleich unten –, Bezugsberechtigungen

bei Lebensversicherungen – wobei hier, wie schon bisher vom Autor aufgezeigt, nicht die Summe der vom Verstorbenen entrichteten Prämien, sondern die Versicherungssumme zu berücksichtigen ist, weil diese mangels Bezugsberechtigung gem § 168 VersVG in die Verlassenschaft gefallen und damit bei der Pflichtteilsberechnung zu berücksichtigen gewesen wäre).

275 Wie bereits erwähnt, ist die Bezeichnung dieser Zuwendungen als Schenkungen verwirrend, weil dazu auch Vorgänge gehören, die rechtsgeschäftlich nicht als Schenkungen anzusehen sind (zB die Ausstattung, auf die der Berechtigte einen Rechtsanspruch hat, sodass der Verpflichtete sie nicht – wie bei Schenkungen vorausgesetzt – aus Freigebigkeit vornimmt). Die Ausnahme, wonach Schenkungen unter Lebenden ***nicht berücksichtigt werden,*** soweit sie der Verstorbene aus Einkünften ***ohne Schmälerung des Stammvermögens*** gemacht hat (§ 753), bezieht sich freilich idR wieder auf „echte" Schenkungen, zB auf übliche Gelegenheits- oder Geburtstagsgeschenke.

Beispiel aus der Rechtsprechung:
Sachverhalt: Kläger und Beklagte sind die Kinder des im September 2017 verstorbenen Erblassers. Bereits zu Lebzeiten haben beide Zuwendungen erhalten: Dem Beklagten wurden zwei Liegenschaften geschenkt. Dem Kläger wurde ein Kfz-Einzelunternehmen übergeben und zusätzlich im Zuge eines Sanierungsverfahrens zur Aufrechterhaltung des Betriebs ein Betrag zur Befriedigung der Gläubiger zur Verfügung gestellt. Der Kläger verlangte – gestützt auf die Schenkungen an die Beklagte – einen erhöhten Pflichtteil gem § 789. Weder die Übergabe des Unternehmens noch die Schuldtilgung seien in Schenkungsabsicht erfolgt. Die Beklagte wiederum wandte ein, der Kläger müsse sich genau diese Zuwendungen auf den Pflichtteil anrechnen lassen.
Aus der Begründung: Schenkungen, die ein Pflichtteilsberechtigter oder ein Dritter vom Verstorbenen erhalten haben, werden gem § 781/1 der Verlassenschaft hinzugerechnet und auf einen allfälligen Pflichtteil angerechnet. Nach § 781/2 Z 6 fällt unter den Schenkungsbegriff jede Leistung, die nach ihrem wirtschaftlichen Gehalt einem unentgeltlichen Rechtsgeschäft unter Lebenden gleichkommt. Der Gesetzgeber des ErbRÄG 2015 wollte mit dieser Bestimmung alle Formen unentgeltlicher Zuwendungen unter Lebenden gleich behandelt wissen. Erfasst werden also auch Vermögensverschiebungen, die zwar keine Schenkungen im technischen Sinn sind, den Empfänger aber bei wirtschaftlicher Betrachtungsweise einseitig begünstigen. Die Schuldtilgung ohne Verpflichtung und ohne Gegenleistung hat den Kläger einseitig begünstigt und fällt jedenfalls unter § 781/2 Z 6. Dass die Zuwendung zur Aufrechterhaltung des Unternehmens geleistet wurde, ändert nichts.
Zusammenfassung: Schuldtilgungen sind anrechnungspflichtige Schenkungen gem § 781 (2 Ob 44/20i).

276 Eine Sonderregel, die zusätzlich zu den Anrechnungsregeln des § 752 wirksam werden kann, gibt es jeweils für die Anrechnung auf den Erbteil der Nachkommen sowie auf den des Ehegatten: Bei der gesetzlichen Erbfolge der Nachkommen werden die im § 781 aufgezählten Zuwendungen, welche nicht ohne Schmälerung des Stammvermögens vorgenommen wurden, auch ohne Anordnung des Verstorbenen auf den Intestaterbteil angerechnet (**„gesetzliche Anrechnung"**), wenn die Anrechnung von einem anderen Kind verlangt wird und nicht

mittels letztwilliger Verfügung oder schriftlicher Vereinbarung erlassen wurde (§ 753). Bei der Anrechnung auf den Erbteil der Ehegatten hingegen werden gemäß § 744/2 auch alle durch Ehe- oder Partnerschaftspakt sowie aus einem Erbvertrag erhaltenen Zuwendungen berücksichtigt.

a) Nachkommen

Nachkommen werden Schenkungen bei Vorliegen der Voraussetzungen des § 752 (Verfügung des Erblassers oder Anrechnungsvertrag) oder des § 753 (Verlangen der Anrechnung durch die anderen Nachkommen bei gesetzlicher Erbfolge auch ohne entsprechende Anordnung des Erblassers) angerechnet. Die Hinzu- und Anrechnung wirkt sich dann aber auf alle Nachkommen aus, also auch auf jene, die sie nicht begehrt haben. Über die Berechtigung der verlangten Anrechnung auf den gesetzlichen Erbteil ist nach der Rsp nicht im Verlassenschaftsverfahren abzusprechen – vielmehr sind diesbezügliche Differenzen im streitigen Rechtsweg zu entscheiden, da die Anrechnung die Erbquoten nicht verändert, sondern bloß auf einen Wertausgleich abzielt und somit letztlich nur bei der Erbteilung eine Rolle spielt (s zur Erbteilungsklage Rz 127, 325). Einem Nachkommen werden nicht nur eigene Zuwendungen, sondern auch solche an Aszendenten angerechnet, an deren Stelle er als Repräsentant tritt (§ 754). Auch wer einen Erbteil im Wege der Anwachsung erhält (§ 560), hat sich Schenkungen (iSd § 781) an denjenigen anrechnen zu lassen, dessen frei gewordenen Erbteil er übernimmt (§ 754). Der Ehegatte nimmt hingegen an der Hinzu- und Anrechnung im Rahmen der §§ 753 ff nicht teil. Sein Erbteil wird vom tatsächlichen Nachlass berechnet. 277

Wie oben dargelegt (Rz 264), werden die einzelnen Erbteile von der nach der Hinzurechnung der Zuwendung(en) erhöhten Verlassenschaft berechnet und anschließend vom Erbteil des Zuwendungsempfängers abgezogen. 278

Beispiele:
Der Verstorbene hinterlässt seine Kinder Anton und Claudia. Der reine Nachlass beträgt € 60.000. Claudia hat zu Lebzeiten nichts, Anton hingegen € 30.000 als Ausstattung erhalten. Die € 30.000 werden der Verlassenschaft hinzugerechnet, sodass sie einen (rechnerischen) Wert iHv € 90.000 hat. Davon erhält jedes Kind seinen gesetzlichen Erbteil (je € 45.000), von dem sich der Zuwendungsempfänger Anton aber den Wert der Zuwendung abziehen lassen muss. Er erhält daher € 15.000 und Claudia € 45.000. Beachte: Die Ausstattung ist mE nur insoweit anzurechnen, als sie über das gesetzlich geschuldete Maß hinausging; andernfalls wird ein Vorgang erbrechtlich rückgängig gemacht, zu dem der Verstorbene familienrechtlich verpflichtet war.

Der Verstorbene hinterlässt seine Ehegattin G, die Tochter A und den Enkel C (Sohn der vorverstorbenen Tochter B). Der Erblasser hatte A € 20.000 als Vorschuss auf den Pflichtteil und B € 10.000 zur Eröffnung ihres Frisiersalons gegeben. Wenn die Verlassenschaft € 90.000 beträgt, so erhält G – die an der Anrechnung der Nachkommen nicht teilnimmt – davon ein Drittel (€ 30.000). Die verbleibenden € 60.000 teilen sich A und C (je € 30.000). Verlangt C Anrechnung, so wird der Restverlassenschaft die Summe der anrechnungspflichtigen Zuwendungen hinzugeschlagen (€ 20.000 +

€ 10.000 + € 60.000) und sodann rechnerisch eine neuerliche Verteilung nach Maßgabe der Erbquoten (je € 45.000) und schließlich ein Abzug der Zuwendung vorgenommen: A muss sich die eigene Zuwendung (€ 20.000) abziehen lassen und erhält daher € 25.000; C wird der Vorschuss seiner Mutter B (€ 10.000) abgezogen, sodass er € 35.000 bekommt. Gegenprobe: € 30.000 (G) + € 25.000 (A) + € 35.000 (C) = € 90.000 (tatsächlich vorhandener Nachlass).

279 Das Beispiel demonstriert, dass durch die Anrechnung dem oben erwähnten ***Ausgleichsgedanken*** entsprochen wird (vgl Rz 263): Rechnet man nämlich die schon zu Lebzeiten erhaltenen Zuwendungen und den durch Anrechnung ermittelten letztwilligen Erhalt zusammen, so zeigt sich, dass A und C (der B repräsentiert und als ihr gesetzlicher Erbe zumindest mittelbar von den ihr gemachten Zuwendungen profitiert) insgesamt gleich viel aus dem Vermögen des Erblassers bekommen haben (je € 45.000).

280 Im Unterschied zur Anrechnung beim Pflichtteil (dazu Rz 285 ff) braucht der Anrechnungspflichtige ***nichts*** von dem, was er vom Erblasser erhalten hat, ***zurückzugeben,*** wenn der Nachlass nicht reicht, um die (durch die Hinzurechnung erhöhten) Erbteile zu decken (§ 755/2). Auf der anderen Seite haftet er Nachlassgläubigern gegenüber auch dann nach Maßgabe seiner Erbquote, wenn er aufgrund der Anrechnung (des Abzugs) gar nichts oder weniger aus dem Nachlass erhält als nötig ist, um seinen Anteil an der Schuld zu begleichen.

Beispiel:
Herbert hat zu Lebzeiten seiner Tochter Claudia € 500.000 geschenkt. Seinen Sohn Anton hat er nicht so gemocht wie seine Tochter, weshalb dieser zu Lebzeiten nichts erhalten hat. Die Verlassenschaft beträgt € 100.000. Verlangt Anton nun die Anrechnung, so reicht der Nachlass nicht, um den durch die Hinzurechnung erhöhten Erbteil des Anton (€ 300.000) zu decken. Claudia muss zwar nichts herausgeben, um den erhöhten Erbteil des Anton zu decken, doch erhält sie aus der Verlassenschaft auch nichts mehr. Anton bekommt daher die gesamten € 100.000.

b) Ehegatte

281 Auf den gesetzlichen Erbteil des Ehegatten oder eingetragenen Partners ist zusätzlich zur Anrechnungsmöglichkeit des § 752 alles anzurechnen, was dieser durch ***Ehe- oder Partnerschaftspakt*** (bei eingetragenen Partnern) oder ***Erbvertrag*** aus dem Vermögen des Verstorbenen erhält (§ 744/2). Vermächtnisse (auch das gesetzliche Vorausvermächtnis) und Zuwendungen unter Lebenden unterliegen nicht der gesetzlichen Anrechnung (außer der Erblasser selbst ordnet ein Hineinvermächtnis an; s dazu Rz 184). Somit wird auch das, was der Ehegatte durch Ehepakt bereits zu Lebzeiten des Erblassers erhalten hat (zB durch Gütergemeinschaft unter Lebenden) nicht angerechnet. Er erhält (nach dem Tod des Erblassers) hingegen seinen Anteil an der Gütergemeinschaft auf den Todesfall (§ 1234), der daher anzurechnen ist. Die Anrechnung kann nicht nur von Nachkommen des Verstorbenen, sondern von jedem Miterben verlangt werden. Sie kann vom Verfügenden gemäß § 753 per analogiam erlassen werden, aber auch angeordnet werden, sodass sich der Ehegatte oder eingetragene Partner in diesen

Fällen auch lebzeitige Zuwendungen und das gesetzliche Vorausvermächtnis anrechnen lassen muss (§ 752). Die in § 744/2 aufgezählten Zuwendungen befinden sich meist bereits im Nachlass und müssen daher diesem gar nicht erst hinzugerechnet werden. Scheint jedoch eine solche Zuwendung im Nachlass noch nicht auf, wie es beispielsweise bei der Gütergemeinschaft auf den Todesfall denkbar wäre, muss sie dem Nachlass vor der Anrechnung hinzugeschlagen werden. Auch beim Vorgang nach § 744/2 handelt es sich somit also um eine Hinzu- und Anrechnung.

Beispiel:
Der Verstorbene hinterlässt eine Tochter T und seine Ehegattin G, die er erbvertraglich zu einem Sechstel als Erbin eingesetzt hat. Beträgt der Nachlass € 90.000, so erhält G ohne Einrechnung € 15.000 als Vertragserbin (ein Sechstel) und € 25.000 als gesetzliche Erbin (ein Drittel von € 75.000), insgesamt also € 40.000. Verlangt nun aber T die Anrechnung der € 15.000, die G „durch Erbvertrag aus dem Vermögen des Erblassers erhält", so würden diese vom gesetzlichen Erbteil abgezogen (€ 30.000 minus € 15.000), sodass G neben dem erbvertraglichen Teil von € 15.000 als gesetzliche Erbin nur noch € 15.000, insgesamt also € 30.000 erhält (beachte, dass der Abzug von € 30.000 und nicht von € 25.000 erfolgt, weil der erbvertragliche Teil sonst doppelt berücksichtigt würde und G dadurch weniger bekäme als bei rein gesetzlicher Erbfolge: 25 – 15 = 10 + 15 = 25 < 30).

3. Anrechnung beim Pflichtteil

a) Anrechnung von Zuwendungen aus der Verlassenschaft

„Alles, was ***der Pflichtteilsberechtigte*** als Erbteil, Vermächtnis oder nach dem **282**
Erbfall als Begünstigter einer vom Verstorbenen errichteten Privatstiftung oder vergleichbaren Vermögensmasse erhält, wird auf den Geldpflichtteil angerechnet, also von diesem abgezogen" (§ 780/1) = ***reine Anrechnung,*** weil (vorher) keine Hinzurechnung erfolgt (s Rz 264 f).

Der Ehegatte muss sich überdies das gesetzliche Vorausvermächtnis des **283**
§ 745 anrechnen lassen (vgl § 780). Das Pflegevermächtnis wird hingegen gem § 678/2 nicht angerechnet.

Beispiel aus der Rechtsprechung:
Sachverhalt: Die im Zeitpunkt ihres Todes verwitwete Erblasserin A. T. Z. starb am 8.5.2011. Sie hinterließ zwei volljährige Kinder, nämlich K. Z. und die Beklagte. Ihr drittes Kind, G. Z., war vorverstorben und hatte zwei Söhne, nämlich die Kläger, hinterlassen. Die Erblasserin hatte in einem gültigen Testament K. Z. und die Beklagte zu gleichen Teilen als Erben eingesetzt. Ihre Enkel, die Kläger, sind in dem Testament nicht bedacht. Mit Notariatsakt vom 27.4.2012 schenkte K. Z. das ihm zustehende Erbrecht je zur Hälfte den Klägern. Die Kläger begehren von der Beklagten als Hälfteerbin den (auf sie anteilig entfallenden) Pflichtteil.
Aus der Begründung: Weder in der Rechtsprechung noch in der Lehre gibt es – soweit ersichtlich – Stellungnahmen zur Frage, ob sich die übergangenen Noterben das aus einer Erbschaftsschenkung Erlangte auf den Pflichtteil anrechnen lassen müssen. Nach § 787/1 aF (§ 780/1 nF) wird „alles, was die Noterben durch Legate oder andere Verfü-

gungen des Erblassers wirklich aus der Verlassenschaft erhalten, bei Bestimmung ihres Pflichtteiles in Rechnung gebracht". Nach Ansicht des OGH ist die Erbschaftsschenkung nicht unter § 787/1 aF (§ 780/1 nF) zu subsumieren, weil hier der Grund, weswegen der Noterbe etwas aus der Verlassenschaft erhält, gerade nicht die (darauf eben nicht gerichtete) letztwillige Verfügung des Erblassers ist, sondern (ausschließlich) der Schenkungswille des Testamentserben. Die Richtigkeit dieser Überlegung wird auch dadurch deutlich, dass wohl niemand das aus einem Erbschaftskauf (mit angemessenem Kaufpreis) Erworbene anrechnen würde. Ebenso schiede eine Anrechnung aus, wenn der Testamentserbe nach Einantwortung das dadurch Erworbene den übergangenen Noterben schenkte. Anderes würde nur dann gelten, wenn der von den Parteien der Erbschaftsschenkung damit verfolgte Zweck die Abgeltung des Pflichtteilsanspruchs wäre.
Zusammenfassung: Die Erbschaftsschenkung ist nicht unter § 787/1 aF (§ 780/1 nF) zu subsumieren (2 Ob 102/15m).
Anmerkung: Da § 780/1 nF dem bisherigen § 787/1 aF sehr ähnlich ist, ist diese Beurteilung auch unter Anwendung der neuen Rechtslage zu berücksichtigen.

b) Anrechnung von unter Lebenden gemachten Zuwendungen

284 Wie schon mehrfach erwähnt, kann der Erblasser zu Lebzeiten beliebig über sein Vermögen verfügen. Er kann es insb auch ganz oder zum Teil verschenken. Solche Verfügungen gehen freilich (auch) auf Kosten der Pflichtteilsberechtigten, weil sich ihre Pflichtteilsansprüche nach dem Tod des Erblassers gegen einen Nachlass richten, der um die zu Lebzeiten des Erblassers verschenkten Vermögenswerte verringert ist. Der Pflichtteilsanspruch fällt dementsprechend geringer aus, als wenn die Zuwendung noch im Nachlass wäre. Um der Gefahr zu begegnen, dass der Erblasser durch solche Zuwendungen die Pflichtteilsberechtigten verkürzt, ist daher rechnerisch (durch „Hinzurechnung") so vorzugehen, als wenn die Zuwendung wertmäßig noch im Nachlass wäre (§ 787: Rechenmethode; s Rz 265). Durch die Hinzurechnung erhöht sich die Berechnungsgrundlage des Pflichtteils und damit auch der Pflichtteilsanspruch jedes Pflichtteilsberechtigten. Allerdings muss sich jeder Pflichtteilsberechtigte vom Verstorbenen erhaltene Schenkungen anrechnen, also vom durch die Hinzurechnung erhöhten Pflichtteil abziehen lassen. Dieser Abzug erfolgt – anders als vor dem ErbRÄG – nicht nur von der durch die Hinzurechnung entstandenen Pflichtteilserhöhung, sondern von dem gesamten „auf solche Art und Weise vergrößerten Pflichtteil" (§ 787).

Beispiele:
Der Verstorbene hinterlässt die Söhne A, B und C, setzt aber seine Schwester D zur Universalerbin ein. A hat € 150.000 geschenkt bekommen. Die Verlassenschaft beträgt € 300.000. Die Pflichtteile von A, B und C betragen daher grds je € 50.000 (ein Sechstel). Verlangt ein Pflichtteilsberechtigter oder die Erbin nun die Anrechnung der Schenkung an A, so ist in weiterer Folge der Verlassenschaft der Wert des Geschenks hinzuzurechnen und von diesem erhöhten Wert sind die Pflichtteile (neu) zu berechnen. Diese betragen je € 75.000 (ein Sechstel von € 450.000). Von diesem (erhöhten) Pflichtteil muss sich der Geschenknehmer A den Wert des Geschenks, also € 150.000, abziehen lassen. Da dieser mehr als € 75.000 ausmacht, erhält A nichts mehr. B und C

erhalten € 75.000, D kommt als Universalerbin der Rest der Verlassenschaft zu, also € 150.000.

Beachte: Wenn – wie im Bsp – davon die Rede ist, dass dem Erben der Rest der Verlassenschaft zukommt, so ist dies nur wertmäßig gemeint, denn dem Erben kommt als Universalsukzessor die gesamte Verlassenschaft zu (er wird ihr Eigentümer), muss aber auf Basis ihres Werts die Pflichtteilsansprüche erfüllen.

Der Erblasser hinterlässt die Kinder A und B, setzt aber seine Mutter C zur Universalerbin ein. Zu Lebzeiten hatte der Erblasser seinem Neffen D ein Auto im Wert von € 10.000 geschenkt (unter Lebenden oder auf den Todesfall, beides wird nun – wie erwähnt – gleich behandelt, weil beide Verträge unter Lebenden geschlossen wurden). Der Nachlass beträgt € 30.000, sodass A und B je € 7.500 (ein Viertel) als Pflichtteil erhalten würden. Verlangt nun A oder B die Anrechnung des Geschenks, so würde dessen Wert dem Nachlass hinzugeschlagen und dadurch jeder Pflichtteilsanspruch um € 2.500 höher ausfallen.

Der Erblasser hinterlässt seine Ehegattin G und die Kinder A und B, hat aber seine Schwester C zur Universalerbin eingesetzt. Zu Lebzeiten hat er (ohne dazu verpflichtet gewesen zu sein) Schulden des A in der Höhe von € 30.000 beglichen. Die Verlassenschaft beträgt € 60.000. Wenn B Anrechnung gem § 783 begehrt, so werden zunächst die € 30.000 dem Nachlass rechnerisch hinzugeschlagen und von der Summe die Pflichtteile berechnet. G und B erhalten daher € 15.000 (je ein Sechstel von € 90.000), von den auf A entfallenden € 15.000 muss aber die anrechnungspflichtige Zuwendung abgezogen werden (Anrechnung), sodass A nichts mehr erhält. Erhält G auch den Voraus im Wert von € 20.000, so muss sie sich diesen vom Pflichtteil abziehen lassen (reine Anrechnung) und bekommt daher ebenfalls nichts mehr, was (ebenso wie der „Ausfall" des A) der Testamentserbin C zugutekommt (weswegen auch der Erbe die Anrechnung verlangen kann): Ohne Anrechnung blieben ihr nach Erfüllung der Pflichtteilsansprüche € 10.000, nach Anrechnung hingegen € 25.000. Dadurch wird auch die Testierfreiheit des Erblassers erweitert: Er kann – betraglich gesprochen – über € 15.000 „mehr testieren" als ohne Anrechnung.

Mit der in der vorigen Rz beschriebenen Gefahr der Umgehung von Pflicht- **285**
teilsansprüchen hängt es zusammen, dass die Hinzurechnung von Schenkungen an Personen, die ***nicht dem Kreis der (abstrakt) Pflichtteilsberechtigten angehören*** (s dazu sogleich Rz 286), von einem ***Nachkommen*** nur hinsichtlich solcher Schenkungen verlangt werden kann, die der Verstorbene zu einer Zeit gemacht hat, zu der er schon irgendein pflichtteilsberechtigtes Kind gehabt hat, vom ***Ehegatten*** nur hinsichtlich solcher Schenkungen, die während der Ehe mit dem Erblasser gemacht worden sind (§ 782/2). Da § 782/2 im Gegensatz zu Abs 1 (s dazu unten Rz 66) nicht auf die „wirklich" gemachte Schenkung abstellt, kommt es nach hA hinsichtlich der im Abs 2 genannten Kriterien (Schenkung im Zeitpunkt des Vorhandenseins eines abstrakt pflichtteilsberechtigten Kindes bzw während aufrechter Ehe/eP gemacht) nicht auf den Zeitpunkt der Erbringung des Vermögensopfers, sondern auf den Vertragsschluss an. Demnach verlangt § 782/2, dass lediglich der Vertrag während aufrechter Ehe/eP geschlossen wurde bzw in diesem Zeitpunkt ein pflichtteilsberechtigtes Kind vorhanden war. Für die Zweijahresfrist (wonach die Schenkung an nicht pflichtteilsberechtigte Personen in den letzten zwei Jahren vor dem Tod des Erblassers wirklich gemacht werden

musste; s unten Rz 286) ist dagegen sehr wohl die Vermögensopfertheorie zur Bestimmung des Schenkungszeitpunktes maßgeblich. In Bezug auf ***Schenkungen an abstrakt pflichtteilsberechtigte Personen*** können neben konkret pflichtteilsberechtigten Personen und Erben auch Vermächtnisnehmer die Hinzu- und Anrechnung begehren. Für letztere gilt dies nur, wenn sie zur Pflichtteilserfüllung beigetragen haben oder eine Kürzung gem § 692 gegen sie geltend gemacht wurde, weil in diesem Fall auch sie von den durch die Anrechnung verminderten Pflichtteilen profitieren können. Ebenso kann ein Geschenknehmer, der zum Zeitpunkt der Schenkung abstrakt pflichtteilsberechtigt war und dem deshalb kein Pflichtteil zukommt, weil er auf seinen Pflichtteil verzichtet hat oder die Erbschaft ausgeschlagen hat, die Hinzu- und Anrechnung verlangen (§ 783). Teile der Lehre vertreten die Ansicht, dass die für Schenkungen an nicht pflichtteilsberechtigte Personen geltenden (zusätzlichen) Voraussetzungen des § 782/2 – also, dass Nachkommen lediglich die Hinzu- und Anrechnung von Schenkungen, die im Zeitpunkt des Vorhandenseins eines abstrakt pflichtteilsberechtigten Kindes gemacht wurden bzw Ehegatten die Hinzu- und Anrechnung nur hinsichtlich während aufrechter Ehe gemachter Schenkungen verlangen können – analog auch auf Schenkungen an Pflichtteilsberechtigte gem § 783 anzuwenden sind (dies würde § 785 aF entsprechen, der diesbezüglich nicht zwischen Schenkungen an pflichtteilsberechtigte und nicht pflichtteilsberechtigte Personen unterschied). Auch wenn eine derartige analoge Anwendung zwar (rechtspolitisch) wünschenswert wäre, ist diese wohl mangels planwidriger Lücke abzulehnen.

Beachte: Nach dem OGH kann zudem ein Geschenknehmer, der vom Wortlaut des § 783/1 S 2 zwar nicht erfasst ist, jedoch nach §§ 789 ff von einem konkret Pflichtteilsberechtigten wegen nicht ausreichender Verlassenschaft in Anspruch genommen wird (s dazu Rz 288), in analoger Anwendung des § 783/1 S 2 ebenfalls ein Hinzu- und Anrechnungsbegehren erheben. Der belangte Geschenknehmer kann also gegen den Pflichtteilskläger einwenden, dass sich dieser selbst eine andere Schenkung anrechnen lassen muss. Ausgangspunkt dieser E bildete ein Fall, in dem der Enkelsohn des Erblassers Beschenkter war und von seiner Mutter (= konkret pflichtteilsberechtigte Tochter des Erblassers) gemäß § 789 in Anspruch genommen wurde. Eine Analogie war in diesem Fall insofern notwendig, als der Enkelsohn – weil seine Mutter als die Abstammung vermittelnder Elternteil im Todeszeitpunkt des Erblassers am Leben und pflichtteilsberechtigt war – selbst bloß abstrakt pflichtteilsberechtigt war und er weder auf seinen Pflichtteil verzichtet, noch sein Erbrecht ausgeschlagen hatte, sodass kein Tatbestand des § 783 unmittelbar anwendbar gewesen wäre.

286 Von der Anrechnungspflicht ***ausgenommen*** sind Schenkungen, die (§§ 784, 782/1):

- der Erblasser aus seinen Einkünften ohne Schmälerung des Stammvermögens gemacht hat (gemeint sind übliche und geringfügige Gelegenheits-, zB Geburtstagsgeschenke; bei regelmäßigen kleinen Zuwendungen ist aber die Gesamtsumme anzurechnen, soweit diese im Vergleich zum Einkommen nicht geringfügig ist),
- zu gemeinnützigen Zwecken erfolgt sind,

- in Entsprechung einer ***sittlichen Pflicht*** (diese muss nach der Rsp zum Zeitpunkt der Schenkung gegeben sein) oder aus Rücksichten des Anstands getätigt wurden. Dies wurde kritisiert, weil die sittliche Pflicht va bei Pflegeleistungen bestehe, welche aber ohnedies durch das Pflegevermächtnis erfasst seien. Der Tatbestand wurde vom ErbRÄG 2015 aber zu Recht beibehalten, weil die sittliche Pflicht nicht nur bei Pflegeleistungen, sondern auch bei anderen Zuwendungen (bspw Schenkungen an den Erblasser) angenommen werden kann. Maßgeblich für die Beurteilung, ob eine Schenkung aus sittlicher Pflicht vorliegt, sind die persönlichen Beziehungen zwischen dem Geschenkgeber und dem Geschenknehmer sowie ihre Vermögens- und Lebensverhältnisse.
- früher als zwei Jahre vor dem Tod des Verstorbenen an nicht pflichtteilsberechtigte Personen „wirklich gemacht" wurden (§ 782/1; vgl zur Frage, wann Schenkungen als „wirklich gemacht" anzusehen sind, die Vermögensopfertheorie, Rz 266; s zum Schenkungszeitpunkt iSd § 782/2 Rz 285). Schenkungen an Pflichtteilsberechtigte sind daher unbefristet, also auch dann anzurechnen, wenn sie länger als zwei Jahre vor dem Tod des Erblassers gemacht wurden. Vor der Erbrechtsreform setzte die hA voraus: 1. dass der Beschenkte im Schenkungszeitpunkt überhaupt zum Kreis der in § 757 genannten Pflichtteilsberechtigten gehört ***(„abstrakte Pflichtteilsberechtigung")*** und 2. dass ihm das Pflichtteilsrecht beim Erbfall auch tatsächlich zusteht ***(„konkrete Pflichtteilsberechtigung")***. Seit dem ErbRÄG 2015 ist für die unbefristete Anrechnung nur noch die abstrakte Pflichtteilsberechtigung entscheidend. Daher muss der Beschenkte lediglich im Schenkungszeitpunkt (hierbei ist der Zeitpunkt der Erbringung des Vermögensopfers maßgeblich) sowie auch beim Erbfall (§ 783, s zur OGH-Judikatur sogleich und das Bsp weiter unten) abstrakt pflichtteilsberechtigt sein. Damit werden nunmehr auch jene Fälle erfasst, die nach altem Recht unter Berufung auf Rechtsmissbrauch gelöst werden mussten, nämlich dann, wenn ein Pflichtteilsberechtigter nach Erhalt einer Schenkung auf den Pflichtteil verzichtet und damit im Zeitpunkt des Erbfalls nicht mehr konkret pflichtteilsberechtigt und nur noch der befristeten Anrechnung ausgesetzt war. Da er nach der neuen Rechtslage trotz Verzichts weiter abstrakt pflichtteilsberechtigt ist und es für die unbefristete Anrechnung ausschließlich darauf ankommt, entfällt dieses Problem.

  Beachte: Mangels eindeutigen Gesetzeswortlauts entschied der OGH, dass die Pflichtteilsberechtigung des Beschenkten für eine unbefristete Anrechnung sowohl im Zeitpunkt der Schenkung als auch im Zeitpunkt des Todes des Erblassers bestehen muss. Diese Entscheidung könnte im Hinblick auf die Möglichkeit, den Zeitpunkt der Eheschließung frei zu wählen, zu Ungerechtigkeiten führen, wenn Pflichtteilsansprüche von Nachkommen bewusst durch Schenkungen an den (zukünftigen) Ehegatten noch vor der Eheschließung verringert werden sollen.

Die Beibehaltung der unbefristeten Anrechnung ist auch deshalb rechtspolitisch fragwürdig, weil Rechtsunsicherheiten in Kauf genommen werden, wenn – entgegen allgemeinen Verjährungsregeln – Vorgänge relevant sind, die uU vor Jahrzehnten stattgefunden haben. Der (vom Autor unterbreitete) Kompromissvorschlag, wie in anderen Ländern eine einheitliche Zehnjahresfrist (für Pflichtteilsberechtigte und nicht Pflichtteilsberechtigte) einzuführen, war im Ministerialentwurf enthalten, in der Regierungsvorlage aber eigenartigerweise nicht mehr. Dadurch kommt es (weiterhin) ua zu der Situation, dass nicht Pflichtteilsberechtigte gegenüber Pflichtteilsberechtigten privilegiert werden, was wertungswidersprüchlich ist, weil die durch Schenkungen erfolgende Störung wirtschaftlicher Familienstrukturen durch Zuwendungen an Dritte viel stärker ist, als wenn die Zuwendung innerhalb des engsten Familienkreises erfolgt. Dennoch sind Schenkungen an Pflichtteilsberechtigte völlig unbefristet, an Dritte hingegen außerhalb der Zweijahresfrist nicht zu berücksichtigen.

Beispiel aus der Rechtsprechung:
Sachverhalt: Der Verstorbene erwarb im Jahr 2013 gemeinsam mit seiner Ehefrau eine Liegenschaft. Ein Jahr später übertrug er seiner Gattin mit Übergabsvertrag seinen Hälfteanteil. Im Gegenzug wurde ihm ein Wohnungsgebrauchsrecht an der Liegenschaft eingeräumt. 2017 wurde die Ehe einvernehmlich geschieden. Wenige Monate später verstarb der Erblasser und hinterließ einen Sohn. Eine Abhandlung unterblieb mangels Aktiva. Der Sohn begehrte von der geschiedenen Gattin € 15.000 als Pflichtteil, da ihm die Hälfte des Werts der Schenkung (unter Berücksichtigung des eingeräumten Gebrauchsrechts) zustehe: Da sie zum Zeitpunkt der Schenkung pflichtteilsberechtigt gewesen ist, habe sich die Beschenkte den übertragenen Hälfteanteil hinzurechnen zu lassen und hafte als Geschenknehmerin gem § 789. § 783 verlange nämlich für die zeitlich unbefristete Hinzurechnung nur die (abstrakte) Pflichtteilsberechtigung des Geschenknehmers im Schenkungszeitpunkt.
Aus der Begründung: Nach alter Rechtslage wurden Schenkungen bei Ausmessung der Pflichtteile nur dann unbefristet berücksichtigt, wenn der Geschenknehmer zum Schenkungszeitpunkt abstrakt pflichtteilsberechtigt und bei Erbfall konkret pflichtteilsberechtigt war (stRsp des OGH; vgl § 785/3 aF). Dies verleitete zu Umgehungsversuchen: Ein Pflichtteilsverzicht konnte die konkrete Pflichtteilsberechtigung des Beschenkten im Zeitpunkt des Erbfalls, und damit die unbefristete Hinzu- und Anrechnung von Schenkungen, verhindern. Das ErbRÄG 2015 regelte die Hinzu- und Anrechnung von Schenkungen im Pflichtteilsrecht neu. Die §§ 782 f, 789, 792 nF stellen zweifelsfrei nur mehr auf die abstrakte Pflichtteilsberechtigung des Beschenkten ab. Wann genau diese vorzuliegen hat, damit eine Schenkung zeitlich unbefristet hinzu- bzw angerechnet wird, ist in der Lehre strittig. Nach Auffassung des OGH ergibt sich allerdings aus den Materialien zur Erbrechtsnovelle, dass der Gesetzgeber Änderungen nur dort vornehmen wollte, „wo sie auch wirklich nötig sind". Daraus schloss das Höchstgericht, dass ein Abgehen von der bisherigen Rechtslage nur dort anzunehmen ist, wo sich dies eindeutig aus dem Gesetzeswortlaut oder den Materialien ergibt. Klar ist, dass nunmehr ausschließlich die abstrakte Pflichtteilsberechtigung des Beschenkten maßgebend ist. Damit wollte der Gesetzgeber augenscheinlich den oben angesprochenen Umgehungsversuchen entgegenwirken. Jedoch gibt es keinen Hinweis, dass sich – im Vergleich zur alten Rechtslage – etwas an dem Zeitpunkt ändern sollte, in welchem diese (jetzt: abstrakte) Pflichtteilsberechtigung vorzuliegen hat. Nach wie vor sind sowohl der Schenkungszeitpunkt als auch der Erbfall maßgeblich. Gem § 783 nF ist eine Schenkung somit nur dann unbefristet hinzu- und anzurechnen, wenn der Be-

schenkte im Zeitpunkt der Schenkung sowie im Zeitpunkt des Todes des Erblassers „zum Kreis der Pflichtteilsberechtigten" gehört. Da vor dem Ableben des Verstorbenen die Scheidung erfolgte, war die Geschenknehmerin bei Erbfall nicht mehr abstrakt pflichtteilsberechtigt. Eine (befristete) Hinzurechnung nach § 782 nF war auch nicht möglich, weil die Schenkung länger als zwei Jahre zurücklag. Die Übertragung des Hälfteanteils an der Liegenschaft war für die Ausmessung des Pflichtteils des Sohnes nicht zu berücksichtigen; die geschiedene Gattin haftete nicht als Geschenknehmerin.
Zusammenfassung: Zu einer unbefristeten Hinzu- und Anrechnung von Schenkungen gem § 783 nF kommt es nur, wenn der Geschenknehmer sowohl im Zeitpunkt der Schenkung als auch im Zeitpunkt des Todes des Erblassers abstrakt pflichtteilsberechtigt ist (2 Ob 195/19v).
Anmerkung: In dieser Entscheidung bestätigte das Höchstgericht seine Judikatur, wonach der Geschenkgeber das Vermögensopfer auch dann erbringt, wenn er sich ein Wohnungsgebrauchsrecht an der geschenkten Sache vorbehält (s zu dieser Thematik bereits Rz 266).

- Ferner sind auch Schenkungen nicht hinzu- und anzurechnen, wenn der Verstorbene einen Erlass der Anrechnung letztwillig verfügt oder mit dem Pflichtteilsberechtigten vereinbart hat. Der Vertrag über den Erlass der Anrechnung bedarf der Schriftform, dessen Aufhebung hingegen der Formvorschriften für einen Pflichtteilsverzicht (§ 785). Das ist angemessen, weil die Aufhebung des Vertrages über den Erlass der Anrechnung einem partiellen Pflichtteilsverzicht ähnelt. Zu beachten ist jedenfalls, dass eine solche anrechnungsfreie Zuwendung nicht zu einer Doppelberücksichtigung des von der Anrechnung Befreiten führen soll. Sie wird daher bei der Ermittlung *seines* Pflichtteils der Verlassenschaft nicht hinzugerechnet und führt zu keiner Erhöhung. Sehr wohl wird sie aber bei der Berechnung der Pflichtteile der anderen Pflichtteilsberechtigten berücksichtigt. **287**

Beispiel:
Der Erblasser hinterlässt drei Kinder A, B und C. In seinem Testament hat er seine Schwester D zur Universalerbin eingesetzt und verfügt, dass das Auto (Wert € 30.000), welches er A geschenkt hat, nicht auf dessen Pflichtteil angerechnet werden soll. Der Wert der Verlassenschaft beträgt € 60.000. Wenn B Anrechnung begehrt, so werden die € 30.000 dem Nachlass rechnerisch hinzugerechnet und von der Summe die Pflichtteile von B und C berechnet. B und C erhalten daher € 15.000 (je ein Sechstel von € 90.000). Der Pflichtteil von A bleibt durch diese Hinzurechnung unberührt – er erhält ein Sechstel von € 60.000, daher € 10.000.

Beispiel aus der Rechtsprechung:
Sachverhalt: Der Verstorbene hatte zwei Kinder aus erster Ehe. Seiner zweiten Ehefrau schenkte er seine Liegenschaft. Die Kläger (Kinder) begehrten die Anrechnung und Zahlung des Fehlbetrages von der Beklagten. Die Beklagte wendete ein, dass die Schenkung aus sittlicher Pflicht gemacht wurde, weshalb es nicht zu einer Anrechnung käme. Die Klage blieb in beiden Vorinstanzen erfolglos.
Aus der Begründung: Der allgemeine Begriff der sittlichen Pflicht des § 785/3 aF (§ 784 nF) bedarf einer Auslegung anhand konkreter Umstände. Dabei kommt es nach der bereits bestehenden Judikatur grds für die verschiedensten Lebensbereiche auf die

Anschauungen der redlichen und rechtsverbundenen Mitglieder der betroffenen Verkehrskreise an (RIS-Justiz RS0121353). Eine Schenkung, mit der einer sittlichen Pflicht entsprochen wurde, ist nur dann anzunehmen, wenn hiezu eine besondere aus den konkreten Umständen des Falls erwachsene, in den Geboten der Sittlichkeit wurzelnde Verpflichtung des Schenkers (Erblassers) bestand. Dies lässt sich nur von Fall zu Fall unter Berücksichtigung der persönlichen Beziehungen zwischen Schenker und Beschenkten, ihres Vermögens und ihrer Lebensstellung entscheiden (RIS-Justiz RS0012972). Dass der Beschenkten für ihre Leistungen geradezu ein Lohn als Pflegerin oder ein familienrechtlicher Abgeltungsanspruch gemäß § 98 EheG zusteht, ist nicht Voraussetzung für das Bestehen einer sittlichen Pflicht (RIS-Justiz RS0012972). Hier unterstützte die Beklagte den Bau des Wohnhauses auf der ihr geschenkten Liegenschaftshälfte dadurch maßgeblich, dass sie nicht nur ihr gesamtes Gehalt als Lehrerin in Hausbau und Haushaltsführung investierte, sondern selbst ebenso wie ihr Vater beim Hausbau half, der überwiegend in Eigenregie durchgeführt wurde. Der Bau des Hauses war überhaupt nur möglich, weil die Beklagte aufgrund ihrer fixen Anstellung als Lehrerin finanziell zum Hausbau und zur Haushaltsführung beitragen konnte, wohingegen der Erblasser nur unregelmäßige Einkünfte erzielte. Darüber hinaus ist die ursprünglich allein dem Erblasser gehörende Liegenschaft aufgrund ihrer Hanglage zum Großteil nur äußerst eingeschränkt nutzbar, sodass der Wert der Liegenschaft insgesamt zum weitaus überwiegenden Teil vom Wert des Wohnhauses bestimmt wird. Wenn die Vorinstanzen im Hinblick auf diese Tatsachen das Vorliegen einer sittlichen Pflicht zur Schenkung des Hälfteanteils an die Beklagte durch den Erblasser iSd § 785/3 aF (§ 784 nF) bejahten, ist ihnen jedenfalls keine korrekturbedürftige Fehlbeurteilung unterlaufen.
Zusammenfassung: Der allgemeine Begriff „sittliche Pflicht" bedarf anhand konkreter Umstände einer Auslegung. Dabei kommt es grds und für die verschiedensten Lebensbereiche auf die Anschauungen der redlichen und rechtsverbundenen Mitglieder der betroffenen Verkehrskreise an (2 Ob 14/12s).
Anmerkung: Der Begriff der Schenkung aus „sittlicher Pflicht" ist weiter relevant (s oben Rz 286).

Beispiel aus der Rechtsprechung:
Sachverhalt: Die Streitteile sind eheliche Kinder des am 14.9.1992 verstorbenen Erblassers E. 1987 übergab E dem Beklagten umfangreiches Liegenschaftsvermögen. Am 7.5.1992 verzichtete der Beklagte gegenüber E auf seinen Pflichtteil. Die Klägerin begehrt Anrechnung unter Berufung auf den rechtsmissbräuchlichen Abschluss des Pflichtteilsverzichts.
Aus der Begründung: Rechtsmissbrauch liegt nach der Rsp dann vor, wenn das unlautere Motiv der Rechtsausübung das lautere (die lauteren) Motiv(e) eindeutig überwiegt. Der Schädigungszweck muss so augenscheinlich im Vordergrund stehen, dass andere Ziele der Rechtsausübung völlig in den Hintergrund treten.
Das ist beim Pflichtteilsverzicht des Beklagten zu bejahen: Der Beklagte hat mit Vertrag vom 4.6.1987 von seinem Vater Liegenschaften im Ausmaß von rund 500 ha übergeben erhalten. Erst 1992, kurz vor dem Tod des Vaters, verzichtete der Beklagte auf seinen Pflichtteil. Gleichzeitig errichtete sein Vater ein Testament, in dem er den Beklagten zu seinem Alleinerben einsetzte. Zu diesem Zeitpunkt konnte der Beklagte mit Sicherheit annehmen, dass er dadurch nach der in der Zwischenzeit ergangenen und veröffentlichten Rsp des OGH in den Genuss der Zwei-Jahres-Frist des § 785/3 aF (§ 782 nF) kommen werde. Ein anderer Beweggrund für den Pflichtteilsverzicht ist nicht vorstellbar, hatte der Vater zu diesem Zeitpunkt doch bereits über den weitaus überwiegenden Teil seines Vermögens verfügt und für den Rest den Beklagten zum Alleinerben bestimmt.

Dass E noch Vermögen erwerben oder erben und auch sein Testament widerrufen werde, war wenig wahrscheinlich, sodass die Behauptung des Beklagten, er hätte seinem Vater die freie Verfügung über sein sonstiges Vermögen ermöglichen wollen, nicht überzeugen kann.
Mit seinem Pflichtteilsverzicht hat der Beklagte daher offenkundig bezweckt, die Anrechnung der ihm von seinem Vater geschenkten Liegenschaften zu verhindern. Dieses unlautere, weil auf eine Verkürzung des Pflichtteilsanspruches seiner Geschwister hinzielende Motiv steht so eindeutig im Vordergrund, dass andere Motive – soweit überhaupt vorstellbar – völlig in den Hintergrund treten. Die Berufung auf § 785/3 aF (§ 782 nF) ist daher im vorliegenden Fall rechtsmissbräuchlich. Der Beklagte muss sich daher auch bei Zugrundelegung der bisherigen Rsp die Schenkung seines Vaters anrechnen lassen.
Zusammenfassung: Die Berufung auf § 785/3 aF (§ 782 nF) kann auch rechtsmissbräuchlich sein, und zwar dann, wenn der Anrechnungsverpflichtete mit dem Erblasser einen Pflichtteilsverzicht mit dem alleinigen Zweck abgeschlossen hat, die Anrechnung der ihm vom Erblasser geschenkten Vermögenswerte zu verhindern (4 Ob 519/95). •
Anmerkung: Durch das Abstellen auf die abstrakte Pflichtteilsberechtigung sowohl im Schenkungszeitpunkt als auch beim Erbfall fällt die Gefahr des Rechtsmissbrauchs, wie sie in dieser Entscheidung erläutert wurde, weg. Der Pflichtteilsverzicht führt nicht mehr zu einer befristeten Anrechnung.

Beispiel aus der Rechtsprechung:
Sachverhalt: Der Erblasser verstarb 2013 und hinterließ seine Witwe und vier eheliche Kinder, darunter den Kläger. Die Beklagte ist die Ehefrau des ältesten Sohnes, somit die Schwiegertochter des Erblassers. Dieser war Eigentümer zahlreicher Liegenschaften und des Schlosses P*****. Auf den Liegenschaften wurden Unternehmen der Land- und Forstwirtschaft, der Jagd und Fischerei sowie ein Sägebetrieb geführt. Mit dem in der Form eines Notariatsakts verfassten Übergabsvertrag vom 14.3.1989 hatte der Erblasser seinen gesamten Liegenschaftsbesitz im Ausmaß von ca 900 ha, verbunden mit dem Recht zur Eigenjagd und dem Fischereirecht in mehreren Fischwässern, der Beklagten übertragen. Als „Kauf- und Übergabspreis" wurden Wohn- und Ausgedingsrechte zugunsten des Erblassers, die Übernahme von Verbindlichkeiten sowie diverse Leistungen an eine Tochter und an den Kläger festgelegt. Die Beklagte erklärte in Punkt 8 des Vertrags, die Forstwirtschaft zur Selbstbewirtschaftung zu übernehmen, und verpflichtete sich dazu, sich zur Führung des Forstbetriebs einer qualifizierten Fachkraft zu bedienen. Laut Punkt 9 verzichtete der Erblasser auf den einseitigen Widerruf der Schenkung, soweit in dem Übergabsvertrag eine solche zu erblicken sei. Nach dem Tod des Erblassers wurde der Witwe die Verlassenschaft an Zahlungs statt überlassen. Der Kläger begehrte von der Beklagten die Zahlung des Ausfalls am Pflichtteil. Er brachte vor, die im Übergabsvertrag aufgezählten Gegenleistungen hätten va dazu gedient, den Übergabsvertrag als entgeltlichen Vertrag darzustellen, in Wahrheit liege aber eine (gemischte) Schenkung vor. Um die Rechtsfolgen (unbefristete Schenkungsanrechnung) des § 785/1 aF (§ 782 nF) zu umgehen, sei das gesamte Vermögen des Erblassers an die nicht pflichtteilsberechtigte Beklagte – und nicht an deren pflichtteilsberechtigten Ehemann – übertragen worden. Da ein Umgehungsgeschäft vorliege, sei der Schenkungsvertrag so zu behandeln, als wäre er zwischen dem Erblasser und dem Ehemann der Beklagten abgeschlossen worden, zumal diesem auch das Vermögen zugute gekommen sei.
Aus der Begründung: Ein Umgehungsgeschäft liegt im Allgemeinen dann vor, wenn die Parteien die von einer Norm angeordneten Rechtsfolgen dadurch vermeiden, dass sie ein Rechtsgeschäft schließen, das dem Wortlaut nach nicht von dieser Norm be-

troffen wird, das jedoch den gleichen Zweck erfüllt wie das verbotene Geschäft. Nach Meinung des Klägers wurde die gesetzliche Regelung des § 785/1 1. Satz aF (§ 782 nF) umgangen, wonach ua auf Verlangen eines pflichtteilsberechtigten Kindes bei der Berechnung des Nachlasses Schenkungen des Erblassers an pflichtteilsberechtigte Personen ohne zeitliche Begrenzung in Anschlag zu bringen sind. Die Umgehung soll darin liegen, dass durch den Übergabsvertrag des Erblassers mit seiner Schwiegertochter diese Bestimmung nicht zur Anwendung gelangt, die Schenkungsanrechnung also mangels Schenkung innerhalb der letzten zwei Jahre vor seinem Tod nicht verlangt werden kann. Bei sinngemäßer Anwendung der Kriterien für das Vorliegen eines Umgehungsgeschäfts auf den vorliegenden Fall müsste das abgeschlossene Rechtsgeschäft den gleichen Zweck erfüllen, wie er eingetreten wäre, wenn das Vermögen des Erblassers auf den Ehemann der Beklagten, den ältesten Sohn des Erblassers und Bruder des Klägers, übertragen worden wäre. Dieser müsste in Bezug auf das übertragene Vermögen eine rechtliche Stellung erlangt haben, die jener eines Übernehmers vergleichbar wäre, etwa wenn die Beklagte das Vermögen im Innenverhältnis bloß treuhändig für ihren Ehemann halten würde.
Dafür gibt es jedoch keine konkreten Anhaltspunkte in den Tatsachenbehauptungen des Klägers. Der Kläger behauptet in seiner Revision aber auch Rechtsmissbrauch und zieht den Vergleich des gegenständlichen Falls zum rechtsmissbräuchlichen Pflichtteilsverzicht. Der Vergleich mit der Rechtsprechung zum Pflichtteilsverzicht versagt allerdings insofern, als dort die Schenkung an einen Pflichtteilsberechtigten erfolgte, der durch seinen Verzicht auf das Pflichtteilsrecht aus dem Kreis der Pflichtteilsberechtigten ausgeschieden ist. Daran knüpft sich die Frage, ob einem Pflichtteilsberechtigten bei länger als zwei Jahre vor dem Tod des Erblassers zurückliegenden Schenkungen an nicht pflichtteilsberechtigte Personen im Einzelfall nicht dennoch der Beweis des Rechtsmissbrauchs offenstehen kann. Dies ist aus den folgenden Gründen zu verneinen: Auszugehen ist zunächst vom Zweck der Zweijahresfrist (an welcher der Gesetzgeber auch im ErbRÄG 2015 unverändert festgehalten hat; vgl § 782 nF). Er liegt nach den Gesetzesmaterialien darin, dass bei innerhalb dieser Frist gemachten Schenkungen typischerweise der Verdacht einer bewussten Verkürzung von Pflichtteilsberechtigten besteht, bei länger zurückliegenden hingegen nicht; die „kritische Zeit für Umgehungen des Noterbenrechts" sei „hauptsächlich nur die letzte Zeit vor dem Tode des Erblassers". Gegen diese Sichtweise [gemeint ist die Möglichkeit des Beweises des Rechtsmissbrauchs] spricht aber, dass für Schenkungen innerhalb der Zweijahresfrist der Entlastungsbeweis des nicht pflichtteilsberechtigten Beschenkten auch nicht zulässig ist. Wird innerhalb dieser Frist eine nicht pflichtteilsberechtigte Person beschenkt, könnte diese sich nicht erfolgreich darauf berufen, dass – entgegen der Annahme des Gesetzgebers – eine Umgehung von Pflichtteilsrechten im konkreten Einzelfall nicht beabsichtigt war. Dies muss aber, schon um Wertungswidersprüche zu vermeiden, auch für den umgekehrten Fall gelten, in welchem die Schenkung vor der Zweijahresfrist des § 785/3 an eine nicht pflichtteilsberechtigte Person erfolgte. Ein Pflichtteilsberechtigter kann sich daher nicht erfolgreich darauf stützen, dass die Schenkung rechtsmissbräuchlich nur zur Vermeidung einer Schenkungsanrechnung vorgenommen worden sei. Damit wird auch dem Bedürfnis nach Rechtssicherheit Genüge getan.
Zusammenfassung: Eine Schenkung an eine nicht pflichtteilsberechtigte Person, die früher als zwei Jahre vor dem Tod des Erblassers erfolgte, ist nicht rechtsmissbräuchlich (2 Ob 145/16m).

Die Frage, ob Schenkungen, die vor dem ErbRÄG 2015 gemacht wurden, befristet oder unbefristet anzurechnen sind (§§ 782, 783), wenn der Erblasser nach dem Inkrafttreten des ErbRÄG (1.1.2017) stirbt, ist nach alter Rechtslage zu beurteilen: Die in § 1503 Abs 7 Z 2 vorgesehene Rückwirkung der Anrechnung (siehe dazu Rz 329) wurde schließlich nur deshalb angeordnet, um bei mehreren Schenkungen vor und nach dem ErbRÄG die gleichzeitige (komplizierte) Berechnung nach alter und neuer Rechtslage zu vermeiden. Daher ist eine teleologische Reduktion des § 1503/7 Z 2 vorzunehmen: Lediglich die Beurteilung, ***wie*** die Schenkung anzurechnen ist, richtet sich auch bei Altschenkungen nach neuem Recht, die Frage, ***ob*** die Schenkung überhaupt anzurechnen ist (befristet oder unbefristet), hingegen nach der alten Rechtslage (aA aber die hL, wonach beide Fälle nach neuer Rechtslage zu beurteilen sind).

Wenn die ***Verlassenschaft nicht ausreicht,*** um die durch die Hinzurechnung erhöhten Pflichtteile zu decken (zB weil kein Verlassenschaftsvermögen vorhanden oder die Verlassenschaft überschuldet ist), können die verkürzten Pflichtteilsberechtigten vom Beschenkten die ***Zahlung des fehlenden Betrags*** verlangen (§ 789). **288**

Hat der Verstorbene ***mehreren Personen*** etwas geschenkt, so haften sie für den Ausfall am Pflichtteil anteilig im Verhältnis des Wertes ihrer Geschenke (§ 789/2) und nicht mehr, wie vor dem ErbRÄG 2015, nach der (oft eher zufälligen) zeitlichen Reihenfolge der Schenkungen (§ 951/3 aF). Ist jedoch die alte Regelung des § 951/3 aF anzuwenden, so wird die zeitliche Reihenfolge der Schenkungen mithilfe der Vermögensopfertheorie ermittelt. Diese ist nämlich auch auf Schenkungen vor dem ErbRÄG 2015 anwendbar. In Bezug auf die Zahlung des Fehlbetrags kann sich der Geschenknehmer gem § 790/2 auf die Regeln über die Stundung des Pflichtteils (§§ 766–768; s Rz 223 ff) berufen. **289**

Nach der Rsp gilt für die Haftung des Geschenknehmers § 765/2 analog. Der Geschenknehmer muss daher erst ein Jahr nach dem Tod des Verstorbenen leisten. Laut OGH würde es nämlich einen erheblichen Wertungswiderspruch darstellen, wenn die Verjährung eines subsidiären Anspruchs des Pflichtteilsgläubigers gegen den haftenden Geschenknehmer (§ 789 ff) früher beginnen würde, als jene des Hauptanspruchs (§ 764). § 765/2 weist damit mangels Erwähnung der Haftung des Geschenknehmers eine planwidrige Lücke auf, die durch analoge Anwendung dieser Bestimmung auf den Anspruch nach § 789 zu schließen ist.

Bezahlt der ***Geschenknehmer*** den Fehlbetrag nicht, so ***haftet*** er dafür (nur) mit der zugewendeten Sache *(reine Sachhaftung).* Besitzt der Beschenkte die Sache oder ihren Wert nicht mehr oder hat sich der Wert der geschenkten Sache gemindert, so haftet er mit seinem gesamten Vermögen, wenn er den Verlust oder die Wertminderung unredlich zugelassen hat (§ 790/1). Keine Herausgabepflicht trifft daher in den erwähnten Fällen redliche Beschenkte. Das sind solche, die von einer möglichen Beeinträchtigung von Pflichtteilen weder wussten noch wissen mussten, oder solche, die zB eine geschenkte Liegenschaft verkaufen müssen, um mit dem Erlös aus dem Grundstück ein Unternehmen zu sanieren (Materialien). **290**

291 Beschenkte, die selbst pflichtteilsberechtigt sind, haften nur so weit, als sie infolge der Schenkung mehr als den ihnen bei Berücksichtigung der hinzuzurechnenden Schenkungen gebührenden Pflichtteil erhalten würden (§ 791/1). Ist der Geschenknehmer vorverstorben, hat er auf den Pflichtteil verzichtet oder die Erbschaft ausgeschlagen, so steht ihm oder seinen Erben die Haftungsfreistellung in Höhe seines hypothetischen Pflichtteils zu, der zum Todeszeitpunkt des Verstorbenen zu berechnen ist. Die Schenkung ist selbst dann hinzurechnen, wenn der Verstorbene die Anrechnung auf den Pflichtteil erlassen hat (§ 791/2).

Beispiel:
Der Verstorbene hinterlässt seine Ehegattin und eine Tochter. Seiner Tochter hat er zu Lebzeiten eine Liegenschaft geschenkt (Wert € 100.000). In seinem Testament hat der Verstorbene seiner Tochter die Anrechnung auf den Pflichtteil erlassen. Die Witwe begehrt im Verlassenschaftsverfahren die Anrechnung auf den Pflichtteil. Die Tochter beruft sich auf das Testament. Im Falle eines Erlasses ist die von der Anrechnung befreite Schenkung lediglich in Bezug auf den Pflichtteil der beschenkten Tochter weder der Verlassenschaft hinzuzurechnen, noch vom Pflichtteil abzuziehen (§ 785). Was den Pflichtteil der Mutter betrifft, so ist diese Schenkung sehr wohl zu berücksichtigen – der Pflichtteil berechnet sich somit aus dem durch die Hinzurechnung der Schenkung erhöhten Wert der Verlassenschaft.

292 Wurde vom Geschenknehmer oder dessen Erben eine ***Haftungsbeschränkung bereits geltend gemacht,*** so kann eine Person, der der Pflichtteil anstelle des Pflichtteilsberechtigten zufällt oder deren Pflichtteil durch den Wegfall des Pflichtteilsberechtigten erhöht wird, keine Haftungsbeschränkung iSd Abs 2 geltend machen (§ 791/3).

293 Die Rsp lehnt die Anrechnung ab, wenn die ***Nachlassüberschuldung*** so hoch ist, dass die Pflichtteilsberechtigten wegen des Vorrangs der Gläubiger selbst dann keinen Pflichtteilsanspruch gehabt hätten, wenn die Schenkung unterblieben, wertmäßig also noch im Nachlass wäre.

Beispiel aus der Rechtpsrechung:
Sachverhalt: Der Kläger ist eines von fünf Kindern des am 5.6.1989 verstorbenen Gottfried S. Die Beklagte ist die Witwe des Erblassers. Mit Schenkungsvertrag vom 25.7.1986 hatte der Erblasser der Beklagten die ihm gehörige Liegenschaft EZ 29 KG O geschenkt. Mangels eines Nachlassvermögens nach Gottfried S fand eine Verlassenschaftsabhandlung nicht statt. Der Kläger begehrt ein Fünfzehntel des Wertes der Liegenschaft. Dagegen wendet die Beklagte ein, dass vom Wert der Liegenschaft Schulden des Erblassers in der Höhe von S 400.000 in Abzug zu bringen seien.
Nach § 951/1 aF (§ 789 nF) kann der verkürzte Noterbe vom Beschenkten die Herausgabe des Geschenkes zur Deckung des Fehlbetrages verlangen, wenn bei der Bestimmung des Pflichtteils nach § 785 aF (§ 781 nF) Schenkungen bei Berechnung des Nachlasses in Anschlag gebracht wurden. Dieser Anspruch besteht grds auch dann, wenn der Erblasser zu Lebzeiten sein gesamtes Vermögen verschenkt hat und das Abhandlungsverfahren armutshalber abgetan wurde.
Aus der Begründung: Der OGH lehnt die Ansicht *Kraliks* ab, dass der Noterbe selbst bei Überschuldung des Nachlasses den Pflichtteil vom vollen Wert des Geschenkes vom Beschenkten nach den Regeln der §§ 951 f aF (§§ 789 f nF) fordern kann. Der

Zweck der §§ 785, 951 aF (§§ 781, 789 nF) liegt darin, den übergangenen Noterben so zu stellen, „wie er stünde, wenn die Schenkung unterblieben wäre". „In Anschlag bringen" einer Schenkung gem § 785 aF (§ 781 nF) bedeutet die rechnerische Annahme, es wären noch alle Schenkungen im Nachlass. Damit darf aber der Schenkungspflichtteil nicht losgelöst vom negativen Nachlass gegen den Beschenkten berechnet werden, sodass die Überschuldung vom Wert der Schenkung in Abzug zu bringen ist. Dies kann bei hoher Überschuldung dazu führen, dass der geltend gemachte Pflichtteilsanspruch ungeachtet anrechenbarer Schenkungen überhaupt nicht besteht. Im konkreten Fall hängt es daher vom Wert der Schenkung sowie der Höhe der Schuld ab, ob ein Pflichtteilsanspruch zusteht.
Zusammenfassung: Die Überschuldung des Nachlasses ist vom Wert der Schenkung in Abzug zu bringen (1 Ob 525/92).

Die Geltendmachung der Hinzu- und Anrechnung einer Zuwendung setzt voraus, dass der Pflichtteilsberechtigte Informationen über die gemachten Schenkungen hat, weil ihn die Beweislast für die Höhe seines Anspruchs trifft. Während nach alter Rechtslage kein materieller Auskunftsanspruch, sondern nur Art XLII EGZPO als Rechtsgrundlage dienen konnte, wurde mit dem ErbRÄG 2015 § 786 eingefügt, wonach der Berechtigte einen ***Auskunftsanspruch*** gegen die Verlassenschaft, die Erben und gegen die beschenkte Person hat, nicht aber gegen Dritte (zB Banken). Der Anspruch kann zwar erst nach dem Tod des Geschenkgebers geltend gemacht werden, bezieht sich dann aber auf Umstände sowohl vor als auch nach dem Erbfall. Bezüglich der auskunftspflichtigen Person ist keine bestimmte Rangordnung, insb auch keine Subsidiarität, vorgesehen. Der Berechtigte kann daher auch den Beschenkten (trotz dessen nur subsidiärer Haftung für den Fall, dass die Verlassenschaft zur Erfüllung seiner Ansprüche nicht reicht; s Rz 288) als Ersten in Anspruch nehmen. Wenn er allerdings die zur Geltendmachung seiner Ansprüche erforderliche Auskunft bereits vom Erben erhalten hat, kann er nicht zwecks Bestätigung auch noch gegen den Beschenkten vorgehen, sondern nur dann, wenn an der bereits erhaltenen Auskunft begründete Zweifel bestehen. In allen Fällen muss er allerdings zumindest glaubhaft machen, die Auskunft zur Durchsetzung seiner Ansprüche zu benötigen. Er hat sich dabei auf ***bestimmte Schenkungen*** zu beziehen; das Begehren zur Bekanntgabe zB aller Schenkungen, die der Verstorbene innerhalb von zwei Jahren vor seinem Tod gemacht hat, entspricht nicht dem Erfordernis des § 786 („bestimmter Schenkungen"). Jedoch muss der Auskunftsberechtigte die Schenkung, über die er Auskunft verlangt, nicht beweisen – sonst wäre der Auskunftsanspruch obsolet. Gleichzeitig sollen gänzlich unbeteiligte Personen nicht mit Auskunftsbegehren belangt werden können (etwa bloße Geschenknehmer bzgl etwaigen Schenkungen an Dritte). Der OGH verlangt daher, dass der Auskunftswerber den Beweis für Tatsachen erbringt, die auf pflichtteilsrelevante Umstände schließen lassen (zB eine nicht erklärbare Verminderung des erblasserischen Vermögens). Bei einem Anspruch gegen einen Geschenknehmer sind Indizien nachzuweisen, denen zufolge der Verstorbene die betroffene Person tatsächlich beschenkt hat. Im engeren Familienkreis werden an diese Indizien jedoch keine hohen Anforderungen **294**

Anrechnung iwS

Hinzu- und Anrechnung
- Zuwendungen zu Lebzeiten
- Hinzurechnung des anrechnungspflichtigen Postens, Abzug (Anrechnung ieS) vom Erb- oder Pflichtteil des Zuwendungsempfängers

Reine Anrechnung
- Zuwendungen aus dem Nachlass
- Ohne vorheriges Hinzurechnen, einfacher Abzug (Anrechnung ieS) vom Erb- oder Pflichtteil des Zuwendungsempfängers

Erbteil: gewillkürt, gesetzlich

Pflichtteil: gemein, Schenkungen

Nachkommen (§§ 753 iVm § 781)	**Ehegatte** (§ 744/2)	**Pflichtteilsberechtigte** (§ 780/1)	**Schenkungen** (§ 781)	**Besonderheiten**
– Schenkungen zu Lebzeiten – Schenkungen auf den Todesfall – Ausstattung – Vorschuss auf den Pflichtteil – Abfindung für einen Erb- oder Pflichtteilsverzicht – Vermögenswidmung einer Privatstiftung – Einräumung einer Stellung als Begünstigter einer Privatstiftung	– Ehepakt – Erbvertrag	– Erbteil – Vermächtnis – Vorausvermächtnis des Ehegatten – Stellung eines Begünstigten einer vom Verstorbenen errichteten Privatstiftung	– Schenkungen zu Lebzeiten – Schenkungen auf den Todesfall – Ausstattung – Vorschuss auf den Pflichtteil – Abfindung für einen Erb- oder Pflichtteilsverzicht – Vermögenswidmung einer Privatstiftung – Einräumung einer Stellung als Begünstigter einer Privatstiftung	– § 782: Schenkungen an nicht PT-Berechtigte zeitlich begrenzt – §§ 784, 782/2: ausgenommene Schenkungen – §§ 789 ff: Herausgabepflicht bei unzureichender Verlassenschaft – § 788: Bewertung der Schenkung – Vermögensopfertheorie

Anrechnungsberechtigt

Jeder Nachkomme	Jeder Miterbe	Jeder Miterbe	Erben, Legatare (§ 783/2), PT-Berechtigte (auch wenn sie auf den PT verzichten oder ihn ausgeschlagen haben)	Bei Schenkungen an Nicht-PT-Berechtigte nur PT-Berechtigte

Abb. 11: Anrechnung

gestellt, weshalb es hier für die Begründung eines sämtliche Schenkungen (vgl § 786) erfassenden Auskunftsanspruchs ausreicht, dass ein Pflichtteilsberechtigter bereits hinzuzurechnende Schenkungen vom Verstorbenen erhalten hat. Der Schenkungsvertrag selbst ist dabei aber nicht zu beweisen (und auch kaum beweisbar), sondern – wie oben erwähnt – nur glaubhaft zu machen. Es reicht daher zB, wenn der Auskunftsberechtigte dartut, dass der Verstorbene einen bestimmten Geldbetrag von seinem Sparbuch abgehoben und der mutmaßlich Beschenkte am nächsten Tag eine Anschaffung um ebendiesen Betrag getätigt hat.

V. Verlassenschaftsverfahren

Literaturauswahl: *Mayerhofer,* Überlassung des Nachlasses an Zahlungs Statt und kridamäßige Verteilung, NZ 1992, 220; *Holzner,* Wer ist „dritter redlicher Besitzer" im Sinne des § 824 ABGB? NZ 1994, 121; *Riedler,* Zur personellen Reichweite des gutgläubigen Erwerbs vom Scheinerben, NZ 1994, 1; *C. Rabl,* Das Nachlaßinventar – Inhalt und Zweck, NZ 1999, 129; *Solomon,* Erbfolge und Erbgang bei deutsch-österreichischen Erbfällen, ZVglRWiss 99 (2000) 170; *Bajons,* Zur Interdependenz von IPR und IZVR bei der Schaffung eines europäischen Justizraums für grenzüberschreitende Nachlassangelegenheiten, in *Deutsches Notarinstitut* (Hg), Internationales Erbrecht in der EU (2004) 465; *dieselbe,* Die OGH-Judikatur zur internationalen Nachlassabwicklung im Lichte des neuen AußStrG und AußStr-BegleitG (Teil I), NZ 2004, 289 und NZ 2005, 43, 66; *Bittner,* Das neue Verlassenschaftsverfahren, ecolex 2004, 927; *Goriany,* Das neue Verlassenschaftsverfahren, NZ 2004, 353; *Gruber,* Erbteilungsübereinkommen und Testament, in FS Welser (2004) 239; *Bajons,* Die OGH-Judikatur zur internationalen Nachlassabwicklung im Lichte des neuen AußStrG und AußStr-BegleitG (Teil II-III), NZ NZ 2005, 43, 66; *dieselbe,* Internationale Zuständigkeit und anwendbares Recht in grenzüberschreitenden Erbrechtsfällen innerhalb des europäischen Justizraums, in FS Heldrich (2005) 495; *Fucik,* Das neue Verlassenschaftsverfahren (2005); *Ludwig,* Die Änderung der internationalen Zuständigkeit österreichischer Nachlassgerichte und ihre Auswirkung auf das österreichische Erbkollisionsrecht, ZEV 2005, 419; *Mayr/Fucik,* Das neue Verfahren außer Streitsachen[2] (2005); *Fucik,* Das Verlassenschaftsverfahren, in *BMJ* (Hg), Vorarlberger Tage 2005 (2006) 29; *Metzler,* Die Anerkennung des Erbrechts, ÖJZ 2006, 515; *derselbe,* Das Verfahren über das Erbrecht, in *BMJ* (Hg), Vorarlberger Tage 2005 (2006) 77; *Mondel,* Die praktische Handhabung der Benützung, Verwaltung und Vertretung des Nachlasses, NZ 2006, 225; *Spitzer,* Benützung, Verwaltung und Vertretung des Nachlasses (§ 810 ABGB neu), NZ 2006, 33; *Antenreiter/R. Kaindl,* The Civil Law Notary in Austria, in *Center of Legal Competence et al* (Ed), Notaries in Europe – Growing Fields of Competence (2007) 47; *Ch. Bruckner,* Erbteilungsübereinkommen (2007); *Jordis,* Strategien zur rechtlichen Ordnung von Familienunternehmen in Österreich, in *Frasl/Rieger* (Hg), Family Business Handbuch (2007) 102; *Reckenzaun,* Wann ist der überschuldete Nachlass ein Fall für den Masseverwalter? NZ 2007, 97; *Zankl,* Fehler bei der Vermögensweitergabe von Todes wegen, LJZ 2007, 11; *Zemen,* Ehegattenerbhof und Testament, NZ 2007, 79; *Engelhart,* Nachlassseparation und Verlassenschaftskonkurs, ZIK 2008, 6; *Obermaier,* Zum Unterbleiben der Verlassenschaftsabhandlung, ÖJZ 2008, 125; *A. Tschugguel,* Das ungültig gewordene Nottestament, NZ 2008, 266; *W. Tschugguel,* Häufige Formfehler bei Errichtung eines Testaments, iFamZ 2008, 346; *Beer,* Die vorweggenommene Erbfolge aus notarieller Sicht, in *Feiler/Raschhofer* (Hg), Innovation und internationale Rechtspraxis, Praxisschrift für Wolfgang Zankl (2009) 55; *G. Kodek,* Die Suche nach dem unbekannten Erben im Verlassenschaftsverfahren, ÖJZ 2009, 197; *Lukas,* Unternehmensnachfolge von Todes wegen bzw im Hinblick auf den Todesfall,

JEV 2009, 4, 40; *Mondel,* Sittenwidrigkeit letztwilliger Anordnungen, Praxisschrift Zankl (2009) 569; *Spitzer,* Ein Bruderzwist im Fürstenhaus, ÖJZ 2009, 445; *A. Tschugguel,* Das Nottestament – Voraussetzungen, Konversion, Änderungsbedarf, NZ 2009, 129; *W. Tschugguel,* Testamentum mysticum, iFamZ 2009, 172; *derselbe,* Ersatzerbschaft oder Transmission, iFamZ 2009, 244; *derselbe,* Wann erlischt die gemeine Substitution? iFamZ 2009, 302; *Koch-Hipp,* Kuratorenbestellung für den Nasciturus im Verlassenschaftsverfahren, iFamZ 2010, 209; *Leitner,* Einkünftezurechnung an den ruhenden Nachlass? JEV 2010, 78; *Müller/Saurer,* Praxisfall – Nachlassplanung eines Unternehmers mit dem Ziel, den Unternehmenserhalt in der Familie sicherzustellen, JEV 2010, 125; *Perscha,* Der elektronische Notariatsakt, in FS Woschnak 2010, 403; *A. Tschugguel,* Sind Einschränkung und Aufhebung fideikommissarischer Anordnungen formpflichtig? NZ 2010/2; *W. Tschugguel,* Wann ist ein fremdhändiges Zwei-Zeugen-Testament „fertig"? iFamZ 2010, 109; *Wagner/Knechtel,* Notariatsordnung (2010); *Aigner,* Der Irrtum des Erblassers, NZ 2011, 193; *Beck,* Pflegschaftsgericht und Außerstreitverfahren – Die Rolle des Pflegschaftsgerichts im Verlassenschaftsverfahren, E-FZ 2011, 49; *Gelbmann,* Verlassenschaftsprovision – Wie der Tod weitere Bankgebühren auslöst, ecolex 2011, 394; *Müller/Saurer,* Praxisfall – Die Anordnung einer Ersatznacherbschaft und die Folgen, JEV 2011, 17; *A. Tschugguel,* Von der Wertlosigkeit des Nottestaments – die „objektive Gefahr" als Risikofaktor, NZ 2011, 177; *W. Tschugguel,* § 597 ABGB: Die Voraussetzungen für ein gültiges Nottestament aus dem Blickwinkel der Gefahrenlage, iFamZ 2011, 94; *derselbe,* Eine neue Facette des Testaments eines Besachwalteten, iFamZ 2011, 288; *Fischer-Czermak,* Anwendbares Recht, in *Schauer/Scheuba* (Hg), Die Europäische Erbrechtsverordnung (2012) 43; *Fucik/Neumayr,* Die Parteien des Verlassenschaftsverfahrens – Die Rechtsprechung im Überblick, iFamZ 2012, 139; *Novacek,* Gesamtrechtsnachfolge- und Haftungsfragen, in FS Schlager 2012, 769; *C. Rabl,* Das Schicksal der vom Erblasser verfügten Lasten nach Wegfall des belasteten Erben, NZ 2012/67; *Reiter,* Letztwillige Nichtverpartnerungsklauseln: § 700 ABGB anwendbar? EF-Z 2012/122; *Schauer,* Die neue Erbrechts-VO der Europäischen Union – eine Annäherung, JEV 2012, 78; *derselbe,* Der geschiedene Ehegatte als Testamentserbe, iFamZ 2012, 145; *Schilchegger/K. Gruber,* Österreichisches Verlassenschaftsverfahren (2012); *W. Tschugguel,* Das Testament der entmündigten oder besachwalteten Person, iFamZ 2012, 150; *derselbe,* Freie Wahl der Testamentsform auch nach Erteilung einer Vorsorgevollmacht, iFamZ 2012, 105; *derselbe,* Mündlich kann auch schriftlich sein: ein besonderer Fall der letztwilligen Verfügung einer besachwalteten Person, iFamZ 2012, 154; *derselbe,* Probleme des „Zeugenzusatzes" beim fremdhändigen Testament gem § 579 ABGB, iFamZ 2012, 272; *Volgger,* § 597 ABGB: Die Gefahrensituation als Voraussetzung eines gültigen Nottestaments, EF-Z 2012, 20; *Welser,* Die Reform des österreichischen Erbrechts, NZ 2012/1; *derselbe,* Ist das Nottestament riskant? GesRZ 2012, 63; *derselbe,* Reformbedarf bei den letztwilligen Verfügungen, in FS Simotta (2012) 699; *Christandl,* Der Schutz pflegebedürftiger Erblasser vor Fremdbestimmung – eine kritische Bestandsaufnahme, JBl 2013, 681; *Fischer-Czermak,* Regelungsbedarf bei nichtehelichen Lebensgemeinschaften und Vorschläge de lege ferenda, 18. ÖJT Band II/2 (2013) 9; *Holzner,* Verjährung der Erbschaftsklage erst ab Einantwortung bzw bei Heimfall ab dem Ausfolgungsbeschluss, JBl 2013, 175; *Neumayer,* Die Nuncupatio – zur Bekräftigung des letzten Willens, Zak 2013/159; *Perscha,* Rechte der Noterben im Verlassenschaftsverfahren, EF-Z 2013/127; *Probst,* Pflichtteilsansprüche und Anrechnung von Vorschenkungen, GesRZ 2013, 276; *Rubin,* Die ratio der unternehmensrechtlichen Erbenhaftung (§ 40 UGB), FS Fenyves (2013) 981; *A. Tschugguel,* Sachwalterschaft aus Sicht des Testamentserrichters, EF-Z 2013/161; *W. Tschugguel,* „Akteneinsicht" durch den Gerichtskommissär, iFamZ 2013, 155; *derselbe,* Probleme des (mündlichen) Nottestaments – wiederum: der Tod beim Testieren, iFamZ 2013, 201; *derselbe,* Sind vier lose Blätter ein Testament? iFamZ 2013, 58; *derselbe,* Stillschweigende Ersatzerbenberufung nach § 779 Abs 1 ABGB? iFamZ 2013, 101; *derselbe,* Umfasst die Nachlassseparation auch die vom Erblasser auf seinen Todesfall verschenkten

Liegenschaften? iFamZ 2013, 314; *Welser,* Für und Wider die nuncupatio, in FS Fenyves (2013) 413; *Giller,* Die Gestaltbarkeit der Pflichtteilsdeckung, JEV 2014, 14; *Höllwerth,* Der Gerichtskommissär im Verfahren über das Erbrecht, NZ 2014, 73; *Kerres,* Anfechtungsverbote im Stiftungsrecht, ecolex, 2014, 42; *Kogler,* Die Ausschlagungsverpflichtung vor Anfall des Erbrechts, EF-Z 2014/3; *Mondel,* Akteneinsicht bei übergreifenden Verlassenschaftsverfahren – oder: Die Auswirkungen einer unterlassenen Ersatzerbenberufung, iFamZ 2014, 81; *derselbe,* Warum macht das der Gerichtskommissär? ÖRPfl 2014 H 2, 10; *Obermaier,* Kostenseitig – Zu den Kosten des über Antrag eines Noterben oder Gläubigers errichteten Inventars – Kostentragung vor Einantwortung – Kostentragung ab Einantwortung, ÖJZ 2014/29; *A. Tschugguel,* Die „Setzung auf den Pflichtteil" – kritische Überlegungen zu einer gängigen letztwilligen Anordnung, EF-Z 2014/124; *derselbe,* Vier (gleichzeitig) bedachte Testamentszeugen: Zeugnis(un)fähigkeit gemäß § 594 ABGB? Zugleich eine Besprechung der OGH-E 2 Ob 251/12v, EF-Z 2014/5; *derselbe,* Zur Testamentszustellung durch den Gerichtskommissär, EF-Z 2014/152; *Volgger,* Antritt und Ausschlagung der Erbschaft (2014); *Barth/Pesendorfer,* Erbrechtsreform 2015 (2015); *Kogler,* Die Vereinbarung der Anrechnung auf ein testamentarisches Erbrecht, NZ 2015/1; *Kolmasch,* Erbrechts-Änderungsgesetz 2015 (ErbRÄG 2015), Zak 2015, 250; *Mondel,* Der Heimleiter als tauglicher Testamentszeuge der letztwilligen Anordnung eines Heimbewohners, iFamZ 2015, 244; *Till,* Freie Widerrufbarkeit der Nachlassverwaltung? iFamZ 2015, 132; *derselbe,* Zur Aufklärungsverpflichtung des Notars, NZ 2015, 265; *A. Tschugguel,* Zur Anerkennung im Erbrecht, EF-Z 2015/41; *Christandl/Nemeth,* Das neue Erbrecht – ausgewählte Einzelfragen, NZ 2016/1; *Fucik,* Verfahrensrechtliche Änderungen durch das ErbRÄG 2015, in *Barth/Pesendorfer* (Hg), Praxishandbuch des neuen Erbrechts (2016) 333; *Fucik/Mondel,* Das Verlassenschaftsverfahren[2] (2016); *Kathrein,* Das neue Erbrecht, EF-Z 2016, 4; *Metzler,* Wann beginnt das Verfahren über das Erbrecht? NZ 2016, 330; *Pesendorfer,* Entstehung des Erbrechts, Erbverzicht, Erbschaftserwerb und Verjährung, in *Barth/Pesendorfer* (Hg), Praxishandbuch des neuen Erbrechts (2016) 17; *Geroldinger,* Unterbrechung des Verlassenschaftsverfahrens durch Eröffnung eines Verlassenschaftsinsolvenzverfahrens – Zugleich eine Besprechung der E 2 Ob 200/16z, EF-Z 2017/74; *Gitschthaler,* Unterhaltsansprüche im Verlassenschaftsverfahren – schlafendes Recht? EF-Z 2017/71; *Gruber,* Testierfähigkeit und Beweismittel im Erbrechtsstreit, iFamZ 2017/239; *Hofmann,* Unterbrechung des Verlassenschaftsverfahrens bei Insolvenz der Verlassenschaft, iFamZ 2017/76; *Mondel,* Aus der Erbrechtspraxis des Dr. M., iFamZ 2017, 107; *derselbe,* Neuerliche Bestellung eines Verlassenschaftskurators, iFamZ 2017/187; *Bittner,* Nachlassteilung, in *Gruber/Kalss/Müller/Schauer* (Hg), Erbrecht und Vermögensnachfolge[2] (2018) 509; *Bittner/Hawel,* Verlassenschaftsverfahren, in *Gruber/Kalss/Müller/Schauer* (Hg), Erbrecht und Vermögensnachfolge[2] (2018) 382; *Fischer-Czermak,* Verfügungen über Bankkonten nach § 810 ABGB, EF-Z 2018/99; *Gruber/Sprohar-Helmich/Scheuba,* Die letztwillige Verfügung, in *Gruber/Kalss/Müller/Schauer* (Hg), Erbrecht und Vermögensnachfolge[2] (2018) 593; *dieselben,* Instrumente zur Sicherung des Erblasserwillens, in *Gruber/Kalss/Müller/Schauer* (Hg), Erbrecht und Vermögensnachfolge[2] (2018) 685; *Huter,* Ersatz der Kosten des Verlassenschaftskurators im Verfahren über das Erbrecht (Teil I), EF-Z 2018/119; *Kühnberg,* Erbschaftsstreit nach Einantwortung, in *Gruber/Kalss/Müller/Schauer* (Hg), Erbrecht und Vermögensnachfolge[2] (2018) 522; *Kogler,* Die Ausschlagung im neuen Erbrecht, EF-Z 2018/2; *Linder,* Erbenhaftung, in *Gruber/Kalss/Müller/Schauer* (Hg), Erbrecht und Vermögensnachfolge[2] (2018) 466; *Mondel,* Überlassung einer Liegenschaft an Zahlungs statt, iFamZ 2018/70; *Verweijen,* Handbuch Verlassenschaftsverfahren[2] (2018); *Volgger,* Der untätige Erbe: Die Nichtbeteiligung des Erben im Verlassenschaftsverfahren, EF-Z 2018/95; *Zankl,* Erbrechtliche Informations- und Schadenersatzpflichten, EF-Z 2018/76; *Huter,* Ersatz der Kosten des Verlassenschaftskurators im Verfahren über das Erbrecht (Teil II), EF-Z 2019/4; *Mondel,* Vorsorgevollmacht und Inventarerrichtung, iFamZ 2019, 391; *Schweda,* Kein Zugriff auf gesperrte Bankkonten mittels Amtsbestätigung, iFamZ 2019, 120; *Spruzina,* Zum Umfang des Vertretungsrechts des erbantrittserklärten Erben, EF-Z 2019/6; *Schilchegger/Hohensinn,* Entschädigung des Verlassenschaftskurators nach 2. ErwSchG, NZ 2021/1; *Schilchegger,* Judikaturübersicht Entschädigung, Entgelt und Aufwandersatz des Verlassenschaftskurators nach 2. ErwSchG, NZ 2021/2.

Judikaturauswahl: 8 Ob 298/00g (Ausgleichsantrag über die Verlassenschaft); 6 Ob 8/01x (Übertragung der Nachlassverwaltung); 7 Ob 177/01g (Beteiligung des Noterben am Verlassenschaftsverfahren); 8 Ob 3/02b (Aufhebung der Nachlassseparation); 6 Ob 8/02y (Liegenschaftsschätzung im Verlassenschaftsverfahren); 3 Ob 126/02d (Parteistellung bei Überlassung an Zahlungs statt); 6 Ob 191/02k (Zulässigkeit der Nachlassseparation); 8 Ob 244/02v (Konkurs des Sondervermögens bei der Nachlassseparation); 2 Ob 39/03d (Durchsetzung der Rechte des ruhenden Nachlasses); 7 Ob 49/04p (Rechte des minderjährigen Legatars); 7 Ob 236/04p (Prozessführung durch Miterben); 6 Ob 129/05x (Prüfpflicht von Urkundspersonen bzgl der Testierfähigkeit); 7 Ob 185/05i (Gültigkeit des eigenhändigen Testaments; Unlesbarkeit des Inhalts); 2 Ob 258/05p (Geltendmachung vererbter Restitutionsansprüche gegen ausländischen Staat als Gegenstand einer Auflage – § 709); 10 Ob 2/06a (Motivirrtum bei letztwilliger Verfügung – nachträgliche Scheidung); 8 Ob 6/06z (Rechtspraktikant ist eine Gerichtsperson iSd § 589); 4 Ob 17/06p (Stillschweigender Widerruf eines Testaments); 2 Ob 225/06m (Gefahr der Verbringung von Nachlassvermögen ins Ausland); 8 Ob 10/07i (Unwirksamkeit von Hinzufügungen Dritter im eigenhändigen Testament); 5 Ob 249/07i (Konkurs des einzigen erbserklärten Erben – Unterbrechung des Abhandlungsverfahrens); 2 Ob 1/08y (Testamentsvollstreckung); 6 Ob 287/08m (Wertpapierdepot – Auskunftspflicht der Bank); 6 Ob 3/09y (Unwirksamkeit einer Erbsentschlagung wegen Motivirrtums); 9 Ob 66/09k (Stellung des Legatars im Verlassenschaftsverfahren); 6 Ob 167/09s (Erbeinsetzung unter Potestativbedingungen); 2 Ob 229/09d (Abweisung des Antrags auf Inventarisierung mangels Pflichtteilsanspruch); 7 Ob 259/09b (Verlust der Erbschaft wegen Nichterfüllung von Auflagen); 1 Ob 3/10p (Versicherungslauf gegen den ruhenden Nachlass: laesio enormis); 2 Ob 85/10d (Antragsrecht zur Inventarerrichtung); 6 Ob 89/10x (Fideikommissarische Substitution – Vererbbarkeit der Anwartschaft des Nacherben); 2 Ob 148/10v (Kein Verfügungsrecht des auf den Todesfall beschenkten Erben in separiertem Nachlass); 1 Ob 222/10v (Verlassenschaft – kein Kurator für ungezeugte Ersatzerben); 3 Ob 227/10v (Übergangener Erbe muss Erbschaftsklage erheben); 10 Ob 28/11g (Einbringung des Separationsantrags beim Gerichtskommissär als PDF-Datei); 6 Ob 30/11x (Schaden des überlebenden Ehegatten aus der Errichtung eines formungültigen Testaments); 2 Ob 41/11k (Erbteilungsklage); 3 Ob 44/11h (Übergangener Nacherbe – kein Rekurs gegen Einantwortung, keine Substitutionsabhandlung); 1 Ob 102/11y (Wirksamkeit von Nottestamenten); 5 Ob 151/11h (Voraussetzungen der Verfügung über Nachlassgegenstände durch erbantrittserklärte Erben); 2 Ob 166/11t (Auflagenverletzung und Ersatzerbschaft); 4 Ob 198/11p (Notarielles Testament eines Besachwalteten); 8 Ob 16/12d (Bestrittene Forderung im Inventar); 10 Ob 16/12v (Ausfolgung des Originaltestaments); 4 Ob 34/12x (Veräußerung von Nachlassgegenständen außerhalb der ordentlichen Verwaltung); 6 Ob 78/12g (Antragsrechte der Noterben); 4 Ob 112/12t (Kontoöffnung durch Pflichtteilsberechtigten); 5 Ob 116/12p (Verjährung der Erbschaftsklage ab Einantwortung); 3 Ob 141/12z (Zurückweisung der Erbantrittserklärung); 7 Ob 182/12h (Bekämpfung des Einantwortungsbeschlusses); 5 Ob 185/12k (Separate nuncupatio); 7 Ob 189/12p (Keine Formbedürftigkeit bei Abtretung eines Erbanspruches); 6 Ob 205/12h (Inventarisierung bei partiellem Pflichtteilsverzicht?); 4 Ob 243/12x (Veräußerung von Nachlassvermögen außerhalb der ordentlichen Verwaltung); 1 Ob 246/12a (Erbschaftsklage gegen den Erbschaftsbesitzer); 2 Ob 251/12v (Wechselseitige Zeugnisfähigkeit eingesetzter Erben); 1 Ob 3/13t (Freie Widerrufbarkeit der Nachlassverwaltung); 3 Ob 4/13d (Beschränkung auf § 568); 10 Ob 35/13i (Bewilligung der Nachlassseparation); 2 Ob 61/13d (Verschwiegenheitsverpflichtung des Notars als Testamentszeuge); 3 Ob 79/13h (Erbteilung); 1 Ob 107/13m (Ausübung des Stimmrechts durch den Verlassenschaftskurator); 1 Ob 108/13h (Zur Nachlassseparation); 6 Ob 168/13v (Insolvenz des Erben ist als Motivirrtum zu werten?); 2 Ob 221/13h (Bestellung des Kurators); 6 Ob 10/14k (Negatives Testament und resolutive Bedingung); 8 Ob 15/14k (Unterbleiben der Abhandlung); 9 Ob 35/14h (Der Verlassenschaftskurator und seine Rechte); 8 Ob 69/14a (Post-it auf Testament); 4 Ob 110/14a (Vorerbe ist kein fähiger Zeuge); 6 Ob 204/14i (Vertretungshandlungen des Verlassenschaftskurators); 5 Ob 40/15s (Aufklärungspflicht des Notars bei unbedingter Erbantrittserklärung); 2 Ob 134/15t (Rechtsmittelbefugnis des Pflichtteilsberechtigten); 2 Ob 166/15y (Gesonderte Anfechtbarkeit von Beschlüssen); 2 Ob 183/15y (Antrag auf rückwirkende Kontoöffnung durch Pflichtteilsberechtigten); 2 Ob 128/16m (Sicherstellung für Unterhaltsansprüche); 2 Ob 147/16f (Bestellung eines Verlassenschaftskurators); 2 Ob 150/16x (Antragstellung auf Schätzung der Verlassenschaft); 2 Ob 162/16m (Beweislast über Testierfähigkeit, Aussageverweigerungsrecht eines Arztes); 5 Ob 187/16k (Akteneinsicht des Erben in Sachwalterschaftsakt); 2 Ob 200/16z (Unterbrechung des Verlassenschaftsverfahrens bei Insolvenz); 2 Ob 9/17p (Akteneinsicht durch Dritten); 1 Ob 25/17h (Keine Pflicht zur Verständigung der Noterben bei Abtuung armutshalber); 2 Ob 27/17k (Vertretung der Verlassenschaft im Prozess gegen Miterben); 2 Ob 43/17p (Keine Inventarisierung von Fruchtgenussrechten); 2 Ob 49/17w (Liegenschaftsveräußerung durch Verlassenschaftskurator); 2 Ob 64/17a (Inventarisierung eines Sparbuchs); 2 Ob 66/17w (Überlassung einer Liegenschaft an Zahlungs statt); 9 Ob 66/17x (Akteneinsicht durch potenzielle Erben); 10 Ob 66/17d (Akteneinsicht in Sachwalterschaftsakt); 2 Ob 78/17k (Beweislast im Verfahren über das Erbrecht); 2 Ob 84/17t (Sicherstellung zugunsten eines Minderjährigen); 2 Ob 95/17k (Inventarisierung eines Sparbuchs); 2 Ob 112/17k (Abstrakte Möglichkeit der Gefährdung allein rechtfertigt keine Nachlassseparation); 2 Ob 158/17z (Freiheitsersitzung durch Verlassenschaft); 4 Ob 238/17d (Recht der Erben auf Akteneinsicht in den Sachwalterschaftsakt); 2 Ob 52/18p (Akteneinsicht durch Hinzurechnungsberechtigten); 2 Ob 60/18i (Inventarisierung einer zu Lebzeiten verschenkten Liegenschaft); 2 Ob 88/18g (Vorsorgevollmacht umfasst unbedingte Erbantrittserklärung); 2 Ob 84/19w (Verjährung der Erbschaftsklage); 1 Ob 102/23s (Amtshaftung aufgrund Fehler im Verlassenschaftsverfahren).

1. Einleitung des Verlassenschaftsverfahrens

Auch der rechtmäßige Erbe darf die Erbschaft nicht eigenmächtig in Besitz **295** nehmen (§ 797), sondern es muss der Übergang der erblasserischen Rechte auf ihn im Rahmen des Verlassenschaftsverfahrens erwirkt werden. Das Verlassenschaftsverfahren ist also obligatorisch und grds ***von Amts wegen*** einzuleiten. Es wird im Wesentlichen vom Notar als Gerichtskommissär (s dazu das GKoärG) durchgeführt; dem Abhandlungsgericht bleibt es vorbehalten, Beschlüsse jeder Art (insb den Einantwortungsbeschluss) zu erlassen sowie im Verfahren bei widersprechenden Erbantrittserklärungen zu entscheiden.

Das Verfahren beginnt mit der ***Todesfallaufnahme.*** Bei dieser hat der Ge- **296** richtskommissär alle Umstände zu erheben, die für die Verlassenschaftsabhandlung und allfällige pflegschaftsgerichtliche Maßnahmen erforderlich sind (§ 145 AußStrG). Die Todesfallaufnahme umfasst va die Daten des Verstorbenen und der (testamentarischen und gesetzlichen) Erben, letztwillige Urkunden, Begräbniskosten und das hinterlassene Vermögen (samt Rechten und Pflichten), welches „auf einfache Weise“ zu ermitteln ist (§ 145a AußStrG). Dies geschieht idR durch eine Anfrage des Gerichtskommissärs bei bekannten Gläubigern oder Schuldnern (zB Banken, Versicherungen). Falls erforderlich, kann er jedoch weitere Erhebungen, wie etwa die Öffnung von Wohnungen, Schrankfächern udgl – dies hat jedoch im Beisein von zwei volljährigen Vertrauenspersonen, idR Angehörige, Mitbewohner oder Nachbarn zu erfolgen – vornehmen (§ 146 AußStrG). Den Gerichtskommissär trifft jedoch nicht die Pflicht, Nachforschungen nach vermisstem Vermögen anzustellen.

Grundsätzlich sollen die vermutlichen Erben, nahen Angehörigen oder Mitbewohner die Verlassenschaftsgegenstände verwahren. Nur wenn diese dazu nicht bereit oder fähig sind oder die begründete Gefahr besteht, dass Vermögensbestandteile der Verlassenschaftsabhandlung entzogen werden könnten, hat der Gerichtskommissär die Verlassenschaft auf geeignete Weise zu sichern (§ 147 AußStrG). Als Sicherungsmaßnahme kommt neben dem Versperren insb die Versiegelung der Verlassenschaft oder ihre Verwahrung beim Gerichtskommissär oder einem Verwahrer in Betracht (§ 147/2 AußStrG). Ob, und welche Sicherungsmaßnahmen der Gerichtskommissär ergreift, liegt in seinem (pflichtgemäßen) Ermessen. Das Verhältnis zwischen Sicherungsmaßnahmen nach § 147 AußStrG und der Nachlassabsonderung nach § 812 (s dazu Rz 322 ff) ist umstritten. Es ist wohl davon auszugehen, dass § 147 AußStrG (im Gegensatz zu § 812) nicht dem Schutz der Interessen dritter Personen dient, sodass etwa die Sorge eines Legatars über die Erfüllung seiner Ansprüche durch die Erben keine Sicherungspflicht iSd § 147 AußstrG begründet.

Sind letztwillige Anordnungen oder andere für die Bestimmung des Erbrechts maßgebliche Urkunden (zB Erb- oder Pflichtteilsverzichtsvertrag, Erbvertrag) vorhanden, hat sie der Gerichtskommissar im Original zu übernehmen; Kopien derselben sind den Parteien und denjenigen zuzustellen, die nach der Aktenlage als gesetzliche Erben zu berufen wären (§ 152/2 AußStrG; wird diese Zustellung unterlassen, kann es zu einer Amtshaftung kommen). Befindet sich eine solche Urkunde bei einem Dritten, ist er zu deren Herausgabe verpflichtet (§ 151 AußStrG).

2. Unterbleiben der Abhandlung, Überlassung an Zahlungs statt

297 Bei geringfügigen bzw überschuldeten Nachlässen wird unter bestimmten Umständen kein (ordentliches) Verlassenschaftsverfahren eingeleitet, sondern es kommt zu einem verkürzten Verfahren:

298 Betragen die Nachlassaktiva weniger als € 5.000, sind keine Liegenschaften vorhanden und wird kein Fortsetzungsantrag gestellt, so unterbleibt die Abhandlung ohne weitere Verständigung, und das Gericht ermächtigt diejenigen, deren Ansprüche bescheinigt sind, zur Übernahme des Verlassenschaftsvermögens ***(Unterbleiben der Abhandlung,*** § 153 AußStrG). Die Rechtslage vor dem ErbRÄG 2015 sah vor, dass es sich hierbei um keinen erbrechtlichen Erwerb handelte, sondern die zur Erbschaft Berufenen lediglich in eine Art Besitzverhältnis zu den Nachlassgegenständen gelangten, was zur Ersitzung des Eigentums daran führen konnte; sie konnten daher gegen den Inhaber einer Nachlasssache zwar

nicht die Eigentumsklage nach § 366, wohl aber eine Klage nach § 372 anstrengen. § 798 nF hat nunmehr klargestellt, dass die Erteilung der Ermächtigung nach § 153 AußstrG ebenso ein erbrechtlicher Erwerb ist.

Bei Unterlassung einer Abhandlung wegen gänzlicher Vermögenslosigkeit einer Verlassenschaft trifft weder das Verlassenschaftsgericht noch den Gerichtskommissär die Verpflichtung, Pflichtteilsberechtigte vom Unterbleiben der Abhandlung zu verständigen (OGH). Dadurch besteht für Noterben die Gefahr der Verjährung von potenziellen Pflichtteilsergänzungsansprüchen, wenn die Verlassenschaft wegen Schenkungen des Erblassers zu dessen Lebzeiten vermögenslos ist. **299**

Wurde bei einem überschuldeten Nachlass keine unbedingte Erbantrittserklärung abgegeben, hat das Gericht die Aktiven der Verlassenschaft auf Antrag den Gläubigern zu überlassen ***(Überlassung an Zahlungs statt,*** §§ 154 f AußStrG). Die Überlassung an Zahlungs statt ist wohl auch dann zulässig, wenn zwar eine unbedingte Erbantrittserklärung abgegeben wurde, es aber trotzdem zu einer Beschränkung der Haftung aufgrund der Inventarisierung kommt. Antragsberechtigt sind potenzielle Erben, Not-, Ersatz- und Nacherben sowie Verlassenschaftsgläubiger. Im Sinne der in § 154/2 AußStrG genannten Verteilungsvorschrift kommen zunächst (jeweils quotengemäß) die bevorrechteten Gläubiger (insb Begräbniskostenzahler) zum Zug, anschließend die Kosten des Verlassenschaftsverfahrens (Gerichtskommissionsgebühr), Mietkosten, schließlich die Entschädigung des gerichtlichen Erwachsenenvertreters des Verstorbenen und ganz zuletzt die sonstigen Gläubiger. Übersteigen die Aktiva € 5.000, kann die Überlassung an Zahlungs statt nur nach Verständigung der Gläubiger, Erben und Pflichtteilsberechtigten und Einräumung einer Gelegenheit zur Äußerung erfolgen (§ 155/1 AußstrG). Bei Aktiva über € 25.000 sind zusätzlich die Gläubiger einzuberufen (§ 155/2 AußStrG). Überlässt das Gericht eine überschuldete Verlassenschaft an Zahlungs statt, stellt dies einen Erwerbstitel dar (§ 798). **300**

Liegen die Voraussetzungen im Sinne der Insolvenzordnung zur Einleitung eines Insolvenzverfahrens vor (insb bei Vorhandensein hoher Aktiva), kann es auch zur Verlassenschaftsinsolvenz kommen. Insolvenzmasse ist dann das Nachlassvermögen. Die Überlassung an Zahlungs statt birgt jedoch den Vorteil, dass die mit einem Verlassenschaftsinsolvenzverfahren verbundenen Kosten vermieden werden. **301**

Beispiel aus der Rechtsprechung:
Sachverhalt: Der ledige Verstorbene hinterließ als gesetzliche Erbin eine Schwester, die keine Erbantrittserklärung abgab, sondern sich für sich und ihre Nachkommen des Erbrechts entschlug und keinen Anspruch gegen den Nachlass stellte. Neben verschiedenen anderen Nachlassgläubigern gab die nunmehrige Rechtsmittelwerberin, die Republik Österreich, eine aushaftende Forderung aus ausständigen Gerichtsgebühren im Verlassenschaftsverfahren bekannt. Einen Antrag auf Überlassung an Zahlungs statt enthielt diese Forderungsanmeldung nicht. Der Verstorbene war Eigentümer von Anteilen an einer Liegenschaft. Auf der Liegenschaft waren exekutive Pfandrechte zugunsten der Republik Österreich einverleibt. Das Erstgericht verfügte die Einverleibung des Ei-

gentumsrechts für die Republik Österreich an den Anteilen des Verstorbenen an der Liegenschaft und stellte fest, dass mit der Überlassung dieser Anteile an die im ersten Geldrang eingetragene Pfandgläubigerin bereits die gesamte Sondermasse erschöpft sei. Die Republik Österreich wandte sich gegen die angeordnete Einverleibung ihres Eigentumsrechts am Liegenschaftsanteil.
Aus der Begründung: § 154/1 AußStrG 2003 sieht ausdrücklich vor, dass das Gericht die Aktiven einer überschuldeten Verlassenschaft auf Antrag den Gläubigern zu überlassen hat, wenn nicht schon eine unbedingte Erbantrittserklärung oder ein Antrag auf Überlassung als erblos vorliegt und kein Verlassenschaftskonkurs eröffnet wurde. Die Überlassung an Zahlungs statt setzt somit nach dem Gesetzeswortlaut einen Antrag desjenigen Gläubigers voraus, der die Übertragung an ihn wünscht. Nach *Sailer* und – ihm folgend – LG Linz 15 R 335/14m und LGZ Wien 48 R 191/14i (EFSlg 144.639) soll eine Äußerung iSd § 155/1 AußStrG, die eine Forderung nennt und nicht auf einen Verzicht schließen lässt, für einen Antrag auf Überlassung an Zahlungs statt ausreichen. Dieser Auffassung ist nur dann zu folgen, wenn es um die Überlassung von Vermögenswerten geht, die für den Gläubiger offensichtlich mit keinen Nachteilen verbunden sind. So wird etwa die Bekanntgabe einer Geldforderung im Verlassenschaftsverfahren als Antrag auf Überlassung von Sparguthaben oder Bargeld zu verstehen sein, nicht aber auch als Antrag auf Überlassung anderer im Nachlass befindlicher Aktiva. Wie der vorliegende Fall nämlich zeigt, kann es durchaus Gründe geben, dass ein Gläubiger zwar seine Forderung im Verfahren bekannt gibt, jedoch die Überlassung an Zahlungs statt nicht anstrebt. Mit dem Erwerb von Sachen können nämlich Lasten verbunden sein. Im Fall von Liegenschaften ist va an die Eintragungsgebühr, die Grunderwerbsteuer, die Grundsteuer und Kommunalgebühren zu denken. Die Anmeldung einer Forderung kann aber etwa auch erfolgen, um dem Gläubiger die Beteiligtenstellung zu wahren.
Zusammenfassung: Für die Überlassung an Zahlungs statt ist ein ausdrücklicher Antrag des Gläubigers oder der Gläubiger, dem oder denen die Aktiven einer überschuldeten Verlassenschaft überlassen werden sollen, jedenfalls dann erforderlich, wenn mit den überlassenen Vermögenswerten auch Belastungen verbunden sein können. In diesem Fall bedarf es einer Rückfrage bei dem betroffenen Gläubiger, ob er mit der Überlassung einverstanden ist (2 Ob 66/17w).

3. Erbantrittserklärung

302 Wird das Verfahren auf keine der unter 2. beschriebenen Arten beendet, kommt es zur (ordentlichen) Verlassenschaftsabhandlung. Im Rahmen derselben kann der Erbe die Erbschaft entweder annehmen oder ausschlagen (Unterschied zum Erbverzicht, welcher unter Lebenden abgegeben wird). Um dies in die Wege zu leiten, hat der Gerichtskommissär die nach der Aktenlage als Erben infrage kommenden Personen (bei Zweifeln an der Gültigkeit des Testaments auch die gesetzlichen Erben) unter Setzung einer angemessenen (mindestens vierwöchigen) Frist nachweislich zur Erklärung aufzufordern, ob und wie sie die Erbschaft antreten oder ob sie diese ausschlagen wollen. Die Aufforderung hat einen Hinweis auf die Rechtsfolgen der Fristversäumnis (keine weitere Verfahrensbeiziehung) und – außer bei anwaltlicher Vertretung – über die Rechtsfolgen der Abgabe der unbedingten und bedingten Erbantrittserklärung (dazu unten) zu enthalten (§ 157 AußStrG). Unterlässt der Gerichtskommissär diese Aufforderung (zB der gesetzlichen Erben, obwohl das Testament erkennbar ungültig ist), kann es bei Verschulden zur Amtshaftung kommen, weil der Gerichtskommissär als Organ des Bundes tätig ist. Ein den Regress begründendes (zumindest) grobes Verschulden (vgl § 3 AHG) wird idR allerdings nicht vorliegen – außer es fehlen Essentialia des Testaments, zB Unterschriften –, weil die endgültige Prüfung und Entscheidung über das zur Einantwortung führende Testament nicht dem Gerichtskommissär, sondern dem Verlassenschaftsgericht obliegt. Unterläuft (auch) diesem diesbezüglich ein Fehler, so ist hinsichtlich des Verschuldens ein strengerer Maßstab anzulegen: Solche schuldhaften Fehleinschätzungen des Testaments können etwa dann zu Schäden führen, wenn nach falscher Einantwortung die gesetzlichen Erben mit der Erbschaftsklage (dazu Rz 310) scheitern, weil der Scheinerbe inzwischen insolvent ist. In einem solchen Fall wird die Amtshaftung und der Regress (der bei grober Fahrlässigkeit gemindert werden kann, vgl § 3/2 AHG) gegenüber dem Gericht eher zu bejahen sein als bei einer bloßen Fehleinschätzung des Gerichtskommissärs.

Beispiel aus der Rechtsprechung:
Sachverhalt: Die Kläger sind gesetzliche Erben nach dem Verstorbenen. Dessen Nachlass wurde seiner vormaligen Pflegerin aufgrund einer handschriftlichen Verfügung eingeantwortet. Demnach sollte die Pflegerin die „alleinig Begünstigte" des Mannes sein und die Verfügung den „Zweck der Betreuungen" erfüllen. Trotz Undeutlichkeit der Formulierung werteten der Gerichtskommissär und der Verlassenschaftsrichter die Verfügung als gültiges Testament. Folglich erbte die Pflegerin zunächst circa 1,5 Millionen Euro. Die damals bereits aktenkundigen gesetzlichen Erben wurden weder zur Abgabe einer Erbantrittserklärung aufgefordert, noch wurde ihnen nach Zustellung einer Abschrift der Verfügung ausreichend Zeit zur Abgabe einer Erbantrittserklärung gewährt. Im Verfahren über die Erbschaftsklage wurde die Pflegerin zur Zahlung von ungefähr 1,5 Millionen Euro an die gesetzlichen Erben verurteilt. Dieser Betrag war allerdings großteils uneinbringlich. In einem weiteren Verfahren begehrten die Kläger aus dem Titel der Amtshaftung vom Bund die Zahlung der ihnen im Erbschaftsprozess zugesprochenen, gegenüber der Pflegerin uneinbringlichen Beträge. Sie argumentierten, dass sowohl der Notar als auch das Gericht im Auftrag des Staates arbeiten und daher für deren Fehler einstehen müsse.
Aus der Begründung: Der Oberste Gerichtshof folgte der Ansicht des Autors. Der Notar und das Gericht hätten das Schriftstück kritischer sehen müssen. Es liege kein unbedenkliches Testament vor, da die Verfügung konkrete Zweifel am Vorliegen eines Testierwillens aufkommen lässt. Es wurden zwar Ausdrücke und Formulierungen wie „mein freier Wille", „im Vollbesitz meiner geistigen Kräfte" und „ich bestimme … S* zu meiner alleinig Begünstigten" verwendet, die den Eindruck eines Testaments erwecken. Jedoch lässt sich kein Begriff eindeutig nur mit einer letztwilligen Verfügung in Zusammenhang bringen (anders als zB „Erbe", „letzter Wille", „ich vermache"). Der Tod des Erklärenden wird mit keinem einzigen Wort für die Erfüllung der Verfügung vorausgesetzt. Dies fällt hier umso mehr ins Gewicht, als der Absatz, dass „diese Verfügung … den Zweck der Betreuungen in der eigenen Wohnung erfüllen und nach dem Ermessen von Frau S* angewendet werden" soll, sich auf den ersten Blick nicht in ein Testament einfügt und eher auf eine Vollmacht hindeutet. Nach § 157/1 AußStrG wären daher die nach der Aktenlage als Erben in Frage kommenden Personen nachweislich zu einer Erbantrittserklärung aufzufordern gewesen. Außerdem vereitelten die Organe der Beklagten durch die sofortige Einantwortung der Pflegerin den Zweck des § 152/2 AußStrG, den gesetzlichen Erben durch die Übermittlung des Testaments dessen Be-

kämpfung im Verfahren über das Erbrecht zu ermöglichen. Die verletzten Verfahrensbestimmungen schützen allerdings nur die bereits im Verlassenschaftsverfahren aktenkundigen (potentiellen) Erben. Der Bund haftet daher nur diesen für den entstandenen Schaden. Hingegen steht der Schaden der damals noch unbekannten Erben nicht im Rechtswidrigkeitszusammenhang zum Verstoß gegen § 157/1 AußStrG bzw § 152/2 AußStrG.
Zusammenfassung: Ist ein im Verlassenschaftsverfahren aktenkundiges Testament nicht unbedenklich, sind auch die gesetzlichen Erben nach § 157/1 AußStrG zur Abgabe einer Erbantrittserklärung aufzufordern. Die Verpflichtung zur Übermittlung der unbeglaubigten Abschrift einer aktenkundigen letztwilligen Anordnung an die gesetzlichen Erben (§ 152/2 AußStrG) und die Verpflichtung, die nach der Aktenlage als Erben in Betracht kommenden Personen zur Abgabe einer Erbantrittserklärung aufzufordern (§ 157 AußStrG), dienen der Wahrung des rechtlichen Gehörs möglicher Erben im Verlassenschaftsverfahren und damit der Verhinderung einer materiell falschen Einantwortung. Schäden aufgrund einer solchen Einantwortung stehen daher im Rechtswidrigkeitszusammenhang mit der Verletzung dieser Pflichten und können zur Amtshaftung des Bundes führen (1 Ob 102/23s).
Anmerkung: Der OGH folgte damit der gutachterlichen Einschätzung des Autors.

303 Die ***Erbsentschlagung*** ist die gegenüber dem Verlassenschaftsgericht abgegebene (unwiderrufliche, s § 806) Erklärung, die Erbschaft nicht anzutreten. Sie wirkt sich iZw nicht auf die Nachkommen des Entschlagenden aus. Eine Entschlagung zugunsten einer bestimmten Person, die sonst nicht zur Erbfolge gelangt wäre, ist als Erbschaftsschenkung zu sehen und bedarf der Einhaltung der entsprechenden Formvorschriften (dazu Rz 262).

304 Um die Erbschaft zu erlangen, muss der Erbprätendent „sein Erbrecht nachweisen", dh er muss sich auf einen gültigen ***Erbrechtstitel*** berufen, also auf einen Erbvertrag, ein Testament oder das Gesetz, und ausdrücklich erklären, die Erbschaft anzutreten (§ 799). „Wird eine Person zum Erben eingesetzt, der auch ohne letztwillige Verfügung das Erbrecht ganz oder zum Teil gebührt hätte, so ist sie nicht befugt, sich auf die gesetzliche Erbfolge zu berufen, wenn dadurch vom Verstorbenen getroffene Anordnungen unausgeführt blieben. In einem solchen Fall muss sie die Erbschaft entweder aus dem letzten Willen antreten oder sie zur Gänze ausschlagen" (§ 808/1). § 808 wird von der Rsp und hL so ausgelegt, dass sich der testamentarische Erbe dann auf die gesetzliche Erbfolge berufen kann, soweit damit keine Beschränkungen durch den letzten Willen (zB Auflagen) umgangen werden. Unter Berufung auf § 808 hält die hA ***Teilantritte*** für ***unzulässig.*** Seit dem ErbRÄG 2015 kann auch eine pflichtteilsberechtigte Person die Erbschaft nicht unter Vorbehalt ihres (Geld-)Pflichtteiles ausschlagen, vielmehr muss sie sich die Zuwendungen von Todes wegen pflichtteilsdeckend „gefallen lassen" (§ 808/2).

305 Die Erbantrittserklärung kann ***bedingt oder unbedingt*** abgegeben werden. Die Unterscheidung ist für den Erben von allergrößter Bedeutung, weil der Umfang seiner Haftung für Schulden des Erblassers davon abhängt:

306 Bei ***unbedingter Erbantrittserklärung*** (Vorteil: Verlassenschaftsverfahren ohne Inventar schneller und kostengünstiger) haftet der Erbe mit dem Nachlass und mit seinem gesamten persönlichen Vermögen in unbeschränkter Höhe für sämtliche Schulden des Erblassers (§ 801), zB auch aus dem Pflegevermächtnis, und zwar unabhängig davon, ob ihm diese Verbindlichkeiten bei Abgabe der Erbantrittserklärung bekannt waren oder nicht. UU kommt aber eine Haftung des Notars wegen mangelhafter Belehrung über die Folgen (die Erben seien „persönlich dran" nach der Rsp unzureichend) oder der Gläubiger wegen ***culpa in contrahendo*** in Betracht, wenn sie gegenüber dem Erben unrichtige Angaben über die Höhe der Schulden machen (die Situation zwischen ihnen und dem Erben ist vor Einantwortung mit einem vorvertraglichen Schuldverhältnis vergleichbar). Geben sämtliche Erben unbedingte Erbantrittserklärungen ab, haften sie den Gläubigern solidarisch (§ 820 – liegt auch nur eine bedingte Erbantrittserklärung vor, kommt es zur Inventarisierung und somit zur Haftungsbeschränkung für sämtliche Erben, s Rz 307). In der Praxis überwiegen die unbedingten Erbantrittserklärungen.

Gibt der Erbe eine ***bedingte Erbantrittserklärung*** ab, so haftet er zwar ebenfalls für die Schulden des Erblassers, jedoch nur bis zum Wert der Verlassenschaft (§ 802; anders gem § 40 UGB bei Fortführung eines zum Nachlass gehörenden Unternehmens). Er kann dadurch vermeiden, dass er für mehr haftet, als er wertmäßig erhält. Die Haftung ist auch bei bedingter Erbantrittserklärung nur der Höhe nach ***(„pro viribus"),*** nicht aber auf die zum Nachlass gehörigen Sachen ***(„cum viribus")*** beschränkt. Die Gläubiger des Erblassers müssen sich also nicht an die Verlassenschaftsgegenstände halten, sondern können (bis zum Wert des Nachlasses) auch in das persönliche Vermögen des Erben Exekution führen, wenn dieser die Schulden des Erblassers nicht begleicht. Wenn auch nur ein einziger Erbe eine bedingte Erbantrittserklärung abgibt, so haften die anderen Erben wegen der Inventarisierung selbst dann beschränkt, wenn sie die Erbschaft unbedingt angetreten haben (§ 807). 307

Beispiel:
Martin und Johann sind die beiden Erben des Erblassers. Martin gibt im Gegensatz zu Johann sofort eine unbedingte Erbantrittserklärung ab. Johann überlegt es sich noch ein paar Tage und gibt eine bedingte Erbantrittserklärung ab. Kurz darauf stellt sich heraus, dass der Nachlass überschuldet ist. Obwohl Martin eine unbedingte Erbantrittserklärung abgegeben hat, haftet er, gemeinsam mit seinem Bruder, nur bis zum Wert der Verlassenschaft (§ 802). Wenn auch nur einer der Erben eine bedingte Erbantrittserklärung abgibt, haften alle, wegen der Inventarisierung, als hätten sie eine bedingte Erbantrittserklärung abgegeben (s dazu Casebook, Fall 108: „Erbantrittserklärung").

Die Erbantrittserklärung ist (ebenso wie die Erbsentschlagung) ***unwiderruflich*** (§ 806 1. Halbsatz). Wenn daher der Erbe die Erbschaft einmal angenommen hat, kann er sie später nicht mehr ausschlagen. Er kann auch eine Erbantrittserklärung (ebenso Erbsentschlagung) ***nicht*** wegen ***Irrtums anfechten*** und eine unbedingte Erbantrittserklärung ***nicht*** mehr in eine bedingte ***umwandeln*** (§ 806 2. Halbsatz), wohl aber bis zur Errichtung des Inventars umgekehrt. 308

Die ***persönliche Haftung des Erben*** setzt mit der Einantwortung ein. Bis zur Einantwortung müssen sich die Gläubiger des Erblassers an die Verlassenschaft 309 halten. Bei unbedingtem Erbantritt kann der Gläubiger sich beliebig an jeden der Erben zur Begleichung seiner gesamten Forderung halten, bei bedingtem Erbantritt haftet jeder Erbe (pro viribus) gemäß seiner Erbquote.

310 Wenn mehrere einander widersprechende Erbantrittserklärungen abgegeben werden, ist – nach erfolglosen Vergleichsversuchen durch den Gerichtskommissär – darüber im außerstreitigen Verfahren abzusprechen (§§ 160 ff AußStrG): Soweit es zu keiner Einigung vor dem Gerichtskommissär kommt, hat das Gericht das Erbrecht des Berechtigten festzustellen und die übrigen Erbantrittserklärungen abzuweisen (sog ***„Verfahren über das Erbrecht"***, s § 161/1 AußStrG). Die Parteien können sich im Verfahren über das Erbrecht nur durch einen Rechtsanwalt vertreten lassen; übersteigt der Wert der Aktiven der Verlassenschaft voraussichtlich 5.000 Euro, so ***müssen*** sie sich sogar durch einen Rechtsanwalt vertreten lassen. Nach Rechtskraft der entsprechenden Einantwortung können erbrechtliche Ansprüche nur noch mit der ***Erbschaftsklage*** (§ 823/1) geltend gemacht werden (zur Verjährung s § 1487a).

311 Tritt der Erbe die Erbschaft nicht an oder ist kein Erbansprecher vorhanden oder auffindbar, ist ein ***Verlassenschaftskurator*** zu bestellen (§ 157/4 AußStrG). Dieser vertritt den Nachlass und hat die erforderlichen Maßnahmen zu treffen. Steht dem Bund ein Aneignungsrecht zu (Rz 161 f), hat der Kurator auf Antrag der Finanzprokuratur dieser die erblose Verlassenschaft zu übergeben (§ 184 AußStrG).

4. Benützung, Verwaltung und Vertretung der Verlassenschaft

312 Wenn der Erbe die Erbschaft angetreten sowie sein ***Erbrecht hinreichend ausgewiesen*** hat und der Verstorbene (etwa durch Einsetzung eines verwaltenden Testamentsvollstreckers; s Rz 129) oder das Verlassenschaftsgericht (etwa bei widersprechenden Erbantrittserklärungen) nichts anderes angeordnet haben, kommt ihm (ex lege) die „Benützung, Verwaltung und Vertretung" des Nachlasses während des Verlassenschaftsverfahrens zu (§ 810). Damit soll dem Erben die Möglichkeit gegeben werden, Nachteile für das Verlassenschaftsvermögen hintanzuhalten und die erforderlichen Maßnahmen zu setzen. Ein entsprechender Gerichtsbeschluss ist nicht vorgesehen, sondern (auf Antrag) die Ausstellung einer Amtsbestätigung durch den Gerichtskommissär, in welcher dieser beurkundet, dass dem für die Verlassenschaft eine bestimmte Vertretungshandlung setzenden Erbansprecher kraft Gesetzes Vertretungsbefugnis zukommt (§ 171 f AußStrG). Sind mehrere Erben vorhanden, so steht ihnen die Benützung, Verwaltung und Vertretung gemeinsam zu. Sie können auch vereinbaren, dass nur einem bzw einigen von ihnen die Rechte des § 810 zukommen. Der Abschluss einer solchen Vereinbarung ist in die Amtsbestätigung aufzunehmen. Einigen sie sich diesbezüglich nicht, so hat das Verlassenschaftsgericht einen Verlassenschaftskurator zu bestellen (§ 173/1 AußStrG).

Beispiel aus der Rechtsprechung:
Sachverhalt: Der Erblasser verstarb ohne Hinterlassung einer letztwilligen Verfügung. Seine Witwe und zwei seiner Kinder – die Revisionsrekurswerber – gaben bedingte Erbantrittserklärungen ab (die Witwe zu 17/21 und die Kinder zu je 2/21 des Nachlasses). Seine anderen Kinder entschlugen sich ihres Erbrechts zugunsten der Witwe. Ein Rechtsanwalt wurde zum Verlassenschaftskurator bestellt. Zum Nachlass gehört ein Erbhof, der aus drei Liegenschaften gebildet wird. Eine dieser Liegenschaften („Liegenschaft EZ 43") hat einen Verkehrswert von € 315.000, die beiden anderen einen von zusammen € 689.000. Die Summe der Verkehrswerte aller in den Nachlass fallenden Liegenschaften und Liegenschaftsanteile beträgt etwas über € 1 Mio. Der reine Nachlass ist im Inventar vom 13.9.2011 mit € 914.427,32 ausgewiesen. Die Verlassenschaft schuldet einer Sparkasse aufgrund des Versäumungsurteils des Landesgerichts für Zivilrechtssachen Graz vom 2.8.2013 € 128.083,36 samt Nebengebühren. Diese Forderung löste der Schwiegersohn der Witwe Ende November 2013 gemäß § 1422 ein. Der Verlassenschaftskurator verkaufte am 3.10.2013 die Liegenschaft EZ 43 um € 380.000. Der Käufer entrichtete den Kaufpreis. Die Witwe des Erblassers ist für den Verkauf, die erbantrittserklärten Kinder sind dagegen. Der Schwiegersohn der Witwe kündigte am 5.12.2013 die exekutive Betreibung der eingelösten Forderung an, wenn die verlassenschaftsgerichtliche Genehmigung des Kaufvertrags nicht bis zum 31.12.2013 erfolge. Mit Beschluss vom 13.12.2013 genehmigte das Erstgericht den Kaufvertrag, nachdem die den Verkauf ablehnenden Kinder die vom Gericht gesetzte Frist für die Einlösung der Forderung ungenützt hatten verstreichen lassen. Die Voraussetzungen für die Genehmigung seien gegeben, weil die Zwangsversteigerung der Liegenschaft drohe und der erzielte Kaufpreis über dem Verkehrswert liege. Das Rekursgericht sprach aus, dass der ordentliche Revisionsrekurs zulässig sei, fehle doch höchstgerichtliche Rechtsprechung zur Frage, ob vor Zuweisung des Erbhofs an den Anerben ein Verkauf wesentlicher Teile des Erbhofs zulässig oder dem Verkauf die abhandlungsgerichtliche Genehmigung zu versagen sei.
Aus der Begründung: Der vom Verlassenschaftskurator beantwortete Revisionsrekurs dieser Kinder ist zur Klarstellung zulässig; er ist aber nicht berechtigt. Die Rechtsmittelwerber machen geltend, eines von ihnen habe zwingend Anspruch, zum Anerben bestellt zu werden, weil die Witwe bereits Eigentümerin eines Erbhofs sei und auch noch Ausschlussgründe iSd § 5 AnerbenG auftreten könnten. Bei tatsächlicher Einleitung der Zwangsversteigerung durch den Schwiegersohn könnten sie diesen Gläubiger befriedigen und damit den Erbhof erhalten. Dem war vom OGH zu erwidern:
Nach § 810/2 bedürfen alle Veräußerungen von Gegenständen aus dem Verlassenschaftsvermögen der Genehmigung des Verlassenschaftsgerichts, wenn sie nicht zum ordentlichen Wirtschaftsbetrieb gehören. Die Genehmigung ist zu versagen, wenn die Handlung für die Verlassenschaft offenbar nachteilig wäre. § 810/2 ist (unmittelbar) nur auf Verwaltungs- und Vertretungshandlungen des Erben selbst anzuwenden, dem gemäß § 810/1 das Recht zukommt, das Verlassenschaftsvermögen zu benützen, zu verwalten und die Verlassenschaft zu vertreten. Für Vertretungshandlungen des Verlassenschaftskurators ist nach der Rechtsprechung diese Bestimmung nicht einschlägig, sondern vielmehr § 167/3 idF KindNamRÄG 2013 (sinngemäß) anzuwenden, der die Fremdvertretung nicht (ausreichend) Geschäftsfähiger regelt (1 Ob 245/12d; RIS-Justiz RS0129074). Die Genehmigung des Verlassenschaftsgerichts ist dann zu versagen, wenn die Handlung des Verlassenschaftskurators für die Verlassenschaft nicht von Vorteil wäre (1 Ob 245/12d). Der Verkauf der Liegenschaft ist zum Vorteil der Verlassenschaft: Die Rechtsmittelwerber stellen nicht in Abrede, dass der Nachlass nicht ausreichend liquide ist, um die titulierte Nachlassforderung zu erfüllen. Sie selbst haben von der Möglichkeit nicht Gebrauch gemacht, gemäß § 1423 mit Einverständnis

des Verlassenschaftskurators auch gegen den Willen des Schwiegersohns der Witwe die Forderung einzulösen und so eine Zwangsversteigerung abzuwenden. Durch den Verkauf der Liegenschaft erhält der Nachlass eine Gegenleistung, die den Verkehrswert der Liegenschaft um rund ein Fünftel übersteigt. Ihr Nichtverkauf liefe den Interessen der Verlassenschaft und (mittelbar) der Erben zuwider: Zum einen erhöht sich die Verbindlichkeit durch die Zinsbelastung, die nach unwidersprochener Berechnung des Verlassenschaftskurators rund € 900 im Monat beträgt. Zum anderen droht die Zwangsversteigerung, die vom Nachlass zu tragende Kosten verursacht und deren Erlös geringer als der Verkehrswert sein könnte. Die Veräußerung ist daher offenbar im Interesse der Verlassenschaft. Dass die Liegenschaft zu einem Erbhof gehört, steht der Genehmigung der Veräußerung nach diesen Umständen des Falls nicht entgegen. Das Anerbenrecht strebt zwar die Erhaltung eines gesunden und leistungsstarken Bauernstands an (6 Ob 1/76 SZ 49/27), allerdings durch Vermeidung der Zersplitterung eines Erbhofs durch Erbteilung (RIS-Justiz RS0050211). Gläubiger des Erblassers und des Nachlasses sind nicht gehindert, ihre Forderungen auf einem Weg durchzusetzen, der zur Zerschlagung des Erbhofs führt. An der Haftung des Anerben und der Miterben den Gläubigern gegenüber nach allgemeinen erbrechtlichen Grundsätzen (§§ 801 ff) ändert auch die Zuweisung des Erbhofs nichts.
Zusammenfassung: Für Vertretungshandlungen des Verlassenschaftskurators ist § 810/2 nicht einschlägig, sondern vielmehr § 167/3 idF KindNamRÄG 2013 (sinngemäß) anzuwenden, der die Fremdvertretung nicht (ausreichend) Geschäftsfähiger regelt (6 Ob 204/14i).

Beispiel aus der Rechtsprechung:
Sachverhalt: Die Erblasserin starb am 7.10.1998, ohne ein Testament zu hinterlassen, gesetzliche Erben sind ihre Schwester, eine Nichte und ein Neffe. Wesentlicher Bestandteil des Nachlasses ist ein geschlossener Hof, auf dem die Schwester gelebt und diesen über viele Jahre bewirtschaftet hat. Der Neffe und die Nichte beantragten am 14.7.1999 gemeinsam, der Nichte die Besorgung und Verwaltung (nunmehr: Benützung, Verwaltung und Vertretung) des Nachlasses zu übertragen; die Schwester sprach sich dagegen aus und beantragte ihrerseits die Übertragung. Das Erstgericht überließ die Besorgung und Verwaltung der Schwester mit der Begründung, dass ihr der Nachlass stillschweigend überlassen wurde, da sie bis zur Antragstellung die tatsächliche Besorgung und Verwaltung vorgenommen habe.
Aus der Begründung: Einem von mehreren Miterben kann die Verwaltung des Nachlasses nur mit Zustimmung der übrigen und grds nicht gegen den Willen der anderen überlassen werden. Die Miterben bilden eine Verwaltungsgemeinschaft zur ungeteilten Hand; die Überlassung der Verwaltung an einen Miterben wurde nur in besonderen – hier nicht vorliegenden – Fällen zugelassen.
Die entgegenstehenden Entscheidungen der Vorinstanzen gehen unter Berufung auf ältere Judikatur von einer schlüssigen Übertragung der Verwaltung an die Schwester aus, dieser Ansicht kann jedoch nicht beigetreten werden. Keine der zitierten Entscheidungen setzt sich mit dem Problem auseinander, ob bzw unter welchen Voraussetzungen Hoheitsakte schlüssig ergehen können.
Wie bereits in 6 Ob 79/99g für den Zivilprozess ausgesprochen, muss für die Bejahung einer schlüssig getroffenen Gerichtsentscheidung der Entscheidungswille des Gerichts immer zweifelsfrei erkennbar sein. Im vorliegenden Fall spricht dafür nur die bis zur Antragstellung verstrichene Zeit; dies allein reicht jedoch nicht aus, da sich dann die geradezu unlösbare Frage stellen würde, wann die Entscheidung erlassen und damit die Rechtsmittelfrist in Gang gesetzt wurde. Die bloße Untätigkeit des Gerichts lässt ohne Hinzutreten besonderer Umstände keine Schlüsse auf seinen Entscheidungswillen zu.

Zusammenfassung: Entgegen einzelnen älteren Entscheidungen kann die Übertragung der Nachlassverwaltung nicht schlüssig durch die Untätigkeit des Gerichts erfolgen. Aus der bloßen Untätigkeit des Gerichts kann nicht auf dessen Entscheidungswillen geschlossen werden (6 Ob 8/01x).
Anmerkung: Nach dem alten AußStrG wurde die „Besorgung und Verwaltung" des Nachlasses mit Beschluss des Verlassenschaftsgerichts eingeräumt. Das nunmehrige Pendant ist die Amtsbestätigung des Gerichtskommissärs (s dazu oben).

Beispiel aus der Rechtsprechung:
Sachverhalt: Die Verlassenschaft ist Miteigentümerin einer Liegenschaft, untrennbar verbunden mit Wohnungseigentum an einer Wohnung. Mit notariellem Schenkungsvertrag vom 28.5.2011 verschenkte die Verlassenschaft, vertreten durch den erbantrittserklärten erblichen Sohn, die Wohnung an die Ehegattin des erbantrittserklärten Erben. Der Sohn beantragte die abhandlungsbehördliche Genehmigung des Schenkungsvertrags. Der erbantrittserklärte Erbe und Antragsteller macht geltend, seit Aufhebung der Erbschafts- und Schenkungssteuer erspare sich der Erbe im Fall der Veräußerung von Liegenschaftsvermögen die Grunderwerbsteuer, falls schon die Verlassenschaft die Veräußerung durchführe. Verweigere man dem erbantrittserklärten Erben die gerichtliche Genehmigung der Veräußerung, führe dies zu einer nicht gerechtfertigten Einschränkung der Privatautonomie der Verlassenschaft. Die Veräußerungsmöglichkeit bei Liegenschaften verlange nach § 810 nur keinen „offenbaren Nachteil". Eine Schenkung gereiche der Verlassenschaft nicht offenbar zum Nachteil, sondern sei Ausdruck der Privatautonomie der Verlassenschaft, Verträge abzuschließen.
Aus der Begründung: Die Genehmigung ist zu versagen, wenn die Handlung für die Verlassenschaft offenbar nachteilig wäre. Auszugehen ist davon, dass der Nachlass vor der Einantwortung nicht Vermögen der Erben ist, vielmehr stehen die Erben dem Nachlass, selbst wenn ihnen dessen Verwaltung und Benützung übertragen wurde, als einem ihnen fremden Vermögen gegenüber. Das Gesetz unterscheidet folgerichtig im Verlassenschaftsverfahren auch zwischen dem Stadium nach Einantwortung, in welchem dem Erben das Vollrecht zusteht, und jenem davor liegenden Stadium, in welchem dem Erben ein Teil der ihm künftig einzuräumenden Rechte, nämlich das Verwaltungsrecht, übertragen werden kann. Nach der Rechtsprechung vor Inkrafttreten des FamErbRÄG 2004 durfte das Gericht die Veräußerung von Nachlassvermögen gestatten, wenn die Veräußerung weder dem letzten Willen des Erblassers widersprach noch die Interessen anderer am Nachlass beteiligter Personen verletzte. Der Nachlass sollte bis zur Einantwortung ungeschmälert erhalten bleiben. An diesen Grundsätzen ist auch nach neuer Rechtslage festzuhalten. Die schenkungsweise Hingabe von Nachlassvermögen ohne dem Nachlass gleichzeitig zufließende Gegenleistung führt regelmäßig zu einer Schmälerung des Nachlassvermögens und ist deshalb grds offenbar nachteilig iSd § 810/2. Dass infolge der Schenkung beim erbantrittserklärten Erben keine Grunderwerbsteuer anfällt, beseitigt ebenso wenig die Eigenschaft der Schenkung als für die Verlassenschaft offenbar nachteilig wie der Umstand einer sittlichen Verpflichtung des erbantrittserklärten Erben gegenüber dem Geschenknehmer.
Zusammenfassung: Der Nachlass soll bis zur Einantwortung ungeschmälert erhalten bleiben. Die schenkungsweise Hingabe von Nachlassvermögen ist grds offenbar nachteilig (4 Ob 34/12x).

Wurden Erbantrittserklärungen zur ***gesamten*** Verlassenschaft abgegeben, be- **313**
dürfen sämtliche Verwaltungsmaßnahmen (auch Vertretungsakte, Veräußerungen) keiner weiteren Genehmigung durch das Abhandlungsgericht, wenn sie zum ***or-***

dentlichen Wirtschaftsbetrieb gehören. Veräußerungen außerhalb des ordentlichen Wirtschaftsbetriebes bedürfen einer abhandlungsgerichtlichen Genehmigung (§ 810/2). Die Beurteilung über das Vorliegen eines „ordentlichen Wirtschaftsbetriebs" richtet sich im Wesentlichen nach § 167/3 (gerichtliche Genehmigung in Vermögensangelegenheiten Pflegebefohlener) unter Beachtung der Besonderheiten des Nachlassvermögens gegenüber dem Vermögen Pflegebefohlener.

314 Im Rahmen des § 810 kommt den Erben zwar die Möglichkeit zur ***„laufenden Verwaltung"*** zu (zB Rückgabe einer Mietwohnung, Autoverkauf), nicht aber zur einseitigen Geltendmachung von Forderungen (etwa gegenüber Kreditinstituten) seitens der Verlassenschaft.

Beispiel aus der Rechtsprechung:
Sachverhalt: Die Erblasserin E hinterließ drei Kinder, und zwar die Einschreiterin und die Beklagten, sowie ihren Ehegatten. Zu Lebzeiten schenkte sie den Beklagten eine Liegenschaft. Im Verlassenschaftsverfahren wurden widerstreitende Erbserklärungen (nunmehr: Erbantrittserklärungen) von der Einschreiterin und den Beklagten abgegeben. Der Witwer hat noch keine Erbserklärung abgegeben. Mit der Behauptung, die E sei bei Unterfertigung des Schenkungsvertrages geschäftsunfähig gewesen, begehrt die Einschreiterin namens der Verlassenschaft die Feststellung auf Nichtigkeit des Schenkungsvertrages und die damit verbundene Wiederherstellung des früheren Grundbuchsstandes.
Aus der Begründung: Nach stRsp steht Miterben das Recht auf Besorgung und Verwaltung der Verlassenschaft grds nur zur ungeteilten Hand, also gemeinsam zu. Die Überlassung der Besorgung und Verwaltung des Nachlasses hat sohin an sämtliche Erben stattzufinden, und es kann die Bestellung eines von mehreren Erben zum Nachlassverwalter nur mit Zustimmung sämtlicher übriger Erben erfolgen. Einigen sich die Erben nicht, muss zur Vertretung des Nachlasses, sei es für laufende Verwaltungsgeschäfte oder für Prozesse, ein Verlassenschaftskurator bestellt werden, weil noch nicht feststeht, wer letzten Endes berechtigt ist, den Nachlass zu vertreten. Es ist daher grds nicht zulässig, gegen den Willen eines oder mehrerer Erben die Besorgung und Verwaltung (nunmehr: Benützung, Verwaltung und Vertretung) der Verlassenschaft einem einzelnen Miterben zu übertragen. Ausnahmen können nur dann gemacht werden, wenn besondere Gründe dies rechtfertigen (etwa wenn ein Miterbe bereits zum Anerben bestimmt wurde). In der erwähnten Entscheidung 8 Ob 574/88 wurde nun ein derartiger Ausnahmefall dann erblickt, wenn Miterben einen gegen einen anderen Miterben bestehenden Anspruch der Verlassenschaft für diese geltend machen. In einem solchen Fall wurde die Prozessführungsbefugnis der für den Nachlass einschreitenden Miterben aus Zweckmäßigkeitsgründen grds ohne Weiteres bejaht. Dazu wurde aber, insofern den Einklang mit den eben dargestellten Grundsätzen betonend, noch hervorgehoben, dass sich der betreffende Fall von der Entscheidung NZ 1971, 45 dadurch unterscheide, dass dort nicht nur der Beklagte allfälliger Miterbe, sondern eben noch ein anderer, am Prozess aber nicht beteiligter Miterbe vorhanden gewesen sei.
Da auch im vorliegenden Fall – wie die Revisionswerberin selbst erwähnt – ein weiterer präsumtiver Miterbe vorhanden ist, nämlich der Ehemann der Erblasserin, ist die gegenständliche Causa nicht mit dem zu 8 Ob 574/88 entschiedenen Fall, sondern eher mit der Entscheidung NZ 1971, 45 vergleichbar. Dort hat der OGH ausgesprochen, dass zur Anfechtung eines von einem handlungsunfähigen Erblasser abgeschlossenen Vertrages nach dessen Tod nur seine Verlassenschaft, vertreten durch einen Kurator, legitimiert sei. Bei Überlassung der Besorgung und Verwaltung des Nachlasses sind die

Erben zur Anfechtung legitimiert, keinesfalls aber einer von mehreren Miterben ohne ausdrückliche Zustimmung der übrigen.
Der erkennende Senat teilt diese Rechtsansicht und billigt daher die – insb der Rechtssicherheit Rechnung tragende – Auffassung des Rekursgerichts, wonach es bei der gegebenen Konstellation der Einschreiterin an der Vertretungsbefugnis für die Verlassenschaft fehlt. Ob eine wirksame Vertretung durch die Einschreiterin auch schon deshalb verneint werden muss, weil dazu ein konstitutiver Beschluss des Verlassenschaftsgerichts erforderlich wäre, kann im vorliegenden Fall daher dahingestellt bleiben. Die in Rsp und Schrifttum unterschiedlich beantwortete Frage, ob eine Übertragung der Verwaltung (und damit auch eine Prozessvertretung) des Nachlasses durch einen Erben eines konstitutiven Beschlusses des Verlassenschaftsgerichts bedarf oder auch ohne formellen Beschluss möglich ist, muss also hier ebenso nicht weiter erörtert werden wie die Frage, ob die gegenständliche Löschungsklage einen Akt der außerordentlichen Verwaltung darstellt und daher jedenfalls der Genehmigung durch das Verlassenschaftsgericht bedurft hätte.
Zusammenfassung: Einer von vier Miterben – dem nicht die Besorgung und Verwaltung des Nachlasses eingeräumt wurde – ist nicht zur Prozessführung namens der Verlassenschaft (hier: Anfechtung eines Schenkungsvertrages wegen Geschäftsunfähigkeit) gegen zwei Miterben legitimiert, wenn nicht die entsprechende Zustimmung des verbleibenden Miterben vorliegt (7 Ob 236/04p).

5. Inventarisierung und Gläubigerkonvokation

Zur ***Errichtung eines Inventars*** kommt es in folgenden Fällen (§ 165/1 AußStrG; ***taxative*** Aufzählung): **315**

- es wurde (zumindest von einem der Erbberechtigten) eine bedingte Erbantrittserklärung abgegeben
- bei Vorhandensein pflegebefohlener Pflichtteilsberechtigter
- bei Bewilligung der Nachlassseparation
- wenn eine Nacherbschaft oder eine Privatstiftung auf den Todesfall angeordnet wurde
- bei Aneignung durch den Bund
- soweit eine dazu berechtigte Person (insb Pflichtteilsberechtigte, § 804) oder der Verlassenschaftskurator dies beantragt
- wenn das Erbstatut die Haftung des Erben auf den Wert der Verlassenschaft beschränkt oder der Erbe durch Erklärung die Haftung darauf beschränkt

Das Inventar ist ein ***vollständiges Verzeichnis der Verlassenschaft*** (körperliche Sachen, Rechte und Pflichten) mitsamt Bewertung (§§ 166 f AußStrG) und dient insb der Beweissicherung, indem das Verlassenschaftsvermögen zum Zeitpunkt des Todes des Erblassers ermittelt wird. Die Inventarisierung wird jedoch nur für die Zwecke des Verlassenschaftsverfahrens vorgenommen, weshalb sich die Wirkungen auch nur auf dieses Verfahren beschränken. Daher hat die Inventarisierung auch keine endgültige Entscheidung über Eigentumsfragen zur Folge; auch ein verbindlicher Umfang für die Haftung des Erben oder für die Höhe von Pflichtteilsansprüchen wird dadurch nicht festgelegt. Jedoch bildet das Inventar in der Praxis **316** meist die Grundlage für Erb- oder Pflichtteilsübereinkommen (s dazu Rz 325 f). Die Bewertung der beweglichen Nachlassgegenstände ist idR durch einen Sachverständigen vorzunehmen; die Bewertung der Liegenschaften nach dem Liegenschaftsbewertungsgesetz erfolgt nur über Antrag einer Partei oder wenn dies im Interesse eines Pflegebefohlenen erforderlich ist. Andernfalls sind Liegenschaften mit dem dreifachen Einheitswert zu bewerten (vgl dazu § 167/2 AußStrG). Bei beweglichen Sachen von offensichtlich geringem Wert (insb Hausrat und Gebrauchsgegenstände) können der Bewertung die übereinstimmenden und unbedenklichen Angaben der Parteien zugrunde gelegt werden.

Beispiel aus der Rechtsprechung:
Sachverhalt: Die 1995 verstorbene Erblasserin war, ebenso wie die erbserklärte Erbin als Rekurswerberin (Rrw), Gesellschafterin einer GmbH, die alleinige Komplementärin einer KG ist. Die Rrw, der mittlerweile die Verwaltung des Nachlasses überlassen wurde, beantragte in der Folge gegen den Willen ihrer pflichtteilsberechtigten Schwestern die Eröffnung eines Ausgleichsverfahrens über das Verlassenschaftsvermögen. Sie vertritt die Auffassung, dass hierfür keine verlassenschaftsbehördliche Genehmigung erforderlich sei. Da das Ausgleichsgericht jedoch eine solche forderte, weigerte sie sich, dem Abhandlungsgericht die erforderlichen Unterlagen zur Bewertung der Unternehmen zur Verfügung zu stellen.
Aus der Begründung: Zu den Aufgaben des Verlassenschaftsgerichts gehört ua auch die Wahrung der Interessen der Gläubiger. Bei einem Schuldner, der die Eröffnung des Ausgleichsverfahrens beantragt, wird ein Eventualantrag auf Konkurseröffnung fingiert. Schon die Gefahr einer Konkurseröffnung infolge Nichterreichung des Ausgleichs lässt erkennen, dass der Antrag des verwaltenden Erben auf Eröffnung des Ausgleichsverfahrens über den Nachlass nicht mehr zu den Maßnahmen des ordentlichen Wirtschaftsbetriebs gehört. Deshalb ist eine verlassenschaftsgerichtliche Genehmigung erforderlich.
Kommt es zu einer Inventarisierung des Nachlasses, so ist darin klarerweise auch der Gesellschaftsanteil aufzunehmen. Über den Gesellschaftsanteil des Erblassers ist ein Rechnungsabschluss vorzulegen und nach den Umständen dessen Prüfung durch einen Sachverständigen zu veranlassen. Als Stichtag ist der Todestag des Erblassers heranzuziehen. Zur Untersuchung der vorhandenen Urkunden durch den Gerichtskommissär können der Gesellschaft weitgehende Duldungspflichten auferlegt werden. Im vorliegenden Fall sind daher die notwendigen Unterlagen zur Verfügung zu stellen, um den Wert der Geschäftsanteile im Jahr 1995 ermitteln zu können. Die Herausgabe ist notfalls mit den Zwangsmitteln des AußStrG zu erwirken.
Aufgrund allgemeiner Erwägungen kann die Rrw jedoch nicht zur Herausgabe derjeniger Unterlagen verhalten werden, die zur Beurteilung der Genehmigung des Ausgleichsantrages durch das VerlassenschaftsG benötigt werden, also insb der dem Todesjahr nachfolgenden Bilanzen (ab 1996), um die Entwicklung des ruhenden Nachlasses bis zum Zeitpunkt der Ausgleichseröffnung zu überprüfen.
Der Antrag auf Eröffnung des Ausgleichsverfahrens ist ein Recht des Schuldners, aber keine Pflicht. Es ist daher ausschließlich Sache der Rrw, die für die Genehmigung des Antrags auf Ausgleichseröffnung durch das Verlassenschaftsgericht erforderlichen Unterlagen diesem vorzulegen. Tut sie dies nicht, so sind keine Zwangsmittel iSd § 19 aF AußStrG anzuwenden, sondern ist die Genehmigung des Antrages auf Ausgleichseröffnung durch das Verlassenschaftsgericht schlicht zu versagen.
Zusammenfassung: Der erbserklärte Erbe, der einen Ausgleichsantrag über die Verlassenschaft stellen möchte, kann vom Verlassenschaftsgericht nicht zur Herausgabe der zur Beurteilung notwendigen Unterlagen verhalten werden. Das Verlassenschaftsge-

richt hat aber die Möglichkeit, die abhandlungsbehördliche Genehmigung schlicht zu versagen (8 Ob 298/00g).
Anmerkung: Mit dem Insolvenzrechtsänderungsgesetz wurde das Ausgleichsverfahren beseitigt, und es wird nun gemeinsam mit dem Konkursverfahren als „Insolvenzverfahren" geführt. Da das Antragsrecht weiterhin besteht, behält dieser Fall trotz Rechtsänderung seine Bedeutung.

Ist ***kein Inventar*** zu errichten, hat der Erbe das Verlassenschaftsvermögen wie in einem Inventar zu beschreiben und zu bewerten, es entfällt jedoch die Beiziehung eines Sachverständigen (§ 170 AußStrG). **317**

Beispiel aus der Rechtsprechung:
Sachverhalt: Die Antragstellerin (ASt) ist eines von drei Kindern der Erblasserin. Eine Schwester von ihr ist Erbin. In den Nachlass fällt ua ein Liegenschaftsanteil, welcher von den Miteigentümern – für die Verlassenschaft war ein Verlassenschaftskurator bestellt worden – um ca S 4 Mio verkauft wurde. Die ASt begehrt die Schätzung der Liegenschaft, da sie erst nach Vorliegen des Gutachtens endgültig entscheiden könne, ob sie Pflichtteilsergänzungsansprüche geltend machen werde. Ein zwei Jahre zuvor erstelltes Gutachten habe einen Schätzwert für die Liegenschaft von ca S 5 Mio ergeben.
Aus der Begründung: Die ASt ist Pflichtteilsberechtigte. Auch volljährigen Noterben steht das Recht zu, die Schätzung und Inventarisierung des Nachlasses zu verlangen. Der Wert unbeweglicher Sachen ist nach dem Liegenschaftsbewertungsgesetz zum Todeszeitpunkt des Erblassers zu ermitteln, wenn dies von einer Partei beantragt wird oder aus besonderen Gründen erforderlich ist. Partei iSd § 102/2 aF AußStrG (§ 167/2 nF) ist auch der Noterbe.
Nach § 8/5 LBG kann für die Bewertung von der Beiziehung eines Sachverständigen abgesehen werden, wenn sich der Wert aus anderen unbedenklichen Beweismitteln eindeutig ergibt, sofern nicht eine Partei die Beiziehung eines Sachverständigen beantragt. Eine Vertragsurkunde über die Veräußerung einer unbeweglichen Nachlasssache kann ohne Weiteres ein solches unbedenkliches Beweismittel sein, sofern nicht Bedenken in Richtung eines erheblichen Abweichens des in der Urkunde eingesetzten Kaufpreises vom tatsächlichen Wert der Sache zum (für die Inventarisierung maßgeblichen) Zeitpunkt des Todes des Erblassers bestehen.
Im vorliegenden Fall ist dieser Weg jedoch verschlossen, weil aus dem Antrag der ASt eindeutig hervorgeht, dass sie auf der Beiziehung eines Bewertungssachverständigen besteht. Dies ist als Antrag iSd § 8/5 LBG zu werten. In diesem Fall ist aber obligatorisch für die Bewertung das Gutachten eines Sachverständigen einzuholen.
Zusammenfassung: Der Pflichtteilsberechtigte hat auch dann Anspruch auf Schätzung einer Liegenschaft durch einen Sachverständigen im Verlassenschaftsverfahren, wenn die Liegenschaft bereits zu einem bestimmten Preis verkauft wurde (6 Ob 8/02y).

Für die Errichtung des Inventars ist der ***Gerichtskommissär zuständig*** (§ 1/1 **318** Z 1 lit b und Z 2 GKG). Wird jedoch die Behauptung bestritten, dass eine Sache zum Verlassenschaftsvermögen zählt, hat das Gericht zu entscheiden, ob diese Sache in das Inventar aufgenommen wird (§ 166/2 AußStrG). Nach der Rsp und hL ist eine Tagsatzung, anlässlich welcher die Inventarisierung erfolgt, abzuhalten. Zu dieser sind sämtliche Parteien des Verlassenschaftsverfahrens bei sonstiger Nichtigkeit zu laden. Die Kosten für die Errichtung des Inventars hat die Verlassenschaft zu tragen (§ 168 AußStrG). Bei Abgabe einer bedingten Erbantrittserklärung sind von Amts wegen (§ 165/2 AußStrG), bei sonstigen Fällen der Inventarserrichtung auf Antrag der (bedingt erbserklärten) Erben oder des Verlassenschaftskurators die Gläubiger per Edikt aufzufordern, ihre Forderungen binnen einer zu bestimmenden angemessenen Frist geltend zu machen (§ 813, ***„Gläubigerkonvokation“***). Die Aufforderung bewirkt, dass den Gläubigern, die ihre Forderung nicht fristgerecht angemeldet haben, gegen die Verlassenschaft kein weiterer Anspruch zusteht, wenn sie durch Befriedigung der angemeldeten Forderungen erschöpft ist. Das gilt nicht, soweit die Forderung pfandrechtlich gesichert ist (§ 814). Wenn der Erbe die Aufforderung unterlässt oder nur einige Forderungen befriedigt, ohne auf die Rechte der anderen Rücksicht zu nehmen, und deshalb einige Gläubiger wegen Überschuldung unbefriedigt bleiben, haftet der Erbe diesen Gläubigern, ungeachtet seiner an sich durch die Inventarisierung beschränkten Haftung, mit seinem gesamten Vermögen für denjenigen Betrag, den die Gläubiger bei gehöriger Aufforderung oder Befriedigung erhalten hätten (§ 815).

6. Einantwortung

319 Die Einantwortung bewirkt den ***Übergang des Nachlasses auf den Erben*** (§ 797: „Übergabe in den rechtlichen Besitz“). Auch die persönliche Haftung des Erben setzt mit der Einantwortung ein. Die hM betrachtet die Verlassenschaft in der Zeit vom Erbfall bis zur Einantwortung als juristische Person ***(„ruhender Nachlass“).*** Bis zur Einantwortung müssen sich die Gläubiger des Erblassers also an die Verlassenschaft halten. Die damit verbundene Legitimationswirkung schützt auch gutgläubige Dritte, wenn diese Nachlassgegenstände von jemandem erwerben (oder ihm gegenüber Forderungen des Erblassers erfüllen), dem der Nachlass zu Unrecht eingeantwortet wurde ***(Erwerb vom „Scheinerben“):*** Sie brauchen diese Gegenstände dem wahren Erben, der mit der Erbschaftsklage durchgedrungen ist (§ 823/1), nicht herauszugeben (§ 824). Der erfolgreiche Erbschaftskläger haftet nach hA stets so, als hätte er eine bedingte Erbantrittserklärung abgegeben.

320 Der ***Einantwortungsbeschluss*** (§ 178 AußStrG) hat zwingend die Bezeichnung der Verlassenschaft und der Erben, den Erbrechtstitel, die Erbquoten, den Hinweis auf ein allfälliges Erbteilungsübereinkommen und die Art der abgegebenen Erbantrittserklärung zu enthalten. Weiters sind allenfalls Nacherbschaften sowie Verbücherungsanordnungen (dh die Bezeichnung der nachlasszugehörigen Liegenschaften und der Hinweis, wer aufgrund des Ergebnisses der Verlassenschaftsabhandlung Eigentümer wird) und die Feststellung aufzunehmen, ob es sich dabei um einen gesetzlichen Erben handelt. Die Übertragung einer Liegenschaft an den Legatar ist nicht in den Einantwortungsbeschluss aufzunehmen; vielmehr hat das Verlassenschaftsgericht auf Antrag des Vermächtnisnehmers und mit Zustimmung aller Erben zu bestätigen, dass der Legatar in das Grundbuch eingetragen werden kann (sog ***Amtsbestätigung,*** § 182/3 AußStrG).

321 Alle Personen, denen an der Verlassenschaft andere erbrechtliche Ansprüche zustehen als die eines Erben (zB Pflichtteilsberechtigte, Vermächtnisnehmer, auf

den Todesfall Beschenkte), sind vor der Einantwortung nachweislich von diesen Ansprüchen zu ***verständigen*** (§ 176/1 AußStrG). Stehen schutzberechtigten Personen solche Ansprüche zu, die noch nicht erfüllt sind, so ist vor Einantwortung ***Sicherheit*** zu leisten (§ 56 ZPO). Diese kann auch beim Gerichtskommissär hinterlegt werden. Wird die Sicherheit trotz fristgebundener Aufforderung nicht erlegt, so hat das Verlassenschaftsgericht den Erlag mit Beschluss aufzutragen (§ 176/2 AußStrG). Die Sicherheit kann auch aus dem Verlassenschaftsvermögen gestellt werden (§ 176/3 AußStrG).

Beispiel aus der Rechtsprechung:
Sachverhalt: Die Testamentserbin gab vorerst zum gesamten Nachlass eine bedingte Erbserklärung (nunmehr: Erbantrittserklärung) ab und beantragte, ihr die alleinige Besorgung und Verwaltung des Nachlasses zu überlassen. Das Verlassenschaftsgericht gab dem Antrag mit Beschluss vom 12.2.2001 statt und räumte dem Erbenmachthaber zur Durchführung der Verlassenschaftsabhandlung eine Frist von drei Monaten ein. Bereits am 26.2. erstattete die Testamentserbin das eidesstättige Vermögensbekenntnis, wandelte die vormals bedingte in eine unbedingte Erbserklärung ab und beantragte die Annahme der unbedingten Erbserklärung sowie weiters, ihr die Verfügungsberechtigung über den Nachlass zu erteilen, die Verlassenschaftsabhandlung für beendet zu erklären und ihr den Nachlass zur Gänze einzuantworten. Das Erstgericht gab den Anträgen mit Beschluss vom 1.3. statt und erließ die beantragte Einantwortungsurkunde (nunmehr: Einantwortungsbeschluss). Dagegen richten sich die Rechtsmittel der volljährigen Pflichtteilsberechtigten.
Aus der Begründung: Pflichtteilsansprüche eines volljährigen Pflichtteilsberechtigten sind zwar nicht im Abhandlungsverfahren, sondern im ordentlichen Rechtsweg geltend zu machen, es kommt dem Pflichtteilsberechtigten aber auch im Rahmen der schriftlichen Abhandlungspflege aktive Beteiligtenstellung zu, soweit seine (materiell- oder verfahrensrechtliche) Position betroffen ist. Diese Verfahrensbeteiligung geschieht nicht bloß durch die Verständigung von der Einleitung des Verfahrens, sondern vielmehr auch aller weiteren, für dessen Fortführung wesentlichen Vorkommnisse.
Im vorliegenden Fall wurden die Pflichtteilsberechtigten zwar dem Verfahren durch Verständigung beigezogen, bereits zwei Wochen später, trotz drei Monaten Zeit zur Antragstellung, wurden aber die verfahrensgegenständlichen Beschlüsse erlassen, ohne dass den Pflichtteilsberechtigten der diesen Beschlüssen zugrunde liegende Antragsschriftsatz der Erbin zur Kenntnis gebracht wurde. Dies begründet eine derart wesentliche Verkürzung in der ihnen zukommenden Beteiligtenstellung, dass der Zweck ihrer Beteiligung als Pflichtteilsberechtigte hiedurch geradezu konterkariert wurde.
Zusammenfassung: Den volljährigen Pflichtteilsberechtigten muss eine ausreichende Gelegenheit zur aktiven Beteiligung am Verlassenschaftsverfahren ermöglicht werden. Diese besteht nicht bei Erlassung der Einantwortungsurkunde (nunmehr: Einantwortungsbeschluss) zwei Wochen nach Auftrag an den Erben, binnen drei Monaten die Verlassenschaftsabhandlung durchzuführen (7 Ob 177/01g).

Beispiel aus der Rechtsprechung:
Sachverhalt: Der Erblasser hinterließ eine letztwillige Verfügung mit ua folgendem Inhalt: „Das Haus xy wird wie folgt aufgeteilt: Es ist eine eigene Parzelle zu bilden und Wohnungseigentum zu begründen. Die Wohnung im ersten Obergeschoß und Dachgeschoß vermache ich meiner Enkeltochter.“ Die (minderjährige) Enkelin beantragt die Ausstellung einer Amtsbestätigung iSd § 178 aF AußStrG (§ 182 nF). Mit dieser solle auch Wohnungseigentum begründet werden; weiters stellt sie den Antrag auf Nachlassseparation.

Aus der Begründung: 1. Zur Nachlassseparation: Die Sicherstellung von Legaten obliegt dem Erben. Er muss vor der Einantwortung ausweisen, dass er alle übrigen von dem Gesetz oder dem Erblasser ihm auferlegten Verbindlichkeiten so weit erfüllt habe, als in den §§ 157–162 aF AußStrG gefordert wird, worunter gemäß § 160 aF AußStrG auch die Pflicht der Sicherstellung von Vermächtnissen ua Minderjähriger fällt. Als Sicherstellung des Legates der minderjährigen Antragstellerin (ASt) kommt – neben einem Veräußerungs- und Belastungsverbot – die Anordnung einer Nachlassseparation (samt deren bücherlicher Anmerkung) in Betracht.
Der Zweck einer Nachlassseparation liegt insb darin, dass die Absonderungsgläubiger – zu denen auch Vermächtnisnehmer gehören – gegen die Gefahr der mit der Einantwortung eintretenden Verschmelzung des Nachlasses mit dem Vermögen des Erben geschützt werden. Die Gläubiger sollen nicht den Nachlass als Haftungsfonds mit Gläubigern des Erben teilen müssen. Das Absonderungsrecht ist der verbliebene Rest amtswegiger Fürsorge für die Nachlassgläubiger. Es hat nicht nur den Zweck, das Verlassenschaftsvermögen dem Zugriff der Gläubiger des Erben zu entziehen, sondern es schlechthin gegen alle Gefahren zu sichern, die sich aus der im Zuge des Verlassenschaftsverfahrens bzw danach sich ergebenden tatsächlichen Verfügungsgewalt des Erben ergeben. Da die Separationsmasse zugunsten der Separationsgläubiger (hier der Legatarin) bis zur Erfüllung des Separationszwecks gesichert bleiben soll, hebt die Einantwortung die Nachlassabsonderung noch nicht auf. Dem Antrag der Legatarin auf Nachlassseparation ist daher stattzugeben (Anm: Das Vorliegen der sonstigen Voraussetzungen des § 812 ist als gegeben anzunehmen).
2. Zur Begründung von Wohnungseigentum: Die Amtsbestätigung gemäß § 178 AußStrG hat den Zweck, dem Vermächtnisnehmer die Möglichkeit der Erwerbung seines Eigentumes durch die Eintragung im Grundbuch zu geben. In Übereinstimmung mit der Lehre vertritt der OGH dazu in stRsp, dass sich diese Bestimmung nach ihrem klaren Wortlaut nur auf die Übertragung bereits im Grundbuch eingetragener Liegenschaften und Pfandrechte bezieht, eine Amtsbestätigung nach § 178 aF AußStrG aber nicht geeignet ist, als Grundlage für die Neubegründung bisher an der Liegenschaft nicht bestehender Rechte zu dienen.
Im vorliegenden Fall war der Erblasser zwar Eigentümer des betreffenden Grundstückes, die ASt soll aber nach seinem Willen Wohnungseigentum erwerben. Gemäß § 2 WEG 2002 ist Wohnungseigentum das dem Miteigentümer einer Liegenschaft oder einer Eigentümerpartnerschaft eingeräumte dingliche Recht, ein Wohnungseigentumsobjekt ausschließlich zu nutzen und allein darüber zu verfügen. Zur Begründung des eigentlichen Wohnungseigentums bedarf es auch nach dem WEG 2002 zumindest zweier Eigentümer; es besteht allerdings nunmehr auch die Möglichkeit eines Einzelnen, vorläufiges Wohnungseigentum zu begründen. Der ASt soll demnach eine Rechtsposition verschafft werden, die der Erblasser nicht in völlig gleicher Weise hatte. Dies kann mit einer Amtsbestätigung (iSd § 178 aF AußStrG) nicht bewerkstelligt werden, die auf solche Übertragungsvorgänge beschränkt ist, bei denen lediglich ein Wechsel in der Person des Berechtigten eintritt, die Identität des zugrunde liegenden Rechtes hingegen keine Änderung erfährt (SZ 72/53). Nach stRsp kann das Abhandlungsgericht mit einer Bestätigung nach § 178 aF AußStrG nicht über den Bestand erst zu begründender Rechte entscheiden. Der Erwerb von Wohnungseigentum durch die Legatarin aufgrund einer Amtsbestätigung nach § 178 aF AußStrG kommt damit nicht in Betracht.
Zusammenfassung: 1. Als Sicherstellung des Legates zugunsten eines Minderjährigen kommt die Anordnung einer Nachlassseparation, samt deren bücherlicher Anmerkung, in Betracht. 2. Der Erwerb von Wohnungseigentum (durch letztwillig verfügte Neubegründung) durch den Legatar aufgrund einer Amtsbestätigung nach § 178 aF AußStrG ist nicht möglich (7 Ob 49/04p).

Anmerkung: Die Sicherstellung minderjähriger Legatare ergibt sich nunmehr aus § 176/2 AußStrG (zur Nachlassseparation s sogleich Rz 322 ff).

7. Nachlassseparation

Die Nachlassabsonderung (Nachlassseparation) kann von „Gläubigern der Verlassenschaft" (nach der Rsp auch von Unterhaltsberechtigten) verlangt werden, sofern deren ***Forderung durch Vermengung der Verlassenschaft mit dem Vermögen des Erben gefährdet*** ist (§ 812). Nach wie vor können auch Vermächtnisnehmer und Pflichtteilsberechtigte Nachlassabsonderung begehren. Um eine Bewilligung des Verlassenschaftsgerichts für die Nachlassseparation zu erwirken, muss der Antragsteller konkrete Umstände anführen, die eine objektive Gefährdung für eine Einbringlichkeit der Forderung begründen. Seit dem ErbRÄG 2015 ist auch nur mehr ein der Forderung entsprechender ***Teil der Verlassenschaft*** (§ 812/1). **322**

Seitens des Erben kann die Absonderung durch Erbringung einer Sicherheitsleistung abgewendet werden (§ 812/3). Diese kann auch der Verlassenschaft entnommen werden. Die Absonderung ist von Amts wegen oder auf Antrag aufzuheben, wenn sie zu Unrecht bewilligt wurde, ihre Voraussetzungen weggefallen sind oder die Separationsgläubiger ihre Ansprüche nicht ohne Verzug gehörig betreiben. **323**

Durch die Bewilligung der Nachlassseparation bleibt die ***Verlassenschaft*** (auch nach der Einantwortung) ***vom persönlichen Vermögen des Erben getrennt*** (gerichtliche Verwahrung oder Separationskuratel), sodass er nicht darüber verfügen kann und andere Gläubiger nicht darauf greifen können. Der abgesonderte Nachlass bleibt nach hA jenen Gläubigern zur Befriedigung vorbehalten, welche die Separation verlangt haben. Allerdings kommt es durch die mit der Nachlassabsonderung verbundene ***Inventarisierung*** der Verlassenschaft auch automatisch zu einer Haftungsbeschränkung des Erben: Er haftet selbst bei unbedingter Erbantrittserklärung nur noch bis zum Wert der Verlassenschaft („pro viribus"), gegenüber den Separationsgläubigern überhaupt nur noch mit dem separierten Nachlass („cum viribus"). **324**

Der Verlassenschaftsgläubiger, der die Nachlassseparation beantragt muss seine Forderung zumindest bescheinigen. Bei Pflichtteilsberechtigten wird diese Bescheinigungspflicht bereits durch den Hinweis auf die für seine Rechtsstellung als Pflichtteilsberechtigter erforderliche verwandschaftliche Beziehung zum Erblasser erfüllt. Zudem muss der Gläubiger aufgrund konkreter Umstände darlegen, dass ohne die Absonderung der Verlassenschaft die Einbringlichkeit seiner Forderung tatsächlich gefährdet ist; eine bloß abstrakte Möglichkeit einer Beeinträchtigung reicht dabei nicht aus. Nach § 812 idF ErbRÄG 2015 muss daher eine objektive Gefährdung der Forderung des Absonderungsgläubigers vorliegen (s bereits oben).

Da die Nachlassseparation nicht mit der Einantwortung endet, ist sie erst dann aufzuheben, wenn ihr Zweck erreicht ist. Dies ist der Fall, wenn entweder feststeht, dass die Absonderungsforderung nicht besteht, die Forderung durch Zahlung oder auf andere Weise erloschen ist, oder eine ausreichende Sicherstellung des Absonderungsgläubigers erfolgt ist. Die Aufhebung erfolgt dabei durch Beschluss des Abhandlungsgerichts.

Im Unterschied zur früheren Rechtslage erstreckt sich die Absonderung nicht mehr auf die gesamte Verlassenschaft, sondern lediglich auf einen Teil, der dem Wert der Gläubigerforderung entspricht. Es wird daher nur so viel Vermögen abgesondert, wie zur Deckung der Forderung erforderlich ist.

Beispiel aus der Rechtsprechung:
Sachverhalt: Die Antragsstellerin begehrte die Nachlassseparation, weil sie die Befürchtung hatte, dass sie bei Vermengung des Verlassenschaftsvermögens mit dem Vermögen des Erben Gefahr laufen könnte, ihre Forderung gegen die Verlassenschaft nicht durchsetzen zu können.
Aus der Begründung: Das Verfahren nach § 812 zur Bewilligung der Nachlassseparation ist ein dem Provisorialverfahren ähnliches Sicherungsverfahren, dessen Zweck es ist, die Ansprüche von Nachlassgläubigern zu sichern (RIS-Justiz RS0111589). Die Bewilligung der Nachlassseparation setzt nach ständiger Rechtsprechung des Obersten Gerichtshofs die Bescheinigung der Forderung des Antragstellers voraus sowie (kumulativ) die subjektive Besorgnis von Gläubigern des Erblassers, ihre Befriedigung könnte durch Maßnahmen der Erben geschmälert werden. An die geforderte subjektive Besorgnis ist kein strenger Maßstab anzulegen (RIS-Justiz RS0013070).
Die (rein) abstrakte Möglichkeit von nachteiligen Verfügungen durch die Erben ist aber in jedem Fall gegeben und kann daher für sich allein noch nicht die Absonderung der Verlassenschaft von dem Vermögen der Erben rechtfertigen (RIS-Justiz RS0013072). Die früher teilweise vertretene gegenteilige Auffassung (RIS-Justiz RS0013069) wurde in jüngerer Zeit – auch vom erkennenden Senat – durchgehend nicht aufrechterhalten (10 Ob 317/02v; 1 Ob 1/13y). Die von der Antragstellerin behaupteten Umstände, es bestehe die begründete Besorgnis, dass sie bei Vermengung des Verlassenschaftsvermögens mit dem Vermögen des Erben Gefahr laufen könnte, ihre Forderung gegen die Verlassenschaft nicht durchsetzen zu können, rechtfertigt im Sinne dieser Judikatur für sich allein nicht eine subjektive Besorgnis für die Einbringlichkeit der Forderungen (RIS-Justiz RS0013072 [T3]). Auch das Antragsvorbringen, der oder die Erben würden „zumindest im Weg über die Privatstiftung" freie Verfügung über die (näher bezeichneten) Liegenschaften erhalten, es sei – insb im Hinblick auf die Höhe der Nachlassforderung – der Widerruf der Stiftung, die Verwertung der Liegenschaften und die Verbringung der dem Nachlass zur Befriedigung der Forderung zur Verfügung stehenden Mittel zu befürchten, zeigt nur die in jedem Fall gegebene abstrakte Möglichkeit von nachteiligen Verfügungen durch die Erben auf. Es stellt daher keine zulassungsrelevante Fehlbeurteilung dar, wenn die Vorinstanzen davon ausgingen, mangels objektiv nachvollziehbarer Gründe für die behauptete Besorgnis der Antragstellerin seien die Voraussetzungen für die Nachlassseparation nicht gegeben.
Zusammenfassung: Die Bewilligung der Nachlassseparation setzt die subjektive Besorgnis von Gläubigern des Erblassers voraus, ihre Befriedigung könnte durch Maßnahmen der Erben geschmälert werden. Für diese subjektive Besorgnis reicht jedoch die abstrakte Möglichkeit einer nachteiligen Verfügung nicht aus, da diese in jedem Fall gegeben ist (10 Ob 35/13i).
Anmerkung: In der Neuregelung des § 812 durch das ErbRÄG 2015 ist – anders als in § 812 aF – nicht mehr von „Besorgnis" die Rede, was so verstanden wird, dass eine

objektive Gefährdung gegeben sein muss. Die rein subjektive Forderungsgefährdung reicht nicht mehr aus.

8. *Miterbenstellung*

Mehrere Erben bilden eine ***Rechtsgemeinschaft*** (nach Einantwortung: ***Miteigentumsgemeinschaft***), an der jeder Erbe nach Maßgabe seiner Erbquote beteiligt ist. Die Gemeinschaft wird durch Erbteilung aufgehoben, die jeder Miterbe verlangen kann (hat der Erblasser besondere Teilungsanordnungen getroffen, sind diese uU zu beachten; s Rz 127). Allerdings können die Erben vor der Einantwortung einstimmig auch eine Erbteilung vornehmen (Erbteilungsübereinkommen; s § 181 AußStrG), welche bewirkt, dass die Erben mit der Einantwortung Alleinerben der ihnen aufgrund des Erbteilungsübereinkommens zugewiesenen Sachen werden – dies gilt auch für Liegenschaften, weshalb der Eintragung im Grundbuch lediglich deklarativer Charakter zukommt. Dabei können sich die Erben auch über eine Teilungsanordnung des Erblassers (s Rz 127) hinwegsetzen, sofern dadurch keine Auflagen verletzt werden. Gem § 181 AußStrG können die Erben vor der Einantwortung ihre Vereinbarung über die Erbteilung oder die Benützung der Verlassenschaftsgegenstände außergerichtlich in Form einer Privaturkunde vornehmen oder beim Gerichtskommissär zu Protokoll geben. Dem vor dem Gerichtskommissär abgeschlossenen Erbteilungsübereinkommen kommt dabei die Wirkung eines gerichtlichen Vergleichs zu, sodass dieses gem § 1 Z 5 EO vollstreckbar ist. **325**

Können die Erben ***kein Einvernehmen hinsichtlich der Erbteilung*** herstellen, kann jeder Erbe Erbteilungsklage gem § 841 einbringen. Zuständig dafür ist gem § 77/2 JN auch nach Einantwortung das Verlassenschaftsgericht.

Das Gesagte gilt gem § 181/3 AußStrG sinngemäß auch für auf die Verlassenschaft bezogene Vereinbarungen mit sonstigen am Verlassenschaftsverfahren beteiligten Personen (Pflichtteilsberechtigte, Vermächtnisnehmer, Gläubiger). Ein ***Pflichtteilsübereinkommen*** kann dabei sowohl die Höhe des Pflichtteils, die Art der Leistung des Pflichtteils oder auch die Stundung des Pflichtteils regeln. **326**

VI. Inkrafttreten und Übergangsbestimmungen des ErbRÄG 2015, Verjährung erbrechtlicher Ansprüche

Literaturauswahl: *C. Rabl,* Erbrechtsreform 2015 – Pflichtteilsrecht neu, NZ 2015, 321; *Kathrein*, Das neue Erbrecht, EF-Z 2016/2; *Kogler,* Inkrafttreten und Übergangsbestimmungen des neuen Erbrechts, EF-Z 2016/27; *Fischer-Czermak,* Verträge auf den Todesfall, EF-Z 2016/107; *Pesendorfer,* Entstehung des Erbrechts, Erbverzicht, Erbschaftserwerb und Verjährung, in *Barth/Pesendorfer* (Hg), Praxishandbuch des neuen Erbrechts (2016) 17; *Schamberger,* Keine teleologische Reduktion des § 1503 Abs 7 Z 9 ABGB, NZ 2018, 289; *Zankl,* Erbrechtliche Informations- und Schadenersatzpflichten, EF-Z 2018/76; *derselbe,* Notarielle Beratungsfragen des ErbRÄG 2015, in FS Bittner (2018) 841; *Welser,* Postmortale Vaterschaftsfeststellung und Pflichtteilsverjährung, NZ 2023/24.

Judikaturauswahl: 2 Ob 167/19a (Anwendung des § 1487a iVm § 1503/7 Z 9 auch bei faktischer Verlängerung erbrechtlicher Verjährungsfristen); 2 Ob 175/22g (Keine Verjährung des Pflichtteils bei postmortaler Vaterschaftsfeststellung); 3 Ob 220/22g (Keine Heilung einer formungültigen letztwilligen Verfügung durch das ErbRÄG 2015); 2 Ob 59/23z (Teleologische Reduktion des § 1503/7 Z 5).

327 Die Bestimmungen über das Inkrafttreten und die Übergangsbestimmungen des ErbRÄG sind in § 1503/7 Z 1–9 geregelt. Grds tritt demnach das neue Erbrecht mit 1.1.2017 in Kraft, dh die neuen Regelungen sind anzuwenden, wenn der Erblasser ***nach dem 31.12.2016 verstorben*** ist. Dies gilt insb für das gesetzliche Erbrecht und das Pflichtteilsrecht (dazu gehören auch die Regelungen über die Enterbung, die Pflichtteilsminderung, die Pflichtteilsdeckung sowie die Hinzu- und Anrechnung von Zuwendungen).

328 Einige Regelungen knüpfen allerdings nicht an das Sterbedatum des Erblassers an, sondern aus Gründen des Vertrauensschutzes an den ***Zeitpunkt der rechtsgeschäftlichen Handlung.*** So beurteilt sich die ***Aufhebung eines Erbverzichts*** nach dem zum Zeitpunkt der Aufhebung geltenden Recht. Wurde der Erbverzicht vor dem 1.1.2017 aufgehoben, so konnte dies gem § 551 aF noch formlos geschehen (§ 551 nF verlangt die Schriftform).

329 Auch für die ***Gültigkeit letztwilliger Verfügungen, Schenkungen auf den Todesfall*** sowie ***Anrechnungsvereinbarungen*** und deren Aufhebung ist das zum Zeitpunkt des rechtsgeschäftlichen Handelns geltende Recht maßgebend. Das betrifft freilich nur die Formvorschriften der jeweiligen Bestimmungen (und die am subjektiven Willen erfolgende Auslegung, weil die Errichtung der letztwilligen Verfügung bzw die Vereinbarung vor dem Hintergrund der damals geltenden Rechtslage erfolgt ist; anders aber offenbar § 1503/7 Z 1), nicht aber objektive Rechtswirkungen (wie etwa § 725, wonach letztwillige Verfügungen ua zugunsten des Ehegatten iZw mit Auflösung der Ehe aufgehoben werden; so auch § 1503/7 Z 1) und zB auch nicht die Anrechnungspflicht per se (str). Das neue einheitliche Anrechnungsrecht ist daher auch auf Altschenkungen anzuwenden. Bei der Anrechnung auf den Erbteil können anrechnungsfreie Zuwendungen rückwirkend zu anrechnungspflichtigen werden (so wurden zB Nachkommen vor dem ErbRÄG lediglich die Ausstattung, das zum Antritt eines Berufes Gegebene, die Bezahlung von Schulden durch den Erblasser sowie Vorschüsse angerechnet – nach dem 31.12.2016 sind von der Anrechnung gem § 753 sämtliche Schenkungen iSd § 781 umfasst). § 603, wonach die Schenkung auf den Todesfall auch nach dem Tod des Geschenkgebers als Vertrag (und nicht mehr – wie früher – als Vermächtnis) anzusehen ist und daher jetzt der Schenkungsanrechnung unterliegt (vgl § 781), gilt (entgegen § 1503/7 Z 5) auch für Schenkungen, die vor dem 1.1.2017 gemacht wurden. Dafür spricht, dass § 781, der die Schenkung auf den Todesfall als anrechnungspflichtige Schenkung regelt, gem § 1503/7 Z 1 und Z 2 ab 1.1.2017 gilt, was konstruktiv nur dann möglich ist, wenn die Schenkung auf den Todesfall auch nach dem Tod des Geschenkgebers als Vertrag anzusehen ist. Würde man die Schenkung – wenn sie vor dem 1.1.2017 geschlossen wurde

– weiterhin als Vermächtnis qualifizieren, wäre § 781 iVm § 1503/7 Z 1 nicht erklärbar, weil Vermächtnisse den Pflichtteilen ohnedies nachgehen, sodass es keiner Schenkungsanrechnung bedürfte.

Auch nach dem OGH ist § 1503/7 Z 5 daher teleologisch zu reduzieren: § 603 nF ist nämlich nach dem Wortlaut des § 1503/7 Z 5 auf Schenkungen auf den Todesfall anzuwenden, welche nach dem 31.12.2016 errichtet wurden. Solche Schenkungen sind demnach als Verträge (und nicht wie vor dem ErbRÄG 2015 als Vermächtnisse) zu behandeln. Die Regelung über die Hinzu- und Anrechnung von Schenkungen, welche nach § 781 nF auch Schenkungen auf den Todesfall betrifft, ist jedoch bereits anzuwenden, wenn der Erblasser nach dem 31.12.2016 verstirbt (§ 1503/7 Z 2). Altschenkungen auf den Todesfall (also solche bis zum 31.12.2016) wären somit als Vermächtnisse zu behandeln und würden daher in den Nachlass fallen. Gleichzeitig würden sie jedoch bei Tod des Erblassers nach dem 31.12.2016 der Hinzu- und Anrechnung unterliegen. Daraus ergäbe sich ein Widerspruch, der vom Gesetzgeber nicht gewollt sein konnte. Daher ist insofern eine teleologische Reduktion des § 1503/7 Z 5 vorzunehmen, als zwar für die ***Gültigkeitsvoraussetzungen*** einer Schenkung auf den Todesfall die ***Rechtslage zum Errichtungszeitpunkt*** maßgebend ist (daher bei Errichtung vor 1.1.2017 die Rechtslage vor dem ErbRÄG 2015 und bei Errichtung nach 31.12.2016 die Rechtslage nach dem ErbRÄG 2015). Jedoch ist für die ***materiellrechtlichen Folgen*** (insb Fragen der Anrechnung) einer vor 2017 errichteten Schenkung auf den Todesfall die ***Rechtslage idF des ErbRÄG 2015*** anzuwenden, wenn der Erblasser nach dem 31.12.2016 verstorben ist. Es kommt somit für die materiellrechtlichen Folgen der Schenkung auf den Todesfall allein auf den Todeszeitpunkt des Geschenkgebers (= Erblasser) an.

Durch die Aufhebung des § 568 aF infolge des ErbRÄG 2015 sind auch **330**
gerichtliche Anordnungen, wonach eine Person, für die ein ***Sachwalter*** (nach 2. ErwSchG: Erwachsenenvertreter) bestellt war, ein Testament nur vor Gericht oder Notar errichten kann, mit 1.1.2017 nicht mehr verbindlich. Vor dem 1.1.2017 auf Grundlage solcher Anordnungen errichtete letztwillige Verfügungen behalten jedoch gem § 1503/7 Z 4 lit c ihre Gültigkeit.

Die ***Verjährungsregelungen*** sind nach der jeweiligen Rechtslage zu beurtei- **331**
len. Die Verjährung erbrechtlicher Ansprüche wird nunmehr im § 1487a geregelt. Erfasst sind sämtliche Ansprüche und Rechte aufgrund des Erb-, Vermächtnis- und Pflichtteilsrechts. Diese Ansprüche und Rechte verjähren spätestens nach Ablauf der objektiven Verjährungsfrist von ***30 Jahren***, die bereits mit dem Tod des Erblassers zu laufen beginnt. Neben dieser langen, kenntnisunabhängigen Frist existiert jedoch auch eine kurze subjektive Frist: Sie wird durch die Kenntnis des Berechtigten von den für seinen Anspruch maßgeblichen Tatsachen (Rechtskenntnis ist hierbei nicht erforderlich) ausgelöst und beträgt ***drei Jahre***.

Nach § 1487a/2 sind die genannten Verjährungsregeln auch auf das Aneignungsrecht des Bundes anzuwenden. Laut Materialien handelt es sich dabei um einen Verweis auf die verlängerte Verjährung bei juristischen Personen (§ 1485/1), was bedeuten würde, dass die objektive Verjährungsfrist des Aneignungsrechts des Bundes 40 Jahre beträgt. Dies steht jedoch wohl im Widerspruch zur Rsp, wonach § 1485 nur der allgemeinen Regel des § 1479 vorgehen soll, da § 1487a/1 eben ausdrücklich eine 30-jährige objektive Verjährungsfrist vorsieht.

Aus Gründen des Vertrauensschutzes und zur Vereinheitlichung des Verjährungsregimes beginnt die kurze Frist des § 1487a – wenn das geltend zu machende Recht nicht bereits zu diesem Zeitpunkt nach alter Rechtslage verjährt ist – gem § 1503/7 Z 9 2. Satz mit 1.1.2017 (Inkrafttreten des ErbRÄG 2015) ***neu*** zu laufen. Ist der Anspruch aus einem „Altsachverhalt" zum 1.1.2017 nach altem Recht daher noch nicht verjährt, beginnt die kurze dreijährige Frist nach § 1487a gem § 1503 Abs 7 Z 9 2. Satz unabhängig vom Kenntnisstand über die anspruchsbegründenden Tatsachen durch den Anspruchsberechtigten jedenfalls mit dem 1.1.2017; dies laut OGH (der diesbezüglich zu Recht *Welser* folgt) allerdings nur, sofern die Verjährung zuvor überhaupt schon begonnen hatte (s sogleich).

Beachte: § 1487 aF sah eine ***kenntnisunabhängige*** dreijährige Verjährungsfrist für die Geltendmachung (ua) des Pflichtteils vor, die gemäß § 1478 2. Satz erst dann zu laufen begann, wenn der Anspruch „an sich schon hätte ausgeübt werden können". Solange daher bspw die Vaterschaft eines anderen Mannes feststand, konnte das Kind auch keinen Pflichtteilsanspruch gegen die Verlassenschaft bzw die Erben seines wahren Vaters geltend machen. Daher begann die Frist nach § 1487 aF bis zur Feststellung der wahren Vaterschaft nicht zu laufen (der OGH ließ offen, ob bereits die Beseitigung der feststehenden Abstammung für den Verjährungsbeginn ausreicht – dies ist jedoch abzulehnen). Nach dem Wortlaut des § 1503/7 Z 9 2. Satz hätte jedoch die (dreijährige) Verjährungsfrist bereits am 1.1.2017 zu laufen begonnen, auch wenn die Vaterschaft zu diesem Zeitpunkt noch nicht festgestellt wurde. Daher ist § 1503/7 Z 9 2. Satz nach zutreffender Ansicht des OGH insofern teleologisch zu reduzieren, als diese Bestimmung keine Anwendung auf Ansprüche findet, deren Verjährung am 1.1.2017 noch nicht begonnen hat. Im vorbeschriebenen Fall beginnt deshalb die Verjährungsfrist erst mit der Feststellung der wahren Vaterschaft zu laufen (vgl das Bsp sogleich).

Beispiel aus der Rechtsprechung:
Sachverhalt: Der Erblasser verstarb 2014 und hinterließ seine – nach alter Rechtslage pflichtteilsberechtigte – Mutter (Klägerin). Testamentarisch setzte er die Beklagte zur Alleinerbin ein. Im Verlassenschaftsverfahren nach dem Erblasser wurde am 6.6.2014 das Übernahmeprotokoll (vgl § 152 AußStrG) errichtet und die Verlassenschaft der Alleinerbin am 24.8.2015 eingeantwortet. Am 25.5.2018 begehrte die Klägerin den noch ausstehenden Pflichtteilsanspruch. Die Beklagte brachte dabei ua die Verjährung der Pflichtteilsansprüche vor: Die Bestimmungen des ErbRÄG 2015 seien nicht anwendbar (Todeszeitpunkt vor dem 1.1.2017), und die Übergangsbestimmung des § 1503/7 Z 9 zur Verjährung müsse teleologisch reduziert werden.
Aus der Begründung I: Gem dem im vorliegenden Fall noch maßgeblichen § 1487 aF verjähren die Pflichtteilsansprüche in drei Jahren; nach der Rsp ab Errichtung des Übernahmeprotokolls (im gegenständlichen Fall also am 6.6.2017). Der neue § 1487a idF ErbRÄG 2015 sieht allerdings für sämtliche erbrechtliche Tatbestände eine lange

kenntnisunabhängige Verjährungsfrist von 30 Jahren und eine kurze kenntnisabhängige Frist von drei Jahren vor. Nach § 1503/7 Z 9 finden diese neuen Fristen ab 1.1.2017 Anwendung, wenn das geltend gemachte Recht dann nicht bereits nach altem Recht verjährt ist. Der Lauf der in § 1487a vorgesehenen (eigentlich kenntnisabhängigen) Dreijahresfrist beginnt in diesen Fällen mit 1.1.2017. Im vorliegenden Fall waren die Pflichtteilsansprüche am 1.1.2017 noch nicht verjährt. Daher begann gem § 1503/7 Z 9 mit 1.1.2017 die kurze dreijährige Frist neu zu laufen. Der Pflichtteilsanspruch war am 25.5.2018 also nicht verjährt.
Aus der Begründung II: Die Beklagte brachte in ihrem Rechtsmittel vor, § 1503/7 Z 9 müsse auf Fälle der Erbschaftsklage teleologisch reduziert werden. Der OGH verneinte dies. Zwar ergibt sich aus den Materialien, dass bei „Verkürzung einer Verjährungsfrist (…) wie hier bei der Erbschaftsklage (…) der Eintritt der Verjährung nach der jeweils verbindlichen Rechtslage zu beurteilen" ist. Auch soll die neue Frist aus Vertrauensschutzgründen erst mit Inkrafttreten des ErbRÄG 2015 (1.1.2017) zu laufen beginnen, weshalb Teile der Lehre forderten, die Verjährung in Fällen, in denen es zu keiner Verkürzung der Verjährungsfrist kommt, nach alter Rechtslage (vor dem ErbRÄG 2015) zu beurteilen oder aber die vor dem Inkrafttreten des ErbRÄG verstrichene Zeit bei der Anwendung des neuen Rechts zu berücksichtigen. Es würde dem Willen des Gesetzgebers widersprechen, die Klagsmöglichkeit auch für jene Ansprüche zu verlängern, die sowohl nach altem als auch nach neuem Recht in drei Jahren verjähren. Der erkennende Senat konnte aber vorzeigen, dass § 1503/7 Z 9 den Zweck verfolgt, ab Inkrafttreten des ErbRÄG nur mehr das neue, einheitliche Verjährungsregime des § 1487a anzuwenden. Es ist tatsächlich so, dass es bei Anwendung des § 1487a auf Altsachverhalte zu einer Verlängerung der Verjährungsfrist kommen kann. Das entspricht durchaus der Intention des Gesetzgebers: Die neue, kurze Verjährungsfrist von drei Jahren ist kenntnisabhängig. Es kann daher auch bei Neusachverhalten zu einer Verlängerung der Klagsmöglichkeit kommen (zB bei erst späterer Kenntnis über die anspruchsbegründenden Tatsachen). Auch bedeutet eine rückwirkende Anordnung einer längeren Verjährungsvorschrift nicht grds eine unsachliche Benachteiligung des Anspruchsgegners. Das Vertrauen auf eigenen Rechtserwerb bzw auf Rechtsverlust des Gläubigers durch Zeitablauf ist nicht schutzwürdig. Hinzu kommt, dass bei den von § 1503/7 Z 9 erfassten Altsachverhalten der Schuldner nach 31.12.2019 nicht mehr mit der Geltendmachung der in § 1487a aufgezählten Ansprüche zu rechnen braucht. Die (eigentlich kenntnisabhängige) Dreijahresfrist beginnt in diesen Fällen mit 1.1.2017 kenntnisunabhängig zu laufen. Die Auswirkungen der faktischen Verlängerung einer nach alter Rechtslage begonnenen Verjährung werden dadurch begrenzt. Aus all diesen Gründen sah der OGH die Voraussetzungen für eine teleologische Reduktion der Übergangsbestimmung als nicht gegeben.
Zusammenfassung: Mit 1.1.2017 beginnen für jene erbrechtlichen Ansprüche, welche nach bis dahin geltender Rechtslage noch nicht verjährt waren, die Verjährungsfristen des § 1487a von Neuem zu laufen – unabhängig davon, ob die Klagsmöglichkeit dadurch verlängert wird (2 Ob 167/19a).

Beispiel aus der Rechtsprechung:
Sachverhalt: Der Erblasser verstarb 2005. Das Verlassenschaftsverfahren wurde 2006 abgeschlossen. Im Jahr 2000 hatte der Erblasser der Beklagten, seiner ehelichen Tochter, Liegenschaftsanteile geschenkt. Die Klägerin ist die uneheliche Tochter des Erblassers. Seine Vaterschaft bzgl Letzterer wurde erst im Jahr 2020 mittels Vätertausches gem § 150 postmortal festgestellt. Die Klägerin begehrte daraufhin im Jahr 2021 ihren Pflichtteil. Die Beklagte wendet ein, der Pflichtteilsanspruch sei nach dem anzuwendenden § 1487 idF vor dem ErbRÄG 2015 (dieser normierte die Verjährung des Pflicht-

teilsanspruchs) verjährt. Die Frist habe mit der Errichtung des Übernahmeprotokolls im Verlassenschaftsverfahren im Jahr 2006 zu laufen begonnen und sei daher längst abgelaufen.

Aus der Begründung: § 1503/7 Z 9 ordnet an, dass § 1487a idF des ErbRÄG 2015 ab dem 1.1.2017 auf die dort genannten Rechte (daher auch auf die Pflichtteilsgeltendmachung) anzuwenden ist, wenn dieses Recht am 1.1.2017 nach dem bis dahin geltenden Recht nicht bereits verjährt ist. Der Lauf der in § 1487a vorgesehenen kenntnisabhängigen Frist beginnt in solchen Fällen mit dem 1.1.2017. Es ist daher in einem ersten Schritt zu prüfen, ob der Pflichtteilsanspruch der Klägerin nach § 1487 idF vor dem ErbRÄG 2015 zum 1.1.2017 bereits verjährt war. Der OGH judiziert in ständiger Rsp, dass der Beginn der Verjährung des § 1487 aF objektiv, also ohne Rücksicht auf die Kenntnis des Pflichtteilsberechtigten läuft. Die Bestimmung verfolgt das Ziel der Rechtssicherheit und soll grds einen einheitlichen Fristbeginn für alle Pflichtteilsberechtigten normieren. IdR ist dieser Fristbeginn die Errichtung des Übernahmeprotokolls im Verlassenschaftsverfahren (hier also bereits 2006). Nach der allgemeinen Regel des § 1478 2. Satz beginnt jedoch die Verjährung erst zu laufen, wenn das Recht an sich schon hätte ausgeübt werden können. Zum Zeitpunkt des Pflichtteilsprozesses stand jedoch ein anderer Mann als der Erblasser als Vater der Klägerin mit erga-omnes-Wirkung fest. Weil die Abstammung keine im Pflichtteilsprozess zu klärende Vorfrage sein kann (und grds nur in einem eigenen Abstammungsverfahren nach §§ 81 ff AußStrG zu bestimmen ist), konnte der Pflichtteilsanspruch im Pflichtteilsprozess noch nicht geltend gemacht, das Recht also im Pflichtteilsprozess noch nicht gem § 1478 2. Satz ausgeübt werden. Hier besteht nach dem OGH eine Parallele zum Verjährungsbeginn des Anspruchs des Scheinvaters gegen den leiblichen Vater gemäß § 1042 auf Ersatz der fälschlicherweise erbrachten Unterhaltsleistungen („Scheinvaterregress"), wo es ebenso zunächst eines eigenen Verfahrens zur Feststellung der Vaterschaft bedarf. Die Verjährung des Pflichtteilsanspruchs beginnt somit nach altem Recht erst mit Rechtskraft der Entscheidung im Statusverfahren, im konkreten Fall daher erst 2020.

Zwischenergebnis: Da das Recht der Klägerin 2017 nach dem bis dahin geltenden Recht nicht bereits verjährt war, sondern dessen Verjährung noch nicht einmal begonnen hat, ist gem § 1503 Abs 7 Z 9 erster Satz der mit dem ErbRÄG 2015 eingeführte § 1487a anzuwenden.

Gemäß § 1503 Abs 7 Z 9 zweiter Satz beginnt der Lauf der in § 1487a vorgesehenen kenntnisabhängigen Frist in solchen Fällen mit dem 1.1.2017 zu laufen. Der Wortlaut erfasst daher auch Altsachverhalte, bei denen die Verjährung – wie im gegenständlichen Fall – noch gar nicht begonnen hat, sodass der erst am 9.4.2021 bei Gericht geltend gemachte Anspruch der Klägerin verjährt wäre. Jedoch ist nach dem OGH eine teleologische Reduktion geboten: Eine verjährungsrechtliche Gleichstellung von Ansprüchen, deren Verjährung bereits begonnen hat, mit solchen, deren Verjährung nach der Rechtslage vor dem ErbRÄG 2015 noch nicht beginnen konnte, ist sachlich nicht gerechtfertigt. Der Gesetzgeber wollte mit § 1503 Abs 7 Z 9 zweiter Satz lediglich die Auswirkungen der faktischen Verlängerung einer nach altem Recht begonnenen Verjährung begrenzen. Dass er damit die von der Rechtsprechung bejahte Anwendbarkeit des § 1478 2. Satz in Fällen des § 1487 aF ausschließen wollte, ist nicht zu unterstellen. Der Pflichtteilsanspruch der Klägerin ist daher noch nicht verjährt.

Zusammenfassung: Gemäß § 1503/7 Z 9 1. Satz ist die kenntnisabhängige, dreijährige Verjährungsfrist des § 1487a idF des ErbRÄG 2015 anzuwenden, wenn das Recht am 1.1.2017 nach dem bis dahin geltenden Recht nicht bereits verjährt ist. § 1487 aF normiert ua für den übergangenen Pflichtteilsberechtigten eine kenntnisunabhängige, dreijährige Verjährungsfrist. Mangels Sonderregel zum Beginn des Fristenlaufs fängt die Verjährung gemäß § 1478 2. Satz (erst) mit dem Zeitpunkt zu laufen an, in dem der

Pflichtteilsanspruch „an sich schon hätte ausgeübt werden können“. Solange die Vaterschaft eines anderen Mannes feststeht, kann das Kind keinen Pflichtteilsanspruch gegen die Verlassenschaft bzw Erben des wahren Vaters geltend machen. Die Verjährungsfrist des § 1487 aF beginnt bei postmortaler Abstammungsfeststellung nach § 150 („Vätertausch“) daher gemäß § 1478 2. Satz erst mit Rechtskraft der Beseitigung der feststehenden Vaterschaft und (wohl auch) der Feststellung der wahren Vaterschaft zu laufen. § 1503/7 Z 9 2. Satz idF ErbRÄG 2015 sieht vor, dass der Lauf der in § 1487a vorgesehenen kenntnisabhängigen Frist in Fällen, in denen der Anspruch zum 1.1.2017 noch nicht verjährt war, mit dem 1.1.2017 beginnt. Diese Bestimmung ist jedoch dahingehend teleologisch zu reduzieren, dass sie nur jene Ansprüche erfasst, deren Verjährungfrist nach alter Rechtslage am 1.1.2017 bereits zu laufen begonnen hat. (2 Ob 175/22g). *Anmerkung:* Der OGH ließ offen, ob die Verjährungsfrist nach § 1487 aF bereits mit (rechtskräftiger) Beseitigung der feststehenden Vaterschaft zu laufen beginnt oder zusätzlich auch die Feststellung der wahren Vaterschaft erforderlich ist. Dies ist jedoch zur Vermeidung eines Wertungswiderspruchs im Zusammenhang mit unehelichen Kindern ohne feststehende väterliche Abstammung – diesfalls würde nämlich die Verjährung mangels eines der Rechtsausübung entgegenstehenden Hindernisses mehr oder weniger sofort beginnen – jedenfalls zu bejahen.

Es können also durchaus ***verschiedene Rechtslagen*** auf denselben Erbfall anwendbar sein, wenn der Verstorbene nach dem 31.12.2016 verstorben ist, letztwillige Verfügungen aber bereits vorher errichtet hat. Dies wird auch dazu führen, dass das alte Recht noch Jahrzehnte, uU sogar bis ins nächste Jahrhundert, neben der neuen Rechtslage zur Anwendung kommen kann, zB wenn der Erblasser 2016 im Alter von 20, etwa vor einer gefährlichen Unternehmung, ein Testament errichtet, diese dann aber unbeschadet übersteht (zur Weitergeltung der Verfügung in solchen Fällen, s Rz 331) und erst im Jahr 2100 im Alter von 104 Jahren stirbt. **332**

Ungeregelt und daher fraglich ist im Hinblick auf den Stichtag 1.1.2017 auch, ob letztwillige Verfügungen eines Erblassers, der danach verstorben ist, aber die Verfügungen vor dem 1.1.2017 errichtet hat, als wirksam anzusehen sind, wenn sie zwar nicht den ***Formvorschriften des alten,*** wohl aber ***des neuen Rechts*** entsprechen. ME kann diesbezüglich auch hier der an sich für die Auslegung letztwilliger Verfügungen geltende Grundsatz des favor testamenti herangezogen werden (zumal die Formvorschriften strenger geworden sind), woraus folgen würde, dass das Testament als gültig anzusehen wäre. Dagegen könnte § 576 eingewendet werden: „Eine anfänglich ungültige letztwillige Verfügung wird durch den späteren Wegfall des Hindernisses nicht gültig.“ Allerdings fällt hier kein Hindernis aufseiten des Verstorbenen weg (zB dass der zum Zeitpunkt der Testamentserrichtung testierunfähige Erblasser später wieder testierfähig wird oder ein ursprünglich befangener Zeuge – etwa der Ehegatte des Erben – später infolge Scheidung nicht mehr befangen wäre), sondern es werden neue gesetzliche Voraussetzungen aufgestellt. Wenn die alte letztwillige Verfügung diesen entspricht, wäre im Hinblick auf die auch damit einhergehende Beweiswirkung und den favor testamenti nicht einzusehen, warum sie gegenüber neuen Verfügungen diskriminiert werden sollte (aA die Rsp, welche sich auf § 575 beruft, wonach die Voraus- **333** setzungen der Gültigkeit bei der Errichtung der letztwilligen Verfügung vorliegen müssen).

334 Fraglich im Zusammenhang mit dem ***Verhältnis zwischen neuem und altem Recht*** könnte auch sein, ob ***Rechtsanwälte und Notare*** verpflichtet sind, Klienten, die sie vor dem 1.1.2017 erbrechtlich beraten haben, nunmehr in einer Art ***„Rückrufaktion"*** über allfällige Änderungen zu informieren (Ähnliches gilt für neue Rsp), soweit sich daraus konkrete Konsequenzen für bereits errichtete letztwillige Verfügungen oder für das gesetzliche Erbrecht ergeben.

Beispiel:
Der Verstorbene hinterlässt einen Ehegatten und zwei Geschwister und war dahingehend beraten worden, dass die beiden Geschwister neben dem Ehegatten je ein Sechstel als gesetzliche Erben erhalten würden (§ 757/1 aF). Entsprach dies dem Willen des Erblassers und hat er deshalb auf ein Testament zugunsten seiner Geschwister verzichtet, so würden diese nun nichts erben, weil der Ehegatte nach dem ErbRÄG 2015 das gesetzliche Erbrecht der Geschwister verdrängt (§ 744).

335 Bei Information über die neue Rechtslage hätte der Erblasser ein entsprechendes Testament zugunsten seiner Geschwister errichten können. Unterblieb die Information – und hat der Erblasser sie auch nicht anderweitig erlangt und deshalb nicht testiert –, würde also die neue gesetzliche Erbfolge nicht seinem Willen entsprechen. Auch können sich die Geschwister nicht auf einen Motivirrtum des Erblassers berufen, weil ja keine letztwillige Verfügung vorliegt, die wegen Irrtums angefochten werden könnte. Entsprechende ***Informationspflichten des Beraters*** könnten diesem Ergebnis vorbeugen, sind aber ***zu verneinen***, da sich die Beratung auf die jeweilige Rechtslage bezieht und Rechtsberater daher wohl grds nicht verpflichtet sind, ehemalige Mandanten darüber bzw über entsprechende Änderungen weiter ständig auf dem Laufenden zu halten. Dies folgt auch nicht aus nachvertraglichen Pflichten, weil diese – wie vorvertragliche Pflichten – nur aus unselbstständigen Nebenleistungspflichten bestehen (Schutz- und Sorgfaltspflichten), nicht aber aus Hauptleistungspflichten, um die es hier ginge, wenn der Berater nachvertraglich (ohne Honorar) zur Beratung verpflichtet wäre. Man würde ihm im Wege nachvertraglicher Pflichten ein Verhalten vorschreiben, das eigentlich schon zur Hauptleistung gehört (Beratung).

336 Anders ist dies aber bei ***Beratungen,*** die ***zwischen dem 30.7.2015*** (Kundmachung des ErbRÄG 2015) ***und dem 1.1.2017*** (Inkrafttreten des ErbRÄG) erfolgt sind. In diesem Fall wäre die Beratung, weil die neue Rechtslage bereits bekannt war bzw bekannt sein musste, auch auf diese zu beziehen gewesen und konnte bei der Honorargestaltung berücksichtigt werden.

VII. Gegenüberstellung der neuen und alten Rechtslage

Der besseren Vergleichbarkeit und Übersichtlichkeit halber werden die von den erwähnten Übergangsregelungen betroffenen Rechtsbereiche einander im Folgenden gegenübergestellt: 337

Erbrecht alt	Erbrecht neu
Erbverzicht (§§ 551 aF, 551 nF)	
• Errichtung: Notariatsakt • Aufhebung: formlos möglich	• Errichtung: Notariatsakt • Aufhebung: Schriftform
Testierfähigkeit bei Sachwalterschaftsbestellungen (§ 568 aF)	
Betroffene können bei entsprechender gerichtlicher Anordnung nur mündlich vor Notar oder Gericht testieren	Diesbezügliche gerichtliche Anordnungen verlieren mit 1.1.2017 ihre Wirksamkeit
Formvorschriften	
Fremdhändige Verfügung (§§ 579 aF, 579 nF)	
• Eigenhändige Unterfertigung • Drei Zeugen, wovon zwei gleichzeitig anwesend sein müssen • Nuncupatio (mündliche Bekräftigung, dass es sich um den letzten Willen handelt) • Zeugen müssen eigenhändig auf der Urkunde unterschreiben (inkl Hinweis, dass es sich um die Zeugen handelt)	• Eigenhändige Unterfertigung • Drei gleichzeitig anwesende Zeugen (bei Unterzeichnung und schriftlicher Bekräftigung durch Testator) • Schriftliche Bekräftigung, dass es sich um den letzten Willen des Verstorbenen handelt (eigenhändig: „Das ist mein letzter Wille" oÄ) • Identität der Zeugen muss auf der Urkunde festgehalten werden (Name, Geburtsdatum oder Adresse) • Zeugen haben eigenhändig auf der Urkunde mit einem auf ihre Zeugeneigenschaft hinweisenden Zusatz zu unterzeichnen
Nottestament (§§ 597 aF, 584 nF)	
• Objektiv begründete Gefahr, dass der Erblasser stirbt oder die Fähigkeit verliert zu testieren • Mündlich oder schriftlich • zwei Zeugen (gleichzeitig anwesend und volljährig) • Drei Monate gültig	• Gefahr muss aufgrund objektiver Umstände subjektiv aus Sicht des Verfügenden bestehen • Mündlich oder schriftlich • Zwei Zeugen (gleichzeitig anwesend, zumindest mündige Minderjährige) • Drei Monate gültig
	• Frühere letztwillige Verfügungen leben iZw nach Wegfall des Nottestaments wieder auf

Erbrecht alt	Erbrecht neu
Zeugeneigenschaft (§§ 591 ff aF, 587 ff nF)	
Unfähige Zeugen: • Personen unter 18 Jahren • Personen, die aufgrund einer Behinderung den letzten Willen des Erblassers nicht bezeugen können • Personen, die die Sprache des Erblassers nicht verstehen • Erbe, Legatar • Ehegatte, eingetragener Partner, Geschwister, Kinder, in diesem Grade verschwägerte Personen und Hausgenossen	Unfähige Zeugen: • Minderjährige (mit Ausnahme von mündigen Minderjährigen beim Nottestament) • Personen, die aufgrund einer geistigen oder körperlichen Beeinträchtigung nicht fähig sind, den letzten Willen zu bezeugen • Personen, die die Sprache des Verfügenden nicht verstehen • Erbe, Vermächtnisnehmer • Ehegatte, eingetragener Partner, Lebensgefährte, Eltern, Kinder, Geschwister, sowie • Die Eltern, Kinder, Geschwister des Ehegatten, eingetragenen Partners oder Lebensgefährten des Erben oder Vermächtnisnehmers • Gesetzlicher Vertreter, vertretungsbefugte Organe, Gesellschafter, Machthaber und Dienstnehmer bedachter Personen oder rechtsfähiger Gesellschaften
Schenkung auf den Todesfall (§§ 956 aF, 603 nF)	
• Notariatsakt • Annahme durch den Beschenkten • Ausdrücklicher Widerrufsverzicht • Ausfolgung der Urkunde an den Beschenkten • Keine Schenkungsanrechung (§ 785 aF)	• Notariatsakt • Kein Widerrufsvorbehalt • § 1253 (freies Viertel) ist anzuwenden • Hinzu- und Anrechnung wie Schenkung unter Lebenden (§ 781/1 nF)

6. Kapitel

Internationales Erbrecht

Literaturauswahl: *Fucik,* Die EU-Erbrechtsverordnung (VO Rom IV), iFamZ 2012, 275; *Kunz,* Die neue Europäische Erbrechtsverordnung, GPR 2012, 208; *Schauer/Scheuba,* Europäische Erbrechtsverordnung (2012); *Fischer-Czermak,* Gestaltung der Erbfolge durch Rechtswahl, EF-Z 2013/38; *Rudolf,* Die Erbrechtsverordnung der Europäischen Union, NZ 2013/103; *Bajons,* Die Nachlassabwicklung in internationalen Erbsachen nach zukünftigem Recht, ecolex 2014, 204; *Fötschl,* Erbensuche Made in Austria: ein Exportschlager? ecolex 2014, 405; *Löhnig/Schwab/Heinrich et al* (Hg), Erbfälle unter Geltung der Europäischen Erbrechtsverordnung (2014); *Scheuba,* Aus der Praxis: Die Rechtswahl im Erbrecht wirft ihre Schatten voraus, ecolex 2014; 210; *Barth/Pesendorfer,* Erbrechtsreform 2015 (2015); *Deixler-Hübner/Schauer,* EuErbVO (2015); *Müller-Lukoschek,* Die neue EU-Erbrechtsverordnung² (2015); *Rechberger/Zöchling-Jud,* Die EU-Erbrechtsverordnung in Österreich (2015); *Topal-Gökceli/Kührer,* Anhaltspunkte zur Auslegung des Begriffs des gewöhnlichen Aufenthalts in der Europäischen Erbrechtsverordnung, NZ 2015, 298; *A. Tschugguel,* EU-Erbrechtsverordnung, EF-Z 2015/152; *Zimmermann,* Erbschein – Erbscheinsverfahren – Europäisches Nachlasszeugnis (2015); *Bonimaier,* Erb- und Pflichtteilsverzichte bei Anwendung der EuErbVO, NZ 2016, 321; *Burgstaller/Schmaranzer/Geroldinger/Neumayr* (Hg), Die EU-Erbrechtsverordnung (2016); *Deixler-Hübner,* Die Zuständigkeiten für internationale Erbfälle nach der EU-Erbrechtsverordnung, AnwBl 2016, 243; *Döbereiner et al,* Europäische Erbrechtsverordnung (2016); *Dutta/Weber* (Hg), Internationales Erbrecht (2016); *Fucik,* EU-Erbrechtsverordnung – EuErbVO, EF-Z 2016/81; *Kathrein,* Das neue Erbrecht, EF-Z 2016/2; *Krist,* Unterliegt die Anwachsung nach § 16 Abs 1 Z 1 WEG der EuErbVO? NZ 2016, 361; *Neumayr,* Europäisches Nachlasszeugnis, AnwBl 2016, 262; *Oswald,* Grenzüberschreitende Erbrechtsfälle (2016); *Prunhuber-Glaser,* Europäische Erbrechtsverordnung – Sache der Anwaltschaft, AnwBl 2016, 233; *Schauer,* EuErbVO: Pflichtteilslose Rechtsordnung und ordre public, EF-Z 2016/7; *derselbe,* Europäsche Erbrechtsverordnung – Grundlagen und anzuwendendes Recht, AnwBl 2016, 254; *Scheuba,* Anwendungsfragen und Probleme der Praxis, AnwBl 2016, 267; *Traar,* Die EuErbVO, in *Barth/Pesendorfer* (Hg), Praxishandbuch des neuen Erbrechts (2016) 353; *Zimmermann,* Erbschein – Erbscheinsverfahren – Europäisches Nachlasszeugnis³ (2016); *Gierl/Köhler/Kroiß/Wilsch,* Internationales Erbrecht² (2017); *Nademleinsky,* Rom IV: was bringen die neuen EU-Güterrechtsverordnungen? JEV 2017, 36; *Cach,* Nichtberücksichtigung von Vermögenswerten, JEV 2018, 132; *Kieweler,* Zum Legitimationsnachweis beim internationalen Erbfall – rezente Fragen und Entwicklungen, JEV 2018, 139; *Kronberger/Kronberger,* Vererben über die Grenze (2018); *Lechner,* Die Erbrechtsverordnung, das Notariat und die EU – Reminiszenzen, in FS Bittner (2018) 343; *Maier,* Sind deutsche Gerichte nicht verpflichtet, die Einlagezahl und die Katastralgemeinde eines österreichischen Grundstücks in das Europäische Nachlasszeugnis aufzunehmen? AnwBl 2018/213; *Mondel,* Maßgebliches Erbstatut bei Fragen zur Grundbuchseintragung einer nachlasszugehörigen Liegenschaft, iFamZ 2018/27; *Ronovská,* Die Vermögensnachfolge: Gemeinsame europäische Entwicklungen, neue Möglichkeiten und Herausforderungen, JEV 2018, 51; *Weber,* Der gewöhnliche Aufenthalt in der Rechtsprechung von EuGH und OGH, EF-Z 2019/108.

Judikaturauswahl: EuGH C-218/16 (Zur Anerkennung der dinglichen Wirkung eines Vindikationslegats); EuGH C-558/16 (Europäisches Nachlasszeugnis bezieht sich auf Ansprüche am Nachlass); EuGH C-658/17 (Selbstständige Prüfung der Gerichtseigenschaft iSd EuErbVO); 5 Ob 108/17v (Erbstatut bei Fragen zum Liegenschaftsübergang); 2 Ob

159/17x (Anwendbares Recht bei wohnungseigentumsrechtlicher Anwachsung); 2 Nc 23/18g (Keine internationale Zuständigkeit bei Krankenhausaufenthalt); 5 Ob 35/18k (Zur Liegenschaftsbezeichnung im Europäischen Nachlasszeugnis); 2 Ob 59/18t (Zur Qualifikation einer Person oder einer Behörde als „Gericht" iSd EuErbVO); 2 Ob 170/18s (Keine Anwendung iranischen Erbrechts vor österreichischen Gerichten: Ungleichbehandlung von Frauen und Männern verstößt gegen ordre public); 2 Ob 214/20i (Pflichtteilsrecht kein Bestandteil des österreichischen ordre public); 2 Ob 123/19f (Erbvertrag und gemeinschaftliches Testament), 8 Ob 40/19v (Europäisches Nachlasszeugnis); 8 Ob 89/21b (Zur „unbefristeten" Wirkung der beglaubigten Abschrift eines europäischen Nachlasszeugnisses).

I. Allgemeines

338 Durch das ***Erbrechts-Änderungsgesetz 2015*** wurden die ***§§ 28–30 IPRG aufgehoben.*** Dies war notwendig, um Widersprüchlichkeiten mit der Verordnung 650/2012 (Erbrechtsverordnung, EuErbVO) zu vermeiden. Die EuErbVO lässt aber das Haager Testamentsübereinkommen unberührt, weshalb das Übereinkommen der Verordnung vorgeht (Art 75/1 EuErbVO). Das Haager Testamentsübereinkommen bestimmt das Formstatut letztwilliger mündlicher Verfügungen.

339 Die Erbrechtsverordnung (EuErbVO) wurde am 8.6.2012 veröffentlicht und wird – soweit es keine bilateralen Abkommen wie zB mit Russland und einigen Balkanstaaten gibt – auf die Rechtsnachfolge von Personen, die nach dem 16.8.2015 verstorben sind, angewendet (Art 83/1 EuErbVO). Die Verordnung ***gilt in allen Mitgliedstaaten mit Ausnahme*** von Dänemark und Irland. Ziel war die zügige, unkomplizierte und effiziente Abwicklung einer Erbsache mit grenzüberschreitendem Bezug innerhalb der Union. Dies setzt voraus, dass die Erben, Vermächtnisnehmer, Testamentsvollstrecker und Nachlassverwalter in der Lage sind, ihren Status bzw ihre Rechte und Befugnisse in einem anderen Mitgliedstaat einfach nachzuweisen.

340 Die EuErbVO umfasst daher nicht nur kollisionsrechtliche Vorschriften, sondern führte auch das ***Europäische Nachlasszeugnis*** ein. Dieses ist (um eine unkomplizierte Abwicklung einer grenzüberschreitenden Erbsache zu ermöglichen) zur Verwendung durch Erben, Vermächtnisnehmer mit unmittelbarer Berechtigung am Nachlass und Testamentsvollstrecker oder Nachlassverwalter bestimmt, die sich in einem anderen Mitgliedstaat auf ihre Rechtsstellung berufen oder ihre Rechte als Erben oder Vermächtnisnehmer oder ihre Befugnisse als Testamentsvollstrecker oder Nachlassverwalter ausüben müssen (Art 63/1 EuErbVO). Auszustellen ist das Nachlasszeugnis auf Antrag von dem zuständigen Gericht. Anzugeben ist beim Antrag va der beabsichtigte Zweck des Nachlasszeugnisses (s dazu im Detail Rz 361 ff).

341 Die EuErbVO gilt ***nicht bloß für außerstreitige, sondern auch für streitige Verfahren,*** ist daher insoweit universal anzuwenden. Bestimmte Materien sind jedoch von der Anwendbarkeit der Verordnung ausgenommen, wie die Rechts-,

Geschäfts- und Handlungsfähigkeit sowie Unterhaltspflichten und Fragen des Gesellschaftsrechts (vgl Art 1 EuErbVO; s Rz 352).

Der EuErbVO wird ein umfassender Anwendungsbereich zugestanden. So ist **342**
sie unabhängig von der Staatsangehörigkeit des Verstorbenen anzuwenden, dh es kann sich beim Erblasser auch um einen Drittstaatsangehörigen handeln. Ebenso gilt sie unabhängig vom anzuwendenden Recht. Sie kann daher gültig auf das Recht eines Drittstaates verweisen (Art 20 EuErbVO).

II. Anzuwendendes Recht

Allgemein unterliegt die Rechtsnachfolge von Todes wegen dem Recht des **343**
Staates, in dem der Erblasser im Zeitpunkt seines Todes seinen ***gewöhnlichen Aufenthalt*** hatte (Art 21 EuErbVO). Örtlich ist das Gericht zuständig, in dessen Sprengel der Verstorbene seinen allgemeinen Gerichtsstand hatte. Für einstweilige Maßnahmen gibt es jedoch Sonderregelungen, wonach jenes Gericht zuständig ist, in dessen Sprengel sich der Nachlassteil befindet, den die Maßnahme betrifft.

Wie bereits erwähnt, ist grds das Recht des Staates anzuwenden, in dem der **344**
Erblasser seinen gewöhnlichen Aufenthalt hatte. Eine Legaldefinition, was unter dem gewöhnlichen Aufenthalt verstanden wird, existiert nicht. Bei der Bestimmung des gewöhnlichen Aufenthaltes ist daher eine Gesamtbeurteilung der Lebensumstände des Verstorbenen in den letzten Jahren notwendig. Insoweit sind daher bei der Beurteilung des gewöhnlichen Aufenthaltes die Dauer, Regelmäßigkeit, Meldung und die Familienverhältnisse heranzuziehen. Der EuGH spricht in diesem Zusammenhang (allerdings noch zu den §§ 28–30 IPRG) vom Lebensmittelpunkt. Hatte der Verstorbene aber im Zeitpunkt seines Todes eine wesentlich engere Verbindung zu einem anderen Staat als zu dem, in dem er im Zeitpunkt seines Todes den gewöhnlichen Aufenthalt hatte, so ist das Recht des Staates anzuwenden, zu dem der Verstorbene die engere Verbindung hatte (sog ***Ausweichklausel***).

Beispiele:
Alexander hat die letzten 30 Jahre in Österreich verbracht und dort auch seine Kinder großgezogen. Vor einem Jahr ist er nach Frankreich übersiedelt, weil er sich in die Pariser Studentin Laetitia verliebt hat. Nachdem Alexander und Laetitia in einem Café einen Streit hatten, wurde Alexander überfahren. Zweifellos besteht zu Österreich eine wesentlich engere Verbindung, weshalb auf diese Rechtsnachfolge von Todes wegen österreichisches Recht anzuwenden ist, obwohl der gewöhnliche Aufenthalt zuletzt in Frankreich war.

Alexander hat die ersten 25 Jahre seines Lebens in Frankreich und die letzten 25 Jahre in Österreich verbracht. Zu Lebzeiten hatte er stets engen Kontakt mit Freunden und Familie in Frankreich. In solchen Fällen ist eine Beurteilung schwierig. In der Lehre wird meist auf den physischen Aufenthalt abgestellt, weil emotionale Beziehungen neben dem physischen Aufenthaltsort idR weniger ins Gewicht fallen. Es ist daher österreichisches Erbrecht anwendbar.

345 Der Erblasser kann jedoch gem Art 22/1 EuErbVO für seine Rechtsnachfolge eine ***Rechtswahl*** treffen (nur vollständig, keine Teilrechtswahl) und das Recht jenes Staates für maßgebend erklären, dem er zum Zeitpunkt der Rechtswahl oder zum Zeitpunkt seines Todes angehört. Hat der Erblasser mehrere Staatsbürgerschaften, so kann er sich eine Rechtsordnung aussuchen. Grds kann der Erblasser auch die Teilrechtsordnung eines Mehrrechtstaats wählen – zB englisches Erbrecht als Teilrechtsordnung des Vereinigten Königreichs (s zu den Gültigkeitsvoraussetzungen im Detail Art 36 EuErbVO).

Beispiele:
Norberto war spanischer Staatsbürger, lebte aber seit Jahrzehnten in Deutschland. Kurz vor seinem Tod war er noch bei seinem befreundeten österreichischen Rechtsanwalt Frank und hatte ihn um die Errichtung eines fremdhändigen Testaments gebeten. In diesem hat Norberto österreichisches Recht für anwendbar erklärt, weil er in Kitzbühel immer so gerne Ski fahren war. Diese Rechtswahl ist nicht gültig. Norberto hätte nur spanisches Erbrecht wählen können; dies auch dann, wenn er zu Spanien keinen Bezug mehr gehabt hat.

Der englische Staatsbürger Clive hat die letzten 15 Jahre seines Lebens mit seiner Frau Bonny an der Costa Cálida in Spanien verbracht. Vorher hatte er einige Zeit in Österreich gelebt, weil er mit der Wienerin Hilde verheiratet war und mit dieser auch eine Tochter (Susanne) hat. In seinem Testament verfügte er ua, dass englisches Recht gelten und Susanne keinen Pflichtteil bekommen soll, weil er sie seit über 20 Jahren nicht mehr gesehen hat. Das Verlassenschaftsverfahren findet in Cartagena (Spanien) statt. Das Bsp zeigt die universelle Anwendbarkeit des Art 22/1 EuErbVO, soweit ein europäisches Gericht zuständig ist, für das die EuErbVO gilt (wie hier Spanien). Ob der Verstorbene Staatsbürger eines Mitgliedstaats bzw eines Staats ist, in dem die EuErbVO gilt, ist irrelevant (Art 20 EuErbVO, s Rz 342: für das vereinigte Königreich gilt die VO – wie schon vor dem Brexit – nicht). Per Rechtswahl kann ebenso auf das Recht von Drittstaaten verwiesen werden, in denen die EuErbVO – wie hier England – nicht gilt. Das ist auch für das ***Pflichtteilsrecht*** von Bedeutung (vgl Art 23/2 lit h EuErbVO): Fällt die Rechtswahl – wie hier – auf einen Staat, in dem es kein Pflichtteilsrecht gibt (England), so erhalten die (aus der Sicht der österreichischen Rechtsordnung) Pflichtteilsberechtigten nichts (s auch das Bsp unter Rz 348). Susanne geht daher leer aus. Ihr Pflichtteil hätte zwar nach österreichischem Recht nicht entzogen (kein Enterbungsgrund), sondern nur gemindert werden können (da es schon seit längerer Zeit kein Naheverhältnis mehr gab). Die entsprechende Regelung (§ 776) ist aber im Hinblick auf die Rechtswahl des Erblassers nicht anwendbar, sodass Susanne nichts erhält.

346 Die Rechtswahl muss ausdrücklich in einer Erklärung ***in Form einer Verfügung von Todes wegen*** erfolgen oder sich aus den Bestimmungen einer solchen Verfügung ergeben. Die materielle Wirksamkeit der Rechtshandlung, durch die die Rechtswahl vorgenommen wird, unterliegt dem gewählten Recht. Die Änderung oder der Widerruf der Rechtswahl muss den Formvorschriften für die Änderung oder den Widerruf einer Verfügung von Todes wegen entsprechen.

347 Die ***formelle Wirksamkeit*** einer Verfügung von Todes wegen richtet sich nach dem ***Haager Testamentsübereinkommen*** (HTÜ), das Anwendungsvorrang gegenüber Art 27 EuErbVO hat (Art 75 EuErbVO). Gem Art 1 HTÜ – der we-

sentlich mit Art 27 EuErbVO im Einklang steht – ist eine letztwillige Verfügung formell wirksam, wenn sie dem innerstaatlichen Recht des Ortes der Errichtung (lit a), dem Recht eines Staates, dessen Staatszugehörigkeit der Erblasser im Zeitpunkt der Errichtung oder seines Todes hatte (lit b), oder dem Recht am Wohnsitz bzw gewöhnlichen Aufenthalt des Erblassers im Errichtungs- oder Todeszeitpunkt (lit c, d) entspricht.

Beispiel:
Der finnisch-schwedische Doppelstaatsbürger Mika (wohnhaft in Wien) stirbt im Dezember 2015. Im September 2015 hatte er in Wien ein – nach finnischem und schwedischem Recht formunwirksames – eigenhändiges Testament errichtet, in dem er finnisches Recht für die Rechtsnachfolge von Todes wegen gewählt hat. Die Unwirksamkeit der letztwilligen Verfügung in Finnland schadet hier nicht, denn es wurden die Formvorschriften des österreichischen Rechts – und damit das Recht des Errichtungsortes – eingehalten. Somit liegen eine wirksame letztwillige Verfügung und eine wirksame Rechtswahl zugunsten finnischen Rechts vor.

Durch die in Art 20 EuErbVO geregelte ***universelle Anknüpfung*** ist die Verweisung auf das Recht eines Drittstaates möglich. Auch in der EuErbVO muss aber die Anwendung einer Vorschrift unterlassen werden, wenn ihre Anwendung mit der öffentlichen Ordnung (Art 35 EuErbVO – ***ordre public)*** des Staates des angerufenen Gerichts offensichtlich unvereinbar ist. Dies könnte in Österreich bspw bei einer erbrechtlichen Ungleichbehandlung von Frauen und Männern der Fall sein. 348

Beispiel aus der Rechtsprechung:
Sachverhalt: Die 2016 verstorbene Erblasserin hinterließ ihre beiden Enkelinnen als einzige Nachkommen. In der Nachkriegszeit hatte sie einen britischen Staatsbürger geheiratet, ihrerseits die britische Staatsbürgerschaft angenommen und daraufhin viele Jahre in Großbritannien und Südafrika gelebt. Danach begründete sie in Österreich einen gewöhnlichen Aufenthalt. In einem Testament von 2016 verfügte sie, dass iSd Art 22 EuErbVO englisches Recht auf ihre gesamte Rechtsnachfolge von Todes wegen anzuwenden sei; Hauptbegünstigter war der Kärntner Landestierschutzverein. Sie enterbte ihre Enkelinnen, sofern sie „erb- bzw pflichtteilsberechtigte Ansprüche haben". Diese brachten daraufhin vor, dass das Fehlen von (bedarfsunabhängigen) Pflichtteilsansprüchen im englischen Recht gegen den österreichischen ordre public verstöße.
Aus der Begründung: Nach Art 35 EuErbVO darf die Anwendung einer Bestimmung des nach der VO berufenen Rechts nur versagt werden, wenn sie „mit der öffentlichen Ordnung (ordre public) des Staates des angerufenen Gerichts offensichtlich unvereinbar ist". Die Regelung ermöglicht es dem Gerichtsstaat, wesentliche Grundsätze seines eigenen Rechts trotz einer entgegenstehenden Regelung der Lex causae durchzusetzen. Was zu den wesentlichen Grundsätzen seines Rechts gehört, bestimmt grds der Gerichtsstaat selbst. In der heimischen Lehre wird überwiegend vertreten, dass das Pflichtteilsrecht entweder überhaupt nicht zum österreichischen ordre public gehöre oder dass jedenfalls dann kein Ordre-public-Verstoß vorliege, wenn das berufene Recht wenigstens bedarfsabhängige Ansprüche von nahen Angehörigen vorsehe. Dieser Auffassung schloss sich der OGH an: Zum einen ist das Erbrecht als das Recht bestimmter Angehöriger auf den Erwerb von Vermögenswerten aus dem Nachlass verfassungsrechtlich nicht garantiert (keine grundrechtlich gewährleistete Erwerbsaussicht). Zum anderen kann auch in Österreich der Pflichtteil unter bestimm-

ten Voraussetzungen entzogen oder gemindert werden (Enterbung bzw Pflichtteilsminderung; §§ 770, 776). Hinzu kommt, dass mit dem ErbRÄG 2015 die Pflichtteilsansprüche der Eltern entfielen, die Stundungsmöglichkeiten des Pflichtteilsschuldners erweitert wurden (§§ 766 f) und mittlerweile „Bedingungen und Belastungen" der Pflichtteilsdeckung nicht mehr entgegenstehen (§ 762). All dies zeigt, dass der österreichische Gesetzgeber dem Pflichtteilsrecht zuletzt eine verminderte Bedeutung zugemessen hat. Das Pflichtteilsrecht als eine bedarfsunabhängige Mindestbeteiligung naher Angehöriger am Nachlass des Verstorbenen stellt sohin keinen unaufgebbaren Kern des österreichischen Erbrechts dar. Somit liegt kein Ordre-public-Verstoß vor. *Zusammenfassung:* Das Pflichtteilsrecht gehört nicht zum österreichischen ordre public. Es verstößt daher nicht gegen die inländische öffentliche Ordnung iSd Art 35 EuErbVO, wenn das berufene Erbrecht keine bedarfsunabhängigen Pflichtteilsansprüche von Nachkommen vorsieht (2 Ob 214/20i).

349 Bemerkenswert ist Art 31 EuErbVO, der eine ***Anpassung dinglicher Rechte*** vorsieht. Macht eine Person ein dingliches Recht geltend, das ihr nach dem auf die Rechtsnachfolge von Todes wegen anzuwendenden Recht zusteht, und kennt das Recht des Mitgliedstaats, in dem das Recht geltend gemacht wird, das betreffende dingliche Recht nicht, so ist dieses Recht soweit erforderlich und möglich an das in der Rechtsordnung dieses Mitgliedstaats am ehesten vergleichbare Recht anzupassen, wobei die mit dem besagten dinglichen Recht verfolgten Ziele und Interessen und die mit ihm verbundenen Wirkungen zu berücksichtigen sind.

350 Ist nach dem nach dieser Verordnung auf die Rechtsnachfolge von Todes wegen anzuwendenden Recht weder ein durch Verfügung von Todes wegen eingesetzter Erbe oder Vermächtnisnehmer für die Nachlassgegenstände noch eine natürliche Person als gesetzlicher Erbe vorhanden, so berührt die Anwendung dieses Rechts nicht das ***Recht eines Mitgliedstaates*** oder einer von diesem Mitgliedstaat für diesen Zweck bestimmten Einrichtung, sich das im Hoheitsgebiet dieses Mitgliedstaates belegene ***Nachlassvermögen anzueignen,*** vorausgesetzt, die Gläubiger sind berechtigt, aus dem gesamten Nachlass Befriedigung ihrer Forderungen zu suchen (Art 33 EuErbVO).

III. Sachlicher Anwendungsbereich

351 Der sachliche Anwendungsbereich umfasst die zivilrechtlichen Aspekte der ***„Rechtsnachfolge von Todes wegen".*** Dies ist jede Form des Übergangs von Vermögenswerten, Rechten und Pflichten, sei es aufgrund gewillkürter Erbfolge, durch eine Verfügung von Todes wegen (zB Schenkung auf den Todesfall) oder aufgrund gesetzlicher Erbfolge (Art 3/1 lit a EuErbVO).

352 Diese Verordnung gilt nicht für Bereiche des Zivilrechts, die nicht die Rechtsnachfolge von Todes wegen betreffen. Ausgenommen sind gem Art 1/2 EuErbVO ua Fragen zum Personenstand (lit a), zur Rechts-, Geschäfts- und Handlungsfä-

higkeit von natürlichen Personen (lit b), Fragen betreffend die Verschollenheit oder die Abwesenheit einer natürlichen Person oder die Todesvermutung (lit c), Fragen des ehelichen Güterrechts (lit d), Unterhaltspflichten außer jenen, die mit dem Tod entstehen (lit e), Fragen, die die Formgültigkeit mündlicher Verfügungen von Todes wegen (lit f), sowie Fragen, die die Art der dinglichen Rechte betreffen (lit k). Darüber hinaus sind auch sachenrechtliche Aspekte, wie zB Miteigentum und auch Fragen des Gesellschaftsrechts, insb die Verschmelzung, die Auflösung und das Erlöschen von Gesellschaften, Vereinen oder juristischen Personen, nicht vom Anwendungsbereich der EuErbVO erfasst. Ebenfalls ausgenommen sind Steuer- und Zollsachen sowie verwaltungsrechtliche Angelegenheiten (Art 1/1 EuErbVO).

IV. Sonstige Zuständigkeit

Die Vorschriften der Verordnung sind so angelegt, dass die mit der Erbsache **353** befasste Behörde in den meisten Situationen ihr eigenes Recht anwendet. Das zuständige Gericht wickelt außerdem den gesamten Nachlass ab. Die allgemeine Zuständigkeit (Art 4 EuErbVO) sieht vor, dass für Entscheidungen in Erbsachen für den gesamten Nachlass die Gerichte des Mitgliedstaats zuständig sind, in dessen ***Hoheitsgebiet*** der Erblasser im Zeitpunkt seines Todes seinen ***gewöhnlichen Aufenthalt*** hatte.

Von diesem Grundsatz sehen jedoch Art 10 und 12 EuErbVO ***Ausnahmen*** **354** vor. Die subsidiäre Zuständigkeit ist in Art 10 der VO geregelt: Hatte der Erblasser seinen gewöhnlichen Aufenthalt im Zeitpunkt seines Todes nicht in einem Mitgliedstaat, so sind die Gerichte eines Mitgliedstaats, in dem sich Nachlassvermögen befindet, für Entscheidungen in Erbsachen für den gesamten Nachlass zuständig, wenn der Erblasser die Staatsangehörigkeit dieses Mitgliedstaats im Zeitpunkt seines Todes besaß. Ist das nicht der Fall, so sind die Gerichte eines Mitgliedstaates zuständig, wenn der Erblasser seinen vorhergehenden gewöhnlichen Aufenthalt in dem betreffenden Mitgliedstaat hatte, sofern die Änderung dieses gewöhnlichen Aufenthalts zum Zeitpunkt der Anrufung des Gerichts nicht länger als fünf Jahre zurückliegt.

Art 12 EuErbVO sieht weitere ***Beschränkungen*** des Verfahrens vor. Um- **355** fasst der Nachlass des Erblassers Vermögenswerte, die in einem Drittstaat belegen sind, so kann das in der Erbsache angerufene Gericht auf Antrag einer der Parteien beschließen, über einen oder mehrere dieser Vermögenswerte nicht zu befinden, wenn zu erwarten ist, dass seine Entscheidung in Bezug auf diese Vermögenswerte in dem betreffenden Drittstaat nicht anerkannt oder gegebenenfalls nicht für vollstreckbar erklärt wird.

Die Legaldefinition des Art 3/2 EuErbVO ist bewusst ***weit gefasst.*** Der Be- **356** griff ***„Gericht“*** bezeichnet jedes Gericht und alle sonstigen Behörden und Angehörigen von Rechtsberufen mit Zuständigkeiten in Erbsachen, die gerichtliche Funktionen ausüben oder in Ausübung einer Befugnisübertragung durch ein Gericht oder unter der Aufsicht eines Gerichts handeln (in Österreich zB der Notar als Gerichtskommissär). Voraussetzung dafür ist, dass diese anderen Behörden und Angehörigen von Rechtsberufen ihre Unparteilichkeit und das Recht der Parteien auf rechtliches Gehör gewährleisten. Ihre Entscheidungen müssen nach dem Recht des Mitgliedstaats, in dem sie tätig sind, vor einem Gericht angefochten oder von einem Gericht nachgeprüft werden können und vergleichbare Rechtskraft und Rechtswirkung haben wie eine Entscheidung eines Gerichts in der gleichen Sache. Üben daher Notare gerichtliche Funktionen aus, so sind sie an die Zuständigkeitsregeln der Verordnung gebunden (ErwGr 22).

357 Ist kein Gericht eines Mitgliedstaats aufgrund anderer Vorschriften der EuErbVO zuständig, so können gem Art 11 EuErbVO die Gerichte eines Mitgliedstaats in Ausnahmefällen in einer Erbsache entscheiden, wenn es nicht zumutbar ist oder es sich als unmöglich erweist, ein Verfahren in einem Drittstaat, zu dem die Sache einen engen Bezug aufweist, einzuleiten oder zu führen. Dies wird auch ***Notzuständigkeit*** (forum necessitatis) genannt.

358 Neben diesen Zuständigkeiten sieht Art 13 EuErbVO auch noch ***Sonderzuständigkeiten*** für erbrechtliche Erklärungen vor. Diese Bestimmung knüpft nicht beim Erblasser selbst, sondern bei den Personen an, die eine Erklärung im Verlassenschaftsverfahren abzugeben haben. Art 13 zählt folgende Erklärungen auf: Annahme oder Ausschlagung einer Erbschaft, eines Vermächtnisses oder Pflichtteils sowie die Haftungsbegrenzung für Nachlassverbindlichkeiten (in Österreich: Erbsentschlagung und Erbantrittserklärung). Außer dem gem der Verordnung für die Erbsache zuständigen Gericht sind die Gerichte jenes Mitgliedstaats zuständig, in denen die Person, welche eine solche Erklärung gegenüber einem Gericht abgibt, ihren gewöhnlichen Aufenthalt hat.

359 Werden bei Gerichten verschiedener Mitgliedstaaten Verfahren wegen desselben Anspruchs zwischen denselben Parteien anhängig gemacht, so setzt das später angerufene Gericht das Verfahren von Amts wegen aus, bis die Zuständigkeit des zuerst angerufenen Gerichts feststeht (Art 17 EuErbVO). Das Gericht eines Mitgliedstaats, das in einer Erbsache angerufen wird, für die es nach dieser Verordnung nicht zuständig ist, erklärt sich von Amts wegen für unzuständig (Art 15).

V. Materielle Beurteilung von Verfügungen von Todes wegen

360 Zu beachten ist, dass die Verordnung ***gegenüber internationalen Abkommen,*** denen ein Mitglied bei Annahme der Verordnung angehört hat, nur ***subsidiär*** heranzuziehen ist, dh dass das Haager Testamentsübereinkommen von jenen Mitgliedstaaten, die Vertragsstaaten des Abkommens sind, vorrangig anzuwenden ist.

Bei ***Verfügungen von Todes wegen*** handelt es sich gemäß Art 3/1 lit d EuErbVO um einen ***Oberbegriff,*** der ein Testament, ein gemeinschaftliches Testament oder einen Erbvertrag umfasst. Ein Erbvertrag iSd Art 3/1 lit b ist eine Vereinbarung, einschließlich einer Vereinbarung aufgrund gegenseitiger Testamente, die mit oder ohne Gegenleistung Rechte am künftigen Nachlass oder künftigen Nachlässen einer oder mehrerer an dieser Vereinbarung beteiligter Personen begründet, ändert oder entzieht. Da auch Verträge ohne Gegenleistung erfasst werden, ist auch die Schenkung auf den Todesfall ein „Erbvertrag" im Sinne der Verordnung.

VI. Europäisches Nachlasszeugnis

Mit der EuErbVO wurde das Europäische Nachlasszeugnis (im Folgenden „Zeugnis") eingeführt. Das Zeugnis ist zur Verwendung durch Erben, durch Vermächtnisnehmer mit unmittelbarer Berechtigung am Nachlass und durch Testamentsvollstrecker oder Nachlassverwalter bestimmt, die sich in einem anderen Mitgliedstaat auf ihre Rechtsstellung berufen oder ihre Rechte als Erben oder Vermächtnisnehmer oder ihre Befugnisse als Testamentsvollstrecker oder Nachlassverwalter ausüben müssen. Dadurch wird eine zügige, unkomplizierte und effiziente Abwicklung einer Erbsache mit grenzüberschreitendem Bezug innerhalb der Union gewährleistet. **361**

Das Europäische Nachlasszeugnis hat drei Wirkungen, nämlich Vermutungswirkung, Legitimationswirkung und Gutglaubenswirkung. Im Einzelnen bedeutet dies, dass **362**

1. die im Europäischen Nachlasszeugnis festgestellten Tatsachen als wahr gelten,
2. aufgrund der Vermutung der Wahrheit das Nachlasszeugnis Grundlage für eine Registereintragung bildet und
3. die schuldbefreiende Wirkung einer Leistung an eine durch das Zeugnis legitimierte Person sowie der Erwerb von einem Scheinberechtigten (Kenntnis und grob fahrlässige Kenntnis schaden hierbei) möglich sind.

Das Zeugnis kann gem Art 63 EuErbVO insb als Nachweis für einen oder mehrere der folgenden speziellen Aspekte verwendet werden: **363**

a) die Rechtsstellung und/oder die Rechte jedes Erben oder gegebenenfalls Vermächtnisnehmers, der im Zeugnis genannt wird, und seinen jeweiligen Anteil am Nachlass;
b) die Zuweisung eines bestimmten Vermögenswerts oder bestimmter Vermögenswerte des Nachlasses an die in dem Zeugnis als Erbe(n) oder gegebenenfalls als Vermächtnisnehmer genannte(n) Person(en);
c) die Befugnisse der in dem Zeugnis genannten Person zur Vollstreckung des Testaments oder Verwaltung des Nachlasses.

364 Das Zeugnis wird auf Antrag (Art 65 EuErbVO) in dem Mitgliedstaat ausgestellt, dessen Gerichte nach den Art 4, 7, 10 oder 11 der VO zuständig sind. Ausstellungsbehörde ist ein Gericht oder eine andere Behörde, die nach innerstaatlichem Recht für Erbsachen zuständig ist (Art 64 EuErbVO).

365 In das Europäische Nachlasszeugnis sind die in Art 68 EuErbVO abschließend angeführten Angaben aufzunehmen, sofern dies für die Zwecke, zu denen es ausgestellt ist, erforderlich ist. Nach Art 68 lit l EuErbVO gehört dazu der Erbteil jedes Erben und gegebenenfalls das Verzeichnis der Rechte und/oder der Vermögenswerte, die einem bestimmten Erben zustehen.

366 Die Wirkungen des Zeugnisses werden in Art 69 EuErbVO geregelt. Das Zeugnis entfaltet seine Wirkungen in allen Mitgliedstaaten, ohne dass es eines besonderen Verfahrens bedarf. Es wird vermutet, dass das Zeugnis die Sachverhalte, die nach dem auf die Rechtsnachfolge von Todes wegen anzuwendenden Recht oder einem anderen auf spezifische Sachverhalte anzuwendenden Recht festgestellt wurden, zutreffend ausweist. Außerdem wird vermutet, dass die Person, die im Zeugnis als Erbe, Vermächtnisnehmer, Testamentsvollstrecker oder Nachlassverwalter genannt ist, die in dem Zeugnis genannte Rechtsstellung und/oder die in dem Zeugnis aufgeführten Rechte oder Befugnisse hat und dass diese Rechte oder Befugnisse keinen anderen als den im Zeugnis aufgeführten Bedingungen und/oder Beschränkungen unterliegen.

367 Wer auf der Grundlage der in dem Zeugnis enthaltenen Angaben einer Person Zahlungen leistet oder Vermögenswerte übergibt, die in dem Zeugnis als zur Entgegennahme derselben berechtigt bezeichnet wird, gilt als Person, die an einen zur Entgegennahme der Zahlungen oder Vermögenswerte Berechtigten geleistet hat, es sei denn, er wusste, dass das Zeugnis inhaltlich unrichtig ist, oder ihm war dies infolge grober Fahrlässigkeit nicht bekannt (Art 69/3 EuErbVO).

368 Verfügt eine Person, die in dem Zeugnis als zur Verfügung über Nachlassvermögen berechtigt bezeichnet wird, über Nachlassvermögen zugunsten eines anderen, so gilt dieser andere, falls er auf der Grundlage der in dem Zeugnis enthaltenen Angaben handelt, als Person, die von einem zur Verfügung über das betreffende Vermögen Berechtigten erworben hat, es sei denn, er wusste, dass das Zeugnis inhaltlich unrichtig ist, oder ihm war dies infolge grober Fahrlässigkeit nicht bekannt (Art 69/4 EuErbVO).

369 Die Ausstellungsbehörde (Gericht oder andere Behörde, die nach nationalem Recht für Erbsachen zuständig ist) bewahrt das Original des Zeugnisses auf und stellt dem Antragsteller und jeder anderen Person, die ein berechtigtes Interesse nachweist, eine oder mehrere beglaubigte Abschriften aus (Art 70/1 EuErbVO). Diese Abschrift ist idR für sechs Monate gültig (Art 70/3 EuErbVO), dies nach dem OGH selbst dann, wenn sie als „unbefristet" ausgestellt wurde. Zu beachten ist, dass das Europäische Nachlasszeugnis nicht verpflichtend ist (es können auch andere Nachweise – Entscheidungen, öffentliche Urkunden oder Vergleiche –

verwendet werden) und die nationalen Erbnachweise nicht verdrängt werden, sondern daneben bestehen. Das bedeutet, dass das Zeugnis entsprechend dem Subsidiaritätsprinzip nicht die innerstaatlichen Schriftstücke ersetzen soll, die gegebenenfalls in den Mitgliedstaaten für ähnliche Nachweiszwecke verwendet werden. Eine Behörde oder Person, der ein in einem anderen Mitgliedstaat ausgestelltes Zeugnis vorgelegt wird, kann jedoch nicht verlangen, dass statt des Zeugnisses eine Entscheidung, eine öffentliche Urkunde oder ein gerichtlicher Vergleich herangezogen werden.

Die Verwendung des Zeugnisses ist nicht verpflichtend. Das bedeutet, dass die **370** Personen, die berechtigt sind, das Zeugnis zu beantragen, nicht dazu verpflichtet sein sollten, dies zu tun, sondern dass es ihnen freisteht, die anderen nach dieser Verordnung zur Verfügung stehenden Instrumente (Entscheidung, öffentliche Urkunde und gerichtlicher Vergleich) zu verwenden. Das Zeugnis muss es aber jedem Erben, Vermächtnisnehmer oder darin genannten Rechtsnachfolger ermöglichen, in einem anderen Mitgliedstaat seine Rechtsstellung und seine Rechte nachzuweisen.

7. Kapitel

Künstliche Intelligenz im Erbrecht

Literatur: *Zankl*, Künstliche Intelligenz, in Zankl, Rechtshandbuch der Digitalisierung (2021); *Gates*, The Age of AI has begun, gatesnotes.com; *Herbst*, KI-Verordnung – Die Regulierung Künstlicher Intelligenz, ecolex 2023, 98; *Zankl*, Bürgerliches Recht[10] (2023); *Zankl*, Das Zeitalter Künstlicher Intelligenz hat begonnen, NZ 2023, 529; *Zankl*, Künstliche Intelligenz im Zivilrecht, FS Fischer-Czermak (2024); *Zankl*, Grundlagen der KI-Regulierung, in Zankl (Hg), Kommentar zur KI-Verordnung (2024).
Judikatur: 4 Ob 77/23m (KI-Klagserstellung und anwaltliche Sorgfaltspflicht).

Das ***Recht und die Rechtberufe*** gehören zu den von Künstlicher Intelligenz (KI) ***meistbetroffenen*** Bereichen, weil Jurist:innen „text merchants" sind (*New York Times*) – sie „handeln" bzw arbeiten mit Texten, und genau deren Generierung beherrschen die gegenwärtigen KI-Systeme mit ihren Natural und Large Language Models perfekt. Dies gilt sowohl für die Praxis als auch für den Lehr- und Prüfungsbetrieb. In diesem Sinne hat ChatGPT bei der US-amerikanischen Rechtsanwaltsprüfung (Bar Exam) zuletzt besser abgeschnitten als 90% der menschlichen Kandidat:innen (openai.com/research/gpt-4). Und auch bei akademischen Anwendungen waren Hausarbeiten, die von ChatGPT verfasst wurden, so gut, dass der Autor rund 20% dieser KI-generierten Texte – trotz intensiver Beschäftigung mit KI und 42-jähriger Erfahrung in der Beurteilung studentischer Arbeiten – nicht als „artifiziell" identifizieren konnte (s dazu sowie zu weiteren Statistiken und Erfahrungen iZm dem Einsatz von KI in Lehrveranstaltungen des Autors https://zivilrecht.univie.ac.at/team/zankl-wolfgang/aktuelles/). **371**

Bei den erwähnten Hausarbeiten ging es darum, Anmerkungen zu aktuellen Entscheidungen des OGH mit ChatGPT zu verfassen. Einem dieser Urteile lag der **erbrechtliche Sachverhalt** zugrunde, dass der Verstorbene seine (fremdhändige) letztwillige Verfügung nicht unterschreiben konnte. Gemäß § 580 Abs 1 (§ 68 Abs 1 lit g NO) muss er diesfalls „sein Handzeichen setzen". Wegen einer Behinderung konnte der Erblasser des gegenständlichen Falles aber auch das nicht und führte das Schreibgerät mit dem Mund, um zu unterschreiben. Der OGH sah dies als ausreichend an und bejahte die Gültigkeit des Testaments (2 Ob 35/23w). **372**

Die ***von ChatGPT*** dazu ***verfasste*** und mit Zustimmung der Verfasserin (*Katharina Pobaschnig*) veröffentlichte Anmerkung in der erwähnten ***Hausarbeit*** lautete wie folgt: **373**

„Grundsätzlich hat ein Testator, welcher nicht schreiben kann, gemäß § 580 Abs 1 ABGB statt der Unterschrift und des eigenhändigen Zusatzes sein Handzeichen in der Gegenwart von drei gleichzeitig anwesenden Zeugen zu setzen. Doch was gilt, wenn der letztwillig Verfügende aufgrund einer körperlichen Einschränkung nicht einmal in der Lage ist, sein Handzeichen zu setzen? In einer aktuellen Entscheidung hat der Oberste Gerichtshof klargestellt, dass auch in solchen Fällen ein Testament wirksam sein kann, sofern der Erblasser in der Lage ist, seine letztwillige Verfügung auf anderem Wege zu unterzeichnen. Der Fall des Erblassers ist eine wunderbare Demonstration der menschlichen Anpassungsfähigkeit. Obwohl er aufgrund seiner Lähmung nicht in der Lage war, das Schreibgerät mit seiner Hand zu halten und zu führen, fand er einen Weg, um seinen letzten Willen auszudrücken. Das ***Urteil des Obersten Gerichtshofs*** ist in dieser Hinsicht lobenswert. Es ist ein bedeutender Schritt in Richtung einer gerechteren Gesellschaft, in der jeder Mensch das Recht hat, seine letztwillige Verfügung zu treffen, unabhängig von seiner körperlichen Verfassung. Eine solche Entscheidung ist jedoch nicht nur für die Menschen mit körperlichen Einschränkungen von Vorteil. Jeder von uns wird früher oder später in die Situation kommen, in der er ein Testament errichten muss. Es ist beruhigend zu wissen, dass das österreichische Rechtssystem die Bedürfnisse aller Menschen berücksichtigt und nicht nur diejenigen, die in der Lage sind, mit der Hand zu schreiben. Die Entscheidung des Obersten Gerichtshofs sollte auch als ein Aufruf zur Reflexion dienen. Wir sollten uns fragen, ob es nicht noch andere Bereiche im Leben gibt, in denen Menschen mit körperlichen Einschränkungen benachteiligt sind. Es ist unsere Verantwortung als Gesellschaft sicherzustellen, dass alle Menschen die gleichen Möglichkeiten haben und nicht aufgrund ihrer körperlichen Verfassung ausgeschlossen werden. Insgesamt ist das Urteil des OGH ein wichtiger Schritt in Richtung einer inklusiveren Gesellschaft. Es zeigt, dass jeder Mensch das Recht hat, sein Testament zu errichten, unabhängig von körperlichen Einschränkungen. Es erinnert uns auch daran, dass wir als Sozietät noch einen langen Weg vor uns haben, um sicherzustellen, dass alle Menschen die gleichen Chancen haben".

374 Letztere Ausführungen sind in Glossen (Anmerkungen) zu höchstgerichtlichen Entscheidungen eher unüblich, so dass der Autor *diese* Arbeit leicht als „nicht-humanoid" erkennen konnte. Im Übrigen ist aber an dem Text von ***ChatGPT*** wenig auszusetzen. Er ***gibt die rechtliche Problematik des Falles richtig wieder*** und bedient sich dabei einer klaren und juristisch korrekten Sprache. Zu berücksichtigen ist dabei auch, dass der Text von der Basisversion ChatGPT 3.5 generiert wurde. In der Zwischenzeit steht auch die Version GPT-4 zu Verfügung, die wesentlich leistungsstärker ist (s dazu unten Rz 378 und oben Rz 371 beim Bar-Exam: besser als 90% gegenüber nur 10% bei ChatGPT 3.5).

375 Trotz dieser beeindruckenden Performance geht mit dem Einsatz von KI in juristischen Zusammenhängen im Allgemeinen und bei erbrechtlichen Sachverhalten im Besonderen eine – je nach Programm – mehr oder weniger riskante Schwachstelle einher: das sog ***„Halluzinieren"***. Es kommt immer wieder vor, dass KI-generierte Ergebnisse falsch bzw überhaupt frei erfunden – also eben halluziniert – sind. Dies hängt mit der Technologie aktueller (generativer) KI zusammen. Sie gibt auf einen „Prompt" (eine Anfrage) jenes Ergebnis wieder, das statistisch am wahrscheinlichsten ist. Das muss – weil es bei der hierfür relevanten „großen Zahl" immer wieder Ausreißer oder manchmal nicht genügend oder überwiegend veraltetes Material gibt – nicht immer das richtige Ergebnis sein.

376 Die Problematik lässt sich ***vor allem anhand erbrechtlicher Fragestellungen*** zeigen, mit welchen der Autor ChatGPT konfrontiert hat. Auf die Frage, ob die Eltern in Österreich pflichtteilsberechtigt sind, antwortet ChatGPT im Juli 2023:

377 „Ja, in Österreich haben ***Eltern*** grundsätzlich ein gesetzliches ***Pflichtteilsrecht***. Das bedeutet, dass sie auch bei einer enterbten oder testamentarisch benachteiligten Stellung ein Recht auf einen bestimmten Anteil am Nachlass ihres verstorbenen Kindes haben. Gemäß dem österreichischen Erbrecht beträgt der Pflichtteil für die Eltern die Hälfte des gesetzlichen Erbteils, den sie erhalten hätten, wenn kein Testament existieren würde. Die konkrete Höhe des Pflichtteils kann jedoch von verschiedenen Faktoren wie der Anzahl der gesetzlichen Erben und anderen testamentarischen Verfügungen abhängen. Es ist wichtig anzumerken, dass es gewisse Ausnahmen und Möglichkeiten gibt, den Pflichtteil zu umgehen oder zu beschränken, beispielsweise durch eine wirksame Enterbung oder eine testamentarische Anordnung. Es wird empfohlen, sich bei konkreten rechtlichen Fragen bezüglich des Erbrechts und des Pflichtteils an einen Rechtsanwalt oder Notar zu wenden, der eine individuelle Beratung bieten kann".

Die ***Antwort ist falsch*** (das Pflichtteilsrecht der Eltern wurde durch das ErbRÄG 2015 abgeschafft), aber dennoch sprachlich und juristisch gut formuliert, so dass sie – für erbrechtlich weniger Versierte – vertrauenswürdig wirkt, womit das bereits oben angesprochene Spezifikum gegenwärtiger KI zu Tage tritt: Generative KI-Modelle, also solche die eigene Inhalte (Texte, Bilder, Musik, Videos usw) erzeugen, verfügen als sog ***„Large Language Models"*** mit Milliarden an Textparametern aus allen nur erdenklichen Gebieten über erstaunliche sprachliche Fähigkeiten, erfinden aber manchmal Antworten oder sogar Nachweise (wie auch in dem bekannten Fall US-amerikanischer Rechtsanwälte, die ChatGPT einen Schriftsatz verfassen ließen, in dem – wie sich später herausstellte – inexistente Entscheidungen zitiert wurden, was den betreffenden Anwälten zum Verhängnis wurde, weil sie die Nachweise nicht kontrollierten, sondern sich auf deren Richtigkeit verließen. Dass ChatGPT in seiner ersten Version von einem Pflichtteilsrecht der Eltern ausging, ist aber im konkreten Fall mit der schon oben erwähnten statistischen Vorgangsweise zu erklären: Im Internet, mit dem KI-Modelle „mit allgemeinem Verwendungszweck" (Art 51 ff KI-VO), idR gespeist und trainiert werden, finden sich zu der Aussage, dass die Eltern pflichtteilsberechtigt sind – weil es die längste Zeit so war – wesentlich mehr „Treffer" (Textparallelen) als zur neuen Rechtslage, die es erst seit dem ErbRÄG 2015 gibt. Insofern beurteilt ChatGPT die der alten Rechtslage entsprechende Lösung (Textierung) statistisch als wahrscheinlicher. Durch entsprechendes ***Nachtraining*** können solche Fehleinschätzungen vermieden werden. In diesem Sinne gab die neuere Version ChatGPT-4 auch die vollkommen korrekte Antwort: **378**

„Die ***Eltern*** eines Verstorbenen sind nach österreichischem Recht ***nicht pflichtteilsberechtigt*** [...]. Dies gilt für Todesfälle nach dem 31.12.2016, auf die das Erbrechts-Änderungsgesetz 2015 anwendbar ist. Für Todesfälle vor diesem Datum waren die Eltern noch pflichtteilsberechtigt, wenn der Verstorbene keine eigenen Kinder hatte". **379**

Abgesehen von der daraus resultierenden Empfehlung, möglichst aktuelle KI-Systeme zu verwenden, ist das Risko falscher Antworten auch durch qualifiziertes ***„Prompt-Engineering"*** (zB gezielte und wiederholte Fragestellungen) und durch sog ***„Temperatureinstellungen"*** reduzierbar. So kann der Generierungsmodus von ChatGPT zwischen 0 (Fokus auf Fakten) und 1 (Fokus auf Kreativität) verschoben werden. Von ChatGPT-4 wird dies sogar proaktiv angeboten, indem **380** zwischen drei „Unterhaltungsstilen“ gewählt werden kann: „im höheren Maße kreativ, im höheren Maße ausgewogen oder im höheren Maße genau“.

381 Das ändert freilich nichts daran, dass allgemeine KI-Systeme als eine Art ***„Blackbox“*** angesehen werden, bei der man nicht genau weiß, wie und auf Grundlage welcher Fakten oder Quellen sie zu einem Ergebnis kommen. Demgegenüber verwendet ***Special Purpose AI*** (zB in Kombination mit Rechtsdatenbanken) idR nicht Inhalte aus dem gesamten Internet (mitsamt aller Ungenauigkeiten), sondern ausgewähltes und – vor allem bei kommerziellen Anbietern – auch hochwertiges Material (Fachbeiträge und „echte“ Judikatur), so dass auch die – zB iSd § 9 Abs 1 RAO erforderliche – „gewissenhafte“ Kontrolle KI-generierter Ergebnisse (dazu 4 Ob 77/23m) zuverlässig erfolgen bzw eine aus deren Unterlassung auch allgemein aus § 1299 folgende (vertragliche) Haftung weitgehend vermieden werden kann (ChatGPT oder andere Programme sind dabei nicht als Gehilfen iSd § 1313a, sondern als Werkzeuge des Nutzers anzusehen, so dass für Fehler der Programme bzw deren schädliche Ergebnisse nicht ohne weiteres, sondern nur dann gehaftet wird, wenn die Mangelhaftigkeit bei entsprechender Kontrolle erkennbar war).

382 ***Besonders im Erbrecht*** ist dabei noch zu beachten, dass die entsprechenden Aufgaben des notariellen ***Gerichtskommissärs*** (dazu Rz 295 ff) infolge seiner hoheitlichen Befugnisse zur Justiz zählen. Diese wird von der KI-VO aber grundsätzlich als ***hochriskant*** angesehen (Art 6 iZm Anh III KI-VO). Das ist in dieser Allgemeinheit fragwürdig, weil es bedeuten würde, dass die Justiz infolge der extrem weitreichreichenden Implementierungs,- Kontroll-, Transparenz- und Dokumentationsanforderungen der KI-VO für Betreiber von Hochrisiko-KI-Systemen de facto von moderner Technologie ausgeschlossen würde – anders als Parteienvertreter, die nicht in die Hochrisikogruppe fallen. Im Einzelnen gibt es zwar Ausnahmen davon (Art 6 Abs 3 KI-VO), die aber in ihrer Reichweite und Anwendung fraglich und daher detailliert zu analysieren sind, bevor KI im Rahmen des Gerichtskommissariats eingesetzt wird.

Judikaturübersicht

Die Übersicht enthält wichtige Entscheidungen des OGH seit der Erbrechtsnovelle 1989.

OGH 11.10.1990, 7 Ob 641/90:	Außerordentliches Erbrecht
OGH 18.3.1992, 1 Ob 525/92:	Schenkungspflichtteil bei überschuldetem Nachlass
OGH 7.7.1992, 4 Ob 537/92:	Testamentsvollstreckung I
OGH 7.12.1993, 6 Ob 636/93:	Tötung des Erblassers in schizophrener Psychose
OGH 23.3.1994, 7 Ob 595/93:	Schenkungsanrechnung zugunsten unehelicher Kinder
OGH 24.3.1994, 2 Ob 511/94:	Enterbung
OGH 21.11.1994, 9 Ob 508/94:	Gesetzliches Vorausvermächtnis und Anwaltshaftung
OGH 13.12.1994, 5 Ob 127/94:	Ehegattenwohnungseigentum
OGH 20.12.1994, 5 Ob 553/93:	Gesetzliches Erbrecht unehelicher Kinder
OGH 7.3.1995, 4 Ob 519/95:	Unbefristete Schenkungsanrechnung
OGH 25.1.1996, 6 Ob 615/95, 6 Ob 616/95, 6 Ob 617/95:	Hypothetisches Wohnrecht
OGH 31.1.1996, 7 Ob 644/95:	Vorausvermächtnis besteht nur bzgl Hauptwohnsitz
OGH 11.3.1996, 1 Ob 510/96:	Pflichtteilsminderung I – Anordnung
OGH 30.4.1996, 4 Ob 2029/96b:	Pflichtteilsrecht und Schenkung auf den Todesfall
OGH 17.7.1996, 7 Ob 622/95:	Lebensversicherung und Nachlass
OGH 25.10.1996, 1 Ob 2247/96i:	Pflichtteilsminderung II
OGH 4.12.1996, 7 Ob 2303/96v:	Gesetzliches Vorausvermächtnis und Pflichtteilsverzicht
OGH 25.2.1997, 1 Ob 39/97k:	Treuhand auf den Todesfall – Sparbuch
OGH 6.3.1997, 10 Ob 507/95:	Testamentsvollstreckung II
OGH 18.3.1997, 1 Ob 2364/96w:	Gesetzliches Vorausvermächtnis bei Pflegebedürftigkeit
OGH 22.4.1997, 4 Ob 88/97p:	Gesetzliches Erbrecht und Anwachsung
OGH 10.6.1997, 4 Ob 136/97x:	Lebensversicherung und Pflichtteil
OGH 9.7.1997, 3 Ob 47/97a:	„Café Christl“ – Anrechnung
OGH 26.5.1998, 4 Ob 136/98y:	Schenkung zulasten unehelicher Kinder
OGH 27.10.1998, 1 Ob 216/98s:	Gesetzliches Vorausvermächtnis und Amtshaftung
OGH 22.2.2001, 6 Ob 8/01x:	Übertragung der Nachlassverwaltung
OGH 27.6.2001, 9 Ob 98/01d:	Passivlegitimation des auf den Todesfall Beschenkten
OGH 31.7.2001, 7 Ob 177/01g:	Beteiligung des Noterben am Verlassenschaftsverfahren
OGH 13.9.2001, 8 Ob 298/00g:	Ausgleichsantrag über die Verlassenschaft
OGH 29.1.2002, 5 Ob 14/02y:	Wohnungsrecht grds zur Pflichtteilsdeckung geeignet
OGH 21.2.2002, 6 Ob 13/02h:	Umfang und Einschränkung des gesetzlichen Vorausvermächtnisses
OGH 30.4.2002, 1 Ob 185/01i:	Uneheliches Kind im Substitutionsfall
OGH 16.5.2002, 6 Ob 196/01v:	Haftung des Testamentsvollstreckers

OGH 16.5.2002, 6 Ob 8/02y:	Liegenschaftsschätzung im Verlassenschaftsverfahren
OGH 13.6.2002, 8 Ob 3/02b:	Aufhebung der Nachlassseparation
OGH 26.6.2002, 3 Ob 126/02d:	Parteistellung bei Überlassung an Zahlungs statt
OGH 29.8.2002, 6 Ob 191/02k:	Zulässigkeit der Nachlassseparation
OGH 25.10.2002, 1 Ob 133/02v:	Sparbuchverfügung und Schenkung auf den Todesfall
OGH 19.12.2002, 6 Ob 290/02v:	Schenkungsanrechnung und Privatstiftung
OGH 13.2.2003, 2 Ob 308/01k:	Vorliegen des Testierwillens in letztwilliger Verfügung
OGH 20.3.2003, 8 Ob 244/02v:	Konkurs des Sondervermögens bei der Nachlassseparation
OGH 24.4.2003, 6 Ob 181/02i:	Lebensversicherung und Pflichtteilsrecht
OGH 10.7.2003, 6 Ob 109/03b:	Verzinsung des Pflichtteilsergänzungsanspruchs
OGH 2.10.2003, 6 Ob 44/03v:	Verkehrswertschätzung des Erbhofes
OGH 14.1.2004, 7 Ob 295/03p:	Wohnrecht gem § 758 (Voraus)
OGH 29.1.2004, 6 Ob 263/03z:	Passivlegitimation bei Schenkungsanrechnung (§ 785/3)
OGH 26.5.2004, 7 Ob 49/04p:	Rechte des minderjährigen Legatars
OGH 27.5.2004, 6 Ob 275/03i:	Parteistellung des Substitutionskurators
OGH 5.8.2004, 2 Ob 39/03d:	Durchsetzung der Rechte des ruhenden Nachlasses
OGH 8.9.2004, 7 Ob 193/04i:	Adeliger Nacherbe
OGH 20.10.2004, 3 Ob 231/04y:	Reichweite des Anspruchs nach § 97
OGH 20.10.2004, 7 Ob 236/04p:	Prozessführung durch Miterben
OGH 21.10.2004, 6 Ob 185/04f:	Schenkungsanrechnung gegenüber Erben des Geschenknehmers
OGH 21.4.2005, 6 Ob 52/05y:	Pflichtteilsberechtigung und Ehelichkeitsvermutung – § 138/1 aF
OGH 23.5.2005, 10 Ob 14/04p:	Nacherbschaft und Auflage
OGH 14.7.2005, 6 Ob 129/05x:	Prüfpflicht von Urkundspersonen bzgl der Testierfähigkeit
OGH 31.8.2005, 7 Ob 185/05i:	Gültigkeit des eigenhändigen Testaments; Unlesbarkeit des Inhalts
OGH 27.9.2005, 1 Ob 155/04g:	Familiäres Naheverhältnis bei der Pflichtteilsminderung
OGH 10.1.2006, 5 Ob 200/05f:	Übergang des Wohnungseigentums gem § 14 WEG 2002
OGH 14.3.2006, 4 Ob 17/06p:	Stillschweigender Widerruf eines Testaments
OGH 29.3.2006, 3 Ob 315/05b:	Teileinklagung des Pflichtteils
OGH 11.5.2006, 8 Ob 6/06z:	Rechtspraktikant ist eine „Gerichtsperson" iSd § 589
OGH 27.6.2006, 10 Ob 2/06a:	Motivirrtum bei letztwilliger Verfügung – nachträgliche Scheidung
OGH 14.9.2006, 6 Ob 154/06z:	Schenkungsanrechnung beim Ehegatten
OGH 29.11.2006, 7 Ob 147/06b:	Zulässigkeit der Stufenklage – Art XLII EGZPO
OGH 19.12.2006, 4 Ob 214/06h:	Verjährung des Schenkungspflichtteilsanspruchs

OGH 7.2.2007, 2 Ob 187/06y:	Kein Verlust des gesetzlichen Vorausvermächtnisses bei Wegzug aufgrund von Gewalttätigkeiten des Erblassers
OGH 8.3.2007, 2 Ob 225/06m:	Gefahr der Verbringung von Nachlassvermögen ins Ausland
OGH 15.3.2007, 8 Ob 10/07i:	Unwirksamkeit von Hinzufügungen Dritter im eigenhändigen Testament
OGH 28.3.2007, 7 Ob 43/07k:	Strafbare Handlung des Erben gegen Dritte
OGH 5.6.2007, 10 Ob 45/07a:	Vermögenszuwendung an Privatstiftung – Beginn des Fristenlaufs gem § 785/3
OGH 12.6.2007, 2 Ob 258/05p:	Geltendmachung vererbter Restitutionsansprüche gegen ausländischen Staat als Gegenstand einer Auflage – § 709
OGH 8.1.2008, 5 Ob 249/07i:	Konkurs des einzigen erbserklärten Erben – Unterbrechung des Abhandlungsverfahrens
OGH 14.2.2008, 2 Ob 1/08y:	Testamentsvollstreckung
OGH 8.5.2008, 3 Ob 9/08g:	Anfechtung der Schenkung auf den Todesfall
OGH 7.7.2008, 6 Ob 286/07p:	Passive Sterbehilfe als Fall der Erbunwürdigkeit
OGH 16.2.2009, 7 Ob 145/09p:	Grenzen des Eintrittsrechts nicht selbstbestimmungsfähiger Minderjähriger nach § 14 MRG
OGH 26.3.2009, 6 Ob 3/09y:	Unwirksamkeit einer Erbsentschlagung wegen Motivirrtums
OGH 16.4.2009, 6 Ob 287/08m:	Wertpapierdepot – Auskunftspflicht der Bank
OGH 29.10.2009, 9 Ob 48/09p:	Kein Pflichtteilsergänzungsanspruch bei redlicher Verwendung des Geschenks zur Schuldentilgung
OGH 10.11.2009, 5 Ob 205/09x:	Verbücherungsfähigkeit einer Gütergemeinschaft auf den Todesfall
OGH 17.12.2009, 6 Ob 204/09g:	Anspruch des Nachlasses gegen den Legatar aus einem Benützungsentgelt
OGH 18.12.2009, 6 Ob 167/09s:	Erbeinsetzung unter Potestativbedingungen
OGH 19.1.2010, 4 Ob 219/09y:	Erb- und Pflichtteilsverzicht gegen Abfindung ist keine Schenkung
OGH 27.1.2010, 7 Ob 259/09b:	Verlust der Erbschaft wegen Nichterfüllung von Auflagen
OGH 20.4.2010, 1 Ob 3/10p:	Verjährungslauf gegen den ruhenden Nachlass: laesio enormis
OGH 6.5.2010, 2 Ob 208/09s:	Pflichtteilsberücksichtigung von Schenkungen auf den Todesfall
OGH 17.6.2010, 2 Ob 229/09d:	Abweisung des Antrags auf Inventarisierung mangels Pflichtteilsanspruchs
OGH 24.6.2010, 6 Ob 89/10x:	Fideikommissarische Substitution – Vererbbarkeit der Anwartschaft des Nacherben
OGH 14.7.2010, 7 Ob 56/10a:	Prozess- und Vertretungskosten eines auf Zahlung des Pflichtteils gerichteten Verfahrens als die Pflichtteils-Bemessungsgrundlage mindernde Passiva des Verlassenschaftsvermögens
OGH 1.9.2010, 6 Ob 136/10h:	Pflichtteilsminderung mangels Naheverhältnis

OGH 3.9.2010, 9 Ob 66/09k:	Stellung des Legatars im Verlassenschaftsverfahren
OGH 11.10.2010, 6 Ob 140/10x:	Vermächtnis der Mietzinse aus einem in den Vollanwendungsbereich des MRG fallenden Mietverhältnis
OGH 20.10.2010, 1 Ob 159/10d:	Beginn der Verjährungsfrist für Pflichtteilsansprüche
OGH 21.10.2010, 2 Ob 85/10d:	Antragsrecht zur Inventarerrichtung
OGH 22.10.2010, 7 Ob 196/10i:	Eintrittsrecht nach dem Tod des Hauptmieters, dringendes Wohnbedürfnis
OGH 15.12.2010, 1 Ob 108/10d:	Bestätigung für Legatar nur mit Zustimmung der Erben
OGH 18.1.2011, 4 Ob 218/10b:	Erbschaftskauf ist kein Vorkaufsfall
OGH 26.1.2011, 1 Ob 222/10v:	Verlassenschaft – kein Kurator für ungezeugte Ersatzerben
OGH 27.1.2011, 2 Ob 148/10v:	Kein Verfügungsrecht des auf den Todesfall beschenkten Erben in separiertem Nachlass
OGH 23.2.2011, 3 Ob 227/10v:	Übergangener Erbe muss Erbschaftsklage erheben
OGH 16.3.2011, 6 Ob 30/11x:	Schaden des überlebenden Ehegatten aus der Errichtung eines formungültigen Testaments
OGH 22.3.2011, 3 Ob 44/11h:	Übergangener Nacherbe – kein Rekurs gegen Einantwortung, keine Substitutionsabhandlung
OGH 27.4.2011, 9 Ob 7/11m:	Schenkungsanrechnung zwischen Pflichtteilsberechtigten
OGH 31.5.2011, 10 Ob 28/11g:	Einbringung des Separationsantrags beim Gerichtskommissär als PDF-Datei
OGH 16.6.2011, 6 Ob 54/11a:	Geltendmachung des Schenkungspflichtteils der Erben
OGH 7.7.2011, 5 Ob 245/10f:	Gütergemeinschaft auf den Todesfall und Pflichtteilsansprüche
OGH 7.7.2011, 5 Ob 97/11t:	Überlebender ist nach Anwachsung außerbücherlicher Eigentümer
OGH 26.7.2011, 1 Ob 102/11y:	Subjektiver Eindruck für die Wirksamkeit von Nottestamenten
OGH 9.8.2011, 4 Ob 98/11g:	Schranken des Rechts zur Pflichtteilsminderung
OGH 14.9.2011, 5 Ob 109/11g:	Belastungs- und Veräußerungsverbot nach Scheidung
OGH 29.9.2011, 2 Ob 186/10g:	Vorempfang und Schenkung
OGH 25.10.2011, 9 Ob 83/10m:	Verhältnismäßige Kürzung der Schenkung auf den Todesfall; Vermächtnis- und Vertragstheorie
OGH 22.11.2011, 8 Ob 103/11x:	Anfechtung des Erbverzichts; Passivlegitimation bei Geltendmachung des Schenkungspflichtteils
OGH 22.11.2011, 8 Ob 108/11g:	Vertragspflichten des Notars bei § 758
OGH 12.1.2012, 6 Ob 264/11h:	Verschweigen von Nachlassgegenständen als Erbunwürdigkeitsgrund
OGH 17.1.2012, 4 Ob 198/11p:	Notarielles Testament eines Besachwalteten
OGH 14.2.2012, 5 Ob 151/11h:	Voraussetzungen der Verfügung über Nachlassgegenstände durch erbantrittserklärte Erben

OGH 28.3.2012, 8 Ob 16/12d:	Lebensversicherung mit Begünstigungsklausel/ Bestrittene Forderung im Inventar
OGH 17.4.2012, 4 Ob 34/12x:	Veräußerung von Nachlassgegenständen außerhalb der ordentlichen Verwaltung
OGH 19.4.2012, 7 Ob 248/11p:	Schenkungspflichtteil und Pflichtteilsverkürzung
OGH 24.4.2012, 2 Ob 41/11k:	Erbteilungsklage
OGH 15.5.2012, 3 Ob 77/12p:	Haftung bei allgemeiner Gütergemeinschaft
OGH 24.5.2012, 6 Ob 78/12g:	Antragsrechte der Noterben
OGH 24.5.2012, 6 Ob 79/12d:	Erbengemeinschaft und Erbteilungsklage
OGH 24.5.2012, 6 Ob 82/12w:	Erziehung zur Land- und Forstwirtschaft
OGH 26.7.2012, 5 Ob 134/12k:	Gesetzliches Vorausvermächtnis
OGH 2.8.2012, 4 Ob 112/12t:	Kontoöffnung durch Pflichtteilsberechtigten
OGH 7.8.2012, 2 Ob 14/12s:	Sittliche Pflicht und Schenkungsanrechnung
OGH 6.9.2012, 1 Ob 139/12s:	Verjährung des Schenkungspflichtteils
OGH 13.9.2012, 6 Ob 74/12v:	Sicherstellung des Vermächtnisses
OGH 19.9.2012, 3 Ob 157/12b:	Vorsatz bei Erbunwürdigkeit
OGH 17.10.2012, 3 Ob 141/12z:	Zurückweisung der Erbantrittserklärung
OGH 23.10.2012, 10 Ob 16/12v:	Ausfolgung des Originaltestaments
OGH 25.10.2012, 2 Ob 166/11t:	Auflagenverletzung und Ersatzerbschaft
OGH 16.11.2012, 6 Ob 205/12h:	Inventarisierung bei partiellem Pflichtteilsverzicht?
OGH 20.11.2012, 5 Ob 116/12p:	Verjährung der Erbschaftsklage ab Einantwortung
OGH 20.11.2012, 5 Ob 185/12k:	Separate nuncupatio
OGH 26.11.2012, 9 Ob 23/12s:	Rechtsfolgen einer unrechtmäßigen Enterbung; Eintrittsrecht der Nachkommen
OGH 13.12.2012, 1 Ob 222/12x:	Vermächtnis der Körperspende
OGH 19.12.2012, 7 Ob 182/12h:	Bekämpfung des Einantwortungsbeschlusses
OGH 23.1.2013, 7 Ob 189/12p:	Keine Formbedürftigkeit bei Abtretung eines Erbanspruchs
OGH 31.1.2013, 1 Ob 246/12a:	Erbschaftsklage gegen den Erbschaftsbesitzer
OGH 21.2.2013, 9 Ob 54/12z:	Widerruf des Erbverzichts
OGH 13.3.2013, 3 Ob 4/13d:	Beschränkung auf § 568
OGH 14.3.2013, 1 Ob 3/13t:	Freie Widerrufbarkeit der Nachlassverwaltung
OGH 19.3.2013, 4 Ob 3/13i:	Fideikommissarische Substitution beschränkt Pflichtteilsberechtigten
OGH 5.4.2013, 8 Ob 22/13p:	Amtsbestätigung bei Anwachsung
OGH 25.4.2013, 2 Ob 251/12v:	Wechselseitige Zeugnisfähigkeit eingesetzter Erben
OGH 16.7.2013, 5 Ob 225/12t:	Manifestationsklage bei Miterbschaft
OGH 23.7.2013, 10 Ob 35/13i:	Bewilligung der Nachlassseparation
OGH 21.8.2013, 3 Ob 79/13h:	Erbteilungsklage und Erbenübereinkommen
OGH 28.8.2013, 4 Ob 243/12x:	Veräußerung von Nachlassvermögen außerhalb der ordentlichen Verwaltung
OGH 8.10.2013, 3 Ob 165/13f:	Zum Pflichtteilsverzicht
OGH 23.10.2013, 2 Ob 61/13d:	Verschwiegenheitsverpflichtung des Notars als Testamentszeuge
OGH 24.10.2013, 6 Ob 156/13d:	Übernahmspreis nach TirHöfeG
OGH 28.10.2013, 8 Ob 55/13s:	Schenkungsanrechnung und Manifestationsanspruch

OGH 21.11.2013, 1 Ob 107/13m:	Ausübung des Stimmrechts durch den Verlassenschaftskurator
OGH 21.11.2013, 1 Ob 108/13h:	Nachlassseparation
OGH 16.12.2013, 6 Ob 211/13t:	Unterhaltsschuld
OGH 21.1.2014, 5 Ob 188/13b:	Schenkungsabsicht und Übergabsvertrag
OGH 22.1.2014, 2 Ob 221/13h:	Bestellung des Kurators
OGH 23.1.2014, 1 Ob 232/13v:	Gütergemeinschaftliches Aufgriffsrecht
OGH 29.1.2014, 7 Ob 204/13w:	Manifestationsanspruch des Pflichtteilsberechtigten
OGH 25.2.2014, 10 Ob 6/14a:	Pflichtteilslast führt zur Legatskürzung
OGH 14.3.2013, 2 Ob 219/12p:	Schenkungsanrechnung
OGH 19.3.2014, 7 Ob 239/13t:	Schenkungsanrechnung auf den Pflichtteil als Rechtsschutzfall
OGH 24.3.2014, 8 Ob 1/14a:	Uneigentliches Nachlegat
OGH 24.3.2014, 8 Ob 15/14k:	Unterbleiben der Abhandlung
OGH 23.4.2014, 10 Ob 50/13w:	Anrechnung auf den Erbteil
OGH 15.5.2014, 6 Ob 168/13v:	Insolvenz des Erben als Motivirrtum zu werten?
OGH 25.6.2014, 9 Ob 35/14h:	Der Verlassenschaftskurator und seine Rechte
OGH 26.6.2014, 6 Ob 10/14k:	Negatives Testament und resolutive Bedingung
OGH 26.6.2014, 6 Ob 82/14y:	Anstößige Lebensart als Enterbungsgrund
OGH 28.8.2014, 6 Ob 101/14t:	Anrechnungsfreie Schenkung aus sittlicher Pflicht?
OGH 28.8.2014, 6 Ob 114/14d:	Auswahl des Anerben
OGH 4.9.2014, 5 Ob 39/14t:	Verzicht und Schenkung auf den Todesfall
OGH 11.9.2014, 2 Ob 39/14w:	Eingeräumtes Fruchtgenussrecht und Belastungs- und Veräußerungsverbot hemmen Vermögensopfer
OGH 17.9.2014, 4 Ob 110/14a:	Vorerbe ist kein fähiger Zeuge
OGH 30.10.2014, 8 Ob 69/14a:	Post-it auf Testament
OGH 19.11.2014, 3 Ob 164/14k:	Eigenhändiges gemeinschaftliches Testament
OGH 23.12.2014, 1 Ob 233/14t:	Widerruflichkeit der Testamentsvollstreckung
OGH 24.2.2015, 5 Ob 40/15s:	Aufklärungspflicht des Notars bei unbedingter Erbantrittserklärung
OGH 19.3.2015, 6 Ob 204/14i:	Vertretungshandlungen des Verlassenschaftskurators
OGH 19.3.2015, 6 Ob 226/14z:	Morddrohung rechtfertigt Ablehnung des Kontakts
OGH 23.4.2015, 1 Ob 61/15z:	Lebensversicherung, die auf Überbringer lautet, fällt in den Nachlass
OGH 2.7.2015, 2 Ob 106/15z:	Ungültiges Kodizill
OGH 6.8.2015, 2 Ob 102/15m:	Erbschaftsschenkung liegt in Abgeltung des Pflichtteilsanspruchs
OGH 6.8.2015, 2 Ob 125/15v:	Vermögensopfertheorie
OGH 6.8.2015, 2 Ob 134/15t:	Rechtsmittelbefugnis des Pflichtteilsberechtigten
OGH 21.10.2015, 2 Ob 166/15y:	Gesonderte Anfechtbarkeit von Beschlüssen
OGH 21.10.2015, 2 Ob 174/15z:	Verjährungsfrist für übergangene Pflichtteilsberechtigte
LG Berlin 17.12.2015, 20 O 172/15:	Benutzerkonto auf einem sozialen Netzwerk geht grds auf Erben über
OGH 17.3.2016, 2 Ob 86/15h:	Anforderungen für das Nottestament
OGH 25.2.2016, 2 Ob 17/16p:	Pflichtteilsminderung und Beitrag

OGH 31.8.2016, 2 Ob 197/15g:	Anrechnung von Eigenschenkungen
OGH 29.9.2016, 2 Ob 170/15m:	Protokollierung des freien Willens durch Notar
OGH 29.9.2016, 2 Ob 183/15y:	Antrag auf rückwirkende Kontoöffnung durch Pflichtteilsberechtigten
OGH 29.9.2016, 2 Ob 220/15i:	Vermögensopfertheorie bei Einräumung eines Wohnungsgebrauchsrechts
OGH 29.9.2016, 2 Ob 144/16i:	Vermögensopfer trotz Dienstbarkeit
OGH 25.10.2016, 5 Ob 187/16k:	Akteinsicht des Erben in Sachwalterschaftsakt
OGH 27.10.2016, 2 Ob 231/15g:	Vereinbarung der Nacherbschaft im Schenkungsvertrag auf den Todesfall
OGH 27.10.2016, 2 Ob 137/16k:	Weiterverschenkte Schenkung auf den Todesfall
OGH 27.10.2016, 2 Ob 145/16m:	Schenkungsanrechnung bei rechtsmissbräuchlicher Schenkung an Schwiegertochter
OGH 16.11.2016, 2 Ob 150/16x:	Antragstellung auf Schätzung der Verlassenschaft
OGH 19.12.2016, 2 Ob 200/16z:	Unterbrechung des Verlassenschaftsverfahrens bei Insolvenz
OGH 19.12.2016, 2 Ob 228/16t:	Feststellung der Testier(un)fähigkeit
OGH 22.12.2016, 6 Ob 209/16b:	Kein Schadenersatz für Erben mangels Gefühlsschadens
OGH 26.1.2017, 2 Ob 9/17p:	Akteinsicht durch Dritten
OGH 23.2.2017, 2 Ob 96/16f:	Bewertung des Schenkungspflichtteils
OGH 23.2.2017, 2 Ob 167/16x:	Pflichtteilsdeckung durch Nutzungsrecht
OGH 28.3.2017, 2 Ob 128/16m:	Sicherstellung für Unterhaltsansprüche
OGH 28.3.2017, 2 Ob 147/16f:	Bestellung eines Verlassenschaftskurators
OGH 28.3.2017, 2 Ob 35/17m:	Vermögensopfer bei Vorbehalten eines Fruchtgenussrechts
OGH 26.4.2017, 1 Ob 25/17h:	Keine Pflicht zur Verständigung der Noterben bei Abtuung armutshalber
OGH 16.5.2017, 2 Ob 49/17w:	Liegenschaftsveräußerung durch Verlassenschaftskurator
OGH 20.6.2017, 2 Ob 91/16w:	„Sittliche Pflicht" muss zum Zeitpunkt der Schenkung vorliegen
OGH 20.6.2017, 2 Ob 130/16f:	Nachlasszugehörigkeit einer frei widerruflichen Schenkung
OGH 20.6.2017, 2 Ob 43/17p:	Keine Inventarisierung von Fruchtgenussrechten
OGH 20.6.2017, 2 Ob 95/17k:	Inventarisierung eines Sparbuchs
OGH 20.6.2017, 2 Ob 112/17k:	Abstrakte Möglichkeit der Gefährdung allein rechtfertigt keine Nachlassseparation
OGH 4.7.2017, 3 Ob 54/17p:	Zustimmung des Nacherben zur Exekutionsführung
OGH 27.7.2017, 2 Ob 129/16h:	Schenkungsanrechnung nach Hofübergabe – Bestimmung des Übernahmswerts
OGH 27.7.2017, 2 Ob 162/16m:	Beweislast über Testierfähigkeit, Aussageverweigerungsrecht im Verfahren über das Erbrecht
OGH 27.7.2017, 2 Ob 124/17z:	Klagslegitimation des Legatars gegen einen das Vermächtnis schädigenden Dritten
OGH 29.8.2017, 5 Ob 108/17v:	Erbstatut bei Fragen zum Liegenschaftsübergang
OGH 28.9.2017, 2 Ob 151/16v:	Bestimmung des Übernahmswerts

OGH 28.9.2017, 2 Ob 78/17h:	Beweispflicht im Verfahren über das Erbrecht
OGH 28.9.2017, 2 Ob 78/17k:	Beweislast im Verlassenschaftsverfahren
OGH 28.9.2017, 2 Ob 84/17t:	Sicherstellung zugunsten eines Minderjährigen
OGH 28.9.2017, 2 Ob 134/17w:	Anforderungen an die nuncupatio
EuGH 12.10.2017, C-218/16:	Zur Anerkennung der dinglichen Wirkung eines Vindikationslegats
OGH 24.10.2017, 2 Ob 220/16s:	Bestimmung des Übernahmswerts
OGH 24.10.2017, 2 Ob 66/17w:	Überlassung einer Liegenschaft an Zahlungs statt
OGH 24.10.2017, 2 Ob 151/17w:	Blinde können fremdhändig testieren
OGH 28.11.2017, 2 Ob 177/16t:	Widerrufbarkeit des gemeinschaftlichen Testaments
OGH 28.11.2017, 9 Ob 66/17x:	Akteinsicht durch potenzielle Erben
VfGH 4.12.2017, G 258/2017:	Verfassungswidrigkeit der Voraussetzungen der Verschiedengeschlechtlichkeit für den Zugang zur Ehe und der Gleichgeschlechtlichkeit für die eingetragene Partnerschaft
OGH 14.12.2017, 2 Ob 27/17k:	Vertretung der Verlassenschaft im Prozess gegen Miterben
OGH 14.12.2017, 2 Ob 162/17p:	Schenkung auf den Todesfall im Anerbenrecht
OGH 20.12.2017, 10 Ob 66/17d:	Akteinsicht in Sachwalterschaftsakt
OGH 21.12.2017, 4 Ob 238/17d:	Recht der Erben auf Akteinsicht in Sachwalterschaftsakt
OGH 30.1.2018, 2 Ob 58/17v:	Keine Transmission an den Bund
OGH 27.2.2018, 2 Ob 64/17a:	Inventarisierung eines Sparbuchs
EuGH 1.3.2018, C-558/16:	Europäisches Nachlasszeugnis bezieht sich auf Ansprüche am Nachlass
OGH 22.3.2018, 2 Ob 98/17a:	Schenkungsanrechnung bei Privatstiftungen
OGH 25.4.2018, 2 Ob 148/17d:	Bestimmung des Übernahmswerts
OGH 25.4.2018, 2 Ob 52/18p:	Akteinsicht durch Hinzurechnungsberechtigten
OGH 25.4.2018, 2 Ob 80/18f:	Kein Rechtsmissbrauch bei Schenkung an Schwiegerkind
OGH 3.5.2018, 2 Ob 122/17f:	Schenkungsübergabe durch Einräumung einer Kontomitinhaberschaft
OGH 15.5.2018, 5 Ob 35/18k:	Zur Liegenschaftsbezeichnung im Europäischen Nachlasszeugnis
OGH 16.5.2018, 2 Ob 105/17f:	Pflichtteilsdeckung durch mit Nachvermächtnis belastetes Vermächtnis
OGH 16.5.2018, 2 Ob 158/17z:	Freiheitsersitzung durch Verlassenschaft
OGH 26.6.2018, 2 Ob 192/17z:	Zeugenunterschriften müssen „auf der Urkunde selbst" gesetzt werden
OGH 26.6.2018, 2 Ob 60/18i:	Inventarisierung einer zu Lebzeiten verschenkten Liegenschaft
OGH 26.6.2018, 2 Ob 91/18y:	Überschuldung des Nachlasses ist bei Ermittlung der Bemessungsgrundlage zu berücksichtigen
VfGH 27.6.2018, G 409/2017-15:	Letztwillige Verfügung gilt mit Trennung vom Lebensgefährten als aufgehoben – keine Verfassungswidrigkeit

BGH 12.7.2018, III ZR 183/17:	Benutzerkonto auf einem sozialen Netzwerk geht grds auf Erben über
OGH 30.7.2018, 2 Ob 127/17s:	Auskunftsanspruch des Erben über Sparbücher nach Einantwortung
OGH 30.7.2018, 2 Ob 201/17y:	Schenkung auf den Todesfall
OGH 24.9.2018, 2 Ob 235/17y:	„Erbhof" wird nach objektiver Nutzbarkeit bestimmt
OGH 25.9.2018, 2 Nc 23/18g:	Keine internationale Zuständigkeit bei Krankenhausaufenthalt
OGH 25.9.2018, 2 Ob 159/17x:	Anwachsung bei Eigentümerpartnerschaft auch in internationalen Erbfällen
OGH 26.9.2018, 7 Ob 136/18b:	Änderung der Bezugsberechtigung aus einer Lebensversicherung durch letztwillige Verfügung
OGH 30.10.2018, 2 Ob 180/17k:	Verjährung des Pflichtteils
OGH 30.10.2018, 2 Ob 88/18g:	Vorsorgevollmacht umfasst unbedingte Erbantrittserklärung
OGH 17.12.2018, 2 Ob 220/17t:	Gültigkeit eines gemeinschaftlichen Testaments nach Scheidung
OGH 17.12.2018, 2 Ob 145/18i:	„Zuwendung aller Sachen im Inland" als Vermächtnis
OGH 24.1.2019, 6 Ob 55/18h:	Gesellschaftsvertrag: Nachfolgeklauseln zugunsten nur männlicher Nachkommen sittenwidrig
OGH 29.1.2019, 2 Ob 213/17k:	Grds kein Rechtsmissbrauch bei Schenkung an Enkelkind
OGH 29.1.2019, 2 Ob 126/18w:	Formvorschriften bei Testamentserrichtung durch Blinden
OGH 29.1.2019, 2 Ob 170/18s:	Keine Anwendung iranischen Erbrechts vor österreichischen Gerichten: Ungleichbehandlung von Frauen und Männern verstößt gegen ordre public
OGH 29.1.2019, 2 Ob 7/19x:	Aufhebung einer Kontensperre durch Einantwortung
OGH 26.2.2019, 2 Ob 203/18v:	Keine Überwachung des Testamentsvollstreckers durch das Pflegschaftsgericht
OGH 28.3.2019, 2 Ob 59/18t:	Zur Qualifikation einer Person oder einer Behörde als „Gericht" iSd EuErbVO
OGH 28.3.2019, 2 Ob 214/18m:	Die Bedeutung des Wortes „beziehungsweise" in einem Testament
OGH 29.4.2019, 2 Ob 192/18a:	Zum Wegfall einer letztwilligen Verfügung zugunsten der ehemaligen Lebensgefährtin nach § 725
OGH 29.4.2019, 2 Ob 51/19t:	Testamentserbe trägt Beweislast für Echtheit des Testaments
EuGH 23.5.2019, C-658/17:	Selbstständige Prüfung der Gerichtseigenschaft iSd EuErbVO
OGH 28.5.2019, 2 Ob 43/19s:	In § 725/1 geforderte ausdrückliche Anordnung des Gegenteils hat in Form einer letztwilligen Verfügung zu ergehen

OGH 25.7.2019, 2 Ob 15/19y:	Nacherbschaft für den Fall des Fehlens leiblicher Nachkommen keine sittenwidrige Ungleichbehandlung von Adoptivkindern des Vorerben
OGH 25.7.2019, 2 Ob 19/19m:	Fotokopie kein gültiges Testament
OGH 19.9.2019, 2 Ob 39/19b:	Zulässigkeit eines mündlichen Testaments gem § 586 aF
OGH 19.9.2019, 2 Ob 41/19x:	Beachtlichkeit des Motivirrtums iSd § 572 – „Angeben" des Beweggrundes
OGH 19.9.2019, 2 Ob 49/19y:	§ 765/2 normiert keine Klagssperre
OGH 22.10.2019, 2 Ob 84/19w:	Verjährung der Erbschaftsklage
OGH 28.11.2019, 2 Ob 55/19f:	Heiratsgut unterliegt der Schenkungsanrechnung
OGH 28.11.2019, 2 Ob 143/19x:	Seitennummerierung in Fußzeile eines zweiten, losen Testamentsblattes begründet keine innere Urkundeneinheit
OGH 28.11.2019, 2 Ob 145/19s:	Vorgedruckte Bestätigung von Zeugenunterschriften in Bezug auf „vorstehenden Zusatz" begründet keine innere Urkundeneinheit bei Testament auf losen Blättern
OGH 17.12.2019, 2 Ob 62/19k:	Kommorientenvermutung nur bei Beweis der Unrichtigkeit der Sterbeurkunde anwendbar
OGH 30.01.2020, 2 Ob 116/19a	Anordnung einer fideikommissarischen Substitution
OGH 30.1.2020, 2 Ob 167/19a:	Anwendung des § 1487a iVm § 1503/7 Z 9 auch bei faktischer Verlängerung erbrechtlicher Verjährungsfristen
OGH 30.1.2020, 2 Ob 218/19a:	Zeugenunterschrift auf losem Blatt einer fremdhändigen letztwilligen Verfügung: nur bei innerer bzw äußerer Urkundeneinheit formgültig
OGH 20.2.20, 5 Ob 189/19h:	Schenkung aus sittlicher Pflicht
OGH 27.2.2020, 2 Ob 60/19s:	Begehung einer Straftat im Familienkreis iSd § 166 StGB begründet keine Erbunwürdigkeit wegen gröblicher Vernachlässigung familiärer Pflichten gem § 540 aF
BG Dornbirn 3.3.2020, 18 C 943/19v:	Zugang der Erben zu Apple-Benutzerkonto und iCloud-Daten des Vestorbenen
OGH 7.4.2020, 2 Ob 35/20s:	Zeugenzusatz bei fremdhändigem Testament muss eigenhändig geschrieben sein
OGH 20.4.2020, 3 Ob 35/20y:	Mindestmaß an wirtschaftlicher Verflechtung als Voraussetzung für Lebensgemeinschaft
OGH 24.4.2020, 2 Ob 100/19y:	Keine Erbunwürdigkeit nach § 539 bei freiwilligem Rücktritt von versuchter strafbarer Handlung
OGH 24.4.2020, 2 Ob 154/19i:	Pflichtteilsverzicht mit mündlichen Nebenvereinbarungen
OGH 24.4.2020, 2 Ob 44/20i:	Schuldentilgung als anrechnungspflichtige Schenkung

OGH 26.5.2020, 2 Ob 64/19d:	Bei Bewertung hinzu-/anzurechnender Schenkungen wirkt sich vorbehaltenes lebenslanges Wohnrecht des Erblassers nicht wertmindernd aus
OGH 26.5.2020, 2 Ob 51/20v:	Heftklammern begründen keine äußere Urkundeneinheit bei fremdhändigem Testament
OGH 26.5.2020, 2 Ob 87/19m:	Erhalt eines Kindes nach Errichtung des Testaments
OGH 27.5.2020, 8 Ob 40/19v:	Europäisches Nachlasszeugnis
OGH 29.6.2020, 2 Ob 59/19v:	Letztwillig verfügtes Aufgriffsrecht; lange Verjährungsfrist
OGH 29.6.2020, 2 Ob 123/19f:	Erbvertrag und gemeinschaftliches Testament
OGH 6.8.2020, 2 Ob 180/19p:	Beachtlichkeit des Motivs auch ohne Angabe in der letztwilligen Verfügung
OGH 6.8.2020, 2 Ob 195/19v:	Unbefristete Schenkungsanrechnung nur bei abstrakter Pflichtteilsberechtigung im Schenkungs- und Todeszeitpunkt
OGH 6.8.2020, 2 Ob 58/20y:	Verschleierung einer Schenkung
BGH 27.8.2020, III ZB 30/20:	Benutzerkonto auf sozialem Netzwerk muss den Erben zugänglich gemacht werden – PDF-Datei mit Inhalt reicht nicht
OGH 17.09.2020, 2 Ob 120/20s:	Zur Rechenmethode bei Hinzu- und Anrechnung von Schenkungen
OGH 17.9.2020, 2 Ob 143/20y:	Heftklammer und Seitennummerierung begründen keine Urkundeneinheit bei fremdhändigem Testament
OGH 14.10.2020, 2 Ob 171/20s:	Kein Rechtsmissbrauch bei Schenkung außerhalb der Zweijahresfrist
OGH 27.11.2020, 2 Ob 141/20d:	Klebeetikette und Stempel begründen äußere Urkundeneinheit
OGH 27.11.2020, 2 Ob 227/19z:	Reichweite des Auskunftsanspruchs bei hinzurechnungspflichtigen Schenkungen
OGH 27.11.2020, 2 Ob 106/20g:	Unbefristete Hinzurechnung von Schenkungen
OGH 18.12.2020, 2 Ob 198/20m:	Pflegevermächtnis und Pflichtteil
OGH 18.12.2020, 2 Ob 215/20m:	Schenkungsabsicht
OGH 28.1.2021, 2 Ob 174/20g:	Auch Vereitelung gesetzlicher Erbfolge begründet Erbunwürdigkeit/Keine Erbunwürdigkeit nach § 540 bei freiwilligem Rücktritt von versuchter strafbarer Handlung
OGH 25.2.2021, 2 Ob 124/20d:	Zur Bewertung von zurückbehaltenen Nutzungsrechten Dritter
OGH 25.2.2021, 2 Ob 73/20d:	Bezugsrecht aus einer Lebensversicherung und Überlassung der Verlassenschaft an Zahlungs statt
OGH 25.2.2021 2 Ob 123/20g:	Uneigentliches Nachlegat
OGH 25.2.2021, 2 Ob 214/20i:	Pflichtteilsrecht kein Bestandteil des österreichischen ordre public
OGH 25.2.2021, 2 Ob 190/20k:	Verhältnis zwischen Vermächtnis und Testament
OGH 25.2.2021, 2 Ob 110/20w:	Allgemeine Gütergemeinschaft unter Lebenden stellt keine Schenkung dar

OGH 25.3.2021, 2 Ob 35/21t:	Hemmung der Verjährung des Pflichtteilsanspruchs
OGH 29.4.2021, 2 Ob 4/21h:	Fremdhändiges Testament – maßgeblicher Zeitpunkt für Herstellung der äußeren Urkundeneinheit
OGH 26.5.2021, 2 Ob 199/20h:	Haftung der Beschenkten
OGH 26.5.2021, 2 Ob 75/20y:	Eintritt von Erbunwürdigkeit nach eigenem Tod
OGH 26.5.2021, 2 Ob 86/21t:	Anforderungen an die Identifizierbarkeit der Testamentszeugen
OGH 24.6.2021, 2 Ob 119/20v:	Fruchtgenuss steht Vermögensopfer nicht entgegen
OGH 23.6.2021, 6 Ob 54/21s:	Änderung der Bewirtschaftungsart durch den Vorerben
OGH 24.6.2021, 2 Ob 54/21m:	Kausalzusammenhang bei „Zuwendung“ iSd § 677
OGH 5.8.2021, 2 Ob 76/21x:	Stillschweigender Widerruf auch des vor geschiedener Ehe errichteten Testaments
OGH 5.8.2021, 2 Ob 78/21s:	Relative Zeugenunfähigkeit
OGH 5.8.20221, 2 Ob 112/21s:	Unterschrift unterhalb des Textes bei eigenhändigem Testament
OGH 28.9.2021, 2 Ob 111/21v:	Wertveränderungen nach Erbringung des Vermögensopfers sind unerheblich
OGH 12.10.2021, 2 Ob 107/23h:	Bereicherungsanspruch gegen den Erbschaftskäufer
OGH 25.11.2021, 2 Ob 173/21m:	Lebensgemeinschaft, ja oder nein?
OGH 25.11.2021, 2 Ob 117/21a:	Beginn der Verjährungsfrist
OGH 14.12.2021, 2 Ob 83/21a:	Pflichtteilsrecht bei Erbhof-Schenkung
OGH 10.1.2022, 8 Ob 89/21b:	Zur „unbefristeten“ Wirkung der beglaubigten Abschrift eines europäischen Nachlasszeugnisses
OGH 22.2.2022, 2 Ob 132/21g:	Zur fideikommissarischen Substitution
OGH 16.3.2022, 2 Ob 2/22s:	Identifizierbarkeit der Zeugen bei Namensänderung
OGH 16.3.2022, 2 Ob 25/22y:	Testament: Drei Heftklammern gleichen Heftbindung
OGH 26.4.2022, 2 Ob 29/22m:	Loseblatttestament: Textfortsetzung begründet keine innere Einheit
OGH 26.4.2022, 2 Ob 60/22w:	Auskunftsanspruch gegen Geschenknehmer
OGH 30.5.2022, 2 Ob 48/22f:	Einsichtnahme von Zeugen in Blindentestament
OGH 30.5.2022, 2 Ob 63/22m:	Erbvertrag in Notariatsaktsform ohne handschriftliche Nuncupatio
OGH 30.5.2022, 2 Ob 82/22f:	Absatznummerierung für innere Urkundeneinheit nicht ausreichend
OGH 6.9.2022, 2 Ob 116/22f:	Pflichtteilsminderung bei beidseitig fehlendem Kontaktinteresse
OGH 25.10.2022, 2 Ob 100/22b:	Schenkungsanrechnung auf den gesetzlichen Erbteil = streitiger Rechtsweg
OGH 25.10.2022, 2 Ob 167/22f:	„Das ich bleib daf ist mein Wille“ = Nuncupatio
OGH 22.11.2022, 2 Ob 175/22g:	Keine Verjährung des Pflichtteils bei postmortaler Vaterschaftsfeststellung)
OGH 22.11.2022, 2 Ob 170/22x:	Nuncupatio muss objektiv betrachtet lesbar sein
OGH 22.11.2022, 2 Ob 199/22m:	Auch Anspruch auf Anrechnung einer Schenkung verjährt

OGH 13.12.2022, 2 Ob 205/22v:	Hinzu- und Anrechnung von gemischten Schenkungen
OGH 17.1.2023, 2 Ob 214/22t:	Analoge Anwendung des § 765/2 auf die Haftung des Geschenknehmers
OGH 2.2.2023, 3 Ob 220/22g:	Keine Heilung einer formungültigen letztwilligen Verfügung durch das ErbRÄG 2015
OGH 21.2.2023, 2 Ob 15/23d:	Testament zu Gunsten von Pflegepersonal aufgrund Testierfreiheit wirksam
OGH 21.2.2023, 2 Ob 239/22v:	Auch individuell formulierte Textfortsetzung begründet keine innere Einheit
OGH 21.3.2023, 2 Ob 35/23w:	Mit dem Mund unterfertigtes Testament
OGH 16.5.2023, 2 Ob 226/22g:	Inhaltlicher Vermerk bloß auf erstem Blatt nicht ausreichend
OGH 16.5.2023, 2 Ob 233/22m:	Schenkung aus sittlicher Pflicht
OGH 16.5.2023, 2 Ob 59/23z:	Teleologische Reduktion des § 1503/7 Z 5
OGH 27.6.2023, 2 Ob 106/23m:	Ungerechtfertigter Verzicht auf Handzeichen bei Testament in Notariatsaktform
OGH 25.7.2023, 2 Ob 89/23m:	Keine Pflichtteilsminderung bei grundloser, unfreundlicher Kontaktablehnung
OGH 25.7.2023, 2 Ob 100/23d:	Auch ein beschenkter Enkel ist zur Schenkungsanrechnung berechtigt
OGH 20.9.2023, 1 Ob 102/23s:	Amtshaftung aufgrund Fehler im Verlassenschaftsverfahren
OGH 27.9.2023, 9 Ob 38/23p:	Grab darf nicht eigenmächtig verlegt werden
OGH 28.5.2024, 2 Ob 71/24s:	Stillschweigender Widerruf des vor sich in Scheidungsverfahren befindlicher Ehe errichteten Testaments

Paragraphenregister

Die Zahlen links entsprechen den Paragraphen, rechts verweisen sie auf die Randziffern.

Stichwortverzeichnis

Die Zahlen verweisen auf die Randziffern, im *Kursivdruck* auf die Hauptfundstellen.